MEDICINISCH-GERICHTLICHE

GUTACHTEN

DER KÖNIGLICHEN PREUSSISCHEN

WISSENSCHAFTLICHEN DEPUTATION

FÜR DAS MEDICINALWESEN

AUS DEN JAHREN 1840 BIS 1850.

HERAUSGEGEBEN

VON

Dr. M. KALISCH.

LEIPZIG,

VERLAG VON VEIT & COMP.

1859.

DEM ANDENKEN

ADALBERT'S VON LADENBERG.

Des Königs treuester Diener,
Des Volkes wärmster Freund,

forderte er die Dienste der Wissenschaft für sein Amt, um die Freiheit derselben durch sein Amt zu fördern.

So wirkte er zu diesem Buche mit, welches ich in dankbarer Erinnerung an sein vieljähriges Wohlwollen und Vertrauen

Seinem gesegneten Andenken

widme

Dr. Kalisch.

INHALT.

Geschichtliche Einleitung.

Im Mai 1851, also wenige Monate nachdem Herr v. Raumer dem Herrn v. Ladenberg in der Leitung des Ministeriums der geistlichen, Unterrichts- und Medicinal-Angelegenheiten gefolgt war, erschien eine

Neue Auswahl medicinisch-gerichtlicher Gutachten mit Genehmigung des Herrn Ministers der geistlichen, Unterrichts- und Medicinal-Angelegenheiten, herausgegeben von der **Königlichen wissenschaftlichen Deputation für das Medicinal-Wesen.** Erste Lieferung: **Zur gerichtlichen Geburtshülfe.** Ref.: Jos. Herm. Schmidt. Berlin 1851, Verlag von August Hirschwald.

Ueber das Geschichtliche dieses Buchs sagt der Herr Geheimrath Schmidt in seinem

Vorwort:

„Unter dem 13. März 1822 ertheilte der verewigte Staatsminister v. Altenstein dem Director der wissenschaftlichen Deputation für das Medicinal-Wesen die Erlaubniss, eine Auswahl von Gutachten dieser obersten technischen Medicinal-Behörde durch den Druck zu veröffentlichen. Herr Geh. Ober-Medicinalrath Dr. Klug liess auch im Jahre 1828 einen Band solcher Gutachten (Berlin bei Reimer) erscheinen, ohne dass diesem bis jetzt ein zweiter gefolgt wäre; nur ab und zu wurde, zum Theil im ausdrücklichen Auftrage des Ministeriums, ein einzelnes

Gutachten, namentlich über den Marsh'schen Apparat zur Ermittelung des Arseniks, über den technischen Gebrauch arsenikhaltiger Farbestoffe u. s. w., durch medicinische Zeitungen bekannt gemacht. Die Absicht, wie früher, auch sammlungsweise Veröffentlichungen zu bewirken, ist hierdurch keineswegs aufgegeben, vielmehr hat die wissenschaftliche Deputation unterm 5. April d. J. Se. Excellenz den Herrn Minister der geistlichen, Unterrichts- und Medicinal-Angelegenheiten v. Raumer um Erneuerung der Erlaubniss gebeten, von ihren Mitgliedern verfasste und von ihr nach vorgängiger collegialischer Berathung adoptirte Gutachten, entweder durch ihren Director oder durch sie selbst als Collegium, oder durch jedes einzelne ihrer Mitglieder für die von ihm als ersten Referenten verfassten Gutachten und sonstigen Arbeiten mit Weglassung der Orts- und Personen-Namen in Sammlungen oder einzeln der Oeffentlichkeit zu übergeben.

„Se. Excellenz der Herr Staats-Minister v. Raumer haben mittelst hohen Rescripts vom 12. April d. J. nicht nur diese nachgesuchte Erlaubniss ertheilt, sondern auch die Deputation ermächtigt, auch die vorangegangenen Gutachten der Kreisphysiker resp. der Medicinal-Collegien in Auszügen oder vollständig mit abdrucken zu lassen, falls und insoweit eine solche Veröffentlichung zum Verständniss des Gutachtens letzter Instanz nothwendig oder zweckmässig erscheint. Der Herr Minister haben Sich eine Mitwirkung bei der Veröffentlichung nur in sofern vorbehalten, als jedesmal ein Verzeichniss der zum Druck ausgewählten Gutachten vor Veranstaltung des Drucks vorgelegt werden muss; die Auswahl und der Modus der Veröffentlichung ist der Deputation überlassen." — —

Im November desselben Jahres erhielt das ärztliche Publikum nachstehenden „Prospectus:

Vierteljahrsschrift für gerichtliche und öffentliche Medicin. Unter Mitwirkung der Königlichen wissenschaftlichen Deputation für das Medicinalwesen im Ministerium der geistlichen, Unterrichts- und Medicinal-Angelegenheiten herausgegeben von Johann Ludwig Casper. Verlag von August Hirschwald."

Der Herr Geheimrath Casper richtete dabei die nachstehenden Worte

An die Leser.

„Mit der Einführung des öffentlichen Gerichtsverfahrens und der Schwurgerichte ist auch in Preussen, wie in ganz Deutschland, ein Interesse für die gerichtliche Medicin allgemein erwacht, wie es früher nur bei den eigentlichen Medicinal-Beamten lebendig war. Und auch in anderer Beziehung macht jetzt die Medicina publica ihre Rechte immer mehr und mehr geltend, je mehr das Bestreben nach socialen Reformen, zu denen die Arzneiwissenschaft, wie gewiss wenige andere Disciplinen, mitzuwirken berufen ist, hervorragender Charakterzug unserer Zeit geworden ist. Es ist daher gewiss mehr als verbrauchte Phrase, wenn wir es ein Bedürfniss, eine Nothwendigkeit nennen, für die genannten Wissenschaften ein Organ zu schaffen, wie dergleichen ja auf dem, in allen andern Fächern so reichbesetzten literarischen Markte Preussens, ja des gesammten nördlichen Deutschlands noch gar nicht vorhanden ist.

„Was uns aber vorzugsweise ermuntert und ermuthigt, mit einer neuen Zeitschrift für Staatsarzneikunde aufzutreten, ist der Umstand, dass die oberste wissenschaftliche Medicinal-Behörde des Königreiches, die wissenschaftliche Deputation für das Medicinalwesen im Ministerio der geistlichen, Unterrichts- und Medicinal-Angelegenheiten, nach eingeholter höherer Genehmigung, sich uns geneigt erklärt hat, die Zeitschrift als ihr Organ anzuerkennen, und uns autorisirt hat, diejenigen ihrer in höchster Instanz abgegebenen Gutachten u. s. w., die ein besonderes wissenschaftliches Interesse haben, sei es, dass sie zweifelhafte und wichtige Materien aus der gerichtlichen Medicin, oder erhebliche Themata medicinal- und sanitäts-polizeilichen Inhalts berühren, in der Zeitschrift mitzutheilen.

„Wir eröffnen demnach mit dem kommenden Jahre eine **Vierteljahrsschrift für gerichtliche und öffentliche Medicin, unter Mitwirkung der Königlichen wissenschaftlichen Deputation für das Medicinalwesen.**"

Diese, in das Gewand amtlicher Darstellung eingekleideten Angaben verfehlten natürlich die beabsichtigte Wirkung nicht.

Denn die, die sie machten, verschwiegen es, und die, die sie lasen, übersahen es oder wussten es auch nicht, dass eine Königliche wissenschaftliche Deputation für das Medicinalwesen, welche ihre Gutachten herausgeben, oder eine Zeitschrift für ihr Organ erklären, oder überhaupt mit dem Publikum in irgend einen literarischen Verkehr treten könnte, — gar nicht existirt.

Die Herren Geheimräthe Schmidt und Casper haben, in der Form einer officiellen Geschichte, büreaukratische Fabeln geschrieben, die dazu gehörige Moral aber weggelassen. Letztere nachzuliefern, ist der Zweck dieser Einleitung, welche zugleich nachweisen wird, dass sie eine nothwendige Ergänzung des vorliegenden Buchs bildet.

Als durch die Cabinetsordre vom 3. November 1817 (G.-S. pro 1817 S. 289) das Ministerium der geistlichen, Unterrichts- und Medicinal-Angelegenheiten errichtet, und v. Altenstein demselben als Chef vorgesetzt wurde, bestand bereits die wissenschaftliche Deputation für das Medicinalwesen mehrere Jahre und hatte auch seit dem 23. Januar 1817 eine gesetzliche Instruction erhalten, an welche der Medicinalminister, in dessen Ressort sie aus dem des Ministers des Innern überging, gebunden war. Diese auch jetzt noch geltende Instruction (G.-S. pro 1817 S. 245) enthält folgende hierhergehörige Bestimmungen:

Die wissenschaftliche Deputation für das Medicinalwesen ist (§ 1) eine consultative Behörde, welche die Leitung der Medicinalverwaltung erleichtern soll. Sie hat sich also als eine Versammlung von Sachverständigen anzusehen und muss auch in allen einzelnen Criminalfällen, wo es zur Feststellung von Todes- oder anderen Beschädigungsursachen auf medicinische, kunstverständige und wissenschaftliche Prüfung ankommt, dem Ministerio, wenn es verlangt wird, ihr Gutachten abstatten.

Der Director und die ordentlichen Mitglieder werden (§ 4) bei ihrer Einführung durch Handschlag und mit Verweisung auf ihre sonst schon geleisteten Amtseide insbesondere auf die Pflicht der Amtsverschwiegenheit verpflichtet.

Jedes vollzogene Gutachten der Deputation wird (§ 30) unter Rückgabe der mitgetheilten Actenstücke einschliesslich der den Auftrag enthaltenden Verfügung, wenn eine solche besonders ergangen ist, von dem Director br. manu an das Ministerium abgegeben. Die schriftlichen Relationen aber werden, so wie andere etwaige Vorarbeiten, das Journal, das Protokoll und die Präsenzliste der Deputation, von der Deputation an die Medicinalabtheilung der geheimen Registratur des gedachten Ministerii abgegeben, so dass die Deputation überall keine besondere Registratur hat.

Die Deputation bedarf überhaupt (§ 31) keines eigenen Subalternpersonals, sondern erhält die erforderliche Hülfe, wo es nöthig ist, von den Kanzlei- und Registraturbedienten und den expedirenden Secretären des Ministerii. Nach dieser Instruction hat sich der Director, die Mitglieder der wissenschaftlichen Medicinaldeputation und Jeder, den es angeht, auf das Genaueste zu achten, und der Minister als Chef der Deputation auf die Beobachtung derselben zu halten, auch, was ferner zur Erreichung des Zweckes nöthig befunden wird, hinzuzufügen und zu ergänzen.

Die wissenschaftliche Deputation existirt demnach überhaupt nur als inneres Organ des Medicinalministeriums und in unzertrennbarem Zusammenhange mit dem Minister als ihrem Chef. Dem Publikum gegenüber ist sie eine reine Abstraction und kann daher, abgesehen von allen gesetzlichen Hindernissen, schon thatsächlich die von ihr erstatteten Gutachten unter ihrem Namen nicht der Oeffentlichkeit übergeben. Eine hierzu erbetene und erhaltene Ministerialgenehmigung kann in dieser Unmöglichkeit nichts ändern; und die wissenschaftliche Deputation hat daher auch bis zum Beginne des v. Raumerschen Ministeriums eine solche Genehmigung ebensowenig nachgesucht, als erhalten. Allerdings hat es nicht an Gesuchen einzelner Mitglieder der wissenschaftlichen Deputation und der Medicinal-Collegien gefehlt, die Gutachten dieser Behörden durch den Druck bekannt machen zu dürfen; allein diese Gesuche wurden stets entweder abgelehnt, oder an solche Bedingungen geknüpft, welche einem Verbote gleichkamen und daher nicht benutzt wurden. Herr Geheimrath Schmidt behauptet in seinem Vorwort das Gegentheil; ich will deshalb die Acten des Ministeriums, aus welchen er seine Angaben geschöpft und seinen Vortrag an den Herrn Minister zusammengestellt hat, zwischen ihm und mir entscheiden lassen.

Herr Geheimrath Schmidt sagt:

„Unter dem 13. März 1822 ertheilte der verewigte Staats-Minister v. Altenstein dem Director der wissenschaftlichen Deputation für das Medicinal-Wesen die Erlaubniss, eine Auswahl von Gutachten dieser obersten technischen Medicinal-Behörde durch den Druck zu veröffentlichen. Herr Geheime Ober-Medicinalrath Dr. Klug liess auch im Jahre 1828 einen Band solcher Gutachten (Berlin bei Reimer) erscheinen, ohne dass diesem bis jetzt ein zweiter gefolgt wäre."

Im Jahre 1822 war Herr Klug nicht Director der wissenschaftlichen Deputation und Geheimer Ober-Medicinalrath, sondern ein einfacher Medicinal-Assessor; und in dieser Eigenschaft richtete er unter dem 12. December 1821 das nachstehende Gesuch an das Ministerium, welches in Folge desselben unter dem 13. März 1822 die drei demnächst angegebenen Verfügungen erliess:

„An Ein Hohes Ministerium
der geistlichen, Unterrichts- und Medicinal-Angelegenheiten

Ew. Excellenz und Einem Hohen Ministerium der geistlichen, Unterrichts- und Medicinal-Angelegenheiten soll ich den Wunsch der wissenschaftlichen Deputation vortragen, eine Auswahl ihrer med.-gerichtlichen Gutachten durch den Druck bekannt machen zu lassen. Die Deputation hat meinen Vorschlag, die Herausgabe zu übernehmen, gern angenommen, und wenn so wenig der Herausgeber als der Verfasser der einzelnen Gutachten genannt werden, ein persönlicher Vortheil nirgend beabsichtigt wird, auch meinerseits mit der nöthigen Gewissenhaftigkeit und Vorsicht verfahren werden soll, so hoffe ich, das Ew. Excellenz und Ein Hohes Ministerium die erbetene Genehmigung mir ertheilen werden. Es wäre mir wichtig, Ew. Excellenz Entscheidung bald zu erhalten, weil ich sowohl überhaupt die jetzt noch langen Abende benutzen, insbesondere einem unbeschäftigten Hülfsbedürftigen durch Abschreiben der Gutachten Beschäftigung und im Verhältniss Einkommen baldmöglichst verschaffen möchte.

Berlin, den 12. December 1821.

(gez.) **Klug.**

An den Herrn Medicinal-Assessor
Dr. Klug, Wohlgeboren, hier.

Ew. Wohlgeboren Vorhaben, eine Auswahl der medicinisch-gerichtlichen Gutachten der wissenschaftlichen Medicinal-Deputation in den Druck zu geben, wird auf Ihre Vorstellung vom 12. Decbr. v. J. hierdurch genehmigt. Da jedoch die Medicinal-Collegien, die Physiker und die durch die Probe-Arbeiten sich zum Physikat qualificirenden jüngern Aerzte dergleichen Gutachten als Muster betrachten werden, so ist es nothwendig, bei der Auswahl auf dieses Erforderniss zu sehen und allenfalls solchen Ausarbeitungen, denen bei ihrem wissenschaftlichen Werthe auch in der Darstellung mehr Kürze und Bündigkeit zu wünschen wäre, unter Mitwirkung des Referenten oder Correferenten die erwünschte Vollendung zu geben, so weit es ohne Veränderung im Wesentlichen des Gutachtens geschehen kann. Sollten bisweilen ähnliche Beurtheilungen ähnlicher Fälle als Autoritäten angeführt sein, so muss das, als der Würde des betreffenden Collegii nicht angemessen, vermieden werden. Auch dürfte in einer vorauszuschickenden Nachricht über das vom Herrn p. Langermann seit seinem Directoriat eingeführte Verfahren bei Ausarbeitung der Gutachten und über den Zweck der jedem Gutachten vorausgeschickten, ausführlichen species facti das Nöthige zu bemerken sein. Der Herr p. Langermann ist beauftragt worden, bei der mit ihm zu nehmenden Rücksprache, über die etwa noch vorkommenden Bedenken die nöthigen Erläuterungen und Anweisungen zu geben. Uebrigens werden bei dem Abdruck der Gutachten die Orts- und Personen-Namen weggelassen werden müssen, aus denen diejenigen Personen entnommen werden können, welche bei dem zur gerichtlichen Eröffnung gekommenen Vorfall interessirt sind.

Berlin, den 13. März 1822.

**Ministerium der geistlichen,
Unterrichts- und Medicinal-Angelegenheiten.**

An den Director der wissenschaftlichen Deputation für das Medicinal-Wesen, Herrn p. p. Berends zu Berlin.

An das Königl. Medicinal-Collegium zu N. N.

Dem Königl. Medicinal-Collegio (der wissenschaftlichen Deputation) wird hierdurch zur Nachachtung bekannt gemacht, dass es nicht zulässig ist, dass einzelne Mitglieder desselben, die von ihnen ausgearbeiteten gerichtlichen Gutachten ohne Genehmigung des Ministerii abdrucken, oder wohl gar unter ihrem Namen bekannt werden lassen, weil dieselben in jeder Hinsicht durch die Art der Bearbeitung und der darüber gepflogenen Berathung als Official-Arbeiten des gesammten Collegii zu betrachten sind.

Berlin, den 13. März 1822.

Ministerium der geistlichen,
Unterrichts- und Medicinal-Angelegenheiten.

An die Königliche Regierung zu N. N.

Die Königliche Regierung wird hierdurch beauftragt, den Kreis-Physikern und Kreis-Chirurgen*) Ihres Departements zu untersagen, ohne besonders eingeholte Erlaubniss des Ministerii ihre gerichtlichen Gutachten vor Ablauf von 5 Jahren seit ihrer Ausstellung, selbst nicht mit Weglassung der Orts- und Personal-Namen, abdrucken zu lassen.

Berlin, den 13. März 1822.

Ministerium der geistlichen,
Unterrichts- und Medicinal-Angelegenheiten.

Die desfallsigen Verhandlungen zwischen dem Herrn Ministerialdirector, Geheimen Ober-Medicinalrath Dr. Langermann, und Herrn Klug müssen den Wünschen des letzteren wohl nicht entsprochen haben. Denn er gab sein Vorhaben auf. Wie sehr er sich aber für dasselbe interessirte, ersieht man daraus, dass er es 5 Jahre später, unter ganz anderen persönlichen und sachlichen Verhältnissen, wieder aufgenommen hat. Im Jahre 1825 wurde nämlich auch für die Provinz Brandenburg, für welche seit 1817, wo die Provinzial-Medicinal-Collegien errichtet wurden, die wissenschaftliche Deputation ausnahmsweise auch die Geschäfte des Medicinal-Collegiums besorgte, ein eigenes Medicinal-Collegium errichtet und, wie die gleichen Behörden in den übrigen Pro-

---

*) In den Acten wird ausdrücklich bemerkt, dass nur die amtliche Stellung dieser Aerzte das betreffende Verbot rechtfertige.

vinzen, unter das Ressort der Provinzialregierung und unter die specielle Leitung des Oberpräsidenten gestellt. Am 1. April 1825 trat dieses Medicinal-Collegium in Wirksamkeit; und zu Mitgliedern desselben wurden als Medicinalräthe die Herren Dr. Dr. Klug Kluge, Klaatsch und Casper berufen. Diese vier Herren vereinigten sich im Januar 1827 zu einem Gesuche an ihren Chef, den Oberpräsidenten v. Bassewitz, in welchem sie um die Genehmigung baten, die von dem Medicinal-Collegium erstatteten Gutachten durch den Druck veröffentlichen zu dürfen. Der Oberpräsident wünschte, darüber die Ansicht des Ministers zu hören; und dieser antwortete in einer Verfügung, welche einer Ablehnung viel näher kam, als einer Genehmigung, obgleich letztere formell ertheilt wurde. Wenigstens fanden sich die Herren Medicinalräthe durch den Bescheid veranlasst, — zu schweigen.

Die betreffenden Actenstücke lauten:

An den Königl. Oberpräsidenten Herrn von Bassewitz
Hochwohlgeboren.

Schon vielseitig ist von den gehorsamst unterzeichneten Mitgliedern des Königl. Medicinal-Collegii der Provinz Brandenburg der Wunsch geäussert worden, eine Auswahl der bei demselben bisher bearbeiteten Gutachten der Bekanntmachung durch den Druck zu widmen. Die unterzeichneten Verfasser dieser Gutachten dürfen um so mehr hoffen, die Wissenschaft der gerichtlichen Medicin, soweit es in ihren Kräften steht, dadurch zu fördern, als bisher bei dem Collegio eine Menge der vielseitig interessantesten Fälle bearbeitet worden, und die Unterzeichneten sich bewusst sind, diesen Arbeiten den vollen Eifer gewidmet zu haben, den die Wichtigkeit des Gegenstandes und die Würde des Collegii erheischt. Andererseits glauben wir, dass durch die öffentliche Bekanntmachung dieser Gutachten den Kreis-Physikern u. s. w. Gelegenheit zu mancherlei Belehrung geboten werden dürfte, deren namentlich manche Gerichts-Aerzte im Bezirke des Medicinal-Collegii, wie die Erfahrung gezeigt hat, noch sehr benöthigt sind. Ein ferneres Motiv, baldmöglichst mit diesen Arbeiten hervorzutreten, finden die Verfasser in der, Seitens der höchsten Justizbehörde dem Herausgeber einer neuen juristischen Zeitschrift (Zeits. für die Criminal-Rechtspflege, vom Criminal-Rath Hitzig) ertheilten Bewilligung, nach Gutdünken die den Gerichten überlieferten ärztlichen Gutachten der Medicinal-Behörden, Physiker u. s. w. dem Drucke zu übergeben, durch welche Einrichtung manche Inconvenienzen herbeigeführt worden, die am Tage liegen, wenn man nur bedenkt, dass Arbeiten, z. B. in Beziehung auf die äussere Form, anders für den Druck, anders für den amtlichen Zweck bearbeitet werden, dass nicht alle Fälle, vom Standpuncte des ärztlichen Kenners angesehen, sich für den Druck eignen u. s. w.

Um unsern Wunsch in Ausführung zu bringen, wird es, nach unserm unmaassgeblichen Dafürhalten, der Bewilligung des hohen vorgesetzten Ministerii bedürfen, da wenigstens den Kreis-Physikern und Kreis-Chirurgen laut Rescripts vom 13. März 1822 es untersagt ist, ihre Gutachten, ohne besonders eingeholte Erlaubniss des Ministerii, vor Ablauf von fünf Jahren drucken zu lassen *). Diese Erlaubniss dürfte uns aber unter den obwaltenden Verhältnissen hoffentlich nicht entstehen.

Auf unsere Aufforderung hat der mitunterzeichnete Medicinal-Rath Dr. Casper es übernommen, im Falle der verhofften Genehmigung unsres Wunsches, die Herausgabe der Gutachten in ihren Einzelheiten zu leiten, und wir haben in dieser Beziehung folgende Hauptpuncte vorläufig verabredet.

1. Es erscheint zweckmässig, die Herausgabe der Gutachten nicht als Sache des Collegii, sondern als Privatangelegenheit der Unterzeichneten zu betrachten.
2. Unter den bearbeiteten Gutachten würde eine zweckmässige Auswahl für den Druck, in Beziehung auf ein besonderes Interesse der resp. Fälle für die gerichtliche Medicin und auf den gewünschten Zweck der Belehrung der Gerichtsärzte, getroffen werden.
3. Diese Auswahl würde jedesmal nach der einstimmigen Meinung der Unterzeichneten und der darnach eingeholten Genehmigung des Königl. Medicinal-Collegii geschehen, so zwar, dass kein Gutachten in die Sammlung für den Druck aufgenommen würde, das nicht nach vorgängiger Erwägung und erneuter Prüfung als geeignet befunden würde.
4. Da, wo angesehene Personen compromittirt werden könnten, blieben alle näheren Bezeichnungen derselben fort.

---

*) Es ist auffallend, dass die Mitglieder des Medicinal-Collegiums das Circularrescript vom 13. März 1822, betreffend die Gutachten der Kreisphysiker und Kreischirurgen, hervorheben, während doch unter demselben Datum, wie oben (S. XIII) angegeben worden, ein gleiches Verbot an die Medicinal-Collegien und die Mitglieder derselben ergangen war, ja letztere nicht nur innerhalb 5 Jahren, sondern überhaupt gar nicht ihre Gutachten sollten veröffentlichen dürfen.

5. Ueberall würden die resp. Verfasser der einzelnen Gutachten nicht genannt.
6. Für den Fall, dass die beabsichtigte Sammlung bei dem ärztlichen Publicum Interesse erregen sollte, würden die Unterzeichneten wünschen, von Zeit zu Zeit eine Fortsetzung liefern zu können.
7. Ganz neue Fälle, von denen es nur zu vermuthen ist, dass sie bei der Gerichts-Behörde noch nicht erledigt sind, blieben, auch wenn sie alle ad 2. angeführten Erfordernisse haben, vom Drucke unbedingt ausgeschlossen.

Indem Ew. Hochwohlgeboren wir unsern Wunsch ganz ergebenst vorlegen, ersuchen wir gehorsamst, im Falle Ihrer Geneigtheit für denselben:

in dieser Angelegenheit das Weitere gefälligst veranlassen zu wollen.

Ew. Hochwohlgeboren ganz ergebenste

Berlin, den 8. Januar 1827.

(gez.) **Klug. Kluge. Klaatsch. Casper.**

Zufolge abschriftlich ganz gehorsamst hier beigefügter Vorstellung vom 8. v. M., wünschen vier Mitglieder des Medicinal-Collegii der Provinz Brandenburg (der Geheime Medicinal-Rath Klug und die Medicinal-Räthe Kluge, Klaatsch und Casper), die wichtigsten Gutachten des Collegii zur Belehrung anderer Medicinal-Personen dem Drucke zu übergeben, und haben die Genehmigung dieses Vorhabens in Antrag gebracht.

Mir scheint die Erfüllung des Wunsches der gedachten Mitglieder alle Berücksichtigung zu verdienen, weil der vielfache Nutzen nicht zu verkennen ist, der daraus hervorgehen muss, dass die Beurtheilung des Medicinal-Collegii der Provinz von Gegenständen der polizeilichen und gerichtlichen Medicin zur Kenntniss anderer Medicinal-Personen gelangt. Ich darf indess nicht anstehen, Ew. Excellenz Aufmerksamkeit auf einige Bedenken hinzuleiten, welche sich der Ausführung des Vorhabens entgegenstellen.

Es scheint mir nämlich die Beantwortung der Vorfrage:

ob das Medicinal-Collegium die von ihm verfassten Gutachten selbst oder durch einen Dritten durch den Druck zur öffentlichen Kenntniss zu bringen, berechtigt ist oder nicht?

nicht zweifelsfrei zu sein. Denn die Gutachten dieses Collegii werden entweder

a. auf Requisition der Landespolizei oder der Gerichtsbehörde, oder

b. zufolge besondern Auftrags Ew. Excellenz

erstattet. In beiden Fällen (zu a. und b.) machen die erstatteten Gutachten Theile der Verhandlungen der requirirenden oder auftragenden Behörde aus, und es dürfte hieraus folgen, dass solche nicht ohne Zustimmung der requirirenden Behörden oder ohne Ew. Excellenz Genehmigung öffentlich bekannt gemacht werden können. Die Herren Medicinal-Räthe haben zwar einige Bedingungen aufgestellt, durch welche die Bekanntmachung der Gutachten beschränkt werden soll, und die wesentlichste zu 3. besteht darin,

> dass erst das Collegium darüber beschliessen soll, ob ein Gutachten abgedruckt werden kann oder nicht?

Allein ich besorge, dass das Medicinal-Collegium nicht im Stande sein möchte, über die Zulässigkeit des Abdruckes mit Ueberzeugung zu urtheilen, weil demselben vielleicht niemals die Lage der Sache, in welcher das Gutachten erstattet worden ist, zu der Zeit officiell bekannt sein dürfte, wenn von dem Abdruck desselben die Rede ist. Es scheint mir daher nichts übrig zu bleiben, als sich von Seiten des Collegii im Falle zu a. der Zustimmung der requirirenden Behörde und im Falle zu b. der Genehmigung Ew. Excellenz selbst dann zu versichern, wenn das Collegium über die Zulässigkeit des Abdrucks keinen Zweifel hegt. Diese Zustimmung und Genehmigung dürfte um so nothwendiger sein, als die Herausgeber gerade die einzigen Mitglieder des Collegii sind, welche nach der Dienstanweisung vom 23. October 1817 § 3 eine volle Stimme haben, und einer derselben (Geheime Medicinal-Rath Klug) ausserdem sogar noch Censor der medicinischen Schriften ist, so dass der Beschluss des Collegii über die Zulässigkeit des Abdrucks lediglich von dem Ermessen der Herausgeber abhängig gemacht werden würde. Da dieser Zustimmung der requirirenden Behörde ungeachtet immer noch Gründe obwalten können, den wörtlichen Abdruck eines Gutachtens nicht zu gestatten, so dürfte, bei den vorbemerkten besonderen Verhältnissen der Herausgeber, dem Präsidenten die Befugniss zur Versagung des wörtlichen Abdrucks und Gestattung nur eines für den Druck besonders zu redigirenden Auszuges vorzubehalten sein. In den Gutachten sowohl, als in den Auszügen müssten Namen und alle nähern Beziehungen überall da fortgelassen werden, wo irgend jemand verletzt werden kann, mithin ohne Rücksicht darauf, ob die betreffende Person zu den Angesehenen gehört oder nicht, und auch hierbei dem Präsidenten eine entscheidende Stimme vorzubehalten sein. Auszüge aus Gutachten des Medicinal-Collegii dürften nicht unter der Firma des Collegii abgedruckt werden, wenn die Herausgeber, sei es auch nur in der Wortstellung, Aenderungen in der Fassung vornehmen. Dasselbe würde stattfinden, wenn die Herausgeber selbst ein Gutachten anderweit für den Druck zu redigiren wünschen möchten. In beiden Fällen müsste bei dem Druck durch die Ueberschriften

„Auszug aus dem Gutachten u. s. w.“

oder

„Gutachten, für den Druck besonders redigirt“

dafür gesorgt werden, dass das Publicum ein Gutachten des Collegii von einer Umarbeitung der Herausgeber sogleich zu unterscheiden im Stande wäre.

Für jetzt sind einige der hier unmaassgeblich vorgeschlagenen Beschränkungen von sehr geringer Erheblichkeit, weil ich dem richtigen Gefühle der zeitigen Mitglieder des Medicinal-Collegii vertrauen darf, dass sie nichts dem Drucke zu übergeben beabsichtigen werden, wodurch das Collegium, oder irgend ein Dritter sich verletzt halten möchte: sie können indess bei einem früh oder spät eintretenden Wechsel der Personen sehr erheblich werden.

Ew. Excellenz gewogentlichem bessern Ermessen erlaube ich mir, die obige Beurtheilung der Sache mit der ganz gehorsamsten Bitte zu unterwerfen, mich hochgeneigtest benachrichtigen zu wollen:

> ob unter den vorbemerkten Einschränkungen die Herausgabe der Gutachten des Medicinal-Collegii der Provinz Brandenburg den Eingangs erwähnten vier Mitgliedern gestattet werden darf.

Berlin, den 14. Februar 1827.

(gez.) **v. Bassewitz.**

Die von dem hiesigen Medicinal-Collegio erbetene Erlaubniss zur Veröffentlichung der von demselben bearbeiteten amtlichen Gutachten durch den Druck kann zwar des wissenschaftlichen Interesses wegen, doch nur mit grosser Vorsicht ertheilt werden, wozu ich Ew. Hochwohlgeboren unter folgenden Bedingungen autorisire:

1. Muss überzeugende Gewissheit darüber vorhanden sein, dass, wenn der Fall ein gerichtlicher, der Civil- oder Criminal-Process, zu dem das Gutachten gegeben worden, definitiv entschieden sei. Frühere Publicität kann grosse Inconvenienzen zur Folge haben und unangenehme Conflicte mit den Justizbehörden herbeiführen.
2. Gutachten über Fälle, deren Entwickelung nachtheilige Schlüsse begründen kann über Moralität, Amtstüchtigkeit und sonstigen Charakter anderer Personen, als gegen welche die Criminal-Untersuchung selbst geführt worden, müssen ungedruckt bleiben.
3. Eben so ist die ursprüngliche Bearbeitung nicht beizubehalten, weil

es allgemeiner Grundsatz ist, dass von amtlichen Arbeiten, welche einmal Theile öffentlicher Acten geworden sind, kein Privat-Gebrauch zulässig sei. Von Befolgung dieses Grundsatzes mag der beste Zweck nicht entbinden.

4. Die Bekanntmachung darf weder unter dem Namen des Königl. Medicinal-Collegii geschehen, noch der Namen des Verfassers öffentlich genannt werden.
5. Jedes bekannt zu machende Gutachten muss in der zum Druck bestimmten Form Ew. Hochwohlgeboren vorgelegt werden, und dessen Druck von Denenselben für zulässig erklärt sein.
6. Rücksichtlich der Aufnahme der Orts- und Personen-Namen lassen sich ganz bestimmte Vorschriften nicht ertheilen. Die vorgeschlagene Ausnahme derjenigen Fälle, in denen angesehene Personen compromittirt werden können, ist weder bestimmt genug, noch überhaupt ausreichend, weil auch Unbescholtene aus nicht höheren Ständen Anspruch auf Schonung ihres Rufes haben, daher auch aber schon unter 2. eine Beschränkung in dieser Beziehung vorgeschrieben. Nur der einzelne Fall kann hier entscheiden, und stelle ich es in Ew. Hochwohlgeboren Ermessen, wie es damit in jedem gehalten werden soll.

Berlin, den 3. April 1827.

Ministerium etc.

(gez.) **v. Altenstein.**

Kaum ein Jahr darauf aber erschien die von Herrn Geheimrath Schmidt angeführte

Auswahl medicinisch-gerichtlicher Gutachten der Königl. wissenschaftlichen Deputation für das Medicinal-Wesen, mit Genehmigung Eines Hohen Ministerii der geistlichen, Unterrichts- und Medicinal-Angelegenheiten, herausgegeben von Dr. Fr. Klug, Königl. Geheimen Medicinal-Rathe und Professor, Director der Königl. wissenschaftlichen Deputation für das Medicinal-Wesen etc. Erster Band. Berlin, 1828.

Wie war denn nun eine solche Veröffentlichung plötzlich möglich geworden? Man wird nicht annehmen können, dass Herr Klug in seiner Eigenschaft als geheimer Medicinalrath und Director der wissenschaftlichen Deputation von jener Erlaubniss Gebrauch zu machen sich berechtigt glaubte, welche ihm sechs Jahre früher als Medicinal-Assessor ertheilt, von ihm aber nicht benutzt worden war. Und noch weniger wird man sich veranlasst finden, die Erklärung darin zu suchen, dass der Minister v. Altenstein seine wiederholt und entschieden kundgegebenen Verwaltungsgrundsätze in Beziehung auf diesen Gegenstand ohne Weiteres aufgegeben hatte.

In der That war beides nicht der Fall; das Klugsche Buch hatte vielmehr eine ganz bestimmte Veranlassung. Die angebliche Genehmigung des hohen Ministerii war in Wirklichkeit ein Befehl des Ministers; und der Zweck der Veröffentlichung war der: mit amtlicher Autorität unter scheinbar nichtamtlicher Form dem Eindruck entgegenzutreten, welchen eine damals erschienene und sogar dem Ministerium zur Berücksichtigung übergebene Schrift in weiten Kreisen hervorgebracht hatte. Der Minister forderte von der wissenschaftlichen Deputation eine eingehende, widerlegende Beurtheilung derselben und befahl dann, das ihm erstattete Gutachten der Oeffentlichkeit zu übergeben. Die Art und Weise, in welcher dies geschehen sollte, war in sofern schwer zu finden, als einerseits eine amtliche Kritik wissenschaftlicher Ansichten ihr Bedenkliches, und andrerseits eine bloss wissenschaftliche Kritik — deren Verfasser nicht einmal hätte genannt werden dürfen — entweder gar keine, oder doch gewiss nicht die gewünschte Wirkung gemacht haben würde. Man wählte daher den naheliegenden Ausweg, dem Herrn Klug als Director der wissenschaftlichen Deputation die Veröffentlichung mehrerer älterer Gutachten derselben zu gestatten; doch sollte das eben bezeichnete, obgleich es unter allen das jüngste war, an die Spitze gestellt und in seiner unveränderten scharfen Form abgedruckt werden. Es dürfte daher gerechtfertigt sein, den Anfang und den Schluss dieses Gutachtens nachstehend mitzutheilen. Man wird daraus am besten ersehen, wie dringend für das Ministerium die Veranlassung war, durch eine schleunige Veröffentlichung desselben einem mit scheinbar wissenschaftlicher Begründung aufgestellten System der psychisch-gerichtlichen Medicin entgegenzutreten, in welchem der leitende Grundsatz aufgestellt und durchgeführt wurde, dass die Geistesstörung keine Krankheit, sondern Sünde sei, dass demnach eine Straffreiheit für während Geistesstörung begangene Verbrechen durchaus nicht gerechtfertigt, vielmehr eine Revision aller aus diesem Grunde freisprechender Erkenntnisse nöthig sei.

Das betreffende Gutachten beginnt mit folgenden einleitenden Worten:

„Von einem hohen Ministerium der geistlichen, Unterrichts- und Medicinal-Angelegenheiten ist der unterzeichneten wissenschaftlichen Deputation für das Medicinal-Wesen unterm 31. Januar d. J. befohlen worden, eine von dem Professor Heinroth zu Leipzig verfasste, aus Hitzig's Zeitschrift für die Criminal-Rechtspflege in den Preuss. Staaten etc. Jahrgang 1828. Bd. I. S. 95 f. besonders abgedruckte, mit einem Vorworte des Herausgebers versehene und von demselben mittels eines Schreibens vom 1. Januar d. J. bei einem hohen vorgesetzten Ministerium eingereichte Schrift: „Ueber das falsche ärztliche Verfahren bei criminal-gerichtlichen Untersuchungen zweifelhafter Gemüthszustände“, welche bei der neuen Redaction der gegenwärtig im § 18 Th. II Tit. 20 A. L.-R. und im § 230 der Crim.-Ord. enthaltenen Vorschriften in Betracht kommen könnte, gründlich zu beurtheilen und sich gutachtlich darüber zu äussern. Diesem Auftrage hat die unterzeichnete Deputation nach reiflicher Erwägung des Inhalts besagter Schrift und nach den Ergebnissen der medicinischen Erfahrung im Folgenden zu genügen gesucht.“

Der Schluss lautet:

„Erweisen sich nach dieser Beleuchtung vom Standpunkte der Erfahrung aus die Grundsätze von Heinroth's Lehren als falsch und nichtig, so müssen es auch alle die Folgerungen sein, die aus ihnen hergeleitet sind.

„Es müssen daher dasselbe Gepräge auch die Revisionen aller der Gutachten über bereits gerichtlich entschiedene und abgemachte Criminalfälle tragen, die der Verfasser in dieser Schrift, im 2. Abschnitte, unter Tit. 1, 2 und 3 pag. 56 seq. bekannt gemacht hat. Wir würden daher in materieller Hinsicht die oben gemachten Ausstellungen nur wiederholen müssen, um die leeren Behauptungen und Anmaassungen im Einzelnen nachzuweisen und nach Verdienst zu rügen, welche die formellen Eigenthümlichkeiten jener Arbeit ausmachen.

„Unmöglich kann eine solche Lehre, welche mit den documentirten Resultaten der Erfahrung aller übrigen Aerzte im geraden Widerspruche steht und für sich nur hypothetisch ist, auch wenn sie nach den Grundsätzen des Strafrechts, — wie wir jedoch in bescheidenen Zweifel ziehen, — praktisch anwendbar wäre, den Gerichtshöfen Vertrauen einflösen. — Der Verfasser, dem dies nicht entgangen, lässt sich jedoch dadurch nicht irre machen. Er selbst sagt in seinem System der psychisch-gerichtlichen Medicin. Leipzig, 1825, p. 20, 21: „Es ist dermalen über die organische Natur der Geisteszerrüttungen nur Eine Stimme! Englische, Französische, Deutsche Aerzte und Nichtärzte, alle behaupten: der Wahnsinn ist organische Krankheit. Nur der Verfasser des Lehrbuchs der Störungen des Seelenlebens steht mit dem Schwerte des psychischen Princips ihnen allen ganz allein gegenüber!" — Wenn der Verfasser dies selbst zugiebt und dennoch verlangt, dass man seiner Hypothese Glauben schenken und seiner Weise, die Natur der Seelenstörungen zu deuten und die Mittel zu ihrer Beseitigung festzustellen, vertrauen, sogar aus derselben Anwendung auf die Ausübung der Strafrechtspflege machen — und künftig nicht bloss die That — sondern auch die geheimnissvolle Quelle und Veranlassung derselben, die Sünde, oder, was wesentlich ihm gleich gilt, die Seelenstörung strafen soll, so dürfen wir wohl fragen: Ob je ein Beispiel ähnlichen Selbstvertrauens unter Aerzten und Naturforschern vorgekommen ist?"

Berlin, den 31. Mai 1828.

Königl. wissenschaftliche Deputation für das Medicinal-Wesen.

Der eigentliche Herausgeber des Klug schen Buchs war also das Ministerium selber, und da eine ähnliche Veranlassung nicht weiter vorkam, so hat auch Herr Geheimrath Klug, obgleich er fast noch 30 Jahre Director der wissenschaftlichen Deputation blieb, dem ersten Bande einen zweiten nicht folgen lassen. Dass aber die wissenschaftl. Deputation selbst als Collegium jemals die Absicht oder den Wunsch gehabt oder geäussert haben sollte, als Collegium ihre Gutachten zu veröffentlichen, oder dieselben durch die betreffenden Referenten veröffentlichen zu lassen, ist bereits als gesetzlich und thatsächlich so unstatthaft nachgewiesen, dass darüber nichts weiter zu sagen ist.

Erst 18 Jahre später, unter dem Eichhorn schen Ministerium, ward wieder ein Gesuch um Erlaubniss zur Veröffentlichung amtlich erstatteter gerichtsärztlicher Gutachten eingereicht. Jetzt aber trat der umgekehrte Fall ein: der Minister nämlich bewilligte das Gesuch im Interesse der Wissenschaft, während das Medicinal-Collegium der Provinz Brandenburg eine solche Veröffentlichung als bedenklich zu erklären sich bemühte, freilich aber ohne Erfolg.

Die Gegenbemerkungen des Medicinal-Collegiums und die diese zurückweisende Ministerialverfügung dürfen hier nicht fehlen:

Bemerkungen des Medicinal-Collegii der Provinz Brandenburg gegen die anbefohlene Uebersendung von Gutachten.

Ew. Excellenz haben mittels verehrlichen Rescripts vom 13. Februar c. die am nämlichen Tage an den practischen Arzt, Wundarzt und Geburtshelfer Dr. K. zu G., in Bezug auf die von ihm zur Benutzung erbetenen Gutachten der Königl. wissenschaftlichen Deputation für das Medicinalwesen und der Königl. Medicinal-Collegien über Zurechnungsfähigkeit von Brandstiftern erlassene Hohe Verfügung uns mit der Anweisung hochgeneigtest mitgetheilt, dem genannten Arzte die von uns bearbeiteten Gutachten dieser Art auf sein Ansuchen zur Benutzung zu übersenden, und vor einigen Tagen ist das abschriftlich beigefügte Gesuch des Dr. K. vom 12. dieses Monats um Uebersendung sämmtlicher, sowohl von uns, als von den Kreisphysikern der Provinz abgegebenen Gutachten der gedachten Kategorie bei uns eingegangen. Indem wir aber die, zur Gewährung desselben in dem uns verstatteten Umfange nöthigen Vorbereitungen zu treffen im Begriff stehen, sind uns einige Bedenken aufgestiegen, welche Ew. Excellenz zuvor gehorsamst vorzutragen, wir uns für verpflichtet erachten.

Da in dem verehrlichen Rescripte, wonach dem Dr. K. die Gutachten zur Benutzung anvertraut werden sollen, einer Zu- und Rücksendung derselben gedacht ist, so glauben wir annehmen zu müssen, dass die betreffenden Actenstücke dem genannten Arzte originaliter mitgetheilt werden sollen. Eben hieran knüpfen sich jedoch mehrere, unsres Erachtens nicht unerhebliche, Uebelstände. Zuvörderst werden dadurch die Actenstücke dem Selbstgebrauche des Collegii für eine gewisse, nicht genau zu bestimmende Zeit, und vielleicht gerade dann, wenn ihre Einsicht den Mitgliedern bei einer gerichtlichen Requisition in einem analogen Falle wünschenswerth ist, entzogen. — Es erscheint uns ferner durch die Versendung von Original-Actenstücken an eine auswärtige Privatperson die Sicherheit der Acten selbst gefährdet, zumal es nicht an Beispielen fehlt, dass sogar bei Circulationen am Orte zuweilen Schriftstücke verloren gehen. — Die Einsicht der Original-Acten Privatpersonen unbeschränkt zu gestatten, dürfte aber besonders auch um deswillen nicht gerathen sein, da nicht nur die Namen der mit Abfassung der Gutachten beschäftigt gewesenen Referenten und Correferenten, sondern auch manche Emendirungen, monirende Verfügungen und andere innere Angelegenheiten des Collegii dadurch zu deren Kenntniss gelangen. — Es ist endlich wegen der Undeutlichkeit mancher Handschrift sogar ein Missverstehen einzelner Conceptstellen mit sich daran knüpfenden falschen Folgerungen zu besorgen, ein Uebelstand, zu dessen Ausgleichung die Munda der von uns erstatteten Gutachten von den betreffenden Referenten selbst vor der Absendung jedesmal genau revidirt werden.

Diesen Inconvenienzen würde sich nun zwar dadurch begegnen lassen, dass die Mittheilung der in Rede stehenden Gutachten nicht originaliter, sondern nur in Copieen geschehe, die auf Kosten des Dr. K. successiv angefertigt und vor ihrer Absendung gleichfalls von einem Mitgliede des Collegii revidirt würden. Allein auch selbst die uneingeschränkte Mittheilung von dergleichen Copieen dürfte in sofern nicht ganz unbedenklich erscheinen, als manche solcher Gutachten amtliche Aeusserungen über Physiker oder sonstige Medicinal-Personen enthalten, von denen nicht zu wünschen ist, dass sie zur Kenntniss von Privatpersonen oder wohl gar zur Publicität gelangen. Zwar ist uns unbekannt, ob und in wie weit der Dr. K. ermächtigt worden, die wissenschaftliche Benutzung der gedachten Gutachten auch auf eine Veröffentlichung ihres Inhalts auszudehnen; einige hierauf bezügliche besondere Bedenken haben sich uns indessen um so mehr aufdrängen müssen, als wir annehmen zu dürfen glauben, dass eine, diesen Gegenstand betreffende und uns zur Kenntnissnahme mitgetheilte, hohe Ministerial-Verfügung v. 3. April 1827 *), von der wir der Kürze halber eine Abschrift gehorsamst beizufügen uns erlauben, in dieser Beziehung uns noch gewisse Verpflichtungen auferlegt.

In wiefern der Dr. K. zu G. von seinem Standpunkte aus überhaupt für befähigt zu erachten sein dürfte, zur Lösung der in neuerer Zeit vielfach und von wissenschaftlich hochstehenden Aerzten erörterten Frage von dem sogenannten Brandstiftungstrieb wesentlich beizutragen, und in wie weit ihm, ausser der erforderlichen Sachkenntniss, Urtheilskraft und Gewandtheit, auch die nöthige Discretion bei Benutzung amtlicher Actenstücke zu diesem Behuf zuzutrauen sein möchte, solches zu beurtheilen massen wir uns auch nicht im Entferntesten an; wohl aber können wir, indem von Ew. Excellenz wir uns eine hochgeneigte Belehrung hinsichtlich obiger Bedenken gehorsamst erbitten, die Besorgniss nicht unterdrücken, dass von der gegenwärtigen grossen Zahl ärztlicher Schriftsteller manche die wissenschaftlichen Forschungen und mühsamen Arbeiten Anderer weniger zum Frommen der Wissenschaft, als aus egoistischen Zwecken und namentlich zu ihrem pecuniären Vortheil auszubeuten bestrebt sein möchten, vielleicht ohne in Bezug auf Vorstudien etc. eine andere Befähigung hierzu, als ihre Schreibelust und Schreibefertigkeit nachweisen zu können, — so dass das Beispiel des Dr. K., wenn es bekannt wird, viel Nachahmung wecken, und aus ferneren Bewilligungen dieser Art uns mindestens ein nicht unbeträchtlicher Zuwachs an Arbeit und manche Störung in unserm amtlichen Wirken erwachsen dürfte.

Wenn auch Ew. Excellenz diese unsere Bedenken für nicht ganz unerheblich zu erachten geruhen sollten, erlauben wir uns in Bezug auf den vorliegenden concreten Fall darauf die gehorsamste Bitte zu gründen:

> es hochgeneigtest genehmigen zu wollen, dass wir dem Dr. K. die von ihm erbetenen Gutachten aus obigen Gründen nicht im Original, sondern in successiv auf seine Kosten zu fertigenden Abschriften, und auch in diesen nur in soweit zur Benutzung mittheilen, als die vorerwähnten und namentlich die durch das Rescript vom 3. April 1827 gebotenen Rücksichten es unbedenklich erscheinen lassen.

---

*) Siehe oben S. XIX, XX.

Dass wir unsererseits Gutachten der Kreisphysiker nicht mittheilen könnten, weil wir uns nicht im Besitze derselben befinden, würden wir dem p. Dr. K. dabei eröffnen.

Berlin, den 20. April 1846.

Das Medicinal-Collegium der Provinz Brandenburg.

(gez.) **Weil. Eck. Nicolai. Quincke. Schütz. Gedicke.**

An das Königl. Medicinal-Collegium hierselbst.

Auf den Bericht vom 20. vor. Mts. eröffnet das Ministerium dem Med.-Coll., dass der Zweck, zu welchem der Dr. K. zu G. die Mittheilung der bei den Medicinal-Collegien und der wissenschaftlichen Deputation für das Medicinalwesen niedergelegten Gutachten und Obergutachten über die Zurechnungsfähigkeit der Brandstifter sich erbeten hat, der von ihm abgegebenen Erklärung zufolge, allein der ist, diese Gutachten zu einer wissenschaftlichen Arbeit über den Brandstiftungstrieb zu benutzen. Er hat dabei nicht allein die Berücksichtigung des strengsten Anstandes in Beziehung auf die Verfasser der Gutachten, sondern auch versprochen, letztere nur auszugsweise mitzutheilen. Unter diesen Umständen hat das Ministerium kein Bedenken getragen, den Antrag zu genehmigen und die Medicinal-Collegien und die wissenschaftliche Deputation zur Uebersendung der betreffenden Gutachten an den p. Dr. K. zu veranlassen. Die Art, dieses zu bewerkstelligen nnd den Verhältnissen entsprechend einzurichten, und zwar so, dass einerseits die Medicinal-Collegien und deren Registraturen nicht allzusehr belästigt werden, andrerseits aber auch dem p. Dr. K. die Benutzung des vorhandenen Materials nicht mehr als nöthig erschwert oder ganz unmöglich gemacht wird, kann nur der Einsicht der betreffenden Behörden überlassen werden.

In Beziehung auf den vorliegenden Bericht des Medic.-Coll. findet das Ministerium sich zu folgenden Bemerkungen veranlasst:

Der abschriftlich vorgelegte Erlass des verewigten Geh. St.-Ministers Frh. v. Altenstein an den Ober-Präsidenten v. Bassewitz vom 3. April 1827 erscheint auf den gegenwärtigen Fall nicht anwendbar, weil der p. Dr. K. nur die Einsicht der Gutachten Behufs einer wissenschaftlichen Arbeit beabsichtigt, dieselben auch nicht vollständig, sondern nur auszugsweise veröffentlichen will. Schon hierdurch sind, mit Ausnahme des ersten, sämmtliche Punkte des bezeichneten Erlasses erledigt. Wenn aber selbst die theilweise Benutzung der Gutachten aus neuerer Zeit nicht angemessen erscheinen sollte, so ist es ganz dem Ermessen des Med.-Coll. überlassen, solche, so wie überhaupt Gutachten, deren Veröffentlichung in irgend einer Beziehung Bedenken unterliegen möchte, zurückzuhalten und nicht mitzutheilen. Letzteres würde aber nur dann möglich sein, wenn, wie auch in der Verfügung vom 13. Febr. d. J. vorausgesetzt worden ist, nur die einzelnen Gutachten aus den Acten genommen, und nicht die vollständigen Actenstücke überschickt werden, gegen deren Mittheilung nach der Ausführung des Med.-Coll. allerdings Manches einzuwenden sein dürfte. Dann aber werden die Gutachten, da dieselben leicht auf einige Zeit entbehrt werden können, auch in den Originalen, und nur von solchen, welche so unleserlich geschrieben sind, dass ein Missverständniss zu befürchten steht, oder deren Mittheilung ihrem ganzen Inhalte nach bedenklich erscheint, Abschriften und Auszüge auf Kosten des p. Dr. K., wenn er es wünschen sollte, mitzutheilen und vor der Absendung von einem Mitgliede des Med.-Coll. zu revidiren sein. Inwiefern der p. Dr. K. zur Lösung der in Rede stehenden wichtigen Frage wesentlich beizutragen befähigt ist und ausser der erforderlichen Sachkenntniss auch die nöthige Gewandtheit zu discreter Benutzung amtlicher Actenstücke besitzt, hat zwar hier nicht näher untersucht werden können; zu seinen Gunsten spricht indess, dass er längere Zeit hindurch die gerichtsärztlichen Geschäfte im Kreise G. besorgt hat. Auch ist die von ihm in einem, der wissenschaftlichen Deputation schon im Jahre 1843 zur Begutachtung vorgelegten wichtigen Falle, die Zurechnungsfähigkeit eines Mörders seiner schwangern Ehefrau betreffend, bei der Untersuchung bewiesene Sorgfalt nicht unbemerkt geblieben, sowie endlich der Umstand, dass er dem Prof. Dr. Baum zu Greifswald näher bekannt und, nach seiner wohl glaubwürdigen Versicherung, von diesem zu der fraglichen wissenschaftlichen Arbeit ermuntert worden ist, wonach wenigstens die Befürchtung des Med.-Coll., er möge weniger zum Frommen der Wissenschaft, als aus egoistischen Zwecken und zu pecuniärem Vortheil die wissenschaftlichen Forschungen und mühsamen Arbeiten Anderer auszubeuten bestrebt sein und eine andere Befähigung als Schreibelust und Schreibefertigkeit nicht nachweisen können, nicht für begründet zu erachten, vielmehr der Erfolg abzuwarten sein dürfte. Auch die Besorgniss des Med.-Coll., dass das Beispiel des p. Dr. K., wenn es bekannt wird, viel Nachahmung wecken, und aus ferneren Bewilligungen dieser Art dem Med.-Coll. ein nicht unbeträchtlicher Zuwachs an Arbeit, und manche Störung im amtlichen Wirken erwachsen werde, kann das Ministerium nicht theilen. Bis jetzt sind dergleichen Anträge nur selten vorgekommen, und es ist davon in den einzelnen Fällen, die fast allein die wissenschaftliche Deputation für das Medicinalwesen betreffen, eine Belästigung nicht bemerkt worden.

Bei Ertheilungen solcher Genehmigungen wird aber auch ferner, wie bisher, die erforderliche Rücksicht nicht unbeachtet bleiben, und es ist eine Nachtheil bringende Vervielfältigung derselben nicht zu befürchten.

Hiernach kann das Ministerium das Med.-Coll. nur wiederholt veranlassen, dem Dr. K., wie solches auch seitens der wissenschaftl. Deputation für das Medicinalwesen geschehen ist, die einzelnen Gutachten, insofern kein einzelnes Bedenken dabei obwaltet, in den Originalen, ausserdem auf sein Verlangen in correcten Abschriften oder Auszügen mitzutheilen und mit der speciellen Besorgung dieses Geschäfts ein Mitglied des Collegiums zu beauftragen.

Berlin, den 28. Mai 1846.

Ministerium etc.

(gez.) **Eichhorn.**

Es verdient hervorgehoben zu werden, dass die erste Concession, welche das Eichhornsche Ministerium der freien Wissenschaft machte, die Veröffentlichung amtlich erstatteter Gutachten durch einen nicht beamteten Arzt betraf, und dass gerade diejenige Medicinal-Behörde gegen eine solche Erlaubniss Widerspruch erhob, welche sie früher gleichfalls im wissenschaftlichen Interesse für sich selbst in Anspruch genommen hatte. Von weit grösserer und allgemeinerer Wichtigkeit ist jedoch der Umstand, dass gerade zu jener Zeit der bisherige Grundsatz der heimlichen Verwaltung einen Umschwung erfuhr, dass sich aber gegen einen solchen im Ministerium selbst eine bureaukratische Reaction entwickelte, an welcher die guten Absichten der Minister scheiterten. Die Geschichte dieses Umschwungs und dieser Reaction ist zugleich die Geschichte dieses Buchs. Eine ausführliche Mittheilung derselben bin ich mir selbst schuldig; ich darf aber auch annehmen, dass sie dem Leser willkommen sein wird — als Spiegel einer hinter uns liegenden Zeit, aus welcher wir Vieles lernen können und nichts vergessen sollten.

Als das Ministerium im Jahre 1844 anfing, sich ernstlich mit den Vorarbeiten zu einer Reorganisation des Medicinalwesens in Preussen zu beschäftigen, hielt ich es für zweckmässig, ein Organ zu gründen, in welchem die wissenschaftlichen und materiellen

Interessen des ärztlichen Standes besprochen, zugleich aber auch der Regierung brauchbares Material für ihren Gesetzentwurf zugeführt würde. Nach Rücksprache mit Herrn v. Ladenberg, welcher damals Director der Medicinalabtheilung im Medicinalministerium war und mich bereits seit seinem Eintritte in dieses Amt mit seinem Wohlwollen und Vertrauen beehrt hatte, reichte ich daher im October 1844 bei dem Oberpräsidenten ein Gesuch um die damals gesetzlich erforderliche Concession zu einer medicinischen Wochenschrift ein und erhielt bald darauf die Vorbescheidung, „dass, da in Bezug auf meine sittliche und wissenschaftliche Qualification ein Bedenken nicht vorliege, die bestätigende Verfügung auf die dem Ministerium des Innern nach bestehender Vorschrift bereits gemachte befürwortende Anzeige binnen Kurzem zu erwarten sei.“ Die Bestätigung erfolgte nicht. Dem Herrn Minister des Innern erschien vielmehr in dem von mir eingereichten Prospectus eine Rubrik, in welcher ich die Wirksamkeit resp. Unthätigkeit der hohen und höchsten Medicinalbeamten in den Kreis einer loyalen Kritik hereinziehen zu wollen erklärte, so bedenklich, dass er darüber eine Mittheilung an das Medicinalministerium machen und dessen Ansicht sich erbitten zu müssen glaubte. Er für seine Person erklärte sich für die unbedingte Versagung der nachgesuchten Concession. Im Medicinalministerium, in welchem Herr v. Ladenberg und Schönlein zu meinen Gunsten mit Wärme sich aussprachen, drang die Ansicht durch, dass die nachgesuchte Concession mir zu gewähren sei, der dem Herrn Minister des Innern anstössige Passus aber aus dem Prospectus wegbleiben müsse. Der mit Concipirung der an den Minister des Innern zu richtenden Rückäusserung beauftragte Rath schloss diese mit folgenden Sätzen:

— „Dagegen muss ich mich gegen das Unternehmen, welches die oben bezeichneten Gränzen einer wissenschaftlichen Discussion überschreitet, mithin gegen die Herausgabe des sub VII des Prospectus aufgeführten Feuilletons entschieden erklären. Der Ton, in welchem der bezügliche Passus in dem Prospectus abgefasst ist, bekundet unverkennbar die Absicht persönlicher Invectiven und Schmähungen in einer Art und Weise, welche der Würde der Wissenschaft Hohn spricht, den achtbaren Mitgliedern des ärztlichen Standes ein Aergerniss giebt und nur dazu geeignet ist, die der ärztlichen Kunst und den dieselbe repräsentirenden Personen gebührende Achtung auf eine durchaus ungeziemende Weise in den Augen des Publikums zu schmälern."

Herr v. Ladenberg änderte diesen Schluss in folgender Weise:

— „Dagegen muss ich mich gegen das Unternehmen, in sofern es die oben bezeichneten Gränzen einer wissenschaftlichen Discussion überschreitet, mithin gegen die Aufnahme des sub VII des Prospectus aufgeführten Feuilletons in die beabsichtigte neue Wochenschrift entschieden erklären. Der Ton, in welchem der bezügliche Passus in dem Prospectus abgefasst ist, bekundet unverkennbar die Absicht persönlicher Invectiven und Schmähungen in einer Art und Weise, welche der Würde der Wissenschaft nicht geziemt, achtbaren Mitgliedern des ärztlichen Standes ein Aergerniss giebt und dazu geeignet erscheint, die der ärztlichen Kunst und den dieselbe repräsentirenden Personen gebührende Achtung auf eine ungeeignete Weise in den Augen des Publikums zu schmälern."

Der Herr Minister des Innern fand sich durch diese Rückäusserung nicht befriedigt und daher auch nicht bewogen, mir die nachgesuchte Concession überhaupt zu ertheilen. Er hielt vielmehr über diesen Conflict zwischen ihm und dem Medicinalminister Sr. Majestät dem König Vortrag; und das Resultat dieses Schrittes war die nachstehende Verfügung an den Oberpräsidenten.

„Ew. Hochwohlgeboren erhalten hierbei auf den gefälligen Bericht vom 15. November v. J.,

die Herausgabe einer neuen medicinischen Zeitschrift von dem Dr. Kalisch betreffend,

nachdem ich darüber Sr. Majestät dem König Vortrag gehalten habe, die in Gemässheit der ertheilten Allerhöchsten Genehmigung für den Dr. Kalisch ausgefertigte Concession zur gefälligen Zustellung an denselben.

Berlin, den 22. März 1845.

Der Minister des Innern:
(gez.) Graf v. **Arnim.**

An den Königl. Ober-Präsidenten
Herrn v. Meding, Hochwohlgeboren hier."

In Folge dieser Verzögerung konnte meine Zeitschrift „der Mediciner“ erst vom Januar 1846 an erscheinen. Bereits in No. 8 derselben vom 21. Februar begann ich meine Ansichten „über die Medicinalreform in Preussen“ in einer Reihenfolge leitender Artikel auszusprechen.

„Wir dürfen uns nicht verhehlen — sagte ich — dass, wenn unsere Regierung, wie es nicht zu bezweifeln ist, bei der neuen Medicinalverfassung das Wohl des Staats mit dem des ärztlichen Standes möglichst verbinden will, sie gut thun würde, diesem Gelegenheit zu geben, sich über seine Wünsche freimüthig auszusprechen, um Manches zur Kenntniss zu bringen, was in den hohen Regionen des Gesetzgebers unbekannt ist, oder ihm verheimlicht wird. Ist es ja auch umgekehrt der Fall, dass manche entfernt Stehende die falsche Meinung haben, am Ministertische werde über ihr Wohl und Wehe ohne warmes Interesse für ihr Bestes und ohne reifliches Erwägen des Für und Wider nach den Eingebungen des Augenblicks oder den Ansichten der Begünstigten entschieden; warum sollte also das Vertrauen, welches bei so Vielen nur ein dunkles Gefühl ist, nicht bei Allen zu einem klaren Bewusstsein erhoben werden, indem der Gesetzgeber statt des fertigen Gesetzes den Entwurf mit seinen Motiven den Betheiligten übergiebt. Dies mag bei vielen Zweigen der Staatsverwaltung unangemessen erscheinen, wohl aber schwerlich bei der vorliegenden Medicinalreform, die es doch nur mit einer intelligenten und verhältnissmässig nicht sehr grossen Klasse der Staatsbürger zu thun hat, welche jedes Opfer zu bringen gewiss bereit ist, wenn sie, das allgemeine Beste dadurch fördern zu helfen, überzeugt wird. Möge uns daher das hohe Königliche Ministerium der Medicinal-Angelegenheiten den Wunsch gestatten, dass der Entwurf der Medicinalreform vor seiner Erhebung zum Gesetz irgendwie der Oeffentlichkeit übergeben, und ein freimüthiges Urtheil über denselben gütig aufgenommen werde.“

Schon nach wenigen Tagen theilte Herr v. Ladenberg mir mit, dass der Minister Eichhorn meinen ausgesprochenen Wunsch in Erwägung zu ziehen geneigt sei; und in der That erschien auch im Juli desselben Jahres die Schrift: „Die Reform der Medicinalverfassung Preussens von Dr. Joseph Hermann Schmidt, Königl. Geheimen Medicinalrath und Professor."

War denn nun aber durch diese Schrift wirklich meinem Wunsche entsprochen?

In dem Vorwort zu derselben sagt der Verfasser:

„Von meinem hohen Chef, dem Königl. wirklichen Geheimen Staats- und Minister der geistlichen, Unterrichts- und Medicinal-Angelegenheiten, Herrn Dr. Eichhorn Excellenz, mit der Ausarbeitung des Entwurfs zu einem neuen Medicinal-Edicte beauftragt, fühle ich die ganze Schwierigkeit, die ganze Verantwortlichkeit dieser ehrenvollen Aufgabe. Sie ist eingreifend in das Schicksal der kranken Menschheit, in die Interessen des ärztlichen Standes, in die Forderungen der heutigen Wissenschaft. Ihre Wirkungen dehnen sich weit und tief in den Raum und die Zeit hinein. Der Nothruf des Inlandes, die Aufmerksamkeit des Auslandes sind auf sie gerichtet; die Pietät gegen die Vergangenheit ist bei ihr betheiligt, die Gegenwart will sie so gelöst wissen, dass nicht abermals nach 20 Jahren, sondern erst in ferner Zukunft eine Reform nöthig werde. Die Achtung vor solchen Gründen gebietet und die Erfindung der Buchdruckerkunst erleichtert die äusserste Vorsicht.

Darum habe ich meinen hohen Chef, welcher die Oeffentlichkeit nicht scheut, um die Erlaubniss gebeten, vorab der Wissenschaft zu bringen, was der Wissenschaft ist (die Principien), und demnächst der Verwaltung zu bringen, was der Verwaltung angehört (den Gesetzentwurf und die Instructionen).

Diese Erlaubniss ist mir geworden. Die hier der Gelehrten-Republik und dem gebildeten Publikum übergebenen Denkschriften enthalten meine unmaassgeblichen individuellen Ansichten. Sie sind von des Herrn Ministers Excellenz weder genehmigt, noch verworfen, auch bis jetzt überhaupt durch keine höhere Instanz geprüft. Der Herr Director und die Herren vortragenden Räthe der gleichbetheiligten Unterrichts- und Medicinal-Abtheilung des Ministeriums haben sich noch nicht über dieselben ausgesprochen. Alle Fehler fallen keinem Andern zur Last, als mir selber."

Nicht also der amtliche Entwurf des neuen Medicinaledicts, sondern lediglich die Privatansicht des Herrn Dr. Schmidt über die wissenschaftlichen Principien, nach welchen er den ihm übertragenen Gesetzentwurf zu bearbeiten die Absicht hatte, wenn er nicht zuvor durch bessere eines andern belehrt werden würde, wurde von ihm der Oeffentlichkeit übergeben; und wenn dieser Umstand an sich keinen anderweitigen Nachtheil gehabt haben würde, als dass die schon überreiche Literatur über die Medicinalreform um eine Schrift bereichert wurde, so bestand ein weit grösserer Nachtheil darin, dass die Ansichten des Verfassers zu einem praktischen Resultate und der von ihm eingeschlagene Weg zu einem auch nur im Entferntesten guten Medicinalgesetz zu führen, nicht geeignet waren.

Es war daher kein grosses Verdienst, aber destomehr eine unabweisbare Pflicht, den Privatansichten des Verfassers entgegenzutreten und „alle die Fehler, die keinem Andern, als ihm selber zur Last fielen", aufzudecken. Dass er dies ausdrücklich sich erbeten und sogar als den einzigen Zweck seiner Schrift bezeichnet hatte, hielt ich damals für aufrichtig gemeint. Und so besprach ich denn in meinem „Mediciner" vom 2. Januar 1847 an die Schmidtsche Reformschrift in einer Reihe von Artikeln, deren wesentlichste Sätze folgendermassen lauteten:

„Der gemeinschaftliche Fehler der Reformliteratur ist die Einseitigkeit des eingenommenen Standpunktes; und wie lobenswerthe Gesinnungen, wie ehrenwerthe Bestrebungen, wie emsige Nachforschungen, wie überzeugende Auseinandersetzungen von den einzelnen Autoren an den Tag gelegt werden: so haben doch alle den höheren Standpunkt des staatlichen Organismus nicht erreicht und daher Entwürfe aufgestellt, denen, abgesehen von ihrem relativen Werth, das belebende Princip — ihr lebendiger Zusammenhang mit der individuellen Staatseinheit — fehlt. Auch die Arbeit Schmidts trägt diesen Charakter des isolirten Optimismus an sich und giebt sich dadurch als das zu erkennen, wofür sie der Verfasser ausdrücklich erklärt, nämlich als seine „unmaassgebliche individuelle Ansicht, die bis jetzt durch keine höhere Instanz geprüft worden." Die officielle Eigenschaft jenes Entwurfs, durch welche er eine besondere Wichtigkeit erlangt und die allgemeine Aufmerksamkeit auf sich gezogen hat, liegt nicht in seinem Inhalt, sondern in seiner Bestimmung, der höchsten Behörde zur Prüfung vorgelegt zu werden; wie aber diese ausfallen, und wie ihr Resultat den Entwurf verändern werde, hängt eben von der Nothwendigkeit ab, die Medicinalverfassung mit dem gesammten Organismus der Staatsverfassung in einen lebendigen Zusammenhang zu bringen. Der humane und wissenschaftliche Gesichtspunkt, den der Autor durchweg festhält, gereicht seiner Gesinnung zur Ehre und seinen Vorschlägen zum Lobe; allein der wirkliche Staat ist leider noch nicht der absolut vollkommene, und was er für seine Gesammtheit zu thun hat, kann er immer nur durch die beste Vertheilung der Kräfte und Mittel unter die verschiedenen Sphären allmälig zum Ziele führen. Was demnach dem einzelnen Stimmabgeber in seinem Kreise theoretisch als summum jus erscheint, muss oft von dem das Ganze überschauenden Gesetzgeber praktisch als summa injuria verworfen werden.“

„Menschenfreundliche Gesinnungen und der Wissenschaft entlehnte Principien sind allerdings die idealen und wünschenswerthen, aber wohl nur selten die zu erreichenden Grundlagen der positiven Gesetzgebung. Das ist ja eben die schwere und erhabene Aufgabe der letzteren, die Bedürfnisse der Gesammtheit nicht zu gefährden, um bei den vorliegenden Einzelheiten den angenehmen Regungen des Wohlthuns und den relativen Ansprüchen der Wissenschaft genug zu thun. Darum hat auch die Schmidtsche Schrift bei den jüngeren Aerzten, welche in der Welt der Phantasie mit Wohlbehagen träumen, einen grossen Jubel erregt, aber sie auch zugleich zu grösseren Anforderungen ermuntert. Die Principien nimmt man unverändert gern an, doch will man die Anwendung vervollständigen; und zu dieser Vervollständigung werden Dinge gerechnet, welche in der That ans Lächerliche streifen. Und vielleicht schlimmer noch ist der Umstand, dass die in Rede stehende Schrift theils durch ihr Motto, theils durch einzelne, etwas grelle Färbungen, theils durch ironische Behandlungsweise zu der gewiss irrigen Meinung verleitet, als sei unsere jetzige Medicinalverfassung eine durchaus schlechte, als dürfe von ihrem Baue auch nicht ein Stein übrig bleiben, als sei sie an der Noth des ärztlichen Standes schuld, und als werde diese durch die Reform beseitigt werden.“

„Nicht die wissenschaftliche Welt, sondern die preussische Staatsregierung wird Schmidt zur Umkehr nöthigen, und die Principien, welche der Professor Schmidt der Wissenschaft vindicirt, wird der Geheimrath Schmidt nicht benutzen, oder doch nicht als maassgebend anwenden können. Die Classification des ärztlichen Personals, die er im Namen der Wissenschaft verwirft, wird sich im Namen der Verwaltung an ihm selbst rächen. Sollte ein künftiger Entwurf zur Oeffentlichkeit kommen, so wird man sehen, wie ein und derselbe Mann in einer und derselben Sache in zwei Classen zerfällt, je nachdem er die Anforderungen der Wissenschaft und eines Standes dem Staate gegenüber, oder den Staat jenen Anforderungen gegenüber zu vertreten hat.“

Schon die nächste Zeit bestätigte meine ausgesprochenen Besorgnisse. Kaum war nämlich in Folge der Märzereignisse den entzügelten Leidenschaften die schrankenlose Presse eröffnet, so verwandelte sich die früher dem Herrn Geheimrath Schmidt so allgemein gezollte Huldigung in die bittersten Angriffe; und gerade seine bisherigen eifrigsten Lobredner wurden seine entschiedensten Gegner. Die demokratische Medicin, welche seine Reformschrift als ein schönes und erreichbares Ideal hingestellt hatte, verläugnete ihn bei den ersten Schritten, welche sie zu ihrer Verwirklichung thun zu können und thun zu müssen glaubte. Und so fand ich mich denn bereits am 1. April bewogen, in No. 13 meines „Mediciners“ an das ärztliche Publikum folgenden Mahnungsruf zu richten:

„Bei der plötzlichen Umgestaltung des bisherigen Regierungssystems ist es zunächst das Gesammtinteresse des wiedergeborenen deutschen Volkes, welches unsere ganze Aufmerksamkeit und geistige Thätigkeit in Anspruch nimmt; und wie wir alle Mann zu Mann zusammenhalten müssen, um das gemeinschaftlich Errungene gemeinschaftlich zu erhalten und zu vertheidigen, so darf auch der einzelne Stand noch nicht daran denken, den Sieg der guten Sache für sich auszubeuten, bis die befestigte Ordnung den Segen der Freiheit in die organische Gliederung der Gesellschaft wie einen lebendigen Strom ergiessen wird. Man verlange nicht die Aerndte zugleich mit der Saat und nicht eine lebensfähige Frucht unmittelbar nach der Empfängniss."

Ob meine damals vollständig vereinzelte Stimme mit der Zeit einen Eindruck gemacht, oder ob sie die Unterstützung Gleichgesinnter gefunden haben würde, muss natürlich dahingestellt bleiben; für den Augenblick war es das Ministerium selbst, welches die bereits hochgehenden Wogen der allgemeinen Aufregung durch eine verfehlte Maassregel in einen bedenklichen Sturm verwandelte.

Der Staatsanzeiger vom 27. Mai brachte nämlich folgende amtliche Erklärung:

„Wenn die beabsichtigte Medicinalreform bisher nicht zur Ausführung gelangte, so lag der Grund dieser Zögerung nicht in der Centralbehörde. Das Ministerium hatte bereits im Juli 1846 nicht nur die Gutachten der Ober-Präsidien, Medicinal-Collegien, Regierungen und medicinischen Facultäten veranlasst, sondern auch auf geeignete Weise die Betheiligung des gesammten gebildeten, namentlich des ärztlichen Publikums möglich gemacht. Während die meisten der genannten Behörden in einer, dem wichtigen Gegenstande angemessenen Zeit die ihnen gestellte Aufgabe erledigten, auch die medicinische Presse besondere Ansprüche auf den Dank des Ministeriums sich erwarb, blieben die medicinischen Facultäten zweier Universitäten und eine Regierung, ungeachtet wiederholter Erinnerungen, bis auf die neueste Zeit im Rückstande. Diese allein tragen die Schuld des Aufschubs, denn der Centralbehörde war es nicht zu verdenken, dass sie auf das Votum so competenter Körperschaften nicht verzichtete.

Nach dem nunmehr jedoch bald zu erwartenden Eingange dieser noch fehlenden Materialien wird auf dem eingeschlagenen Wege möglichst schnell weitergegangen werden, wobei selbstredend allen denen, welche die Sache auf dem Wege eines medicinischen Congresses noch zu berathen wünschen, überlassen bleibt, vom freien Associationsrechte Gebrauch zu machen und ihre Wünsche und Vorschläge auch jetzt noch baldigst einzureichen. Das Ministerium wird inzwischen die Sammlung eines sehr umfangreichen und zum Theil sehr werthvollen Materials, welches schon jetzt in officiellen Berichten, aber auch in geschriebenen und gedruckten Abhandlungen gelehrter Gesellschaften und sachverständiger Privatpersonen vorliegt, sorgfältig benutzen, um durch Zusammenstellung der verschiedenen Ansichten, nicht nach blosser Stimmenzählung, sondern nach dem Gewicht der Motive die richtige Linie zu finden. Dass dieses keine leichte, sondern Vorsicht erfordernde Arbeit ist, wird jeder billig ermessen, welcher nicht nur an die anderweiten, für den Chef des Ministeriums in dessen verschiedenen Ressorts jetzt vorliegenden grossen Aufgaben, sondern auch daran denken will, dass in Dingen, die mit der Wissenschaft zusammenhängen, nicht Ueberredung, sondern Ueberzeugung gilt, die letztere aber Gründe und Zeit erfordert."

Dieses erste Lebenszeichen des constitutionellen Ministeriums in Bezug auf die Medicinalreform war ein in doppelter Beziehung verunglückter Versuch, die Vergangenheit in die Zukunft überzuführen. Die Entschuldigung für das frühere Ministerium sah weit mehr einem dünnverhüllten Tadel, als einer wohlbegründeten Rechtfertigung ähnlich. Ausserdem aber war ohne jede dringende Veranlassung eine amtliche Provocation zur Benutzung des freien Associationsrechtes und zur Forderung eines allgemeinen ärztlichen Congresses hingestellt. Die unmittelbaren Folgen dieses officiellen Artikels, dessen Verfasser nicht einen Augenblick verkannt werden konnte, liessen denn auch nicht lang auf sich warten; mir aber schien es zweifellos, dass eine wohlthätige Reform des Medicinalwesens unter den obwaltenden Umständen nicht möglich und überhaupt vorläufig nicht zu erwarten war.

Ich fügte demnach dem Abdruck des erwähnten ministeriellen Artikels in meinem „Mediciner" vom 1. Juli 1848 die nachstehenden Bemerkungen hinzu:

„Das Staatsministerium ist unter den jetzigen Verhältnissen nicht mehr competent, eine neue Medicinalverfassung ohne Beirath der Volksvertretung gesetzlich sanctioniren zu lassen, und so wird es wohl noch eine Zeitlang beim Alten bleiben, mit Ausnahme einzelner provisorischer Abänderungen, welche in Form specieller Verordnungen momentane Bedürfnisse befriedigen oder besonders hervorstechende Uebelstände und Missbräuche beseitigen sollen.

Hiermit steht indess die obige ministerielle Erklärung in offenbarem Widerspruch, denn nach ihr soll das Verfahren der früheren Verwaltung nur durch zufällige Umstände unterbrochen und verzögert worden sein, jetzt aber wieder aufgenommen und zu Ende geführt werden. Es wäre dies ein gar schlimmes Versprechen, wenn seine Erfüllung zu fürchten wäre, allein wir sind überzeugt, dass das neue Ministerium, oder, wenn auch dieses noch nicht, ein späteres diesen Weg verlassen und die künftige Medicinalverfassung auf andere Grundlagen aufbauen wird. Eine ausführlichere Erörterung dieser nur aphoristischen Bemerkungen wollen wir uns vorbehalten."

Sechs Tage später, am 6. Juli 1848, brachte der Staatsanzeiger folgende Anzeige:

„Se. Majestät der König haben allergnädigst geruht, dem Staatsminister Rodbertus die nachgesuchte Dienstentlassung in Gnaden zu ertheilen, und die Leitung des Ministeriums der geistlichen, Unterrichts- und Medicinal-Angelegenheiten interimistisch dem Ministerial-Director, Wirklichen Geheimen Ober-Regierungsrath v. Ladenberg zu übertragen."

Die Aufgabe, welche ich mir bei der Herausgabe meines „Mediciners" gestellt hatte, war durch den Amtsantritt des Herrn v. Ladenberg als Chef des Medicinalwesens in sofern erledigt, als sein persönliches Verhältniss zu mir ihn in den Stand setzte, jederzeit meine Ansichten über die von ihm ergriffenen und zu ergreifenden Maassregeln zu fordern, meine innigste und aufrichtigste Verehrung für ihn mir aber nicht gestattete, mein freimüthiges, oder wohl gar tadelndes Urtheil über sein Ministerium anders als ihm selbst auszusprechen. Hierzu konnte natürlich nur er selbst mir die Befugniss ertheilen.

Und so machte ich bereits in der nächsten Nummer des „Mediciners" vom 8. Juli folgende Anzeige:

„Der Mediciner findet sich veranlasst, vorläufig mit dieser Nummer von seinen Lesern Abschied zu nehmen."

Wenige Tage darauf liess Herr v. Ladenberg mich zu sich

rufen. Das Resultat dieses Besuchs wird man am besten aus nachstehender Correspondenz ersehen.

Hochverehrter Herr Präsident!

In Folge unserer gestrigen Unterredung erlaube ich mir, Ew. Hochwohlgeboren nachfolgendes Concept meines Petitums einzureichen, welches ich, wenn es Ihre Genehmigung erhält, sodann officiell an das Medicinal-Ministerium adressiren werde. Zu diesem Zwecke werden Sie wohl die Güte haben, bei der geneigten Antwort dieses Gesuch, von welchem ich keine Abschrift nehme, mir zurückzusenden und eine etwa gewünschte Abänderung randlich zu vermerken.

Berlin, d. 19. Juli 1848.

Mit innigster Verehrung

Dr. **Kalisch.**

Concept.

Hohes Ministerium!

Die Tagespresse, welche fast ausschliesslich zu egoistischen Zwecken ausgebeutet wird, hat nunmehr angefangen, auch der schwebenden Frage über die vorbereitete Medicinal-Reform sich zu bemächtigen. Mag es hierbei immerhin selbst die freisinnigste Regierung ihrer unwürdig erachten, thörichten und daher vorübergehenden Parteibestrebungen amtlich entgegen zu treten; mag sie es vielleicht sogar gern sehen, dass im offenen Streit der Betheiligten das Unlautere zur Erscheinung kommt und sich am gesunden Sinne der intelligenten Bevölkerung den Stachel abschleift, so kann es ihr doch im Interesse der guten Sache nicht gleichgültig sein, wenn eine gleichsam epidemische Erregbarkeit der Gemüther dazu missbraucht wird, zunächst unwahre Thatsachen keck zu behaupten und dann weiter diese zu trügerischen Auslegungen zu benutzen. — Nicht gegen die Lüge an sich, welche von der Zeit überwunden wird, sondern zur Abkürzung dieser Zeit, während welcher jene Lüge auf die Unerfahrenen und Leichtgläubigen schädlich einwirkt, dürfte das Einschreiten der höchsten Behörde wünschenswerth, ja unter den gegenwärtigen politischen Verhältnissen nothwendig sein. Hierzu giebt es, wie ich glaube, ein einfaches, aber vollkommen ausreichendes Mittel, und dies besteht darin, der öffentlichen Meinung die Wahrheit so zugänglich zu machen, dass letztere ihr Recht selbst verfechte. Ist nur erst der Boden gewonnen, auf welchem die Vertheidiger des Rechtes festen Fuss fassen können, dann wird den Vorkämpfern des Schlechten gar bald die Angriffswaffe entrissen sein.

Verschmäht es also auch das hohe Medicinal-Ministerium mit Recht, durch officielle Organe den Augiasstall der gemeinen Tagesliteratur selbstthätig reinigen zu wollen, so dürfte dasselbe doch wohl berufen sein, die Wohlgesinnten, zugleich aber der wahren Sachverhältnisse Unkundigen gegen den trüben Eindruck lügnerischer Behauptungen und trügerischer Auslegungen zu schützen, dadurch nämlich, dass es die in amtlicher Zurückgezogenheit fliessenden Quellen der Wahrheit ihren erquickenden und befruchtenden Inhalt frei und offen an das Tageslicht ausströmen lässt.

Dass über das so kund Gewordene ein freies, d. h. ehrliches Urtheil gestattet wird, dass etwaige Mängel hervorgehoben, zweckmässige Veränderungen vorgeschlagen, eingeschlichene Missbräuche gerügt werden dürfen, ja sollen, versteht sich von selbst; denn eben um es der competenten Beurtheilung zu übergeben, tritt die Regierung mit ihrem Material hervor, damit sie nicht erst hinter dem mühsam erreichten Ziel die verdiente Anerkennung, sondern bereits auf dem Wege zu demselben eine erwünschte Unterstützung finde. Darf ich nun einerseits für diese Ansicht die Zustimmung eines hohen Ministerii als wahrscheinlich annehmen *), so will ich andererseits, mit Rücksicht auf meine bisherigen literarischen Bestrebungen, der Hoffnung Raum geben, dass mein Anerbieten: die Wahrheit und das Recht öffentlich zu vertreten, sowie meine Bitte: von einem hohen Ministerio dabei geneigtest unterstützt zu werden, bei demselben williges Gehör finden werde.

Ich habe nämlich die Absicht, unter entsprechendem Titel zwanglose Hefte herauszugeben, in welchen das Material des Ministerii für die bevorstehende Medicinal-Reform übersichtlich und gutachtlich besprochen wird. Zu diesem Stoffe gehört nun Alles, was dem Ministerium unmittelbar auf dem Verwaltungswege oder durch Eingaben von Vereinen oder in Votis von Einzelnen zugegangen und in seinem Archiv actenmässig gesammelt ist. Mein Gesuch geht also dahin:

> Ein hohes Medicinal-Ministerium wolle geneigtest mir die Einsicht dieser Acten und ihre eventuelle Benutzung für den vollständigen oder auszugsweisen Abdruck gestatten.

Das ärztliche Publikum wird sich dann leicht überzeugen, dass sein Wohl, in wissenschaftlicher, wie in materieller Beziehung, von der höchsten Behörde im Sinne der wahren Freiheit, d. h. in den Gränzen der das allgemeine Beste des Staats und besonders der den Aerzten von diesem anvertrauten kranken Bevölkerung im Auge behaltenden Besonnenheit, gewahrt und gefördert wird. Die leidenschaftlichen Aufreizungen der theils böswilligen, theils im Irrthum befangenen Verfechter von Sonderinteressen werden bald verstum-

---

*) Zu dieser Stelle schrieb Hr. v. Ladenberg am Rande: Ja.

men oder doch wirkungslos verhallen, und die leicht irre zu leitende, aber eben so leicht auf die richtige Bahn wieder zurückzuführende Generation der heranwachsenden Aerzte, ihrer überwiegenden Mehrzahl nach für das Gute und Edle empfänglich, wird zwischen dem Schein und der Wahrheit, zwischen der Zügellosigkeit und Freiheit, zwischen Verführung und Belehrung, zwischen Feind und Freund den Unterschied bald herausfinden. Vertrauen wird Vertrauen wecken, der gewährte Schutz wird nicht als vorgespiegelte Bevormundung gelten, und man wird das Reifen der wohlgepflegten Frucht nicht durch schnödes Abreissen der Blüthen verhindern lassen *).

Um geneigten Bescheid ersuchend, verharre ich

Eines hohen Ministerii

ganz ergebenster

Dr. **Kalisch.**

Auf diese von mir unter dem 21. Juli eingereichte Eingabe erhielt ich nachstehende Verfügung:

Ew. Wohlgeboren erwidere ich auf das Schreiben vom 21. d. M., dass ich Ihr Vorhaben, unter entsprechendem Titel zwanglose Hefte herauszugeben, in welchen das Material des Ministeriums für die bevorstehende Medicinal-Reform übersichtlich mitgetheilt und gutachtlich besprochen wird, vollkommen billige und gern bereit bin, Ihnen zur Unterstützung desselben die Einsicht der betreffenden Acten des Ministeriums zu gestatten. Ew. Wohlgeboren stelle ich anheim, sich zu diesem Zweck mit dem Herrn Geheimen Medicinal-Rath Schmidt, der Ihnen über das vorhandene Material gern nähere Auskunft ertheilen und die Registratur mit der erforderlichen Anweisung versehen wird, in Verbindung zu setzen. Da jedoch der Herr p. Schmidt erst in etwa drei Wochen von seiner Urlaubsreise zurückkehren wird, ich aber voraussetzen darf, dass Ew. Wohlgeboren daran gelegen ist, möglichst bald die gedachten Acten einzusehen, so habe ich den als Justitiarius in der Medicinal-Abtheilung

*) Am Rande dieses Concepts hatte Herr v. Ladenberg nachstehende Bemerkung hinzugefügt, welche ich nicht zu übersehen bitte. „Verzeihen Sie, mein bester Doctor, wenn ich in aller Eile ad marginem antworte. Lassen Sie die Eingabe abgehen, wie sie gefasst ist, und recht bald, ehe ein von mir dringend erbetener neuer Chef unsern guten Absichten eventuell entgegentreten kann. Ich denke, Sie sollen einen Bescheid erhalten, der Sie befriedigt und die Sache erleichtert.

In aufrichtigster Hochschätzung

Ladenberg.

20/7.

des Ministeriums beschäftigten Herrn Kammergerichts-Rath Lehnert,*) Louisen-Strasse No. 25 wohnhaft, veranlasst, Ihnen das gewünschte Material schon jetzt zugänglich zu machen, sobald Sie ihm Ihre diesfälligen Wünsche werden mitgetheilt haben.

Berlin, den 25. Juli 1848.

Für den Minister der geistlichen,
Unterrichts- und Medicinal-Angelegenheiten.

Im Allerhöchsten Auftrage

(gez.) **Ladenberg.**

An
den practischen Arzt
Herrn Dr. Kalisch
Wohlgeboren
3271. hier.

und wenige Tage später von dem Vorsteher der geheimen Medicinalregistratur nachstehendes Schreiben:

„In Folge des mir gewordenen Auftrage übersende Ew. Wohlgeboren ich hierbei ganz ergebenst vorläufig:

1. Vier Vol. der Ministerialacten, betreffend die Medicinalordnung und
2. Vier Bände von Schriften und Gutachten über die Reform des Medicinalwesens.

Die von den Oberpräsidenten, Regierungen und Universitäten eingeforderten Gutachten und Vorschläge behalte ich mir vor, Denenselben persönlich einzuhändigen."

Berlin, den 31. Juli 1848.

Pauli.

Kaum hatte ich diese und andere Acten flüchtig durchgesehen, als Herr Geheimrath Schmidt von seiner Urlaubsreise zurückkehrte; und die unmittelbare Folge dieser Rückkehr war das nachstehende Schreiben desselben Herrn Pauli:

„Die von Ew. Wohlgeboren abgeforderten Gutachten werden dringend und noch heute zum Vortrag gebraucht, weshalb es nöthig ist, dass dieselben durch den Ueberbringer dieses zurückgeschickt werden.

---

*) Gegenwärtig Stellvertretender Director der Medicinal-Abtheilung im Ministerium der geistlichen, Unterrichts- und Medicinal-Angelegenheiten und Director der wissenschaftlichen Deputation für das Medicinalwesen.

Die noch heute von Ihnen verlangten Actenstücke, die auch überhaupt auf Ew. Wohlgeboren alleiniges Verlangen ohne Weiteres nicht verabfolgt werden können, werden gerade auch heute gebraucht."

Berlin, den 22. August 1848.

Pauli.

Ich schrieb sofort an den Herrn Geheimrath Schmidt Folgendes:

„Geehrter Herr Geheimrath!

Die durch hohe Ministerial-Verfügung und gefällige Vermittelung des Herrn Kammergerichtsraths Lehnert mir zugesandten Actenstücke sind mir heute sämmtlich durch das abschriftlich angeschlossene Schreiben des Herrn Geheimen Kanzleirath Pauli abgefordert worden. Da nun jene Ministerial-Verfügung vom 25. Juli dieses Jahres mich darauf hinweist, dass Ew. Wohlgeboren die geheime Registratur mit der nöthigen Instruction versehen werden, so will ich nicht verfehlen, Ihnen die einfache Thatsache mitzutheilen.

Ich habe natürlich der an mich ergangenen Aufforderung Genüge geleistet und nur das Gutachten des Regierungs-Präsidenten zu Gumbinnen zurückbehalten, weil es mir schien, als ob Herr Pauli, der mir die Acten in Folge ihm gewordenen Auftrags zusandte, auch nur in gleicher Weise sie zurückverlangen durfte, was er nun wohl bei dem einzig zurückgebliebenen Actenstück zu thun nicht verfehlen wird, wenn Sie einen solchen Auftrag ihm zu geben sich veranlasst finden sollten. Die von mir heute verlangten Actenstücke sind die Rustschen Entwürfe aus den Jahren 1822 und 1824, deren Einsicht ich erbeten hatte, und die nun merkwürdig genug gerade auch heute gebraucht werden."

Berlin, den 22. August 1848.

Hochachtungsvoll und ergebenst

Dr. Kalisch.

Herr Geheimrath Schmidt liess mich um Entschuldigung ersuchen und schickte mir nachstehende Anweisung:

„M. und U.

Herr Dr. Kalisch wünscht

1. die Acten, worin die Rustschen Entwürfe aus den Jahren 1822 und 1824 enthalten sind.
2. Mehrere Unterrichtsacten, die Herr Dr. Kalisch näher bestimmen wird, und ersuche ich, mit Bezug auf die officielle Ermächtigung des Herrn Chefs, diese Acten demselben verabfolgen zu lassen.

Schmidt."

Auf diese Weise wieder in den unbeschränkten Besitz der Acten gekommen, hatte ich dieselben, nach dem Wunsche des Herrn v. Ladenberg, zu einem doppelten Zweck zu benutzen. Einmal nämlich, um die laufenden Reformmaassregeln öffentlich mitzutheilen und von meinem Gesichts- und Standpunkte aus mit voller Freiheit zu besprechen; zweitens, um nach den Ergebnissen des gesammten Actenmaterials meine eignen Ansichten über die Medicinalreform festzustellen und diese mündlich oder schriftlich dem Herrn Minister vorzutragen. Was für beide genannte Zwecke von mir bis zum Ausscheiden des Herrn v. Ladenberg aus dem Ministerium, und zwar unter ununterbrochenen Conflicten mit Herrn Geheimrath Schmidt, geschehen ist, gehört nicht hierher; ich beschränke mich daher auf eine einzige Bemerkung.

Ich habe oben von den aufregenden Wirkungen gesprochen, welche die ministerielle Erklärung vom 27. Mai 1848 im ärztlichen Stande herorgerufen hatte. Es sprachen sich diese in einer grossen Menge leidenschaftlich abgefasster Gesuche und Adressen an das Ministerium aus, in welchen vor Allem die amtliche Berufung eines allgemeinen ärztlichen Congresses gefordert wurde. Ich will mir erlauben, ein Actenstück, welches in dieser Beziehung noch zu den gemässigsten gehörte, nachstehend mitzutheilen:

„An den Minister der geistlichen,
Unterrichts- und Medicinnl-Angelegenheiten,

Herrn Rodbertus, Excellenz.

Herr Minister!

Seit länger als zehn Jahren hat die Frage der Medicinalreform bei dem bisher eingeschlagenen schleppenden Geschäftsgange vergeblich ihrer Erledigung entgegengeharrt. Der preussische Staatsanzeiger vom 27. Mai d. J. hat dies in einem Artikel, der das officielle Gepräge an sich trägt, anerkannt und eine Beschleunigung dieser Angelegenheit zwar in Aussicht gestellt, solche aber von dem vorherigen Eingange der noch fehlenden Materialien abhängig gemacht. Wenn während einer so langen Reihe von Jahren von den sechs medicinischen Facultäten des Staates bisher noch zwei mit ihren desfallsigen Gutachten im Rückstande geblieben sind, und das Ministerium es bisher nicht vermocht hat, das noch fehlende Votum der gleichfalls im Rückstande befindlichen einen Regierung, wiederholter Erinnerungen ungeachtet, in einem so langen Zeitraume beizutreiben, so dürfte doch bei dem besten Willen es der Centralbehörde schwer werden, den im Staatsanzeiger ausgesprochenen Vorsatz baldigster Beschleunigung auszuführen. Aber selbst wenn nach dem Eingange der noch fehlenden Materialien von dem Ministerium der Medicinal-Angelegenheit auf dem bisher eingeschlagenen Wege in der Medicinalreform-Angelegenheit fortgefahren würde, möchte für dieselbe kein erspriesslicher Erfolg, und am wenigsten die nöthige Vereinbarung mit den Wünschen und Hoffnungen des Heilpersonals zu gewärtigen sein, weil das Princip der Autonomie, welches gegenwärtig in der Staats- und Gemeindeverwaltung als das ausschliesslich maassgebende sich Geltung verschafft hat, auch in der medicinischen Gesetzgebung als das allein Vertrauen einflössende und, mehr als das bisherige bureaukratische Bevormundungssystem, für eine so gebildete Körperschaft geeignete von den Aerzten anerkannt worden ist. Schon haben zu diesem Zwecke die Aerzte der Rheinprovinz einen Verein geschlossen, und auch der unterzeichnete Verein ist, von dem

Associationsrechte Gebrauch machend, am 27. April d. J. zunächst zu dem Behuf in das Leben getreten, die ärztlichen Gesammtinteressen und vorzugsweise für jetzt die Medicinalreform auf dem Wege freier Berathung zu fördern. Damit solches nicht einseitig und darum erfolglos geschehe, sondern eine gemeinsame Berathung und wo möglich selbstständige Beschlussnahme des gesammten, in technisch sachverständiger Beziehung hierbei ausschliesslich competenten, Heilpersonals des preussischen Staates, unter Vorbehalt der nachträglichen Genehmigung Seitens der künftigen gesetzgebenden Gewalt, erzielt werde, beantragen wir ehrerbietigst:

> dass zur Erledigung der Medicinalreform ein allgemeiner Congress, hervorgehend aus directen Wahlen aller Aerzte und Wundärzte des preussischen Staates, baldmöglichst berufen werde.

Nur durch diese Maassregel, welche bloss eine Consequenz des in Bezug auf die Reform der höheren Lehranstalten von dem Ministerium in dem Erlass vom 8. d. M. befolgten leitenden Grundsatzes sein würde, glauben wir, wird dem Ministerium der geistlichen, Unterrichts- und Medicinal-Angelegenheiten ein Aufbau möglich werden, welcher, wie der oben erwähnte Artikel des preussischen Staatsanzeigers sich schliesslich äussert, auf die gewichtigsten Stimmen der Erfahrung und der Wissenschaft gegründet ist, und welcher auf die gesetzliche Sanction und auf den Beifall aller unparteiischen Interessenten sich Hoffnung machen darf."

Berlin, den 24. Juni 1848.

Im Namen des Vereins praktischer Aerzte und Wundärzte zur Förderung der Gesammtinteressen des Heilpersonals:

Das provisorische Comité.
(Unterschriften.)

Herr Rodbertus nahm dieses Gesuch persönlich entgegen und fand in seinen allgemeinen politischen Anschauungen den ausreichenden Grund, sofort seine Zustimmung zu erklären.

Wenige Tage darauf trat jedoch Herr v. Ladenberg die Leitung des Medicinal-Ministeriums und mit dieser die Erbschaft der Verheissungen seines Amtsvorgängers an. Der ärztliche Congress war daher auch der erste Gegenstand, über welchen Herr v. Ladenberg meine Ansicht forderte; und ich entschied mich unbedingt gegen die Berufung eines solchen. Herr Geheimrath Schmidt war der entgegengesetzten Ansicht, nicht aber aus demokratischen, sondern aus bureaukratischen Gründen. Gar nichts in der Sache zu thun, war Herrn v. Ladenberg darum unmöglich, weil ein amtliches Versprechen bereits gegeben war; und so ward denn beschlossen, statt eines allgemeinen aus freien Wahlen hervorgehenden Congresses eine Conferenz zu berufen, deren Mitglieder, je 2 aus jeder Provinz, von dem Minister unter den ihm von den Provinzialbehörden vorgeschlagenen Candidaten ernannt wurden. Die Versammlungen dieser Conferenz fanden in Berlin vom 1. bis 23. Juni 1849 in 19 Sitzungen statt; und Herr v. Ladenberg eröffnete die erste Sitzung mit einer Rede, in welcher er ausdrücklich bemerkte, dass er als verantwortlicher Minister sich an die Beschlüsse der Versammlung nicht gebunden halten könne, vielmehr die Versammlung nur als informatorisch für sich betrachte. Aus diesem Grunde habe er ebensowenig die einzelnen Mitglieder aus einer freien Wahl des ärztlichen Standes, als den Vorsitzenden aus einer freien Wahl der Versammlung hervorgehen lassen, und zu letzterem Amte habe er den Geheimen Medicinal-Rath Schmidt bestimmt.

Viel Interessantes und viel Lehrreiches ist in diesen Conferenzsitzungen gesprochen worden, wie die veröffentlichten Protokolle zeigen; allein ein legislatives Resultat oder auch nur eine wissenschaftliche Grundlage für das neue Medicinalgesetz boten sie nicht dar. In Beziehung auf die wissenschaftlichen Fragen standen die Ansichten meist schroff einander gegenüber; und in Beziehung auf die Verwaltung waren nur sehr wenige Mitglieder im Besitze ausreichender Sachkenntniss.

Für mich stand, nach der Beendigung dieser Conferenzen, die Ueberzeugung fest, dass in der nächsten Zeit der Gesetzentwurf über die Reorganisation der Medicinalverfassung nicht zu

Stande kommen werde; und ich bat daher Herrn v. Ladenberg, mich vorläufig mit dem Studium der gesammten Acten beschäftigen zu dürfen, um darauf meine Vorschläge zu stützen, gleichzeitig aber dasjenige durch den Druck veröffentlichen zu dürfen, was mir irgendwie dem wissenschaftlichen Interesse des ärztlichen Standes förderlich erscheinen möchte. Herr v. Ladenberg billigte meine Absicht durchaus; und der erste Gegenstand, den ich auf diese Weise für die Veröffentlichung bestimmt hatte, war eine Auswahl gerichtsärztlicher Gutachten der wissenschaftlichen Deputation. Zu einer eingehenden Beschäftigung mit diesen Gutachten in wissenschaftlicher Beziehung hatte mir ein besonderer Fall, zu einer nähern Prüfung der Wirksamkeit dieser Behörde aber die amtliche Vorlage über die von der Medicinal-Conferenz zu berathenden Fragen Veranlassung gegeben.

Der Conferenz wurden nämlich 66 formulirte Fragen von dem Ministerium vorgelegt, von welchen die unter No. 63 also lautete:

> „Ist die wissenschaftliche Deputation für das Medicinalwesen ferner nöthig?"

Diese Frage kam in der 16. Sitzung am 19. Juni 1849 zur Berathung; und die amtlichen Protokolle enthalten darüber folgende Mittheilung:

> „Dr. Ulrich hält die wissenschaftliche Deputation nicht nur als oberste wissenschaftliche Instanz bei der Abgabe von gerichtlich-medicinischen Gutachten, sondern auch als technischen Rathgeber für das Ministerium für ganz unentbehrlich, da es nie möglich sei, alle speciellen technischen Fächer durch die eigentlichen Ministerialräthe so vollständig vertreten zu lassen, als es in der wissenschaftlichen Deputation der Fall sei.
>
> Das fernere Bestehen dieser wissenschaftlichen Deputation wird danach einstimmig bejaht."

Ich war in meiner Arbeit über diese Frage ausführlicher gewesen, hatte aber dabei zugleich auf den grossen Nutzen aufmerksam gemacht, welchen die Veröffentlichung einzelner dieser Deputationsgutachten — da der Werth derselben sich als ein sehr verschiedener ergab — für die ärztliche Wissenschaft und Kunst haben würde. Mit der Veröffentlichung einer zu diesem Zwecke getroffenen Auswahl sollte nun eben der Anfang gemacht werden, als Herr v. Ladenberg die Leitung des Ministeriums niederlegte, und Herr v. Raumer an seine Stelle trat.

An sich war dieser Ministerwechsel für mich durchaus kein Grund, die Ausführung meiner Absicht aufzugeben; nur ein Umstand erregte mir Bedenken: die Vorrede. Diese sollte nämlich mit folgenden Sätzen schliessen:

„Nicht aber mir, sondern durch mich dem Volke hat der Minister den Blick in die Werkstatt seiner Verwaltung öffnen wollen, denn Herr v. Ladenberg ist ein Mann, der für Staat und Haus nur eine Sittlichkeit, für den Minister und den Menschen nur eine Wahrheit, für den Untergebenen und den Unabhängigen nur eine Freimüthigkeit, für die Verwaltung und die Wissenschaft nur eine Oeffentlichkeit anerkennt.

Das Princip, „in das Innere der Registratur dringe kein unbeamteter Geist," behält für die Staatsgeheimnisse seine volle, weil durchaus nöthige, Gültigkeit; aber dieses Bollwerk des allgemeinen Wohls darf keine Barrikade persönlicher Interessen werden. Das Actengeheimniss soll die Verwaltung gegen etwaige Missbräuche der Beamten, nicht aber umgekehrt die Missbräuche dieser gegen die Verwaltung sicher stellen."

Diese Sätze, nach dem Ausscheiden des Herrn v. Ladenberg zu unterdrücken, wäre Undank und Feigheit gewesen; sie unmittelbar nach dem Eintritt des neuen Ministers stehen zu lassen, schien mir aus folgendem Grunde unthunlich. Die Absicht des Herrn v. Ladenberg, mich bei Bearbeitung des neuen Medicinalgesetzes zu beschäftigen, und sein Eingehen auf meinen Vorschlag, den Grundsatz des Actengeheimnisses in den der grösstmöglichen Oeffentlichkeit umzuwandeln, beruhte zugleich auf seinem Verwaltungssystem und auf seinem persönlichen Vertrauen zu mir. Das Verwaltungssystem des Herrn v. Raumer war noch vollkommen unbekannt, und von einem wohlwollenden Vertrauen desselben zu mir konnte auch nicht im Entferntesten die Rede sein. Das Wahrscheinlichste war, dass er, seinem gegenwärtigen Ressort bisher völlig fremd, zunächst den Ansichten und Vorträgen seines technischen Raths, des Herrn Geheimrath Schmidt, Gehör und Folge geben werde. Gerade dieser aber war es, welcher unter dem Ladenbergschen Ministerium die Barrikade des Actengeheimnisses mir gegenüber Schritt vor Schritt vertheidigt und die Actenveröffentlichung als den gefährlichsten Feind der Verwaltung erklärt hatte. Nicht gegen seinen früheren Chef würde er freilich aufzutreten gewagt haben; wohl aber konnte er seinem neuen Chef die Sache so darstellen, als ob dessen Vorgänger dieses Princip der öffentlichen Verwaltung durchaus nicht gehabt, und ich nur missbräuchlich zur Rechtfertigung meines Vorhabens eine solche Behauptung hingestellt hätte.

In dieser meiner Verlegenheit kam mir nun Herr Geheimrath Schmidt selbst zu Hülfe. Unmittelbar nach dem Eintritt des Herrn v. Raumer in das Ministerium veröffentlichte derselbe eine Schrift: „Ueber Anstellungen und Beförderungen im Medicinaldepartement“ und sagte darin (S. 7) wörtlich:

> „In der That ist es immer am besten, wenn die Verwaltung von allen Seiten durchsichtig, oder, wie ein grosser Philosoph sich ausgedrückt hat, ein „Haus von Glas“ ist. Die s. g. neue Zeit hat Gutes und Schlechtes gebracht; nicht das Geringste, was sie gebracht hat, ist, dass sie uns über den Nimbus und die Heimlichkeiten hinweggebracht hat. Wer ein gutes Gewissen hat, darf sich nicht scheuen, dass ein Anderer hineinsieht. Die „Verantwortlichkeit der Minister“ ist keine Phrase, sondern ein kostbares Kleinod; sie ist dazu da, dass Gerechtigkeit im Lande herrsche und nicht die Gunst und die Willkür. Ein Bruchtheil dieser Verantwort-

lichkeit geht folgerecht auf die vortragenden Räthe der Ministerien über. Ein „Rath" ist ein Mann, der berufen ist, „Rath" zu ertheilen. Der Minister ist nicht an den Rath seiner Räthe gebunden, das versteht sich von selbst, das liegt im Begriffe seiner höheren Verantwortlichkeit; aber er kann von jedem seiner Räthe verlangen, dass er ihm ehrlichen Rath ertheile, dass er sich in die Aufgabe seines Referats hineindenke und kein Mittel der eigenen Belehrung unversucht lasse. Der Staat kann nicht bloss vom Minister verlangen, dass er nach der Gerechtigkeit und nach Grundsätzen entscheide, sondern auch von jedem Rathe des Ministers verlangen, dass er nach der Gerechtigkeit und nach Grundsätzen votire. Grundsätze aber können richtig und irrig sein. Erstere zu finden, letztere zu vermeiden, dazu giebt es keinen besseren Weg, als die breite Bahn der unbedingten Oeffentlichkeit."

Meine Vorrede war gerettet; mein Buch konnte erscheinen; mein Manuscript war druckfertig: — da ging mir nachstehende Verfügung zu:

„Aus einem Bericht der wissenschaftlichen Deputation für das Medicinalwesen ersehe ich, dass Ew. Wohlgeboren die Absicht haben, Gutachten dieser Behörde, welche Ihnen auf Ihren Wunsch mit Genehmigung des Königlichen stellvertretenden Directors der Medicinal-Abtheilung meines Ministeriums vorgelegt worden sind, drucken zu lassen. Dies veranlasst mich, Ew. Wohlgeboren darauf aufmerksam zu machen, dass die Ihnen von meinem Herrn Amtsvorgänger unterm 25. Juli 1848 ertheilte Erlaubniss, das in den Acten des Ministeriums enthaltene Material für die Medicinal-Reform zu veröffentlichen, eine Ermächtigung zur Veröffentlichung der Ihnen vorgelegten Gutachten der genannten Deputation nicht in sich schliesst. Auch die Ihnen durch den Erlass vom 23. Februar vor. Jahres gestattete Benutzung der Acten des Ministeriums bei literarischen Arbeiten enthält eine solche Ermächtigung nicht, und der Hr. stellvertretende Director der Medicinal-Abtheilung hat, als er Ihnen die Einsicht der in Rede stehenden Gutachten in den Acten gestattete, nach Ihren eigenen Mittheilungen über den Zweck, zu welchem Sie die Gutachten einzusehen wünschten, seiner amtlichen Erklärung zufolge, in keiner Weise voraussetzen können, dass Sie eine Veröffentlichung dieser Gutachten beabsichtigen. Ich habe mich verpflichtet gehalten, Ihnen diese Eröffnung zu machen, um einer etwaigen irrthümlichen Auffassung der Ihnen früher ertheilten Erlaubniss zu begegnen.

Berlin, d. 12. April 1851.

Der Minister der geistlichen, Unterrichts- und Medicinal-Angelegenheiten.

gez.) v. **Raumer.**

An
den Herrn Dr. Kalisch
Wohlgeboren
Hierselbst.
No. 2101 M."

Ich erwiderte:

„Hochverehrter Herr Minister!

Auf den Bericht der wissenschaftlichen Deputation für das Medicinalwesen, dass ich die Absicht habe, Gutachten derselben drucken zu lassen, haben Ew. Excellenz sich veranlasst gesehen, in einem hohen Erlass vom 12. dieses Monats meiner etwaigen irrthümlichen Auffassung zu begegnen, als ob frühere Rescripte Hochdero Hrn. Amtsvorgängers, oder die vom stellvertretenden Herrn Director der Medicinal-Abtheilung mir zur Einsicht dieser Gutachten ertheilte Genehmigung, die Erlaubniss, dieselben zu veröffentlichen, enthielten.

Ich würde die einem hohen Ministerialrescripte gebührende Hochachtung, aber gleichzeitig auch mein eigenes Rechtsbewusstsein zu verletzen glauben, wollte ich jenen Erlass stillschweigend hinnehmen. Ew. Exc. wolle mir daher folgende gehorsame Rückäusserung gütigst gestatten.

Die Veröffentlichung medicinisch-forensischer Gutachten der wissenschaftlichen Deputation ist nicht nur an sich vollkommen erlaubt, sondern von allen preussischen Medicinal-Ministerien als ein wissenschaftlich nützliches und administrativ zu unterstützendes Unternehmen erklärt worden; und die einzige darüber vorhandene Restriction, die Circularverfügung vom 13. März 1822, zeigt durch ihren Wortlaut, und mehr noch durch ihren actenmässigen Zusammenhang mit einer an demselben Tage ertheilten Druckerlaubniss, dass es von Seiten der Mitglieder der wissenschaftlichen Deputation ein Irrthum wäre, die von ihnen verfassten Gutachten als ihr materielles oder geistiges Eigenthum zu betrachten und demgemäss ohne ihren, oder gar unter ihrem Namen abdrucken zu lassen.

Ebensowenig hat aber auch die wissenschaftliche Deputation, als begutachtende Behörde in höherem Auftrage, irgend ein Eigenthumsrecht an ihren erstatteten Gutachten, zu welchen sie nur das Verhältniss des Gerichtshofes zu den von ihm gesprochenen Urtheilen hat.

Ich würde mir diese Bemerkungen nicht erlaubt haben, wenn nicht einerseits Hochdero Erlass vom 12. d. M. mich über seine practische Bedeutung vollkommen im Dunkeln liesse, und wenn nicht andererseits der Hr. Geheimrath Dr. Schmidt, ordentliches Mitglied der wissenschaftlichen Deputation, mir durch seine Erklärung Licht verschafft hätte, nach welcher „die wissenschaftliche Deputation gegen meine Absicht, Gutachten derselben drucken zu lassen, als gegen eine Eigenthumsverletzung bei Ew. Exc. Protest eingelegt und ein Einschreiten erwirkt hat." Ich habe triftige Gründe, jene Aeusserung des Hrn. Geheimrath Schmidt für eine richtige nicht zu halten, sollte sie dies aber dennoch sein, sollte die wissenschaftliche Deputation wirklich eine Anklage gegen mich, „wegen beabsichtigter Eigenthumsverletzung und wegen Missbrauchs von Actenstücken" bei Ew. Exc. eingereicht haben, so darf ich an Ew. Exc. wohl die Bitte richten, mir das Rechtsmittel der Vertheidigung und die dazu nöthige abschriftliche Mittheilung des Deputationsberichts nicht zu verweigern.

Berlin, d. 19. April 1851.

Mit ausgezeichneter Hochachtung

ergebenst

Dr. Kalisch.

und erhielt nachstehenden Bescheid:

„Ew. Wohlgeboren erwidere ich auf Ihre Eingabe vom 19. v. M., dass die wissenschaftliche Deputation für das Medicinalwesen, nachdem dieselbe von Ihrer Absicht, einen Theil der von ihr abgegebenen Gutachten zu veröffentlichen, Kenntniss erhalten, bei mir darauf angetragen hat, der Ausführung dieser Absicht, worin die Deputation einen Eingriff in ihr geistiges Eigenthum erkennt, entgegen zu treten und ihr die Publication ihrer Gutachten, wozu sie für sich ein näheres Recht, als Ihnen zustehe, in Anspruch nimmt, zu gestatten. Dieser Antrag hat meinen Erlass an Sie vom 12. v. M. veranlasst.

Zu einer Mittheilung des betreffenden Berichtes der Deputation finde ich mich nicht bewogen.

Berlin, d. 13. Mai 1851.

Der Minister der geistlichen, Unterrichts- und Medicinal-Angelegenheiten

(gez.) **v. Raumer.**

An
den Hrn. D. Kalisch
Wohlgeboren
Hier.
No. 2132."

Schon am nächstfolgenden Tage, am 14. Mai, erschienen, wie ich am Anfang dieser Einleitung angegeben habe, die Gutachten der wissenschaftlichen Deputation; und der Leser vermag nun zu beurtheilen, welche Glaubwürdigkeit dem ihnen vorausgeschickten Vorwort des Herrn Geheimrath Schmidt gebühre. Aber noch schlimmer stand es um die veröffentlichten Gutachten selbst, welche — fünf an der Zahl — ärztliche Kunstfehler betrafen. Sie alle hatte ich aus meiner beabsichtigten Sammlung vorläufig ausschliessen wollen, weil sie in Form und Inhalt vollkommen verfehlt und nur dann zu veröffentlichen waren, wenn es — was damals nicht mein Zweck war — darauf ankam, nachzuweisen, dass die Kunstfehler der Aerzte fast immer und selbst auch von der wissenschaftlichen Deputation unrichtig beurtheilt würden.

Jetzt war diese Behörde selbst mit diesen ihren Gutachten in die Oeffentlichkeit getreten; und ich hatte nicht nur ein Recht, sondern auch die Pflicht, bei Herausgabe meiner Sammlung auf sie aufmerksam zu machen und an ihnen zu zeigen, dass die Normen, nach welchen die ärztlichen Kunstfehler bei unsern Gerichtshöfen behandelt werden, einer Verbesserung bedürfen.

Ich besuchte daher den Herrn Minister v. Raumer und erklärte ihm, dass ich mich aus Hochachtung für ihn bewogen fände, die Herausgabe der Deputations-Gutachten für jetzt zu unterlassen, meine Absicht aber im Interesse der Wissenschaft und des ärztlichen Standes ausführen würde, sobald die sachlichen und persönlichen Verhältnisse es erlauben würden.

Dieser Zeitpunkt ist nunmehr eingetreten. Ich lasse hier zuerst die Gutachten erscheinen und werde in Kurzem in einer besondern Schrift die Kunstfehler der Medicinalpersonen einer eingehenden Besprechung unterziehen.

Ich habe dem ausgeschiedenen Minister die seiner Würde gebührende Rücksicht erwiesen; ich habe nun aber auch gegen den abgeschiedenen Minister eine Pflicht zu erfüllen.

Berlin, im Juli 1859.

Dr. Kalisch.

I.

Fall Dohlhoff- (Geltner).

Kaiserschnitt statt Bauchschnitt.

Der Medicinalrath Dr. Dohlhoff, Mitglied des Medicinalcollegiums und dirigirender Wundarzt des städtischen Krankenhauses zu Magdeburg, hatte im Jahre 1836 an der p. Geltner wegen einer vermeintlichen Geschwulst im Unterleibe den Bauchschnitt verrichtet. Eine Geschwulst ward nicht gefunden, die Kranke jedoch als geheilt entlassen. Im März 1838 ward die Geltner wiederum wegen einer Geschwulst im Unterleibe in das städtische Krankenhaus aufgenommen und dem dirigirenden Wundarzte desselben zur Behandlung überwiesen. Dieser beschloss und vollzog aufs Neue, behufs Exstirpation der wiederum diagnosticirten Geschwulst, in Gegenwart der Zöglinge der medicinisch-chirurgischen Lehranstalt, den Bauchschnitt. Statt der vermeintlichen Geschwulst drangen aber aus der Operationswunde die Gliedmassen eines Kindes, welches sein Leben sofort durch kräftiges Geschrei verkündete. Zwei Tage nach der Operation starb die Geltner; und gegen den Dr. Dohlhoff ward in Folge dessen die Criminaluntersuchung eingeleitet.

Die in dieser Untersuchung der wissenschaftlichen Deputation zur Beantwortung vorgelegten Fragen waren folgende:

1. Ist Uterinal-Schwangerschaft in dem Stadium, in welchem sie bei der Geltner war, überhaupt verkennbar, und war sie es in specie bei der Geltner?
2. War im Bejahungsfalle dieser Frage bei der Geltner doch Wahrscheinlichkeit einer Schwangerschaft vorhanden oder nicht, und im ersteren Falle einer uterina oder extrauterina?
3. Deutete im Verneinungsfalle ad 2 der Zustand und das Verhalten der Geltner auf eine Degeneration der Ovarien?
4. War die Exploration des Angeschuldigten ausreichend, um die Gewissheit der Nichtschwangerschaft bis zu dem Maasse festzustellen, dass er den Bauchschnitt unternehmen durfte? Würden andere Prüfungsmittel nutzlos und unausführbar gewesen sein?
5. War der Bauchschnitt sowohl bei der Annahme einer Extrauterinal-Schwangerschaft als einer Degeneration der Ovarien indicirt?
6. Fällt die durch das Zurücktreten der Bauchmuskeln in Folge der

früheren Operation entstandene abnorme Lage des Uterus in den Bereich derjenigen Umstände, welche von dem Angeschuldigten als wahrscheinlich oder doch möglich vorauszusetzen und zu berücksichtigen waren?

7. Entspricht das Verfahren des Dohlhoff bei Ausführung der Operation der durch die damit an sich verbundenen Gefahr im Allgemeinen und durch die in Folge der ersten Operation möglicherweise veränderte Lage des Uterus hier im Besondern gebotenen Vorsicht und Umsicht, oder lässt sich vielmehr annehmen, dass bei pflichtmässiger Berücksichtigung aller concreten Verhältnisse die Incision des Uterus zu vermeiden gewesen wäre?

Die beiden Referenten, die Geheimräthe Wagner und Kluge, gingen in ihren Relationen und Votis vollständig auseinander; und die Deputation vollzog das milde Gutachten des erstern wahrscheinlich nur darum, weil der Angeschuldigte von der damals Allerhöchst ertheilten Amnestie Gebrauch machen zu wollen erklärte. Die Wissenschaft hat daher den gerechten Anspruch, dass dem vollzogenen Superarbitrium das dissentirende Votum des 2ten Referenten hinzugefügt werde, was hier auch geschehen ist.

Ein Königl. hohes Ministerium der geistlichen, Unterrichts- und Medicinal-Angelegenheiten hat der unterzeichneten wissenschaftlichen Deputation auf Antrag des Inquisitoriats zu Magdeburg unterm 19. Mai d. J. aufgetragen, in der Untersuchungssache wider den Medicinalrath Dohlhoff ein motivirtes Gutachten über die weiter unten angeführten Fragen zu erstatten. Zu dem Ende hat sich die unterzeichnete wissenschaftliche Deputation mit dem Inhalte der ihr mitgetheilten, aus zwei Vol. bestehenden Acten genau bekannt gemacht und glaubt, nach reiflicher Erwägung desselben, ihr Gutachten folgendermassen abgeben zu können.

Geschichtserzählung.

Am 17. April 1838 zeigte der Kreisphysicus Dr. Voigtel zu Magdeburg dem Oberbürgermeister Francke daselbst an, dass die unverehelichte Friederike Geltner im März desselben Jahres wegen einer grossen, schon länger bestandenen Geschwulst im Unterleibe in das dortige städtische Krankenhaus aufgenommen und dem dirigirenden Wundarzt desselben, dem Medicinalrath Dr. Dohlhoff, zur ärztlichen Behandlung überwiesen worden sei. Weder die äussere Besichtigung und Betastung des Bauches, noch die Untersuchung durch die Scheide, welche ausser dem Dohlhoff noch von zwei anderen approbirten Aerzten vorgenommen sein solle, habe die Diagnose jener Geschwulst festzustellen vermocht; es habe sich nur ergeben, dass die Geltner einen bis auf die Mitte der Oberschenkel herabreichenden Hängebauch und in diesem eine grosse, harte, bewegliche Geschwulst gehabt habe; woraus dieselbe aber bestanden, sei dunkel geblieben. Die Existenz einer Schwangerschaft, ja selbst die Möglichkeit einer solchen habe die Kranke hartnäckig geleugnet, und Fruchtbewegungen wären von den untersuchenden Aerzten niemals wahrgenommen worden. — Obgleich nun sowohl die Diagnose des Uebels, als auch die Ausführbarkeit einer Operation höchst zweifelhaft und die Nothwendigkeit, eine solche alsbald zu verrichten, durchaus nicht vorhanden gewesen, so sei dennoch die Verrichtung des Bauchschnitteren, behufs der Exstirpation der Geschwulst, vom

Dr. Dohlhoff beschlossen und am 15. März in Beisein des Wundarztes I. Kl. Babethge, sowie der zum Besuch der chirurgischen Klinik verstatteten Zöglinge der medicinisch-chirurgischen Lehranstalt ausgeführt worden. Sogleich nach dem ersten, aus freier Hand verrichteten Schnitte in der weissen Linie solle ein Theil einer Blase in die Wundspalte getreten, nach deren Eröffnung eine wasserhelle Flüssigkeit herausgeflossen und unmittelbar darauf Gliedmassen eines Kindes aus der Operationswunde hervorgedrungen sein, welches, nachdem es herausgenommen, sein Leben sofort durch kräftiges Geschrei verkündet und seiner Ausbildung nach ein Alter von mindestens acht Monaten documentirt haben und auch gegenwärtig noch leben solle. Erst jetzt, und nach Wegnahme der Nachgeburt, habe der Operateur erkannt, dass er, ohne es zu wissen, die regelmässig beschwängerte Gebärmutter eröffnet und somit ohne alle Veranlassung den Kaiserschnitt vollzogen habe. Die Geltner sei am 17. März an der dieser Operation stets nachfolgenden Unterleibsentzündung gestorben und habe die in Gegenwart des p. Dohlhoff, des p. Babethge und mehrerer Zöglinge der medicinisch-chirurgischen Lehranstalt verrichtete Obduction es ausser allen Zweifel gestellt, dass der regelmässig beschwängerte Uterus wirklich eröffnet, und dass zwischen ihm und den Bauchwandungen keine regelwidrige Verwachsung vorhanden gewesen sei.

Zur Würdigung des Verfahrens des p. Dohlhoff vor und während der Operation glaubt der Dr. Voigtel noch Folgendes hinzufügen zu müssen:

1. Der p. Dohlhoff habe an derselben Geltner schon einmal im September 1836 wegen einer vermeintlichen Geschwulst im Unterleibe, jedoch ohne eine solche vorzufinden, den Bauchschnitt verrichtet, mithin recht gut wissen können, wie unsicher die Erkenntniss von dergleichen Uebeln, und mithin auch der Erfolg einer die Exstirpation solcher Geschwülste bezweckenden Operation sei.

2. Es dürfte sich nicht rechtfertigen lassen, eine anerkannt lebensgefährliche Operation lediglich deshalb zu unternehmen, um bloss die Beschaffenheit eines Krankheitsproductes näher kennen zu lernen.

3. Es habe den Anschein, als wenn der p. Dohlhoff bei der Untersuchung der in Rede stehenden Geschwulst nicht mit der durch sein Vorhaben dringend gebotenen Genauigkeit verfahren sei, so dass die Operation weder gehörig motivirt, noch mit der erforderlichen Vorsicht ausgeführt zu sein scheine.

4. Es sei Grund vorhanden, zu glauben, dass die Geltner mit der aus der Operation für sie erwachsenden hohen Lebensgefahr unbekannt gelassen; endlich

5. sei zu bedenken, dass das städtische Krankenhaus eine Wohlthätigkeitsanstalt und kein Institut sei, um die Heilkunde durch neue Erfahrungen zu bereichern.

Auf Veranlassung dieser, an das Königl. Inquisitoriat abgegebenen Anzeige wurde die Criminal-Untersuchung wider den Dr. Dohlhoff eröffnet, wobei sich Folgendes hier in Betracht Kommende ergab.

Die unverehelichte Geltner, 26 oder nach einer andern Angabe 32 Jahre alt, war schon im Jahre 1835 wegen eines Abscesses am rechten Knie, sowie wegen eines mit Urinverhaltung verbundenen, fieberhaften Leidens in das Hospital zu Magdeburg aufgenommen worden. Da es dem Dr. Dohlhoff schien, als ob sie eine Geschwulst im Unterleibe habe, so machte er am 19. Sept. 1836 den Bauchschnitt an der Kranken, fand jedoch keine Geschwulst im Unterleibe vor. Nach erfolgter Heilung wurde die Geltner hierauf am 9. Mai 1837 aus dem Hospitale entlassen. Im Frühjahr 1838 klagte sie gegen den Arzt der Armen- und Arbeitsanstalt Dr. Kersten, dass sie von Kolikschmerzen, an denen sie schon früher gelitten habe, wieder befallen sei, weshalb sie auf ihren ausdrücklichen Wunsch wieder nach dem Krankenhause geschickt wurde.

In der Zwischenzeit zwischen ihrer Entlassung aus dem Krankenhause und ihrer Wiederaufnahme in dasselbe soll die Geltner, nach den, in der bei den Acten befindlichen Druckschrift des Dr. Dohlhoff enthaltenen, Angaben, zuerst bei einer Herrschaft in Dienst getreten sein, diesen jedoch bald wieder verlassen haben, indem sie, obgleich stark und kräftig aussehend, doch versicherte, durch die heftigsten Schmerzen im Unterleibe an jeder Arbeit gehindert zu sein. Diese Schmerzen sollten besonders dann sehr zunehmen, wenn der Zeitpunkt der Menstruation eintrat, welche seit dem Monat März 1837 ausgeblieben war. Dabei litt die Geltner ab und zu auch an Verstopfung und Harnbeschwerden, weshalb sie zu verschiedenen Malen in der ambulatorischen Klinik sich einfand. Kurze Zeit nach ihrer Entlassung aus dem Hospitale, bei der sie mit einer Bauchbinde versehen worden war, wurde auch ihr Leib stärker, und es bildete sich ein ordentlicher Hängebauch aus. — Mit diesen Klagen, sagt der Dr. Dohlhoff in der zu den Acten gegebenen Druckschrift, kam die Geltner dann und wann zu mir, nicht gerade regelmässig, sondern bald in kürzeren, bald in längeren Zwischenräumen, je nachdem die

Schmerzen heftig und die Stuhlverstopfung und Harnverhaltung, von denen sie sehr geplagt wurde, hartnäckig waren. Ich konnte bei diesen Besuchen nicht verkennen, dass ihr Unterleib an Umfang zunahm, äusserte auch ganz unverholen gegen sie den Verdacht einer Schwangerschaft, deren Möglichkeit aber von ihr hartnäckig abgestritten wurde, indem sie jeden Umgang mit einem Manne läugnete. Ich konnte bei genauerer Untersuchung eine umschriebene und harte Geschwulst durch die Bauchdecken durchfühlen, und ich glaubte mich bei wiederholten Untersuchungen zu überzeugen, dass es mehr das Wachsthum dieser Geschwulst, als die allgemeine Ausdehnung des ganzen Unterleibes war, wodurch sein Umfang vermehrt wurde, der indess in einem solchen Maasse zunahm, dass er beim Gehen mit der vordern Fläche der Oberschenkel in stete Berührung kam. Durch die dadurch veranlasste Reibung entzündete sich die Haut, und es bildete sich dicht unterhalb des Nabels ein Geschwür von dem Umfange eines Thalers, welches so schmerzhaft war, dass es jede körperliche Bewegung fast unmöglich machte. Dieses war die erste Ursache, dass die Geltner am 8. Febr. 1838 wieder in die hiesige Krankenanstalt aufgenommen wurde. — In der Unterbauch-Gegend, auf der rechten Seite (auf dem Kamme des Hüftbeins) fühlte man jetzt deutlich eine runde, kindskopfgrosse Geschwulst, die sich deutlich hin- und herschieben liess und in einer Flüssigkeit zu schwimmen schien; überhaupt war jetzt deutlich eine Geschwulst durchzufühlen, die sich aufwärts bis zum Nabel erstreckte, und die sich, zumal wenn man den Hängebauch in die Höhe hob, auch deutlich bewegen liess. Das Fassen und Bewegen dieser Geschwulst, die unmittelbar unter den papierdünnen Bauchdecken lag, verursachte der Kranken heftige Schmerzen. Ausserdem äusserte sie die früheren Klagen über Schmerzen beim Urinlassen und über Stuhlverstopfung. Die heftigsten Schmerzen fanden besonders zur Nachtzeit statt; übrigens war sie gut genährt und sah trotz aller ihrer Klagen wohl aus.

Ueber das Befinden der Geltner während ihres jetzigen Aufenthaltes im Krankenhause geben die Depositionen des Wundarztes Bornemann und der Klinicisten Müller und Schlüter einige Auskunft. Ersterer sagt: Das Allgemeinbefinden der Geltner sei Anfangs bis auf hartnäckige Stuhlverstopfungen, welche nur Klystieren und Abführmitteln wichen, leidlich gewesen; sie habe jedoch von Anfang an über starke Schmerzen im Leibe geklagt, welche im Verlauf ihrer Anwesenheit im Krankenhause sich in dem Maasse gesteigert hätten, dass er mehrere Male des Nachts zu der

Kranken gerufen worden sei. Der Sitz ihrer Schmerzen sei nach ihrer Aeusserung der ganze Leib gewesen und vorzugsweise der untere Theil desselben, den sie oft mit beiden Händen umfasst habe. Gleich vom Anfange ihrer Aufnahme an habe sich unten im Leibe, rechts von der weissen Linie und etwas über dem horizontalen Aste des Schambeins, eine steinharte Geschwulst gezeigt, welche sich im Laufe der 5 Wochen, die sie im Krankenhause zubrachte, etwas vergrössert habe und schon Anfangs etwa so gross als ein mässiger Kindeskopf gewesen sei. Mit einem solchen sei die Geschwulst auch oft verglichen worden. Dieselbe sei beweglich und sowohl nach innen als nach dem Nabel hinauf verschiebbar gewesen; doch habe man hierzu einige Kraft anwenden müssen; die Bedeckungen darüber seien äusserst dünn und die Brüste der Kranken nicht sehr angespannt gewesen.

Die Aussagen der Klinicisten Müller und Schlüter stimmen hiermit im Wesentlichen überein. Der p. Müller sagt: Das Befinden der Kranken sei nicht gerade schlecht gewesen; sie habe zwar über Schmerzen im Leibe geklagt, indessen habe ihr Aussehen kein schweres Leiden verrathen; sie habe zwar keine Farbe gehabt, jedoch auch nicht livide ausgesehen; sie sei mehr aufgedunsen, als eigentlich wohlgenährt gewesen und habe kein Fieber gehabt, obschon sie beständig zu Bett gelegen; ihr Stuhlgang habe durch Arzneien bewirkt werden müssen.

Der Klinicist Schlüter giebt ferner an: Die Geltner habe besonders in der Nacht über bedeutende Schmerzen im Leibe geklagt, ohne jedoch sehr kraftlos und abgemagert zu sein; die Gesichtszüge und Augen hätten auf starke Schmerzen zu deuten geschienen, jedoch sei Fieber nicht vorhanden gewesen; dagegen habe sie fortwährend an Stuhlverstopfung und Harnverhaltung gelitten. — Der Chirurg Bornemann bemerkt indessen, dass die Geltner um die Mitte ihres Aufenthaltes im Krankenhause Fieber gehabt habe, so dass ihr zweimal zur Ader gelassen worden sei, worauf das Fieber verschwunden.

Ueber die Beschaffenheit des bei der Geltner vorhandenen Krankheitszustandes waren die Meinungen schwankend. Nach der Angabe des Bornemann glaubte man Anfangs, dass die Geltner schwanger sein könne; da dies jedoch von ihr selbst hartnäckig in Abrede gestellt wurde, und sowohl die durch den Dr. Dohlhoff, als auch die durch den Wundarzt Babethge angestellten Untersuchungen keine Symptome einer Schwangerschaft herausstellten, so wurde von dieser Meinung späterhin abstrahirt, und der

p. Dohlhoff glaubte nun, dass die Geschwulst von einer Desorganisation des Eierstockes herrühre.

In der letzten Zeit vor der Operation wurde die Geltner auch noch von dem Medicinalrath Dr. Brüggemann und dem Wundarzt Babethge untersucht. Nach Aussage des erstern lag die Geschwulst etwa in gleicher Höhe mit dem Hüftbeinkamme, rechts von der weissen Linie; sie war rund und schien so unmittelbar unter der äussern Haut zu liegen, dass ihm dieser Umstand gleich auffallend war. Auch glaubte er, eine grosse Beweglichkeit der Geschwulst zu bemerken. Der übrige Unterleib der Geltner war, soweit die Geschwulst sich nicht erstreckte, mehr schlaff, und schwappende Flüssigkeit in demselben nicht zu fühlen. Ebenso waren ausser der erwähnten Geschwulst anderweitige feste Theile im Leibe nicht zu bemerken. Der Dr. Brüggemann war daher der Meinung, dass die Geschwulst nur entweder von einer Bauchschwangerschaft, oder von einer Desorganisation eines der Organe des Unterleibes, insbesondere der Eierstöcke, herrühren könne.

Der Wundarzt Babethge wurde am 14. März 1838 von dem Dr. Dohlhoff, mit welchem er zufällig im Krankenhause zusammentraf, aufgefordert, die Geltner zu untersuchen. Die Untersuchung geschah äusserlich, bei horizontaler Lage der Kranken. Dieselbe zeigte einen sehr starken Hängebauch, welcher im Liegen etwa 6 Zoll auf den Oberschenkel herabreichte. Auf der rechten Seite nach unten fühlte man einen harten runden Körper, welcher sich hin- und her-, selbst bis zu dem Nabel hinaufschieben liess. Ausser diesem waren sonst feste Theile nicht zu erkennen. Der Leib war gleichförmig gespannt, und es liess die elastische Beschaffenheit desselben vermuthen, dass sich innerhalb der Bauchhöhle Flüssigkeit befinde. Kindesbewegungen konnte der Babethge nicht fühlen, und der Beschaffenheit des Nabels, sowie der Brüste erinnerte er sich bei seiner Vernehmung nicht mehr. Ob die, nach der Mittellinie des Leibes bewegliche Geschwulst auch in den Leib hineingeschoben werden konnte, hatte er nicht versucht. Uebrigens zeigte der Leib eine solche Ausdehnung, wie er bei schwangeren Frauen im achten oder neunten Monat zu haben pflegt. Die Hauptausdehnung aber erstreckte sich nach unten und rechts. Der Babethge äusserte sich hiernach gegen den Dohlhoff dahin, dass ihm eine Schwangerschaft möglich erschiene, worauf dieser ihm erwiderte, dass die Kranke die Möglichkeit davon noch Tags zuvor beharrlich geläugnet habe.

Schon einige Tage vor der an der Geltner vorgenommenen

Operation sprach der Dohlhoff gegen den Klinicisten Müller davon, dass, da die Geltner eine Schwangerschaft leugne, auch bestimmte Zeichen einer solchen nicht zu erkennen wären, die Kranke dagegen heftige Schmerzen leide, und man den Ausgang, wenn man sie so länger fortliegen lasse, gar nicht berechnen könne, — der Bauchschnitt bei derselben rathsam sein möchte, um den Inhalt ihres Bauches kennen zu lernen und sie von ihrer Last und Krankheit zu befreien. — Ebenso erklärte der Dohlhoff dem Babethge, nachdem dieser die Kranke untersucht hatte, dass er am folgenden Tage eine Operation an derselben vornehmen wolle, wozu der Babethge sich einfinden möge, um dabei zu assistiren.

Der Dohlhoff selbst giebt nun, theils in den Acten, theils in der von ihm herausgegebenen Druckschrift, über den damaligen Zustand der Kranken und seine Beweggründe zur Operation Folgendes an: Von einer im Unterleibe stattfindenden Bewegung und besonders von einer, die von der Geschwulst ausgegangen wäre, war nie die mindeste Spur vorhanden. Da eine deutliche Begrenzung der Geschwulst nach oben nicht zu fühlen war, so konnte man auch den Grund der Gebärmutter, die bis zu dieser Höhe gestiegen wäre, nicht argwöhnen. Der Nabel war stark nach unten und rechts gezogen, und seine Beschaffenheit konnte keinem bestimmten Urtheile zum Grunde gelegt werden, da die Narbe der frühern Operationswunde und mehrere andere von Moxen herrührende Narben auf seine Gestalt nicht ohne Einfluss geblieben waren. In den Brüsten zeigte sich keine Spur einer Absonderung. Die Exploration per anum ergab nichts Abnormes und überhaupt kein Resultat, welches zu einer bestimmten Erkenntniss hätte führen können. Die Exploration per vaginam zeigte, dass die Scheidenportion des Uterus nicht in der Führungslinie des Beckens, sondern nach hinten zu gerichtet stand und die normale Länge hatte, und dass der Muttermund die Form einer deutlichen Querspalte zeigte. — Da nun die Kranke fortwährend über die heftigsten Schmerzen im Leibe klagte, die besonders zur Nachtzeit einen so hohen Grad erreichen sollten, dass sie ihr jede Ruhe raubten, — da sie hartnäckige Stuhlverstopfungen und ab und zu auch heftiges Erbrechen und Schmerzen beim Urinlassen hatte, da ferner alle Zeichen fehlten, woraus die von der Kranken geleugnete Schwangerschaft hätte geschlossen werden können, da namentlich die Scheidenportion nicht verkürzt war, die Brüste keine Absonderung zeigten, eine Bewegung im Unterleibe weder vom Arzte beobachtet, noch von der Kranken jemals zugestanden wurde, da nach dem Ausbleiben der Menstruation der Termin einer regelmässigen Schwangerschaft längst verstrichen war, und die Geschwulst des Unterleibes mit der, welche von einer schwangern Gebärmutter herrührt, nicht die entfernteste Aehnlichkeit hatte, so entschloss sich der Dr. Dohlhoff, der Kranken die Hülfe, welche sie verlangte, dadurch zu gewähren, dass er eine Operation vornahm, welche er als einziges, oder doch jedenfalls zu rechtfertigendes Hülfsmittel ansah, es mochte nun ein entarteter Eierstock oder eine Bauchschwangerschaft vorhanden sein. — „Ich brauchte," sagt er in seiner Druckschrift, „gar nichts zu thun; ich konnte die Kranke ruhig liegen lassen, sie theilnehmend täglich besuchen und trösten; ich kann alle meine Kranken so liegen lassen, und es gäbe nichts Bequemeres, als dieses Handwerk — läge in meinem Berufe nicht die unbequeme Pflicht, Hülfe zu schaffen. Ich konnte warten und würde es auch gethan haben, hätte ich nur gewusst, wie lange. Seit länger als einem Jahre war die Kranke Hülfe begehrend zu mir gekommen, seit 5 Wochen hatte ich sie unausgesetzt unter Augen, ihre Klagen mehrten sich mit dem Wachsthum der Geschwulst, fortdauernde Schmerzen und schlaflose Nächte drohten ihre Kräfte zu verzehren; an das Bett gefesselt, zu einer beständigen Lage auf dem Rücken gezwungen, lebte sie ein jammervolles Dasein; noch waren ihre Kräfte nicht verzehrt, noch war kein Fieber eingetreten, wie lange sollte ich noch warten? Die Operation war nach meiner festen Ueberzeugung das einzige Hülfsmittel, ich musste sie unternehmen; und wenn ich heute wieder in dieselbe Lage käme, ich würde heute dieselben Schritte thun." —

Am 15. März 1838 wurde nun die Operation von Dr. Dohlhoff im Beisein der klinischen Zuhörer und des Wundarztes Babethge vorgenommen. Der Babethge musste die Kranke vorher noch einmal im Liegen untersuchen. „Hierbei ging ich," sagt er, „mit dem Zeigefinger kunstmässig in die Scheide ein, fand, dass der Gebärmutterhals nicht in der Führungslinie des Beckens, sondern mehr nach dem Kreuzbein hin gerichtet und durch den Finger schwer erreichbar war. Der Mutterhals war, wie im ungeschwängerten Zustande, weder erweicht, noch verkürzt, noch ergab der Muttermund eine runde Oeffnung, vielmehr eine deutliche Querspalte. Durch das Scheidengewölbe liessen sich weder Kindstheile, noch irgend ein anderer harter Körper fühlen. Eine Untersuchung durch den Mastdarm hat meinerseits nicht stattgefunden und überhaupt keine andere Exploration, wie z. B. durch das Stethoscop oder das Auflegen einer kalten Hand oder das Aufheben des Hängebauches."

Nachdem hierauf der Dohlhoff der Kranken eröffnet hatte, dass sie sich noch einmal operiren lassen müsse, dem sie sich schnell und ohne vieles Zureden unterwarf, indem sie nur weinend sagte, dass sie dieses Mal wohl daran sterben werde, wurde das, schon am Tage zuvor in die Nähe des Fensters gerückte Bett so herumgedreht, dass die Füsse nach dem Fenster hin lagen, und nun die Operation selbst vollzogen, welche der Dr. Dohlhoff folgendermassen beschreibt: „Alle Vorbereitungen waren getroffen, ich begann sofort. Die Kranke lag während der Operation ganz ruhig und äusserte ihren Schmerz nur durch Weinen und Klagen. Ich liess einen Gehülfen die Geschwulst von rechts nach oben heben und in der Nähe der einzuschneidenden Stelle fixiren. Nun schnitt ich in der weissen Linie ein, und wohl bedenkend, dass die Geschwulst dem Gefühle nach unmittelbar unter der Haut zu liegen schien, liess ich keine Falte aufheben, um in dieser die Haut mit einem Schnitte zu trennen, sondern ich schnitt ganz vorsichtig die Haut in der Länge von 3 Zoll mit kurzen Messerzügen durch, wobei ich bemerkte, dass dieselbe ausserordentlich dünn war. Dann lag eine Muskelschicht vor mir, es entstand eine unbedeutende Blutung, dem Anscheine nach aus den Venen stammend. Ich durchschnitt die Muskeln in derselben Richtung und sah eine weissliche Haut, die sich in die Schnittwunde vordrängte. In diese machte ich eine kleine Oeffnung, aus der eine bedeutende Menge einer hellen, durchsichtigen Flüssigkeit, in der kleine weisse Körperchen, wie Grütze, schwammen, ausfloss. Ich ging mit dem Finger in die gemachte Oeffnung ein, erweiterte dieselbe mit dem Knopfbistouri und hörte das Geschrei eines Kindes. Ich sah in die Höhle der Gebärmutter und entdeckte jetzt erst, worum es sich handelte. Anstatt den Bauchschnitt zu machen, hatte ich den Kaiserschnitt gemacht. Der Kranken wurde bemerklich gemacht, dass sie dennoch schwanger gewesen sei. „Ja!" erwiderte sie, „jetzt kann ich es nicht mehr leugnen. —"

Ausser diesen Angaben des Dohlhoff selbst finden sich in den Acten noch einige andere Aussagen über den Hergang bei der Operation. Der Wundarzt Babethge beschreibt dieselbe folgendermaassen: „Der Dohlhoff machte mit einem bauchigen Scalpell aus freier Hand und ohne Bildung einer Hautfalte auf dem harten und am meisten gewölbten, mehr nach rechts liegenden Theile des Hängebauches mit kurzen vorsichtigen Zügen einen Einschnitt durch die äusseren Bedeckungen, dessen Länge 4 — 5 Zoll betragen haben mag. Eine Verlängerung dieses ersten Hautschnittes ist später nicht vorgenommen worden. Der Schnitt verlief nach der Längenaxe des Körpers, zur rechten Seite der frühern Operationsnarbe. Nachdem die Haut durchschnitten war, wurde mit kurzen vorsichtigen Messerzügen tiefer geschnitten, und es stellten sich röthliche, den Muskelfasern ähnliche Theile in der Schnittfläche dar; ein nur geringer Blutfluss hinderte das deutliche Erkennen der in der Wunde belegenen Theile nicht, und wurde das sich ergiessende Blut sogleich durch Schwämme und Wasser entfernt. Ohne weitere Berathung oder Erörterung über die Beschaffenheit der eben bemerkten röthlichen muskelähnlichen Theile durchschnitt der Dohlhoff dieselben, und es stellte sich etwa in der Mitte der ganzen Wundspalte, und zwar in der Grösse eines Hühnereies, eine durchsichtige, dünnhäutige, dem Gefühle nach eine Flüssigkeit enthaltende Blase dar. Diese Blase, durch einen kleinen Einschnitt eröffnet, ergoss in einem Strome eine durchsichtige, dünne, nicht mit Blut gefärbte Flüssigkeit, deren Quantität ich nicht genau angeben kann. Durch das plötzliche Hervorspringen der Flüssigkeit wurde die Blasenöffnung so erweitert, dass ich nun in einem sich gegen die Schnittöffnung drängenden, harten Körper den Kopf eines Kindes erkannte. — Ohne sich weiter zu äussern, erweiterte der Dohlhoff die Theile unter der Schnittwunde der Haut nach oben und unten, so dass also der Grund der Wunde mit dem Hautschnitte eine gleiche Länge hatte. Dass der Dohlhoff, wie sich später erwies, die Gebärmutter durchschnitten habe, glaubte ich in diesem Augenblicke noch nicht, indem ich das Vorhandensein einer Bauchschwangerschaft annahm. Der Kopf des Kindes trat nun in die gemachte Schnittwunde; der Dohlhoff fasste denselben mit beiden Händen, zog ihn vollends heraus, griff dann hinter die hervorkommenden Achseln und zog ohne Anwendung von Gewalt die noch nicht zu Tage gekommenen Theile vollends heraus. Sobald das Kind aus dem Mutterleibe genommen war, fing dasselbe an zu schreien. Es wurde sodann die Nabelschnur unterbunden, durchschnitten, und dann das Kind Jemand, den ich nicht zu bezeichnen weiss, übergeben. Gleich nach Herausnahme des Kindes zog sich die Gebärmutter, als welche ich die von dem Dohlhoff durchschnittenen, tiefer gelegenen Theile deutlich erkannte, beträchtlich zusammen, indessen blieb die Schnittwunde in derselben so weit offen, dass der Dohlhoff seine Hand durch dieselbe in die Gebärmutter hineinführen und ohne Anwendung von Gewalt die Nachgeburt herausnehmen konnte. — Eine Verwachsung der Gebärmutter mit den Bauchdecken habe ich nicht wahrgenommen und ebenso wenig, dass nach Durchschneidung der

Bauchdecken eine dunkelblau gefärbte Geschwulst, in der man die geschwängerte Gebärmutter hätte erkennen können, in die Wundspalte getreten wäre. Der Mutterkuchen wurde nicht mit durchschnitten, da selbiger an der hintern Wand der Gebärmutter sass. Ein bedeutender Blutverlust hat so wenig beim Durchschneiden der Bauchdecken, wie beim Entfernen der Nachgeburt, noch auch beim Durchschneiden der Gebärmutter stattgefunden. Ich habe nicht wahrgenommen, ob der Dohlhoff sich durch Einführung eines Fingers oder der Sonde überzeugt hat, dass er bereits die Bauchhöhle eröffnet habe. Nach Reinigung der Wunde wurde, da die Blutung von selbst stand, die Wunde der Bauchdecken durch die blutige Naht vereinigt, und diese Vereinigung mittels Heftpflaster unterstützt."

Die Aussagen der bei der Operation gegenwärtig gewesenen Klinicisten stimmen mit vorstehenden Angaben ziemlich überein. Der Klinicist Müller sagt: „Der Leib der Geltner sei vorher von unten in die Höhe gehoben und die Geschwulst in demselben von einem Gehülfen an der nämlichen Stelle, wo sie lag, fixirt worden; an dem Leib seien mehrere Narben von Moxen vorhanden gewesen, und eine von einem Schnitt herrührende Narbe, etwa in der Mitte des Leibes und unterhalb des Nabels; diese Narbe sei auf der Geschwulst selbst verlaufen, jedoch so, dass der herabhängendste Theil der letztern sich unterhalb der Narbe, also weiter nach den Schenkeln gerichtet, befunden habe. Der ganze Leib sei ziemlich gleichmässig ausgedehnt gewesen, jedoch an seinem untern Ende, nach der rechten Seite zu, da, wo die Geschwulst gelegen, einigermassen in einer Spitze ausgelaufen. Die Geschwulst habe sich leicht verschieben und an ihrem untersten Theile anfassen lassen, wie ein Kindskopf, und an dieser Stelle habe sich nur eine dünne Scheidewand zwischen der fühlenden Hand und der Geschwulst befunden. Nachdem die Wunde nach oben und unten erweitert worden, sei die Fruchtblase in die ganze Länge der Wundspalte eingetreten und eingeschnitten, und hierauf durch den Babethge das Kind aus der Wunde herausgenommen, welches sodann ihm zur Reinigung u. s. w. übergeben worden sei."

Der Klinicist Schlüter bekundet, dass die Haut in der Richtung der weissen Linie, ohne Bildung einer Hautfalte, durchschnitten worden sei, worauf eine, der Muskelsubstanz ähnliche Masse hervorgedrungen sei, auf welche der Dohlhoff mit dem Bemerken, dass man jetzt auf die Muskelsubstanz komme, aufmerksam gemacht habe. Mit mehreren Messerzügen sei auch diese getrennt und eine in die Wunde eingetretene Haut angestochen, wornach durch Entleerung des

Wassers dieser Einschnitt bedeutend erweitert worden sei, so dass nun der Kopf des Kindes sichtbar geworden. Die Länge der Operationswunde habe ungefähr 4—4½ Zoll betragen.

Was nun den weitern Verlauf nach der Operation betrifft, so hat hierüber der Dohlhoff selbst in seiner Druckschrift Folgendes angegeben: „Bei der Operation verlor die Kranke keine bedeutende Quantität Blut; sie war aber gleich nach derselben kalt und pulslos und fing an zu brechen. Gegen Abend hob sich der Puls und wurde häufig und härtlich, so dass ein Aderlass von 12 Unzen gemacht werden musste. Das gelassene Blut hatte eine starke Entzündungshaut. Am folgenden Tage (dem 16. März) klagte die Kranke über heftige Schmerzen im Unterleibe, der aber nicht aufgetrieben und beim Druck nicht sehr empfindlich war. Die Schmerzen hatten ihren Sitz in der Oberbauchgegend und steigerten sich besonders bei dem immer häufiger werdenden Erbrechen. Aus dem untersten Winkel der Wunde war viel Jauche ausgeflossen. Nachdem Blutegel angesetzt waren, wurde der Unterleib warm fomentirt, und die Kranke bekam innerlich Brausepulver mit kleinen Dosen Opium; allein der Zustand änderte sich nicht, und die Geltner starb am 17. März früh um 10 Uhr, 46 Stunden nach der Operation."

Die Aussage des Wundarztes Babethge ist hiermit im Wesentlichen übereinstimmend.

Am 18. März Mittags 1 Uhr wurde die Section gemacht, d. h. die Bauchhöhle geöffnet. Der Dohlhoff selbst giebt hierüber theils in einer zu den Acten gegebenen schriftlichen Notiz, theils in seiner Druckschrift Folgendes an: „Eine weitere Todesursache als die Wunde ergab sich nicht; kein Blutextravasat, keine Entzündung, weder in den Gedärmen, noch in dem Bauchfell. Der Uterus hatte sich bis auf die Grösse einer Mannsfaust contrahirt; die Schnittflächen des Uterus lagen ziemlich dicht verklebt an einander, Darm und Netz waren nicht eingeklemmt. Auch die Wunde der Hautdecken hatte schon angefangen sich zu vereinigen; bei der Betrachtung der innern Fläche des Bauchfells und der Bauchmuskeln bestätigte sich die nach der Operation ausgesprochene Ueberzeugung, dass die durch die frühere Operation getrennt gewesenen Theile isolirt vernarbt waren, und dass daher die schwangere Gebärmutter, die gleichsam durch jene Spalte vorgefallen war, nur an der äussern Haut bedeckt geblieben war."

Demnächst hat der Wundarzt Babethge über den Sectionsbefund Folgendes zu Protocoll gegeben: „Nach Abnahme der Verbandstücke fand sich die Wunde in den Bauchbedeckungen noch ganz unverheilt. Dieselbe wurde erweitert, und auch ein Querschnitt gemacht. Da die von Luft ausgedehnten, aber weder von Fäulniss, noch von Entzündung ergriffenen Gedärme den Anblick der Gebärmutter verhinderten, so wurde der Dünndarm gänzlich aus der Bauchhöhle entfernt, worauf die in die Höhle des kleinen Beckens zurückgezogene Gebärmutter sichtbar wurde. Sie hatte die Grösse von etwa 2 Mannsfäusten, ihre Schnittwunde hatte sich beträchtlich verkleinert; ihre Farbe kann ich nicht mehr bestimmen. Weder in die Wunde der Gebärmutter, noch in die des Bauches fand sich ein Darm eingeklemmt. Eine Entzündung des Bauchfells habe ich nicht bemerkt, auch keine Blut- oder Eiterergiessungen in die Bauch- oder Beckenhöhle; auf solche Ergiessungen habe ich speciell geachtet; dagegen auf die Beschaffenheit der übrigen Unterleibseingeweide, als der Leber, Milz, Harnblase, des Magens und der Nieren, habe ich mein Augenmerk nicht gerichtet. Verwachsungen der Gedärme unter sich, sowie mit den anderen Baucheingeweiden habe ich nicht bemerkt."

Ausserdem hat der Klinicist Schlüter über den Sectionsbefund Folgendes deponirt: „Ich kam erst hinzu, als der Kreuzschnitt in den Bauchbedeckungen gemacht und die 4 Lappen zurückgelegt waren. Bornemann machte mich darauf aufmerksam, dass die äussere Haut durch die Operation am 15. März von Neuem durchschnitten sei, nicht aber das Peritonæum und die darunter befindliche Muskellage. Letzteres habe ich selbst wahrgenommen, denn es war an den genannten Theilen keine neue, blutige, sondern eine alte und bereits vernarbte Trennung bemerkbar, deren Ränder nicht scharf, sondern abgerundet waren. Auch machte Bornemann mich darauf aufmerksam, dass die äussere Haut da, wo die Geschwulst gelegen hatte, mit den Bauchmuskeln nicht zusammengewachsen, sondern davon etwas abstehend war. — Befragt, ob er an den zurückgelegten Lappen etwas gesehen, was auf einen Bauchbruch hätte schliessen lassen, erwiderte der Schlüter: „Ja, wie mir diese Lappen durch Bornemann gezeigt worden sind, war die obere Haut (epidermis und cutis) von den Bauchmuskeln und dem Peritonæum getrennt; wie weit diese Trennung in der Peripherie sich erstreckt hätte, wenn man die 4 Lappen wieder zusammengeklappt haben würde, weiss ich nicht. Uebrigens ist mir noch erinnerlich, dass Entzündungen in den Eingeweiden, Ergiessungen von Blut und Eiter in der Bauchhöhle nicht bemerkbar waren. Die Gebärmutter war bis zur Grösse einer Mannesfaust zusammengeschrumpft und lag im Becken."

Endlich hat noch der Klinicist Bornemann sich dahin geäussert, dass, nachdem der Kreuzschnitt in den Leib gemacht und die vier Lappen des Bauchfells zurückgeschlagen worden wären, der Dohlhoff darauf aufmerksam gemacht habe, dass nach der frühern Operation die durchschnittenen, muskulösen Theile sich damals nicht wieder vereinigt hätten, sondern isolirt vernarbt wären, und dass nur die obere Haut zusammengewachsen wäre. Durch die dergestalt gebildete Spalte sei die Gebärmutter während der letzten Operation hinein- oder hervorgetreten, und habe er so die letztere statt der Bauchmuskeln durchschnitten. Davon, dass die Bauchmuskeln in der angegebenen Art eine Spalte gehabt, habe er sich wirklich überzeugt, könne jedoch nicht angeben, wie breit und lang diese Spalte gewesen sei. Die Schnittwunde am Uterus habe er bei der Leichenöffnung zwar gesehen und wisse, dass sie mit der in den Bauchdecken genau correspondirt habe, könne jedoch nicht angeben, ob sie im Längendurchmesser des Uterus oder im Fundus desselben verlaufen sei. Der Uterus habe, er wisse nicht mehr, in welchem Becken gelegen, bis auf die Grösse einer Faust zusammengeschrumpft, und zwar horizontal, der Muttermund nach unten, der Fundus nach oben gerichtet. Er glaube, dass die Geltner in Folge der durch die Operation ihr verursachten Schmerzen gestorben sei, denn blutiges Extravasat oder Entzündung des Bauchfells und der Eingeweide habe er bei der Leichenöffnung nicht wahrgenommen.

Der Dohlhoff selbst hat sich über die Ursache des Todes der Geltner dahin ausgesprochen, dass er glaube, die fortwährenden Schmerzen, über welche dieselbe das ganze Jahr hindurch geklagt habe, und die ihr alle nächtliche Ruhe geraubt hätten, seien allerdings hier wohl als Momente in Anschlag zu bringen, welche bei Beurtheilung des tödtlichen Ausganges einer solchen Operation nicht unberücksichtigt bleiben könnten. Wären diese Krankheitssymptome nicht in so hohem Grade vorhanden gewesen, so sei es ihm nicht unwahrscheinlich, dass dieselbe die Operation glücklich überstanden haben würde, indem nicht Alle stürben, bei denen man den Gebärmutterschnitt mache.

Da nun der Dr. Voigtel, wie aus dem Obigen hervorgeht, seine Anzeige erst einen Monat nachher einreichte, so unterblieb die gerichtliche Obduction des Leichnams der Geltner, indem dieselbe nach dem Dafürhalten des Dr. Voigtel wegen der inzwischen nothwendig eingetretenen vollkommenen Verwesung aller Weichgebilde ohne Erfolg, auch deren Mangel für die Aufklärung der Sache von keiner besondern Erheblichkeit sein dürfte, da der Thatbestand durch eine Menge sachverständiger Zeugen vollkommen festgestellt werden könne.

Dem Kreisphysicus Dr. Voigtel wurde hiernächst von dem Königl. Inquisitoriate zu Magdeburg aufgegeben, die Seitens des Dohlhoff bei der Operation der Geltner vermuthete grobe Fahrlässigkeit vom ärztlichen Gesichtspunkt aus näher darzuthun. Im Verfolg dieser Requisition reichte derselbe unterm 30. Mai 1838 ein ausführliches Gutachten ein, in welchem er sich über das Verfahren des Dohlhoff im Wesentlichen dahin äussert: 1) dass der Dohlhoff vor Verrichtung der Operation von dem Krankheitsobject eine möglichst genaue Kenntniss durch sorgfältige Untersuchung sich nicht verschafft habe; 2) dass er sich vor Beginn der lebensgefährlichen Operation von ihrer Zweckmässigkeit und absoluten Nothwendigkeit nicht überzeugt habe; 3) dass er die Geltner von der ihr daraus erwachsenden Lebensgefahr nicht in Kenntniss gesetzt und ihre Genehmigung dazu nicht eingeholt habe, und 4) dass er bei Ausführung der Operation selbst in technischer Hinsicht nicht die grösste Vorsicht und möglichste Kunstfertigkeit entwickelt habe.

Diese Anschuldigungen hat der Dr. Dohlhoff sodann bei seiner Vernehmung zu entkräften gesucht, indem er hinsichtlich des ersten Punktes angiebt, dass er sich allerdings bemüht habe, eine genaue Diagnose zu machen, indem er die Kranke lange Zeit fortgesetzt beobachtet und selbst andere Aerzte, den Dr. Brüggemann und Wundarzt Babethge, hinzugezogen habe. Für die Annahme einer Entartung des Eierstockes oder einer Bauchschwangerschaft hätte aber gesprochen: 1) das frühere Unwohlsein der Geltner; 2) die Krankheitserscheinungen im letzten Jahre; 3) die Art und Weise, wie sich die Geschwulst habe anfühlen lassen, und wie dieselbe zugenommen habe, sowie der Sitz und die Beweglichkeit derselben beim Mangel aller übrigen Kennzeichen, die für eine regelmässige Schwangerschaft sprechen könnten, mit Ausnahme der seit dem März 1837 ausgebliebenen Menstruation und der Zunahme des Umfanges des Unterleibes, welche beide Zeichen für sich allein jedoch durchaus nicht zus der Annahme einer regelmässigen Schwangerschaft berechtigten; 4) der Umstand, dass er häufig die Geschwulst in die Höhe gehoben und bewegt und dabei nie auch nur im Geringsten eine Bewegung in derselben wahrgenommen habe. Um dies zu untersuchen, habe er den Unterleib der Geltner unzählige Mal, sowohl stehend, als liegend im Bett, untersucht und die Geschwulst selbst dabei in die Höhe gehoben und stark gedrückt. Die Geltner durch eine Hebamme untersuchen zu lassen, sowie die Anwendung des Stethoscops, das Auflegen der kalten Hände auf den Unterleib und die Untersuchung in horizontaler Körperlage mit erhöhtem Kreuze, während ein Gehülfe mittels eines Handtuchs den Hängebauch stark hinaufgehoben, habe er unterlassen, weil er zu dem Allen keine Veranlassung gehabt habe, wobei er jedoch bemerken müsse, dass es Winterszeit und seine Hand daher nichts weniger als warm gewesen sei. Zur Anwendung des Stethoscops habe er sich nicht veranlasst gefunden, weil es ihm nicht im Entferntesten habe in den Sinn kommen können, die Geltner für eine regelmässig Schwangere zu halten, er auch diesem Untersuchungsmittel überhaupt nicht den Werth beilege, der ihm von einigen Kunstgenossen beigemessen werde; er halte die von ihm angestellte Untersuchung für erschöpfend.

Hinsichtlich des zweiten Punktes in dem Gutachten des Dr. Voigtel bemerkt der Dohlhoff, dass die Operation seiner Ueberzeugung nach das einzige Mittel gewesen sei, das Leben der Kranken zu erhalten; die Gründe zu dieser Ansicht lägen in dem Verlauf der Krankheit, in den die Geltner quälenden Krankheitserscheinungen, in der fortwährenden Zunahme des Uebels, darin, dass kein Arzneimittel ihr Linderung verschafft habe, vorzugsweise aber in der Diagnose. Bei einer Bauchschwangerschaft sei, wenn das Kind ausgetragen und selbst schon todt sein sollte, die Operation des Bauchschnittes gerechtfertigt, welche zwar lebensgefährlich sei, aber doch nicht nothwendig in allen Fällen den Tod zur Folge habe.

In Ansehung des dritten Vorwurfes, dass er die Einwilligung der Kranken zu der lebensgefährlichen Operation nicht eingeholt habe, bemerkt der Dohlhoff, dass dieses allerdings geschehen sei, indem er ihr gesagt habe, sie müsse sich operiren lassen, wogegen sie keine Einwendung erhoben, während sie doch schon bei ihrer frühern Operation erfahren habe, dass dieselbe lebensgefährlich sei, indem sie sich damals, wenn er nicht sehr irre, vor der Operation das Abendmahl habe geben lassen.

Anlangend endlich die vierte Behauptung, dass er bei der Operation nicht hinreichende Vorsicht und Kunstfertigkeit bewiesen habe, so wird auch diese von dem Dohlhoff bestritten, indem er anführt, dass er in der alten Narbe eingeschnitten habe, und zwar ohne Faltenbildung, dass er dies aber gerade in diesem Falle für angemessen gehalten habe. Er habe nur die Unterleibshöhle öffnen wollen, auch nach Durchschneidung der Haut nicht durch Einführung der Finger oder einer Sonde untersucht, ob die Unterleibshöhle bereits eröffnet sei, weil solche Manipulationen nach seiner Diagnose unstatthaft, überflüssig, wegen Verzögerung der Operation und Zutritts der Luft nachtheilig gewesen sein und wahrscheinlich kein sicheres Resultat gewährt hahen würden. Bei der Ausdehnung des Unterleibs und bei der dadurch bewirkten Lageveränderung der Theile, welche nebst einer Veränderung der Organisation schon durch die frühere Operation veranlasst sein konnte, habe es ihm nicht auffallend sein können, nach Durchschneidung der Haut Muskelmassen in der Lage der weissen Linie zu finden.

Nachdem die gerichtliche Untersuchung nunmehr geschlossen war, wurde das Hohe Ministerium der geistlichen, Unterrichts- und Medicinal-Angelegenheiten ersucht, von einem andern Medicinal-Collegio, als dem der Provinz Sachsen, ein Gutachten in dieser Sache erstatten und in demselben acht speciell vorgelegte Fragen beantworten zu lassen. Das Königl. Medicinal-Collegium der Provinz Brandenburg wurde hiermit beauftragt, welches in seinem unterm 26. Februar v. J. erstatteten Gutachten sich dahin erklärte:

1) dass nach dem jetzigen Stande der medicinischen Wissenschaft und unter Anwendung aller durch sie dargebotenen Mittel das Vorhandensein eines lebendigen, der Reife ganz nahen Kindes im Uterus nicht unter allen Umständen und nicht in jedem Falle mit Sicherheit erkannt werden könne.

2) dass die Erkenntniss der Schwangerschaft der Geltner am 15. März 1838 mit Rücksicht auf deren Ansehen, Befinden und ihr Verhalten seit der Operation vom 19. September 1836 nicht unmöglich, aber doch ungewöhnlich schwierig gewesen sei.

3) dass eine gewöhnliche Gebärmutterschwangerschaft bei der Geltner unter den ermittelten Umständen ein ausser aller Berechnung liegendes Ereigniss nicht gewesen sei.

4) dass der Medicinalrath Dohlhoff die Geltner in Bezug auf Schwangerschaft nicht mit der durch die Umstände und seine Absicht, ihr den Leib aufzuschneiden, gebotenen Vorsicht und erschöpfenden Genauigkeit explorirt habe.

5) dass die Laparotomie bei Annahme einer Degeneration der Ovarien nicht hinlänglich, bei der einer Abdominal-Schwangerschaft aber keinen Falls bereits indicirt gewesen sei.

6) dass es in dem quaest. Falle mehr als gewöhnlicher, von jedem Operateur zu fordernder Kenntnisse und Kunstfertigkeit bedurft habe, um die Incision des frei in der Bauchhöhle liegenden, regelmässig

beschwängerten Uterus, bei bloss beabsichtigter Eröffnung des cavi abdominis zu verhüten.

7) dass nicht zu bestimmen sei, ob die Geltner, wenn die Operation nicht gemacht wäre, auf gewöhnlichem, natürlichem Wege von ihrer Frucht ohne besondere Lebensgefahr entbunden sein würde.

8) dass anzunehmen sei, dass die Geltner in Folge der Operation, jedoch nicht ohne alle Mitwirkung ihrer abnormen individuellen Körperbeschaffenheit gestorben sei.

In der hierauf zu den Acten gereichten Vertheidigungsschrift für den Dr. Dohlhoff kommt der Defensor desselben zu folgenden Resultaten:

1) dass der Dohlhoff in Erkennung der Krankheit der Geltner geirrt und in Anwendung der Erkennungsmittel gefehlt habe, ohne dass er sich jedoch dabei einer groben Vernachlässigung seiner Berufspflichten schuldig gemacht habe, und ohne dass der Einfluss sich nachweisen lasse, welchen die Anwendung der von ihm nicht angewendeten Erkennungsmittel auf die Behandlung der Kranken gehabt haben würde.

2) Dass ferner, abgesehen vom Irrthum in der Diagnose, das von dem Dohlhoff angewandte Heilmittel — die Operation — von ihm aus Gründen und mit guter Ueberlegung gewählt sei, und dass, wenn diesen Gründen auch in dem Gutachten des Med.-Collegii kein Beifall gegeben werde, dieselben doch vollkommen genügten, ihn gegen den Verdacht einer unüberlegten Handelsweise und eines dadurch begangenen groben Versehens zu schützen.

3) Dass der unter Mitwirkung eines nervösen Krankheitszustandes als Ursache des Todes der Geltner zu betrachtende Schnitt in die Gebärmutter ein den Umständen nach sehr schwer zu vermeidendes, folglich keinenfalls strafwürdiges Versehen gewesen sei.

Da nun das Gesetz nur grobe Vernachlässigungen der Berufspflichten mit Strafe bedrohe, die Handlungen und Unterlassungen des Dohlhoff aber dahin nicht gehörten, so müsse eine gänzliche und kostenfreie Freisprechung desselben erfolgen, auf welche demnach angetragen werde.

Der Criminal-Senat des Königl. Oberlandesgerichts zu Magdeburg verurtheilte jedoch den Dr. Dohlhoff in erster Instanz wegen Beschädigung der unverehelichten Geltner am Leben aus grober Fahrlässigkeit zu einer 6monatlichen Gefängnissstrafe und zur Tragung der Untersuchungskosten.

Der Dr. Dohlhoff ergriff gegen dieses Erkenntniss das Rechtsmittel der weitern Vertheidigung und trug darauf an, dass diese dem Garnison-Stabsarzt Dr. Reiche zu Magdeburg und dem Kreisphysicus Dr. Koch zu Neuhaldensleben übertragen würde. Diesem wurde gewillfahrt und von den genannten Aerzten eine ausführliche Defensionalschrift zu den Acten gebracht, deren wesentlichen Inhalt diese selbst mit folgenden Worten bezeichnen:

1) Der Angeschuldigte ist nicht allein nach seinen Einlassungen zu den Acten zu beurtheilen, weil dieselben, in Folge von seiner Seits unverschuldeten starken Gemüthsbewegungen, nicht mit der erforderlichen Vorsicht gegeben sind, ja sogar mit anderweitig erwiesenen und den Angeschuldigten exculpirenden Thatsachen in Widerspruch stehen.

2) Bei Untersuchungen gegen Medicinalpersonen wegen Fahrlässigkeit unterliegt die Frage: ob die erfolgte Rechtsverletzung bei Voraussetzung einer gewöhnlichen technischen Bildung ohne Anstrengung der Aufmerksamkeit zu vermeiden gewesen wäre, oder ob dazu eine gewöhnliche oder eine aussergewöhnliche Anstrengung erforderlich gewesen? — ausschliesslich der technischen Ermittelung und Beurtheilung.

3) Die unbedingte Forderung des Gesetzgebers oder Richters an den Arzt: „dass er weder durch Handlungen, noch durch Unterlassungen Anderer Leben und Gesundheit in Gefahr setze," — würde einem gänzlichen Verbote der Heilkunde gleichzustellen sein.

4) Die Phänomene an der denata vor der vom Angeschuldigten im Jahre 1838 ausgeführten Operation waren von der Art, dass sie einen so hohen Grad von Wahrscheinlichkeit: „die Geltner sei nicht schwanger," — begründeten, um vom Angeklagten, wie von jedem Andern der Gewissheit gleich geachtet zu werden, und zwar unter Umständen, dass Gründe von nur einiger Erheblichkeit für die Existenz einer Schwangerschaft nicht ermittelt worden waren.

5) Der Angeschuldigte hat den Versicherungen der denata, nicht schwanger sein zu können, Glauben geschenkt und war dazu durch die concurrirenden Umstände und durch alle Gründe der Menschenkenntniss berechtigt.

6) Obgleich die durch Obiges motivirte subjective Gewissheit der Nichtschwangerschaft schon die Nutzlosigkeit anderweitiger Prüfungsmittel in sich begreift, so ist doch die Beschuldigung, die letzteren versäumt zu haben, einestheils thatsächlich unrichtig, anderntheils waren sie unausführbar, vor allem aber war eine Möglichkeit, durch dieselben die Schwangerschaft zu entdecken, in casu nicht vorhanden.

7) Der Angeschuldigte war durch den Krankheitszustand der denata berechtigt, der letztern den Bauchschnitt als einziges Rettungsmittel anzurathen und denselben nach erfolgter Einwilligung auszuführen.

8) Die Forderungen an den Arzt: ohne unzweifelhafte Diagnose keine Operation zu unternehmen, ist in praxi unausführbar und verleitet zuweilen zu fahrlässigen Beschädigungen durch Unterlassungen vorhandener Rettungsmittel.

9) Die von dem Königl. Medicinal-Collegio aufgestellten Indicationen zum Bauchschnitt bei Eierstocks-Degenerationen und Bauchschwangerschaft sind als Maassstab zur Beurtheilung des in Rede stehenden operativen Verfahrens nicht geeignet.

10) Die Gefahr des unbeabsichtigten Kaiserschnittes bei der Geltner war noch bedeutend geringer, als die Gefahr der natürlichen Entbindung, und war das einzige Mittel der letztern zuvorzukommen.

11) Es ist ausser allen Zweifel gesetzt, dass denata die Gefahr der Operation kannte und ihre vollständige Einwilligung zu derselben gegeben hat.

12) Aus allem diesen aber folgt, dass dem Angeschuldigten der unglückliche Ausgang der an der Geltner vorgenommenen Operation nicht angerechnet werden könne und ihn also nicht strafbar mache.

Was den sub No. 11 angeführten Umstand betrifft, so ist noch zu bemerken, dass der Superintendent Assmann zu Magdeburg bescheinigt, dass er vor beiden Operationen (1836 und 1838) die Geltner besucht und beide Mal ihr das Abendmahl gereicht habe, und dass sie das letzte Mal um ihr Leben besorgter geschienen und sich auch dahin geäussert habe.

Das Königl. Inquisitoriat zu Magdeburg hielt hierauf eine weitere Würdigung des Verfahrens des Dr. Dohlhoff bei der Operation für erforderlich und trug auf die Erstattung eines Gutachtens von der unterzeichneten Deputation über folgende Punkte an:

1) Ist Uterinal-Schwangerschaft in dem Stadium, in welchem sie bei der Friederike Geltner war, überhaupt verkennbar und war sie es in specie bei der Geltner?

2) War im Bejahungsfalle dieser Frage bei der Geltner doch Wahrscheinlichkeit einer Schwangerschaft vorhanden oder nicht, und im ersten Falle einer uterina oder extrauterina?

3) Deutete im Verneinungsfalle ad 2 der Zustand und das Verhalten der Geltner auf eine Degeneration der Ovarien?

4) War die Exploration des Angeschuldigten ausreichend, um

die Gewissheit der Nichtschwangerschaft bis zu dem Maasse festzustellen, dass er den Bauchschnitt unternehmen durfte? Würden andere Prüfungsmittel nutzlos und unausführbar gewesen sein?

5) War der Bauchschnitt sowohl bei der Annahme einer Extrauterinalschwangerschaft, als einer Degeneration der Ovarien indicirt?

6) Fällt die durch das Zurücktreten der Bauchmuskeln in Folge der frühern Operation entstandene abnorme Lage des Uterus in den Bereich derjenigen Umstände, welche von dem Angeschuldigten als wahrscheinlich oder doch möglich vorauszusetzen und zu berücksichtigen waren?

7) Entspricht das Verfahren des Dohlhoff bei Ausführung der Operation der durch die damit an sich verbundene Gefahr im Allgemeinen, und durch die in Folge der ersten Operation möglicher Weise veränderte Lage des Uterus hier im Besondern gebotenen Vorsicht und Umsicht, oder lässt sich vielmehr annehmen, dass bei pflichtmässiger Berücksichtigung aller concreten Verhältnisse die Incision des Uterus zu vermeiden gewesen wäre?

Gutachten.

Durch die erste Frage verlangt das Königl. Inquisitoriat Auskunft darüber, ob Uterinal-Schwangerschaft in dem Stadium, in welchem sie bei der Friederike Geltner war, überhaupt verkennbar sei, und ob sie es in specie bei der Geltner gewesen sei?

Hierauf muss die unterzeichnete Deputation erwidern, dass die Zeichen der Schwangerschaft in den letzten Monaten derselben zwar ungleich sicherer sind, als in ihrer ersten Zeit, und zwar in der Regel um so zuverlässiger, je weiter die Schwangerschaft in ihrem Verlaufe bereits vorgerückt ist, dass jedoch auch noch in dieser letzten Zeit Irrungen möglich sind, und dass es keine Erscheinung giebt, welche unter allen Umständen und mit völliger Bestimmtheit das Vorhandensein einer Schwangerschaft darthäte.

Die in der ersten Hälfte der Schwangerschaft eintretenden Veränderungen: die mancherlei Beschwerden und kränklichen Zufälle, das Ausbleiben der monatlichen Reinigung, die beginnende Anschwellung des Unterleibes, die schon jetzt wahrnehmbare Veränderung in der Beschaffenheit der Scheidenportion und des äussern Muttermundes

u. s. w. können hier übergangen werden, da nur von der Erkennbarkeit der Schwangerschaft in ihrer letzten Periode die Rede ist.

Aber auch in ihrer zweiten Hälfte bietet die Schwangerschaft nicht immer zuverlässige Kennzeichen dar. Die allmälig zunehmende und bis über den nach aussen hervortretenden Nabel hinaufsteigende Anschwellung des Unterleibes kann eben sowohl auch durch mancherlei andere krankhafte Zustände im Unterleibe hervorgebracht werden, und das regelmässige Fortschreiten jener Anschwellung bei wirklich vorhandener Schwangerschaft kann, obschon eine solche stattfindet, fehlen, weil die Gebärmutter oder das Kind eine regelwidrige Lage angenommen haben, wozu durch mannigfache äussere oder innere Ursachen Veranlassung gegeben werden kann. Auch die bei regelmässig verlaufender Schwangerschaft gewöhnlich eintretende Erweiterung des Nabelringes und kegelförmige Hervortreibung der allgemeinen Bedeckungen in der Nabelgegend kann alsdann fehlen. Die Bewegungen des Kindes, die allerdings beim Auflegen einer kalten Hand am frühen Morgen am deutlichsten gefühlt werden, sind, abgesehen davon, dass sie bei einer todten Leibesfrucht ganz mangeln, je nach der verschiedenen Beschaffenheit und Lage des Kindes, der Menge des Fruchtwassers u. s. w. bald mehr, bald weniger deutlich wahrzunehmen und können eine kürzere oder längere Zeit hindurch auch gar nicht stattfinden, sowie auf der andern Seite Fälle vorgekommen sind, in denen mancherlei Bewegungen anderer Art im Unterleibe für Kindesbewegungen fälschlich gehalten wurden. Die Scheidenportion der Gebärmutter, die in der Schwangerschaft allmälig mehr und mehr verkürzt wird und einen dicken, wulstigen, mit dem Finger schwer zu erreichenden Muttermund von rundlicher Gestalt darbietet, kann diese Beschaffenheit auch in Folge von mancherlei krankhaften Zuständen annehmen, und der bei regelmässiger Lage des Kindes in der letzten Zeit der Schwangerschaft durch das Scheidengewölbe zu fühlende Kindeskopf kann nicht wahrzunehmen sein, wenn das Kind eine regelwidrige Lage angenommen hat, welche selbst von solcher Beschaffenheit sein kann, dass überhaupt kein vorliegender Theil des Kindes deutlich wahrzunehmen ist. Ebensowenig zuverlässig ist das Anschwellen der Brüste und die beginnende Absonderung der Milch in denselben, da beides auch bei Nichtschwangeren vorgekommen ist und häufig bei wirklich Schwangeren fehlt. Was endlich die Auscultation betrifft, und zwar sowohl die unmittelbare, mit dem unmittelbar an den Unterleib angelegten Ohr, als auch die mittelbare, mittels des Stethoscops, so gewährt diese bei erlangter Uebung in ihrer Anwendung zwar allerdings ein sehr sicheres Zeichen, indem man dabei theils die von den Pulsschlägen der Mutter wohl zu unterscheidenden Herzschläge des Kindes, theils ein eigenthümliches, sogen. Gebläsgeräusch wahrnimmt, welches von dem Durchströmen des Blutes durch die Venen der Gebärmutter und des Mutterkuchens herzurühren scheint; allein theils erfordert dieses noch nicht allgemein in Gebrauch gekommene Untersuchungsverfahren zu seiner erfolgreichen Anwendung eine durch längere Uebung erlangte Fertigkeit, theils können auch hier Umstände eintreten, welche die Anwendung dieses Verfahrens fruchtlos oder wenigstens unsicher machen, wohin z. B. gewisse abnorme Lagen der Frucht und der sie umgebenden Theile oder das zufällige Vorhandensein anderer täuschender Geräusche im Unterleibe u. s. w. gehören.

So wie aber die genannten Erscheinungen der Schwangerschaft einzeln genommen oft keine Gewissheit über den wirklich vorhandenen Zustand geben, so hat auch selbst die Gesammtheit derselben und ihre Vergleichung unter einander, sowie die Wiederholung der Exploration zu verschiedenen Zeiten zuweilen im Stich gelassen, obschon allerdings auf diese Weise in den meisten Fällen zu einem sichern Resultate zu gelangen ist.

Wenn nun aus dem Vorstehenden hervorgeht, dass selbst die gewöhnliche Uterinal-Schwangerschaft auch noch in ihrer letzten Zeit, mithin auch in dem Stadium, in welchem sich Friederike Geltner befand, überhaupt verkennbar ist, so folgt hieraus schon, dass sie es auch in specie bei der Geltner sein musste. Sie konnte hier aber um so eher verkannt werden, da zugleich mancherlei abnorme Zustände bei ihr stattfanden. Die Menstruation war schon seit 12 Monaten ausgeblieben, wodurch man sich für berechtigt halten konnte, ihr Ausbleiben einer andern Ursache, als einer etwa vorhandenen Schwangerschaft zuzuschreiben; an mancherlei Krankheitszufällen hatte die p. Geltner auch schon früher gelitten, man war dadurch sogar schon einmal zur Vornahme der Laparotomie bewogen worden und konnte daher veranlasst werden, auch die später eingetretenen Erscheinungen einer andern Ursache, nicht aber einer vorhandenen Schwangerschaft zuzuschreiben; wegen der regelwidrigen Lage des Uterus und mit ihm des Kindes hatte die Ausdehnung des Unterleibes eine andere Beschaffenheit angenommen, als sie gewöhnlich in der Schwangerschaft zu haben pflegt. Der vorliegende Kopf des Kindes war deshalb durch den Scheidengrund nicht zu fühlen, und der äussere Muttermund zeigte eine andere Beschaffenheit, als er gewöhnlich in der Schwangerschaft, namentlich in der letzten Zeit derselben, zu haben pflegt. Endlich waren auch die Brüste nicht angeschwollen und eine Milchabsonderung in denselben nicht eingetreten. Hieraus geht demnach hervor, dass in specie auch bei der Geltner die vorhandene Uterinal-Schwangerschaft verkennbar war.

Die der Deputation ferner vorgelegte zweite Frage lautet:

War im Bejahungsfalle der ersten Frage bei der Geltner doch Wahrscheinlichkeit einer Schwangerschaft vorhanden oder nicht, und im ersten Falle einer uterina oder extrauterina?

Um diese Frage zu beantworten, werden die bei der p. Geltner wahrgenommenen Erscheinungen zu prüfen und dabei zu bedenken sein, inwiefern dieselben für eine vorhandene Schwangerschaft sprachen oder nicht, wobei jedoch nur diejenigen Phänomene in Erwägung zu ziehen sein werden, welche von den Aerzten, insbesondere dem Dr. Dohlhoff, wirklich wahrgenommen worden sind, wogegen von denjenigen wird abgesehen werden müssen, welche vielleicht bei einer genauern und sorgfältigern Untersuchung noch hätten wahrgenommen werden können.

Der Verdacht einer vorhandenen Schwangerschaft konnte aber erregt werden 1) dadurch, dass die monatliche Reinigung bei der Geltner ausgeblieben war; 2) durch die allmälig mehr und mehr zunehmende Anschwellung des Unterleibes, wobei der Umstand, dass der angeschwollene Unterleib nicht die bei Schwangeren gewöhnliche Form angenommen hatte, nicht irre machen musste, da solches leicht aus der schon vorhergegangenen Operation und deren Folgen erklärt werden konnte und als eine fast nothwendige Folge der dadurch hervorgebrachten Veränderung in der Beschaffenheit der Bauchdecken angesehen werden musste; 3) kommt auch die Aehnlichkeit hierbei in Betracht, welche der unter den ausgedehnten Bauchdecken am meisten hervorragende Theil der Geschwulst mit dem Kopfe eines Kindes hatte, mit welchem derselbe nach Inhalt der Acten auch häufig verglichen worden ist. — Ausserdem litt die Geltner zwar auch, wie es Schwangere häufig zu thun pflegen, an mancherlei Beschwerden und Krankheitszufällen, allein theils waren dieselben nicht gerade von derjenigen Beschaffenheit, wie sie bei Schwangeren vorzukommen pflegen, theils fanden sie bei der p. Geltner auch schon in einer frühern Zeit statt, wo eine Schwangerschaft erwiesenermassen noch nicht eingetreten war, so dass demnach durch diese der Verdacht einer Schwangerschaft nicht wohl begründet werden konnte, wogegen die zuvor genannten Umstände allerdings dazu geeignet waren, die Aufmerksamkeit der Aerzte auf diesen Gegenstand zu lenken.

Auf der andern Seite walteten jedoch allerdings auch mancherlei Umstände ob, welche darzuthun schienen, dass die p. Geltner nicht schwanger sei. — Die monatliche Reinigung cessirte schon seit 12 Monaten, woraus hervorgeht, dass ihr erstes Ausbleiben nicht der spätern Schwangerschaft zuzuschreiben war. Der Mutterhals war, nach der Angabe des Wundarztes Babethge, noch am Tage der Operation wie im ungeschwängerten Zustande, weder erweicht, noch verkürzt; auch zeigte der Muttermund nicht eine runde Oeffnung, sondern vielmehr eine deutliche Querspalte, und durch das Scheidengewölbe liessen sich weder Kindestheile, noch sonst irgend ein harter Körper fühlen. — Ausserdem sind Kindesbewegungen von den Aerzten bei den durch sie angestellten Untersuchungen nicht wahrgenommen, und in den Brüsten der Geltner zeigte sich, nach der Versicherung des Dohlhoff, keine Spur einer Absonderung. — Von dem Umstande, dass die Geltner selbst die Möglichkeit einer Schwangerschaft gänzlich leugnete, kann hierbei füglich abgesehen werden, da theils der Arzt einer solchen Behauptung überhaupt keinen Werth beilegen darf, theils der leicht zu ermittelnde Mangel der physischen Merkmale der Jungfernschaft über die Möglichkeit einer stattfindenden Schwangerschaft Auskunft zu geben vermochte.

Insofern nun die hier zuletzt genannten Umstände mit einigem Gewicht dafür zu sprechen schienen, dass die p. Geltner nicht schwanger sei, kann nicht behauptet werden, dass Wahrscheinlichkeit einer Schwangerschaft bei ihr vorhanden gewesen sei, obschon die zuerst genannten Erscheinungen den Gedanken an die Möglichkeit einer solchen allerdings anregen mussten.

Anlangend die dritte Frage: ob im Verneinungsfalle der vorigen der Zustand und das Verhalten der Geltner auf eine Degeneration der Ovarien gedeutet habe? — so ist in dieser Hinsicht zu bemerken, dass die Erkenntniss der mannigfachen Degenerationen, denen die Ovarien unterworfen sein können, überhaupt sehr schwierig ist, und dass ganz bestimmte Zeichen, an denen dieselben erkannt werden können, sich bisher nicht ergeben haben. Im vorliegenden Falle konnte jedenfalls nur die Rede sein von einer, mit einer bedeutenden Anschwellung, namentlich des rechten Eierstockes, verbundenen Degeneration. Bei acut verlaufenden, entzündlichen Affectionen wird eine so bedeutende Anschwellung nicht leicht erfolgen; auch sind damit lebhafte Schmerzen in der krankhaft afficirten Gegend, anhaltendes Fieber und andere Erscheinungen verbunden, welche im vorliegenden Falle nicht wahrgenommen worden sind. Es konnte daher nur von einer chronischen mit starker Vergrösserung des Volumens verbundenen Entartung die Rede sein. Dergleichen entstehen aber in der Regel nur sehr allmälig und nehmen einen sehr langsamen Verlauf, so dass der dadurch ausgedehnte Unterleib erst weit später einen solchen Umfang zu erlangen pflegt, wie ihn die rascher und mit einer bestimmten Regelmässigkeit verlaufende Schwangerschaft weit eher hervorbringt. Insofern auch eine solche Entartung der Eierstöcke einen nicht unbedeutenden Krankheitsprocess darstellt, sind gewöhnlich mancherlei besondere Krankheitserscheinungen damit verbunden und zwar theils allgemeine, theils und besonders örtliche, von dem Drucke auf die benachbarten Bauch- und Beckeneingeweide herrührend. Insbesondere kommt hier die in der Regel bewirkte Lagenveränderung des Uterus in Betracht, welcher gewöhnlich nach der entgegengesetzten Seite hinübergedrängt wird und bei zunehmender Anschwellung des Eierstockes einen tiefern Stand anzunehmen genöthigt wird, so dass die Scheidenportion und der Muttermund seitwärts und tiefer steht, als im normalen Zustande, welches alles bei der Geltner nicht der Fall war, bei welcher vielmehr der Gebärmutterhals nach dem Kreuzbein hin gerichtet war und so hoch stand, dass er mit dem Finger kaum erreicht werden konnte.

Wegen der grossen Verschiedenheit der Erscheinungen und des Verlaufs, welche man bei den mannigfachen Entartungen der Eierstöcke beobachtet hat, wegen des Mangels entscheidender Kennzeichen und der daher rührenden Unsicherheit in der Diagnose überhaupt, konnte daher auch im vorliegenden Falle das Vorhandensein einer Degeneration der Ovarien als möglich allerdings gedacht werden, als wahrscheinlich vorhanden war dieselbe aber nicht anzunehmen.

Die hiernach zu erörternde vierte Frage lautet: War die Exploration des Angeschuldigten ausreichend, um die Gewissheit der Nichtschwangerschaft bis zu dem Maasse festzustellen, dass er den Bauchschnitt unternehmen durfte? Würden andere Prüfungsmittel nutzlos und unausführbar gewesen sein?

Diese Frage sieht sich die unterzeichnete Deputation genöthigt, verneinend zu beantworten. Die von dem Dohlhoff, sowie von den übrigen Medicinal-Personen vorgenommene Untersuchung der Geltner war nicht so genau, gründlich und erschöpfend, als sie hätte sein können und müssen, um den überhaupt möglichen Grad von Gewissheit über das Vorhandensein oder Nichtvorhandensein einer Schwangerschaft zu erlangen, den man jedenfalls zu erreichen suchen musste, wenn man zur Beseitigung des vermeintlich vorhandenen Krankheitszustandes eine lebensgefährliche Operation für indicirt hielt und dieselbe vorzunehmen im Begriff stand. Im Allgemeinen muss die unterzeichnete Deputation der von dem Königl. Medicinal-Collegio der Provinz Brandenburg über diesen Punkt gegebenen Exposition beipflichten. Die wirklich vorgenommene Untersuchung der Geltner beschränkte sich im Wesentlichen auf ein wiederholtes Befühlen des Leibes und die gewöhnliche Exploration per vaginam, ohne dass dabei die allerdings möglichen besonderen Vorkehrungen getroffen worden wären, durch welche die Erlangung eines sicheren Resultates befördert wird. Ganz besonders hätte auf die Ermittelung der Kindesbewegungen eine grössere Sorgfalt verwendet werden sollen, durch wiederholtes Auflegen der vollkommen abgekälteten Hände auf die verschiedenen Gegenden des Unterleibes zu verschiedenen Tageszeiten und bei verschiedenen Lagen und Stellungen des mütterlichen Körpers. Die ärztlichen Vertheidiger des Dr. Dohlhoff suchen es glaublich zu machen, dass das Kind sich überhaupt nicht bewegt habe, oder dass es doch wegen der Lage des Kindes mit den Extremitäten nach unten und innen keinesfalls möglich gewesen sein würde, die etwaigen Bewegungen desselben wahrzunehmen. — Allein es ist jedenfalls höchst unwahrscheinlich, dass ein lebendes, gesundes und der völligen Reife nahes Kind durchaus keine Bewegungen vorgenommen haben sollte. Auch durch eine ungewöhnliche und beschränkte Lage im Uterus wird es hieran nicht ganz verhindert werden, und wenn auch die sich bewegenden Extremitäten nicht unmittelbar gefühlt werden können, so werden sich doch deren Bewegungen dem übrigen Körper des Kindes und den umgebenden Theilen mehr oder weniger mittheilen und äusserlich wahrgenommen werden können, wobei auch eine veränderte Lagerung des mütterlichen Körpers überhaupt und des Leibes insbesondere sich nützlich erweisen konnte.

Eben so ist es, was auch schon von dem Medicinal-Collegio geschehen ist, zu tadeln, dass die Auscultation zur Ermittelung des vorhandenen Zustandes durchaus nicht zur Hülfe genommen ist. Dieselbe ist ein hinlänglich bekanntes und eben zur Ermittelung zweifelhafter Schwangerschaftsfälle in besonderen Schriften nachdrücklich empfohlenes Mittel, so dass die Nichtanwendung desselben in einem so wichtigen Falle, wie der vorliegende war, nicht wohl entschuldigt werden kann. Die Vertheidiger des Dr. Dohlhoff suchen es wahrscheinlich zu machen, dass wegen der regelwidrigen

Lage des Kindes der Herzschlag desselben nicht zu hören gewesen sein würde, und dass bei einer wirklich vorhandenen Entartung der Eierstöcke das etwa hörbar gewordene sogenannte Gebläsgeräusch nichts entschieden haben würde, da es unter diesen Umständen auch von andern Ursachen herrühren konnte. Dieses sind indessen nur Vermuthungen, die einer hinlänglichen Begründung entbehren, indem es sich a priori durchaus nicht bestimmen lässt, wie viel oder wie wenig von dem einen oder andern der im schwangern Leibe hörbaren Geräusche bei der Geltner wirklich wahrzunehmen gewesen, und inwiefern dadurch eine richtigere Diagnose des vorhandenen Zustandes herbeigeführt worden sein würde.

Endlich ist es auch nicht in Abrede zu stellen, dass es wenigstens angemessen gewesen sein würde, vor der Vornahme einer lebensgefährlichen Operation in einem jedenfalls zweifelhaften Falle des ärztlichen Beiraths anderer erfahrenerer Collegen sich zu bedienen.

Unter diesen Umständen kann also nicht behauptet werden, dass die Exploration des Dr. Dohlhoff ausreichend gewesen wäre, um eine solche Gewissheit von dem Nichtvorhandensein einer Schwangerschaft zu geben, dass er den Bauchschnitt unternehmen durfte, und es kann nicht angenommen werden, dass andere Prüfungsmittel nutzlos und unausführbar gewesen wären.

Die nun folgende fünfte Frage lautet: War der Bauchschnitt sowohl bei der Annahme einer Extrauterinal-Schwangerschaft, als einer Degeneration der Ovarien indicirt?

Bei der Beantwortung dieser Frage ist zu erwägen, dass die Laparotomie, besonders wegen der leicht nachfolgenden heftigen Entzündung des Bauchfelles und der Eingeweide des Unterleibes, zu den allergefährlichsten chirurgischen Operationen gehört. Diese Gefahr wird noch weit grösser, wenn die Eröffnung der Bauchhöhle nur erst das Mittel ist zur weiteren Vornahme noch einer anderweitigen Operation in der Bauchhöhle selbst, wie z. B. der Ausschneidung eines entarteten Eierstocks. Da nun die mit der Anwendung eines Heilmittels verbundene Gefahr jedenfalls im Verhältniss stehen muss mit der Gefährlichkeit des zu beseitigenden Krankheitszustandes und dem von dem Heilmittel zu erwartenden Nutzen, so erhellet, dass bei einer Degeneration der Ovarien die Laparotomie nur dann gerechtfertigt erscheint, wenn bereits lebensgefährliche Zufälle durch den vorhandenen Krankheitszustand hervorgebracht worden sind; — um so mehr ist nur alsdann die gedachte Operation hier motivirt, als häufige Erfahrungen lehren, dass Frauen mit degenerirten Ovarien, die überdies nur langsam zuzunehmen pflegen, oft viele Jahre hindurch ein erträgliches Leben zu führen im Stande sind. — Die Geltner befand sich aber in einem solchen lebensgefährlichen Zustande nicht; sie klagte über Schmerzen im Leibe, die ihr mitunter den Schlaf raubten, litt an Stuhlverstopfung und Urinbeschwerden und war dabei genöthigt, fortwährend auf dem Rücken zu liegen. So beschwerlich diese Zufälle auch sein mochten, so wurde doch eine Gefahr für das Leben, welche zu ihrer Beseitigung die Anwendung einer lebensgefährlichen Operation gerechtfertigt hätte, nicht dadurch begründet.

Was aber deren Anwendung bei vorhandener Bauchschwangerschaft betrifft, so kann hier der Fall doppelt sein, je nachdem das Kind entweder noch lebt, oder bereits abgestorben ist. Findet eine Bauchschwangerschaft mit notorisch noch lebendem Kinde statt, so ist die Laparotomie angezeigt, wenn der regelmässige Schwangerschaftsverlauf seine Endschaft erreicht hat, und das vollkommen reife und ausgetragene Kind aus dem mütterlichen Leibe ausgeschlossen werden soll. Dieser Zeitpunkt giebt sich durch wehenartige Schmerzen und ähnliche Erscheinungen zu erkennen, wie diejenigen sind, welche bei der regelmässigen Lage des Kindes in der Höhle der Gebärmutter zu entstehen pflegen; derselbe war bei der Geltner noch nicht eingetreten.

Ist dagegen die in der Bauchhöhle liegende Leibesfrucht bereits abgestorben, so hängt die Nothwendigkeit des vorzunehmenden Bauchschnittes von den nachfolgenden Zufällen ab. Zuweilen vertrocknet das Kind, schrumpft zusammen und wird mit einer kalkartigen Kruste überzogen. Ein solches sogenanntes Lithopädion kann viele Jahre hindurch, ohne Gefahr für das Leben herbeizuführen, im mütterlichen Leibe liegen bleiben. — In anderen Fällen geht der Leichnam des Kindes in Auflösung und Zersetzung über; man hat gesehen, dass an sehr verschiedenen Stellen des mütterlichen Leibes sich Abscesse bildeten, aus denen bald mit, bald ohne operative Hülfe die Leibesfrucht in einzelnen Theilen herausbefördert wurde, ohne dass dadurch nothwendig und jedesmal der Tod der Mutter herbeigeführt worden wäre. — Allerdings kann jedoch in manchen Fällen die Natur weder auf die eine, noch auf die andere Weise sich zu helfen vermögen, und alsdann können durch die in der Bauchhöhle der Mutter befindliche todte Leibesfrucht lebensgefährliche Zufälle hervorgebracht werden, so dass zur Beseitigung dieser noch grösseren Gefahr die gleichfalls lebensgefährliche Laparotomie, behufs der

Entfernung des Kindes, vorgenommen werden muss. Bei der Geltner waren indess, wie aus der Geschichtserzählung erhellt, dergleichen Gefahr drohende Symptome noch nicht eingetreten.

Es geht demnach aus dem Vorstehenden hervor, dass bei der Geltner, sowohl bei der Annahme einer Extrauterinal-Schwangerschaft, als einer Degeneration der Ovarien, der Bauchschnitt zu der Zeit, zu welcher er vorgenommen wurde, nicht hinreichend indicirt war.

Sechstens ist die unterzeichnete Deputation befragt worden, ob die durch das Zurücktreten der Bauchmuskeln in Folge der früheren Operation entstandene abnorme Lage des Uterus in den Bereich derjenigen Umstände falle, welche von dem Angeschuldigten als wahrscheinlich oder doch als möglich vorauszusetzen und zu berücksichtigen waren?

Ueber jenes Zurücktreten der Bauchmuskeln hat sich der Dohlhoff selbst dahin geäussert, dass bei der Betrachtung der inneren Fläche des Bauchfelles und der Bauchmuskeln die nach der Operation ausgesprochene Ueberzeugung sich bestätigt habe, dass nämlich die durch die frühere Operation getrennt gewesenen Theile isolirt vernarbt waren, und dass daher die schwangere Gebärmutter, die gleichsam durch jene Spalte vorgefallen war, nur von der äusseren Haut bedeckt geblieben war.

Auf ähnliche Weise haben sich auch die Klinicisten Schlüter und Bornemann geäussert, indem sie sagen, dass bei der letzten Operation nur die äussere Haut, nicht aber die darunter befindliche Muskellage und das Bauchfell durchschnitten worden sei. An diesen Theilen sei keine neue, blutige Trennung, sondern nur eine alte und bereits vernarbte bemerkbar gewesen; der Dohlhoff selbst habe bei der Section der Geltner darauf aufmerksam gemacht, dass nach der früheren Operation die durchschnittenen muskulösen Theile sich nicht wieder vereinigt hätten, sondern nur die obere Haut zusammengewachsen wäre: durch die so gebildete Spalte sei die Gebärmutter während der letzten Operation hervorgetreten, und habe er daher die letztere statt der Bauchmuskeln durchschnitten.

Eine solche Art der Verheilung ist nun aber eine sehr gewöhnliche Erscheinung nach penetrirenden Bauchwunden, besonders dann, wenn dieselben von einem etwas grösseren Umfange gewesen sind. Sehr häufig vereinigen sich hierbei die getrennten Bauchmuskeln nicht wieder auf eine vollkommene und innige Weise, so dass eine schwache und dem Andrange der Eingeweide leicht nachgebende

Stelle oder auch eine wirkliche Spalte in den Bauchmuskeln zurückbleibt, durch welche wegen des geringeren Widerstandes die zunächst gelegenen Unterleibsorgane hervortreten und so zur Entstehung von sogenannten Bauchbrüchen Veranlassung geben.

Es kann daher nicht in Abrede gestellt werden, dass die durch das Zurücktreten der Bauchmuskeln in Folge der früheren Operation entstandene abnorme Lage des Uterus (oder eines sonstigen Baucheingeweides) in den Bereich derjenigen Umstände gehörte, welche als wahrscheinlich oder doch möglich vorauszusetzen und zu berücksichtigen waren.

Endlich siebentens fragt noch das Königl. Inquisitoriat, ob das Verfahren des Dohlhoff bei Ausführung der Operation der durch die damit an sich verbundene Gefahr im Allgemeinen und durch die in Folge der ersten Operation möglicher Weise veränderte Lage des Uterus hier im Besondern gebotenen Vorsicht und Umsicht entsprochen habe, oder ob sich vielmehr annehmen lasse, dass bei pflichtmässiger Berücksichtigung aller concreten Verhältnisse die Incision des Uterus zu vermeiden gewesen wäre.

Nach seiner eigenen Angabe, womit die des Wundarztes Babethge im Wesentlichen übereinstimmt, liess der Dohlhoff die Geschwulst durch einen Gehülfen von rechts nach oben heben und in der Nähe der einzuschneidenden Stelle fixiren. Alsdann schnitt er, ohne eine Falte aufheben zu lassen, in der weissen Linie ein, indem er ganz vorsichtig mit kurzen Messerzügen die Haut in der Länge von 3—4 Zoll trennte, wobei er bemerkte, dass dieselbe ausserordentlich dünn war. Dann lag seiner Meinung nach eine Muskelschicht vor ihm, welche er in derselben Richtung durchschnitt, worauf eine weissliche Haut sich in die Schnittwunde vordrängte. In diese machte er eine kleine Oeffnung, aus der eine bedeutende Menge einer durchsichtigen Flüssigkeit ausfloss. In diese Oeffnung ging er mit dem Finger ein und erweiterte dieselbe mit einem Knopfbistouri, worauf er das Geschrei eines Kindes hörte.

Dieses Verfahren ist mit den bei der Laparotomie geltenden Regeln der Kunst im Wesentlichen übereinstimmend und entspricht im Allgemeinen der Vorsicht und Umsicht, welche bei der Ausführung der Operation durch die damit an sich verbundene Gefahr geboten wird. Weniger ist dieses der Fall, wenn man die in Folge der ersten Operation möglicher Weise veränderte Beschaffenheit der Bauchdecken und die dadurch bewirkte Veränderung in der Lage dieses oder jenes Baucheingeweides berücksichtigt. In dieser Beziehung würde es angemessen gewesen sein, nach der Trennung der allgemeinen Bedeckungen die Beschaffenheit der nun zum Vorschein kommenden Theile vor deren Durchschneidung erst näher zu untersuchen, um so mehr, als schon vor der Operation die Geschwulst unmittelbar unter den sehr dünnen allgemeinen Bedeckungen zu liegen geschienen hatte. Insofern es jedoch nicht besonders wahrscheinlich war, dass die Geschwulst von dem ausgedehnten, aus einem muskelähnlichen Gewebe bestehenden Uterus gebildet wurde, andere Baucheingeweide aber ein solches Gewebe nicht darbieten, war es leichter, als es sonst der Fall gewesen sein würde, möglich, dass der Dohlhoff die nach Trennung der Haut zum Vorschein kommenden rothen, muskulösen Theile für die Bauchmuskeln hielt und dieselben ohne Weiteres durchschnitt, in der Meinung, dass er nun erst zu dem Peritonaeum gelangen würde, und es lässt sich nicht mit Bestimmtheit behaupten, dass bei genauerer Berücksichtigung aller concreten Verhältnisse die Incision des Uterus zu vermeiden gewesen wäre.

Nach vorstehender Auseinandersetzung muss nun die unterzeichnete wissenschaftliche Deputation ihr Gutachten dahin abgeben:

1) dass Uterinal-Schwangerschaft in dem Stadium, in welchem sie bei der Friederike Geltner vorhanden war, überhaupt verkennbar ist, und dass sie es in specie bei der Geltner war;

2) dass bei der Geltner zwar allerdings die Möglichkeit, jedoch nicht die Wahrscheinlichkeit einer Schwangerschaft vorhanden war;

3) dass der Zustand und das Verhalten der Geltner auf eine Degeneration der Ovarien nicht vorzugsweise hindeutete;

4) dass die Exploration des Angeschuldigten nicht ausreichend war, um die Gewissheit der Nichtschwangerschaft bis zu dem Maasse festzustellen, dass er den Bauchschnitt unternehmen durfte, und dass andere Prüfungsmittel wahrscheinlich nicht nutzlos und gewiss nicht unausführbar gewesen sein würden;

5) dass der Bauchschnitt, sowohl bei der Annahme einer Extrauterinal-Schwangerschaft, als einer Degeneration der Ovarien (unter den obwaltenden Umständen und zu der Zeit, als er vorgenommen wurde) nicht hinlänglich indicirt war;

6) dass die durch das Zurücktreten der Bauchmuskeln in Folge der früheren Operation entstandene abnorme Lage des Uterus in den Bereich derjenigen Umstände fällt, welche von dem Angeschuldigten als wahrscheinlich oder doch möglich vorauszusetzen und zu berücksichtigen waren;

7) dass das Verfahren des Dohlhoff bei Ausführung der Operation zwar der durch die damit an sich verbundene Gefahr im Allgemeinen, weniger jedoch der durch die in Folge der ersten Operation möglicher Weise veränderte Lage des Uterus hier im Besondern gebotenen Vorsicht und Umsicht entspricht, dass sich indessen nicht mit Bestimmtheit annehmen lasse, dass bei pflichtmässiger Berücksichtigung aller concreten Verhältnisse die Incision des Uterus zu vermeiden gewesen wäre.

Berlin, den 18. November 1840.

Königl. wissenschaftliche Deputation für das Medicinal-Wesen.

(gez.) **Klug. v. Koenen. Horn. Link. Casper. Froriep. Mitscherlich. Kluge. Wagner.**

Gutachten des zweiten Referenten.

Nach Maassgabe der von dem Königl. Inquisitoriat zu Magdeburg der wissenschaftlichen Deputation für das Medicinalwesen in der Untersuchungssache wider den Medicinalrath Dr. Dohlhoff vorgelegten sieben Fragen kann dieselbe, auf Grund der Untersuchungsacten, ihr motivirtes Gutachten in der Reihenfolge dieser Fragen nur folgendermassen abgeben:

ad 1. Dass Uterinal-Schwangerschaft in dem Stadium, in welchem sie bei der Friederike Geltner vorhanden war, überhaupt wohl verkennbar sei, in specie aber bei der Geltner wahrscheinlich nicht verkennbar gewesen sei. Wenngleich, wie das Königl. Medicinal-Collegium bereits dargethan hat, diejenigen Zeichen einer Uterinal-Schwangerschaft, welche in den ersten zwei Drittheilen derselben aus den Erscheinungen des mütterlichen Körpers hergenommen werden, sehr täuschend sind, so sind es doch diejenigen Zeichen weniger, welche in dem letzten Drittheile der Schwangerschaft der herangewachsene Körper des Kindes selbst liefert, und unter diesen sind namentlich ein deutliches Wahrnehmen der Körpertheile, der Bewegung und des Herzschlages des Kindes die wichtigsten. In der Regel geben zwar, bei sorgfältiger und wiederholter Untersuchung, diese drei Zeichen in ihrer Gesammtheit dem Geburtshelfer sich kund; es kommen aber doch Fälle der Ausnahme vor, wo theils eine eigenthümliche Lage und geringe Lebensäusserung, theils eine Vorlagerung des Mutterkuchens oder des Fruchtwassers, theils auch vorliegende Eingeweide, sowie Wasseransammlungen und Fettaufwulstungen im

Leibe der Mutter, das Kind der Wahrnehmung des Untersuchenden gänzlich entziehen, und wo dann eine Schwangerschaft bis zur Geburt hin wohl zu verkennen ist.

Was nun jene drei Zeichen in Bezug auf die Geltner betrifft, so lässt sich, nach Inhalt der Acten, Folgendes annehmen:

Die Kindestheile konnten hier am deutlichsten nur von der Bauchwandung aus wahrgenommen werden, da das Kind nicht regelmässig, d. h. mit dem Kopf nach abwärts, sondern aufwärts gelagert war, und also der Steiss über dem Beckeneingang sich befunden haben musste, welcher hier, vermöge seiner weichen Massen, durch die Mutterscheide und die Gebärmutter nicht deutlich durchgefühlt werden konnte. Dagegen musste aber der Kopf des Kindes von der Bauchwandung aus deutlicher zu fühlen sein, da er unterhalb des Nabels der Geltner hinter der Bauchspalte lag, welche von der frühern Operationswunde zurückgeblieben war, und wo er also nur von der Gebärmutter und der darüber gespannten, dünnen Bauchhaut umgeben war und keine Bauchmuskeln dessen Durchfühlen erschwerten. Dies bestätigen auch die Untersuchungsbefunde, indem man an dem Hängebauche der Geltner, rechter Seits, einen harten, runden Körper, von der Grösse eines Kindskopfes fühlte, welcher sich hin- und her- und selbst bis nach dem Nabel heraufschieben liess. Andere Kindestheile, und besonders die Gliedmassen, liessen sich aber wohl nicht deutlich durchfühlen, weil nach der Angabe des Wundarztes Babethge, dass der Hinterkopf des Kindes in der Operationswunde zum Vorschein gekommen sei, angenommen werden muss, dass das Kind in der ersten Steisslage sich befunden habe, und dessen Gliedmassen also nach der linken Mutterseite und nach hinten gelagert waren, wo sie, noch selbst während des Herabhängens des Bauches, der untersuchenden Hand immer noch zu entlegen waren, um sie deutlich erkennen zu können. Hiernach lässt es sich mit Wahrscheinlichkeit annehmen, dass wenigstens der Kindeskopf durch die Bauchwandung der Mutter habe gefühlt und bei sorgfältiger und wiederholter Untersuchung auch als Kindeskopf wenigstens muthmasslich habe anerkannt werden können.

Weniger deutlich mussten sich die Kindesbewegungen zu erkennen geben, da sie grösstentheils nur von den Gliedmassen der Frucht und besonders von den Füssen veranlasst werden, welche in diesem Falle aber der Hand des Untersuchenden nicht zugänglich lagen und daher wohl nur von der Geltner allein wahrgenommen werden konnten. Unmöglich ist es indess nicht, dass eine in kaltes Wasser getauchte und plötzlich auf den Leib der Geltner gelegte Hand dennoch eine Bewegung, wenn auch nicht der Füsse, doch der Arme, des Rumpfes und des Kopfes der Frucht, gefühlt haben könnte, und desshalb ist die Unterlassung dieses, bei Ungewissheit in der Diagnose ausdrücklich vorgeschriebenen Versuches, jedenfalls zu tadeln.

Ganz besonders tadelnswerth ist es aber, dass bei der Geltner nicht nach dem Herzschlage der Frucht geforscht wurde, da es höchst wahrscheinlich ist, dass dieser hier, bei der angegebenen Lage der übrigens lebenskräftigen Frucht, deutlich wahrgenommen werden konnte. In der Vertheidigungsschrift versuchen zwar die Doctoren Reiche und Koch, es erweislich zu machen, dass bei dem Kinde der Geltner die zweite Rückenlage stattgefunden, also der Rücken des Kindes von der mütterlichen Bauchwandung zu entfernt gelegen habe, als dass von dieser aus die Doppelschläge des Kindesherzens zu hören gewesen wären; allein, wenn aus den Acten hervorgeht, dass der Kindeskopf bis zum Nabel der Mutter hinauf habe erhoben werden können, und derselbe auch bei der Operation hinter der Schnittwunde zum Vorschein gekommen sei, so war keine Rücken-, sondern eine Steisslage zugegen, die nur beim Herabhängen des Bauches der Rückenlage sich nähert und es daher wohl gestattete, dass bei erhobenem Bauche der obere Theil des Kindesrückens (wo gerade das Herz lag) der untern Bauchwand der Mutter so angenähert wurde, dass das Hören der Herzschläge stattfinden konnte. Da aber diese Herzschläge (über welche in dem Gutachten des Medicinal-Collegii das Nähere enthalten ist) so charakteristisch sind, dass ihr Wahrnehmen eine Schwangerschaft ausser allen Zweifel setzt, so lässt sich auch nicht annehmen, dass die Schwangerschaft der Geltner verkennbar gewesen sei.

Hiermit in Uebereinstimmung ist nun auch zu beantworten die Frage ad 2, dass bei der Geltner die Wahrscheinlichkeit, nicht bloss einer Schwangerschaft (überhaupt), sondern auch sogar die einer Uterin-Schwangerschaft, vorhanden, die einer Extrauterinal-Schwangerschaft aber nicht vorhanden war.

Das Uebelbefinden der Geltner hätte, bei wahrnehmbaren Herzschlägen des Kindes, zwar zu der Annahme einer Extrauterinal-Schwangerschaft verleiten können, zumal die bei dieser stets vorhandene, bei der Geltner aber nicht bemerkte, specielle, trichterförmige Eintiefung des Nabels durch die Operationsnarbe unkenntlich gemacht worden sein konnte; allein ein Kennzeichen blieb doch noch übrig, durch welches die vorhanden gewesene Uterin-Schwangerschaft von der Extrauterin-Schwangerschaft wohl unterschieden werden konnte, und dies ist: die bei jener vorhandene und bei dieser fehlende bedeutende Ausdehnung des untern Gebärmutter-Theils. Bei einer Uterin-Schwangerschaft ist der in die Scheidenportion übergehende untere Gebärmuttertheil, wegen der in ihm enthaltenen Frucht, im letzten Drittheile der Schwangerschaft so bedeutend ausgedehnt, dass er den ganzen Raum über dem kleinen Becken einnimmt, und die Masse desselben lässt sich von dem Muttermunde und dessen Scheidenportion aus als ein mit diesen beiden innigst zusammenhängendes Ganzes deutlich fühlen und beim Erheben der schwer erscheinenden Scheidenportion mittels des Fingers gleichzeitig mit erheben; dagegen bei der Extrauterin-Schwangerschaft und namentlich der Bauchhöhlen-Schwangerschaft das ausserhalb der Gebärmutter befindliche Fruchtei eine mit dem untern Gebärmuttertheile gar nicht in Verbindung stehende, vielmehr völlig gesonderte Masse darstellt, welche beim Erheben der hier leicht erscheinenden Scheidenportion nicht mit erhoben wird, sondern für sich allein erhoben werden muss. Nur in dem Falle, dass bei einer Bauchhöhlen-Schwangerschaft die Gebärmutter krankhaft aufgewulstet wäre, oder in ihr, ausser der Siebhaut, noch Afterproducte, als Molen, Polypen u. dgl. enthalten wären, könnte bei wahrgenommenen Herzschlägen der Frucht irriger Weise eine Uterin-Schwangerschaft gefolgert werden. Bei der Geltner musste aber, da sie uterinschwanger, und keine Verbildung ihrer innern Geschlechtstheile vorhanden war, der untersuchende Finger den durch die in ihm enthaltene Frucht ausgedehnt gewesenen untern Gebärmuttertheil nothwendig als eine unmittelbare Fortsetzung des Muttermundes und der Scheidenportion wahrnehmen, und hieraus war dann auf einen Inhalt der Gebärmutter selbst und folglich mit Wahrscheinlichkeit auch auf eine Uterin-Schwangerschaft zu schliessen. Die breite Beschaffenheit des Muttermundes und dessen hoher Stand am Vorberge, so wie auch die Länge der Scheidenportion der Gebärmutter, wie im nichtschwangeren Zustande, waren übrigens als Folgen der nach vorn übergebogenen Gebärmutter anzusehen, wodurch der Muttermund in die Höhe gezogen und zugleich breit gedrückt, die Scheidenportion aber in die Länge gezogen wurde, und es hätten diese Zufälle, die beim bedeutenden Hängebauch der Schwangern wohl beobachtet werden, augenblicklich beseitigt werden können, wenn der Untersuchende, während er mit dem Zeigefinger der einen Hand nach dem Muttermunde fühlte, mit der andern flachen Hand von der Bauchwandung aus den Gebärmuttergrund nach aufwärts gedrängt hätte. Es dürfte hiernach die Antwort auf die zweite Frage hinreichend motivirt sein.

Ferner ist zu antworten auf die Frage

ad 3. Ob der Zustand und das Verhalten der Geltner auf eine Degeneration der Ovarien deutete:

Wenngleich die bei der Geltner beobachteten Krankheitszufälle und vorzüglich die Unterleibsschmerzen und die erschwerte Harn- und Stuhlausleerung (welche zum Theile von einem durch Verstimmung der Unterleibsnerven bedingten Hysterismus, ganz besonders aber von dem Drucke der nach vorn und rechts geneigten schwangern Gebärmutter auf Harnblase und Mastdarm herrührten) wohl einige entfernte Aehnlichkeit mit den Zufällen hatten, welche bei Degeneration eines Ovariums einzutreten pflegen, auch die von der Bauchwandung aus fühlbare Geschwulst der nach vorn geneigten schwangern Gebärmutter wohl mit einem degenerirten und aufgetriebenen Ovarium verwechselt werden konnte, so waren doch zwei Merkmale vorhanden, aus denen erkannt werden konnte, dass keine Degeneration eines Ovariums, sondern vielmehr eine Uterin-Schwangerschaft vorhanden gewesen sei. Das eine Merkmal war die rasche Vergrösserung der Geschwulst, was von dem Medicinal-Collegio schon ausführlich erörtert worden ist und daher keiner weitern Auseinandersetzung bedarf; und das andere und gewichtigste Merkmal war, dass bei der Uterin-Schwangerschaft (wie schon ad 2 angegeben worden ist) die von der Mutterscheide aus fühlbare Geschwulst ein fortlaufendes Ganzes mit dem untern Gebärmuttertheile, der Scheidenportion und der an dieser befindlichen Mutter bildet, dagegen bei der Degeneration eines Ovariums die ganze Gebärmutter von der Geschwulst völlig gesondert, auch nicht bedeutend angeschwollen ist und deshalb mit Leichtigkeit für sich bewegt und erhoben werden kann, ohne dass die Geschwulst des degenerirten Ovariums an diesen Bewegungen Theil nimmt, weil das Ovarium zur Seite der Gebärmutter mit dieser durch ein schlaffes Band verbunden ist. Insofern diese Verbindung aber an dem obersten Seitentheile der Gebärmutter stattfindet, drückt das degenerirte Ovarium diesen Gebärmuttertheil noch immer nach der entgegengesetzten Seite hinüber, während die Scheidenportion der Gebärmutter durch die Mutterscheide in der Mitte des Beckens festgehalten wird, daher bei jeder einseitigen Ovarium-Degeneration auch eine seitliche Schieflagerung der Gebärmutter zugegen ist, und zwar so, dass die Scheidenportion dem degenerirten Ovarium zugekehrt ist. Diese eigenthümliche Schieflage ist um so deutlicher zu fühlen, als das degenerirte Ovarium, vermöge seiner Schwere, die kleine und bewegliche Gebärmutter zugleich tief in das Becken herabdrängt und dem untersuchenden Finger annähert. Insofern alle diese Zustände bei der Geltner nicht stattfanden, war auch der Angeschuldigte nicht berechtigt, bei derselben das Vorhandensein einer Ovarien-Degeneration zu vermuthen.

Von selbst ergiebt sich nun aus den bisherigen Erörterungen die Beantwortung der Frage

ad 4, dass die Exploration des Angeschuldigten nicht ausreichend war, um die Gewissheit der Nichtschwangerschaft bis zu dem Maasse festzustellen, dass er den Bauchschnitt unternehmen durfte, und dass andere Prüfungsmittel wahrscheinlich nicht nutzlos und gewiss nicht unausführbar gewesen sein würden.

Denn das schon ad 1 erwähnte Auflegen der in kaltes Wasser getauchten Hand auf den Unterleib der Geltner, sowie das ebendaselbst genannte Forschen nach dem Geräusche des Herzschlages des Kindes, und das ad 2 und 3 geschilderte Untersuchen, ob die Scheidenportion der Gebärmutter mit der vorhandenen Bauchgeschwulst im innigsten Zusammenhange stand und mit dieser eine einzige Masse bildete, waren ebenso ausführbare als nützliche Prüfungsmittel, welche dem Angeklagten, wenn er sie angewendet, höchst wahrscheinlich die vorhandene Schwangerschaft zu erkennen gegeben haben würden, und die daher von demselben keineswegs übergangen werden durften, wenn er die Absicht hatte, den Bauchschnitt zu unternehmen.

In Betreff dieser Operation selbst ist zu antworten auf die Frage

ad 5, dass der Bauchschnitt sowohl bei der Annahme einer Extrauterinal-Schwangerschaft, als einer Degeneration der Ovarien (noch) nicht indicirt war.

Ueber diese beiden Punkte hat das Medicinal-Collegium sich ebenfalls so ausführlich und gründlich ausgesprochen, dass nur Weniges hinzuzufügen ist. Da der Bauchschnitt, wie der Angeklagte selbst zugesteht, eine Operation ist, welche leicht lebensgefährlich werden kann, so darf solche auch nicht ohne die dringendsten Anzeigen vorgenommen werden. Es giebt aber 3 Arten der Extrauterin-Schwangerschaft, wo sie angezeigt sein kann, nämlich: die Eierstock-,

Muttertrompeten- und Bauchhöhlenschwangerschaft. Nur von der letztern kann hier die Rede sein, da der Angeklagte bloss diese in Anregung gebracht hatte. Es bemühten sich die Doctoren Resche und Koch in ihrer Vertheidigungsschrift zwar darzuthun, dass der Angeklagte vor der Operation gar keine Schwangerschaft angenommen habe, allein die Acten enthalten hierüber die bestimmtesten, eigenen Angaben des Angeklagten, und es ist nicht statthaft, irgend etwas in die Acten hinein- oder daraus fortdeuten zu wollen. Bei der Bauchhöhlen-Schwangerschaft, als der einzigen Extrauterinal-Schwangerschaft, wo die Leibesfrucht zur vollständigen Reife gelangen und am Leben erhalten werden kann, wird behufs dieser Lebenserhaltung nur dann der Bauchschnitt vorgenommen, wenn

1) Geburtswehen eingetreten sind, als Zeichen, dass die Frucht vollkommen reif sei;

2) der Herzschlag oder doch wenigstens die Körperbewegungen der Frucht deutlich wahrgenommen werden, als ein Zeichen des wirklich vorhandenen Lebens derselben;

3) Körpertheile der Frucht durch die Bauch- und Mutterscheidenwand deutlich durchgefühlt werden können, als ein Zeichen, dass die Frucht auch eine für das Herausschneiden derselben zugängliche Lage habe.

Bei der Geltner hatte der Angeklagte nur das dritte Zeichen bemerkt, das zweite aber nicht wahrgenommen und das erste nicht wahrnehmen können, weil es noch nicht eingetreten war. Insofern nun, nach dem jetzigen Stande der Heilkunst, der Bauchschnitt bei einer unzweifelhaft erwiesenen Bauchhöhlen-Schwangerschaft, unter Zustimmung der Schwangern, nur dann ausgeführt werden soll, wenn alle 3 Zeichen vorhanden sind, konnte der Angeklagte die Operation auch noch nicht für angezeigt halten. — Ebenso war dieselbe auch nicht angezeigt in Bezug auf eine Ovarien-Degeneration, da einerseits die ad 3 angegebenen charakteristischen Merkmale eines solchen Leidens nicht vorhanden waren, und andrerseits die vorzüglichsten Beschwerden bei der Geltner nur in schmerzhafter und erschwerter Harn- und Koth-Entleerung bestanden, die, wenn sie wirklich die Folgen einer Ovarien-Degeneration gewesen wären, in gar keinem Verhältnisse standen zu den gefahrvollen Zuständen, welche der Bauchschnitt und die Ausschälung des degenerirten Ovariums nothwendig mit sich führen mussten, zumal jene Beschwerden durch das Anlegen einer entsprechenden Leibbinde, welche die Geschwulst von

Harnblase und Mastdarm entfernte, sehr gemildert werden konnten. Es war also auch in Bezug auf Ovarien-Degeneration der Bauchschnitt bei der Geltner noch nicht angezeigt, und daher die Operation ohne klare Diagnose und ohne bestimmte Indicationen in jeder Hinsicht eine ebenso gewagte, als unüberlegte.

Nicht minder muss gegen den Angeschuldigten geantwortet werden auf die Frage

ad 6, dass die durch das Zurücktreten der Bauchmuskeln in Folge der frühern Operation entstandene abnorme Lage des Uterus in den Bereich derjenigen Umstände fällt, welche von dem Angeschuldigten als wahrscheinlich oder doch wohl möglich vorauszusetzen und zu berücksichtigen waren.

Als die Geltner nach erfolgter Heilung der ersten Operationswunde die Krankenheilanstalt verliess, erhielt sie auf Veranlassung des Angeklagten eine sehr eng anschliessende Leibbinde, doch wahrscheinlich nur deshalb, um einen Bauchbruch zu verhüten, da die Erfahrung lehrt, dass bei grossen Bauchwunden gewöhnlich nur die äussere Haut vernarbt, die inneren Schichten der Bauchmuskeln aber nicht verheilen, sondern durch ihre Action sich und das Bauchfell zusammenziehen, so dass immer ein Spalt zurückbleibt, in welchen sich späterhin Eingeweide einsenken. Als die Geltner dann wieder in die Krankenanstalt kam, wurde an deren Unterbauche rechter Seits von dem Angeklagten eine bewegliche Geschwulst von der Grösse eines Kindeskopfes wahrgenommen, und die äusseren Bedeckungen über derselben wurden so ausserordentlich dünn gefunden, dass es den Anschein hatte, als wäre die Geschwulst von nichts bedeckt, als von der Haut. Unter diesen Umständen war ganz folgerecht zu vermuthen, dass ein Contentum der Bauchhöhle durch einen, nach der ersten Operation zurückgebliebenen Bauchspalt getreten sei, sich dicht hinter die Hautdecke der Bauchwandung gelagert und hier einen Bauchbruch gebildet habe. Um nun hierüber zur Gewissheit zu gelangen, zugleich aber auch das Uebel zu beseitigen und die etwa dadurch veranlassten Unterleibsschmerzen zu heben, war nichts weiter angezeigt, als zunächst die Reposition zu versuchen, wo dann, wenn diese gelang, der Bauchspalt deutlich durchgefühlt, und das Wiederhervortreten des Bruchtheils durch eine passende Leibbinde verhütet werden konnte; gelang hingegen die Reposition nicht, und traten mit der Zeit lebensgefährliche Zufälle der Einklemmung ein, welche den Bauchschnitt und die blutige Erweiterung der Bauchspalte behufs der

Reposition des Contentums (also mit einem Worte den Bauchschnitt) bedingten, so musste dann der Bauchschnitt mit einer solchen Vorsicht unternommen werden, dass das dicht unter der Haut gelagerte Contentum nicht mit verletzt wurde. Ob ein Repositions-Verfahren bei der Geltner versucht worden und überhaupt nöthig gewesen sei (insofern das Contentum nur gegen den Bauchspalt bloss angedrängt und nicht eingedrängt gewesen sein konnte), geht aus den Acten eben so wenig hervor, als es auch daraus nicht ersichtlich ist, ob der Geltner zur Milderung ihrer durch den Hängebauch veranlassten Beschwerden wieder eine Leibbinde angelegt worden sei. Wenn nun der Angeklagte in dunkler Ahnung, dass eine Ovarien-Degeneration, oder vielleicht auch eine Bauchhöhlenschwangerschaft statthaben könne, sich befugt glaubte, den Bauchschnitt vorzunehmen, und diesen gerade auf der frühern Operations-Narbe vollzog, so musste er auch berücksichtigen, dass er hier auf keinem normalen, sondern auf einem krankhaften Boden wirke, und dass er hier ganz besonders auf Eingeweide gelangen könne, welche durch einen, nach der frühern Operation möglicher Weise zurückgebliebenen Spalt sich vorgelagert haben konnten, und deshalb musste er, wie bei jeder Bruchoperation, keinen Schnitt thun, ohne den zu durchschneidenden Theil vorher auf das Sorgfältigste untersucht zu haben. Wenn er aber diese Kunstregel befolgt hätte, so würde er auch gefunden haben, dass die in der Hautwunde zum Vorschein gekommene rothe Masse nicht mit der Bauchwandung in Verbindung stand und folglich kein Muskel, sondern nur ein Contentum der Bauchhöhle sein konnte. — Aus alle dem resultirt, dass der Angeklagte mit den an der Bauchwandung der Geltner stattgehabten pathologischen Zuständen wohl vertraut sein und eine Vorlagerung von Eingeweiden als wahrscheinlich, oder doch als möglich voraussetzen konnte und deshalb dies pathologische Verhältniss mit der von der Kunst gebotenen Vorsicht und Umsicht bei der Operation berücksichtigen musste.

Hieraus geht nun auch von selbst hervor die Beantwortung der letzten Frage

ad 7, dass das Verfahren des p. Dohlhoff bei Ausführung der Operation der (durch die damit an sich verbundene Gefahr im Allgemeinen und durch die in Folge der ersten Operation möglicher Weise veränderte Lage des Uterus hier im Besondern) gebotenen Umsicht und Vorsicht nicht entspricht, und sich annehmen lässt, dass, bei pflichtmässiger Berücksichtigung aller concreten Verhältnisse, die Incision des Uterus zu vermeiden gewesen wäre.

Bei der Unklarheit des Dohlhoff in Rücksicht der Diagnose des pathologischen Verhaltens, sowohl der früher operirten Bauchwandung, als auch der hinter dieser gelegenen Bauchgeschwulst, musste derselbe die von ihm beabsichtigte Operation in beiden Beziehungen mit um so grösserer Vorsicht unternehmen. Dieses that er auch bei Ausführung des ersten Hautschnittes, den er nicht mittels Faltenbildung (die der Kreisphysikus Voigtel mit Unrecht für durchaus angezeigt hielt), sondern aus freier Hand vollzog, weil er dadurch am meisten gesichert war, Nichts zu durchschneiden, was er nicht zuvor genau untersucht und richtig erkannt hatte. Leider hörte seine Vorsicht aber auf, als er in dem Spalt der 3 Zoll langen Schnittwunde eine Masse gewahrte, welche er für eine Muskelschicht hielt, obgleich sie mit dieser, nicht der Structur, sondern nur der Farbe nach, eine entfernte Aehnlichkeit hatte, und die er nun sogleich durchschnitt, bevor er versucht hatte, mit dem Finger unter die Hautdecken einzugehen und den Theil in möglichst weitem Umkreise zu umschreiben. Ganz abgesehen davon, dass dieser vorgelagerte Theil der schwangere Uterus war, den p. Dohlhoff (da er den Aussagen der Geltner mehr als den Befunden der Vaginal-Exploration vertraute) am wenigsten vermuthete, so konnte es auch eben sowohl das von ihm angenommene degenerirte Ovarium, wie die herabgesunkene degenerirte Milz oder Leber sein, welche eine ähnliche Färbung wie der schwangere Uterus gehabt haben würden, und eine Verletzung dieser beiden letztgenannten Eingeweide hätte ebenfalls auf das Sorgfältigste vermieden werden müssen, da eine kaum zu stillende tödtliche Blutung die nothwendige Folge davon gewesen sein würde. Jedenfalls war also das tiefere Einschneiden an einer nicht zuvor untersuchten Stelle der Bauchwandung, wo in Folge der frühern Operation das Vorhandensein einer Bauchspalte und das Vorgetretensein eines Eingeweides als möglich und, nach der so dünnhäutigen Beschaffenheit dieser Bauchstelle, sogar als wahrscheinlich vorausgesetzt werden musste, ein nicht zu rechtfertigendes übereiltes Verfahren. Es unterliegt also keinem Zweifel, dass bei mehr Ruhe und Besonnenheit des p. Dohlhoff die Incision des Uterus und dann wahrscheinlich auch der tödtliche Ausgang der Operation zu vermeiden gewesen wäre.

Schliesslich muss aber noch bemerkt werden, dass die Ansicht des Medicinal-Collegii, der Tod der Geltner sei nicht durch die Operation allein bedingt worden, sondern habe in einer hysterischen Verstimmung der Unterleibsnerven seine vorzüglichste Mitursache gehabt, vollkommen in der Wahrheit beruht, was daraus hervorgeht, dass bei der Section sich weder das Dagewesensein einer Entzündung, noch das einer Verblutung ergab, und der Tod sich also als ein rein nervöser erwies, dem die meisten durch den Kaiserschnitt Entbundenen erliegen, weil auch bei ihnen in Folge der erlittenen Beckenverkrüppelung eine Nervenverstimmung statthat.

Königl. wissenschaftl. Deputation für das Medicinalwesen.

(gez.) **Kluge.**

II.

Fall Dohlhoff- (Pauli).

Ein Brechmittel bei einer Gebärenden.

Am 1. Februar 1842 ward der Medicinalrath Dr. Dohlhoff zu der Lisette Pauli gerufen, welche seit dem Abend vorher über ununterbrochene heftige Leib- und Rückenschmerzen klagte. Gegen 11 Uhr kam er und verordnete nach einigen an sie gerichteten Fragen ein Brechpulver, welches sie in 2 Abtheilungen nehmen sollte. Es erfolgte darauf ein zweimaliges Erbrechen, doch ohne wesentliche Erleichterung, so dass der Dr. Dohlhoff gegen Abend nochmals um seinen Besuch gebeten ward und diesen auch um 5 Uhr abstattete. Er verordnete der Kranken, die er nun im Bette fand, ein Klystier, welches ihr gegen 7 Uhr gesetzt ward. Die Nacht war unruhig; und als am Morgen des folgenden Tages Dr. Dohlhoff die Kranke wieder besuchte, rieth er, sie in das städtische Krankenhaus zu bringen, was gegen 3 Uhr Nachmittags geschah. Hier gebar die Pauli Abends nach 11 Uhr fast ohne jede Kunsthülfe ein todtes Kind.

Gegen die Pauli ward nun wegen Verheimlichung ihrer Schwangerschaft die Untersuchung eingeleitet, diese aber auch auf den Medicinalrath Dr. Dohlhoff ausgedehnt, weil er das Brechmittel unter solchen Umständen verordnet hatte. Das nöthig gewordene Superarbitrium ward in diesem Falle, weil der Angeschuldigte dem Medicinalcollegium zu Magdeburg als Mitglied angehörte, dem Medicinalcollegium der Provinz Brandenburg übertragen; und zwar wurden diesem die beiden nachstehenden Fragen zur Beantwortung vorgelegt:

1. Ob durch das, der Inculpatin beigebrachte, vom Medicinalrath Dr. Dohlhoff verordnete Brechmittel der Tod des Kindes derselben wahrscheinlich herbeigeführt worden ist, und
2. ob der Dr. Dohlhoff bei Verordnung dieses Brechmittels nach technischen Grundsätzen die ihm als praktischem Arzte obliegenden Pflichten vernachlässigt hat?

Dieser Fall ist vor die wissenschaftliche Deputation nicht gekommen, würde also, streng genommen, von vorliegender Sammlung haben ausgeschlossen werden müssen; er durfte aber in ihr darum nicht fehlen, weil er denselben Arzt betrifft, der das Unglück hatte, schon in dem vorigen Falle die Rolle des Angeklagten zu spielen, und durch eine unrichtige Diagnose, die er hätte vermeiden können, zu einer falschen Behandlung verleitet ward. Und dieser Arzt war nicht bloss ein alter bewährter Praktiker, nicht bloss Dirigent eines grossen städtischen Krankenhauses, sondern auch Mitglied des Medicinalcollegiums, sowie Prüfungs-Commissarius des chirurgisch-technischen und chirurgisch-klinischen Cursus bei der delegirten Ober-Examinations-Commission für die höheren Prüfungen der Medicinalpersonen zu Magdeburg.

Der Criminal-Senat des Königlichen Oberlandesgerichts zu Magdeburg hat uns unter dem 9. October v. J. in der Untersuchungs-Sache wider die unverehelichte Pauli daselbst unter Uebersendung eines Vol. Act. von 142 Fol. ersucht, uns gutachtlich darüber zu äussern:

> ob durch das der Inculpatin beigebrachte, vom Medicinalrathe Dr. Dohlhoff verordnete, Brechmittel der Tod des Kindes derselben wahrscheinlich herbeigeführt worden ist, und ob der Dr. Dohlhoff bei Verordnung dieses Brechmittels nach technischen Grundsätzen die ihm als praktischem Arzte obliegenden Pflichten vernachlässigt hat?

Zur Erledigung dieser Requisition durch das Königliche Ministerium der geistlichen, Unterrichts- und Medicinal-Angelegenheiten unter dem 13. v. Mts. ermächtigt, genügen wir derselben hiermit unter Voranstellung nachstehender

Geschichtserzählung.

Lisette Pauli, 29 Jahr alt, aus Magdeburg, gestattete ihrer Angabe nach, während eines vierwöchentlichen Aufenthalts in Schönebeck im Spätsommer „etwa im Monat Juli oder August“ 1841, dem Arbeitsmann Marsas häufig den Beischlaf. Ihre monatliche Reinigung blieb darauf aus, und will sie deshalb schon nach Verlauf von einigen Monaten vermuthet haben, dass sie schwanger sei. Anfangs October ej. a. kehrte sie nach Magdeburg zurück und zog, nachdem sie sich 3 Wochen bei ihrer Schwester, der Glaser Francke, aufgehalten hatte, am 1. November desselben Jahres zu der verwittweten Leinwandfabrikant Brey als Köchin in den Dienst.

Die p. Pauli bemerkte nun angeblich, dass ihr „Leib sich ausdehnte“, und nahm auch 6 Wochen vor dem 4. Februar v. J., also um Weihnachten 1841, „ein Pochen und Klopfen in ihrem Leibe wahr“, was, „ihrer Ueberzeugung nach, nichts Anderes, als die ersten gewöhnlichen Lebensregungen des Kindes waren". Bei einer späteren Vernehmung deponirte Inculpatin, dass ihr „anschwillender Leib und die etwa nach 5 Monaten eintretenden Kindesbewegungen ihr über ihren Zustand keinen Zweifel mehr übrig gelassen hätten."

Sie gab ferner an, dass sie sich „während der ganzen Zeit ihrer Schwangerschaft sehr wohl befunden und namentlich weder an Ohnmachten, noch Uebelkeiten gelitten habe." Sie habe sich „auch nicht übergeben und nicht an Durchfall gelitten. Ein starkes Zusammenschnüren des Schnürleibes habe sie nie vertragen können" und sich bis zu ihrer später erfolgten Erkrankung „zwar — eingeschnürt," „jedoch nicht sehr fest."

Die verwittwete Brey bezeugte: „ein starkes Schnüren" habe sie an der p. Pauli „keinesweges bemerkt," vielmehr „um Brust und Bauch nur eine sehr lockere Haltung wahrgenommen;" und ihr Sohn, Kaufmann Brey, will in der Art, wie Inculpatin „die Kleider trug, nämlich locker und zottlig, ein etwas liederliches Wesen," erkannt haben.

Dass die p. Pauli schwanger sei, ist weder der p. Brey, bei welcher sie diente, noch der verehelichten Ehlers, welche die Pauli bei jener bald nach Weihnachten gesehen hat, noch sonst Jemandem, wie es scheint, bemerkbar geworden.

Da sie sich während ihrer Schwangerschaft wohl befunden, so habe sie, gab Inculpatin an, „durchaus keine Veranlassung gehabt, irgend einen Arzt zu Rathe zu ziehen, oder sonst Jemand wegen" ihres „Körperzustandes um Hülfe anzusprechen."

„Ohngefähr 6 oder 7 Wochen vor Weihnachten 1841" will sie jedoch einer Gemüsefrau geklagt haben, dass sie ihre Regeln seit einiger Zeit gar nicht mehr gehabt habe, worauf diese ihr, mit dem Bemerken: sie, die Pauli, „sähe so roth im Gesichte aus und hätte solche rothe Flecke," gerathen habe „Wachholderbeeren in Braunbier zu kochen und dieses Gemisch alsdann zu trinken." Sie habe darauf für 6 Pfennige Wachholderbeeren in einer, „etwa ein Bierglas ausmachenden Quantität Braunbier" gekocht und dieses Gemisch getrunken. „Alle erkaufte Wachholderbeeren habe" sie aber „nicht, vielmehr nur etwa einen halben Tassenkopf voll verbraucht und eingenommen. Eine besondere Wirkung" habe sie davon „nicht verspürt, auch" seien „die Regeln nach wie vor" ausgeblieben. — „Anderweite Versuche, die Regeln wieder herzustellen, habe" sie „nicht gemacht, vielmehr" ihrer „Schwangerschaft ihren Verlauf gelassen."

Rücksichtlich ihrer Beschäftigung zur Zeit ihrer Schwangerschaft gab Inculpatin zwar Anfangs an, dass sie sich starken Leibesbewegungen nicht ausgesetzt habe; später räumte sie jedoch ein, dass sie in ihren „Dienstgeschäften und bei den in denselben nothwendigen Körperanstrengungen wenig Rücksicht auf" ihre „Leibesfrucht genommen habe;" namentlich musste sie, wie auch die p. Brey bezeugt hat, „Holz und Wasser tragen, Töpfe heben" u. s. w.

Letztere gab nächstdem an, die p. Pauli sei, als sie am 1. November zu ihr gezogen, „vollkommen gesund" gewesen und „dies auch geblieben bis kurz vor Weihnachten. „Um diese Zeit, etwa in der Mitte des Monats December" aber habe sie angefangen, „über Schmerzen im Kreuze zu klagen," und hätten diese dann fortgedauert. Inculpatin selbst deponirte, „dass sie nicht lange vor Weihnachten heftige Schmerzen im Kreuze" gefühlt habe, die dann einige Zeit später wieder nachgelassen hätten, und die verehelichte Ehlers will solche Klagen von der Pauli „bald nach Weihnachten vernommen haben." Letztere wurde darauf von der p. Brey zu ihrem Hausarzt, dem Medicinalrathe Dr. Dohlhoff, geschickt, was nach der Deposition dieses Arztes „in der letzten Hälfte des Monats December" geschehen ist. Der Dr. Dohlhoff, gab die p. Brey an, habe der p. Pauli ein Mittel zum Einreiben des Rückens verordnet. Sie müsse jedoch vermuthen, dass die Pauli „die Arznei ungebraucht gelassen" habe, „da die Medicinflasche noch ziemlich gefüllt" in ihrer Wohnung stehe.

Am 31. Januar v. J. wurde Inculpatin, nachdem sie am Tage zuvor gegen Abend auf etwa $1^1/_2$ Stunden ausgegangen war und mehrere Besuche gemacht, in den letzten Tagen auch noch anstrengende Arbeiten verrichtet, namentlich Eis aufgehackt hatte, ihren Angaben zufolge „abwechselnd von Frost und Hitze" und Schmerzen im Rücken, sowie im Leibe und im Mastdarm befallen. Sie habe zwar, gestand Inculpatin, nicht geglaubt, dass sie schon damals von einem Kinde entbunden werden würde, doch habe sie nicht anders vermuthen können, als dass die Schmerzen mit der ihr wohl bekannten Schwangerschaft in Verbindung ständen. Den Abgang von Fruchtwasser habe sie „nicht vor dem 31. Januar wahrgenommen, vielmehr" sei „in der Nacht vom 31. Januar zum 1. Februar" ihr „Bett zuerst von dieser Feuchtigkeit durchdrungen" worden. Die Quantität derselben möge „wohl einige Tassenköpfe betragen haben." Am 1. Februar hätten sich darauf „die Schmerzen im Leibe und im Kreuze immer mehr gesteigert," worauf dann der Dr. Dohlhoff herbeigeholt worden sei.

Die verwittwete Brey deponirte ebenfalls, dass Inculpatin am

1. Februar „über stärkere Schmerzen geklagt, und dass sie, die p. Brey, sich „dadurch veranlasst“ gefunden habe, „den Dr. Dohlhoff herbeizurufen. Bevor er kam,“ habe sie „die gewöhnlichen Hausmittel“ angewendet, der Kranken Kamillenthee gereicht, den sie auch genossen, so wie „einen warmen Stein, um denselben auf den Unterleib zu legen.“ Letzteres habe die p. Pauli zwar versucht, jedoch den Stein bald wieder auf die Erde gelegt, „indem sie meinte, die Schmerzen seien zu arg.“

Der Kaufmann Brey hat, seiner Deposition zufolge, gleichfalls wahrgenommen, dass die p. Pauli sehr heftige Schmerzen erlitten, sie habe fürchterlich und herzzerreissend geschrieen, und er dieselbe namentlich „am ersten Tage ihrer Erkrankung Morgens in der Küche, auf den Knieend liegend, den Kopf in beide Hände und auf einen Stuhl gestützt, heftig weinend und schreiend gesehen.“

Etwa gegen 11 Uhr früh desselben Tages kam der Dr. Dohlhoff in die Wohnung der verwittweten Brey.

Nachdem er zuvor von dieser erfahren, dass die p. Pauli „seit dem frühen Morgen über heftige Leibschmerzen geklagt“ habe, wurde diese, der Deposition des p. Dohlhoff vom 17. Februar v. J. zufolge, in die Stube hineingerufen. „Sie stellte sich mir,“ so lautet die gedachte Deposition wörtlich weiter, „vor in einer nach vorn übergebeugten Stellung, war nicht fest angezogen, sondern die Kleidungsstücke bammelten lose um ihren Körper. Sie klagte über heftige ruckweise kommende Schmerzen in der Oberbauchgegend, welche bei einem äussern Drucke nicht empfindlich war. Die Zunge war belegt, der Geschmack bitter, Patientin hatte sich, wie mir gesagt wurde, ein oder mehrere Male erbrochen. Der Puls war ruhig. Da ich diesen Erscheinungen nach ein Brechmittel für angezeigt hielt, so verordnete ich ihr solches.“

Diese Angaben wiederholte der Dr. Dohlhoff im Wesentlichen auch bei seiner spätern Vernehmung am 11. Mai v. J. Er äusserte ferner, als er ersucht wurde, „den Namen der Krankheit,“ die er „an der Pauli erkannt haben wolle“ zu bezeichnen: „Ich habe die Krankheit der Pauli für eine Kolik gehalten und der Pauli, weil, wie mir gesagt wurde, dieselbe über Nacht sich mehrere Mal erbrochen hatte, die Pauli selbst äusserte, der Geschmack im Munde sei noch bitter, weil endlich die Zunge belegt war, und dies Alles darauf hindeutete, dass noch Sordes im Magen vorhanden seien, die entfernt werden müssten, bevor die Schmerzen aufhören könnten, ein Brechmittel verordnet. „Dasselbe bestand, soviel ich mich dessen jetzt wohl noch mit

Bestimmtheit entsinne, aus einem Gran Tartarus stibiatus und einem Scrupel Brechwurzel, in zwei Theile getheilt, von denen sie erst den einen Theil und, wenn dieser nicht wirken sollte, „nach einer Viertelstunde den andern Theil nehmen sollte.“ — „Zeichen der Schwangerschaft“ — bemerkte der genannte Arzt noch — „habe ich an ihr“ (der Pauli) „nicht wahrgenommen, mein ärztliches Examen übrigens auch beim Mangel aller desfallsigen Mittheilungen und Präsumtionen dorthin nicht dirigirt.“ — „Hierzu kommt, dass Inculpatin schon mehrere Monate vorher und zwar längere Zeit über Kreuzschmerzen geklagt hatte und hiernach — eine prone Stellung natürlich war. Diese Beugung vermag aber bei sonst nachlässiger Haltung und Körpertracht, dem geübtesten Auge die sonst auffälligen Zeichen einer Schwangerschaft, den geschwollenen Leib, zu verbergen. Andere Zeichen derselben gaben sich bei dem angestellten Examen nicht kund.“

Inculpatin selbst gab rücksichtlich des von dem Dr. Dohlhoff mit ihr angestellten Krankenexamens Folgendes an: „Morgens etwa 10 Uhr kam der Dr. Dohlhoff in die Wohnung der Madame Brey; ich wurde in die Wohnstube der Letztern gerufen und stellte mich nunmehr in gewöhnlicher aufrechter Haltung, ohne meinen geschwollenen Leib zu verdecken, dem genannten Arzte gegenüber. Auf seine Frage, woran ich litte, entgegnete ich ihm, dass ich heftige Kreuz- und Leibschmerzen habe. Ich musste ihm meine Zunge weisen, und fragte er dann weiter, ob ich übel sei. Ich verneinte die Frage, da ich keine Uebelkeit empfand. Dass der Dr. Dohlhoff mich auf den Leib gefasst hätte, ist mir gerade nicht mehr erinnerlich; von meiner Schwangerschaft habe ich ihm nichts gesagt. Es ist mir ferner durchaus nicht erinnerlich, dass jener Arzt noch andere Fragen an mich gerichtet hätte; das Examen war vielmehr ganz kurz, und verliess ich alsbald das Zimmer.“

Die verwittwete Brey gab gleichfalls an, dass der Dr. Dohlhoff auf die Aeusserung der Pauli, dass sie „heftige Schmerzen im Unterleibe“ habe, „nach vorgängigem kurzen Examen — zwei Pulver“ verordnet habe. Das Recept konnte später nicht aufgefunden werden.

Inculpatin nahm hierauf, ihren Angaben zufolge, nach der Anweisung des Dr. Dohlhoff „zunächst das eine Pulver, indem“ sie „es in einem Esslöffel voll reinen kalten Wassers auflöste, sodann aber nach Verlauf von einer Viertelstunde,“ da „sie sich bis dahin noch nicht erbrochen hatte, auch das zweite Pulver in gleicher Art ein. Etwa 5 Minuten nach dem Einnehmen des zweiten Pulvers erbrach sie sich, wie sie in allen Verhören gleichlautend deponirt hat, „ziemlich stark“ und ihren späteren Aussagen zufolge „nach Verlauf von etwa 10 Minuten,“ nachdem sie, „der Vorschrift des Arztes gemäss, eine Tasse Kamillenthee hinterher“ getrunken hatte, „zum zweiten Male, jedoch nicht ganz so stark.“ Es kamen bei dem Brechen, gab die Pauli an, „nur die zuletzt genossenen Speisen, nicht aber etwa Blut und Galle zum Vorschein.“

Bei ihrer Vernehmung am 2. März v. J. deponirte die Pauli: sie habe nach dem Gebrauche des Brechmittels in ihrem Körperzustand „einen irgend bemerkbaren Unterschied nicht entdecken“ können, insbesondere eine Vermehrung oder Verminderung der Schmerzen im Leibe oder auch in anderen Körpertheilen nicht wahrgenommen. In ihren späteren Verhören änderte sie diese Aussage jedoch, indem sie behauptete, es sei ihr gewesen, als wenn sich „nach dem Erbrechen die Leibschmerzen etwas vermindert hätten;“ die verspürte Linderung sei aber nur sehr vorübergehend gewesen, und der Schmerz gegen Abend desselben Tages wieder heftiger geworden.“

Der Kaufmann Brey will, als er Mittags nach Hause kam, die Pauli „abermals laut wehklagen“ gehört haben und deshalb noch an demselben Nachmittage, da, wie ihm seine Mutter gesagt, „das Brechmittel nicht angeschlagen habe,“ zu dem Dr. Dolhoff gegangen sein.

Dieser verordnete nun, seiner Deposition vom 17. Februar v. J. zufolge, auf die Mittheilung des p. Brey, dass „Patientin — sich nicht erbrochen und — noch immer über heftige Schmerzen“ klage, eine krampfstillende „Einreibung in den Unterleib, bestehend aus Linimentum volatile mit Opiumtinctur und Kampher, und besuchte die Kranke um 5 Uhr selbst.“ Er habe, deponirte der Dr. Dohlhoff, die Pauli „in demselben Zustande wie am Morgen“ gefunden. „Da kein offener Leib erfolgt war,“ so habe er „ein Klystier aus Kamillenthee, Oel und Salz und, der krampfhaften Schmerzen wegen, die immer noch ruckweise kamen, eine halbe Drachme Laudanum“ verordnet, wovon Patientin „alle 2 Stunden“ habe „zehn Tropfen nehmen“ sollen.

Inculpatin behauptete: sie habe sich Nachmittags zu Bett gelegt gehabt, und der Dr. Dohlhoff, als er an das Bett herangetreten, sie gefragt, ob das Brechmittel gewirkt habe. Sie habe darauf entgegnet, dass sie sich zweimal erbrochen habe. Es sei ihr nicht erinnerlich, dass er sie über ihren Krankheitszustand noch weiter befragt hätte. Er habe darauf noch an demselben Nachmittage ein Mittel zum Einreiben in den Unterleib verordnet, und sie habe dasselbe auch angewendet; es sei „jedoch von keiner lindernden Wirkung“ gewesen, denn noch an demselben Abend habe sie fürchterliche Schmerzen im Rücken, und zwar nach dem Mastdarm zu" bekommen.

Dr. Dohlhoff erklärte bei seiner Vernehmung am 11. Mai, dass er sich der näheren Umstände rücksichtlich des Krankenbesuches nicht mehr erinnere.

Um 7 Uhr Abends wurde der p. Pauli demnächst auf die Verordnung des Dr. Dohlhoff von der verwittweten Hoffmann ein Klystier gesetzt. Diese bemerkte, ihrer Deposition zufolge, bei dieser Gelegenheit, dass die Stelle, wo „die Pauli" im Bette gelegen, mit Blut, Wasser und Schmutz überzogen war, „und erhielt auf die an die Pauli gerichtete Frage, woher dies komme", zur Antwort, „dass sie" die Pauli „gerade ihre Regel gehabt habe." Dasselbe äusserte diese gegen die verwittwete Brey. Bei ihrer Vernehmung am 7. Mai gab sie jedoch an, dass ihr „am Nachmittage des 1. Februar, also einige Stunden, nachdem sie sich erbrochen, Blut und Wasser aus den Geschlechtstheilen abgegangen, vor dem Einnehmen des Brechmittels — nur Wasser, nicht aber Blut aus den Geburtstheilen herausgeflossen" sei.

Die Pauli ging nach der Application des Klystiers, der Deposition der p. Hoffmann zufolge, auf den Nachtstuhl, will aber damals noch keinen Stuhlgang gehabt haben. Dieser sei, giebt sie an, erst am andern Morgen etwa um 8 Uhr erfolgt, es sei „keine starke Ausleerung und etwas laxirend" gewesen, und habe sie „nach dem Stuhlgange nur etwas Linderung verspürt."

In der Nacht vom 1. zum 2. Februar verlor Inculpatin, ihrer Angabe nach „eine ziemlich bedeutende Quantität Blut aus den Geschlechtstheilen," welche ins Bette floss, „konnte vor Schmerzen nur wenig schlafen und schrie fast die ganze Nacht," indem die Schmerzen im Kreuz und im Mastdarm immer heftiger wurden.

Am Morgen des folgenden Tages, am 2. Februar, besuchte der Dr. Dohlhoff die Kranke wieder und rieth nun, dieselbe in das Krankenhaus zu bringen, was gegen 3 Uhr Nachmittags mittels eines gewöhnlichen Krankenkorbes geschah.

Inculpatin wurde darauf in dem Krankenhause von der Krankenwärterin Bellin in Empfang genommen, entkleidet und zu Bett gebracht. Letztere will hierbei bemerkt haben, „dass die Pauli bedeutend Blut verlor und damit den Erdboden überzog", und dass sie, über heftige Schmerzen im Mastdarme klagend, „sich oft im Bette unruhig umhergeworfen."

Inculpatin selbst gab rücksichtlich ihres Befindens im Krankenhause an, dass sie, obwohl sie schon am Tage vor dem Transport ins

Krankenhaus ein Hartwerden ihres Unterleibes wahrgenommen, dort erst wirkliche Wehen und erst 6 Stunden vor ihrer Entbindung deutlich das Bedürfniss empfunden habe „jene Wehen durch Anwendung innerer Kraft, durch Drängen von innen heraus, zu unterstützen.“ Seitdem sie zu Bett gebracht worden, hätten sie die Schmerzen nicht verlassen. Um 11 Uhr Abends seien dieselben besonders heftig geworden, was sie auch der Krankenwärterin geklagt, und habe sie dann „mit Gebären“ begonnen.

Zwischen 8 und 9 Uhr Abends sah der Dr. Kersten, der Stationsarzt des Krankenhauses, die Pauli und fand sie, seiner Schilderung zufolge, „im Bette liegend, zwar vollkommen bedeckt, aber doch sich viel umherwerfend. Sie war bei völliger Besinnung und klagte — über sehr heftige bohrende Schmerzen im Mastdarme, die beständig zugegen seien, zuweilen sich aber noch nach dem Kreuzbein in die Höhe erstrecken sollten. Schmerzen im Bauche leugnete sie.“

Der Dr. Kersten giebt ferner an: Die p. Pauli habe auf die Frage, ob sie schwanger sei, dies in Abrede gestellt, und habe er, als er seine Hand auf den mit Hemde und Binde bekleideten Bauch der Pauli gelegt, zwar wahrgenommen, „dass derselbe geschwollen war, — doch weder Kindesbewegungen, noch wirklich ausgesprochene Wehen“ bemerkt. An den Geschlechtstheilen touchirt habe er die Pauli nicht, dagegen bei der „Besichtigung des Mastdarms — zwei, etwa eine kleine welsche Nuss grosse, Hämorrhoidal-Knoten, die bei der Berührung schmerzhaft waren,“ entdeckt und „zur Linderung Einreibungen mit Mandelöl, innerlich“ aber „kein Mittel verordnet,“ um sich zunächst, da er einigen Verdacht der Schwangerschaft nicht unterdrücken können, von dem Verlaufe der Krankheit über Nacht zu überzeugen.

Die p. Bellin giebt an, dass die Pauli um 11 Uhr angefangen habe, heftig zu schreien. Sie, die Bellin, habe darauf nach den Geburtstheilen der Pauli gefühlt und, da sie „das Hervortreten eines Kindeskopfs wahrgenommen, eilig den Stationschirurgus Könnecke herbeigerufen.

Dieser fand, wie er deponirt, und auch die p. Bellin bezeugt hat, als er die Geburtstheile der Pauli untersuchte, dass der Kopf des Kindes „schon aus den Geburtstheilen ganz herausgetreten“ war, und dass sich „mit geringer Mühe die übrigen Körpertheile nachziehen“ liessen. Bei seiner spätern Vernehmung beschrieb der p. Könnecke den Hergang der Entbindung noch genauer folgendermassen: „Als ich bei der Gebärenden eintraf, war der Kopf bereits geboren. Ich legte darauf meine flache Hand an das Mittelfleisch, um dasselbe zu unterstützen. Unmittelbar darauf glitt indess der Rumpf aus den mütterlichen Geburtstheilen, und folgte demselben das noch übrige Fruchtwasser und etwas Blut nach. Von beidem muss auch schon vor meiner Ankunft eine nicht unbeträchtliche Quantität abgegangen sein," denn ich — „fand bereits das Bett davon ganz durchnässt." Rücksichtlich der Stellung des Kopfes bei der Geburt gab der p. Könnecke ferner an: „Das Gesicht des Kindes war nach unten, das Hinterhaupt nach oben gerichtet. Als die Schultern — den Scheideneingang passirten, drehte sich das Kind mit seinem Gesichte nach dem linken Schenkel der Mutter, und es entwickelte sich die linke Schulter — unter dem Schaambogen, die rechte über dem Mittelfleisch." „Die ganze Geburt war," der Deposition des p. Könnecke zufolge, „in Zeit von 3 Minuten vorüber", und „schien die Gebärerin" dem p. Könnecke „dabei nur wenig Schmerzen zu erleiden, denn sie lag ganz still und gab keinen Laut von sich."

Sowohl der p. Könnecke, als auch die p. Bellin, bezeugten, dass das Krankenzimmer durch zwei Lampen erhellt gewesen, so dass man an der Pauli, welche während der Geburt des Kindes an den Schenkeln und Geburtstheilen entblösst gewesen, die angeführten Erscheinungen habe „mit grösster Sicherheit wahrnehmen" können.

Als das Kind geboren war, unterband der p. Könnecke die Nabelschnur doppelt, durchschnitt sie und gab das Kind unterdessen in die Hand der Wärterin Bellin. Die Nabelschnur war, der Aussage des p. Könnecke zufolge, „weder neben dem Kopfe vorgefallen, noch — um den Hals oder irgend einen andern Theil des Kindes geschlungen." „Sie war welk und rothbraun von Farbe. Es war kein Pulsschlag darin wahrzunehmen," so wie auch kein Blut aus der Trennungsstelle hervordrang. Die Nachgeburt erfolgte „etwa 4—6 Minuten nach Unterbindung der Nabelschnur ganz leicht.

An dem Kinde selbst liess sich, wie der p. Könnecke, die p. Bellin und der nach so eben beendigter Geburt eingetretene Stationschirurgus Kaufmann bezeugt haben, kein Lebenszeichen, namentlich „kein Rühren der Gliedmassen, kein Athemzug, kein Pulsschlag" (kein Ton, kein Zucken) wahrnehmen. Das Kind war, der Deposition des p. Könnecke zufolge, „wohl gebildet, nur war der Kopf desselben an den beiden Schläfen zusammengedrückt Die Hautfarbe war am Gesicht, den Bauchdecken, der Brust, dem Rücken und den Extremitäten ganz gleich, nämlich erdfahl gelb."

Der p. Kaufmann will ferner wahrgenommen haben, dass das

Kind „mässig warm" war, und „dass sich am innern Winkel des linken Auges eine Blase vom Umfange einer Bohne vorfand," welche, wie er sich überzeugt, Lymphe enthalten habe.

Der p. Könnecke nahm nun Belebungsversuche mit dem Kinde vor. Er „schwenkte es in der Hand, schlug es auf den Hintern, rieb ihm die Brust; — allein es blieb regungslos." Es wurde darauf sammt der Nachgeburt in ein leeres Waschgefäss von dem p. Könnecke gelegt und in das Zimmer des Letztern getragen, wo es am 4. Februar von den Gerichtspersonen angetroffen ward.

Diese registrirten, dass das Kind „sich in dem Waschgefässe in gekrümmter Lage" dergestalt befunden habe, „dass der Kopf nach vorn gebogen, und Kniee und Schenkel gegen denselben hin angezogen" gewesen seien. Der Körper sei „gänzlich mit Blut überkleidet" gewesen, und habe die Nachgeburt dicht neben dem Kinde gelegen.

Am folgenden Tage, dem 5. Februar v. J., wurde darauf die Obduction des Kindesleichnams von dem Kreis-Physikus Dr. Voigtel und dem Kreis-Wundarzt Dr. Varges jun. ausgeführt, die, dem Obductions-Protocolle zufolge, im Wesentlichen Folgendes ergab:

„Es wurde das Kind aus dem Waschgefässe, in welchem es zusammengekrümmt auf der linken Körperseite, das Gesicht gegen den Boden des Geschirrs gewendet, das Hinterhaupt an der Seitenwand des Gefässes anliegend, gelagert war, herausgenommen. Das Waschgefäss enthielt ausserdem noch einen Mutterkuchen nebst Nabelschnur, ein wenig Blut und etwas grüner Seife ähnlichen Brei."

„Das äussere Ansehen des (weiblichen) Kindes sprach für dessen noch nicht vollendete Reife, indem der Kopf im Verhältniss zum übrigen Körper noch sehr gross, der Fettreichthum gering, und der Gesichtsausdruck ältlich war. Die Extremitäten waren lang und mager, die ganze Oberfläche des Körpers mit getrocknetem Blute überzogen." „Deutliche Zeichen von Verwesung fanden sich nicht vor," vielmehr bot das Kind nur einen gewöhnlichen Leichengeruch dar.

Die Körperlänge betrug 18 Zoll rheinl., das Gewicht $4^1/_2$ Pfd. bürgerlich = 6 Pfd. Medicinalgewicht.

Die Färbung der äusseren Bedeckungen war auf dem obern und vordern Theile des Scheitels fleischfarben, am Hinterkopfe im Umkreise eines preussischen Zweithalerstücks um die kleine Fontanelle herum rothbraun. Die Ohren sahen kirschroth, die Lippen braunroth aus. Die linke Gesichtshälfte, welche auf dem Boden des Gefässes auf — und demnach tiefer gelegen hatte, als das Hinterhaupt, sah grünlich aus und war etwas platt gedrückt. Die Haut an den übrigen

Körperstellen besass im Allgemeinen das natürliche fleischfarbene Colorit, und nur ab und zu fand man eine Stelle bis zum Umfange eines Achtgutegroschenstücks bläulich oder grünlich gefärbt. Die Epidermis war im Allgemeinen glatt und prall über das darunter liegende Zellgewebe und Fett ausgespannt." Spuren von Wollhaar wurden „nur auf den Oberarmen und auf dem vordern obern Theile des Brustkorbes" angetroffen; desgleichen vom „Kindesschleim nur eine Wenigkeit in den Achselhöhlen und Schenkelbeugen."

„Der Kopf war sehr lang, in den Seiten schmal. Die Kopfknochen" waren „nur in der Mitte fest und knöchern, ihrem grössten Theile nach noch knorplig" und „liessen sich mit Leichtigkeit hin und her bewegen, da die Nähte noch 2—3 Linien Breite besassen."

„Die grosse, etwas eingesunkene Fontanelle" hatte „eine Breite von circa $^1/_2$, eine Länge von 1 Zoll und etwas darüber. Die kleine Fontanelle war noch als eine Membran von der Grösse etwa eines Silbersechsers fühlbar. Am angulus occipitalis des linken Scheitelbeins fand man eine längliche, circa 1 Zoll lange und $^1/_2$ Zoll breite Stelle der Kopfhaut von der Oberhaut, welche im Umkreise derselben noch in Gestalt von Lappen festsass, abgetrennt, die entblösste Lederhaut feucht und bräunlich von Farbe, jedoch kein Blut auf derselben ausgebreitet. Eine Kopfgeschwulst wurde nicht aufgefunden, das Kopfhaar" war „nicht sehr reichlich, von Farbe braun und $^1/_2$ Zoll lang."

Der „Umfang des Kopfes" über Stirn und Hinterhaupt gemessen, betrug „12 Zoll," der gerade Durchmesser „$3^3/_4$ Zoll," der quere über dem Ohre gemessene $2^1/_4$ Zoll, von einer Hervorragung des Scheitelbeins zur andern $2^1/_2$ Zoll," der senkrechte Durchmesser eben so viel, der diagonale $4^1/_2$ Zoll.

„Von Augenbrauenhaar war nur ein kleiner Anflug zu bemerken; die Augenwimpern" waren „etwa eine Linie lang."

„Am innern Winkel des linken Auges befand sich eine etwa bohnengrosse, gelblich weisse, mit trüber gelblicher Lymphe gefüllte Blase. Eine ganz gleiche, nur etwas kleinere Blase sass auf dem rechten Oberaugenlide auf."

„Die Bindehaut" der Augen „um die Cornea herum war mit Blut unterlaufen, die Hornhaut — gespannt, aber trübe und undurchsichtig —. Die Pupillarmembran" war, wie sich nach Abtragung der Hornhaut zeigte, „schon gänzlich verschwunden."

„Die Nase war etwas schief von links nach rechts herübergedrückt, ihr knorpelichter Theil schon ziemlich fest. Die Nasenöffnungen enthielten etwas schmutzig grünen Schleim."

„Beide Ohren lagen — ziemlich dicht am Kopfe an, ihre Knorpel" waren „noch wenig entwickelt. Vom linken äussern Ohr fehlten stellenweise kleine Stücke der Oberhaut im Umfange eines Nadelkopfs bis zu dem einer kleinen Linse. Das entblösste Corion sah röthlich aus."

In der Mundhöhle war nichts Regelwidriges wahrzunehmen. Die Zunge lag hinter den Kieferrändern.

Am Halse zeigte sich äusserlich nichts Abnormes. Die Wölbung des Brustkorbes war gering, die Elasticität sämmtlicher Rippen sehr bedeutend. — Die Maasse des Brustkorbes waren folgende: Umfang desselben, über der 7. wahren Rippe gemessen, 10 Zoll, Schulterbreite 4 Zoll, Entfernung des obern Theils des Brustbeins von der gegenüberliegenden Stelle der Wirbelsäule $1^3/_4$ Zoll, desgleichen von der Mitte des Brustbeins bis eben dahin $2^1/_4$ Zoll, desgleichen vom processus ensiformis bis eben dahin $2^1/_4$ Zoll. Aus der linken Brustdrüse liess sich ein Tröpfchen milchähnlicher Feuchtigkeit herausdrücken.

In der Mitte des wenig gewölbten Unterleibes „befand sich der $5^1/_2$ Zoll lange Rest einer Nabelschnur, um welche, circa 4 Zoll vom Nabelringe ab, eine Ligatur mittels eines Knotens fest umgelegt war. Das Ligaturbändchen bestand aus mehreren zusammengedrehten Fäden rother Seide, welche zusammengenommen ohngefähr die Dicke eines mässigen Bindfadens besassen." — Die Trennungsstelle war glatt und eben; die Ligatur hatte den Nabelstrang „bis zu einem Drittel seines Umfanges comprimirt;" die eingeschnürte Stelle sah „bläulich weiss aus. — Die Nabelschnur selbst war $^1/_2$ Zoll stark, sah dunkel braunroth aus, von gleicher Farbe war ihr mässiger Gehalt an Sülze. Einen Verwesungsgeruch gab dieselbe noch nicht von sich; auch war an ihr keine beginnende Eintrocknung bemerkbar. Die Nabelvene enthielt circa 5 Tropfen eines schwarzen dickflüssigen Bluts und war noch — offen."

„Die grossen Schaamlippen bedeckten die kleinen und den Kitzler noch nicht vollständig."

„Aus der weit offenstehenden Aftermündung liess sich etwas olivengrüner zäher Brei ausdrücken."

Die Hüftbreite betrug $2^1/_2$ Zoll. Die Articulationen der Extremitäten waren „schlaff," die Haut der Fusssohlen und der Finger war „welk" und an ersteren „blassblau," an den Handtellern „bläulich weiss gefärbt. Die weichen und weissen Nägel der Zehen ragten noch nicht über die Spitzen der letzteren hervor, dagegen die blassblauen und etwas derberen Nägel der Finger weit über die Fingerspitzen hinaus."

In der linken Schenkelbeuge wurde eine kleine Excoriation von der Grösse einer Bohne wahrgenommen, die „das Ansehen" hatte, „als wenn dort — die Oberhaut in Folge starken Zuges — an den Schenkeln oder am Rumpfe geplatzt sei."

Als Obducenten behufs der Eröffnung der Kopfhöhle die Kopfhaut mittels eines Kreuzschnittes gespalten und in 4 Hautlappen zurückgelegt hatten, fanden sie „die überall nur etwa 2 Linien dicke Kopfschwarte ringsum die kleine Fontanelle herum im Umfange eines Zweithalerstücks in der Art sugillirt, dass sich zwischen dem Zellgewebe der Kopfhaut eine etwa $^1/_2$ Linie starke Lage geronnenen Blutes ausgebreitet befand. Eine gleich starke Lage geronnenen Blutes in demselben Umfange und an derselben Stelle" zeigte sich „sowohl oberhalb des Pericraniums, wie auch zwischen diesem und den Schädelknochen selbst. Der ganze hintere Theil des linken Scheitelbeins und der spitze Winkel des Hinterhauptbeins enthielt ausserdem in seinen Gefässen einen ziemlichen Blutreichthum, was sich durch die rothe Farbe besagter Knochenpartieen deutlich zu erkennen gab. Eine Verletzung des mit halbgeronnenem Blute ziemlich stark gefüllten sinus longitudinalis und occipitalis" konnte nicht aufgefunden werden. „Die Kopfknochen erschienen an der Stelle, wo sich das — erwähnte Extravasat vorfand, ausserordentlich dünn und faserig, so dass es leicht war, sie „mit dem Messer zu durchschneiden." Als hierauf die das Schädelgewölbe bildenden Kopfknochen mittels der Scheere hinweggenommen waren, zeigte sich „an derselben Stelle, wo sich oberhalb das — Blutextravasat vorgefunden hatte, auch unterhalb desselben zwischen Schädelgewölbe und harter Hirnhaut eine etwa $^1/_2$ Linie starke Lage geronnenen Bluts, und — die harte Hirnhaut" war „im Umfange circa eines Einthalerstücks vom Knochen abgetrennt."

„Das grosse Gehirn enthielt durchweg viel Blut in seinen Gefässen, auch war dessen durch die pia mater gebildeter Ueberzug sehr blutreich. Von gleicher Beschaffenheit zeigte sich auch das kleine Gehirn; dagegen fehlten freie Austretungen von Blut zwischen den Hirnhäuten auf der Oberfläche und in der Substanz des Gehirns. Die beiden seitlichen Hirnhöhlen enthielten keine Flüssigkeit; dagegen sahen die Adergeflechte in demselben vom reichlichen Blutinhalte blauroth aus. An der basis cranii" trafen Obducenten ursprünglich weder Blut, noch eine anderweitige Flüssigkeit an; nachdem jedoch behufs Herausnahme des kleinen Gehirns die dort gelegenen sinus durchschnitten worden waren, ergossen sich aus ihnen gegen $^1/_2$ bis $^3/_4$ Unzen schwarzen dickflüssigen Blutes und sammelten sich auf der Schädelbasis an."

An der hintern Hälfte des linken Scheitelbeins im knöchernen Theile auf der innern Oberfläche desselben" wurden ferner von den Obducenten „4 grubenförmige, Linsen- bis Silbersechser grosse Vertiefungen" wahrgenommen, „woselbst die Knochensubstanz so verdünnt war, dass sie das Licht hindurchscheinen liessen, und dass man eine starke geknöpfte Sonde ohne alle Anstrengung hindurchstossen konnte. Die Dicke des Knochens überstieg an dieser Stelle nicht die Stärke gewöhnlichen Schreibpapiers."

Nach der Eröffnung der Bauchhöhle zeigte sich in Bezug auf den Stand des Zwerchfells, „dass dessen höchste Convexität noch bis zur vierten wahren Rippe hinaufreichte."

Die Lage der Baucheingeweide war normal. Die Leber wog „5 Loth 1 Quentchen, — sah blauschwarz aus, war sehr blutreich, aber von normaler Structur" und „hatte den bei Kindern bedeutendern Umfang. Der ductus venosus Arantii war „noch ganz offen." Die Gallenblase enthielt etwa $^1/_2$ Drachme dunkelgelber Galle." Der Magen sah äusserlich dunkelroth aus und enthielt nur ein wenig Schleim. Die Milz war „blauschwarz und sehr blutreich, aber derb." Die Harnblase enthielt „circa 2 Drachmen hellen Urin." Die Blutgefässe der Gebärmutter und in den breiten Mutterbändern waren reichlich gefüllt. An den übrigen Organen des Unterleibes war nichts Regelwidriges wahrzunehmen.

Bei der Eröffnung der Brusthöhle fand sich, „dass die Hals- und Brustmuskeln sehr dunkelroth aussahen und noch nicht die Festigkeit des Muskelfleisches bei ältern Kindern besassen. Die äusseren Drosselvenen waren fast blutleer zu nennen."

„Die Lungen beiderseits" lagen „ganz im Hintergrunde der Brustfellsäcke" und füllten diese „nur etwa zu einem Drittheil aus. In jedem der Brustfellsäcke fand sich circa 1 Drachme röthlicher Flüssigkeit. Beide Lungen hatten eine gleichmässige blaurothe Farbe, welche nur an den scharfen Rändern ein wenig ins Rothe spielte. Der ganze vordere und seitliche Theil des Herzbeutels lag frei und von den Lungen unbedeckt. Die Substanz beider Lungen liess sich leberartig fest anfühlen. An einzelnen Stellen der Lungen, besonders häufig aber unter der pleura costarum in der Nähe der

Wirbelsäule" fanden sich „kleine Blutaustretungen von der Grösse eines Nadelkopfs bis zu der einer Linse vor."

Die Thymusdrüse war gewöhnlich beschaffen. Der Herzbeutel enthielt gegen „$1^1/_2$ Drachmen dunkelrother Flüssigkeit." Die von den Obducenten angestellte Lungenprobe ergab, dass die Lungen im Ganzen und in ihren einzelnen Theilen „nicht im Entferntesten" schwimmfähig waren. Das Gewicht derselben betrug 2 Loth $3^1/_2$ Drachmen. Es stiegen auch keine Luftbläschen beim Einschneiden der Lungen unter dem Wasser hervor, und ein knisterndes Geräusch wurde während des Einschneidens ebenfalls nicht bemerkt. „Der Blutgehalt beider Lungen" wurde „im Allgemeinen ziemlich reichlich" gefunden.

„Das Herz" war „muskulös und derb, seine Kranzgefässe mit Blut ziemlich gefüllt. Zwischen dem serösen Ueberzuge seiner äussern Oberfläche und der eigentlichen Muskularsubstanz" fanden sich „zahlreiche, meist zirkelrunde und isolirte, zum Theil aber auch zusammenfliessende kleine Blutextravasate in Gestalt schwarzblauer Flecke. Die grössten von ihnen überstiegen indess den Umfang einer Linse nicht. — Ganz gleich beschaffene Ecchymosen fanden sich auch in dem lockern Zellgewebe, welches die Aorta mit der Lungenschlagader verbindet." Die Menge des ausgetretenen Blutes war jedoch zu geringfügig, „um bestimmen zu können, ob" dasselbe „sich in geronnenem oder flüssigem Zustande befunden habe."

Die Herzkammern und Vorkammern und die grossen Venenstämme der Brust enthielten nur wenig, die Lungenarterie und Aorta gar kein Blut. „Der Schlagadergang besass noch ein lumen von mindestens 2 Linien" und „die Klappe zum eiförmigen Loch liess noch eine Oeffnung von der Grösse einer kleinen Linse gänzlich unbedeckt."

Der Schleimhautüberzug der Mundhöhle zeigte eine etwas ins Gelbliche spielende Färbung, Kehlkopf, Luftröhre und Speiseröhre enthielten keine fremden Körper; die Schleimhaut der ersteren hatte „ein röthliches Colorit."

Die Besichtigung der Nachgeburt „ergab, dass die Placenta im grössten Durchmesser 5 Zoll mass und eine Dicke von $^3/_4$ Zoll im Centraltheile hatte. Ihr Gewebe erwies sich derb und von Structurfehlern durchaus frei. Ein wenig vom Mittelpunkte des Mutterkuchens abweichend, pflanzte sich die braunrothe, schon ein wenig matschige, 10 Zoll lange Nabelschnur ein, welche 1 Zoll weit vom freien Ende fest unterbunden war."

Obducenten erklärten hierauf in ihrem vorläufigen Gutachten auf die ihnen von dem Inquirenten vorgelegten Fragen:

1) „Das obducirte Kind" sei „zwar von organischen Fehlern, welche es hätten zur Fortsetzung seines Lebens unfähig machen können, frei, — dagegen noch nicht ausgetragen" gewesen und habe „zur Zeit der Geburt erst ein Lebensalter zwischen 8 und 9 Mondsmonaten, also von 32 bis 36 Wochen erreicht" gehabt;

2) es habe „höchstwahrscheinlich nach seiner Geburt nicht gelebt, sondern" sei todt zur Welt gekommen;

3) es sei, „nach Ausweis der Obduction — am blutigen Gehirnschlagfluss gestorben;"

4) dass dieser „natürlichen Ursprungs gewesen," erscheine „um deshalb nicht glaublich," weil das Kind „keineswegs sehr kräftig und auch im Allgemeinen mit Blut nicht sehr reichlich versehen" gewesen. „Von Handanlegung oder einer anderweiten, durch dritte Personen ausgeübten Gewalt" hätten „sich zuverlässige Merkmale nicht vorgefunden; dagegen" sei „in Berücksichtigung der Stelle am Kopfe, wo sich die Blutextravasate vorfanden, der Beschaffenheit der Schädelknochen an diesem Orte, desgleichen des" ihnen, den Obducenten, mitgetheilten „Umstandes, dass die Pauli höchst wahrscheinlich schon 48 Stunden vor Eintritt der Geburt gekreist, und dass sie während dieser Zeit geburtshülflichen Beistand nicht gehabt habe, mit hoher Wahrscheinlichkeit anzunehmen, dass besagtes Kind in der Geburtsarbeit und durch den Geburtsact selbst sein Leben eingebüsst habe:"

5) eine Einwirkung von aussen auf die Frucht dergestalt, dass dadurch der Tod derselben herbeigeführt worden," sei „zwar möglich, aber nicht aus der Obduction erweislich;"

6) „allem Vermuthen nach" sei „der Kopf des Kindes durch die Kraft der Wehen, welche wahrscheinlich während einer 48stündigen Dauer auf dasselbe eingewirkt haben, heftig gegen die Beckenknochen getrieben worden, und" sei „in Folge dessen die Blutaustretung am Hinterkopfe desselben entstanden, welche später den apoplectischen Tod" vermittelt habe;

7) über die Frage, ob „die frühzeitige Geburt eine Folge der Anwendung innerer Mittel, welche nach ärztlichen Erfahrungen das zu frühe Gebären erzeugen, gewesen," könne die Obduction für sich allein keinen Aufschluss geben."

Obducenten wurden hierauf unter dem 4. März v. J. von dem Gerichte aufgefordert, bei Abfassung des Obductionsberichts die so eben angeführte 7. Frage vorzugsweise zu berücksichtigen und namentlich zu beantworten:

1) ob Wachholderbeeren ein zur Abtreibung der Leibesfrucht geeignetes, in allen Stadien der Schwangerschaft mit Erfolg anwendbares Mittel" seien, und ob Inculpatin durch den Gebrauch des von ihr bezeichneten Mittels die Frühgeburt und den Tod des Kindes herbeigeführt oder doch befördert" habe?

2) ob „das von dem Medicinalrathe Dr. Dohlhoff verordnete, von der Inculpatin eingenommene Brechmittel als solches ein zur Abtreibung der Leibesfrucht geeignetes, in allen Stadien der Schwangerschaft mit Erfolg anwendbares Mittel" sei und ob „durch den Gebrauch der beiden Brechpulver, nach welchen Inculpatin sich „ziemlich stark" erbrochen haben will, die Frühgeburt und der Tod des Kindes herbeigeführt oder doch befördert" worden sei?

Zugleich wurden Obducenten aufgefordert, Aufschluss zu geben darüber, „ob und in wieweit nach den an der Pauli wahrgenommenen Krankheitserscheinungen jenes Mittel angezeigt" gewesen, oder ob „bei Anordnung desselben von Seiten des Arztes Etwas verabsäumt worden" sei.

Der Dr. Voigtel erklärte jedoch, dass er sich der amtlichen Stellung des Medicinalraths Dohlhoff und der zwischen ihm und diesem Arzte obwaltenden persönlichen Verhältnisse wegen der Beurtheilung seines Verfahrens entziehen müsse.

Dagegen gab er gemeinsam mit dem Kreiswundarzt Varges in dem am 2. Mai v. J. erstatteten Obductionsbericht, mit Bezug auf die im vorläufigen Gutachten erörterten Fragen, sein Gutachten dahin ab:

1) es sei das Kind der Pauli „höchst wahrscheinlich schon über 30 Wochen alt, aber noch nicht reif" gewesen;

2) es habe „zwar nach seiner Geburt nicht gelebt und geathmet," sei „aber höchst wahrscheinlich während derselben noch am Leben gewesen;"

3) es sei „am blutigen Gehirnschlagfluss, höchst wahrscheinlich veranlasst durch den Geburtsact selbst, gestorben;

4) „da das Kind der Pauli körperlich zur Fortsetzung seines Lebens ausserhalb der Mutter bereits hinreichend entwickelt, da es von erheblichen Organisationsfehlern frei" gewesen, „da es eine regelmässige Kopflage" gehabt, und die spätere Ausscheidung aus den Genitalien ohne Anwendung dynamischer und mechanischer Hülfsmittel auf regelmässige mütterliche Geburtswege und verhältniss-

mässige Weite derselben zu schliessen" gestattete, so seien Obducenten „der Ansicht, dass unter den angeführten Umständen der Tod desselben nicht die nothwendige Wirkung der schweren und langwierigen Geburt sein müsste," sondern „dass die Entstehung des blutigen Hirnschlagflusses und der Blutextravasate am und im Kopfe hauptsächlich einer mangelhaften Diagnose des Körperzustandes der Pauli vom 31. Januar bis zum 2. Februar Abends und dem daraus entspringenden Mangel zeitigen und zweckmässigen ärztlichen und geburtshülflichen Beistandes zuzuschreiben sei."

Obducenten erklärten ferner rücksichtlich der von der Pauli gebrauchten Wachholderabkochung, dass der Genuss derselben „unzweifelhaft ausser aller Causalverbindung mit der Geburt und dem Tode des — Kindes" stehe.

Der Dr. Voigtel wurde hiernächst am 13. v. Mts. noch zur Aufklärung mehrerer zwischen dem Obductionsprotocoll und Bericht obwaltender Differenzen vernommen.

Rücksichtlich des Umstandes, dass in dem Obductionsprotocoll mit Bestimmtheit, im Obductionsbericht dagegen nur als höchst wahrscheinlich ausgesprochen worden, es habe das Lebensalter des qu. Kindes den Termin von 30 Wochen bereits überschritten, — erklärte derselbe zuvörderst: es sei nicht bestimmt, sondern nur höchst wahrscheinlich, dass das Kind der Pauli über 30 Wochen alt gewesen sei.

Es sei, deponirte der p. Voigtel ferner, „nicht unmöglich, wiewohl aus der Obduction nicht erweislich," dass das „Nichtschonen" des Körpers Seitens der Pauli, „bei ihrem Zustande die unzeitige Geburt hervorrief, wobei etwa hinzugetretene andere Krankheiten, vornehmlich ein Erkälten beim Eishacken, mitwirkend gewesen sein" könnten.

Es könnten aber auch „die sogenannten Abtreibungsmittel durch consensuelle Neigung der Geburtstheile in vielen Fällen eine unzeitige Geburt erzeugen." Brechmittel gehörten zu denjenigen Mitteln, welche die Abtreibung der Frucht am sichersten bewirken, „und werde diese am leichtesten nach schon vorgeschrittener Ausbildung des Kindes, also etwa vom 6. Monate an, hervorgerufen." Da namentlich die Wirkung des von der Pauli eingenommenen Brechmittels „keine schwache" gewesen, so sei anzunehmen, dass, wenn die Geburt auch „höchst wahrscheinlich" schon „vor dem Gebrauch des Mittels" begonnen, doch das Anstossen des, „wie die Obduction ergeben, erheblich verletzten" Kindeskopfes an die harten Beckenknochen der Mutter während der Wehen durch das Brechen vermehrt worden, mithin dadurch „mittelbar das an dem Kindeskopfe wahrgenommene Blutextravasat, durch dasselbe aber, bei anhaltender Compression des Schädels, Ueberfüllung der Gehirngefässe, demnächst der blutige Gehirnschlagfluss, folglich der Tod des Kindes mit herbeigeführt worden“ sei. Mit Gewissheit aber lasse sich der Antheil, den das Brechmittel an der Entstehung der Verletzungen, mithin des blutigen Gehirnschlagflusses, und sonach an dem Tode des Kindes gehabt, nicht feststellen.

Auf die Frage, ob der Tod des Kindes vor oder nach dem Gebrauche des Mittels eingetreten sei, erwiderte der Dr. Voigtel: „der Anfang der Geburt“ lasse „sich nicht bestimmt feststellen; nach den bisherigen Ermittelungen umfasse die Geburt die Zeit vom 31. Januar bis 2. Februar Abends,“ und es sei „das Paulische Kind höchst wahrscheinlich durch den Geburtsact selbst ums Leben gekommen. Genau den Zeitpunkt festzustellen, wann der Tod eintrat,“ sei „nicht möglich,“ und habe „das Brechmittel selbstredend nur dann den blutigen Gehirnschlagfluss mit vermittelt, wenn in dem Kinde zur Zeit der Anwendung des Mittels noch Leben war.“

Auf die Vorhaltung, dass in dem Obductionsbericht gesagt sei, der Tod des Kindes sei „durch den Geburtsact ohne Mitwirkung anderer Ursachen“ eingetreten, während es am Schlusse des Berichtes hiesse, der Tod sei „nicht die nothwendige Wirkung der schweren und langwierigen Geburt, vielmehr auch eine Folge unrichtiger ärztlicher Behandlung gewesen,“ erklärte endlich der Dr. Voigtel: „Eine regelwidrige ärztliche Behandlung der Pauli, das Anwenden des Brechmittels namentlich,“ falle „gerade in die Zeit des Geburtsacts, man“ könne „sagen, die natürlichen Wirkungen des Brechmittels seien ein Theil des Geburtsacts mit geworden, denn das Brechmittel“ habe die Wehen befördert und durch Beförderung der Wehen Beschleunigung der Geburt und — durch seine heftigen Wirkungen die Blutextravasate, mithin den blutigen Gehirnschlagfluss und so den Tod des Kindes höchst wahrscheinlich mit herbeigeführt.“

Der Wundarzt Varges trat diesen Erläuterungen im Wesentlichen bei.

Zur weitern Beurtheilung des von dem Dr. Dohlhoff befolgten ärztlichen Verfahrens erging darauf nach geschlossener Untersuchung wider die Pauli, mit Rücksicht darauf, dass der p. Dohlhoff Mitglied des Medicinal-Collegiums zu Magdeburg ist, und daher die Einholung eines Superarbitriums von dem gedachten Collegium nicht statthaft erschien, an uns die Eingangs erwähnte Requisition.

Gutachten.

Der Tod tritt bei Kindern, die vor, während oder bald nach der Geburt sterben, in vielen Fällen durch blutigen Gehirnschlagfluss ein. Bei der Leichenöffnung der auf diese Weise Gestorbenen finden sich dann immer Blutanhäufungen in den Blutgefässen des Gehirns und der Gehirnhäute, in den Blutleitern der harten Hirnhaut und in den Adergeflechten der Hirnhöhlen. Häufig werden auch Austretungen von Blut in dem Gehirn oder über, zwischen und unter den Hirnhäuten wahrgenommen. Die Blutanhäufung erstreckt sich ferner in vielen Fällen auch auf die Brust- und Unterleibshöhle, so dass dort ebenfalls Blutüberfüllung einzelner Organe oder Blutaustretungen angetroffen werden. In der Regel aber macht sich der Einfluss der gehemmten Blutcirculation bei schlagflüssig Gestorbenen auch durch Blutstockungen an der Oberfläche des Körpers bemerkbar. Es werden daher in solchen Fällen meistens dunkle, bläulich gefärbte Hautstellen, namentlich am Gesicht und an den Extremitäten, zuweilen auch Blutaustretungen unter den häutigen Bedeckungen des Schädels wahrgenommen.

Die Obduction des Paulischen Kindes hat nun eine ungewöhnliche Blutanhäufung in der Schädelhöhle ergeben, denn das grosse und kleine Gehirn, so wie der durch die pia mater gebildete Ueberzug des grossen Gehirns waren „sehr blutreich.“ Die Adergeflechte in den seitlichen Hirnhöhlen sahen „vom reichlichen Blutinhalte blauroth aus.“ Der sinus longitudinalis und occipitalis war „mit halbgeronnenem Blute ziemlich stark“ gefüllt, und aus den Blutleitern an der Basis des Schädels ergoss sich beim Einschneiden „gegen $^1/_2$ bis $^3/_4$ Unzen,“ also eine ziemlich beträchtliche Quantität „schwarzen dickflüssigen Blutes.“

Es wurde ferner auch in der Brusthöhle eine ungewöhnliche Blutanhäufung angetroffen. So waren die Kranzgefässe des Herzens „mit Blut ziemlich gefüllt. Zwischen dem serösen Ueberzuge seiner äussern Oberfläche und der eigentlichen Muscularsubstanz“ fanden sich „zahlreiche meist zirkelrunde und isolirte, zum Theil aber auch zusammenfliessende kleine Blutextravasate in Gestalt schwarzblauer Flecke. Ganz gleich beschaffene Ecchymosen fanden sich auch in dem lockern Zellgewebe, welches die Aorta mit der Lungenschlagader verbindet,“ und auch „an einzelnen Stellen der Lungen, besonders häufig aber unter der pleura costarum in der Nähe der Wirbelsäule,“ waren „kleine Blutaustretungen“ bemerkbar. „Beide Lungen endlich hatten eine gleichmässige blaurothe Farbe, welche nur an den scharfen Rändern ein wenig ins Rothe spielte,“ und ihr Blutgehalt war „im Allgemeinen ziemlich reichlich.“

Einzelne Organe des Unterleibes, namentlich die Leber und Milz, deren Farbe blauschwarz erschien, und die Blutgefässe der Gebärmutter und der breiten Mutterbänder waren reichlich mit Blut angefüllt. Der Magen scheint, da er „äusserlich dunkelroth“ aussah, in seinen Gefässen gleichfalls mehr Blut, als gewöhnlich enthalten zu haben.

Die ungewöhnliche Blutanhäufung in dem qu. Kindeskörper erstreckte sich aber auch auf die Hautbedeckungen und die zunächst unter ihnen gelegenen Theile. So waren einzelne Hautstellen des Körpers „bis zum Umfange eines Achtgutegroschenstücks bläulich oder grünlich gefärbt,“ während „die Haut an den übrigen Körperstellen im Allgemeinen das natürliche fleischfarbene Colorit“ besass. Die Haut der Fusssohlen und die Nägel der Finger waren „blassblau,“ die Bindehaut der Augen „um die Cornea herum, mit Blut unterlaufen,“ die Ohren kirschroth und die Lippen „braunroth.“ Dass aber diese Färbungen wenigstens nicht sämmtlich Todtenflecke, sondern Zeichen von Blutstagnation an der Oberfläche des Körpers waren, beweist der sehr geringe Grad von Verwesung, der im Allgemeinen von den Obducenten an dem Kindesleichnam wahrgenommen wurde.

Es waren ferner auch am Hinterkopfe deutliche Spuren von Blutanhäufung und Blutergiessung wahrzunehmen. „Im Umkreise eines preussischen Zweithalerstücks um die kleine Fontanelle herum“ erschien nämlich die Färbung der äusseren Bedeckungen „rothbraun.“ Unterhalb dieser Stelle zeigte sich die Kopfschwarte „in der Art sugillirt, dass sich zwischen dem Zellgewebe der Kopfhaut eine etwa $^1/_2$ Linie starke Lage geronnenen Blutes“ befand. Eine eben solche wurde ferner an dieser Stelle auch oberhalb des Pericraniums, wie auch zwischen diesem und den Schädelknochen selbst“ angetroffen. „Der ganze hintere Theil des linken Scheitelbeins und der spitze Winkel des Hinterhauptbeins enthielten ausserdem in ihren Gefässen einen ziemlichen Blutreichthum, was sich durch die rothe Farbe besagter Knochenpartieen deutlich zu erkennen gab," und innerhalb des Schädels zeigte sich „an derselben Stelle, wo sich oberhalb das Blutextravasat vorgefunden hatte, auch unterhalb desselben zwischen Schädelgewölbe" und der etwa im Umfange eines Thalers vom Knochen losgetrennten harten Hirnhaut eine etwa $^1/_2$ Linie starke Lage geronnenen Blutes.

Nach diesem Sectionsbefunde unterliegt es keinem Zweifel, dass das Kind der Pauli am blutigen Gehirnschlagfluss gestorben ist.

Es kann aber auch mit Bestimmtheit angenommen werden, dass dieses Kind nach seiner Geburt nicht mehr gelebt hat.

Dasselbe wurde nämlich im Beisein des Stationschirurgus Könnecke und der Krankenwärterin Bellin, während die Pauli in dem durch zwei Lampen erhellten Krankenzimmer an den Schenkeln und Geburtstheilen entblösst lag, geboren und gab kein Zeichen des Lebens von sich, „kein Rühren der Gliedmassen, kein Athemzug, kein Pulsschlag," kein Ton, kein Zucken liess sich an dem Kinde wahrnehmen, wie dies die p. Bellin, der p. Könnecke und der nach so eben beendigter Geburt eingetretene Stationschirurgus Kaufmann bezeugt haben. Die Nabelschnur „war welk und rothbraun von Farbe," während sie bei lebenden Kindern prall und weisslich erscheint. Es war ferner „kein Pulsschlag darin wahrzunehmen," so wie auch kein Blut aus der Trennungsstelle hervordrang.

Das Kind blieb auch nachher, obwohl der p. Könnecke sogleich nach beendigter Geburt Belebungsversuche mit ihm anstellte, es in der Hand schwenkte, auf den Hintern schlug und ihm die Brust rieb, regungslos.

In Uebereinstimmung damit ergab die bei der Obduction des Kindes am 3. Tage nach seiner Geburt von dem Kreisphysikus Dr. Voigtel und dem Kreiswundarzt Varges angestellte Athemprobe, dass das Kind nicht geathmet, also selbstständig nach der Geburt nicht gelebt hat. Die Lungen lagen nämlich „beiderseits ganz im Hintergrunde der Brustfellsäcke" und füllten diese „nur etwa zu einem Drittheil aus." Sie liessen sich „leberartig fest anfühlen" und waren im Ganzen und in ihren einzelnen Theilen „nicht im Entferntesten" schwimmfähig. Es stiegen ferner auch keine Luftbläschen beim Einschneiden derselben unter dem Wasser empor. Eben so wenig wurde ein knisterndes Geräusch während des Einschneidens bemerkt.

Das qu. Kind hat demnach nicht geathmet und nach seiner Geburt nicht gelebt.

Es ist aber auch nicht anzunehmen, dass das Kind der Pauli

lange vor seiner Geburt gestorben sei, weil sich sonst deutliche Spuren der Verwesung schon bei seiner Geburt und im erhöhten Grade bei der etwa 60 Stunden nachher ausgeführten Obduction ergeben haben würden. Beides war aber nicht der Fall.

Die Hautfarbe war nämlich unmittelbar nach der Geburt, wie der p. Könnecke bezeugt hat „am Gesicht, den Bauchdecken, der Brust, dem Rücken und den Extremitäten ganz gleich, nämlich erdfahl gelb.“ Dieselbe erscheint aber bei Kindern, die längere Zeit vor der Geburt abgestorben sind, blau, braun oder gar schwärzlich. Die Epidermis war ferner selbst noch bei der Obduction „im Allgemeinen glatt und prall über das darunter liegende Zellgewebe und Fett ausgespannt,“ während dieselbe bei todtgebornen und längere Zeit vor der Geburt abgestorbenen Kindern entweder schon losgetrennt gefunden wird, oder sich wenigstens sehr leicht abschält.

Die Nabelschnur gab selbst bei der Obduction „einen deutlichen Verwesungsgeruch noch nicht von sich; auch war an ihr keine beginnende Eintrocknung bemerkbar.“ Dieselbe pflegt aber bei seit längerer Zeit abgestorbenen Kindern eingeschrumpft oder übelriechend und leicht zerreisslich zu sein.

Die Obducenten erklärten überhaupt, dass sich „deutliche Zeichen von Verwesung“ nicht vorgefunden, und dass das Kind „nur einen gewöhnlichen Leichengeruch“ dargeboten habe.

Die von dem p. Kaufmann bald nach der Geburt am innern Winkel des linken Auges wahrgenommene mit Lymphe gefüllte Blase vom Umfange einer Bohne kann aber eben so wenig, wie die von den Obducenten ausserdem an dem rechten obern Augenlide bemerkte kleinere, als Beweis gegen den geringen Grad von Fäulniss, der sich bei der Geburt und selbst noch bei der Obduction des Kindes kundgab, geltend gemacht werden, weil dergleichen Bläschen häufig auch bei lebenden Kindern angetroffen werden, und weil sich andere Erhebungen oder Veränderungen der Oberhaut, die auf einen höhern Grad von Verwesung hingewiesen hätten, nicht vorgefunden haben.

Es lässt sich demnach mit Sicherheit annehmen, dass das Ableben des qu. Kindes nicht lange vor seiner Geburt erfolgt sei. Es ist ferner, da die Pauli bereits am 31. Januar v. J. den Geburtswehen ähnliche Schmerzen empfand, in der darauf folgenden Nacht auch schon Fruchtwasser verlor, die Geburt also den Zeitraum vom 31. Januar bis zu der Nacht vom 2. zum 3. Februar, d. i. etwa 60 Stunden, umfasste, dem geringen Grade von Verwesung zufolge, den das Kind, selbst bei der Obduction wahrnehmen liess, sehr wahrscheinlich, dass der Tod desselben während des Geburtsacts eingetreten ist. Dies geht aber auch aus einer nähern Betrachtung der Todesart des qu. Kindes mit grosser Wahrscheinlichkeit hervor.

Der blutige Gehirnschlagfluss wird nämlich bei Leibesfrüchten vor oder während der Geburt entweder durch solche Ursachen hervorgebracht, welche die Blutcirculation zwischen der Mutter und dem Kinde beeinträchtigen und dadurch eine übermässige Blutanhäufung in dem Kindeskörper bewirken, oder der Kopf des Kindes wird mechanisch verletzt oder auch zusammengedrückt, und es entsteht auf diese Weise, oder auch wohl durch Umschlingung der Nabelschnur eine Hemmung des Blutumlaufs in der Schädelhöhle und dem übrigen Körper des Kindes und dadurch, in Folge der Lähmung der Gehirnthätigkeit, der Tod. Mehrere der genannten Veranlassungen können endlich auch gleichzeitig stattfinden.

Zu der Entstehung des Schlagflusses ohne directe Einwirkung auf den Kopf des Kindes kann alles dasjenige Veranlassung geben, was einen vermehrten Blutandrang nach der Gebärmutter bewirkt, namentlich: Aufregung des Gefässsystems der Mutter nach heftigen Körperanstrengungen, Erhitzungen u. s. w., ferner der Gebrauch erhitzender und auf die Gefässe der Geburtstheile specifisch wirkender Arzneien, Erschütterung, Entzündung, Rheumatismus der Gebärmutter u. s. w.

Mehrere der genannten Veranlassungen können nun möglicher Weise auch auf die Pauli und ihre Leibesfrucht schädlich eingewirkt haben.

Inculpatin räumte selbst ein, dass sie in ihren „Dienstgeschäften und bei den in denselben nothwendigen Körperanstrengungen wenig Rücksicht auf“ ihre „Leibesfrucht genommen habe.“ Sie musste, wie dies auch die p. Brey bezeugt hat, „Holz und Wasser tragen, Töpfe heben“ u. s. w. Sie hat ferner, ihrer Angabe zufolge, namentlich in den letzten Tagen vor ihrer Entbindung anstrengende Arbeiten verrichtet, insbesondere Eis aufgehackt. Es liegt hiernach die Vermuthung nahe, dass Inculpatin sich bei diesen Arbeiten durch das Heben schwerer Lasten oder auch durch Erhitzung geschadet habe, und dass dadurch die frühzeitige Geburt und der schlagflüssige Tod ihres Kindes verursacht worden sei. Es muss wenigstens angenommen werden, dass irgend eine auf die Mutter wirkende Schädlichkeit die, wie weiter unten dargethan werden wird, jedenfalls vor dem Ablaufe der normalen Schwangerschaftszeit erfolgte Niederkunft derselben veranlasst habe.

Eine solche Frühgeburt ist aber, wie die Erfahrung lehrt, allein schon hinreichend, eine Störung in der normalen Strömung des Bluts in der Gebärmutter, dem Mutterkuchen, der Nabelschnur und dem Kinde selbst, und dadurch das Absterben der Leibesfrucht zu bewirken.

Der schlagflüssige Tod des qu. Kindes würde sich daher auf obige Weise hinreichend erklären lassen.

Es würden ferner auch die in dem Leichname des Kindes vorgefundenen Blutanhäufungen grösstentheils als Folgen der Störungen, welche die Blutcirculation desselben auf solche Art erfuhr, angesehen werden können. Nicht in gleichem Maasse gilt dies aber von den am Hinterkopfe des Kindes vorgefundenen Blutaustretungen. Diese können nämlich ihrer Beschaffenheit nach nicht füglich bloss in Folge des gestörten Blutumlaufs ohne gleichzeitige örtliche Beeinträchtigung des Kindeskopfes entstanden sein. Der Umstand, dass die Blutaustretungen an dem Hinterkopfe um die kleine Fontanelle herum nicht bloss unter der Kopfhaut, sondern auch oberhalb und unterhalb des Pericraniums, so wie zwischen dem Schädelgewölbe und der harten Hirnhaut ihren Sitz hatten, und die übrigen Stellen des Kopfes von dergleichen Blutaustretungen frei waren, lässt vielmehr annehmen, dass eine äussere Gewalt gerade auf jene Stelle am Hinterkopfe eingewirkt habe. Diese Annahme wird selbst dadurch unterstützt, dass die Blutextravasate oberhalb des Schädelgewölbes einen grössern Umfang, als unterhalb desselben hatten, und dass sich an dem hintern Theil des linken Scheitelbeins und an dem spitzen Winkel des Hinterhauptbeins ein ziemlicher Blutreichthum wahrnehmen liess, „was sich durch die rothe Farbe besagter Knochenpartieen deutlich zu erkennen gab.“ Eine solche auf eine kleinere Stelle beschränkte Blutanhäufung in den feineren Blutgefässen der Knochen lässt aber vorzugsweise auf die Einwirkung eines anhaltenden Druckes zurückschliessen. Es unterliegt ferner keinem Zweifel, dass die Gewalt, welche die Blutaustretungen an dem Hinterkopfe des Kindes hervorgebracht, während des Lebens desselben eingewirkt habe, denn die Extravasate waren sämmtlich in geronnenem Zustande, und dieser kann sich nur während des Lebens bilden. Die Blutaustretungen an dem Hinterkopfe beweisen demnach, dass eine äussere und zwar höchst wahrscheinlich eine drückende Gewalt auf den Kopf des lebenden Kindes eingewirkt, und es liegt die Vermuthung nahe, dass dieselbe Gewalt, welche die Blutaustretungen an der Oberfläche des Kopfes hervorgebracht, auch die Blutstockung und Anhäufung im Innern der Schädelhöhle verursacht habe. Dies konnte im vorliegenden Falle besonders leicht geschehen, denn „die Kopfknochen erschienen an der Stelle, wo sich das Extravasat vorfand, ausserordentlich dünn und faserig, so dass es leicht war, sie mit dem Messer zu durchschneiden.“ Die Knochensubstanz war ferner an einzelnen Stellen der hinteren Hälfte des linken Scheitelbeins „so verdünnt, — dass man eine starke geknöpfte Sonde ohne alle Anstrengung“ durch dasselbe „hindurchstossen konnte. Die Dicke des Knochens überstieg an dieser Stelle nicht die Stärke gewöhnlichen Schreibpapiers.“ Ueberhaupt aber waren „die Kopfknochen nur in der Mitte fest und knöchern, ihrem grössten Theile nach noch knorplig.“ Dieselben waren also wenig geeignet, der Wirkung einer äussern Gewalt zu widerstehen, und daher auch die Entstehung einer übermässigen Blutanhäufung in der Schädelhöhle in Folge einer solchen leicht möglich.

Veranlassungen, die eine örtliche Beschädigung des Kindeskopfes, wie die oben beschriebene, hätten hervorbringen können, finden sich aber in dem Verhalten der Inculpatin vor dem Beginn der Geburt, soweit solches aus den Acten hervorgeht, nicht vor. Denn dadurch, dass die Pauli ihren Körper während ihrer Schwangerschaft nicht schonte, schwere Lasten hob und anstrengende, erhitzende Arbeiten verrichtete, konnte wohl eine vorzeitige Geburt und ein schlagflüssiger Tod des Kindes, nicht füglich aber eine Blutergiessung und Blutanhäufung an dem Hinterkopfe desselben von der Art der vorgefundenen entstehen. Diese Umstände deuten vielmehr auf die Einwirkung eines andauernden Drucks gegen den Kopf des Kindes. Ein solcher würde aber selbst, wenn die Mutter desselben gefallen, gegen den Leib gestossen oder sonst irgend wie verletzt worden wäre, nicht wohl Statt gefunden haben.

Dagegen fehlt es nicht an Veranlassungen während des Geburtsacts selbst, aus welchen die Entstehung des Schlagflusses und auch der Veränderungen an dem Hinterkopfe des Kindes sich erklären lässt.

Die Erfahrung lehrt nämlich, dass Leibesfrüchte nicht selten während des Geburtsacts und zwar durch die Contractionen der Gebärmutter und den Druck harter Theile des mütterlichen Körpers gegen den Kindeskopf schlagflüssig sterben. Es sind sogar lediglich in Folge der Geburt häufig genug Quetschungen, Blutergiessungen am Kopfe, selbst Schädel- und sonstige Knochenbrüche an dem Kindeskörper beobachtet worden. Der schlagflüssige Tod der Leibesfrüchte tritt ferner namentlich bei langsamen, verzögerten Geburten, unregelmässigen krampfhaften Wehen und frühem Abfluss des Fruchtwassers ein. Dergleichen Verhältnisse walteten aber gerade bei der Geburt des Paulischen Kindes ob.

Die Geburt war besonders im Beginn eine langsame; denn die Pauli empfand, ihrer Angabe zufolge, schon am 31. Januar unter „abwechselndem Frost und Hitze“ Schmerzen im Rücken, so wie im Leibe und am Mastdarm: Erscheinungen, die mit Rücksicht auf den weitern Verlauf derselben, für sogenannte vorhersagende Wehen gehalten werden müssen, ein Hartwerden des Unterleibes wurde die Pauli aber erst am folgenden Tage gewahr, „wirkliche Wehen“ will sie erst im Krankenhause, wohin sie am 2. Februar gegen 3 Uhr Nachmittags gebracht wurde, und solche Wehen, die sie genöthigt ward, „durch Anwendung innerer Kraft, durch Drängen von innen heraus, zu unterstützen,“ erst 6 Stunden vor ihrer Entbindung, also am Abend des 2. Februar, bekommen haben. Die Schmerzen, welche die Pauli am 31. Januar, am 1. und am Morgen des 2. Februar empfand, können demnach nur vorhersagende und vorbereitende, die Ausdehnung des Muttermundes fördernde, Wehen gewesen sein.

Dessenungeachtet war die Schmerzhaftigkeit derselben sehr gross und namentlich grösser, als sie bei einer regelmässigen Geburt zu sein pflegt. Inculpatin schrie nämlich, den Depositionen des Kaufmann Brey zufolge, bereits am 1. Februar „fürchterlich und herzzerreissend“ und wurde von eben diesem Zeugen an demselben Tage Morgens „in der Küche auf den Knieen liegend, den Kopf in beide Hände und auf einen Stuhl gestützt, heftig weinend und schreiend gesehen.“

Ungeachtet der Heftigkeit der Schmerzen aber, und obwohl bereits in der Nacht vom 31. Januar zum 1. Februar Fruchtwasser abgeflossen war, und obwohl sich dieser Abgang am Nachmittage des 1. Februar mit Blut vermischt wiederholt hatte, rückte die Geburt nur langsam vor. Die Schmerzen am 31. Januar und in der folgenden Zeit bis zum Abend des 2. Februar dürften daher von unregelmässigen krampfhaften oder durch rheumatische Ursachen bewirkten Contractionen der Gebärmutter begleitet gewesen sein. Unter solchen Verhältnissen geschieht es aber der Erfahrung zufolge nicht selten, dass der Kopf des Kindes gegen die Beckenknochen der Mutter gedrückt, und übermässige Blutanhäufungen selbst Extravasate an und in dem Kindeskopfe verursacht werden, wie sie bei dem qu. Kinde gefunden wurden. Dass letztere nicht etwa Folgen des Austritts des Kindes aus den Geburtstheilen waren, geht aus der Leichtigkeit hervor, mit der die Geburt in dem Krankenhause fast ohne Kunsthülfe beendigt wurde.

Aus obigen Gründen lässt sich also mit hoher Wahrscheinlichkeit annehmen, dass das Kind der Pauli während und in Folge des Geburtsacts gestorben ist.

Inculpatin hat nun gerade während dieser Zeit ein Brechmittel erhalten, und es fragt sich daher insbesondere, ob etwa hierdurch der Tod des Kindes wahrscheinlich herbeigeführt worden sei oder nicht.

Das Brechmittel, welches Inculpatin am 1. Februar genommen hat, bestand, den Angaben des Dr. Dohlhoff zufolge, aus 1 Gran Brechweinstein (Tartarus stibiatus) und 1 Scrupel Brechwurzel, in Pulverform und in 2 Theile getheilt. Die Kranke nahm zuerst den einen Theil und nach Verlauf von einer Viertelstunde, da sie sich bis dahin noch nicht erbrochen hatte, auch den zweiten Theil ein. Etwa 5 Minuten nach dem Einnehmen des zweiten Pulvers erbrach sie sich, wie sie in allen Verhören gleichlautend deponirt hat „ziemlich stark" und ihren späteren Aussagen zufolge „nach Verlauf von etwa 10 Minuten," nachdem sie, „der Vorschrift des Arztes gemäss, eine Tasse Kamillenthee hinterher" getrunken hatte, „zum zweiten Male, jedoch nicht ganz so stark." Es kamen bei dem Brechen, gab die Pauli an, „nur die zuletzt genossenen Speisen, nicht aber etwa Blut und Galle zum Vorschein."

Es lässt sich nun zwar, in Betreff des Effects eines Brechmittels auf eine Schwangere, nicht in Abrede stellen, dass durch die mit der Wirkung dieses Mittels verbundene Erschütterung des ganzen Körpers und der Gebärmutter, so wie durch die bei dem Anspannen der Bauchmuskeln und des Zwerchfells erfolgende Compression dieses Organs, endlich auch durch die ein heftiges Erbrechen begleitende Alteration des Gefäss- und Nervensystems ein nachtheiliger Einfluss auf die Leibesfrucht möglicherweise entstehen kann. Namentlich kann eine Fehlgeburt danach zu Stande kommen, und in dieser Beziehung wird auch bei der Verordnung von Brechmitteln für Schwangere Vorsicht anempfohlen. Die Entstehung der zu frühzeitigen Geburt kann aber der Wirkung des Brechmittels in diesem Falle um deswillen nicht zugeschrieben werden, weil die Pauli bereits am Tage zuvor, ehe sie das Brechmittel erhielt, von Geburtsschmerzen befallen worden war und auch in der Nacht zuvor schon Fruchtwasser verloren hatte.

Es fragt sich daher lediglich, ob das der Inculpatin während des Geburtsacts gereichte Brechmittel den Tod des Kindes wahrscheinlich herbeigeführt habe oder nicht. Ein solcher Erfolg hätte, da das Kind schlagflüssig gestorben ist und die Spuren einer äussern Gewalt am Hinterkopfe wahrnehmen liess, nur in Folge sehr heftiger Erschütterung der Gebärmutter oder durch eine gewaltige Compression dieses Organs und durch einen intensiven Druck des Kindeskopfs gegen harte Körpertheile der Mutter eingetreten sein können. Erwägt man aber, dass die Wirkungen des Brechmittels überhaupt nur unbedeutend waren, indem die Pauli nur zweimal und nur das erste Mal sich ziemlich stark erbrochen hat, so leuchtet hieraus schon ein, dass die Erschütterung ihres Körpers und vollends die der Gebärmutter von keiner Bedeutung gewesen sein kann. Eben so wenig erscheint es möglich, dass ein so heftiger Druck der Bauchmuskeln auf die Gebärmutter und das von einem Theil des Fruchtwassers noch umgebene und durch dasselbe geschützte Kind habe Statt finden können, als erforderlich gewesen sein würde, um die Blutextravasate und die Blutanhäufung in dem Kindeskopfe zu erzeugen. Die Erfahrung lehrt überdies, dass Schwangere zuweilen fast vom Tage der Conception an bis zum regelmässigen Eintritt der Geburt an freiwilligem Erbrechen leiden, ohne dass dadurch die Leibesfrucht irgend einen Nachtheil erfährt, geschweige denn am blutigen Gehirnschlagfluss stirbt und auf die Weise, wie das Kind der Pauli, am Kopfe beschädigt wird. Brechenerregende Mittel gehören sogar zu den Arzneimitteln, die öfters während des Geburtsacts verordnet werden, namentlich wenn es gilt, krampfhafte unregelmässige Wehen, durch welche die Geburt verzögert, und ein Nachtheil für das Kind zu gewärtigen ist, in regelmässige, die Geburt fördernde zu verwandeln. Verhältnisse dieser Art fanden aber auch bei der Pauli Statt, und die Verordnung des Brechmittels erscheint daher dem Zustande, in dem sich die Inculpatin am 1. Februar befand, nicht eben unangemessen. Es geht ferner aus den Depositionen der Inculpatin auch keineswegs hervor, dass sie eine nachtheilige Wirkung des Brechmittels empfunden habe. Sie behauptete nämlich bei ihrer Vernehmung am 2. März v. J., sie habe nach dem Gebrauche des Brechmittels in ihrem Körperzustande „einen irgend bemerkbaren Unterschied nicht entdecken“ können, insbesondere — eine Vermehrung oder Verminderung der Schmerzen im Leibe oder auch an anderen Körpertheilen nicht wahrgenommen.“ In ihren späteren Verhören versicherte die Pauli sogar, „es sei ihr gewesen, als wenn sich nach dem Erbrechen die Leibschmerzen etwas vermindert hätten.“

Es ist demnach kein Grund zu der Annahme vorhanden, dass

durch das der Inculpatin beigebrachte, vom Medicinalrathe Dr. Dohlhoff verordnete Brechmittel der Tod des Kindes derselben wahrscheinlich herbeigeführt worden sei.

Was nun den zweiten Theil der uns vorgelegten Frage betrifft, ob der Dr. Dohlhoff bei Verordnung dieses Brechmittels nach technischen Grundsätzen die ihm als praktischem Arzte obliegenden Pflichten vernachlässigt habe, so erscheint es zuvörderst angemessen, festzustellen, welche Pflichten einem Arzte bei Verordnung eines Arzneimittels obliegen.

In dieser Beziehung hat ein Arzt seiner Pflicht ohne Zweifel dann genügt, wenn er den Zustand eines Kranken so genau als möglich erforscht, hierauf eine sogenannte Heilanzeige gründet und nach dieser, mit Berücksichtigung der etwa vorhandenen gegenanzeigenden Umstände, ein durch die Erfahrung bewährtes Arzneimittel in Anwendung bringt.

Der Dr. Dohlhoff giebt nun rücksichtlich des mit der Pauli vor der Verordnung des Brechmittels angestellten Krankenexamens Folgendes an: Nachdem er erfahren, dass die Pauli „seit dem frühen Morgen über heftige Leibschmerzen geklagt" habe, sei dieselbe in die Stube hineingerufen worden und habe sich ihm „in einer nach vorn übergebeugten Stellung" vorgestellt. Sie habe „über heftige, ruckweise kommende Schmerzen in der Oberbauchgegend, welche bei einem äussern Druck nicht empfindlich gewesen, geklagt. Die Zunge sei „belegt, der Geschmack bitter" gewesen. Patientin habe sich, wie ihm gesagt worden, „ein oder mehrere Male erbrochen" gehabt. Der Puls sei „ruhig" gewesen. Nach diesen Erscheinungen habe er ein Brechmittel für angezeigt gehalten.

Der Dr. Dohlhoff erklärte ferner, als er nach dem Namen der Krankheit, die „er an der Pauli erkannt haben wolle," gefragt wurde: „Ich habe die Krankheit der Pauli für eine Kolik gehalten und der Pauli, weil, wie mir gesagt wurde, dieselbe über Nacht sich mehrere Male erbrochen hatte, die Pauli selbst äusserte, der Geschmack im Munde sei noch bitter, weil endlich die Zunge belegt war, und dies Alles darauf hindeutete, dass noch Sordes im Magen vorhanden seien, die entfernt werden müssten, bevor die Schmerzen aufhören könnten, ein Brechmittel verordnet."

In dieser Krankheitsschilderung hat der Dr. Dohlhoff allerdings mehrere Erscheinungen namhaft gemacht, die auf das Vorhandensein eines gastrischen Zustandes oder einer durch Sordes verursachten Kolik hindeuten. Namentlich können die belegte Zunge, der bittere Geschmack und der Umstand, dass die Kranke sich, wie der Dr. Dohlhoff gehört haben will, in der Nacht zuvor mehrere Male erbrochen hatte, für die Annahme eines solchen Krankheitszustandes geltend gemacht werden, und es konnte unter solchen Umständen die Verordnung eines Brechmittels, wenn sonst Nichts die Anwendung desselben contraindicirte, ganz gerechtfertigt erscheinen. Das Mittel scheint ferner von dem Dr. Dohlhoff in einer angemessenen Dosis verordnet worden zu sein. Das Recept hat zwar nicht aufgefunden werden können; die Angaben des genannten Arztes, dass das Mittel aus einem Gran Tartarus stibiatus und einem Scrupel Brechwurzel bestanden habe, ist aber, als der nur mässigen Wirkung des Mittels entsprechend, nicht in Zweifel zu ziehen.

Dagegen bleibt es, rücksichtlich der anderweiten Ergebnisse der Untersuchung, fraglich, ob die von dem Dr. Dohlhoff angeführten, auf einen gastrischen Zustand hindeutenden Krankheitserscheinungen von ihm wirklich insgesammt und in der Art, wie er sie bei seinen Vernehmungen geschildert, an der Pauli beobachtet und durch das mit derselben angestellte Krankenexamen ermittelt worden sind.

Die Pauli giebt nämlich zwar ebenfalls an, dass sie dem Dr. Dohlhoff habe die Zunge weisen müssen, sie versichert aber, dessen Frage: ob ihr „übel sei," verneint zu haben, da sie keine Uebelkeit empfunden habe; ferner ist auch davon, dass Inculpatin sich über Nacht mehrere Male erbrochen und dies dem Dr. Dohlhoff eröffnet worden sei, in keiner anderweiten Aussage die Rede. Die verwittwete Brey und die Pauli erklärten überdies, das Examen des Dr. Dohlhoff sei ganz kurz gewesen, und die Letztere gab insbesondere an, es sei ihr „durchaus nicht erinnerlich," dass der Arzt „noch andere Fragen" (als die, ob ihr übel sei) an sie gerichtet habe. Es ist daher in Bezug auf die vorerwähnten Symptome eines etwanigen gastrischen Zustandes nur die Angabe des Dr. Dohlhoff, dass er sich habe die Zunge zeigen lassen, anderweitig, nämlich durch die Aussage der Inculpatin, bestätigt worden. Dass die Zunge der Pauli wirklich belegt gewesen sei, ist zwar auch nur von dem Dr. Dohlhoff allein angeführt, aber auch von Keinem bestritten worden. Dies Symptom ist daher nicht weiter in Zweifel zu ziehen. Es bleibt aber das einzige anderweitig constatirte unter den von dem Dr. Dohlhoff erwähnten, welches für das Vorhandensein eines gastrischen Zustandes bei der Pauli geltend gemacht werden kann.

Aber auch angenommen, dass bei der Inculpatin wirklich ein gastrischer Zustand vorhanden gewesen sei, gegen den ein Brechmittel zu verordnen, zweckmässig erschienen wäre, so hätte der Dr. Dohlhoff vor der Verordnung eines solchen Mittels, das keineswegs zu den indifferenten gehört, doch nicht unterlassen dürfen, das Allgemeinbefinden der Kranken näher zu untersuchen und insbesondere zu ermitteln, ob nicht etwa Umstände vorhanden waren, die den Gebrauch eines Brechmittels contraindicirten. Namentlich wäre es nothwendig gewesen, zu ermitteln, ob nicht länger bestehende Stuhlverstopfung oder entzündliche Affectionen des Unterleibes vorhanden, wie die Sexualfunctionen der Kranken beschaffen waren, ob die monatliche Reinigung etwa gerade eingetreten oder längere Zeit ausgeblieben, event. ob die Kranke schwanger war oder nicht.

Dies aber hat der Dr. Dohlhoff, soweit sich sein Verfahren aus den stattgefundenen Vernehmungen ergiebt, unbeachtet gelassen.

Er hat weder nach der Stuhlausleerung der Kranken gefragt, noch durch die Art seiner Untersuchung vollständig ermitteln können, dass entzündliche Affectionen des Unterleibes nicht vorhanden waren. Dies war aber im vorliegenden Falle um so wichtiger, als die Kranke ihm, seiner eigenen Aussage nach, geklagt hatte, dass sie an heftigen, ruckweise kommenden Schmerzen in der Oberbauchgegend leide, oder wie die verwittwete Brey und resp. die Inculpatin angegeben, dass sie „heftige Schmerzen im Unterleibe," — „heftige Kreuz- und Leibschmerzen" habe. Der Dr. Dohlhoff behauptet zwar, dass die Oberbauchgegend der Kranken „bei einem äussern Druck nicht empfindlich" gewesen sei. Es bleibt jedoch zweifelhaft, ob er sich durch Drücken und Betasten der Oberbauchgegend der Kranken von ihrer Schmerzlosigkeit überzeugt habe, da die Pauli deponirt hat, es sei ihr nicht erinnerlich, dass der Dr. Dohlhoff ihr „auf den Leib gefasst hätte." Ausserdem war aber auch die Untersuchung einer einzelnen Gegend des Unterleibes überhaupt nicht und namentlich zu dem Zwecke nicht ausreichend, um die Gewissheit zu erlangen, dass entzündliche Leiden des Unterleibes, welche die Anwendung eines Brechmittels contraindicirten, nicht vorhanden seien. Dass der Puls der Kranken, der Angabe des Dr. Dohlhoff zufolge, „ruhig," also, wie sich hiernach annehmen lässt, nicht abnorm beschleunigt und nicht ungewöhnlich gefüllt war, konnte die nähere örtliche Untersuchung des Unterleibes immer nicht entbehrlich machen, da gerade bei entzündlichen Affectionen des Unterleibes der Puls besonders im Anfange nicht gleich sehr frequent und öfter klein und zusammengezogen erscheint.

Was endlich und insbesondere die Beschaffenheit der Sexualorgane der Kranken und die bereits sehr vorgerückte Schwangerschaft derselben betrifft, so hat der Dr. Dohlhoff, seiner eigenen Aussage nach, „Zeichen der Schwangerschaft" an der Kranken „nicht wahrgenommen," sein „ärztliches Examen übrigens auch beim Mangel aller desfallsigen Mittheilungen und Präsumtionen dorthin nicht dirigirt." Es lässt sich nun allerdings nicht in Abrede stellen, dass die Erkenntniss der Schwangerschaft im vorliegenden Falle ohne nähere Untersuchung des Leibes, zu welcher ein Arzt nur aus besonderer Veranlassung zu schreiten pflegt, in mancher Beziehung erschwert worden sein kann. Denn abgesehen davon, dass die Pauli ihren schwangern Zustand verheimlicht und namentlich auch dem Dr. Dohlhoff davon Nichts mitgetheilt hat, so muss die Anschwellung ihres Leibes überhaupt nicht sehr auffallend gewesen sein, indem sonst die p. Brey und andere Personen, welche mit der Pauli öfter in Berührung kamen, einen Verdacht, dass dieselbe schwanger sei, gehegt und geäussert haben würden, was nicht der Fall gewesen ist. Die Wölbung des Leibes der Pauli ist ferner, als sie sich dem Dr. Dohlhoff vorstellte, möglicherweise durch die Art ihres Anzuges einigermassen verdeckt worden. Sie war nämlich, wie der p. Dohlhoff bemerkt haben will, „nicht fest angezogen, sondern die Kleidungsstücke bammelten lose um ihren Körper." Es kann endlich auch die Stellung der Inculpatin, wenn diese wirklich eine prone (vornübergebeugte) gewesen ist, wie der Dr. Dohlhoff angiebt, zum Verbergen des angeschwollenen Leibes beigetragen haben.

Auf diese letztere Angabe des Dr. Dohlhoff kann jedoch um deswillen kein volles Gewicht gelegt werden, da die Inculpatin deponirt hat, sie habe sich „in gewöhnlicher aufrechter Haltung," ohne ihren „geschwollenen Leib zu verdecken, dem genannten Arzt" gegenübergestellt. Die vorn übergebeugte Stellung der Schwangern würde ferner immer nur für den äussern Anblick, dagegen nicht bei näherer Untersuchung mit der Hand, zu welcher nach Obigem allerdings besonderer Anlass vorhanden war, die Anschwellung des Leibes verdeckt haben.

Die Schwangerschaft der Pauli war nämlich, als der Dr. Dohlhoff ihr das Brechmittel verordnete, bereits so weit gediehen, dass die harte gespannte Geschwulst des Gebärmuttergrundes am Unterleibe fühlbar gewesen sein muss. Nach den Angaben der Pauli selbst über die Zeit ihrer Conception datirte sich diese vom Monat Juli oder August 1841, und die ersten Kindesbewegungen wurden von der Inculpatin um Weihnachten ej. a. wahrgenommen. Nach jener Angabe würde die Schwangerschaft am 1. Februar v. J. 5. — 7. und nach dieser, da die Kindesbewegungen in der Regel gegen Ende des 5. Kalender-Monats wahrgenommen werden, etwa $6^1/_4$ Kalender-Monate bestanden haben. Es würde also, selbst wenn diese Angaben richtig wären, die harte Geschwulst der Gebärmutter beim Betasten des Unterleibes bereits fühlbar gewesen sein. Nach der an dem Kinde von den Obducenten bemerkten Entwicklung war aber die Schwangerschaft am 1. Februar noch weiter vorgeschritten. Das Kind der Pauli war zwar noch nicht vollkommen reif und ausgetragen; denn es hatte nur ein Gewicht von $4^1/_2$ Pfd. bürgerlich; die Durchmesser des Kopfes, der Brust und der Hüften waren geringer, als man sie bei reifen Kindern zu finden pflegt; die Fettmenge war erst gering und der Gesichtsausdruck ältlich; die Ohrknorpel noch wenig entwickelt, die Nägel der Zehen waren weich und ragten noch nicht über die Spitzen derselben hervor, und die grossen Schaamlefzen bedeckten die kleinen und den Kitzler noch nicht vollständig.

Hingegen beweisen andere Zeichen, wie: das Fehlen der Pupillarmembran, die derbere Beschaffenheit der „weit über die Fingerspitzen hinaus" ragenden Nägel, der Durchmesser der Placenta von 5 Zoll und die Dicke derselben von $^3/_4$ Zoll, insbesondere aber die Länge des Kindes, welche 18 Zoll betrug, dass dasselbe über 30 Wochen alt gewesen sein müsse.

Hieraus folgt nun, dass der Grund der Gebärmutter bei der Pauli, als sie sich dem Dr. Dohlhoff vorstellte, bis zum Nabel, wenn nicht etwas über denselben hinausgeragt haben muss, und dass der genannte Arzt die pralle Geschwulst des Uterus gefühlt haben würde, wenn er den Leib der Pauli genau betastet hätte. Er würde ferner, wenn er dies wahrgenommen, ohne Zweifel auf den Verdacht einer vorhandenen Schwangerschaft geleitet worden und dann vielleicht auch aus den Klagen der Inculpatin über ruckweise kommende Schmerzen auf die Vermuthung gekommen sein, dass die Geburt bereits im Beginnen war. Der Dr. Dohlhoff ist demnach dadurch, dass er die Untersuchung des Unterleibes der Inculpatin nicht mit der erforderlichen Genauigkeit angestellt, eines wesentlichen Mittels zur Erforschung ihres eigentlichen Zustandes verlustig gegangen.

Er hat endlich auch unterlassen, die Pauli in Betreff ihrer monatlichen Reinigung zu examiniren, obschon es vor der Verordnung eines Brechmittels in allen Fällen von Wichtigkeit ist, zu erfahren, ob diese ausgeblieben sei oder nicht, oder ob sie etwa gerade im Gange sei. Es steht allerdings dahin, ob die Inculpatin, da sie ihre Schwangerschaft verheimlichte, die ihre monatliche Reinigung betreffenden Fragen richtig beantwortet haben würde. Dennoch waren diese von Seiten des Arztes unerlässlich, und würde die Art ihrer Beantwortung vielleicht auch auf den Verdacht der vorhandenen Schwangerschaft geleitet haben.

Es steht also nach Obigem zwar fest und dürfte in Bezug auf die Beurtheilung der Folgen des Verfahrens des Dr. Dohlhoff in dem concreten Falle von wesentlichem Belang sein, dass Brechmittel bei Schwangern in vielen Fällen ohne allen Nachtheil für die Leibesfrucht gegeben werden können, und dass selbst während des Geburtsacts brechenerregende Mittel, namentlich wenn rheumatische oder krampfhafte Beschwerden unregelmässige Wehen veranlassen, die den Verlauf der Geburt hemmen, zu den heilsamsten und zweckmässigsten Mitteln gehören. Es ist ferner sogar wahrscheinlich, dass das von dem Dr. Dohlhoff verordnete Brechmittel auch auf den Verlauf der Geburt im vorliegenden Falle eher vortheilhaft als nachtheilig gewirkt habe, und es ist namentlich kein Grund zu der Annahme vorhanden, dass der Tod des Kindes durch die Wirkung des Brechmittels veranlasst worden sei.

Dessenungeachtet aber bleibt das Verfahren des Dr. Dohlhoff bei Verordnung des qu. Brechmittels ein nach technischen Grundsätzen nicht zu billigendes, indem der genannte Arzt das qu. Arzneimittel ohne vorherige sorgfältige Untersuchung des Krankheitszustandes der Pauli, und namentlich ohne Berücksichtigung mehrerer, die Anwendung desselben contraindicirender Umstände verordnet hat.

Auf Grund vorstehender Erörterungen beantworten wir die uns vorgelegten Fragen dahin:

1. Dass nicht anzunehmen ist, dass durch das der Inculpatin beigebrachte, vom Medicinalrathe Dr. Dohlhoff verordnete Brech-

mittel der Tod des Kindes derselben wahrscheinlich herbeigeführt worden sei.

2. Dass der Dr. Dohlhoff bei Verordnung dieses Brechmittels nach technischen Grundsätzen die ihm als praktischem Arzte obliegenden Pflichten theilweise vernachlässigt hat.

Berlin, den 27. Januar 1843.

Königliches Medicinal-Collegium der Provinz Brandenburg.

(gez.) **Weil. Nicolai. H. Staberoh. Schütz.**

III.

Fall Bergmann.

Ein Pistolenschuss als Heilmittel.

Der Wundarzt 1. Cl. Bergmann hatte, um die Verheilung eines veralteten Kniescheibenbruchs herbeizuführen, einen Pistolenschuss angewendet. Der Erfolg war im Allgemeinen kein ungünstiger; ja der Operirte erklärte sogar, eine bleibende und bedeutende Besserung dadurch erlangt zu haben. Nichtsdestoweniger ward eine Criminaluntersuchung wegen dieses Verfahrens gegen den Bergmann eingeleitet, und, bei der Verschiedenheit der Ansichten der Unterbehörden, ward das Superarbitrium der wissenschaftlichen Deputation resp. die Beantwortung nachstehender Fragen von ihr erfordert:

a. ob das von dem p. Bergmann bei dem Jacob angewendete Heilverfahren dem Zustande des Jacob angemessen gewesen, und sich annehmen lasse, dass durch dasselbe die Herstellung zu ermöglichen? oder ob das angewendete Verfahren ganz ungewöhnlich, dem Jacobschen Zustande nicht angemessen, bei solchem Verfahren nach den Regeln der ärztlichen Kunst und Wissenschaft vernünftiger Weise der verfolgte Zweck sich nicht in Aussicht stellen, dieses Verfahren vielmehr allen Regeln der ärztlichen Kunst und Wissenschaft zuwider laufen dürfte?

und ob hiernach

b. der Bergmann in Anwendung des gedachten Heilverfahrens sich verwerflich benommen und einer körperlichen Beschädigung des Jacob sich schuldig gemacht?

Das Interesse dieses Falles liegt weniger in dem Gutachten selbst, als darin, dass es auf Grund einer gegen den behandelnden Arzt eingeleiteten Criminal-Untersuchung erfordert worden ist. Der Kranke hat sich mit der ihm vorgeschlagenen Behandlung einverstanden erklärt und ist durch dieselbe, sowohl nach seiner eigenen Angabe, als nach dem Resultat der vorgenommenen ärztlichen Untersuchung, thatsächlich gebessert worden; ja es steht nicht einmal fest, ob nicht eine vollständige Heilung erfolgt wäre, wenn der behandelnde Arzt nicht, die Kur fortzusetzen obrigkeitlich verhindert worden wäre.

Ob die eingeschlagene Methode im Allgemeinen eine zu billigende oder verwerfliche sei, gehört wohl mehr in ein Lehrbuch der Chirurgie, als zur Beurtheilung eines strafrechtlichen Verfahrens, wenn nicht nur kein nachtheiliger, sondern sogar ein günstiger Erfolg eingetreten ist.

Wäre die Operation, statt durch den Wundarzt Bergmann, durch Dieffenbach mit gleichem Erfolge gemacht worden, dann wäre wahrscheinlich, statt einer Untersuchung, eine Huldigung des menschlichen Genies hervorgerufen worden, wie dies seiner Zeit bei den Schiel- und Stotter-Operationen der Fall gewesen ist.

Es ist daher auch dieses Gutachten, welches von Casper in seiner Vierteljahresschrift veröffentlicht worden ist, von juristischen Autoritäten verschieden beurtheilt worden, wovon an einer andern Stelle dieses Buches gesprochen werden soll.

Ein Königl. Hohes Ministerium hat uns unter dem 1. Februar c. beauftragt, in der Untersuchungssache gegen den Wundarzt 1. Cl. Bergmann zu Belgern wegen angeschuldigter kunstwidriger Behandlung des Gärtners Jacob das von dem Königl. Inquisitoriat zu Liebenwerda erbetene Gutachten über den Gegenstand und namentlich darüber:

a. ob das von dem p. Bergmann bei dem Jacob angewendete Heilverfahren dem Zustande des Jacob angemessen gewesen, und sich annehmen lasse, dass durch dasselbe die Herstellung zu ermöglichen? oder ob das angewendete Verfahren ganz ungewöhnlich, dem Jacobschen Zustande nicht angemessen, bei solchem Verfahren nach den Regeln der ärztlichen Kunst und Wissenschaft vernünftiger Weise der verfolgte Zweck sich nicht in Aussicht stellen, dieses Verfahren vielmehr allen Regeln der ärztlichen Kunst und Wissenschaft zuwider laufen dürfte?

und ob hiernach

b. der Bergmann in Anwendung des gedachten Heilverfahrens sich verwerflich benommen und einer körperlichen Beschädigung des Jacob schuldig gemacht?

Wir entsprechen diesem hohen Auftrage, nachdem wir uns mit dem Inhalt der hierbei zurückerfolgenden 2 Vol. Actorum genau bekannt gemacht haben, durch nachstehendes Gutachten.

Geschichtserzählung.

Karl Gottlob Jacob aus Berntitz (Justiz-Amts Mügeln im Königreich Sachsen), 34 Jahre alt, Sohn eines Gartenbesitzers, erlitt am 7. März 1841 durch einen Fall auf dem Eise einen Querbruch der rechten Kniescheibe. Er war früher stets gesund gewesen, und die Verletzung heilte auch, obwohl er 3 Wochen danach nochmals von einer Kuh niedergeworfen wurde, ohne wundärztliche Hülfe wenigstens so, dass er mit Hülfe eines Stockes einige Stunden lang gehen und seine Gartengeschäfte besorgen konnte. Es war dabei das rechte Bein etwas steif, konnte beim Bergabgehen und beim Treppensteigen im Knie nicht gebeugt werden, und klagte dabei der Jacob über eine unangenehme Empfindung in diesem Knie.

Am 16. März 1842, also mehr als ein Jahr nach dem Vorfall, ging derselbe zu Fuss nach dem 7 Stunden von seinem Wohnort entfernten Belgern (Torgauer Bezirks), um daselbst den Wundarzt Bergmann um Hülfe anzusprechen. Er legte den Weg in gehöriger Zeit so zurück, dass er am ersten Tag 3, am zweiten Tag 4 Stunden machte.

Der p. Bergmann fand bei der Untersuchung des Beines des Jacob einen veralteten, nicht geheilten Kniescheibenbruch. Beide Bruchstücke der Kniescheibe waren bei gestrecktem Fuss 1 Zoll, bei gebeugtem 3 Zoll von einander entfernt und (nach Ansicht des Bergmann) durch lockere zellige Bandmasse unvollkommen vereinigt. Dem Kranken, welcher versicherte, dass er täglich höchstens einige Stunden gehen und nur sehr leichte Arbeiten verrichten könne, versprach der p. Bergmann die Wiederherstellung, indem er durch eine Schusswunde die Bruchstücke der Kniescheibe wund machen und sodann organisch vereinigen wolle. Der Jacob unterzog sich der Operation, welche der p. Bergmann selbst folgendermassen beschreibt:

„Ich beabsichtigte, durch eine Schusswunde die Knochenränder „wund zu machen, um dadurch die Vereinigung derselben wieder „zu Stande zu bringen. Hierbei verfuhr ich folgendermassen: ich „nahm ein Terzerol, welches zum Abschrauben eingerichtet war, „setzte die Bleikugel auf das Pulver und dann die Mündung darauf „ohne Pfropfen, um nicht einen anderen Körper in die Wunde zu „bringen. Dieses Terzerol setzte ich nun auf die innere Seite der „Kniescheibe, nachdem diese zusammengedrückt und der Fuss überhaupt nach Möglichkeit festgelagert worden, an und schoss „zwischen beiden Enden der Kniescheibe, die Kugel von der Grösse „eines Rehpostens, durch und streifte damit beide Knochenenden „unbedeutend, was auch meine Absicht gewesen. Die Kugel war „jedoch, obwohl die Kniescheibe auf ein Brett festgelagert gewesen, „und ich einen Probeschuss mit einer solchen und derselben Ladung Pulver durch zwei Bretter gemacht hatte, nicht durchgegangen, sondern blieb auf der äusseren Seite der Kniescheibe „gleich unter der Haut sitzen, war aber zwischen beiden Knochenenden ganz durchgegangen. Ich schnitt sie daher sogleich her-

„aus und reinigte die Wunde. Es erfolgte in 5 Tagen nach dem „Schuss keine Entzündung.“

Während dieser 5 Tage wurden kalte Umschläge angewendet, am 6. aber machte der p. Bergmann 2 bis 3 Zoll oberhalb der Kniescheibe die subcutane Durchschneidung des geraden Schenkelmuskels, um die Annäherung beider Knochenfragmente zu erleichtern. Die kalten Umschläge wurden fortgesetzt, am 12. Tag aber ward Dieffenbachs Verband zur Annäherung der wundgemachten Knochenfragmente angelegt. Hierauf folgte nun heftige Entzündung, und trotz Abnahme des Verbandes und antiflogistischer Behandlung Eiterung und Fieber, welche mehrere Wochen anhielten. Nach 3 Wochen etwa wurde der Kranke auf sein Begehren aus der Wohnung des Bergmann nach dem 4 Stunden entfernten Orte Liebschütz, und 14 Tage später nach Berntitz gebracht, wo er am 26. in die ärztliche Behandlung des Dr. Meissner kam, welcher am 29. April den Dr. Ehrt aus Mätschen zur Berathung zuzog. Diese Aerzte fanden bedeutende Kniegeschwulst mit Fieber und Erschöpfung; das grössere Stück der Kniescheibe war nach dem Oberschenkel, das kleinere nach dem Unterschenkel hingezogen, und an der inneren Seite des Knies fand sich eine Fistelöffnung, aus welcher übelriechende Jauche ausfloss. Da die Aerzte über den Zustand des Jacob sehr ernste Besorgnisse laut werden liessen, so wendete sich dieser wieder an den p. Bergmann, welcher ihn nun durch Blasenpflaster, Blutegel und andere Mittel binnen 3 Wochen so weit herstellte, dass die Wunde sich schloss, und der Kranke ohne Schmerz gehen konnte. Der Bergmann hatte die Absicht, nochmals durch subcutane Durchschneidung einer Sehne die Vereinigung der Knochenfragmente zu versuchen, als ihm die Ausübung der ärztlichen Praxis im Königreich Sachsen (wo der Ort Berntitz liegt) im Juni 1842 untersagt wurde.

Ueber die bei dem p. Jacob fernerhin etwa in Anwendung gekommene Behandlung enthalten die Acten keine Andeutung.

Das Ergebniss der am 15. August 1842 und am 11. März 1843 angestellten Untersuchungen des Zustandes des Jacob durch den Königl. sächs. Bezirksarzt Dr. v. Seckendorf war, dass sich der Jacob im Allgemeinen wohl befand und auf ebenem Boden, wenn auch mit steifem rechten Knie, doch rasch und sicher gehen konnte. Ging der Weg bergab oder eine Treppe hinauf, so war dagegen der Gang sehr beschwerlich, mehr einem Hüpfen ähnlich. Das Knie war auch bei der letzteren Untersuchung (11. März 1843) noch etwas dicker, als das der gesunden Seite, und die Bruchstücke der Kniescheibe waren mehr als $1^1/_2$ Zoll von einander entfernt; sie liessen sich nach der Seite ein wenig, nach oben und unten fast gar nicht bewegen; das Knie war frei von Entzündung und liess sich in eine einem rechten Winkel sich nähernde gebeugte Stellung führen; das rechte Bein war mehr nach auswärts gestellt und etwas abgemagert.

Der Jacob selbst sprach sich noch in einem Verhör am 15. März 1843 über seinen Zustand folgendermassen aus:

„Ich bin mit meinem jetzigen Zustand so weit zufrieden; es geht „doch ein Bischen besser, als vor meiner Reise nach Belgern im „vorigen Jahre. Ich empfinde keine Schmerzen im Beine, obschon „ich das Knie nicht gehörig beugen kann. Es hindert mich nicht „im Gehen, nur bemerke ich bei längerem Stehen eine Schwäche.“

Dieser Fall ist nun durch Anzeige des Dr. Meissner zu Mügeln (im Sächsischen) unter dem 30. April 1842 zur Anzeige gekommen und hat Veranlassung gegeben, dass von der Königl. sächsischen Kreis-Direction das erwähnte Verbot der ärztlichen Praxis in sächsischen Orten gegen den im Preussischen ansässigen p. Bergmann erlassen wurde. Nachdem dies der Königl. Regierung zu Merseburg von Seiten der Königl. sächsischen Kreis-Direction zu Leipzig unter dem 25. Juni 1842 mitgetheilt worden war, und der Regierungs- und Medicinalrath Dr. Koch sich gutachtlich dahin ausgesprochen hatte, dass der p. Bergmann nach den Regeln und Erfahrungen der ärztlichen Kunst und Wissenschaft sich nicht in Aussicht stellen durfte, das von ihm ausgeführte Verfahren werde eine Vereinigung der gebrochenen und getrennten Fragmente der Kniescheibe zu Stande bringen, — veranlasste die Königl. Regierung zu Merseburg unter dem 24. September 1842 die Einleitung der Untersuchung gegen den p. Bergmann.

Im Verlauf derselben erstattete unter dem 27. Juni 1843 das Königl. Medicinal-Collegium zu Magdeburg ein Gutachten; dasselbe vertheidigt darin hauptsächlich den Satz, dass das Ungewöhnliche einer neuen Operation keinen Grund zu einer Beschuldigung Desjenigen abgeben könne, welcher ein solches Verfahren zuerst versuche. Ueber den vorliegenden Fall aber spricht das Medicinal-Collegium die Ansicht aus, dass die Wahl des bei dem Jacob angewendeten Mittels im Allgemeinen wohl nicht ganz ungeeignet gewesen sei, um die Wiedervereinigung der Knochenbruchstücke durch Callus zu erzielen; dessenungeachtet müsste dasselbe in dem speciellen Falle als ein nicht angemessenes Verfahren verworfen werden, denn es treffe den Bergmann der Vorwurf, dass er gegen das vorliegende Knieleiden eine Operations-Methode in Anwendung gezogen habe, deren übler Ausgang zu dem Nutzen nicht im Verhältniss stand, welchen Bergmann von demselben nur mit einem sehr geringen Grade von Wahrscheinlichkeit zu erwarten berechtigt war. Dagegen habe der Bergmann die Operation selbst, wie die Nachbehandlung mit anerkennenswerther Kunst und Umsicht geleitet.

Im weiteren Verlauf der Untersuchung hat sich noch ergeben, dass die Meinung des Bergmann, — es sei ihm von seinem Lehrer der Chirurgie zu Magdeburg vorgetragen worden, wie die Auffrischung der Bruchflächen nicht geheilter Knochenbrüche von einem Stabsarzt Haase ausgeführt und erprobt gefunden worden, — auf einem Irrthum beruhte.

Der p. Bergmann hebt zu seiner Vertheidigung besonders hervor, dass der p. Jacob durch seine Operation keinen Nachtheil erlitten, sondern vielmehr eine vortheilhafte Besserung erlangt habe, indem selbst der Bezirksarzt Dr. v. Seckendorf in seinem letzten Bericht vom 11. März 1843 melde, dass der Jacob, welcher vor dem Schuss nur durch zweckmässige Maschinen ein Umknicken des Knies verhindern konnte, jetzt ein steifes Knie habe, was offenbar besser sei, als ein erst durch Maschinen steifgemachtes. Auch dieses sei indess nicht als Folge seines Verfahrens zu betrachten, da der p. Jacob schon vor dem Schuss ein steifes Bein gehabt habe. Er fügt hinzu, übrigens sei der Erfolg seiner Kur noch nicht zu beurtheilen, da man ihn verhindert habe, die Kur zu vollenden; auch werde niemand beweisen können, dass es unmöglich gewesen, durch sein Verfahren den Jacob herzustellen.

Die Defensionsschrift (vom 13. Aug. 1843) bestreitet namentlich die Richtigkeit der von dem Regierungsrath Dr. Koch erhobenen Vorwürfe, sowie der Behauptungen der sächsischen Aerzte, wonach sich der p. Jacob in einem beklagenswerthen Zustand befinden sollte; — sie behauptet dagegen, dass die Verschlimmerung des Zustandes des p. Jacob, wenn eine solche vorhanden, lediglich daher rühre, dass der Bergmann in seiner Kur unterbrochen worden, und der Kranke in die Behandlung durch die sächsischen Aerzte übergegangen sei; — deswegen müsste der p. Bergmann von jeder Schuld freigesprochen werden.

Endlich hat die Königl. Regierung zu Merseburg dem Untersuchungsgericht zu Liebenwerda noch eine gutachtliche Aeusserung des Regierungs- und Medicinal-Rathes Dr. Koch über das Gutachten des Königl. Medicinal-Collegiums überwiesen, worin zunächst darauf aufmerksam gemacht wird, dass das Medicinal-Collegium sich widerspricht, wenn es zuerst behauptet, das Verfahren des Bergmann hätte leicht die gefährlichsten Folgen haben können und habe einen günstigen Erfolg auch nicht mit Wahrscheinlichkeit erwarten lassen, während an anderen Stellen behauptet werde, es seien die Heilanzeigen richtig gestellt, und die Wahl des Mittels sei nicht ganz ungeeignet gewesen. Nachdem sodann noch nachgewiesen worden, wie das Medicinal-Collegium seinen speciellen Erörterungen des Falles mannigfache, in den Acten nicht begründete Annahmen, zu Grunde gelegt habe, hebt er die Nothwendigkeit hervor, noch ein Superarbitrium von der Wissenschaftlichen Deputation für das Medicinal-Wesen einzuholen. Diesem Antrag ist durch die im Eingang erwähnte Aufforderung entsprochen worden, zuvor aber ist eine abermalige Untersuchung des Zustandes des Jacob verfügt worden; diese hat am 15. Januar 1844 zu Mügeln stattgefunden und folgendes Ergebniss geliefert: — Der p. Jacob deponirt dabei wörtlich:

„Der Zustand meines Beines ist jetzt unbedingt bei Weitem besser „und keinesweges schlechter, als vor der gedachten Operation. — „Mein Knie ist geheilt, und ich kann mein Bein wieder vollkommen „gebrauchen, denn ich kann sogar tanzen und habe noch kurz vor „Weihnachten einen Scheffel Wicken auf den Boden getragen, „ohne nur irgend einen Schmerz oder sonst eine üble Empfindung „in meinem Knie zu verspüren, und sonach bin ich mit meinem „jetzigen Zustande vollkommen zufrieden. Das Einzige ist, dass „ich das rechte Knie, an welchem Bergmann mich operirt hat, „nicht ganz so weit biegen kann, als das linke, doch hindert mich „das weiter nicht."

Gutachten.

In dem vorliegenden Falle stehen sich die Urtheile der technisch begutachtenden Behörden dem Wesentlichen nach nur scheinbar entgegen. Das Königl. Medicinal-Collegium äussert nämlich, die Wahl des Mittels bei dem p. Jacob sei im Allgemeinen wohl nicht ganz ungeeignet gewesen, in dem speciellen Falle dagegen müsste dasselbe als ein nicht angemessenes Verfahren verworfen werden. Der Regierungsrath Dr. Koch andrerseits behält den speciellen Fall allein im Auge und stimmt in Bezug auf diesen mit dem Königl. Medicinal-Collegium in so fern ganz überein, dass er das Verfahren des Bergmann bei dem Jacob als ein solches bezeichnet, von welchem die gewünschte Wirkung nach den Regeln und Erfahrungen der Kunst nicht erwartet werden konnte. Ueber den Werth des Bergmann-schen Verfahrens bei dem Jacob sind also beide einig; es war dasselbe nach beider Urtheil ein unangemessenes und verwerfliches Verfahren. Das Medicinal-Collegium scheint es nur als nothwendig anzusehen, das allgemeine Princip der Zulässigkeit „neuer" Operationen zu vertheidigen; es scheint indess auch hierbei den Pistolenschuss als Operation für unverheilte Knochenbrüche selbst nicht billigen zu können, wenn diese Operation in der Nähe eines Gelenkes ausgeführt wird, während es allerdings für andere unverheilte Knochenbrüche oder s. g. falsche Gelenke den Pistolenschuss als ein „wohl nicht ganz ungeeignetes Mittel" betrachten zu dürfen glaubt.

Die Verschiedenheit der aufgestellten gutachtlichen Ansichten scheint somit auf einen Thesenstreit hinauszulaufen, dem man im vorliegenden Fall die praktische Bedeutung absprechen könnte, da die Ansichten über den Werth des stattgefundenen wundärztlichen Handelns des Bergmann bei dem Jacob eigentlich übereinstimmen. Jene Meinungsverschiedenheit hat indess im vorliegenden Falle dennoch ein administratives und forensisches Interesse.

Die Beurtheilung des Bergmannschen Verfahrens nach dem bei dem Jacob beobachteten Erfolg des operativen Eingriffs allein kann nicht genügen, sie würde den Bergmann von jedem Vorwurf befreien, da factisch ein bleibender Schaden aus dem Verfahren des Bergmann für den Jacob nicht hervorgegangen ist. Dies ergiebt sich auf das Bestimmteste aus den noch am 15. Januar d. J. gemachten Ermittelungen über den jetzigen Zustand des rechten Knies bei dem Jacob. — Vor der Operation durch den Pistolenschuss des p. Bergmann, im März 1842, konnte der Jacob täglich höchstens einige Stunden gehen und nur sehr leichte Arbeiten verrichten, im Januar 1844 nach der Operation kann er tanzen, kann einen Scheffel Wicken auf den Boden tragen, ohne Schmerz im Knie zu empfinden, kann sein Bein wieder vollkommen gebrauchen und findet nur, dass er das rechte Knie nicht ganz so weit biegen könne, als das linke, was ihn jedoch nicht hindere. So ungenügend die Angaben über den Zustand des Knies vor und nach der Operation einer technischen Kritik auch erscheinen mögen, so sind sie doch ganz hinreichend, um zu beweisen, dass der Jacob durch die erwähnte Operation in eine im Vergleich zu seinem früheren Befinden üblere Lage jedenfalls nicht versetzt worden ist. Der Jacob hat also durch die Operation einen bleibenden Nachtheil nicht erlitten. Wollte man dagegen anführen, dass sich ohne diese Operation der Jacob jetzt in einem noch günstigeren Zustand befinden würde, so müsste man jedenfalls zugeben, dass sich diese Behauptung nur auf Möglichkeiten stütze, also zu einem praktisch irgend brauchbaren Resultat der Untersuchung doch nicht führen könnte. Wir müssen aber gegen diese Behauptung doch jedenfalls bemerken, dass der allgemeinen ärztlichen Erfahrung zu Folge in der That nicht wohl angenommen werden kann, der Jacob würde bei ungestörtem Fortbestehen jenes Querbruchs der Kniescheibe nach 3 Jahren mehr geleistet haben, als er bei seiner Vernehmung am 15. Januar d. J. selbst angiebt.

Wenn nun hiernach zugegeben werden muss, dass der Jacob durch die Behandlung des Bergmann einen bleibenden Nachtheil nicht erlitten hat, so bleibt im vorliegenden Fall doch noch die Frage übrig, ob in thesi es verwerflich sei, wenn ein unverheilter veralteter Querbruch der Kniescheibe auf die von dem Bergmann beschriebene Weise durch einen Pistolenschuss operirt werde. Diese Frage hat für den vorliegenden Fall eine nicht zu verkennende administrative Bedeutung. Bei ihrer Beantwortung aber widersprechen sich die bis jetzt erstatteten technischen Begutachtungen auf das Entschiedenste. Wir aber können uns mit dem von dem Medicinal-Collegium zu Magdeburg abgegebenen Gutachten in dieser Beziehung nicht einverstanden erklären, müssen vielmehr der Ansicht des Regierungs-Rathes Dr. Koch beipflichten, auf welche derselbe sein, das Bergmann-sche Verfahren durchaus verwerfendes Urtheil über den speciellen Fall basirt.

Bei einem veralteten unverheilten Knochenbruch besteht im Allgemeinen die Aufgabe eines Heilversuchs, falls ein solcher überhaupt in dem speciellen Fall gerechtfertigt erscheint, darin, die getrennten Bruchflächen aufs Neue in einen Zustand von Reizung zu versetzen, in welchem sie die s. g. plastische Substanz ausschwitzen, durch deren Organisation eine neue Knochenschicht zwischen den getrennten Bruchflächen entsteht und diese innig und fest mit einander verbindet. Die chirurgische Erfahrung lehrt, dass hierzu sehr verschiedene Grade der Reizung als geeignet betrachtet werden können. Bisweilen genügt es, die Bruchflächen nur an einander zu reiben, bisweilen genügen oberflächlich auf der Haut durch Aetzmittel erregte Entzündungen, bisweilen ist das Durchziehen eines Haarseils erforderlich, und in anderen Fällen hat man beide Knochenenden blossgelegt und durch Absägen der Bruchflächen frische Knochenwundflächen hergestellt. Die mildesten, so wie die stärksten Entzündung erregenden Eingriffe sind neben einander durch die Erfahrung als brauchbar erprobt. Zwei Bedingungen jedoch sind bei allen verschiedenen Operations-Methoden als unerlässlich zu betrachten: — 1) es darf kein fremder Körper irgend einer Art zwischen den Bruchflächen zurückbleiben; — 2) es darf durch die Behandlung selbst in benachbarten Gelenken eine Entzündung nicht hervorgerufen werden. Es ist hier nicht der Ort, weiter auszuführen, wie sämmtliche bis jetzt empfohlene und erprobte Verfahrungsweisen diesen beiden Anforderungen mit Rücksicht auf die verschiedene Natur der Fälle entsprechen; es genügt, nachzuweisen, dass dies bei dem von dem Bergmann angewendeten Verfahren in keiner Beziehung der Fall ist.

Alle Schusswunden sind gequetschte Wunden; namentlich gilt dies von Schussverletzungen der Knochen, welche immer mit Splitterung, Quetschung und theilweiser Ablösung einzelner Theilchen der Knochensubstanz verbunden sind, der getroffene Knochen mag nun mehr zu den festen (compacten) oder mehr zu den schwammigen (spongiösen) Knochen gehören. Es kann allerdings möglicherweise vorkommen, dass auch eine Schusswunde durch s. g. geschwinde Vereinigung, ohne Eiterung und ohne Abstossung von Gewebtheilchen, rasch und ohne Störung heilt. Dies ist der Erfahrung gegenüber nicht zu leugnen. Die Regel aber ist es nicht. Vielmehr lehrt tausendfältige chirurgische Erfahrung, dass Schusswunden gewöhnlich in Eiterung übergehen, — dass die Eiterung lange anhält, — dass nekrotisirte (abgestorbene) harte oder weiche Gewebtheile längere Zeit hindurch mit dem Eiter abgehen, und dass erst nach vollständiger Ausstossung oder selbst erst nach operativer Ausziehung derselben die endliche Vernarbung in dem Wundkanal zu Stande kommt. Die anatomische Untersuchung solcher Schusskanäle, welche durch Knochen hindurchgegangen waren, hat immer gezeigt, dass kleine Knochensplitter und Knochenblättchen in grosser Anzahl, abgelöst und ohne alle weitere organische Verbindung, an der innern Fläche solcher Schusskanäle liegen; diese Knochenfragmente können in diesem Zustand nicht weiter ernährt werden, sie sind zur Wiedervereinigung nicht fähig, sie müssen also ganz und gar als fremde Körperchen betrachtet werden. Diese Erfahrungen beweisen nun, mit Rücksicht auf die oben angeführten Bedingungen jedes Heilversuches falscher Gelenke, dass bei einem durch Nichtverheilung eines Knochenbruchs zurückgebliebenen falschen Gelenk die Reizung oder s. g. Anfrischung der Bruchflächen beider Knochenstücke niemals durch eine Schussverletzung geschehen darf. Während man dabei die organische Wiedervereinigung bezweckt, würde man durch die Schussverletzung geflissentlich einen Zustand herbeiführen, welcher die organische Vereinigung mindestens auf längere Zeit hinausschiebt, ja überhaupt sehr zweifelhaft macht. Das Gelindeste, was man von einem Heilversuch eines falschen Gelenkes durch einen Pistolenschuss sagen könnte, wäre daher, — dass der Vorschlag durchaus zweckwidrig sei. Dieser allgemeinen Folgerung wird übrigens durch den Erfolg in dem uns vorliegenden Fall durchaus nicht widersprochen. Die unmittelbar auf die Verletzung durch die Kugel des Terzerols folgende Reaction war gering, erst nach mehreren Tagen, als allerdings noch neue Reizung durch einen Druckverband hinzugekommen war, entwickelte sich heftige Entzündung, welche aber nach Entfernung des Druckverbandes nicht sofort nachliess, sondern noch wochenlang fortdauerte und erst aufhörte, nachdem eine sehr grosse Menge Eiters durch beide Wundöffnungen entleert, und mit ihm wahrscheinlich auch manches abgelöste Knochensplitterchen herausgespült war. Die hier behauptete Zweckwidrigkeit des Operationsverfahrens wird übrigens durch die definitive Verbesserung des Zustandes des Jacob keineswegs widerlegt; es braucht in dieser Beziehung nur daran erinnert zu werden, wie häufig man nicht schon einen guten Ausgang nach den heftigsten zufälligen Verletzungen beobachtet hat, ohne dadurch zu dem Gedanken verleitet zu werden, dass man eben solche Verletzungen als Heilmittel empfehlen könne.

Ist aber hiernach schon bei jedem veralteten und ungeheilten Knochenbruch oder dem s. g. falschen Gelenk der Pistolenschuss als ein zweckwidriges Verfahren zu bezeichnen, so gilt dies in noch höherem Maasse bei einem veralteten Querbruch der Kniescheibe, weil durch eine Schussverletzung dieses Knochens fast nothwendig das Kniegelenk in heftige Entzündung versetzt werden muss. Dadurch aber wird nicht allein der zweiten der oben aufgestellten Bedingungen auf das Entschiedenste zuwidergehandelt, sondern der Kranke sogar geradezu in Lebensgefahr versetzt. Es ist nämlich durch die chirurgische Erfahrung hinreichend festgestellt, dass Verwundungen, zumal Schussverwundungen des Kniegelenks, immer in hohem Grade gefährlich sind und so häufig das Leben des Verletzten in die dringendste Gefahr bringen, dass eine grosse Anzahl von Schenkelamputationen aufgeführt werden kann, welche bei Knieverwundungen ausgeführt werden mussten, um nur wenigstens das Leben des Verletzten zu erhalten.

Man wird aber nicht anstehen, eine Operation, welche gegen einen veralteten Kniescheibenbruch, dessen Folge höchstens eine Unsicherheit und Unbequemlichkeit beim Gehen ist, empfohlen wird, durchaus verwerflich zu nennen, wenn sich herausstellt, dass durch dieselbe das Leben des Kranken oder doch die Erhaltung des ganzen Beins bedroht wird, und im günstigsten Fall doch eigentlich gar kein Vortheil zu erwarten ist, indem man nach allgemeinen Erfahrungen gewiss nicht erwarten darf, dass ein durch einen Pistolenschuss verletztes Knie zu vollkommenem, weder durch Steifigkeit und Schwäche, noch durch Schmerzen gestörtem, Gebrauch je zurückgeführt werden könne. Zu einer Operation, deren Gefahren zu der zu beseitigenden Beschwerde in keinem Verhältniss stehen, und wobei überdies die Gefahren und Nachtheile wahrscheinlicher sind, als die möglichen Vortheile, kann ein Wundarzt niemals berechtigt sein. Dieses findet aber seine vollständige Anwendung bei dem Bergmann. Denn gerade dieser hat wirklich gegen eine Krankheit, die nur Schwäche, Steifigkeit und Schmerzhaftigkeit beim Gebrauch des Fusses bedingte, ein Verfahren angewendet, wobei nicht bloss Lebensgefahr und die Möglichkeit des Verlustes eines Beines, sondern schon bei günstigerem Verlauf die Wahrscheinlichkeit vorhanden war, dass das Bein steif und im freien Gebrauch behindert bleiben werde. Dass diese üblen Folgen bei dem Jacob nicht eingetreten sind, ist ein glücklicher Zufall, welcher jedoch dem Bergmannschen Operationsverfahren nicht als Verdienst angerechnet werden kann und auch nicht einmal für künftighin zu der Annahme berechtigt, dass überhaupt jemals auf demselben Wege die Herstellung eines veralteten, ungeheilten Kniescheibenbruchs zu ermöglichen sein werde.

Da vielmehr nach den oben angeführten allgemeinen Gründen behauptet werden muss, dass bei einem veralteten Kniescheibenbruch durch eine Schusswunde, welche einen mit Knochensplittern versehenen Wundkanal zurücklassen und eine heftigere Kniegelenkentzündung veranlassen muss, eine Wiedervereinigung der getrennten Kniescheibe und eine Herstellung der normalen Function des Knies mit Wahrscheinlichkeit nicht erwartet werden könne, so ist das erwähnte Verfahren den allgemein gültigen Regeln der Kunst zuwiderlaufend und daher verwerflich.

Wir können aber nach diesen Erörterungen nicht anstehen, die uns vorgelegten Fragen wörtlich dahin zu beantworten:

a. dass das von dem Bergmann bei dem Jacob angewendete Heilverfahren dem Zustand des Jacob nicht angemessen gewesen, sich auch nicht annehmen lasse, dass durch dasselbe die Herstellung zu ermöglichen; dass vielmehr das angewendete Verfahren ganz ungewöhnlich, dem Jacobschen Zustand nicht angemessen gewesen, auch bei solchem Verfahren nach den Regeln der ärztlichen Kunst und Wissenschaft vernünftigerweise der verfolgte Zweck sich nicht in Aussicht stellen lassen, dieses Verfahren vielmehr allen Regeln der ärztlichen Kunst und Wissenschaft zuwiderlaufe;

b. dass daher der Bergmann in Anwendung des gedachten Heilverfahrens sich verwerflich benommen, — jedoch einer bleibenden körperlichen Beschädigung sich nicht schuldig gemacht habe.

Berlin, den 17. Juli 1844.

Königl. wissenschaftliche Deputation f. d. Medicinal-Wesen.

(gez.) **Klug. Mitscherlich. v. Stosch. Link. Horn. Wagner. Froriep.**

IV.

Fall Kirchgässer.

Ein verspäteter Brownianer.

Der Dr. Kirchgässer, praktischer Arzt zu Coblenz, bekannte sich offen als einen Schüler Browns und Anhänger Krüger-Hansens. Der Conflict, welcher sich dadurch zwischen ihm und vielen seiner Collegen erhob und zu grosser Animosität steigerte, führte schliesslich, bei Gelegenheit eines seiner unrichtigen Behandlung zugeschriebenen Todesfalls, dahin, dass der Kreisphysicus Geheimrath Dr. Settegast eine amtliche Anzeige an die Regierung machte, und diese, auf Grund eines vom Medicinalcollegium der Rheinprovinz eingeholten Gutachtens, dem Medicinalministerium darüber berichtete. In diesem Berichte ward darauf angetragen, dem Dr. Kirchgässer, wegen Gemeingefährlichkeit seiner ärztlichen Kuren, die Ausübung der Praxis bis dahin zu verbieten, dass er sich einer abermaligen Staatsprüfung mit Erfolg unterzogen haben würde, eventuell die Angelegenheit der wissenschaftlichen Deputation zur Entscheidung vorzulegen.

Der Medicinalminister ersuchte zunächst den Justizminister um seine Ansicht; und der Antrag der Regierung ward abgelehnt, ihr aber aufgegeben, das Medicinalcollegium zur Beantwortung bestimmter Fragen zu veranlassen und eventuell sich an das competente Gericht zu wenden.

Die Regierung erwiderte hierauf, dass eine Anklage gegen den Dr. Kirchgässer zu einer Bestrafung desselben, nach Lage der Gesetzgebung, gewiss nicht führen werde, sie bat aber, jene Bestrafung, nach Einholung eines Gutachtens der wissenschaftlichen Deputation, auf disciplinarischem Wege einzuleiten.

Das hierauf von dem Minister erforderte Gutachten der wissenschaftlichen Deputation sprach sich dahin aus, dass der Dr. Kirchgässer nach den actenmässigen Angaben zwar wissenschaftlich als ein mittelmässiger Arzt bezeichnet werden könne, das von ihm in dem concreten Falle angewendete Heilverfahren aber den tödtlichen Ausgang der Krankheit weder veranlasst, noch befördert habe.

Auf Grund dieses Gutachtens, welches der Minister der Regierung abschriftlich mittheilte, lehnte er die Einleitung eines disciplinarischen Verfahrens gegen den Dr. Kirchgässer als unstatthaft ab, forderte aber die Regierung auf, auf ihn ein wachsames Auge zu haben und bei vorkommender ähnlicher Veranlassung darüber zu berichten. Die Regierung findet sich hierdurch zu einem Verfahren veranlasst, welches den Dr. Kirchgässer aufs Tiefste zu verletzen und seine Existenz zu vernichten geeignet ist, so dass er sich zu einer motivirten Beschwerdeschrift gedrungen fühlt und um Remedur bittet.

Der Minister findet die Beschwerde gerechtfertigt, missbilligt das Verfahren der Regierung und erlässt eine Verfügung an dieselbe zu Händen des Oberpräsidenten der Rheinprovinz, dessen persönliche Rückäusserung gleichzeitig erfordert wird. Der Oberpräsident sendet den hierauf bei ihm eingegangenen Bericht der Regierung dem Ministerium ein und begleitet ihn mit seinen eignen Ansichten, welche gleichfalls ein amtliches Einschreiten gegen den Dr. Kirchgässer als geeignet nicht erachten.

Der Minister verfügt hierauf an die Regierung, dass sie durch geeignete Schritte ihr Verfahren gegen den Dr. Kirchgässer, welches weit über die Absicht des Ministeriums und über das Gutachten der wissenschaftlichen Deputation hinausgegangen sei, mildern und namentlich den Dr. Kirchgässer beruhigen möge, auch darüber binnen 4 Wochen Bericht erstatten solle.

Die Regierung theilt hierauf dem Ministerium in Abschrift eine Verfügung mit, welche sie in dieser Angelegenheit an den Kreisphysicus Geheimrath Dr. Settegast erlassen habe.

Gerade diese Verfügung, welche durch den Dr. Settegast dem Dr. Kirchgässer abschriftlich mitgetheilt wurde, gab Letzterem Veranlassung, eine wiederholte Bitte an das Ministerium zu richten, in welcher er nicht nur das gegen ihn von der Regierung eingeschlagene und fortgesetzte Verfahren für ein ungesetzliches erklärt, sondern auch nachzuweisen versucht, dass sein ärztliches System gerade darin seinen Vorzug finde, dass es den Schulirrthümern seiner Collegen sich entgegen stelle, und dass er daher sich durch nichts werde bewegen lassen, seiner wissenschaftlichen Ueberzeugung untreu zu werden. Er werde dies um so weniger, als einerseits die bewährtesten ärztlichen Autoritäten und andrerseits die Ergebnisse seiner Beobachtungen und Erfahrungen ihm vollkommen beistimmten.

Das Ministerium verlangt hierauf einen neuen Bericht der Regierung und hebt auf Grund desselben die Beaufsichtigung der ärztlichen Wirksamkeit des Dr. Kirchgässer auf.

Doch wenige Monate nachher berichtet die Regierung dem Ministerium von einem neuen Todesfall, den angeblich die unrichtige Behandlung des Dr. Kirchgässer herbeigeführt habe. Der Minister erfordert hierüber das Gutachten der wissenschaftl. Deputation, welches dem Dr. Kirchgässer einen Vorwurf zu machen keine Veranlassung findet. Mit der Uebersendung dieses Gutachtens, gegen welches das Ministerium nichts zu erinnern hat, an die Regierung endet diese, in vielfacher Beziehung interessante Angelegenheit.

I. Erster Bericht der Königl. Regierung.

Coblenz, den 28. December 1842.

An des Herrn Minister Eichhorn Excellenz.

Euer Excellenz beehren wir uns, in den Anlagen die Verhandlungen ganz gehorsamst vorzulegen, welche durch den Tod des von dem hiesigen praktischen Arzte Dr. Kirchgässer behandelten Kaufmanns, Namens Caspar Müller, veranlasst worden sind. Da sich aus der von dem Königlichen Kreisphysikus eingeleiteten und sehr verständig geführten Untersuchung mit grosser Wahrscheinlichkeit ergeben hatte, dass der Dr. Kirchgässer sich bei der fraglichen Behandlung eines groben Kunstfehlers schuldig gemacht habe, und da gleichzeitig mehrere Thatsachen zur Sprache gekommen waren, welche den gegründeten Verdacht erregten, dass Dr. Kirchgässer überhaupt in seinem Handeln sehr verkehrte Ansichten befolge: so hielten wir es für nothwendig, vorerst das Königl. Rheinische Medicinal-Collegium um ein ausführliches Gutachten über diesen so wichtigen Gegenstand zu ersuchen.

Als sehr wichtig erschien uns die Sache einmal, weil es seit dem Bestehen der hiesigen Regierung der erste Fall ist, wo ein Arzt so sehr von allen Regeln einer gesunden medicinischen Theorie abweicht, dass es in hohem Grade bedenklich erscheint, ihn in seiner Weise ungestört forthandeln zu lassen, und dann, weil überdies für den ganzen ärztlichen Stand grosser Nachtheil daraus erwachsen muss, wenn ein solcher Fall nicht mit der grössten Unparteilichkeit und auf das Allergründlichste untersucht wird. Das von dem Königl. Medicinal-Collegio erstattete Gutachten spricht sich nun dahin aus, dass Dr. Kirchgässer sich bei der Behandlung des p. Müller wirklich einen groben Kunstfehler hat zu Schulden kommen lassen, und dass derselbe überhaupt bei Behandlung der Krankheiten von unrichtigen

Grundsätzen ausgeht, deren Anwendung für das Leben seiner Patienten geradezu gefährlich ist. Dieses Gutachten ist nach der reiflichsten Erörterung aller Thatsachen und unter Zuziehung des geheimen Medicinalraths Wegeler ausgearbeitet worden, der durch seine vieljährige Erfahrung und seine ganze Stellung als geeignet erscheinen musste, die Verhandlungen über einen so delikaten Gegenstand zu leiten.

Nach diesem Resultate dürfte es als unsere Pflicht erscheinen, sofort die Suspension des Dr. Kirchgässer zu verfügen, da ein überall mit so heftigen Reizmitteln eingreifender Arzt wirklich als ein dem öffentlichen Wohle gefährlicher Mensch zu betrachten ist. Da indessen Dr. Kirchgässer hier in Coblenz wohnt, und da nicht nur alle Aerzte, welche als Zeugen gegen ihn aufgetreten sind, sondern auch die Mitglieder des Königl. Medicinal-Collegii an demselben Orte mit ihm prakticiren, so haben wir es zur Beseitigung jedes Scheines von Parteilichkeit für räthlich erachtet, die sämmtlichen Verhandlungen Ew. Excellenz mit der gehorsamsten Bitte einzureichen, dass zuvörderst noch das Gutachten der wissenschaftlichen Deputation für das Medicinalwesen über den Dr. Kirchgässer vernommen, und erst, wenn diese Behörde sich mit der Ansicht des hiesigen Medicinal-Collegii einverstanden erklären sollte, Maassregeln möchten ergriffen werden, um diesen Arzt unschädlich zu machen. Es geht nicht nur aus der von Dr. Kirchgässer veröffentlichten Vertheidigung hervor, dass er die höchst verkehrten Mittel, welche er bei dem p. Müller anwandte, noch jetzt für die allein richtigen hält, sondern es ist auch notorisch, dass mehrere ihm befreundete Collegen sich vergeblich bemüht haben, ihn von seinem grossen Irrthume zu überzeugen und ihn zu richtigeren praktischen Grundsätzen zurückzuführen. Er ist ein Mann, welcher schon in früheren Jahren, auch noch, ehe er nach Coblenz zog, durch seine Neigung zu Reizmitteln sich den Tadel älterer, erfahrener Collegen zuzog; diese gefährliche Richtung hat sich aber seit etwa anderthalb Jahren, wo ihm die Schriften des paradoxen Krüger-Hansen in die Hände gekommen sind, bis zu einer solchen Verblendung gesteigert, dass er hier in Coblenz sicherlich nicht mehr auf einen vernünftigen Weg zurückzuführen ist. Wir erlauben uns daher unter der Voraussetzung, dass die wissenschaftliche Deputation ebenfalls die Grundsätze des Dr. Kirchgässer für gefährlich erklärt, ganz gehorsamst darauf anzutragen, dass diesem Arzt vorläufig die Praxis untersagt, und er selbst nach Berlin beschieden werde, um dort noch einige Monate die klinischen Anstalten zu besuchen und sich dann einer neuen Prüfung vor der dortigen Oberexaminations-Commission zu unterwerfen.

Die Regierung, Abtheilung des Innern.

(gez.) **Schaper. v. Massenbach. Heuberger. Esser. Dr. Ulrich. Halm. Thienemann.**

2. Anfrage des Medicinalministers an den Justizminister.

Berlin, den 19. Februar 1843.

An des Justizminister Mühler Exc.

Ew. Exc. beehre ich mich anliegend, mit der Bitte um Rückgabe, einen Bericht der Regierung in Coblenz vom 28. December v. J. ganz ergebenst mitzutheilen, um daraus geneigt entnehmen zu wollen, in welcher Art der Dr. med. Kirchgässer zu Coblenz sich bei der ärztlichen Behandlung des Kaufmanns Müller daselbst grobe Ungeschicklichkeit und Kunstfehler hat zu Schulden kommen lassen, in deren Folge der Tod des p. Müller, wo nicht herbeigeführt, doch jedenfalls beschleunigt worden ist. Um diesen, seiner verkehrten Ansichten wegen schon längst als gemeingefährlich bekannten Arzt für das Publikum unschädlich zu machen, hat die Regierung vorgeschlagen, demselben vorläufig die Praxis zu untersagen und ihn demnächst einer neuen Prüfung vor der hiesigen medicinischen Oberexaminations-Commission zu unterwerfen. Von meinem Standpunkte aus glaube ich zwar, die Befugniss, Aerzte, wenngleich dieselben den wirklichen Staatsbeamten nicht beizuzählen sind, von der Ausübung ihrer Praxis vorläufig zu suspendiren, in Anspruch nehmen zu können, indem es der Medicinal-Verwaltung sonst an dem wesentlichsten Mittel, die erforderliche Einwirkung auf das Heilpersonal wirksam geltend zu machen, gebrechen würde. Es schweben indess bekanntlich über den Umfang der den Verwaltungsbehörden in dieser Beziehung zustehenden Disciplinargewalt zur Zeit noch Verhandlungen, welche nach Inhalt der neuesten darüber ergangenen Allerhöchsten Bestimmungen erst bei der Bearbeitung einer neuen Medicinalordnung zur Erledigung gelangen dürften; ich muss demnach um so mehr Anstand nehmen, die von der Regierung zu Coblenz beantragte Suspension des Dr. Kirchgässer eintreten zu lassen, als eine Maassregel dieser Art überdies grundsätzlich nur in Verbindung mit einer zugleich einzuleitenden Untersuchung anwendbar sein würde. Noch weniger statthaft aber könnte die in Vorschlag gekommene anderweite Prüfung des Dr. Kirchgässer erscheinen, da demselben das durch die Approbation erworbene Recht zur Betreibung der ärztlichen Praxis nach der jetzigen Lage der Gesetzgebung auf keine andere Weise, als durch ein gerichtliches Erkenntniss entzogen werden kann.

Unter diesen Umständen dürfte es in der vorliegenden Angelegenheit lediglich darauf ankommen, ob das von dem Dr. Kirchgässer bei der Behandlung des p. Müller eingeschlagene Verfahren so geartet ist, dass dasselbe hinreichende Veranlassung zur Eröffnung einer gerichtlichen Untersuchung gegen denselben darbietet. Die nach Maassgabe der Verordnung vom 18. Februar 1842 (Ges. Slg. p. 86) in der Rheinprovinz noch gültigen §§. 505—508 Allg. Ld. Rt. II. 20 würden hierfür zwar keinen Anhalt geben, dagegen würde der Art. 319 des Rheinischen Strafgesetzbuches, welcher einigermassen dem in der Rheinprovinz nicht gültigen §. 779 des Allg. Ld. Rts. l. cit. entspricht und in der Praxis cf. Pailliet ad art. 319 note 2 auch auf Aerzte, welche durch Ungeschick und Unbesonnenheit den Tod eines Patienten verursachen, angewendet zu werden pflegt, möglicher Weise zu einer angemessenen Ahndung des in Frage stehenden Vorfalles, wenn auch gerade nicht zur vollständigen Ausschliessung des Dr. Kirchgässer von der Ausübung der ärztlichen Kunst führen können. Bevor ich indess dazu übergehe, die Regierung zur Einreichung einer hierhin gerichteten Denunciation bei der competenten Gerichtsbehörde anzuweisen, erlaube ich mir Ew. Exc. um geneigte Mittheilung Ihrer erleuchteten Ansicht darüber ganz ergebenst zu ersuchen, ob sich auf Grund des von dem Rheinischen Medicinal-Collegio in seinem dem Regierungsberichte beigefügten Gutachten vom 16. December 1842 erfolgten Ausspruches, nach welchem dem Dr. Kirchgässer bei der Behandlung des p. Müller ein grober Kunstfehler zur Last gelegt wird, eine gerichtliche Untersuchung gegen denselben mit der Aussicht auf Erfolg in Antrag bringen lassen dürfte. Ich bemerke dabei noch, dass es zur Feststellung des corpus delicti, soweit solche nöthig ist, um Veranlassung zur Einleitung einer Untersuchung zu finden, nicht erforderlich sein dürfte, schon jetzt ein Superarbitrium der Königl. wissenschaftlichen Deputation für das Medicinalwesen einzufordern, dies vielmehr lediglich von den Ergebnissen und der weitern Gestaltung der Untersuchung selbst abhängig zu machen sein würde.

(gez.) **Eichhorn.**

3. Erwiderung des Justizministers.

Berlin, den 12. März 1843.

An des Minister Herrn Eichhorn Exc.

Die in Ew. Exc. geehrtem Schreiben vom 19. v. M. erhobene Frage: ob gegen den Dr. medicinae Kirchgässer zu Coblenz wegen Tödtung des von ihm behandelten Kaufmanns Müller durch Ungeschicklichkeit und Unachtsamkeit auf Grund des Art. 319 des rheinischen Strafgesetzbuches eine Untersuchung eingeleitet werden könne? gehört nach dem rheinischen Rechte lediglich zur Entscheidung des Landgerichts zu Coblenz, eventuell des Appellationsgerichtshofes zu Cöln, denen ich hierüber nicht vorgreifen kann. Doch nehme ich keinen Anstand, auf Ew. Exc. Wunsch meine Ansicht über den Rechtspunkt dahin auszusprechen, dass der Art. 319 a. a. O., wie auch die Praxis und Theorie angenommen, auf Aerzte, welche aus Ungeschicklichkeit oder Unachtsamkeit bei der Behandlung eines Kranken dessen Tod herbeigeführt, anwendbar ist, indem derselbe ohne Unterschied jeden, der in solcher Weise den Tod eines Menschen veranlasst, mit der darin bestimmten Strafe bedrohet, und unter diese allgemeine Fassung auch der Arzt fällt. Erfordert wird aber zur Anwendung dieses Artikels jedenfalls, dass der Causalzusammenhang des Todes des Behandelten mit der ungeschickten und unachtsamen Behandlung des Arztes feststeht, oder mit anderen Worten, dass der eingetretene Todesfall eine Folge der Behandlung des Arztes gewesen ist und bei einer anderen Behandlung nicht eingetreten sein würde. Obwohl aus dem Gutachten des Rheinischen Medicinal-Collegiums vom 16. December v. J. hervorzugehen scheint, dass dasselbe diesen Causalzusammenhang im vorliegenden Falle annimmt, so ist dies doch mit völliger Bestimmtheit daraus nicht ersichtlich, da das Collegium sich darauf beschränkt, auszusprechen, dass Dr. Kirchgässer sich in vorliegendem Falle einen groben Kunstfehler habe zu Schulden kommen lassen, was die Ansicht nicht ausschliesst, dass der Tod auch unabhängig von diesem Kunstfehler eingetreten sein würde. Es wird deshalb zweckmässig sein, das Gutachten des Medicinal-Collegiums auf jenen Causalzusammenhang erstrecken und erst dann die Sache durch die Regierung zu Coblenz an den Ober-Procurator daselbst abgehen zu lassen, wenn das Collegium das Dasein dieses Causalzusammenhanges zwischen dem Tode des Kaufmanns Müller mit der Behandlungsweise des Dr. Kirchgässer festgestellt hat. Ob alsdann mit Rücksicht auf die Vertheidigung des Letztern noch ein Schluss-Gutachten der wissenschaftlichen Deputation für das Medicinalwesen erforderlich sein wird, dürfte der Beurtheilung des Gerichts zu überlassen sein. Die Anlagen des geehrten Schreibens reiche ich ganz ergebenst zurück.

(gez.) **Mühler.**

---

4. Erneuerter Bericht der Königl. Regierung.

Coblenz, den 24. März 1843.

An des Minister Herrn Eichhorn Exc.

Ew. Exc. beehrten wir uns bereits unter dem 28. December v. J. über das Verfahren des hiesigen praktischen Arztes Dr. Kirchgässer gehorsamst zu berichten und darauf anzutragen, dass dem für öffentliche Gesundheit gefährlichen Treiben dieses Arztes Schranken gesetzt werden möchten. Aus der beifolgenden Diatribe, welche als Beilage zum Coblenzer Anzeiger vom 14. März ausgegeben worden ist, geruhen Ew. Exc. zu ersehen, bis zu welchem Grade die Anhänger von Krüger-Hansen ihre Schmähungen gegen die Heilkunst aller übrigen Aerzte treiben. Es leuchtet wohl von selbst ein, wie nachtheilig solche Schmähschriften auf einen grossen Theil des Publikums einwirken müssen, und wie sehr dadurch das Vertrauen geschwächt wird, welches der Arzt als die unentbehrlichste Grundlage seines Wirkens bedarf.

Wir hielten es daher für unsere Pflicht, Ew. Exc. diese Schmähschrift vorzulegen, und erlauben uns damit die gehorsamste Bitte zu verbinden, dass es Hochderselben gefallen möchte, möglichst bald eine hochgeneigte Entscheidung in dieser Kirchgässerschen Angelegenheit zu erlassen.

Bis jetzt ist es den Bemühungen des hiesigen einflussreichen Kreisphysikus gelungen, die übrigen Aerzte von jeder Erwiderung auf diese Schmähung abzuhalten; bei längerer Dauer dürfte dies indess kaum mehr möglich sein, und der Schaden, welcher aus einem solchen höchst unerfreulichen Streite erwachsen würde, lässt sich kaum berechnen. Wir glauben daher unseren früheren gehorsamsten Antrag hinsichtlich der gegen Dr. Kirchgässer zu ergreifenden Maassregeln erneuern zu müssen.

Die Regierung, Abth. des Innern.

(gez.) **Schaper. v. Massenbach. Heuberger. Dr. Pauls. Thienemann. Zeiler.**

---

5. Erlass des Medicinalministers an die Königliche Regierung zu Coblenz.

Berlin, den 11. April 1843.

Der pp. sende ich die Anlagen ihres Berichtes vom 28. December v. J., betreffend die gegen den praktischen Arzt Dr. Kirchgässer dortselbst vorliegende Anklage wegen begangener grober Fehler bei der ärztlichen Behandlung des Kaufmanns Müller, hierbei zurück. Ich kann einem Verfahren solcher Art, wie die pp. gegen den p. Kirchgässer in Antrag bringt, meine Beistimmung nicht ertheilen, da sich die Suspension der Befugniss zur ärztlichen Praxis nicht als ein selbstständiges Straf- oder Correctionsmittel, sondern nur in Verbindung mit einem, behufs der gerichtlichen oder disciplinarischen Bestrafung eines Vergehens bei der ärztlichen Praxis, einzuleitenden Untersuchungs-Processe anordnen lässt, und der Auflage an den p. Kirchgässer, dass er sich, um die suspendirte Berechtigung wieder zu erlangen, einem Besuche der klinischen Anstalten hiesiger Residenz und der Ablegung einer neuen Prüfung unterwerfe, jeder gesetzliche Anhalt mangeln würde.

Dagegen stellt sich in Frage, ob die Sachlage nicht dazu angethan sein möchte, die Einleitung einer Criminal-Untersuchung gegen den p. Kirchgässer, auf Grund des Art. 319 des rheinischen Strafgesetzbuches, zu veranlassen, in so fern seine unrichtige Kurbehandlung als erwiesene Ursache des tödtlichen Ausganges der Krankheit des p. Müller anzunehmen wäre. Hierüber hat die pp. zuvörderst noch die bestimmte, in dem Gutachten vom 16. December nicht enthaltene Aeusserung des K. Medicinal-Collegiums einzuholen und, wenn dessen Ausspruch für die vorbemerkte Annahme ausfällt, die Verhandlungen an die Gerichtsbehörde zur Einleitung der Untersuchung abzugeben. Ob, wenn die Einleitung der Untersuchung erfolgt, eine vorläufige Suspension der Praxisbefugniss des p. Kirchgässer zu verfügen sei, bleibt dann dem pflichtmässigen Ermessen der pp. überlassen, und sehe ich binnen 2 Monaten Ihrer Anzeige über den Verfolg der Sache entgegen.

(gez.) **Eichhorn.**

6. Erwiderung der Regierung.

Coblenz, den 29. Mai 1843

An des Minister Herrn Eichhorn Excellenz.

Ew. Exc. geruheten unter dem 11. April c. uns auf unsern gehorsamsten Bericht vom 28. December pr. dahin zu bescheiden, dass eine Suspension des Dr. Kirchgässer, von der ärztlichen Praxis nur in Verbindung mit einem, behufs der gerichtlichen oder disciplinarischen Bestrafung eines Vergehens bei der ärztlichen Praxis, einzuleitenden Untersuchungsprocesse angeordnet werden könne, dass demnach zuerst eine Rückfrage an das Königl. Rheinische Medicinal-Collegium gestellt werden müsse, ob die unrichtige Behandlung des Dr. Kirchgässer als die erwiesene Ursache des tödtlichen Ausganges der Krankheit des Kaufmanns Müller zu betrachten sei; und dass im bejahenden Falle der Dr. Kirchgässer, auf Grund des Artikels 319. des Rheinischen Strafgesetzbuches, gerichtlich verfolgt werden müsse.

Das Rheinische Medicinal-Collegium wurde demgemäss, unter Mittheilung Ew. Exc. verehrlichen Rescriptes, von uns ersucht, nachträglich die von Hochdenenselben gestellte Frage zu beantworten.

Das von diesem Collegio unter dem 18. Mai uns ertheilte nachträgliche Gutachten lautet im Wesentlichen folgendermassen. Das Collegium glaubt, dass es sich bereits in dem unter dem 16. December pr. abgegebenen ersten Gutachten über den fraglichen Fall so erklärt habe, wie es überhaupt innerhalb der Grenzen seiner Befugniss möglich sei, und müsse daher bei der früheren Erklärung stehen bleiben, dass der Dr. Kirchgässer sich bei der Behandlung des Kaufmanns Müller durch die Anwendung ganz unpassender, zum Theil offenbar schädlicher Mittel einen groben Kunstfehler hat zu Schulden kommen lassen. Es unterliege daher gar keinem Zweifel, dass er zum tödtlichen Ausgange der Krankheit mitgewirkt habe. Damit könne aber nicht behauptet werden, dass diese unzweckmässige Behandlung die erwiesene Ursache des tödtlichen Ausganges sei; denn bekanntlich kämen zuweilen Fälle vor, wo Lungenentzündungen auch unter der zweckmässigsten, von allen tüchtigen Aerzten gebilligten Behandlung doch tödtlich enden, und folglich könne die Anwendung unpassender Mittel nicht als die erwiesene Ursache des Todes für sich allein betrachtet werden.

Das Medicinal-Collegium spricht sich daher ganz bestimmt dahin aus, dass nach seiner Ansicht eine gerichtliche Verfolgung des Dr. Kirchgässer auf Grund des besagten Artikels 319. nicht zulässig erscheine, weil eben die stattgehabte Tödtung aus ärztlichen Gründen nicht mit Evidenz erwiesen werden könne.

Wir stimmen dieser Ansicht des K. Medicinal-Collegii vollkommen bei, und zwar nicht bloss deswegen, weil eine gerichtliche Verfolgung sicher zur Freisprechung des Dr. Kirchgässer von der Anklage der Tödtung führen würde, sondern auch noch deswegen, weil ein solcher Process sicherlich einen unerhörten Skandal veranlassen und dem Credit des ganzen ärztlichen Standes in hiesiger Stadt und im ganzen Lande schaden würde, ohne dem Uebel selbst, nämlich der verderblichen Kurmethode des Dr. Kirchgässer, im Geringsten Einhalt zu thun. Gerade von dieser Ueberzeugung geleitet, erlaubten wir uns in unserm gehorsamsten Bericht vom 28. December pr. den Wunsch auszusprechen, dass sowohl der eine dem Dr. Kirchgässer zur Last fallende grobe Kunstfehler, als auch seine ganze, durch andere Fälle bewiesene höchst fehlerhafte Methode der Königl. wissenschaftlichen Deputation für das Medicinalwesen noch zur Beurtheilung vorgelegt werde, und erst, wenn diese wissenschaftliche Behörde sich mit dem Rheinischen Medicin.-Collegio einverstanden erkläre, die Bestrafung des Dr. Kirchgässer auf disciplinarischem Wege eingeleitet werde.

Da nun Ew. Exc. verfügt hatten, dass zuvor die Frage entschieden werden müsse, ob eine gerichtliche Verfolgung eintreten solle, und sich jetzt ergeben hat, dass eine solche nicht stattfinden kann: so erlauben wir uns bei Ew. Exc. ganz gehorsamst anzufragen, ob wir nun eine disciplinarische Untersuchung gegen Dr. Kirchgässer wegen des ihm durch unrichtige ärztliche Behandlung des Kaufmanns Müller zur Last fallenden Kunstfehlers einleiten sollen. Der Kunstfehler, dessen sich Dr. Kirchgässer schuldig gemacht hat, ist nach den darüber eingeholten technischen Gutachten so grober Art, und seine ganze Methode so verkehrt, dass wir es für unsere dringende Pflicht erachten, diesem Uebel in irgend einer Weise zu steuern.

Demgemäss erlauben wir uns, an Ew. Exc. die gehorsamste Bitte zu richten, dass für den Fall, wenn Hochdieselben die Einleitung einer Disciplinar-Untersuchung nicht für zweckmässig erachten sollten, dem Dr. Kirchgässer doch mindestens eine sehr nachdrückliche Zurechtweisung von Hochdenenselben ertheilt, und ihm mit dem gänzlichen Verbot der Praxis gedroht werde, wenn er sich noch ferner so grobe Kunstfehler zu Schulden kommen lasse.

Die früheren Verhandlungen über Dr. Kirchgässer beehren wir uns nochmals zu hochgeneigter Einsicht vorzulegen.

Die Regierung, Abth. des Innern.

(Unterschriften.)

7. Gutachten der wissenschaftlichen Deputation nebst dem Begleitschreiben des Medicinal-Ministeriums.

Ein hohes Ministerium der geistlichen-, Unterrichts- und Medicinal-Angelegenheiten hat die unterzeichnete wissenschaftliche Deputation unterm 30. Juni d. J. aufgefordert, sich gutachtlich darüber zu äussern: ob der Dr. Kirchgässer zu Coblenz sich bei der Behandlung des Kaufmanns Müller, welcher an einer kurzdauernden Krankheit den 11. November 1842 daselbst verstarb, einen groben Kunstfehler habe zu Schulden kommen lassen, und ob sich überhaupt aus den darüber gepflogenen Verhandlungen ein Verdacht ergebe, dass der Kirchgässer bei Behandlung der Krankheiten von unrichtigen Grundsätzen ausgehe? Nach sorgfältiger Prüfung des Inhaltes der hierauf bezüglichen Acten hat dieselbe diesem Verlangen in Folgendem genügen wollen.

Der verstorbene Kaufmann Müller, 56 Jahre alt, hatte sich im Jahre 1816 das linke Bein sehr verbrannt und wurde seit dieser Zeit öfters im Jahre von einer Rose befallen, welche sich über dasselbe verbreitete. Im October 1842 litt er an einem Catarrhal-Fieber mit heftigem Husten, der manchmal pfeifend war, und Auswurf. Ein Ueberrest dieses Leidens mit Husten hatte noch nicht ganz aufgehört, als er aufs Neue erkrankte. Vor dieser neuen Krankheit hat er oft Verdruss und Aerger gehabt, auch schon oft von seinem nahen Tode gesprochen, den er einen glücklichen Gang nannte. Die Fortdauer jenes Zustandes hielt ihn nicht ab, seinen Geschäften ausser dem Hause nachzugehen. Am 7. Nov. wohnte er einer Versteigerung bei, welche im Hause seiner verstorbenen Mutter gehalten wurde, wobei er sehr thätig war und viel sprach; auch besuchte er an demselben Abend das Casino. Am 8. Nov. klagte er des Morgens, als ihn sein Geschäftsführer Kannengiesser besuchte, dass er schlecht geschlafen, dass er Kopfschmerz habe, und er bekam in dessen Beisein einen so starken Frost, dass er mit den Zähnen klapperte und sich an den Ofen setzte. Zugleich klagte er über grossen Durst und Brustbeklemmung und musste sich zu Bette legen. Am 9. November hatte dieser Krankheitszustand einen noch höheren Grad erreicht, die Brustbeklemmung hatte zugenommen, ein stärkerer Husten sich eingefunden, er empfand Schmerzen in der rechten Brustseite; der Luftmangel war sehr gross, sein Gesicht erschien sehr roth. Jetzt wurde der Dr. Kirchgässer gerufen, welcher die Krankheit gleich für sehr bedenklich erklärte und ihm eine Arznei verordnete, welche aus 3 Gran Opium purum, 6 Gran Kampher, 3 Unzen Zimmtwasser, $^1/_2$ Unze Mandelöl und Syrup bestand! Am Abend desselben Tages fand der genannte Arzt den Kranken gebessert und verordnete ihm ausserdem alle 3 Stunden ein Pulver, welches aus $^1/_3$ Gran Digitalis und $1^1/_2$ Gran salzsaurem Chinin bestand. Auch liess er zugleich ein Mercurial-Pflaster in die rechte Seite legen. Der Kranke verschlimmerte sich von Stunde zu Stunde, so dass der Arzt bei seinem frühen Morgenbesuche seinen Zustand für trostlos erklärte. Sein Geschäftsführer Kannengiesser, der ihn schon des Morgens um 8 Uhr sah, fand seine Beschwerden, wie er sie nannte, „Anfälle von Brustkrampf," so stark, dass er glaubte, er würde darin sterben. Der Kranke konnte nicht athmen, verwandte die Augen u. s. w. Die Erstickungszufälle, die Athemlosigkeit und das Röcheln nahmen überhand. Der Stuhl erfolgte unwillkürlich bei den starken Hustenanfällen. Der Arzt verordnete jetzt einen Aufguss von Arnicablumen zu einem Quentchen nebst $^1/_2$ Unze Chinarinde, einem Zusatze von $^1/_2$ Drachme Liq. Amm. anisat. und Syrup, und ausserdem Pillen, von denen jede einen Gran Moschus und eben soviel salzsaures Chinin enthielt, von welchen 2 Stück abwechselnd mit dem genannten Aufguss genommen werden sollten. Auf die schmerzhafte Brustseite wurde ein Zugpflaster gelegt, da aber die Beschwerden der Brust immer mehr überhand nahmen, und das Röcheln bedeutender wurde, so wurden, nach dem Verbrauche der Moschuspillen, Pulver verordnet, von denen jedes $^1/_8$ Gran Opium, 1 Gran Moschus und 1 Gran Kampher enthielt, von denen zweistündlich eins genommen werden sollte.

Abends um 10 Uhr desselben Tages wurde ein zweiter Arzt, Dr. Kalt, hinzugezogen, der den Krankheitszustand des Müller in folgender Weise beschreibt. „Auf dem Rücken liegend, verräth der ängstliche Ausdruck des livide gefärbten Gesichts grosse Noth, welche auch der Kranke, auf die Brust zeigend, zu haben versicherte, und was die angestrengte Bewegung der Nasenflügel und das krankhafte Auf- und Absteigen des Kehlkopfs genügend bewahrheiteten. Dabei hörte man auf mehrere Schritte Entfernung vom Krankenbette ein kochendes Geräusch bei jeder In- und Exspiration, die kurz abgestossen und sehr beschleunigt auf einander folgten; hie und da trat ein schwacher Versuch des Hustens ein, der aber keine Sputa herausfördern konnte. Das Hautorgan fühlte sich kühl an, besonders an den Extremitäten, dagegen an Brust, Hals und Kopf mit klebrigem Schweisse bedeckt. Die Zunge war trocken, hie und da mit einem Streifchen zähen Schleims' belegt. Den Puls fand ich bei der ersten Untersuchung ziemlich voll, ohne Härte, ungefähr 100 Schläge in 1 Minute zählend." Nach dem Rath dieses Arztes wurde die ganze Nacht hindurch ein warmer Aufguss von Senfmehl über das ganze Bein gelegt, welches früher den Sitz der Rose abgegeben hatte. Auf Magen- und Lebergegend sollten Einreibungen von Ungu. Kali hydrojodic. gemacht werden. Der Kranke verlor den Athem, wenn er sich auf die linke Seite legte. Einige Mal erfolgte ein rostfarbiger Schleim beim Husten. Der Urin war weissgelblich, dick und, wie, es hier heisst, einer Emulsion ähnlich, und sollte nach der Meinung des Dr. Kirchgässer Eiter enthalten. Am 10. November wurde der Urin jumentös genannt. Die während der Nacht vom 10. auf den 11. verordneten warmen Senfumschläge mussten am Morgen abgenommen werden, da die Haut sehr roth geworden war. Morgens um 8 Uhr am 11. November war nach einer sehr unruhigen Nacht das Röcheln noch stärker, das Gesicht bläulich-schwarz geworden, der Kranke delirirte, und an dem Vormittage desselben Tages erfolgte der Tod.

Am 12. November Nachmittags wurde der Körper geöffnet, doch beschränkte man sich auf die Oeffnung der Brusthöhle. Man fand hierbei einige Rippenknorpel, die zu verknöchern angefangen hatten. Beide Lungen waren sehr ausgedehnt, die linke etwas mehr, als die rechte. Im rechten Brustfellsacke waren 8—10 Unzen blutigen Wassers ergossen. Die rechte Lunge zeigte auf ihrer vordern Fläche am obern Lappen mehrere braunrothe Stellen, offenbar von Entzündung der pleura pulmonalis herrührend. Der untere Lappen dieser Lunge war mit frischer, gelbgrüner, weicher, membranartiger, plastischer Lymphe rundum bedeckt. Diese Lunge fühlte sich, besonders am obern und mittlern Lappen, hart leberartig an; abgetrennt, drückte sie mich so schwer, wie Leber, auf die Hand; ins Wasser gelegt, sank sie nicht unter, ragte aber kaum über den Wasserspiegel hervor. Beim Einschneiden knisterte sie nicht, sie war durch und durch und überall hepatisirt, d. h. alle Luftzellen waren mit festem Blute überfüllt; das Parenchym war erweicht, verdichtet (sogenannte rothe Hepatisation), zwischenräumliche Eiterung zeigte sich hier überall, am meisten in den obern und mittlern Luppen, so dass in dieser Lunge die sogenannten drei Grade der Hepatisation sichtbar waren. Von Verhärtungen, Tuberkeln, Abscessen oder sonst Krankhaftem fand sich in der Lunge nichts vor. Die linke Lunge hatte äusserlich ein gesundes Ansehen; sie war sehr ausgedehnt, leicht, gleich einer gesunden Lunge. Beim Einschneiden vernahm man deutliches Knistern; sie war sehr blutreich, jedoch in ihrer Structur nicht verändert. Die Schleimhaut der Luftröhre zeigte nichts Abnormes. Der Herzbeutel war an seiner äussern, der rechten Lunge zugekehrten Fläche deutlich entzündet. Diese Entzündung erstreckte sich nicht nach Innen. Das Herz war ziemlich fett und gesund. Das rechte Herzohr, Vorkammer und Höhle waren mit dunklem, coagulirtem Blute angefüllt, das linke Herz war schier blutleer. Die Hohladern waren mit dunklem, hartgeronnenem Blute angefüllt. Die Eröffnung der übrigen Höhlen wurde nicht für nothwendig erachtet.

Der Dr. Kirchgässer stimmte mit den Ergebnissen dieses Sectionsbefundes im Allgemeinen überein, bemerkte indess dabei, dass mehrere kleine Abscesse in der rechten Lunge vorhanden gewesen wären.

Dem Dr. Kirchgässer ist der Vorwurf gemacht, dass er bei der Behandlung des verstorbenen Müller die Blutentziehung versäumt und anstatt derselben reizende Mittel, namentlich Opium, Kampher, Moschus, Arnica und China, gereicht und dadurch die Heilung vereitelt und zur Beförderung des tödtlichen Ausganges der Krankheit beigetragen hätte.

Bei unbefangener Prüfung der Eigenthümlichkeit dieses Krankheitsfalles drängen sich einige Bedenken auf, welche zur Milderung dieses strengen Urtheiles über die Unzweckmässigkeit des Kirchgässerschen Heilverfahrens in vorliegendem Falle auffordern. Die Krankheit des Müller bestand nicht in einer einfachen synochischen Lungenentzündung. Der Verstorbene war schon oft krank gewesen, hatte früher öfter an Fussrosen gelitten. Einige Tage vor der Entstehung der letzten Krankheit zeigte sich aufs Neue eine Spur einer beginnenden Fussrose, die bei dem Eintritt des Fiebers plötzlich verschwand.

Früher soll derselbe schon ein Mal eine Hungerkur gebraucht haben, und jetzt brachte er den Rest eines noch nicht ganz gehobenen Catarrhs mit Husten in die letzte Krankheit mit. Letzterer ergriff ihn dergestalt, dass das Reden ihm beschwerlich wurde, — und schon früh legte er durch seine Aeusserung, es sei bald Zeit zu sterben, eine auffallende Muthlosigkeit an den Tag. (Schreiben des Sohnes vom 18. November 1842). Die letzte Krankheit trat gleich so intensiv und ungewöhnlich heftig auf und verlief so schnell, dass sie eines ungemein kurzen Zeitraumes von kaum 4 Tagen bedurfte, um tödtlich zu endigen. Der Dr. Kirchgässer erklärte den Zustand bei seinem am 9. November früh gemachten ersten Besuche für sehr bedenklich und 24 Stunden darnach schon für trostlos, so dass er die grosse Lebensgefahr der Krankheit gleich Anfangs erkannte. Ein solcher eiliger Verlauf ist der Lungenentzündung der Erwachsenen in der Regel nicht eigen, und gewöhnlich beobachtet man, selbst wenn die Behandlung ungehörig war, oder eine solche ganz fehlte, 7, 9, 11 und oft noch mehrere Tage verfliessen, ehe die tödtliche Entscheidung Platz nimmt. Hierzu kommt noch, dass die Lungenentzündung, an welcher der Müller gelitten, nicht einfach gewesen. Man fand vielmehr bei der Obduction nicht bloss die Lungenpleura derselben Seite, sondern auch einen Theil des Herzbeutels entzündet, wodurch die Lebensgefahr bei einem Manne von 56 Jahren noch vergrössert werden musste. Ueber den Zustand der Rippenpleura, und ob und welchen Antheil dieselbe an der Entzündung genommen, hierüber schweigt das Obductions-Protokoll ganz. Endlich waren die objectiven Krankheitserscheinungen beim ersten Auftreten der Krankheit von so misslicher, ja Gefahr drohender Form, dass gleich das Schlimmste zu erwarten stand. Ein grosser Athemmangel, eine dauernde Beklemmung, die Unfähigkeit im Bette zu bleiben, der fortdauernde Husten, der keine Sputa brachte, das früh eintretende und dauernde Röcheln, die kalten, klebrigen Schweisse des Gesichts, die bläuliche Gesichtsfarbe bei trockner Zunge und vielem Durst, das frühe Kaltwerden der Hände, der unwillkürliche Stuhlgang, der einmal weisslich, das andere Mal schwärzlich genannt wurde: alles dieses zusammengenommen musste schon früh einen traurigen Ausgang der kaum begonnenen Krankheit befürchten lassen.

Sollte die Ansicht des zweiten, hinzugerufenen Arztes, Dr. Kalt, dass der Verstorbene auch unterleibskrank gewesen, dass er schon früher an Unordnungen des Pfortadersystems gelitten, und dass dieser Krankheitszustand mit den früher oft wahrgenommenen Fussrosen eine Causalverbindung dargeboten habe, gegründet sein, so würde auch hierin ein Moment zur Steigerung der Gefahr der neuen hitzigen Krankheit gelegen haben. Die Unterleibshöhle wurde nicht untersucht, was in dieser Hinsicht zu bedauern ist.

Bei einer unbefangenen Prüfung aller dieser Umstände wird es sehr wahrscheinlich, dass die Krankheit des Müller, nach dem kurz vorausgegangenen fieberhaften Brustübel, in seinem vorgerückten Lebensalter, bei der grossen Heftigkeit, mit der sie begann, und bei dem in seltenem Maasse raschen Verlauf derselben tödtlich geworden wäre, auch bei jeder andern Heilmethode, welche versuchsweise hier in Anwendung gekommen sein möchte. Analoge Fälle sind, besonders bei älteren Personen, nach vorausgegangenen andern Krankheiten in der Erfahrung häufig vorgekommen. Gleich beim ersten Auftreten solcher Lungenentzündungen spricht sich die höchste Lebensgefahr aus; und wenngleich zuweilen nach lindernden Heilmitteln einzelne Krankheitserscheinungen einen Schein von Besserung darbieten: die wesentlichste Erscheinung, das schwere, ängstliche, weit hörbare und sehr frequente Athemholen dauert in gleicher Stärke fort, es tritt Röcheln ein, Angstschweiss, Kaltwerden der Hände, und der Tod erfolgt, obwohl erfahrene Aerzte sich sagen konnten, es sei das Beste, was zur Rettung geschehen konnte, und zur rechten Zeit geschehen. Dies gilt auch von dem Gebrauch der Aderlässe, einem bei dieser Krankheit allgemein beliebten Mittel. Oft ist dasselbe in Gebrauch gezogen gleich beim Beginn der Krankheit, oft an demselben Tage zwei, drei Mal wiederholt. Auch hat der gleichzeitige Gebrauch der Blutegel, an die schmerzhafte Gegend des Brustkorbes angesetzt, nicht gefehlt. Dennoch war der Erfolg unglücklich, und nicht selten unter Umständen, wo mehrere wohlbewährte Aerzte mit vereinigten Kräften die Rettung des Kranken versuchten. Schon oft kamen Fälle von Lungenentzündung vor, bei denen der Gebrauch von Blutentziehungen offenbar schadete, bei denen kleine Blutentziehungen nichts nützten, und grössere zum Verderben des Kranken gereichten, und der Gebrauch von reizenden Mitteln, z. B. Moschus, Opiate, Benzoësäure, ätherische Oele, Senegawurzel, Blasenpflaster und Senfteige auf den Brustkorb gelegt, retteten.

Der Dr. Kirchgässer fand bei seinem ersten Besuche des Müller, nachdem er etwa zwei Stunden zuvor den ersten Fieberfrost bekommen, dessen Zustand sehr bedenklich. Er hielt ihn für eine Lungenlähmung, worunter die Aerzte den letzten Abschnitt einer tödtlichen Brustkrankheit verstehen, welcher sich durch die Erscheinungen eines schweren Athmens, Orthopnöe, grosser Beklemmung, fortdauernden Röchelns, Verfalls des Gesichtes und Kälte der Hände charakterisirt. Der Anfang dieses Krankheitsstadiums mag sich allerdings schon am 9. November beim ersten Besuch des Dr. Kirchgässer dargeboten haben, denn am Tage darauf, am 10. November, bezeugen die Schilderungen des Zustandes des Müller, wie sie nach den Acten von dem Sohne des Verstorbenen und von dessen Geschäftsführer mitgetheilt sind, dass eine Lungenlähmung allerdings schon vollständig vorhanden war. Dessenungeachtet trifft den Dr. Kirchgässer der Vorwurf, dass er nach der Ursache dieses gefahrvollen Zustandes nicht weiter forschte, da er doch erfuhr, dass derselbe erst seit 24 Stunden bestand, und dass die gewöhnlichen Veranlassungen der Lungenlähmung, organische Krankheiten des Herzens, der Lungen, Pulsadergeschwülste in der Brust und dadurch bedingte Brustwassersucht, hier nicht obwalteten, vielmehr das Dasein eines lebhaften Gefässfiebers, in Verbindung mit heftigem Durste, trockner Zunge, Husten, Beklemmung und Schmerzen in der rechten Brustseite etc., auf die Annahme eines gleichzeitigen Vorhandenseins einer Lungenentzündung führen mussten. Bei einer solchen Erkenntniss des Krankheitszustandes würden die meisten erfahrenen Aerzte, obwohl fast hoffnungslos, einen Aderlass wenigstens versucht haben, auch den Gebrauch der Blutegel an die leidende Seite und die Anwendung von Blasenpflaster nicht ausser Acht gelassen, und wenn dann dieser gefahrvolle Krankheitszustand nicht gebessert worden wäre, und der rapide Verlauf des Uebels noch Zeit dazu gelassen hätte, zu erregenden Brustmitteln, Antimonialmitteln und Opiaten, Ammoniumpräparaten, Moschus etc., wohl noch gegriffen haben.

Die Schilderung des Krankheitszustandes des Müller, wie sie aus den Acten erhellt, ist kaum befriedigend genug, um sie nach ihrer ganzen individuellen Eigenthümlichkeit würdigen und mit Zuversicht behaupten zu können: welche Modification der in analogen Fällen gebräuchlichen Heilmethode hier hätte eintreten müssen. So ist nicht einmal die Frequenz der Athemzüge und ihr Verhältniss zur Pulsfrequenz erwähnt, und eben so wenig die Veränderungen desselben zur Morgen- und Abendzeit, welche während der kurzen Dauer dieser Krankheit wahrzunehmen waren. Eben so wenig sind die physikalischen Hülfsmittel zur Begründung der Erkenntniss, die Percussion und Auscultation, benutzt worden. Auch befremdet es, dass der zweite hinzugerufene Arzt, Dr. Kalt. der Lungenentzündung als Ursache der Lähmung der Lungen nicht erwähnte, eine Blutentziehung nicht vorschlug, sondern einige sanft auflösende Mittel in kleinen Gaben in Gebrauch zu ziehen rieth.

Es giebt Aerzte, welche die allgemeinen und örtlichen Blutentziehungen offenbar missbrauchen und überall Anzeigen zu ihrer Anwendung finden wollen und durch diesen Missbrauch nicht selten wesentlich schaden. Es fehlt auch nicht an Aerzten der entgegengesetzten Richtung, welche offenbar zu weit gehen in ihrer Blutscheu. Die neueste Zeit hat manche traurige Beispiele geliefert, welche als Folgen dieser einseitigen therapeutischen Ansichten sich geltend machten. Hierher gehören die Homöopathen, welche in den dringendsten Krankheitsfällen, in welchen die bewährtesten Aerzte von allen übrigen Heilmitteln eher, wie von den Blutentziehungen, abstrahiren würden, davon keinen Gebrauch machen. Der Staat duldet ihre Praxis, obwohl es an Beispielen nicht fehlt, wo ihr sogenanntes Heilverfahren die unglücklichsten Folgen herbeiführte. Auf dieselbe Duldung machen auch die allopathischen Aerzte Anspruch, welche in ihrem Rechte zu sein glauben, wenn sie, ihrer Ueberzeugung folgend, ihren Kranken nicht zur Ader lassen und auf einem andern Wege ihn zu heilen hoffen, während andere einer fast entgegengesetzten Ueberzeugung folgen.

Dass der Dr. Kirchgässer zu den sehr mittelmässigen Aerzten gehöre, darüber geben die Acten allerdings Zeugniss. So verstossen seine Recepte gegen die Vorschriften des Formulare. Er verschreibt das Opium purum z. B. in einem Schütteltrank bei einer gefahrvollen hitzigen Krankheit, wobei eine genaue Bestimmung der jedesmaligen Gabe kaum möglich wird. Während er den verstorbenen Müller am ersten Tage für „sehr bedenklich“ und am zweiten Tage für „trostlos“ erklärt, lobt er die Wirkung seiner Mittel und redet von einem gebesserten Zustande des Kranken, während derselbe mit jeder Stunde seinem Ende näher rückte. Der Gebrauch des essigsauren Morphium, den der Dr. Kalt für den Sterbenden in Vorschlag bringt, verwirft der Kirchgässer, weil dies Mittel die Lähmung der Lungen vermehren könnte, und dies geschieht, während der Müller agonisirt. Auch sind die Mittheilungen des Kreisphysikus Dr. Settegast in Coblenz, des Regimentsarzt Dr. Sommer und Dr. Beermann daselbst, Dr. Wolff in Bacharach über die Behandlungsweise des Dr. Kirchgässer in anderen Krankheiten seinem Rufe gar nicht günstig und beweisen, dass seine praktischen Kenntnisse Manches zu wünschen übrig lassen.

Solcher schwachen Aerzte, denen die Praxis einmal gestattet ist, giebt es aber viele, doch wird man billig Bedenken tragen, unglücklich abgelaufene Kurversuche derselben einer amtlichen Untersuchung zu unterwerfen, da der Beweis schwer, meistens gar nicht zu führen ist, dass bei einem andern Kurversuche die Heilung einer fraglichen Krankheit gewiss gelungen wäre.

Die wissenschaftliche Deputation ist hiernach der Meinung: dass

1. der Kaufmann Müller in Coblenz, bei der Bösartigkeit und Verwickelung seiner Krankheit, sowie bei ihrem ungewöhnlich schnellen Verlaufe, sehr wahrscheinlich gestorben wäre, auch dann, wenn der Dr. Kirchgässer ein anderes, bei den meisten Aerzten in ähnlichen Fällen gebräuchliches Heilverfahren eingeschlagen und namentlich Blutentziehungen, Blutegel und andere entzündungswidrige Mittel in Gebrauch gezogen hätte; und 2., dass die von demselben in Gebrauch gezogenen Mittel, namentlich Opium, Kampher, Moschus, Chinin etc., in den bemerkten Gaben den tödtlichen Ausgang jener Krankheit nicht befördert haben.

Berlin, den 27. Juni 1843.

Die wissenschaftliche Deputation für das Medicinalwesen.

(gez.) **Klug. Horn. Kluge. Froriep.**

Berlin, den 27. October 1843.

An die Königl. Regierung zu Coblenz.

Auf den Bericht vom 29. Mai d. J., das Verfahren des dortigen praktischen Arztes Dr. Kirchgässer bei Behandlung des Kaufmanns Müller betreffend, theilt das Ministerium der K. Regierung Abschrift der von der K. wissenschaftlichen Deputation für das Medicinal-Wesen in dieser Angelegenheit auf Erfordern erstatteten gutachtlichen Aeusserung mit. Auf Grund derselben kann das Ministerium sich nicht veranlasst finden, die Einleitung eines disciplinarischen Verfahrens gegen den Dr. Kirchgässer zu genehmigen, fordert aber die K. Regierung auf, auf diesen Arzt, der in dem fraglichen Falle, sowie bei anderen Gelegenheiten allerdings Mangel an praktischen Kenntnissen bewiesen hat, ein wachsames Auge zu haben und bei vorkommender, erneuerter, ähnlicher Veranlassung darüber zu berichten.

Die Anlagen des Berichtes der Kön. Regierung erfolgen hierbei zurück.

Das Ministerium.

---

8. Gehorsamste Bitte um Revision der gegen mich eingeleiteten Verhandlung und Aufhebung einer Verfügung Königl. Regierung vom 14. Nov. c. von Dr. Kirchgässer.

Einem Hohen Ministerium nahe ich voll Vertrauens und erlaube mir, Hochdemselben tief begründete Beschwerden wegen einer mich als Arzt und Staatsbürger gleich schwer verletzenden Verurtheilung vorzutragen.

Am 29. November d. J. wurde mir zu meinem Erstaunen ein Rescript Königl. Regierung durch den hiesigen Kreisphysikus Dr. Settegast zugesandt, dessen wörtlicher Inhalt hiermit folgt:

Abschrift.

„Auf den unter dem 28. November a. pr. von Ew. Hochwohlgeboren an uns erstatteten Bericht über die Praxis des Dr. Kirchgässer und namentlich über die Behandlung des am 11. November a. pr. verstorbenen Kaufmanns Caspar Müller hierselbst hatten wir zuvörderst das Königl. Rheinische Medicinal-Collegium um eine gutachtliche Aeusserung über den fraglichen Gegenstand ersucht, und da dieses Gutachten sich sehr tadelnd über Dr. Kirchgässer und besonders über seine Behandlung des p. Müller aussprach, so reichten wir sämmtliche Acten dem K. Hohen Ministerium ein und baten, dass die Angelegenheit der Königl. wissenschaftlichen Deputation für das Medicinalwesen zur Prüfung vorgelegt werden möge.

Das Königl. Ministerium hat uns unter dem 27. October c. das Gutachten der wissenschaftlichen Deputation mitgetheilt, dessen wesentlicher Inhalt dahin geht, dass der Dr. Kirchgässer zu den sehr mittelmässigen Aerzten gehört, und die in den Acten enthaltenen Gutachten seinem Rufe gar nicht günstig sind. Auf Grund dieses Gutachtens hat das Königl. Ministerium sich zwar nicht veranlasst gefunden, eine Disciplinar-Untersuchung gegen den Dr. Kirchgässer anzuordnen, uns jedoch ausdrücklich aufgefordert, auf diesen Arzt, welcher in dem fraglichen Falle, sowie bei anderen Gelegenheiten allerdings Mangel an praktischen Kenntnissen bewiesen hat, ein wachsames Auge zu haben und bei vorkommender, erneuerter, ähnlicher Veranlassung darüber zu berichten.

Dieser Hohen Weisung zufolge beauftrage ich Ew. Hochwohlgeboren, die Praxis des Dr. Kirchgässer fortwährend mit aller Aufmerksamkeit zu beobachten und ihm selbst von diesem Ihnen ertheilten Auftrage Kenntniss zu geben, damit er sich in Zukunft besser vorsehen möge.

Coblenz, den 14. November 1843.

Königl. Regierung, Abtheilung des Innern.

(gez.) **Heuberger.**

An den Königl. Kreisphysikus Herrn Geheimen Medicinalrath Dr. Settegast Hochwohlgeboren hier.“

Die zufolge dieses Rescripts mir gewordene so schwere Anklage und furchtbare Verurtheilung in Bezug auf meine ärztliche Behandlung des am 11. November 1842 hier verstorbenen Kaufmanns C. Müller musste mich um so mehr höchst empören und aufs Tiefste betrüben, als ich der festen Ueberzeugung bin, dass sowohl die schriftlich an den Königl. Kreisphysikus Dr. Settegast abgegebene, meine Rechtfertigung enthaltende Eingabe, als auch meine durch den Druck veröffentlichte betreffende Vertheidigung, welche aus beiliegendem Exemplar zu ersehen, — Königl. Regierung veranlassen würde, die von mir bei dem verstorbenen Müller angewandte Behandlungsweise mindestens tadellos zu finden.

In Bezug auf anderweitige Anklage über mein ärztliches Heilverfahren habe ich keine weitere Kenntniss und vermag mich sonach darüber gegenwärtig noch nicht speciell zu rechtfertigen, nur stelle ich die gehorsamste Bitte, Einem Hohen Ministerium möge es gefallen, mich dazu durch geeignete Mittheilung der betreffenden Anklagepunkte in den Stand zu setzen.

Meine dadurch tief gekränkte ärztliche Ehre und die mir als Familienvater auferlegte Sorge für eine sehr zahlreiche Familie — legen mir dringend die Pflicht auf, ein Hohes Ministerium auf Thatsachen aufmerksam zu machen, welche zur Beurtheilung einer vielleicht planmässig gegen mich ausgeführten Verfolgung Aufschluss geben dürften.

Seit dem Beginn meiner ärztlichen Laufbahn dem wichtigen Beruf mit ganzer Seele obliegend und fortwährend in freien Stunden den Studien hingegeben, war es stets mein eifrigstes Bestreben — die sich mir anvertrauenden Kranken mit möglichster Schonung ihrer Lebenskräfte zu behandeln. Seit beinahe 12 Jahren, seitdem ich in hiesiger Stadt die Arzneikunst ausübe und darin mir das Vertrauen des Publikums in einem ansehnlichen Grade erwarb, — ereignete es sich nicht selten, und namentlich in Consultationen, dass ich mit den Ansichten meiner Collegen nicht übereinstimmen konnte. So gelangte ich schon frühzeitig zu der wohlbegründeten Ansicht, dass der Gebrauch der Brechmittel im Typhus abdominalis nachtheilig, ja verderblich wirke, wenngleich das hiesige Medicinal-Collegium in einer Instruction vom Jahre 1834 zu Anfang dieser Krankheit ein solches vorgeschrieben hatte. Wurde ich nun auch häufig wegen Nichtanwendung der heroischen Brechmittel von hiesigen Collegen streng getadelt, so gereicht es mir doch jetzt zur besonderen Genugthuung, dass selbst der gefeierte Schönlein, zufolge seiner im vorigen Jahre von Güterbock herausgegebenen klinischen Vorträge, den Gebrauch dieser Mittel in erwähnter Krankheit aufs Strengste tadelt und sogar tödtliche Folgen davon wahrgenommen hat.

Verdiene ich Tadel und Verfolgung, wenn besseres Wissen und Gewissen mir gebietet, nicht immer nach den gewöhnlichen Heilmaximen zu handeln? — Hufeland sagte hierüber treffend: „Noch ist die Heilkunst bei Weitem nicht zu dem Grade der Vollkommenheit und Bestimmtheit gelangt, um über alle Heilmethoden absprechend urtheilen zu können; noch besitzen wir keinen Codex, der gesetzmässig wäre; noch steht es jedem frei, sich seine eigenen Ansichten des Organismus und seiner Behandlung zu bilden, wenn sie nur der Vernunft und Erfahrung nicht widerstreiten." Dass aber sowohl Vernunft als Erfahrung zu Gunsten meiner Behandlung sprechen, dürfte wohl schon daraus hervorgehen, dass trotz hundertfältiger, von der Mehrzahl meiner hiesigen Collegen ausgehender Verunglimpfungen und Beschuldigungen seither meine Praxis sich nicht nur nicht vermindert, sondern sich sogar, und vorzüglich beim gebildeten Publikum, vermehrt hat. — So wird keiner meiner Gegner nachzuweisen vermögen, dass mir irgend ein Kranker in den letzten 2 Jahren weder an einer reinen Entzündungs-, noch typhösen Krankheit in hiesiger Stadt gestorben ist. Spreche ich von meinen Gegnern, so bin ich genöthigt, die Herren Geheimrath Dr. Settegast, Dr. Beermann und den Regierungs-Medicinalrath Ulrich in die erste Reihe derselben hinzustellen. Erwähnte drei am meisten beschäftigte Collegen vereinigten sich schon längere Zeit vor dem Müllerschen Fall sämmtlich dahin, mit mir unter keinen Umständen künftig eine ärztliche Consultation abzuhalten. Dieses Ereigniss Anfangs für ein unbegründetes Gerücht haltend, überzeugte ich mich jedoch alsbald von der Wahrheit desselben, indem von jedem dieser Herren in verschiedenen speciellen Fällen eine entschiedene Ablehnung einer mit mir abzuhaltenden Consultation erfolgte. Zwei dieser Collegen traten später als Ankläger in der Müllerschen Sache gegen mich auf, und wieder zwei von ihnen sassen als Richter in derselben Angelegenheit. Ein Hohes Ministerium bitte ich inständigst, dieser animosen Constellation ganz besondere Aufmerksamkeit widmen zu wollen.

Was mein inneres Gefühl am tiefsten empört, ist der tragikomische Umstand, dass mein heftigster Gegner Settegast, welcher nun bereits als furchtbarer und unerbittlicher Ankläger und Richter zugleich auftrat, nun auch gar als Vollzieher der gegen mich verhängten Verurtheilung und namenlich als Controlleur meiner ärztlichen Wirksamkeit erscheinen soll!!!

Ein Hohes Ministerium möge es daher mir nicht verargen, wenn ich bei unwiderstehlichem Drang mächtig gebotener Selbstvertheidigung es unternehme, mehrere specielle Thatsachen vorzuführen, welche mir geeignet erscheinen, über den Charakter des Herrn Settegast als Arzt und Mensch einiges Licht zu verbreiten. —

Schon im Jahre 1834 verlangte eine im letzten Stadium der Lungenschwindsucht leidende Frau des hier noch lebenden Kaufmanns Rosinus zu wiederholten Malen von dem sie bisher behandelnden Arzt Settegast die Zustimmung zu meinem ärztlichen Beirath. Nach langem Widerstreben gab Letzterer dazu seine Einwilligung. Dr. Settegast machte eine grosse Reise nach der ersten Consultation. Die Kranke, bereits mit den Sterbesakramenten versehen, wurde sofort durch eine der früheren ganz entgegengesetzte Heilmethode so gebessert, dass sie bei der nach etwa vier Wochen erfolgten Rückkehr des Herrn Settegast schon wieder ausgehen konnte. Dieses Ereigniss erregte in der Stadt einige Sensation. Als ich hierauf wegen gemeinschaftlicher Berathung bei einer erkrankten reichen Dame, Frau Stephani, mit Herrn Settegast zusammentraf, kam die Rede auch auf den so ansehnlich gebesserten Gesundheitszustand der Frau Rosinus. Settegast frug mich unter Anderm, ob dieselbe denn nicht an der Lungenschwindsucht wirklich leide? Diese Frage bejahend, lud ich Settegast ein, sich mit mir zu dieser Patientin hinzubegeben. Nach angenommener Einladung verfügten wir uns beide zu derselben. Zu meinem Schrecken machte diese statt des Grusses dem Herrn Settegast bittere Vorwürfe über seine frühere Behandlung. Ich darf meinerseits versichern, durch etwaige uncollegialische Aeusserungen hierzu keine Veranlassung gegeben zu haben. Ich glaubte, diesen Fall deswegen hier erwähnen zu müssen, weil Settegast schon von da an oft eine entschiedene Abneigung gegen mich erblicken liess.

So ward ich nicht lange nach diesem Ereigniss zu einem etwa 2jährigen Kinde des damals am hiesigen Gymnasium fungirenden Oberlehrers Seul in momentaner Abwesenheit des Hausarztes Settegast eiligst gerufen. Dem Kinde, welches nach Angabe der Umstehenden an Zuckungen gelitten haben sollte, setzte der geängstigte Vater aus eigenem Antriebe eine Partie Blutegel an den Kopf. Als ich bei meiner Ankunft den Kopf des Kindes blass und kühl, den Puls klein und schwach fand, verordnete ich unter Anderm die noch reichliche Nachblutung mittels Schwammläppchen zu stillen. Als etwa nach einer halben Stunde der früher gerufene Herr Settegast ins Krankenzimmer trat, nahm er von meiner Anwesenheit in Gegenwart der Eltern und einiger anderen Frauen weiter keine Notiz, und sich an den Vater des kranken Kindes wendend, erfuhr er von diesem meine eben erwähnte Verordnung, worauf er ohne genauere Untersuchung des kranken Zustandes, ja ohne einmal den Puls zu fühlen, die Schwammläppchen eigenhändig entfernte und ausserdem noch 4 frische Blutegel anzusetzen befahl. Ruhig sah ich das höchst uncollegialische Verfahren eine Weile an und entfernte mich alsbald, ohne irgend eine Opposition zu leisten, um die Würde der Heilkunst dadurch wenigstens von meiner Seite nicht herabzusetzen. Verschiedene hiesige Collegen, welchen ich von diesem Vorfall Mittheilung machte, waren darüber höchst entrüstet. Nichtsdestoweniger erschien Herr Settegast, früher und später zu meinen wohlhabenden Kranken als consultirender Arzt gerufen, stets mit der grössten Bereitwilligkeit, und mögen die mit mir so abgehaltenen ärztlichen Berathungen bis zum Jahr 1841 der Zahl nach sich ohngefähr auf 300 belaufen. Jedoch widersetzte er sich fast immer, wenn mein Beirath bei einem seiner Patienten verlangt wurde. So ward ich im Jahre 1837 zu einem Bäcker N. Müller gerufen, welchen Settegast schon lange Zeit als an Magenkrebs (Scirrhus ventriculi) leidend behandelt hatte. Als ich in einer desfallsigen Berathung mit ihm bescheiden darauf hinwies, dass wohl hier die wichtigeren Symptome auf ein Rückenmarksleiden schliessen lassen, widersprach er, auf seine reiche Erfahrung sich stützend, ganz entschieden und überliess mir allein sofort die weitere Behandlung des Kranken. Bei der nach ungefähr 8 Monaten angestellten Section des Verstorbenen, wo mein jetziger Gegner Dr. Beermann und noch drei andere Aerzte Zeugen waren, fand sich meine frühzeitig gestellte Diagnose bestätigt. Das Rückenmark nebst Medulla oblongata war grösstentheils entartet und in eine breiige Masse umgewandelt, der Magen jedoch befand sich im Normalzustande. Fühlte sich Dr. Settegast durch diesen Leichenbefund gekränkt, so war ich doch wohl daran schuldlos.

Unter allen übrigen Ereignissen dürfte mir übrigens keines die Feindschaft des Herrn Settegast in einem höhern Grade zugezogen haben, als folgendes: Bei der im Frühjahr 1842 herrschenden Maserepidemie erkrankte das einzige funfzehnmonatliche Töchterchen des hier angesehenen Kaufmanns Fr. Kehrmann. Das schwache und reizbare Kind lag bereits 10—12 Tage lang sehr hinfällig da, ohne dass die Masern zum Vorschein kommen wollten. Obgleich es damals schon bekannt war, dass der behandelnde Arzt Settegast mit mir jede Consultation verweigerte, so ersuchte mich Herr Kehrmann eines Morgens dennoch persönlich, sein krankes Kind zu besuchen. Die mir bei der kleinen Kranken von Herrn Kehrmann gestellte Frage, ob das Kind denn wirklich auch zugleich an einer Lungenentzündung leide, verneinte ich nach sorgfältiger Untersuchung des vorliegenden Falles, worauf Herr Kehrmann erwiderte: „dann werde ich auch nicht zugeben, dass die 8, von Settegast verordneten Blutegel dem Kinde angesetzt werden." Nichtsdestoweniger wurde noch an demselben Tage von letzeren die von Herrn Settegast beabsichtigte Anwendung gemacht. In der darauf folgenden Nacht ward ich dringend ersucht, eiligst zu Herrn Kehrmann zu kommen. Bei meiner Ankunft erklärte mir derselbe: „die Blutegel seien in seiner Abwesenheit leider gesetzt worden, worauf der Zustand sich um so mehr verschlimmert habe," und fügte namentlich die Worte hinzu: „Ich übergebe Ihnen jetzt ein halb todtes Kind, retten Sie es, wenn's noch möglich ist." Das Kind lag da, leichenblass, bei kaum mehr zu fühlendem Pulse und kalten Extremitäten. Mein Gewissen gebot mir hier ärztlich einzuschreiten, unbekümmert um die Gefährdung meines Rufs im Fall eines unglücklichen Ausgangs. Es ward gleichzeitig beschlossen, falls das Kind bis dahin noch lebe, früh am Morgen Herrn Settegast davon in Kenntniss zu setzen und ihn zu einer Berathung mit mir um 9 Uhr aufzufordern. Der Bruder des Fr. Kehrmann, der Handels-Gerichts-Präsident J. Kehrmann, unternahm es, Herrn Settegast zur Annahme der so beabsichtigten Consultation zu bestimmen; allein es gelang ihm nicht.

Derselbe erklärte unter Anderm: lieber mit jedem andern Arzt darüber berathschlagen zu wollen, jedoch auf keine Weise mit mir. — Als ich Morgens 9 Uhr in Herrn Kehrmanns Haus eintrat, vernahm ich alsbald zu meiner Freude, in Folge der von mir eingeschlagenen Heilmethode befinde sich das Kind schon viel besser, und namentlich seien die Masern bereits zum Vorschein gekommen. Zugleich erfuhr ich daselbst, Herr Settegast sei noch vor einer halben Stunde dagewesen und habe gehofft, durch sein persönliches Erscheinen bei der Familie meine Entfernung bewirken zu können. Da jedoch seine sämmtlichen Bemühungen zur Erreichung seines Zwecks vergeblich waren, so erfolgte unter meiner alleinigen Fortbehandlung die gänzliche Genesung des dem Tode so nahen Kindes nach etwa 14 Tagen.

Ob und wie weit dieses eben erwähnte Ereigniss, welches in der

Stadt grosses Aufsehen machte, zu der sechs Monate später vorzüglich von Herrn Settegast gegen mich eingeleiteten Verfolgung bei dem Todesfalle des Kaufmanns Müller beigetragen habe, bescheide ich mich gern, dem weisen Ermessen eines Hohen Ministeriums anheimzustellen.

Die mir eben so unerwartet, als unverdient gewordene schwere Beschuldigung hat nicht nur in hiesiger Stadt, sondern auch in der übrigen Rheinprovinz, sowie in benachbarten Gegenden, sowohl bei Aerzten, als bei dem nichtärztlichen Publikum hohe Indignation erregt. Wenngleich Herr Settegast unmittelbar nach dem Tode des Caspar Müller der betreffenden Familie ohne Rückhalt kategorisch erklärte: „dieser sei als Opfer der Kunst gestorben:" so war dieselbe doch bald nachher vom Gegentheil des unbarmherzigen Ausspruchs wohl sicher überzeugt. Dazu dürfte überdies als auffallender Beweis dienen, dass die Frau Wittwe Müller nöthigenfalls nach wie vor sich meines ärztlichen Beistandes bediente. Empfand ich nun auf solche Weise in dem mir grösstentheils ungeschmälert verbliebenen Vertrauen meiner Patienten hinreichende Genugthuung für die mir zugefügten furchtbaren Beschuldigungen, so war ich seither dennoch nicht frei von wiederholten, durch erbitterte Collegen veranlassten Kränkungen, worunter ich einen Fall mit Stillschweigen um so weniger übergehen darf, weil er die Nichte des verstorbenen Caspar Müller betrifft. Eine 20jährige Tochter des Kaufmanns Richrath wurde im Monat Juni d. J. von einer so heftigen Unterleibsentzündung ergriffen, dass man allgemein in der Stadt davon Kenntniss nahm. Während diese Krankheit noch im Steigen begriffen war, eilte Steuer-Controlleur Speck zu seinem Freunde Richrath und theilte demselben in banger Besorgniss mit: „er habe so eben von seinem Arzte Settegast erfahren, dass die an Unterleibsentzündung so heftig erkrankte Richrath von ihrem Arzte Kirchgässer auf ganz verkehrte Weise behandelt werde, und dass bei so fortgesetzter ärztlicher Behandlung der Tod der Kranken die unausbleibliche Folge sein müsse. Zugleich sei Settegast unter so bewandten Umständen bereitwillig, die Patientin in seine Kur zu übernehmen." Von vorstehender Mittheilung setzte mich Herr Richrath unverzüglich in Kenntniss. Ich suchte ihn möglichst darüber zu beruhigen und führte zugleich mehrere namhaft gemachte Fälle aus jüngster Zeit an, wo an gleicher Unterleibsentzündung schwer Erkrankte unter meiner ärztlichen Behandlung wieder genasen. Bei Fräulein Richrath trat 4 Tage nach dieser, mir allerdings einige schlaflose Nächte bereitenden Episode, zu meiner Rechtfertigung in den Augen der Familie, die wohlthätige Entscheidung der Krankheit ein, worauf Patientin sofort allmälig ihre vollkommene Genesung wieder erlangte. Als man um diese Zeit dem Hrn. Settegast im hiesigen Casino bemerklich machte, warum wohl seine tragische Prophezeiung in Bezug auf Fräulein Richrath nicht in Erfüllung gegangen sei, entschuldigte er sich damit: dass auch bei verkehrter Heilmethode wohl mancher wiedergenesen könne.

Auffallender Weise hatte ich gleichzeitig die etwa 54jährige Schwester des verstorbenen C. Müller, die Gattin des hiesigen Stadtraths und Kaufmanns C. Hera, an der lebensgefährlichsten Krankheit in meiner ärztlichen Kur. Die Kranke war bereits wenigstens ein Jahr lang von dem hartnäckigsten Husten mit Brustbeschwerden belästigt, welche sie bis zum Ausbruch der heftigen Krankheit gerade so, wie früher ihr seliger Bruder, sehr vernachlässigt hatte. Es trat nämlich jetzt plötzlich eine furchtbare Lungenentzündung mit charakteristischen Symptomen eines sie begleitenden Faulfiebers (febris septica) ein. Obgleich hier schon am 9. Tage des Uebels Tod verkündende Erscheinungen, namentlich Bewusstlosigkeit, Bruströcheln, kleiner, kaum zu fühlender und aussetzender Puls bei kalten Schweissen, eingetreten waren, so erfolgte dennoch zur Verwunderung aller Anverwandten die allmälige wohlthätige Entscheidung der Krankheit unter meiner alleinigen ärztlichen Assistenz, so dass Patientin ungefähr 3 Wochen später zu ihrer vollkommenen Erholung aufs Land sich begeben konnte. — Wäre in besprochenem Falle der Tod erfolgt, so würden meine Gegner, deren Aufmerksamkeit hierauf besonders gerichtet gewesen, höchst wahrscheinlich zu einer abermaligen Anklage gegen mich geschritten sein. Hat doch namentlich Dr. Beermann mehrere Male einigen meiner Bekannten die Versicherung gegeben: „Bei nächster günstiger Gelegenheit werde dasselbe Verfahren, wie bei dem verstorbenen Caspar Müller, gegen mich eingeleitet!"

So hatten meine Widersacher unmittelbar nach dem erfolgten Tode des Caspar Müller hier allgemein das Gerücht verbreitet, meine Praxis werde mir jetzt von einem Hohen Ministerium gelegt werden! Nichtsdestoweniger erschien nach der Leichenöffnung des Caspar Müller Dr. Kalt als Abgeordneter bei mir und suchte mich zu überreden, es hänge nur von mir ab, ja es stehe ganz in meiner Gewalt, die ganze gegen mich eingeleitete Untersuchung, welche sonst meinen Ruin zur Folge haben würde, niederzuschlagen; hierzu bedürfe es keines Weitern, als nur die mir eigenthümlichen Heilprincipien aufzugeben und eine derartige Erklärung beim Kreisphysikus Dr. Settegast abzulegen. Als ich auf diese mir gemachte Proposition dem Dr. Kalt mit Bestimmtheit erklärt hatte, dass ich stets fortfahren werde, nach wie vor die mir sich anvertrauenden Kranken nach bestem Wissen und Gewissen zu behandeln, und für meine Ueberzeugung sogar sterben würde, entfernte er sich.

Die aus dem bisher vielleicht beispiellosen, gegen mich geübten Verfahren hervorgehenden Consequenzen darf ich nicht weiter besprechen, mich begnügend, die Erwägung derselben der unbefangenen und weisen Prüfung eines Hohen Ministeriums anheimgegeben zu haben.

Bei dieser Gelegenheit kann ich jedoch nicht umhin, noch eine Thatsache aus neuester Zeit vorzutragen, woraus hervorgeht, dass Hr. Settegast wenigstens nicht alle von mir ausgehenden ärztlichen Verordnungen für unbrauchbar hält, indem er selbst von einer derselben in folgendem, mir dazu nicht einmal ganz geeignet erscheinenden Falle Gebrauch machte. Ein sehr bejahrtes Fräulein, schon lange her in Folge eines organischen Herzleidens an allgemeiner Wassersucht leidend und von Hrn. Settegast über 2 Decennien ärztlich berathen, legte letzterem im Juni d. J., als die Wassersucht einen hohen Grad erreicht hatte, und kein Mittel mehr anschlagen wollte, — die Abschrift eines Recepts mit dem Bemerken vor, durch dessen Gebrauch seien ihr bekannte, an gleicher Krankheit leidende Frauen wiederhergestellt worden. Herr Settegast schrieb hierauf dieses Recept für seine Patientin, jedoch nicht wissend, dass dasselbe von mir jener Frau verschrieben worden, wörtlich ab. Die Leidende wurde auf die Anwendung dieses Mittels, obgleich etwas schwach und angegriffen, doch grossentheils von der Wassersucht, wenn auch nur vorübergehend, befreit. Die Folge davon war, dass sie dadurch das Vertrauen zu ihrem bisherigen Arzt Settegast verlor, denselben sofort verabschiedete und hierauf meinen ärztlichen Beistand ansprechen liess, welchen ich ihr denn auch geleistet.

Muss ich gleich befürchten, die Geduld und Nachsicht eines Hohen Ministeriums durch die bisher hingestellten Facta schon allzusehr in Anspruch genommen zu haben, so darf ich dennoch einen sogar thatsächlichen Eingriff in die freie Wahl des Arztes von Seiten des Publikums schliesslich nicht verschweigen. Fräulein von Pidoll, deren Arzt ich bereits ohngefähr 8 Jahre lang war, wurde in einem Alter von 58 Jahren, ohne alle Verwandte hierorts lebend, im Januar d. J., nach meiner Annahme in Folge eines organischen Gehirnleidens, von einem apoplectischen Anfalle ergriffen. Die hierauf erfolgte halbseitige Lähmung des Körpers ward unter meiner Behandlung im Laufe mehrerer Monate so beträchtlich beseitigt, dass Patientin bis zum 22. Juli dieses Jahres längere Zeit meines ärztlichen Beistandes nicht mehr bedurfte. Eiligst wurde ich an diesem Tage, Abends 7 Uhr, zu ihr gerufen, wo ich sie von einem erneuten apoplectischen Anfalle ergriffen fand. Nach meinen der Kurmethode des ersten Anfalls analogen Verordnungen verliess ich sie mit der den Umstehenden ertheilten Weisung, mich noch am späten Abend vom weitern Befinden der Kranken in Kenntniss zu setzen. Statt dessen erhielt ich ganz unerwartet von dem in der Müllerschen Sache bereits als Gegner aufgetretenen Dr. Kalt ein Schreiben folgenden wesentlichen Inhalts:

„Als einziger hier lebender Verwandter des in Lebensgefahr schwebenden Fräulein von Pidoll habe er es für seine Pflicht erachtet, einen andern Arzt (Dr. Settegast) zu derselben zu berufen; sich selbst jeder Einmischung als Arzt enthaltend, werde ich seinerseits keine Leidenschaftlichkeit annehmen und seine Schritte nur dadurch bedingt erachten, dass meinen Verordnungen von ihm durchaus keine Billigung werden könne, indem unsere Ansichten schnurstracks sich entgegenliefen."

Am Morgen des folgenden Tages, den 23. Juli, vernahm ich den Tod der Patientin. Ich liess noch an demselben Tage des Fräulein von Pidoll Haushälterin zu mir kommen, um nähern Aufschluss über das uncollegialische Einschreiten zu erhalten. Diese erzählte mir, dass sie gleichzeitig, als sie mich am gestrigen Abend gerufen, auch die Gattin des Dr. Kalt, als einzige Verwandte, vom plötzlichen Erkranken des Fräulein von Pidoll in Kenntniss gesetzt habe. Gleich nach meinem gestrigen Besuche sei nun auch Dr. Kalt zur Patientin gekommen; letztere ohne Bewusstsein findend, habe er sich wieder entfernt und Dr. Settegast herbeigeholt. Beide hätten sich nun lange zusammen über den Zustand der Patientin berathschlagt, worauf sie, nachdem sie meine Verordnungen ausser der bereits an den Waden placirten Sinapismen als schädlich verworfen gehabt, unter andern Mitteln auch 16 Blutegel an den Kopf zu setzen verordnet hätten. Gleich nach geschehener Verordnung seien letztere unverzüglich gesetzt worden; eine sehr reichliche Nachblutung sei die Folge davon gewesen, wobei die Kranke, immer schwächer werdend, schon Nachts gegen 2 Uhr ihren Geist aufgegeben habe. Am folgenden Tage machte ich den Herrn Kalt in einem Antwortschreiben auf seine eigenmächtige und zugleich gewissenlose Handlungsweise aufmerksam, vorzüglich hervorhebend, dass, wenn Fräulein von Pidoll, wie bekannt, vor 7 Monaten an ganz gleichen Leidenszuständen mit dem besten Erfolg behandelt worden sei, doch wohl auch bei diesem zweiten Anfall, die höhere Scala desselben zugestanden, von einem dem frühern analogen Heilverfahren möglichste Lebensrettung vernunftgemäss zu erwarten stand. Jedenfalls liefere der unmittelbar auf die beträchtliche Blutung rasch erfolgte Tod der Patientin uns keinen Beweis für die Zweckmässigkeit eines dem frühern entgegengesetzten Kurverfahrens.

Möge die treue Darstellung vorstehender Thatsachen, welche ich in ähnlicher Weise wohl noch vermehren könnte, ein Hohes Ministerium in den Stand setzen, mein beklagenswerthes Verhältniss zu den namhaft gemachten Collegen gehörig zu würdigen!

Möge Hochdasselbe in Erwägung ziehen, wie sehr meine ärztliche Wirksamkeit durch die stets fortgesetzten Anfeindungen meiner Widersacher gelähmt wird! Möge Hochdasselbe ferner bedenken, in welchem hohen Grade es mein innerstes Gefühl empören musste, dass ein Mann, welcher sich in meinen Augen nicht nur als Mensch, sondern auch als Arzt hundertfältige Blössen gegeben und bisher selbst ohne höhere Autorisation in meine freie ärztliche Kunstausübung sich gemischt hat, nun auch sogar von oben herab als furchtbarer Controlleur meines ärztlichen Wirkungskreises auftreten soll!

Da ich kein Bedenken trug, meine anbeiliegende Vertheidigung in der Müllerschen Sache an fünf benachbarte medicinische Fakultäten zur Kenntnissnahme einzusenden, und ich überdies darin alle Aerzte aufgefordert habe, mir eine wesentlich bessere Behandlungsweise in einem ähnlich vorkommenden Fall anzuempfehlen, ich jedoch bis heute, ausser billigenden Zusicherungen unparteiischer Kunstgenossen, noch keinen Tadel meines betreffenden Kurverfahrens erfahren habe, so darf ich um so mehr bezweifeln, ob auch meine von Dr. Settegast damals verlangte und an denselben alsbald abgegebene schriftliche Rechtfertigung einem Hohen Ministerium in den eingesandten Acten vorgelegt worden sei.

Könnten auch die vorstehend mitgetheilten rastlosen Verfolgungen das Gemüth unparteiischer hoher Richter bestechen und demnach Mitleiden bei Beurtheilung meiner Angelegenheit erregen, so sei es mir doch fern, an hoher Stelle mehr, als Recht und Gerechtigkeit in einer mir so hochwichtigen Sache ansprechen zu wollen.

Aus dem mir am 29. November d. J. vom Kreisphysikus Dr. Settegast zugesandten Schreiben geht hervor, dass das hiesige

Medicinal-Collegium ein Gutachten in der Sache des verstorbenen Kaufmanns Müller an ein Hohes Ministerium gesandt und sich darin sehr tadelnd gegen mich ausgesprochen hat. Da dieses Gutachten jedoch durchaus nicht zu meiner Kenntniss gelangte, so konnte ich mich natürlich noch nicht gegen dasselbe vertheidigen. Ob diesem Gutachten falsche Thatsachen zu Grunde liegen, oder ob wirkliche Thatsachen falsch dargestellt sind, vermag ich nicht zu entscheiden; nie aber darf ich doch verurtheilt werden, ohne dass man mich selbst über den Grund der Anklage vernommen hat!

Demnach muss ich feierlich dagegen protestiren, dass die Herren Settegast und Ulrich, welche Parteien und Interessenten in dieser Sache sind, zugleich Ephoren und Vollstrecker dieses Urtheils werden. Möge ihre Feindschaft von der Verschiedenheit wissenschaftlicher Ansichten, oder aus den Erinnerungen unangenehmen Zusammentreffens, oder aus gewöhnlich eigennützigen Absichten abzuleiten sein: nie können diejenigen Personen, auf deren Freiheit des Willens so viele äussere Einflüsse stattfinden, mit irgend einer Machtvollkommenheit gegen mich zu handeln bekleidet werden.

Sollte nichts, als wissenschaftliche Meinungsverschiedenheit die Ursache der Anklage sein, so muss ich erklären, dass sich meine Heilmethode auf feste Ueberzeugung, auf die treueste Beobachtung der Natur und eine vieljährige, höchst glückliche Praxis gründet, und dass ich dieselbe keinem Urtheile eines gelehrten Körpers unterwerfen werde, selbst wenn sie mit der Ansicht der Meisten nicht übereinstimmt.

Dem Gerechtigkeitssinne eines Hohen Ministeriums fest vertrauend, hoffe ich sonach auf die möglichst baldige Aufhebung der Beschlüsse des mir durch den hiesigen Kreisphysikus Dr. Settegast zugegangenen Rescripts Königl. Regierung und stelle es übrigens den zu treffenden weisen Verfügungen Hochdesselben ganz gehorsamst anheim, die mir etwa gebührende Genugthuung auf geeignete Weise mir zu Theil werden zu lassen.

Coblenz, den 10. December 1843.

(gez.) **Dr. Kirchgässer,** praktischer Arzt.

9. Erlass des Medicinalministers an die Regierung und gleichzeitig an den Oberpräsidenten der Rheinprovinz.

Berlin, den 18. Januar 1844.

An die Königl. Regierung zu Coblenz.

Der dortige praktische Arzt Dr. Kirchgässer hat sich über die in Beziehung auf sein Verfahren bei Behandlung des Kaufmanns Müller von der Königl. Regierung unterm 14. November v. J. an den Kreisphysikus Dr. Settegast erlassene, ihm von diesem in Abschrift mitgetheilte, Verfügung bei mir beschwert. Nach Maassgabe meiner Erlasse vom 11. April und 27. October v. J., in welchen der Königl. Regierung eröffnet worden ist, wie diese Angelegenheit aufzufassen und zu behandeln sei, kann ich es nicht billigen, dass die Regierung dazu übergegangen ist, dem Dr. Kirchgässer durch den Kreisphysikus eine amtliche Eröffnung in der Art, wie geschehen, machen zu lassen und denselben durch eine solche Maassregel ohne dringende Nothwendigkeit officiell bloss zu stellen. Noch weniger scheint es gerechtfertigt, dass dem p. Dr. Kirchgässer in dieser Verfügung von dem Gutachten der K. wissenschaftlichen Deputation für das Medicinal-Wesen eine durchaus unvollständige, unter Uebergehung der ihm günstigen Schlussentscheidung nur eine ihm nachtheilige, einzelne Stellen heraushebende Mittheilung gemacht, und hierdurch der Gesichtspunkt meiner Verfügung vom 27. October v. J. auf eine, für den Dr. Kirchgässer kränkende Weise modificirt worden ist.

Ich veranlasse daher die Königl. Regierung, binnen 14 Tagen anzuzeigen, aus welchen Gründen dieselbe sich zu dieser Verfügung, deren getreue Abschrift in der anliegenden Copie vorausgesetzt wird, bewogen gefunden hat.

Der Minister.

Berlin, den 18. Januar 1844.

An den Königlichen Ober-Präsidenten H. v. Schaper Hochwohlgeboren zu Coblenz.

Ew. Hochwohlgeboren beehre ich mich, die anliegende Verfügung an die dortige Königliche Regierung:

die dem dasigen praktischen Arzte Dr. Kirchgässer in Beziehung auf sein Verfahren bei Behandlung des Kaufmanns Müller gemachte Eröffnung betreffend, zur gefälligen Kenntnissnahme und Beförderung, zugleich aber auch die Beschwerde des Dr. Kirchgässer vom 10. December v. J. nebst Anlagen unter dem ergebensten Ersuchen mitzutheilen, über die in der erwähnten Vorstellung gegen einige Medicinalverwaltungsbeamte, insbesondere gegen den p. Dr. Ulrich und p. Dr. Settegast gemachten Andeutungen sich vertraulich gegen mich zu äussern, indem es meine Aufmerksamkeit hat erregen müssen, dass die K. Regierung, welche in ihren Berichten vom 28. October 1842 und vom 29. Mai 1843 bereits sehr scharfe und nicht zulässig zu befindende Anträge gegen den p. Dr. Kirchgässer gemacht hat, jetzt abermals auf eine, in meinem Erlasse nicht zu begründende, für den genannten Arzt fast vernichtende Weise eingeschritten ist. Zur gefälligen nähern Information über die technische Seite der Sache theile ich Ew. pp. zugleich Abschrift des Gutachtens der K. wissenschaftlichen Deputation für das Medicinal-Wesen ergebenst mit.

Der Minister.

---

10. Bericht der Regierung nebst Begleitschreiben des Oberpräsidenten.

Coblenz, den 24. Februar 1844.

Ew. Excellenz hochverehrliche Verfügung vom 18. Januar c., betreffend die Beaufsichtigung des hiesigen Dr. Kirchgässer in seiner Praxis, konnten wir wegen der Krankheit unseres Medicinal-Raths, wodurch dieser bis zum 20. Februar verhindert war, an den Berathungen Theil zu nehmen, nicht innerhalb der uns gesetzten Frist nachkommen.

Durch das von dem hiesigen Königl. Medicinal-Collegio unter dem 16. December 1842 über den Dr. Kirchgässer abgegebene Gutachten waren wir zu der Ansicht gelangt, dass dieser Arzt nicht allein bei der Behandlung des Kaufmanns Müller ein ganz unzweckmässiges Verfahren eingeschlagen habe, sondern auch überhaupt seine ärztlichen Grundsätze auf eine höchst auffallende Weise von denen der tüchtigsten Aerzte der gegenwärtigen Zeit abweichen. Das Königl. Medicinal-Collegium hatte die Grundsätze desselben geradezu als gefährlich bezeichnet.

Das von Ew. Excell. uns unter dem 27. October pr. hochgeneigtest mitgetheilte Gutachten der Königl. wissenschaftlichen Deputation für das Medicinal-Wesen mildert allerdings den Ausspruch des Rheinischen Medicinal-Collegii, insofern es zwar auf die Widersprüche aufmerksam macht, in welche Dr. Kirchgässer bei seiner eigenen

Rechtfertigung vom 18. November 1842 gerathen ist, aber doch es für wahrscheinlich hält, dass der Kaufmann Müller, wegen der grossen Heftigkeit, mit welcher die Krankheit gleich anfänglich auftrat, auch bei einer kunstgerechten Behandlung gestorben sein würde.

Allein diese wissenschaftliche Behörde macht es dem Dr. Kirchgässer zum Vorwurfe, dass er nach der Ursache dieser plötzlich entstandenen so heftigen Krankheit nicht geforscht habe, da eine solche gründliche Erforschung ihn auf die Annahme einer gleichzeitig vorhandenen Lungenentzündung geführt und demgemäss zu einer anderen Behandlungsweise während der ersten Tage bestimmt haben würde. — Erst wenn die antiphlogistische Behandlung sich als unwirksam erwiesen hätte, wäre es nach dem Urtheile jener Behörde Zeit gewesen, zu den Reizmitteln zu greifen, mit welchen Dr. Kirchgässer die Kur eröffnete.

Das Urtheil der Königl. wissenschaftlichen Deputation hebt also den vom Rheinischen Medicinal-Collegio ausgesprochenen Tadel nicht auf, sondern mildert ihn nur und schliesst mit dem Ausspruche, dass der Dr. Kirchgässer zu den sehr mittelmässigen Aerzten gehöre, da auch die anderweitigen, in den Acten enthaltenen Aussagen der Doctoren Settegast, Sommer, Beermann und Wolf in Bacharach über die Behandlung anderer Krankheiten durch Dr. Kirchgässer seinem Rufe gar nicht günstig seien und den Beweis liefern, dass seine praktischen Kenntnisse Manches zu wünschen übrig lassen.

Dieser Ausspruch der Königl. wissenschaftlichen Deputation für das Medicinal-Wesen bestimmte Ew. Exc. zu der hochverehrlichen Verfügung vom 27. October pr., wodurch wir aufgefordert wurden, auf den Dr. Kirchgässer ein wachsames Auge zu haben und bei vorkommender, erneuerter, ähnlicher Veranlassung darüber an Hochdieselben zu berichten.

Zur Ausführung dieses Auftrages konnten wir uns zunächst nur des Königl. Kreisphysikus bedienen, welcher nicht nur durch seine amtliche Stellung dazu berufen ist, sondern auch als ein allgemein in Achtung stehender, vielbeschäftigter Arzt, welcher oft von jungen Aerzten zu Consultationen gezogen wird, ganz besonders dazu geeignet erscheint, die Praxis eines jüngern Arztes zu controlliren.

Wir fügen ausdrücklich hinzu, dass Dr. Settegast mit fast allen seinen Collegen auf einem freundschaftlichen Fusse steht, und dass er nur durch die Bitte vieler seiner Collegen abgehalten worden ist, das Kreisphysikat im Jahre 1840 niederzulegen, nachdem er bereits einleitende Schritte hierzu gethan hatte.

Aus diesem Umstande dürfte wohl mit vollem Grunde vermuthet werden, dass der Dr. Settegast, wie in vielen andern Fällen, so auch hier von der ihm ertheilten Vollmacht keinen unpassenden Gebrauch machen werde. Er erhielt also den Auftrag, die Praxis des Dr. Kirchgässer zu überwachen und von dem erhaltenen Auftrage diesem Kenntniss zu geben, damit er sich in Zukunft besser vorsehen möge.

Die Verwarnung eines Arztes, welcher unter specielle Aufsicht gestellt wird, schien uns nicht nur ganz im Sinne des von Ew. Excellenz erhaltenen hochverehrlichen Auftrages zu liegen, sondern auch schon aus der Natur der Sache hervorzugehen, da Dr. Kirchgässer doch das Endresultat der gegen ihn eingeleiteten Untersuchung erfahren musste. Auch betrachteten wir es als eine väterliche Maassregel gegen diesen Arzt und hofften, dass er dadurch vielleicht zur Besinnung kommen und sich selbst fragen werde, ob die höchste Medicinal-Behörde der Monarchie eine solche ungewöhnliche Maassregel ohne sehr triftige Gründe wohl angeordnet haben könne.

Der Königl. Kreisphysikus hatte als Mitglied des Königl. Medicinal-Collegii von dem Gutachten der Königl. wissenschaftlichen Deputation Kenntniss erhalten, und schien es daher überflüssig, ihm dasselbe nochmals in extenso mitzutheilen; es wurden also in unserer, Ew. Exc. bereits abschriftlich vorliegenden Verfügung vom 14. November pr. nur die Motive angeführt, welche die angeordnete Beaufsichtigung des Dr. Kirchgässer bedingten.

Wenn der pp. Dr. Settegast sich durch diese Verfügung veranlasst gesehen hat, dem Dr. Kirchgässer Behufs der Verwarnung vollständige Abschrift derselben mitzutheilen, so lag der Grund dazu allerdings nicht in den Worten der Verfügung selbst, da es hier nur heisst: „er möge von dem ihm ertheilten Auftrage dem Dr. Kirchgässer Kenntniss geben, damit dieser sich in Zukunft besser vorsehen möge." Inzwischen dürfte doch auch die von Dr. Settegast gewählte Form der Mittheilung in Anbetracht der Umstände keinen Grund zu einer ernstlichen Rüge enthalten. Denn zur Ausführung seines ursprünglichen Auftrages war es unvermeidlich, dass er den übrigen beschäftigten Aerzten der Stadt, welche zum Theil in den Acten schon als Zeugen gegen Dr. Kirchgässer vorkommen, von dem ihm ertheilten Auftrage in geeigneter Weise Kenntniss gab, damit etwa vorkommende ähnliche Fälle aus der Praxis des Dr. Kirchgässer ihm angezeigt würden.

Diese Maassregel musste aber früher oder später dem Dr. Kirchgässer unfehlbar zu Ohren kommen und ihn dann mehr verletzen, als wenn ihm dieselbe nebst den Gründen gleich von vornherein zur Kenntniss gebracht wurde.

Schliesslich erlauben wir uns noch, Ew. Excell. ganz gehorsamst darauf aufmerksam zu machen, dass unser Medicinalrath es absichtlich vermieden hat, die Zahl der gegen Dr. Kirchgässer aufgetretenen Zeugen zu vermehren, dass es ihm aber ein Leichtes gewesen sein würde, aus einer mehr als 10jährigen Beobachtung die schlagendsten Beweise dafür anzuführen, dass Dr. Kirchgässer in einer höchst einseitigen Theorie befangen ist und eben wegen dieser Befangenheit oft die grössten Verstösse bei der Diagnose der Krankheiten begeht.

Ob es räthlich sei, einem Arzte, welcher nicht nur unbedingt alle Blutentziehungen verwirft, sondern auch alle Brech- und Abführungsmittel geradezu für schädlich erklärt, ohne erneuerte Prüfung am Krankenbette noch ferner die Praxis zu gestatten, müssen wir Ew. Exc. höherem Ermessen wiederholt ganz gehorsamst anheimstellen.

Die Regierung.
(Unterschriften.)

Begleitschreiben des Oberpräsidenten.

Coblenz, den 3. März 1844

Nachdem die hiesige Königl. Regierung den ihr von Ew. Exc. unterm 18. Januar d. J. in Betreff des gegen den Dr. med. Kirchgässer beobachteten Verfahrens ertheilten Auftrag durch den hier ganz gehorsamst beigefügten Bericht vom 24. v. M. erledigt hat, so beehre ich mich, die mir unterm 18. Januar d. J. geneigtest mitgetheilte Eingabe des Dr. Kirchgässer vom 10. December v. J. in der Anlage ehrerbietigst zurückzureichen und dieselbe mit folgenden Bemerkungen zu begleiten.

Die von dem Dr. Kirchgässer angegriffenen und als parteiisch geschilderten Aerzte, der Reg.- und Medic.-Rath Dr. Ulrich und der Kreisphysikus, Geh. Medic.-Rath Dr. Settegast, gehören zu den ausgezeichnetsten und geschicktesten Aerzten hiesiger Stadt, und ihre Integrität ist über allen Zweifel erhaben. Der Dr. Kirchgässer dagegen gilt für einen mittelmässigen, in einseitigen Theorieen befangenen Arzt, und spricht sich das hiesige Medicinal-Collegium ebensowohl, als die wissenschaftliche Deputation über seine Fähigkeiten und Leistungen ungünstig aus. Ich bin daher vollkommen überzeugt, dass die von dem pp. Settegast und späterhin von dem pp. Ulrich, als Organ der hiesigen Königl. Regierung in dieser Angelegenheit, gegen den Dr. Kirchgässer ergriffenen Maassregeln keinen andern Grund gehabt haben, als die höchste Indignation über das von dem Dr. Kirchgässer bei Behandlung des Kaufmanns Müller beobachtete, nach ihrer Ansicht durchaus fehlerhafte Heilverfahren und den Wunsch, entweder den Dr. Kirchgässer für die Zukunft zu einem andern Verfahren zu bestimmen, oder die von ihm begangenen Fehler ganz offen darzulegen und ihn dadurch für das Publikum unschädlich zu machen.

So wenig ich auch eine solche Absicht tadeln will, eben so wenig kann ich doch dem gegen den Dr. Kirchgässer beobachteten Verfahren meine Billigung zu Theil werden lassen. Bei einer Wissenschaft, die so wenig auf festen, allgemein anerkannten Grundsätzen beruht, wie die Medicin, scheint es mir sehr gewagt, wenn die Anhänger eines Systems deshalb den Stab über einen ihrer Collegen brechen, weil er bei seinen Heilungen einem andern Verfahren folgt.

Ist ein Arzt einmal nach bestandener Prüfung zur Ausübung der medicinischen Praxis zugelassen, so muss ihm die grösstmöglichste Freiheit bei Anwendung der erworbenen Kenntnisse und gesammelten Erfahrungen gestattet werden, und nur offenbare Vernachlässigungen oder Fehler, welche von allen Aerzten ohne Unterschied, welchem System sie huldigen, als Verletzungen der Kunst anerkannt werden, können zu einem medicinal-polizeilichen Einschreiten Veranlassung geben.

Ein solcher Fall lag aber hier nicht vor. Dem Dr. Kirchgässer wurde es hauptsächlich zum Vorwurf gemacht, dass er bei Behandlung des pp. Müller das Mittel der Blutentziehung nicht zur Anwendung gebracht habe. Wie man aber diese Unterlassung zum Gegenstande einer medicinal-polizeilichen Untersuchung machen kann, und zwar in einem Staate, wo auch den homöopathischen Aerzten die Praxis gestattet wird, ist nicht wohl abzusehen. Ein homöopathischer Arzt würde den pp. Müller sicherlich auch ohne Blutentziehung behandelt haben, und es würde doch gewiss Niemandem eingefallen sein, ihn dieserhalb zur Verantwortung zu ziehen.

Es wäre daher jedenfalls umsichtiger gewesen, den Todesfall des pp. Müller nicht zu den gegen den Dr. Kirchgässer ergriffenen Maassregeln zu benutzen, und am allerwenigsten ist das Verfahren des Kreisphysikus Dr. Settegast zu billigen, der dem Dr. Kirchgässer die gar nicht zur Mittheilung in extenso bestimmte Verfügung vom 14. November 1843 mitgetheilt hat.

Der Oberpräsident der Rheinprovinz.
(gez.) **Schaper.**

II. Verfügung des Ministers an die Regierung.

Berlin, den 24. April 1844.

An die Regierung zu Coblenz.

Der Regierung erwidere ich auf den Bericht vom 24. Februar c., dass ich durch die in demselben enthaltene Ausführung das von ihr gegen den Dr. Kirchgässer eingeschlagene Verfahren nicht für gerechtfertigt ansehen kann. So wenig es meine Absicht ist, der von diesem Arzte bei der Behandlung des Kaufmanns Müller beobachteten Heilmethode das Wort zu reden und die Bedeutung der gegen dieselbe in wissenschaftlicher und technischer Hinsicht erhobenen Ausstellungen zu verkennen, so wenig bin ich auf der andern Seite im Stande, der von der Regierung wiederholt zu erkennen gegebenen Auffassung dahin beizutreten, als wenn es zulässig sein könnte, einem Arzte, welcher einem von der Majorität seiner Berufsgenossen für unhaltbar erklärten System huldigt, um dieser Ursache allein willen die Praxis zu untersagen oder denselben einer erneuerten Prüfung zu unterwerfen. Im Princip muss vielmehr daran festgehalten werden, dass die durch die Approbation gewonnene Befähigung zur Ausübung der ärztlichen Praxis so lange ungeschmälert erhalten bleibt, bis dieselbe dem Inhaber, etwa in Folge eines Vergehens, von der competenten Behörde wieder entzogen wird. Missgriffe oder Irrthümer bei der Behandlung einzelner Patienten, selbst wenn solche aus Anhänglichkeit an einem von der Mehrzahl der sachverständigen Aerzte als irrig und verkehrt betrachteten System hervorgehen sollten, können, solang nicht böse Absicht oder strafbare Fahrlässigkeit hinzutritt, nicht als hinreichender Grund gelten, einem Arzte die Ausübung seiner Kunst zu verbieten, weil über das System, nach welchem ein Arzt seine Kranken behandeln soll, weder ein Gesetz, noch eine reglementarische Bestimmung, sondern bloss die persönliche Ueberzeugung des Arztes selbst entscheiden kann, die Folgen falscher Behandlung aber durch das verminderte Zutrauen des Publikums auf den durch ein irriges System geleiteten Arzt zurückfallen.

So unhaltbar und nachtheilig auch das von dem Dr. Kirchgässer eingeschlagene Heilverfahren sich in dem Müllerschen Falle gezeigt haben mag, so hat sich in demselben doch kein Grund zu einer gerichtlichen oder disciplinarischen Untersuchung ergeben. Ich konnte mich demnach in meiner Verfügung vom 27. October v. J. auch nur dazu veranlasst finden, der Regierung die besondere Beobachtung des Dr. Kirchgässer und nöthigenfalls eine fernere Berichterstattung aufzutragen. Die Regierung wird bei näherer Vergleichung dieser Verfügung mit dem von ihr an den Kreisphysikus erlassenen Rescript vom 14. November v. J. nicht weiter verkennen, dass das letztere bei Weitem über meine Verfügung hinaus geht. Es wird in demselben über den Dr. Kirchgässer, unter einseitiger Heraushebung einer Stelle aus dem Gutachten der wissenschaftlichen Deputation und bei Uebergehung des sonstigen, für denselben weniger ungünstigen Inhalts, ein Urtheil gesprochen, welches, sobald es zur Oeffentlichkeit gelangte, den ganzen Ruf desselben mit einem Male vernichten musste; und diese in ihren Folgen nicht wieder aufzuhebende Wirkung ist von der Regierung, indem sie den Kreisphysikus zur Benachrichtigung des Dr. Kirchgässer über den ihm ertheilten Auftrag anwies, und von dem Kreisphysikus, indem derselbe dem Dr. Kirchgässer sogar Abschrift der ihm zugegangenen Verfügung communicirte, unstreitig in ihrem ganzen Umfange herbeigeführt worden.

Die Beschwerde des Dr. Kirchgässer, welcher durch ein gerichtliches Erkenntniss vielleicht nicht härter hätte getroffen werden können, als es durch die nach dem eigenen Berichte der Regierung ihrer Verfügung gegebene Verbreitung unter die dortigen Aerzte geschehen ist, kann in sofern nicht für unbegründet angesehen werden. In der Sache selbst muss es zwar bei der durch meine Verfügung vom 27. October v. J. angeordneten besondern Beaufsichtigung lediglich sein Bewenden behalten; dagegen hat die Regierung dem Dr. Kirchgässer entweder unmittelbar, oder durch den Kreisphysikus eine allgemeine beruhigende Eröffnung zu machen und ihm dabei zugleich eine nähere Aufklärung darüber zugehen zu lassen, aus welchen Gründen und innerhalb welcher Grenzen seine Beaufsichtigung für nothwendig erachtet worden ist, auch hinzuzufügen, dass ein weiteres Bekanntwerden dieser Anordnung nicht beabsichtigt gewesen sei.

Eine Abschrift der von der Regierung hiernach zu erlassenden Verfügung hat dieselbe mir binnen 4 Wochen einzureichen.

Der Minister.

12. Antwort der Regierung.

Gemäss Euer Excellenz hochverehrlichen Rescriptes vom 24. April c. beehren wir uns, Hochdenselben anliegend Abschrift unserer an den Königl. Kreis-Physikus von Coblenz wegen des Dr. Kirchgässer erlassenen Verfügung ganz gehorsamst zu überreichen.

Coblenz, den 15. Mai 1844.

Die Regierung.

(Unterschriften.)

Abschrift.

Der praktische Arzt Dr. Kirchgässer hat sich, wegen der, zufolge unserer Verfügung vom 14. November pr. durch Ew. Hochwohlgeboren ihm zugegangenen Verwarnung, bei dem Königl. Ministerium der geistlichen, Unterrichts- und Medicinal-Angelegenheiten beschwert, und sind wir von dieser hohen Behörde unter dem 24. April c. angewiesen worden, denselben deshalb zu beruhigen, ihm eine nähere Aufklärung darüber zu geben, aus welchen Gründen und innerhalb welcher Grenzen eine Beaufsichtigung seiner Praxis für nothwendig erachtet worden ist, und noch hinzuzufügen, dass ein weiteres Bekanntwerden dieser Anordnung nicht beabsichtigt worden sei.

Demgemäss beauftragen wir Ew. Hochwohlgeboren, dem Dr. Kirchgässer in unserem Namen zu eröffnen, dass wir bei der an ihn ergangenen Warnung zwar zunächst die Verhütung ähnlicher Unglücksfälle, wie der so schnelle Tod des Kaufmann Müller unstreitig war, beabsichtigt, aber auch zugleich sein (des Dr. Kirchgässer) eignes wahres Wohl im Auge gehabt haben, indem wir ihn darauf aufmerksam machten, dass die Königl. wissenschaftliche Deputation für das Medicinalwesen sich über seine Kenntnisse und seine Methode nicht günstig ausgesprochen habe, und ihn dadurch zu einer reiflichen Prüfung seines bisherigen Verfahrens veranlassten. Eine solche Selbstprüfung musste uns im eigenen Interesse des Dr. Kirchgässer um so wünschenswerther erscheinen, als er eine, von der Methode aller seiner hiesigen Collegen ganz verschiedene, Bahn verfolgte und daher weniger als andere Aerzte Gelegenheit hat, durch collegialischen Verkehr zu derjenigen Selbstbetrachtung hingeführt zu werden, welcher jeder gewissenhafte Arzt unstreitig bedarf, wenn er seine Kunst mit dauerndem Erfolg ausüben will. Hinsichtlich der Grenzen, innerhalb welcher sich die von dem Königl. Ministerio angeordnete und durch uns Ew. Hochw. übertragene Beaufsichtigung des Dr. Kirchgässer zu halten habe, ist wohl kaum die Erklärung nöthig, dass solche ohne Eingriff in die, jedem praktischen Arzte zustehenden, Rechte geführt werden soll und sich zunächst nur auf solche Fälle bezieht, welche nicht bloss die Aufmerksamkeit der Aerzte, sondern auch der Laien besonders erregen. Wir ertheilten Ihnen deshalb keine nähere Instruction, da wir die Ueberzeugung hatten, dass Ihre langjährige Erfahrung und namentlich Ihre vielfachen Verhältnisse zu andern Aerzten Sie hinsichtlich der hierbei zu beobachtenden Grenzen nicht in Zweifel lassen konnten.

Sie wollen daher den Dr. Kirchgässer namentlich auch in dieser Beziehung beruhigen, ihm versichern, dass er in der Ausübung der Kunst nicht gestört werden solle, und hinzufügen, dass ein weiteres Bekanntwerden der Ihnen aufgetragenen Beaufsichtigung desselben weder ursprünglich beabsichtigt worden sei, noch ferner zu befürchten stehe, und dass es daher lediglich in seiner Hand liege, eine ihm unangenehme Folge der angeordneten Maassregel zu verhüten.

Coblenz, den 15. Mai 1844.

Königliche Regierung.

An den Königl. Kreis-Phys. Hrn. Geh. Med.-Rath
Dr. Settegast, hier.

---

13. Wiederholte Bitte des Dr. Kirchgässer.

Coblenz, den 6. Juli 1844.

Ew. Excellenz erlaubte ich mir im festen Vertrauen auf Hochdero ausgezeichnete Weisheit und Gerechtigkeitsliebe, in meiner ganz gehorsamsten Eingabe vom 6. December v. J. um die möglichst baldige Aufhebung der Beschlüsse der mir durch den Kreis-Physikus Dr. Settegast zugegangenen Verfügung hiesiger Königl. Regierung und Genugthuung wegen erlittener Kränkung ehrerbietigst zu bitten.

Hierauf erhielt ich erst am 27. Mai d. J. folgende Abschrift des neuerdings an den erwähnten Physikus gerichteten Schreibens Königl. Regierung: „Der praktische Arzt etc.“ (vorstehendes Schreiben, Coblenz, den 15. Mai 1844.)

Nach sorgfältiger Erwägung des Inhalts vorstehender Abschrift kann ich unmöglich die Ueberzeugung gewinnen, dass die darin enthaltenen von neuem mich schwer verletzenden Aussprüche, — abgesehen von den dabei ausgestreuten beruhigenden Zusicherungen, — bei Einem Hohen Ministerium Billigung finden sollten. Ist der bei hiesiger Königl. Regierung fungirende Medicinalrath Dr. Ulrich zugleich als praktischer Arzt mein entschiedener Gegner, so darf ich mich um so mehr berechtigt halten, vorstehendes Rescript Königl. Regierung theilweise als Resultat vorgefasster Meinung sowie als nicht frei von Parteilichkeit anzusehen.

Die mir zufolge Verfügung Königl. Regierung vom 14. November a. pr. gewordene schwere Beschuldigung und furchtbare Verurtheilung sehe ich leider ganz wider meine billige Erwartungen durch die neueste Verfügung vom 15. Mai d. J. im Wesentlichen nicht einmal modificirt, vielweniger aufgehoben.

Euer Excellenz wollen mir es daher nicht verargen, wenn ich es wage, zur Rettung meiner tiefgekränkten Ehre als Arzt und zur Sicherung meiner bedrohten Existenz als Familienvater — den ausgezeichneten Gerechtigkeitssinn Hochderoselben noch einmal anzusprechen.

Mit Bezugnahme auf meine gehorsamste Eingabe vom 6. December a. p. möge es mir daher gestattet sein, den Inhalt des obenstehenden Rescripts Königl. Regierung näher zu beleuchten.

Ich ersehe zunächst daraus, dass Eure Excellenz die hiesige Königl. Regierung angewiesen haben, mich in Folge meiner eingereichten Beschwerdeschrift zu beruhigen und mir eine nähere Aufklärung darüber zu geben, aus welchen Gründen und innerhalb welcher Grenzen eine Beaufsichtigung meiner Praxis für nothwendig erachtet worden ist, und noch hinzuzufügen, dass ein weiteres Bekanntwerden dieser Anordnung nicht beabsichtigt worden sei.

War sonach eine gewisse, unten näher zu erörternde Beaufsichtigung meiner Praxis angeordnet worden, so ward jedoch kein weiteres Bekanntwerden dieser Maassregel von Hochdenselben beabsichtigt. Allein trotz dieser mir nun ertheilten Versicherung gelangte nichts destoweniger diese Anordnung, nachdem ich selbst kaum in Besitz derselben gekommen war, zur Kenntniss fast aller hiesigen Einwohner, wobei es überdies, wie leicht begreiflich, an ansehnlichen Entstellungen zu meinem grössten Nachtheil nicht fehlen konnte. Fühlte ich mich dadurch um so tiefer verletzt, als feindlich gesinnte Collegen zunächst es waren, welche allgemein in hiesiger Stadt verbreiteten, dass meine Praxis unter polizeiliche Aufsicht gestellt sei, — so klingt mir die jetzt von Königl. Regierung nachträglich gemachte Versicherung, dass das Bekanntwerden der angeordneten Beaufsichtigung weder ursprünglich beabsichtigt worden sei, noch ferner zu befürchten stehe, — als bitterer Hohn entgegen und ist wohl sicher nicht geeignet, in mir wirkliche Beruhigung zu erregen.

Wenn es im vorstehenden Schreiben Königl. Regierung heisst, dass dieselbe durch die an mich ergangene Warnung zunächst die Verhütung ähnlicher Unglücksfälle, wie der so schnelle Tod des Kaufmanns Müller unstreitig war, beabsichtigt habe, so erscheint mir, falls ich den Sinn dieses Satzes gehörig aufgefasst habe, die Königl. Regierung das Unmögliche oder das, was alle menschliche Kräfte übersteigt, von meiner ärztlichen Kunst verlangen zu wollen. Vergleicht man namentlich sämmtliche bei dem letzten Erkranken des Kaufmanns Müller gleich von Anfang beobachtete, den Tod verkündende Symptome, welche jedem anwesenden Laien als solche erschienen, — mit dem Sectionsbefund, welcher eine totale Desorganisation und Vereiterung der rechten Lunge nachwies, welche gewiss vor dem letzten Krankheitsfall vorgebildet war, wie schon diesem längere Zeit voraufgegangene Symptome aufs Deutlichste ahnen liessen, — so wird kein unparteiischer Arzt der Erde anstehen, diesen Fall als einen absolut tödtlichen anzuerkennen, und zugleich für unwahrscheinlich halten, dass die Heilkunst auch bei dem höchsten Grade ihrer zukünftig noch möglichen Vollkommenheit je im Stande sein werde, einen gleichen Zustand wirklich zu heilen.

Behaupteten meine hiesigen Gegner in ihrer unbegreiflichen Verblendung einer zweitausendjährigen Erfahrung zum Trotz, der Patient hätte durch einen Aderlass gerettet werden können, so habe ich im Gegentheil in meiner Rechtfertigung darauf hinzuweisen gesucht, dass der Tod durch ein solches Verfahren nothwendig hätte beschleunigt werden müssen. Da Digitalis nicht wirkte, und dagegen Mittel, welche eine dem Aderlass ganz entgegengesetzte Wirkung äussern, offenbare Besserung in dem leider unheilbaren Zustand veranlassten, da ferner, nachdem durch das Einschreiten eines zweiten Arztes — die wohlthätig wirkenden Mittel ausgesetzt worden waren, wieder sichtbare Verschlimmerung, und alsbald hierauf der Tod eingetreten ist, so dürften sämmtliche Momente wohl bis zur Evidenz beweisen, dass ein dem meinigen ganz entgegengesetztes Verfahren den Tod des Patienten offenbar beschleunigt haben würde. Jedenfalls steht so viel fest, dass mir das Gegentheil meiner auf wissenschaftliche Gründe gestützten Behauptung nimmer nachgewiesen werden kann.

Wie kann die öffentliche Stimme klagbar werden wegen unterlassener Aderlässe, fordert man doch die Homöopathen wegen solcher Unterlassung nicht vor Gericht! Die Kur der Entzündungs-Krankheiten, die ja bei richtiger Würdigung der Symptome gerade die glücklichste sein müsste, liefert die unglücklichsten Resultate, wie die von Krüger-Hansen mitgetheilten Sterberegister beweisen! Tragen vorstehende Erörterungen das Gepräge der Wahrheit oder doch mindestens der grössten Wahrscheinlichkeit: in welchem Lichte erscheinen alsdann meine hiesigen Collegen als Ankläger und Richter! — Es möchte fast scheinen, als hätten sie dadurch indirect ein Zeugniss für die Zweckmässigkeit meines Heilverfahrens abgelegt, indem sie nachgerade auf einen absolut unheilbaren Fall ihre Anklage gründeten. — Nichtsdestoweniger ward ich auf eine den Arzt entehrende Weise verurtheilt, wie sich in der Geschichte der Medicin kein ähnliches Beispiel finden dürfte.

Die eigenthümliche Stellung meiner zwei collegialischen Hauptgegner, der Herren Settegast und Ulrich, macht es einigermassen erklärlich, dass eine solche bis jetzt noch nicht erhörte Procedur und unverdiente Verurtheilung mir widerfahren konnte. Während ersterer als Physikus, durch einen jedenfalls durch unwürdige Motive geleiteten Arzt aufmerksam gemacht, wider seine Amtsbefugniss in dem Müllerschen Falle einschritt, veranlasste der zweite die Königl. Regierung, vom hiesigen Medicinalcollegium ein Gutachten einzuholen. Da nur wieder beide Herren in diesem Collegium ohne Zuziehung der dazu gehörigen drei unparteiischen Assessoren als Richter sassen, und der dritte Rath wohl aus Schulprincipien mir abgeneigt sein mochte, so konnte es nicht auffallen, dass das so gefertigte Gutachten sich sehr tadelnd über mich und besonders über meine Behandlung des C. Müller ausgesprochen hat. Da hier die Majorität der Richter aus meinen Anklägern zusammengesetzt war, so konnte auch nur ein einseitiges, vollends parteiisches Gutachten, dessen näherer Inhalt mir übrigens unbekannt blieb, der wissenschaftlichen Deputation für das Medicinalwesen als Grundlage zur Beurtheilung vorgelegt worden sein. Insofern man es unterliess, mich selbst darüber zu vernehmen, musste eine solche Verurtheilung die Folge der vorausgegangenen ungesetzlichen Handlungen und deshalb selbst null und nichtig sein.

Habe ich gleich in meiner ganz gehorsamsten Eingabe vom 6. December a. p. Euer Excellenz bereits vorzutragen die Ehre gehabt, dass mir zahlreiche Beweise von Beifall über meine im Druck erschienene Rechtfertignng von nahen und entfernten Aerzten zu

Theil geworden seien, so kann ich doch nicht umhin, hier noch zu erwähnen, dass mir ein hochgestellter Arzt, der Obermedicinalrath Vogler in Ems, unaufgefordert hierüber u. A. sogar schrieb: „Ich hätte in diesem Streitfalle Ihrer Darstellung zufolge ganz wie Sie gehandelt.“ — Nichtsdestoweniger ward ich eben wegen dieser meiner rationellen Behandlung, welche von renommirten Aerzten ganz gebilligt wird, nicht nur verdächtigt, sondern sogar responsabel gemacht. Ist, was der grosse P. Frank sagt, wahr: „Zehn auf einer und der nämlichen Schule erzogene, mit gleichen Diplomen versehene Aerzte, welche unter einem gemeinschaftlichen Lehrer in dem nämlichen Spitale einerlei Kranke auf einerlei Weise beurtheilt haben, hören meistens auf, von der nämlichen Denkungsart zu sein, sobald sie für sich bei einem Kranken zusammentreffen,“ so ist mir das von Dr. Vogler ertheilte Zeugniss um so gewichtvoller, als ich mit diesem Herrn in meinem Leben kein Wort gewechselt habe, und dennoch unsere Heilgrundsätze wenigstens in diesem Falle ganz übereinstimmen. Ebenso schrieb mir Dr. Berresheim aus Andernach, mir früher persönlich unbekannt, ein Arzt, der seinem Jubiläum nahe steht: „Sie haben den C. Müller ganz nach den Regeln der Kunst und Wissenschaft behandelt.“

Sowohl hiesige als auswärtige Aerzte waren nicht nur über das die Würde der Heilkunst schändende, viel besprochene Verfahren höchst entrüstet, sondern fanden auch nichts in der betreffenden Behandlung zu tadeln. Krüger-Hansen sagt hierüber in seinen „medicinisch-kritischen Miscellen“: „Dass Aerzte, wenn ihnen solche Kranke ohne Blutentziehungen sterben, von ihren Collegen verdächtigt, ja responsabel gemacht werden, davon ereignete sich noch jüngst ein höchst inhumanes Beispiel in Coblenz, wo der Physikus Settegast seinen Collegen Kirchgässer perhorrescirte, weil er bei dem an chronischer Lungenvereiterung verstorbenen Kaufmann Müller keine Blutlässe instituirt hatte, indess hat dieser sich gegen die insolenten Anmaassungen des Settegast in einer Extrabeilage zum Coblenzer Anzeiger No. 271 sehr glänzend gerechtfertigt und damit dem S. ein Schloss auf den Mund gelegt.“

Wenn nun aber jedem, mit der neuern medicinischen Literatur vertrauten Arzt bekannt ist, dass selbst die Behandlung freiwillig mitgetheilter Krankheitsfälle berühmter Aerzte von andern Kunstgenossen oft aufs Strengste getadelt, und nicht selten wissenschaftlich dabei nachzuweisen gesucht wird, wie durch ein anderes Kurverfahren ein günstigeres Resultat — ja zuweilen das Leben mancher Personen hätte gerettet werden können, so musste mich der in obigem Rescript Königl. Regierung erneute Vorwurf wegen der dem verstorbenen Müller gewordenen Behandlung um so tiefer kränken, als auch kein einziger wissenschaftlicher Grund für die furchtbare Beschuldigung geltend gemacht wird. Vermag ein gewissenhafter Arzt durch eine gewaltstreichähnliche kategorische Erklärung zur bessern Ueberzeugung geführt zu werden, wenn ihm dabei nicht einmal entfernt angedeutet wird, was er zu thun, und was er zu vermeiden habe? — Hat die Königl. Regierung wirklich mein wahres Wohl im Auge gehabt, wenn sie mich darauf aufmerksam machte, dass die wissenschaftliche Deputation sich über meine Kenntnisse und meine Methode nicht günstig ausgesprochen habe — so musste sie mir doch wenigstens irgend eine Andeutung geben, worin die Mangelhaftigkeit meiner Kenntnisse und Methode denn eigentlich bestehe, um mich in den Stand zu setzen, danach mein bisheriges Verfahren reiflich zu prüfen, dasselbe zu revidiren und nach Kräften zu vervollkommnen. Bei williger Anerkennung der grossen Schwierigkeiten bei unserer ärztlichen Kunstübung blieb ich stets für wohlwollende Belehrung empfänglich. Allein, war die unerhört harte Maassregel Königl. Regierung geeignet, ohne irgend eine vorhergegangene belehrende Warnung mir die etwa beabsichtigte Ueberzeugung zu verschaffen? — Bisher war in allen civilisirten Staaten der einmal approbirte Arzt befugt, seine respectiven Kranken nach einer Heilmethode zu behandeln, welche nach seiner Ueberzeugung ihm bei jedem speciellen Falle als die vorzüglichere galt, und wurde in dieser Befugniss durch keine bestehenden Gesetze beschränkt. Beständen darüber Gesetze, und wären zur Behandlung einer jeden bestimmbaren Krankheit allgemeine Normen zur Kur vorgeschrieben; würde alsdann die tausendfältig ersehnte Vervollkommnung der Medicin wohl je erreicht werden? — Trefflich schreibt hierüber der gefeierte Hufeland: „Freiheit des Denkens, Freiheit der Wissenschaft — das ist unser höchstes Palladium und muss es bleiben, wenn wir weiter kommen sollen. Keine Art von Despotie, keine Alleinherrschaft, kein Druck des Glaubenszwangs. — Selbst die Regierung darf in wissenschaftliche Gegenstände nicht einschreiten, weder hemmend, noch eine Meinung ausschliesslich begünstigend; denn Beides hat, wie die Erfahrung lehrt, der Wahrheit Schaden gethan.“ —

Wenn es in obigem Rescript Königl. Regierung ferner heisst: „Eine solche Selbstprüfung musste uns im eignen Interesse des Dr. Kirchgässer um so wünschenswerther erscheinen, als er eine von der Methode aller seiner hiesigen Collegen ganz verschiedene Bahn verfolgt u. s. w.“ — so fühle ich mich hierdurch zur Erklärung aufgefordert, dass eben eine solche Selbstprüfung zunächst mich schon frühzeitig veranlasst hat, die Unvollkommenheit der bisherigen Heilkunst, ihre die Menschheit belastenden Gebrechen zu erkennen und sonach eine von der Methode meiner meisten Collegen ganz verschiedene Bahn zu verfolgen.

Häufige unglückliche Erfolge, welche sich in den ersten Jahren meiner selbstständigen Praxis nach den gangbaren Heilmethoden ereigneten, führten mich allmälig von Jahr zu Jahr zu der subjectiven Ueberzeugung, dass namentlich die gewöhnliche Behandlungsweise der acuten Krankheiten der leidenden Menschheit in der Regel weit mehr Nachtheil als Nutzen bringt. Ich musste mich demzufolge in meinem Gewissen verpflichtet fühlen, andere Heilwege einzuschlagen, und suchte zugleich, alle mir begründet und brauchbar erscheinende Erfahrungen aus der Geschichte der Medicin näher zu prüfen und zum Theil in Nutzanwendung zu bringen.

Auf solche Weise meine eigene Bahn verfolgend, ward ich zu Anfang des Jahres 1842 aufs Erfreulichste überrascht, als mir zufällig eine Schrift von Krüger-Hansen zu Theil ward, worin ich meine bisherigen, von der Schule abweichenden Ansichten nicht nur bestätigt fand, sondern überdies nun auch in den Stand gesetzt ward, aus sämmtlichen Werken des genialen Mannes die mich beglückende mannigfaltigste Belehrung zum Wohl der sich meiner Kur anvertrauenden Leidenden zu gewinnen.

Da jedoch, wie uns die Geschichte lehrt, grosse Männer, welche der Welt wichtige Wahrheiten entdeckt, nicht selten den mächtigsten Widerstand gefunden haben, so darf man sich nicht wundern, dass auch die von Krüger-Hansen offenbarten medicinischen Wahrheiten bis heute noch keine allgemeine Anerkennung gewinnen konnten.

Hat derselbe gleich die Naturwidrigkeit des bisherigen Heilverfahrens schonungslos mit schlagenden Worten nachzuweisen gesucht, so ist mir dennoch keine wissenschaftliche Widerlegung seiner Heilmaximen bekannt geworden; allein zu seiner Anerkennung haben sich schon manche Stimmen erhoben. Bluff sagt in seinen „Leistungen und Fortschritten der Medicin in Deutschland“ von Krüger-Hansen: „wenn er seiner oft gedenke, so liege der Grund darin, dass in dessen Kurbildern mancher alte Sauerteig in der Medicin, der sich lange breit gemacht hatte, zuerst angefochten und gebührend zurecht gewiesen worden.“ An einer anderen Stelle heisst es: „Dass in der

Medicin noch viel zu bessern ist, noch viel alter Schutt hinweggeräumt werden muss, ist eine, jedem wissenschaftlichen Arzte bekannte Sache, und es mag wirklich an der Zeit sein, jenen Schutt aufzuwühlen und ihn eben als Schutt zu bezeichnen. In dieser Absicht haben die Kurbilder von Krüger-Hansen manches unverkennbare Verdienst."

Bernstein in Pesth hält in seiner „Mosaik" die naturgemässe Heilkunst von Krüger-Hansen für eben so frei von den Irrthümern und Mängeln der Allopathen, als von den Blössen der Homöopathen.— Trinks in Dresden sagt in seiner Schrift, „die Allopathie, dargestellt in den Kurbildern des Krüger-Hansen": „Zu diesen hochachtbaren Männern rechnen wir auch den Krüger-Hansen, dessen Wort und That lautes Zeugniss ablegen, wie ihm die Wahrheit höher stehe, als dass er sich zufrieden stellen könnte, auf dem breit getretenen Wege des gemächlichen Schlendrians fortzuwandeln. Die Heilkunst ist ihm ein Heiligthum, wie sie es jedem Arzt sein sollte, und das er reinigen will von jedem Flecken, von jedem Makel, der es besudeln könnte; mit heiligem Ernste säubert er ihr Inneres von jenen falschen Priestern und Propheten, wie Christus dereinst den Tempel Salomo's von den Wechslern, Trödlern und Pharisäern. Laut lässt er seine Stimme ertönen, die nur die Wahrheit verkündet, unbekümmert, ob ihm Lohn oder Tadel dafür zu Theil werde. — Dieser Ehrenmann, in dessen Seele sich ein ganz anderes Ideal der Heilkunst, wie sie eigentlich sein sollte, abspiegelt, und wovon sich der grosse Haufe der gewöhnlichen Praktiker nichts träumen lässt, erkennt alle die ungeheuren Mängel und Lücken der allopathischen Heilmethode und schildert dieselben mit den kräftigsten Bildern, welche nur das tiefe Gefühl der Wahrheit zu schaffen vermag. Er hat ihr in der That den Todesstoss gegeben; — es bleibt ihr nichts als eine Stelle in der Geschichte derjenigen Erfindungen des menschlichen Geistes, von denen man nicht genau auszumitteln im Stande ist, ob sie mehr zum Nachtheil, als zum Vortheil des Menschengeschlechts ins Leben gerufen worden sind."

In der allerneuesten Zeit erklärt J. G. Rademacher in seiner 1309 Seiten starken „Erfahrungsheillehre" der herrschenden Heilkunst den Krieg, sucht in jener, gestützt auf eine 46jährige, sehr ausgebreitete Praxis, die Unvollkommenheiten, Mängel und nachtheiligen Wirkungen der herrschenden Medicin mit gewandter Dialektik nachzuweisen, und stellt sogar die Behauptung auf, dass durch die Schullehre (welcherlei Farbe sie habe) der Verstand der Aerzte zum Theil verkrüppelt sei. Er sagt in der Vorrede seines Werks: „Die Aerzte sind durch die ihnen in der Jugend angeschmiedeten Schulfesseln, deren Druck sie, weil sie dieselben längst gewohnt, nicht mehr fühlten, einzig behindert worden, den geraden Weg zur Wahrheit einzuschlagen."

Zahlreiche Stellen aus diesem voluminösen Buche, welche zur Rechtfertigung, dass ich einer andern Bahn gefolgt bin, dienen dürften, übergehe ich mit Stillschweigen, um Euer Excellenz durch weitläufige Citate nicht weiter zu belästigen. Da die besprochene Erfahrungsheillehre Rademachers sich schon längere Zeit in den Händen meiner hiesigen Gegner befindet, so hätte man billig erwarten sollen, dieselben wären in Folge einer gewissenhaften Prüfung der in jener enthaltenen Lehren in negativer Beziehung — mindestens zur Ueberzeugung ihres offenkundigen Unrechts bei der gegen mich geübten Verfolgung gelangt. —

In obigem Schreiben Königl. Regierung heisst es ferner: dass die dem Kreisphysikus aufgetragene Beaufsichtigung sich zunächst auf solche Fälle beziehe, welche nicht bloss die Aufmerksamkeit der Aerzte, sondern auch der Laien besonders erregen. Ich halte mich, gestützt auf die bisher geltend gemachten Expositionen, — vollkommen berechtigt, — gegen diese Maassregel abermals feierlich zu protestiren. Da der hierzu beauftragte Physikus, wie ich in meiner gehorsamsten Eingabe vom 6. December v. J. ausführlicher dargethan, — offenbar sich feindselige und parteiische Handlungen gegen mich zu Schulden kommen liess, — so scheint es mir unmöglich der Wille Euer Excellenz sein zu können, — für die Folge meine Ehre und Existenz der Hand eines solchen Mannes anvertraut zu wissen.

Dass die Aufmerksamkeit der Laien sogar bei einer unheilbaren Krankheit und dem hierauf erfolgten Ableben einer Person besonders leicht erregt werden kann, hat das unerhört uncollegialische Einschreiten in dem Müllerschen Falle zur Genüge bewiesen.

Erheischt es nun meine Pflicht, auch unrettbare Kranke in die Kur zu übernehmen, so wird sich — bei dem Tode derselben nicht selten rachsüchtigen und inhumanen Collegen — die Gelegenheit darbieten, die Aufmerksamkeit der Laien vorzüglich darauf hinzuleiten, wie sich dies in dem Müllerschen Falle ja gerade ereignete. Sterben mir relativ heilbare Patienten, theils dadurch, dass ich nicht frühzeitig genug gerufen werde, theils durch Nichtbefolgung der angeordneten Heilmittel und des dazu passenden Regimens, — so könnte ich leicht in die Lage kommen, sogar für fremde Fehler verantwortlich gemacht zu werden und dafür büssen zu müssen, falls es nur einem feindlichen Collegen gelingt, — desfalls in der Stadt die beabsichtigte Sensation zu erregen.

Hätte ich mich bei dem Tode des C. Müller in den Augen aller unparteiischen Aerzte und eines urtheilsfähigen Publikums nicht befriedigend rechtfertigen können, wäre es vielmehr ein solcher Fall gewesen, wo ich als rechtlicher Mann mir selbst hätte gestehen müssen, einen nicht zu rechtfertigenden Kunstfehler begangen zu haben, so wäre durch das eingeleitete Verfahren ärztlicher Gegner meine ärztliche Ehre und bürgerliche Existenz vielleicht für alle Zukunft vernichtet gewesen. Hätte ich dann auch allenfalls zu meiner Vertheidigung sagen können, dass der grösste Arzt seiner Zeit, J. P. Frank, in seiner Epitome (libr. V. pars II. p. 398) freimüthig selbst bekannt habe, durch gereichte Brechmittel bei einer scorbutischen Beschaffenheit des Magens den darauf erfolgten Tod einer Person mitveranlasst zu haben, und dass ich sonach bei den grossen Schwierigkeiten in der Ausübung der Arzneikunst wohl auch einmal fehlen könne, so würden mich derartige Mittheilungen wohl bei humanen Kunstgenossen entschuldigt, nicht aber bei der grossen Mehrzahl der Laien hinlänglich gerechtfertigt haben.

Wenn schliesslich in obigem Rescript Königl. Regierung mir mitgetheilt wird, dass es lediglich in meiner Hand liege, eine mir unangenehme Folge der angeordneten Maassregel zu verhüten, so sehe ich darin meine auf wissenschaftliche Ueberzeugung gestützte Heilmethode neuerdings verhöhnt.

Kann es in meiner Hand liegen, unangenehme Folgen zu verhüten, wenn die Beurtheilung meiner ärztlichen Handlungen den vorgefassten und beschränkten Ansichten parteiischer Kunstgenossen anheimgestellt bleiben soll? — Müssten mir nicht zugleich zur Vermeidung jener Folgen allgemeine Normen für meine fernere Handlungsweise vorgeschrieben werden? — Kommen doch nicht selten selbst in der jetzt noch herrschenden Schule die auffallendsten Widersprüche bei der Kur mancher Krankheiten vor! So wurde noch in der jüngsten Zeit der Geheime Rath von Thüring zufolge des Nekrologs von einem Nervenschlag ergriffen und dennoch von den ihn behandelnden Aerzten, den Herren Settegast und Ulrich, bis zu dem rasch erfolgten Tod mit wiederholten allgemeinen und örtlichen Blutentziehungen und den letztern analogen Mitteln behandelt, wenngleich die orthodoxe medicinische Schule bei einer solchen Krankheit den grossen antiphlogistischen Apparat nicht nur für nicht zulässig, sondern sogar für schädlich erklärt. Gleichzeitig behandelte ich einen

80jährigen Mann, den hiesigen Rentner Leyenthal, an Krankheitszufällen, welche die meisten Aerzte als Folge eines Blutschlags erklärt haben würden. Nichtsdestoweniger genas derselbe von seinem schweren Unfalle im Laufe weniger Wochen, ohne auch nur einen Tropfen Bluts dabei zu vergiessen. Wäre hier der Tod erfolgt, so war es leicht, die allgemeine Aufmerksamkeit der Laien darauf hinzuleiten und mich sofort für mein dabei geübtes, wenn auch naturgemässes Verfahren responsabel zu machen, während meine Herren Collegen für die ungeeignetsten Kurmethoden keine Controlle zu fürchten haben.

So wurden noch jüngst die zwei Kinder des hiesigen Kleidermachers Jünger am Scharlachfieber von Herrn Dr. Ulrich behandelt. — An demselben Tage, wo das 4jährige Mädchen daran starb, schien auch die 8jährige Tochter bereits in den letzten Zügen zu liegen. Herr Dr. Ulrich wurde durch dieses die Familie betrübende Ereigniss als Arzt entlassen, und dagegen mein Beistand angesprochen. Nach vieler Mühe gelang es endlich, das durch das schwächendste Verfahren bereits erschöpfte und rettungslos geglaubte noch einzige Kind der Familie zu erhalten. Wäre ich bei diesem Falle umgekehrt an der Stelle des Herrn Dr. Ulrich gewesen, so würde die Verhütung einer für mich unangenehmen Folge wohl schwerlich in meiner Hand gewesen sein.

Durch die Hinstellung dieser wenigen Beispiele möge Ew. Excellenz ermessen, in welcher unerhört peinlichen Lage ich mich für meine ganze Zukunft befinden müsste, wenn die furchtbare, gegen mich erlassene Maassregel, der zufolge mein ärztliches Wirken der Controlle meiner Feinde preisgegeben bliebe, — in der That verwirklicht werden sollte!

Was würde die Nachwelt dazu sagen, wenn sie erführe, dass ein Arzt beim redlichsten Streben noch im neunzehnten Jahrhundert als Opfer seiner wissenschaftlichen Ueberzeugung gefallen sei, und dazu in einem Staate, dessen hohe Intelligenz allseitig gepriesen wird!

Sollte ein gehörig promovirter und approbirter Arzt, welcher beinahe zwanzig Jahre lang seine freie Kunst nach Maassgabe der ihm verliehenen Kräfte in einem nicht unbeträchtlichen Kreise gewissenhaft ausübte, deswegen von oben herab einer Beaufsichtigung wegen seiner Handlungsweise unterworfen werden, weil es einem ärztlichen Triumvirate gefallen hat, seinen mit mancherlei Anstrengungen und Aufopferungen mühevoll seither erlangten Ruf durch erwähnte Maassregel vernichtet zu sehen!

Während den der herrschenden Heilkunst ganz entgegengesetzt handelnden Homöopathen vom Staate nicht nur die freie und unbeschränkte Ausübung ihrer Kunst, sondern sogar das Selbstdispensiren der dazu gehörigen Arzneimittel gestattet ist, und somit dieselben einer etwa möglichen Controlle weit weniger, als alle anderen Heilkünstler unterworfen sind; während die hydropathischen Aerzte gegenwärtig früher nie erhörte Kurproceduren bei einer grossen Zahl von Leidenden in Anwendung bringen, ohne ferner controllirt zu werden, — sollte ich von allen Aerzten der grossen Monarchie es allein verdient haben, dass meine ärztliche Handlungsweise einer entehrenden Beaufsichtigung voreingenommener und leidenschaftlicher Gegner anheimgestellt bliebe!

Kann überhaupt eine solche Controlle in einer Kunst statthaft sein, welche gegen alle anderen Künste in der grössten Unvollkommenheit zurückgeblieben ist, in welcher feste Normen zum Handeln, feste Grundsätze zum Heilen bei den berühmtesten Heilkünstlern meistens vermisst werden! Hören wir darüber die Selbstbekenntnisse hochstehender Autoritäten. Schon Fr. Hoffmann schrieb: „Fuge medicos et medicamenta si vis esse salvus.“ So sagte Prof. v. Hildenbrand in Wien: „Unsere gesammten medicinischen Kenntnisse sind nur unvollendete Bruchstücke, unsere Wahrheiten immerwährende Zweifel.“ P. Frank sagt in seiner medicinischen Polizei: „dass Tausende durch die Aerzte hingeopfert würden.“

V. Wedekind schrieb: „In ein paar Worten ausgedrückt, besteht der Werth der Medicin darin, dass die civilisirten Nationen weit mehr von den Aerzten, als von den Krankheiten zu leiden haben.“ Prof. Kieser erklärte: „dass man bei gegenwärtigem Standpunkte der praktischen Arzneikunde, sowohl in Deutschland, als in den benachbarten Ländern, jeden Kranken vor den Aerzten, wie vor den gefährlichsten Giften warnen solle.“

Prof. Pfeuffer behauptet: „dass durch die Eingriffe der Aerzte in den Gang der Krankheiten weit mehr geschadet, als genützt werde.“ Hecker spricht: „Was nach der einen Theorie Wahrheit ist und angeblich erwiesen wird, das leugnet die andere und widerlegt es; ein Heilverfahren, das die eine für nützlich erklärt, nennt die andere geradezu schädlich und verwirft es; ja, es fehlt nicht an Beispielen, dass die Aerzte Kurmethoden und einzelne Mittel mörderisch nannten, deren Heilsamkeit sie wenige Jahre zuvor nicht genug preisen konnten."

S. G. Vogel bekennt im vierten Theil seines Handbuchs u. s. w. u. A.: „Und dann ist ausserdem in der Ausübung (der Medicin) noch so Vieles ungewiss, unzuverlässig, unbestimmt, so bloss hergebracht und nachgesagt, dass kein noch so erfahrener und kluger Arzt leugnen wird, fast jeder Tag seines praktischen Lebens erschüttere seinen Glauben an Lehren, die er für unbedingt wahr hielt. Reil sagt in seiner allgemeinen Fieberlehre treffend: „Vielleicht missfällt es einigen Aerzten, dass ich hie und da Blössen unserer Kunst aufgedeckt habe. — Habe ich die Wahrheit gesagt, so verdiene ich Dank; denn wir müssen zuerst zur Erkenntniss unserer Unwissenheit kommen, ehe wir sie verbessern können. — Unter uns sollten wir, zur Ehre unseres Verstandes und Herzens, uns nicht durch das Glaucom der Allwisserei betrügen. Am Krankenbette mag Aeskulap noch als ein Gott erscheinen. Hier hat er diese Larve nöthig, und seine Amtsbrüder in derselben Maske verrathen ihn nicht. Auch wird diese Erkenntniss unserer Unwissenheit noch dazu dienen, uns in unserm Urtheile über die Handlungen unserer Kunstverwandten behutsamer zu machen. Wie können wir mit Grund loben oder tadeln, ohne Gründe zu haben, und unsern Nebenbruder anfeinden, wenn er nicht mit uns an unsere Einrichtung im Monde glauben will?"

Auf ähnliche Weise sprach sich schon Weikard in seinen vermischten medicinischen Schriften aus mit den Worten: „Ich weiss nicht, ob man es zur Schande oder Ehre der Arzneikunst rechnen darf, dass man in medicinischen Meinungen, solang es nichts als medicinische Meinungen sind, schlechterdings sagen darf, was man will. Wohlverstanden, dass alsdann auch andere Leute das Recht haben, zu glauben oder davon zu halten, was ihnen beliebig ist. Unsere Matadors haben noch nie eine Infallibilität in ihren Lehren zu Stande zu bringen, oder sie haben selbige noch nicht mit Feuer und Schwerdt zu behaupten gewusst. Prof. Töltenyi in Wien sagt hierüber u. A. in seinem Versuche einer Kritik der wissenschaftlichen Grundlage der Medicin: „Und wären die Grundsätze des Naturgemässèn schon erforscht, aufgedeckt, ausser Zweifel, so würden nicht so vielfältige Versuche gemacht werden, die sich oft kaum mehr ähnlich sind, als Tag der Nacht, und das Licht der Finsterniss."

Der gefeierte Schönlein verkündigte laut in seiner Antrittsrede zu Berlin: „Die Medicin habe seit der römischen und hellenischen Cultur so gut als keine Fortschritte gemacht, und sie müsse auf ganz neuen Grundlagen von unten auf umgebaut werden.

Wäre die Heilkunst bereits zu einer sichern Basis, zu feststehenden Grundsätzen gelangt, so würde Prof. v. Ringseis in München keinen Versuch zur Reformation der medicinischen Theorie und Praxis gemacht haben, worin er seine Ueberzeugung ausspricht, dass die Medicin ihre Principien in der traditionellen Offenbarungslehre suchen müsse.

C. G. Neumann spricht in seinen „Fortschritten und Erfahrungen der neuesten Zeit im Gebiete der Heilkunst," einem Werke, welches eben erst die Presse verlassen hat, wie folgt: „Hätte die Heilkunst eine allgemein geltende Grundlage, so wäre der Missbrauch des Wassers eben so unmöglich, als die Homöopathie, der Brownianismus, der Broussaisismus und alle ähnlichen Verirrungen der Menschen, die solche Grundlage suchten, aber nicht recht wussten, wo sie suchen sollten." Als eine auffallende Thatsache und augenfälliger Contrast erscheint es, wenn meine Ankläger und Richter, ohne dass auch nur ein einziger von ihnen den C. Müller in seiner letzten Krankheit von vorne herein beobachtet hätte, sammt und sonders in der grössten Uebereinstimmung ein Verdammungsurtheil über meine betreffende Diagnose und Kurmethode ausgesprochen haben, wo doch der scharfsinnige Mises ausspricht: „Auch wenn ein Dutzend Aerzte zugleich um dasselbe Bett stehen, ist zu wetten, dass sie eben so viele verschiedene Diagnosen über die Krankheit fällen werden, so dass der Leibnitzische Satz, es seien nie zwei Dinge in der Welt einander vollkommen gleich, sich an nichts besser, als an den Ansichten der Aerzte über dieselbe Krankheit erläutern lässt."

Euer Excellenz wollen hochgeneigtest mich entschuldigen, wenn ich zur Erlangung meiner bald zu erwirkenden Freisprechung und der mir gebührenden Genugthuung — so gewichtvolle Ansichten hochstehender Aerzte über die mangelhafte Basis der bisherigen Heilkunst angeführt habe, da ich die feste Ueberzeugung hege, dass, wenn auch nicht die Räthe des hiesigen Medicinal-Collegiums, doch wohl sicher die Königliche wissenschaftliche Deputation für das Medicinalwesen keinen unbedingten Tadel über meine Verfahrungsweise würde ausgesprochen haben, wenn vorstehend versuchte Rechtfertigung vorerst in gehörige Erwägung gezogen worden wäre. —

Halte ich mich sonach vollkommen überzeugt, dass man mir in der ärztlichen Behandlung des verstorbenen C. Müller keinen wirklichen Kunstfehler nachweisen könne; glaube ich mich in dieser Beziehung sowohl in der dem Druck übergebenen Schrift, als in meiner gehorsamsten Eingabe vom 6. December v. J. und schliesslich noch in vorstehender ganz gehorsamster Beschwerdeschrift zur Genüge gerechtfertigt zu haben; ist es überdies factisch, dass alle gesetzlichen Formen bei dem gegen mich eingeleiteten Verfahren von Seite meiner feindlich gesinnten Collegen umgangen wurden, und Letztere demzufolge einen bisher beispiellosen Missbrauch ihrer Amtsgewalt geübt haben; steht es ferner thatsächlich fest, dass meine hiesigen Gegner wider den ausdrücklichen Willen Eines Hohen Ministeriums die angeordnete Beaufsichtigung meiner ärztlichen Handlungsweise zur Erniedrigung meiner Person und zur Beeinträchtigung meiner Existenz allgemein in hiesiger Stadt verbreitet haben: so sehe ich mich auf den Grund sämmtlicher hier erwähnter Beschwerdepunkte zu der ganz gehorsamsten Bitte dringend veranlasst, Euer Excellenz wollen, unter Aufhebung der meiner Praxis und, was mir hienieden wohl das Theuerste ist, meiner Ehre gleich nachtheiligen Beaufsichtigung, eine in den Augen des Publikums mich vollkommen rechtfertigende und den erlittenen tiefen Kränkungen entsprechende Genugthuung huldreichst mir zu gewähren geruhen.

Bei Euer Excellenz allverehrter Hoher Gerechtigkeitsliebe, sehe ich gnädigem Willfahren mit Zuversicht entgegen und harre mit tiefschuldigster Verehrung.

Euer Excellenz Unterthänig gehorsamster Diener.

(gez.) **Dr. Kirchgässer,** praktischer Arzt.

---

14. An die Regierung zu Coblenz.

Das Ministerium veranlasst in Verfolg seiner Verfügungen vom 27. October vorigen und 24. April d. J. die Regierung, binnen 14 Tagen Anzeige zu erstatten, ob seit Erlass dieser Verfügungen Fälle zu ihrer Kenntniss gekommen sind, in denen dem Dr. med. Kirchgässer daselbst der Vorwurf einer kunstwidrigen oder fahrlässigen Behandlung seiner Patienten zu machen gewesen ist.

Berlin, den 21. September 1844.

Ministerium.

---

15. Antwort derselben.

Zufolge Euer Excellenz hochverehrlicher Verfügung vom 21. September c. beeilen wir uns, ganz gehorsamst zu berichten, dass seit unserm letzten Berichte vom 15. Mai c. keine officiellen Anzeigen über eine kunstwidrige oder fahrlässige Behandlung des Dr. Kirchgässer bei uns eingegangen sind. Dagegen wissen wir aus ganz zuverlässigen Quellen, dass er in seinen Grundsätzen durchaus nichts geändert hat und fortwährend als ein blinder Anhänger des Dr. Krüger-Hansen, mit gänzlicher Vermeidung aller ausleerenden Mittel, fast nur Reizmittel in Anwendung bringt, namentlich Chinin, Opium und Kampher.

Coblenz, den 4. October 1844.

Die Regierung, Abtheilung des Innern.

(Unterschriften.)

---

16. An den praktischen Arzt, Herrn Dr. Kirchgässer zu Coblenz.

Das Ministerium eröffnet Ihnen auf Ihre Vorstellung vom 6. Juli d. J., dass dasselbe auf Grund des über Sie eingegangenen Berichtes der dortigen K. Regierung sich veranlasst gesehen hat, die angeordnet gewesene besondere Beaufsichtigung Ihrer ärztlichen Wirksamkeit wieder aufzuheben. Das Ministerium hegt das Vertrauen zu Ihnen, dass Sie in der Zukunft Alles vermeiden werden, was zu ähnlichen Beschwerden über Ihr Verfahren, wie solche vorgekommen sind, Veranlassung geben könnte.

Berlin, den 2. November 1844.

An die Königliche Regierung zu Coblenz.

Abschrift vorstehender Verfügung erhält die Regierung auf den Bericht vom 4. v. Mts., zur Nachricht und weitereren Veranlassung.

Berlin, den 2. November 1844.

Ministerium.

---

17. Bericht der Regierung zu Coblenz.

Ew. Excellenz beehren wir uns, anliegend einen Bericht des Königl. Kreisphysikus Dr. Settegast ganz gehorsamst zu überreichen, welcher den hiesigen praktischen Arzt Dr. Kirchgässer zum Gegenstande hat. Wir bedauern es wahrhaft, Ew. Excellenz abermals mit dieser unangenehmen Angelegenheit behelligen zu müssen, und stellen es Hochderselben weiserem Ermessen anheim, ob der Sache weitere Folge gegeben, und deshalb Dr. Kirchgässer zur Einreichung einer Krankengeschichte aufgefordert werden solle.

Wir fühlen es sehr wohl, wie schwierig es ist, in solchem Falle eine heilsame Maassregel zu ergreifen, können aber doch den Wunsch nicht unterdrücken, dass es gelingen möchte, den Dr. Kirchgässer von seinem Irrthume zurück zu bringen. Der Königl. Kreis-Physikus, über welchen Seitens des p. Kirchgässer gleichwohl schon Beschwerde geführt worden, hat sich, nach unserer unmassgeblichen Meinung, bei der Sache mit grosser Besonnenheit und Mässigung betragen.

Coblenz, den 10. Januar 1845.

Die Regierung.
(Unterschriften.)

18. Gutachten der wissenschaftlichen Deputation nebst Uebersendung desselben an die Regierung.

Die Königl. Regierung zu Coblenz wünscht in einem Bericht vom 10. Januar d. J., dass es gelingen möchte, den dortigen praktischen Arzt Dr. Kirchgässer von seinen Irrthümern zurückzubringen, von denen ein Schreiben des dortigen Kreis-Physikus Dr. Settegast vom 5. Januar d. J. ein neues Zeugniss giebt. Dies Schreiben bezieht sich auf die ärztliche Behandlung des nach einem 31tägigen Kranksein am 31. Dezember v. J. am Nervenfieber verstorbenen Consistorial-Secretairs Hottung durch den Dr. Kirchgässer, welche der Settegast missbilligt, indem er zugleich den dringenden Wunsch an den Tag legt, dass man Mittel finden möge, diesen Arzt eines Bessern zu belehren. Eine Geschichte jenes Krankheitsfalles ist nicht eingereicht, und wir erfahren von ihm nichts, als was eine Krankenwärterin hierüber dem Physikus erzählt, so wie die Abschriften der in den letzten 9 Tagen des Verstorbenen von dem Dr. Kirchgässer verschriebenen Recepte. Nach jener Mittheilung soll der Verstorbene, bei einer mässigen Auftreibung des Unterleibes, bei einer steifen und trockenen Zunge, viel phantasirt und nur gelallt haben. Unwillkürliche Abgänge und Bewusstlosigkeit seien dabei wahrgenommen. Der Kranke habe wenig Wasser, aber viel Camillenthee, auch öfters Malaga und Rothwein bekommen. Die in Abschrift beigefügten Recepte enthalten meistens stark reizende Mittel, zum Theil in grossen Gaben, z. B. Kampher, Moschus, Opium, Chinin, gewürzhafte Tincturen, Zusätze von Creosot, Phosphortropfen, aromatischen Thee, Opiat-Pflaster, ätherische und balsamische Einreibungen.

Eine solche Menge der stärksten Reizmittel, fügt der Kreisphysikus Dr. Settegast hinzu: „erinnern mich an die Zeiten des tollsten Brownianismus, dessen Schule ich vor einigen 40 Jahren durchgemacht hatte; welcher ich aber, Gott sei Dank, von einem richtigen Instinkt geleitet und durch einige traurige Erfahrungen belehrt, bald Valet sagte.“

Es ist nicht in Abrede zu stellen, dass Arzneimittel in ähnlichen Mischungen und Gaben, mit Ausnahme des Chinins und des Creosots, welche früher nicht gebräuchlich waren, in den berühmten clinischen Anstalten zu Wien und Bamberg unter der Leitung von Peter und Joseph Frank, Malfatti, Marcus, Röschlaub u. s. w. bei Behandlung typhöser Fieber häufig in Anwendung gezogen wurden.

Im vorliegenden Falle ist nicht behauptet worden, dass der Gebrauch jener Arzneimischungen dem Verstorbenen geschadet, und dass derselbe bei einer andern Behandlung hätte gerettet werden können, aber man hat das Verfahren des Arztes ein „verderbliches“ genannt. Empfehlenswerth ist es allerdings nicht, und eine reizende Methode, in solchem Umfange angewandt, mag oft genug geschadet haben, obwohl es an Beobachtungen nicht fehlt, dass mancher Typhus-Kranke, in dieser Weise behandelt, glücklich genas. Man darf die Hoffnung noch nicht aufgeben, dass es dem Dr. Kirchgässer gehen werde, wie dem Dr. Settegast, und dass auch er bei reiferer Erfahrung selbst finden müsse, dass es angemessenere Wege giebt, bei Behandlung so gefährlicher Fieber die heilende Naturkraft zweckmässiger zu unterstützen und dass so grosse Gaben stark reizender Arzneien, selbst bei gleichzeitigen wahren Schwächezuständen, den Genesungsprocess leichter vereiteln, wie befördern.

Dass der Dr. Kirchgässer seiner Ueberzeugung entgegen gehandelt, oder dass er die Kur des Verstorbenen vernachlässigt habe, lässt sich nach dem Inhalte der beigefügten Blätter nicht behaupten, und dass derselbe auf dem Wege einer amtlichen Untersuchung seinen ärztlichen Glauben fallen lassen werde, ist ebenfalls nicht wahrscheinlich. Ein Zwang hierbei wird wohl nicht stattfinden können, da die Regierung kein Bedenken trägt, einem jeden approbirten Arzte zu überlassen, seiner besten Ueberzeugung zu folgen. Da sie den Homöopathen gestattet, in manchen gefährlichen Krankheiten, welche nach den Erfahrungen von Jahrhunderten ein actives, eingreifendes Heilverfahren nach einer bestimmten Richtung zur Abwendung naher Lebensgefahr erheischen, z. B. acute synochische Entzündungen innerer Eingeweide, bösartige Wechselfieber, heftige Blutflüsse, beginnende Schlagflüsse, Tobsucht u. s. w., unter der Maske eines arzneilichen Verfahrens, re vera nichts zu thun, wie sollte sie dieselbe Duldung nicht vielmehr gegen einen verspäteten Anhänger des Brownschen Systems üben und eine, von Andern gemissbilligte Behandlungsweise der Nervenfieber verbieten können, deren häufige Tödtlichkeit die Aerzte aller Schulen und selbst der neuesten noch bis zum heutigen Tage beklagen.

Berlin, den 19. März 1845.

Die wissenschaftliche Deputation für das Medicinal-Wesen.

(gez.) **Klug. Horn. Dr. v. Stosch.**

An die Regierung zu Coblenz.

Die von der Königl. Regierung mit dem Berichte vom 10. Januar d. J. eingereichte, hierbei zurückerfolgende Anzeige des dortigen Kreisphysikus Dr. Settegast, in Betreff eines von dem Dr. Kirchgässer behandelten Krankheitsfalles, hat das Ministerium der K. wissenschaftlichen Deputation für das Medicinalwesen zur gutachtlichen Aeusserung vorlegen lassen. Den von derselben in dieser Angelegenheit erstatteten Bericht theilt das Ministerium, welches gegen denselben nichts zu erinnern findet, der K. Regierung anliegend abschriftlich mit.

Berlin, den 7. April 1845.

Ministerium.

V.

Fall Siepmann.

Absolut oder nur individuell tödtlich?

Der Bauer Siepmann hatte einem Bauern Herzbruch mit einem Knotenstock auf den Kopf einen Schlag versetzt, in Folge dessen dieser, nachdem er unmittelbar darauf niedergestürzt, nachher aber 1/2 Stunde Weges nach Hause gegangen war, in einen soporösen Zustand verfiel. Der nach 24 Stunden hinzugerufene Arzt machte zwar sogleich die Trepanation; doch starb der Verletzte etwa 12 Stunden nachher. Bei der Section ergab sich Bruch des Schläfenbeins und reichliches Blutextravasat. Die Gutachten der beiden Vorinstanzen genügten dem Gerichte nicht; und es ward daher ein Superarbitrium der wissenschaftlichen Deputation darüber erfordert:

ob die bei dem Herzbruch nach dem Obductions-Protocoll vorgefundenen Verletzungen, unter Berücksichtigung der gelieferten Krankengeschichte, für absolut, oder für individuell, oder für accidentell tödtlich zu erachten seien, insbesondere, ob sich annehmen lasse, dass eine Heilung möglich gewesen sein würde, wenn unmittelbar nach erfolgter Verletzung ärztliche Hülfe nachgesucht und eingetreten wäre.

Die Formulirung dieser Frage beruht auf der Criminalordnung vom 11. Dec. 1805, welche in Beziehung auf die Gutachten über tödtliche Verletzungen vorschreibt

§ 169. Die Sachverständigen müssen einen vollständigen Obductionsbericht abfassen und ihr Gutachten über die Tödtlichkeit der Verletzungen nnd die Ursache des Todes beifügen, besonders aber folgende 3 Fragen ganz bestimmt beantworten, oder die Gründe, aus welchen es nicht geschehen kann, angeben:

1. ob die Verletzung so beschaffen sei, dass sie unbedingt und unter allen Umständen in dem Alter des Verletzten für sich allein den Tod hat zur Folge haben müssen;

2. ob die Verletzung in dem Alter des Verletzten nach dessen individueller Beschaffenheit für sich allein den Tod hat zur Folge haben müssen;
3. ob sie in dem Alter des Verletzten entweder aus dem Mangel eines zur Heilung erforderlichen Umstandes (accidens), oder durch Zutritt einer äussern Schädlichkeit den Tod zur Folge gehabt habe?

Die Beantwortung dieser 3 Fragen des § 169 der Criminalordnung ist nach Publication des Strafgesetzbuchs vom 14. April 1851 keineswegs unnöthig geworden. Dasselbe bestimmt

§ 185. Bei Feststellung des Thatbestandes der Tödtung kommt es nicht in Betracht, ob der tödtliche Erfolg einer Verletzung durch zeitige oder zweckmässige Hülfe hätte verhindert werden können, oder ob eine Verletzung dieser Art in andern Fällen durch Hülfe der Kunst geheilt worden, ingleichen ob die Verletzung nur wegen der zufälligen Umstände, unter welchen sie zugefügt wurde, den tödtlichen Erfolg gehabt hat.

Allein diese Bestimmung hebt den § 169 der Criminalordnung nicht auf, was hier vorläufig bemerkt, beim Fall VIII. aber näher nachgewiesen werden soll.

Die unterzeichnete wissenschaftliche Deputation, zu einem Superarbitrium in der Criminal-Untersuchung gegen Friedrich Wilhelm Siepmann wegen Todtschlags aufgefordert, ermangelt nicht, dasselbe im Nachstehenden zu erstatten.

Geschichtserzählung.

Am 11. August v. J. Nachts waren auf einem Kirmesstanz zu Rüggeberg, eine halbe Stunde vom Wohnorte des Caspar Herzbruch, mit mehrern Andern auch der Genannte (jetzt Denatus) und der (jetzt Angeschuldigte) Friedrich Siepmann anwesend. Etwa um 2 Uhr Morgens, als Herzbruch, von welchem nur Inc. sagt, dass er etwas zu viel getrunken hatte, gerade mit seiner Schwester über ein Kirmessgeschenk sprach, stürzte er zusammen, indem er vom Inc. einen Schlag auf den Kopf, den der Zeuge Schlemme aus einiger Enfernung gehört hat, und zwar mit einem Knotenstocke bekommen hatte, der 4′ 6″ lang und unten stark mit Eisen beschlagen ist. Seine Schwester, die er fragte, wer ihn geschlagen, half ihm auf; er ging in die Wirthsstube, stützte den Kopf in die Hand und ging bald darauf nach Hause. Unterwegs sprach er wenig und erkundigte sich namentlich noch einigemale danach, wer ihm den Schlag gegeben? Wie er sich nun am Tage befand, darüber enthalten die Acten Nichts. Erst „gegen Abend" (desselben 11. Aug.) erschien der hinzugerufene Dr. Klein und fand denselben nach seinem Atteste wörtlich: „in einem soporösen Zustande im Bette liegend. Es bekundete sich dieser Sopor durch gänzliche Bewusstlosigkeit, schnarchenden Athem, unwillkürliche Ausleerung des Darms und der Urinblase und stetes Umhergreifen mit den Händen an den Geschlechtstheilen. Die Augen waren geschlossen, und die erweiterte Pupille reagirte nicht, wenn man Licht ins Auge fallen liess. Es waren 120 Pulse in der Minute zu zählen, dieselben waren gross, voll und regelmässig, auch konnte Patient nur unvollkommen wenig Wasser schlucken. Bei näherer Untersuchung fand ich über dem rechten Ohre eine weiche Geschwulst von der Grösse eines der Länge nach durchshnittenen Hühnereies, welche Stelle mir um so mehr als die vorkam, welche in der Tiefe die Ursache des Hirnleidens enthielt, als ich durch mässigen Druck eine leichte Einbiegung des Schädeltheils wahrzunehmen glaubte. Wenn ich nun noch von den Angehörigen vernahm, dass er einen Schlag auf den Kopf bekommen habe, der Patient auch keine Blutung aus dem Ohre oder der Nase gehabt hatte, er vielmehr noch munter nach Hause gegangen sei, so stand bei mir fest, dass ein Blutextravasat sich nach und nach ausgebildet und durch Druck auf das Gehirn diesen Zustand hervorgebracht hatte. Ich unternahm nun sofort, unter Zuziehung der Doctoren F . . . u. M . . ., die Trepanation an der erwähnten Stelle, die leicht und ohne Blutverlust ausgeführt wurde. Das Extravasat war getroffen, und wurde eine Menge geronnenen Blutes entfernt. Der Puls hatte sich nicht geändert, es wurde ein Aderlass gemacht, kalte Umschläge auf den Kopf und eine kühlende Mixtur verordnet, auch der Kopf des Kranken so gelegt, dass noch mehr Blut leicht ausfliessen konnte. Als ich den Kranken am andern Morgen besuchte, fand ich ihn im Todeskampfe liegend, und bin ich noch nicht lange aus seiner Wohnung entfernt gewesen, als der Tod erfolgte.“ Herzbruch starb nämlich am 12. August Nachmittags 2 Uhr, also 36 Stunden nach erhaltener Verletzung, und circa 30 Jahre alt.

Die Leiche wurde am folgenden Tage vom Kreis-Physikus Dr. Kerksig und Kreis-Chirurgus Flues gerichtlich obducirt, und ergab sich dabei an, für die Beurtheilung wesentlichen Befunden Folgendes:

1) Nach zurückgeschlagenen Kopfhautbedeckungen fand sich auf der rechten Seite etwas Blutextravasat unterhalb des Musc. temporalis.

2) Am Schädelgewölbe war nirgends eine Fractur noch Fissur zu entdecken.

3) Nach durchsägtem Schädelgewölbe, welches 2, an einigen Stellen sogar 3 Linien dick war, und an welchem sich auch an der innern Lamelle keine Fractur noch Fissur befand, zeigte sich auf der rechten Seite ein sehr bedeutendes Extravasat von dunkelrothem, geronnenem Blute.

4) Dasselbe begann oberhalb des äussern Gehörganges und erstreckte sich von hier aus vier Zoll nach hinten.

5) Die Höhe dieses Extravasats betrug von der Basis cranii aufwärts stark $3^1/_2$ Zoll, die Dicke stark $^3/_4$ Zoll.

6) Dieses Extravasat befand sich zwischen dem Schädel und der harten Hirnhaut. Die Quantität desselben betrug 5 Esslöffel voll.

7) Der Sinus longitud. superior sowie die Sinus transversi strotzten von Blut.

8) Auch die Gefässe der harten Hirnhaut waren sehr blutig.

9) Die Gefässe in den Hirnwindungen beider Hemisphären des grossen Gehirns strotzten ebenfalls von Blut.

10) Die rechte Hemisphäre des grossen Gehirns war durch das Extravasat stark eingedrückt; dieser Eindruck betrug von vorn nach hinten 4 Zoll, und von oben nach unten etwas über 3 Zoll.

11) Bei dem transversellen Durchschnitte des grossen Gehirns zeigten sich sowohl in der Rinden- wie in der Marksubstanz viele rothe Punkte.

12) In beiden seitlichen Ventrikeln war etwas wässrige Feuchtigkeit.

13) Auch die Substanz des kleinen Gehirns so wie der Pons Varolii waren sehr blutreich.

14) Auf der Basis cranii fand sich nach der Excentration des Gehirns auf der rechten Seite noch etwas extravasirtes Blut.

15) Nachdem die dura mater von der Basis cranii abgezogen war, zeigte sich auch noch ein Knochenbruch. Dieser begann 3 Linien unterhalb der Trepanationswunde im rechten Schuppenbein und erstreckte sich von hier aus in einer etwas schrägen Richtung von hinten und oben nach vorn und unten durch das Schuppenbein bis zu seiner Verbindung mit dem os petrosum. Die Länge dieses Bruchs betrug $1^3/_4$ Zoll. Derselbe durchdrang die ganze Dicke des Schuppenbeins, so dass er nach näherer Untersuchung von aussen her wahrgenommen wurde.

In Betreff der Brust- und Bauchhöhle wurden sämmtliche Organe in vollkommen gesundem Zustande vorgefunden.

Auf diesen Befund geben die Obducenten ihr Gutachten, namentlich mit Rücksicht auf die Annahme, dass das Extravasat in der Schädelhöhle auch durch frühere Trepanation nicht hätte entfernt werden können, dahin ab, dass die Verletzung im Sinne der ersten Frage des bekannten Paragraphen der Criminal-Ordnung für eine absolut lethale zu erachten sei.

Dagegen erklärt das Königl. Medicinal-Collegium zu Münster dieselbe in seinem Gutachten vom 15. Juni d. J. weder für allgemein, noch für individuell absolut tödtlich, vielmehr, im Sinne der dritten Frage der Criminal-Ordnung, für eine accidentell tödtliche, d. h. für eine solche, „welche in dem Alter des Verletzten theils durch Zutritt einer äussern Schädlichkeit, vielleicht auch durch Mangel rechtzeitiger Hülfe den Tod des Herzbruch zur Folge gehabt hat.“ Diesem Tenor des Gutachtens entspricht der Text desselben indess nicht überall, und ausserdem leidet dasselbe an Dunkelheiten, Widersprüchen und unbegründeten Voraussetzungen, wie z. B. die Annahme der accidentellen Lethalität mit darauf begründet ist, dass der Verletzte sich „vielleicht“ im angetrunkenen Zustande befunden habe, und dass eine erfolgreiche Wirksamkeit einer frühern ärztlichen Hülfe unter gewissen möglichen Umständen nicht wohl geleugnet werden könne, während nur kurz vorher gesagt wird, dass selbst gleich nach der Verletzung eintretende ärztliche Anordnungen das Extravasat, welches das Medicinal-Collegium als causa mortis annimmt, „wohl schwerlich“ ganz hätten verhindern können u. s. w.

Bei dieser Sachlage resolvirte der K. Oberlandesgerichts - Senat zu Hamm die Einholung eines Superarbitrii durch die unterzeichnete wissenschaftliche Deputation darüber:

Ob die bei dem Caspar Wilhelm Herzbruch nach dem Obductions-Protokoll vorgefundenen Verletzungen, unter Berücksichtigung der von dem Dr. Klein gelieferten Krankengeschichte, für absolut, oder für individuell, oder für accidentell tödtlich zu erachten seien, insbesondere, ob sich annehmen lasse, dass eine Heilung möglich gewesen sein würde, wenn unmittelbar nach erfolgter Verletzung ärztliche Hülfe nachgesucht und eingetreten wäre.

Gutachten.

Die fragliche Kopfverletzung gehörte zu den allererheblichsten, wie schon dem Laien einleuchtend sein muss, bei der Erwägung, dass ein junger, ganz gesunder Mann, wie Herzbruch war, nachdem er mit einem 4′ 6″ langen, stark mit Eisen beschlagenen Knotenstock unerwartet von hinten her einen solchen Schlag auf den Kopf bekommt, dass man ihn aus einiger Entfernung hört, augenblicklich zusammenstürzt und nach 36 Stunden stirbt. Noch unwiderleglicher haben diese Erheblichkeit der Verletzung die danach entstandenen Folgen im Leben und die Sectionsresultate dargethan. Es war dadurch einer der Schädelknochen zersprengt, und ein unstreitig grösseres Blutgefäss, wenn auch dahingestellt bleiben muss, welches? — zerrissen worden, und die Folgen waren augenblickliche Hirnerschütterung und Erguss von Blut in die Schädelhöhle. Dass jene keine dauernde gewesen, erweist der Umstand, dass Denatus bald wieder zur Besinnung kam, sprechen und sogar eine halbe Stunde weit gehen konnte. Hierdurch wird aber auch gleichzeitig erwiesen, dass das Blutextravasat in dem Umfange, wie es bei der Leicheneröffnung gefunden worden, unmöglich schon unmittelbar nach der Verletzung vorhanden gewesen sein kann, da in diesem Falle alle jene Zeichen von Bewusstlosigkeit und Sopor, wie sie der Dr. Klein am folgenden Abend fand und ganz erfahrungsgemäss richtig schildert, und wie sie überall entstehen, wo ein fremder Körper, hier Blut, auf das Gehirn drückt, schon unmittelbar nach der Verletzung hätten eintreten müssen, was, wie bemerkt, nicht der Fall gewesen. Nichts ist aber auch in der That in der Erfahrung gewöhnlicher bei erheblichen Kopfverletzungen, als ein Vorgang, wie der hier vorliegende, eine nur allmälige und langsam wachsende Ansammlung von Blut im Gehirn, nämlich aus bei der Verletzung zersprengten Gefässen, mit welcher in gleichem Schritte die Krankheitssymptome an Gefahr sich steigern. Die Heilkunst hat deshalb, um den Steigerungen vorzubeugen, viele Mittel und Methoden angegeben, die in solchen Fällen baldmöglichst anzuwenden sind, und die im Wesentlichen den doppelten Zweck haben, den bewirkten Druck wieder zu heben und zu entfernen, und die Entstehung eines neuen und fernern Drucks auf das Gehirn zu verhüten. Es gehören dahin vorzugsweise chirurgische Hülfsmittel, namentlich die Anbohrung des Schädels, und medicinische, vorzugsweise den Blutandrang vom Kopfe fortwährend kräftig ableitende Mittel. Von allen diesen Mitteln ist kein einziges bald nach der Verletzung des Falles wirksam geworden, vielmehr ist der Verletzte, wenigstens nach Lage der Acten, einen ganzen Tag sich selbst, d. h. der Naturhülfe, die in solchen Fällen nicht ausreichend zu sein pflegt, überlassen gewesen, und es ist allerdings eine kostbare Zeit verloren worden. Erst am Abend, als Dr. Klein eintrat, geschah Alles, was Kunst und Erfahrung zu thun vorschreiben, und ermangeln wir nicht, mit Rücksicht auf die wissenschaftliche Discussion über die Trepanation überhaupt und den Zeitpunkt ihrer Anwendung insbesondere, hier zu bemerken, wie wir die Anerkennung, welche das Medicinal-Collegium dem raschen, entschlossenen und kunstgemässen Handeln des genannten Arztes zollt, vollständig theilen. Es fragt sich daher nur, ob ein solches Handeln zu einer frühern Zeit, und möglichst bald nach eingetretener Verletzung, den tödtlichen Ausgang derselben hätte abwehren, oder ob die Naturhülfe allein in einem solchen Falle, wie der vorliegende, das Leben hätte erhalten können, in welchem Falle, als bei dem Denatus wirksam geworden, noch Zwischenursachen zwischen der Verletzung und dem Tode angenommen werden müssten? Wir glauben diese Fragen verneinen zu müssen.

Es kommen hierbei zwei Sectionsbefunde in Betracht, der Schädelbruch, welchen beide frühere technische Instanzen nicht gewürdigt haben, und das geschilderte Extravasat. Jener Bruch betraf das Schläfenbein, und zwar seinen Schuppentheil, erstreckte sich jedoch bis an seinen Felsentheil (os petrosum), d. h. er berührte bereits die Schädelgrundfläche. Wirkliche Schädelgrundflächenbrüche werden überall und unbestritten, da sie der Natur- wie der Kunstheilung unzugänglich sind, als absolut lethale Verletzungen anerkannt. Sie sind dies namentlich, weil sie eine verletzende Kraft nothwendig voraussetzen, welche auch anderweitig, und im Gehirne selbst, die bedeutendsten Störungen seiner Organisation bedingen muss. Eine nicht viel geringere Kraft muss, nach dem genannten Erfolge (Bruch) zu schliessen, auch hier vorausgesetzt werden, und es liegt auf der Hand, dass der Bruch des Schuppentheils, den der Schlag verursacht hatte, weder durch die Natur, noch durch die Kunst hätte zur Heilung gebracht werden können. Dass dieselbe verletzende Kraft ein grösseres Blutgefäss zersprengt hatte, ist bereits bemerkt worden. Wenn es unzweifelhaft ist, dass das bei der Section vorgefundene Blutextravasat sich bereits im Leben des Denatus, und nicht erst nach dem Tode gebildet oder auch nur vergrössert hatte, da das gefundene Blut geronnen war, was nur ein Lebensact ist, so ist es auch sogar höchst wahrscheinlich, dass dasselbe bereits vollständig oder mindestens zum grössten Theile zur Zeit, als Dr. Klein eintraf, gebildet gewesen. Denn einerseits liessen die grossen und lebensgefährlichen Symptome, die derselbe bei dem Kranken vorfand, auf ein sehr umfangreiches Extravasat schliessen, und andrerseits ist es nicht wahrscheinlich, dass nach den energischen Maassregeln, die der Arzt alsbald wirksam werden liess, und in der kurzen Zeit, welche der Kranke danach noch durchlebte, der Bluterguss sich noch weiter sehr erheblich sollte gesteigert haben. Alle diese Gründe sprechen dafür, dass ein grösseres und wichtigeres Blutgefäss gesprengt gewesen. Wenn nun auch angenommen würde, dass in einem solchen Falle eine kunstgemässe, energische ärztliche Hülfe augenblicklich nach der Verletzung zur Stelle gewesen wäre, so hätte dieselbe keinen andern Erfolg im günstigsten Falle haben können, als den, die schnelle Ergiessung des Blutes in den Schädel zu verhindern, nicht aber den, die bedeutende Gefässwunde zu verschliessen und zu heilen, und der Tod würde nur langsamer, aber ebenso gewiss erfolgt sein. Hierzu kommt endlich, dass (s. oben sub 14) auch auf der Schädelgrundfläche sich noch etwas extravasirtes Blut vorfand. Auch dieser Befund ist erheblich, weil ein solches Extravasat an dieser Stelle durch keine Kunsthülfe zu entfernen ist und auch der Naturhülfe unzugänglich zu sein pflegt.

Bei dieser Concurrenz dreier höchst erheblicher Sectionsbefunde, denen der Verlauf der kurzen und eben so bedeutenden Krankheit des Verletzten entspricht, nehmen wir keinen Anstand, die Verletzung für eine absolut lethale zu erklären.

Wenn hiermit bereits die Annahme einer bloss individuellen oder accidentellen Tödtlichkeit logisch ausgeschlossen ist, so glauben wir doch noch folgender Momente erwähnen zu müssen. Es ist bereits oben bemerkt worden, dass der Körper des Denatus, mit Ausnahme der Befunde im Kopfe, durchaus gesund befunden worden, und liegt sonach gar Nichts vor, was die Annahme, dass in der eigenthümlichen Leibesbeschaffenheit des Herzbruch Momente gelegen hätten, die nächst und mit der Verletzung wirksam geworden wären, auch nur mit einiger Wahrscheinlichkeit begründen könnte. Von sogenannten Accidentien aber ist in den frühern Verhandlungen des angeblichen Rausches des Denatus und seines Ganges nach Hause Erwähnung gethan worden. Ueber den Rausch liegt indess actenmässig gar Nichts vor. Nur der Inculpat, wie oben bemerkt, sagt, dass Herzbruch „etwas zu viel getrunken hatte," kein andrer Zeuge bestätigt dies, und der Angeschuldigte, wie der Zusammenhang ergiebt, führt dies offenbar als Vertheidigungsmoment an. Was den selbstständigen Gang betrifft, so war eine solche Bewegung unter den obwaltenden Umständen allerdings an sich nicht nur höchst unzweckmässig, sondern auch geradezu schädlich, denn sie musste das Ergiessen des Blutes im Kopfe noch befördern und beschleunigen, statt dass tiefe Ruhe des Körpers sie verzögert und beschränkt hätte. Allein auch hier müssen wir wiederholen, was bereits oben angeführt, dass bei grösster Ruhe, die man dem Verletzten gewährt hätte, und die nur Eines der Momente des zweckmässigen Heilverfahrens gewesen wäre, das wir bereits in seiner Gesammtheit gewürdigt haben, nach dieser Kopfverletzung das tödtliche Extravasat sich, wenn gleich langsamer und allmäliger, dennoch gebildet haben würde.

Nach diesen Ausführungen urtheilen wir demnach schliesslich und geben unser Gutachten dahin ab:

Dass die bei dem Caspar Wilhelm Herzbruch, nach dem Obductions-Protokoll vorgefundenen Verletzungen, unter Berücksichtigung der von dem Dr. Klein gelieferten Krankengeschichte, für absolut, nicht für individuell, noch für accidentell tödtlich zu erachten seien, insbesondere, dass sich nicht annehmen lasse, dass eine Heilung möglich gewesen sein würde, wenn unmittelbar nach erfolgten Verletzungen ärztliche Hülfe nachgesucht und eingetreten wäre.

Berlin, den 13. October 1847.

Königl. wissenschaftliche Deputation für das Medicinalwesen.

(gez.) **Klug. Casper. Horn. Müller. Dr. v. Stosch. Schmidt. Jüngken.**

VI.

Fall Nuese.

Todtschlag bei zweifelhafter Zurechnungsfähigkeit.

Der Bauer Nuese hatte in einem Streite einem andern Bauer mit einem Scheit Holz einen Schlag auf den Kopf versetzt, der ihn fast augenblicklich tödtete. Die absolute Lethalität der Verletzung war nicht zweifelhaft; es stellte sich aber im Laufe der Untersuchung darüber ein Zweifel heraus, ob der Inculpat seine That in geistesfreiem und dispositionsfähigem Zustande verübt. Die Ansichten der Vorinstanzen waren unsicher, weshalb der Richter ein Superarbitrium der wissenschaftlichen Deputation darüber erforderte:

> ob die Ausübung des Vermögens, mit Freiheit und Ueberlegung zu handeln, durch äussere Umstände oder innere Affecte behindert oder begünstigt werden könne, das Vermögen, mit Freiheit und Ueberlegung zu handeln, selbst aber einem Menschen entweder beiwohnt, oder nicht, sowie mit Rücksicht darauf, dass die besondere Berücksichtigung der eigenthümlichen Ansichten des Inquisiten über seine Rechte und die Wahl der Mittel, zu denselben zu gelangen, bei Beurtheilung der Zurechnungsfähigkeit des Inquisiten, bei seinem auf Abwehr des Denatus gerichteten Angriff gegen denselben, wie sie in dem Gutachten des Medicinalcollegiums Statt gehabt habe, bedenklich erscheine.

Der erste Referent war in diesem Falle Horn (der Vater), auf dessen Meisterschaft der zweite Referent, Herr Geheimrath Schmidt, sich so verliess, dass er sich mit nachstehendem Votum begnügte.

Gutachten des zweiten Referenten.

Bereits drei Jahre früher, als die Ursache zur vorliegenden Criminaluntersuchung stattfand, wurde vor dem Civilrichter das Verfahren „wegen Bevormundung des blödsinnigen Bauernsohnes Johann Nuese,“ des jetzigen Inculpaten, eingeleitet, aber leider auch nur eingeleitet; die Verhandlung wurde abgebrochen, nicht, weil die angestellten Ermittelungen zu keinem Ziele geführt hätten, sondern weil die den Antrag stellende Familie ihr Gesuch zurücknahm.

Selten dürfte der Fall vorkommen, wo Acten über zweifelhafte Dispositions- und Zurechnungsfähigkeit sich gegenseitig ergänzen. Die Frage der Zurechnungsfähigkeit beginnt in den meisten Fällen mit dem Verbrechen selber. Wäre im vorliegenden Falle der, drei Jahre vor dem Verbrechen zu ermittelnde Blödsinn wirklich ermittelt, so wäre der Joh. Nuese wahrscheinlich unschädlich gemacht, und wäre letzteres nicht geschehen, so würde doch wenigstens jetzt der Zweifel, ob er den Todtschlag im Zustande der Freiheit und Ueberlegung ausgeführt habe, nicht durch die nachherige, sondern durch die vorherige Untersuchung beseitigt sein.

Immerhin bleiben auch noch jetzt die Acten über die damalige Bevormundung des „blödsinnigen" Nuese, ungeachtet des nicht erfolgten Erkenntnisses, ein starkes Gewichtstück für die Frage der Zurechnungsfähigkeit oder Unzurechnungsfähigkeit.

Allerdings liegt in demjenigen Factum, welches jetzt zunächst Veranlassung der Untersuchung geworden ist, wenn man dasselbe isolirt auffasst, kein zureichender Grund für die Annahme einer Geisteskrankheit. Der p. Nuese war seiner Meinung nach in seinem Rechte, als er auf dem Bodenraume, dessen Benutzung ihm zustand, einen Räucherboden anlegen wollte. Er wurde hierin zunächst durch eine weibliche, dann durch eine männliche Person gehindert und bedeutend gereizt. Gegen letztere hatte er einen mehrjährigen Groll. Er setzte sich gegen dieselbe in den Wehrzustand. Eine Axt wurde seiner Hand entwunden. Er wurde aber am Fusse gezogen und sollte vom Boden heruntergezogen werden. „Da ich mir dieses," so erzählt er selbst, „natürlich nicht gefallen lassen konnte, und mein Gegner obendrein noch unter Schimpfreden sagte, mich solle der Teufel holen, so nahm ich ein Stück Holz und stiess ihn mit diesem gegen den Kopf. Meine Absicht ist nicht gewesen, durch den Schlag den Tod zuzufügen, mich hatten nur seine Redensarten gereizt, und ich wollte ihn nur von mir abhalten."

In diesem Factum liegt ein so vernünftiger, ursachlicher Zusammenhang, dass dasselbe ohne eie Annahme einer Geisteskrankheit seine genügende Erklärung findet.

Es ist indess nicht zu übersehen, dass wohl die fehlende causa facinoris den Verdacht einer Seelenkrankheit steigert, nicht aber die vorhandene Ursache der That diesen Verdacht aufhebt. Auch Geisteskranke vertheidigen sich, wenn sie gereizt werden.

In einer andern Beziehung ist das Geständniss des Inquisiten von Wichtigkeit, indem dasselbe zu ehrlich ist, um einen Gedanken an Simulation aufkommen zu lassen.

Was aber die Hauptsache ist, man darf bei der Frage der Zurechnungsfähigkeit nie das Hauptfactum isolirt, sondern den ganzen Inquisiten vor und nach der That, ja noch weiter aufwärts, sogar dessen Ascendenz, auffassen. — Hier vermissen wir nun zwar die Verhältnisse der Erblichkeit, in welcher Beziehung die vorliegenden Acten gar nichts sagen, folglich eine Anlage zwar nicht behaupten, aber auch nicht widerlegen. Wir sind auf den individuellen Lebenslauf des Inquisiten beschränkt. Dieser liefert aber so viel Thatsachen, die gewiss in der ersten Relation mit so grosser Gründlichkeit gewürdigt sind, dass der unterzeichnete zweite Referent zur Vermeidung unnöthiger Wiederholung sich nur darauf beschränken darf, das Final-Votum auszusprechen, welches sich ihm aus einer Durchsicht beider Vol. actorum gebildet hat, und welches darin besteht:

dass dem Inquisiten im Momente der That das Vermögen, mit Freiheit und Ueberlegung zu handeln, nicht beigewohnt hat.

Berlin, den 15. December 1847. **Schmidt.**

Ein Hohes Ministerium der geistlichen, Unterrichts- und Medicinal-Angelegenheiten hat die unterzeichnete wissenschaftliche Deputation für das Medicinal-Wesen unter dem 1. Novemder d. J. aufgefordert, nach einem Resolut des Criminal-Senats des Königl. Kammergerichts vom 27. September d. J. über die Zurechnungsfähigkeit des wegen Todtschlags in Untersuchung sich befindenden Einliegers Johann Peter Christian Nuese in Bläsendorf ein Superarbitrium zu erstatten.

Wir haben uns zu dem Behufe mit dem Inhalte der uns mitgetheilten zwei Bände Acten sorgfältig bekannt gemacht und hiernach jener Aufforderung in Folgendem genügen wollen.

Geschichtserzählung.

Der 56jährige Einlieger Johann Nuese in Bläsendorf, ins Stiftgericht zum Heiligengrabe gehörig, hatte nothdürftig Lesen und Schreiben gelernt, ward in seinem 14. Jahre eingesegnet und später von der Verpflichtung, beim Militär zu dienen, durchs Loos befreit. Er hatte seinen Bruder in der Wirthschaft unterstützt und lebte nach dessen Tode bei seiner Schwiegerin, der Wittwe Nuese, in dem ihr gehörigen Hause, in welchem nach der Bestimmung seines längst verstorbenen Vaters, ein Wohnungsrecht mit Benutzung des Bodenraums ihm zustand.

Gegen das wiederholte Verbot der Hausbesitzerin begab sich der Nuese am 31. December 1846 auf den Boden dieses Hauses, um dort einen Räucherboden anzulegen. Da er diesen Vorsatz nicht aufgeben wollte, so rief seine Schwiegerin seine Schwester, die verehelichte Bessmann, und den Dienstknecht Fränz zu Hülfe, um den Nuese von der beabsichtigten Arbeit abzuhalten. Es gelang denselben, eine Axt, die er in seiner Hand hielt, ihm mit Gewalt zu entreissen. Dessenungenachtet weigerte sich der Nuese, seiner Absicht zu entsagen. Nach einem heftigen Streite, wobei sie handgemein wurden, ergriff der Nuese ein Scheit Holz, $3^1/_2$ bis 4 Zoll stark und $14^1/_2$ Pfund schwer, und schlug den Fränz dergestalt auf den Kopf, dass er die Bodentreppe hinabstürzte. Der Fränz blieb besinnungslos liegen, wurde in seine Wohnung getragen und starb etwa eine Stunde darauf, ohne zum Bewusstsein zurückgekehrt zu sein, und die am folgenden Tage angestellte Obduction ergab absolut tödtliche Verletzungen des Schädels und Gehirns. Der Inquisit, der gleich nach dem Ereigniss von dem Schulzen Mosolf vernommen wurde, gestand, dass er dem Fränz mit dem Scheit Holz zwei Schläge auf den Kopf gegeben, dass dieser nach dem ersten Schlage noch gestanden, nach dem zweiten aber die Treppe hinunter gefallen sei. Beim ersten Verhör, den Tag nach der That, äusserte sich der Nuese über dieselbe auf folgende Weise: Ich war auf dem Boden des Nueseschen Hauses mit Einrichtung eines Räucherbodens beschäftigt, wozu ich mich einer Axt bediente, die mir aber von meiner Schwester und dem Dienstknecht Fränz, unter heftigem Hin- und Herreden, entrissen wurde. Kaum hatten mich diese Beiden verlassen, als der Andreas Fränz zu dem Boden herauf kam und von mir verlangte, ich sollte hinunter gehen und die Einrichtung des Räucherbodens unterlassen. Ich entgegnete ihm, er habe in diesem Hause nichts zu suchen, er solle sich fortbegeben. Er fasste mich an den Fuss und suchte mich nun von dem Boden herunter zu ziehen, und da ich mir dies natürlich nicht gefallen lassen wollte, zufällig auch ein Scheit kienenes Holz in der Hand hatte, welches ich zur Einrichtung des Bodens gebrauchen wollte, so stiess ich ihn mit diesem Holze an den Kopf, um ihn von mir abzuwehren. Als er nun aber unter Schimpfreden auf mich eindrang, erhob ich mit beiden Händen über meinen Kopf das Scheit Holz und schlug ihn mit demselben. Wohin ich ihn getroffen, ob in den Nacken oder an den Hinterkopf, vermag ich nicht mit Gewissheit zu sagen. Er fiel sofort nach dem Schlage die Treppe hinunter, ich blieb indess auf dem Boden. Meine Absicht ist nicht gewesen, durch den Schlag den Fränz zu tödten, mich hatten nur seine Redensarten gereizt, und wollte ich ihn von mir abhalten. Mir thut es herzlich leid, dass der Fränz gestorben ist, und will ich mich gern der Strafe unterwerfen, die ich zu dulden haben werde. Im articulirten Verhör stellte er in Abrede, den Fränz mit dem Scheit Holz geschlagen zu haben, er habe ihn nur gegen die Schultern gestossen, und Fränz müsse todt gefallen sein. Als man ihm erklärte, dass die vorgefundenen Verletzungen an der Leiche des Fränz durch einen Fall nicht entstanden sein könnten, erklärte er, es auch nicht mit Gewissheit wissen zu können. „Zurückgestossen habe ich den Fränz mit dem Stück Holz, wie ich bestimmt weiss; ob ich ihn aber auch damit geschlagen, weiss ich nicht mit Bestimmtheit; denn ich bin bei dem Vorfall allerdings in Wuth gewesen, und habe ich mich nur meiner Haut gewehrt, denn ich bin im Stande der Nothwehr gewesen, denn es heisst im Sprichwort: es ist ein schlechter Soldat, der seinen Rücken kehrt und sich nicht also wehrt."

Der Kreisphysikus Dr. Lessmann, welcher bald nach dem Unglücksfalle den Nuese besuchte, bekundete im Termin vom 9. Januar: Es habe der Nuese ihm ein Stück Holz vorgezeigt mit den Worten: „Hiermit habe ich ihm eins gegeben, das geschieht ihm ganz recht, denn er hat mir das Wasser auf dem Hofe nicht gegönnt, er hätte besser gethan, seinen Zaun zu flicken, als mich an der Anfertigung des Räucherbodens zu hindern." Als der Dr. Lessmann ihm sagte, dass er den Fränz todtgeschlagen habe, hörte er dies mit Gleichgültigkeit an, und schien seine Rede gar keinen Eindruck auf ihn zu machen, und als er ihn fragte, ob er das 5. Gebot kenne, erwiderte er: Du sollst nicht tödten, zeigte aber dabei auf einige der Umstehenden, welche die Kriegsdenkmünze trugen, und bemerkte dabei, diese haben als Soldaten auch getödtet, und auf die Frage: ob es ihm nicht leid thue, den Fränz erschlagen zu haben, antwortete er ihm: „Warum hat er mir das Wasser nicht gegönnt? wenn er oder sein Bruder mich in meinem Eigenthume belästigen, so thue ich das, was geschehen, noch einmal." Der Dr. Lessmann fügt hinzu: Der Nuese, den ich früher nie gesehen, machte gleich bei meiner ersten Unterredung mit ihm am 31. December den Eindruck eines still wahnsinnigen, zornmüthigen Menschen auf mich. Am andern Tage, als ich mehr mit ihm gesprochen habe, machte er den Eindruck eines schwachsinnigen, mit periodischer Zornmüthigkeit behafteten Menschen. Bei einem wiederholten Besuche wurde dem Inquisiten von dem Dr. Lessmann und Inquirenten eine Menge ganz heterogener Fragen über seine Familien- und Vermögensverhältnisse, über sein Alter, so wie über religiöse Gegenstände vorgelegt, welche er sämmtlich vernünftig beantwortete. Aber auf die Frage des Inquirenten: weshalb er sich, nachdem der Fränz von der Treppe heruntergefallen, gar nicht weiter nach ihm umgesehen, und ruhig seine Arbeit fortgesetzt habe, antwortete er: Der Soldat sieht sich im Kriege auch nicht um, wenn neben ihm einer fällt. Später erklärte er: er habe geglaubt, der Fränz sei nur beschwobbt (ohnmächtig), und weil seine Verwandten nachher ihn gleich forttrugen.

Nachdem Bedenken über seinen geistigen Gesundheitszustand sich geltend gemacht, und die Frage über seine etwanige Unzurechnungsfähigkeit einer näheren Prüfung werth gefunden wurde, ermittelte sich, dass seine Schwiegerin, die Wittwe Nuese geb. Bessmann, und deren Bruder der Bauer Bessmann schon am 5. December 1843 bei dem Stiftsgericht zu Heiligengrabe auf eine Bevormundung des angeblich blödsinnigen Johann Nuese angetragen hatten. Sie versicherten damals, ihr Schwager sei geistesschwach und unvermögend, die Verwaltung seines Vermögens zu übernehmen. Nach den beigefügten Provocationsacten erlitt der Inquisit eine Reihe von Jahren zuvor ein hitziges Nervenfieber, welches eine Geisteszerrüttung zurückliess, welche öfters in Tobsucht ausartete. Seitdem sie nach dem Tode ihres Mannes den Bauerhof übernommen, sei die Tobsucht noch mehr hervorgetreten, und der Kranke der öffentlichen Sicherheit gefährlich geworden. Zur Rechtfertigung ihrer Behauptung führte sie an, dass der Nuese vor Kurzem die Thür zu ihrem Hause verschlossen, weshalb sie den Schulzen Mosolf zu Hülfe gerufen habe. Als derselbe kam, ging der Nuese mit der Düngergabel ihm entgegen und wollte ihn erstechen. Am 2. December war der Bauer Naefe auf ihrem Hofe; sobald ihr Schwager ihn sah, ergriff er eine Holzaxt und wollte dem Naefe den Schädel spalten. Er lief hinter ihm her, und nur auf vieles Bitten stand er von seinem Vorsatz ab. Am 4. December brachte der Provocat dem Schöppen Mosolf einen Strick mit dem Ersuchen, einen Andern damit aufzuhängen. Der Bauer Wahlfeldt bezeugte, er kenne den Provocaten seit langer Zeit, und sei ihm wohlbekannt, dass er an Geistesverwirrung leide. Der Bauer Schlee bezeugt, der Provocat habe sich gegen den Bauer Naefe beklagt, dass sein Bauerhof verkauft würde. Als der Naefe ihm erwiderte, dass er keinen Bauerhof habe, wurde der Provocat so heftig, dass er ihm mit der Holzaxt entgegen ging und ihm erklärte, er wolle ihn von seinem Bauerhof jagen, ohne ihm jedoch etwas zu thun. Ein ander Mal sei er so heftig geworden, dass er mit der Holzaxt ihn verfolgte. Der Verfolgte lief um einen Wagen herum und entging so der Verletzung, mit der der Nuese ihm drohete, nachdem er zuvor ihm seine Pfeife entrissen hatte. Der Schulze Mosolf bekundet, er habe früher Spuren häufiger Geistesverwirrung an ihm wahrgenommen. Er sei öfters des Abends in den Krug gegangen, habe in seinem Namen

Feierabend geboten und von Polizei wegen die Musik im Kruge untersagen wollen. Der Bauer Isbein, der in Gemeinschaft mit dem Naefe den Nueseschen Bauerhof gekauft hatte, bekundet, dass der Inquisit gegen beide geäussert habe, man solle den alten Naefe todtschlagen, derselbe würde ihnen doch nichts nützen. — Am 19. April 1844 nahm die Wittwe Nuese — weshalb ist aus den Acten nicht ersichtlich — ihren Antrag auf Blödsinnigkeits-Erklärung des Johann Nuese zurück, mit der Versicherung, sie habe sich überzeugt, dass derselbe seinem Geschäft vorzustehen fähig sei.

Die Blödsinnigkeits-Erklärung erfolgte demnach nicht, und, wie der Erfolg gezeigt hat, zum Unglück für den Inquisiten, der schon damals als gemeingefährlich betrachtet werden konnte und der Isolirung dringend bedurfte. Ueber die frühere Lebens- und Gesundheitsgeschichte des Nuese, abgerechnet die Nachricht von dem vor etwa 18 Jahren überstandenen heftigen Nervenfieber und dessen üblen Folgen für seinen Geisteszustand, enthalten die Acten nichts. Eben so wenig ist eine specielle Beschreibung seines physischen Zustandes, seines Schädels, Gesichts, seines Verhaltens, Benehmens, seiner Gewohnheiten und anderer, seine Persönlichkeit betreffender Eigenthümlichkeiten vorhanden.

Um unnütze Wiederholungen zu vermeiden, ist es angemessen, manche Merkmale auffallend verkehrten Denkens, Redens und Handelns des Inquisiten, welche die Acten darbieten, erst in unserem Gutachten zur Sprache zu bringen.

Nach wiederholten Untersuchungen und Unterredungen mit dem Nuese erklärte demnächst der Kreisphysikus Dr. Lessmann, derselbe leide nach seiner Ueberzeugung an einer Seelenstörung, welche als partieller Wahnsinn auf falschen Hochmuth, Eigendünkel und an Narrheit grenzenden Egoismus mit periodischer Zornmüthigkeit begründet sei, und dass er zur Zeit des Todtschlages in einem unfreien Zustande gehandelt habe. Ausserdem wurde von dem Medicinal-Collegium der Provinz Brandenburg unter dem 15. März d. J. ein Gutachten über die in Zweifel gestellte Dispositionsfähigkeit des Inquisiten bei Verübung des Verbrechens verlangt, welches unter dem 14. Mai d. J. erstattet wurde. Nachdem in demselben mehrere Bedenken zur Sprache gebracht wurden, welche die Unzurechnungsfähigkeit des Inquisiten zweifelhaft machten, wurden auf der andern Seite auch solche Thatsachen in Erwägung gezogen, welche den Verdacht, dass der Nuese in einem geisteskranken Zustande das Verbrechen verübt habe, wahrscheinlicher machten, und so gelangte das gedachte Collegium nach einer äusserst weitläufigen Auseinandersetzung zu der Behauptung, dass das Vermögen des Inquisiten, mit Freiheit und Ueberlegung zu handeln, bei Verübung des ihm angeschuldigten Verbrechens zwar nicht ganz aufgehoben, doch vermindert gewesen sei.

Der Criminal-Senat des Königl. Kammergerichts fand hiernach die Einholung eines Superarbitriums der wissenschaftlichen Deputation für das Medicinal-Wesen für erforderlich, und zwar mit Rücksicht darauf, dass die Ausübung des Vermögens, mit Freiheit und Ueberlegung zu handeln, durch äussere Umstände oder innere Affecte behindert oder begünstigt werden könne, und hierauf der 18. Paragraph Tit. 20. Thl. II. des Allg. L.-R. zu beziehen sei, das Vermögen mit Freiheit und Ueberlegung zu handeln — selbst aber einem Menschen entweder beiwohnt oder nicht, so wie mit Rücksicht darauf, dass die besondere Berücksichtigung der eigenthümlichen Ansichten des Inquisiten über seine Rechte und die Wahl der Mittel, zu denselben zu gelangen, bei Beurtheilung der Zurechnungsfähigkeit des Inquisiten, bei seinem auf Abwehr des Denatus gerichteten Angriff gegen denselben, wie sie in dem gedachten Gutachten stattgehabt habe, bedenklich erscheine.

Gutachten.

Mit Rücksicht auf das in dem Resolute des Criminal-Senats des Königlichen Kammergerichts vom 27. September d. J. geäusserte Bedenken über die Zurechnungsfähigkeit des Inquisiten Nuese in Bläsendorf, geben wir, nach sorgfältiger Prüfung des Inhalts der Acten, unser Gutachten dahin ab: dass demselben bei Verübung jenes Verbrechens das Vermögen, mit Freiheit und Ueberlegung zu handeln, mangelte, und dass die Ansicht desselben über seine vermeintlichen Rechte und die Wahl der Mittel, zu denselben zu gelangen, als eine seiner Wahnvorstellungen zu betrachten ist, welche seinen geistigen Krankheitszustand begleiten.

Um diese Ueberzeugung zu rechtfertigen, wollen wir zunächst den Werth der Bedenken prüfen, welche gegen die Annahme eines geisteskranken Zustandes, welcher die Zurechnungsfähigkeit aufhebt, geltend gemacht wurden, und sodann diejenigen Thatsachen erörtern, welche das Vorhandensein seines geisteskranken Zustandes bekunden.

Man hat es befremdend gefunden, dass die auffallenden Handlungen des Nuese, welche man als Krankheitsäusserungen betrachtete, so vereinzelt dastanden, und dass man bei ihm eine ununterbrochene Kette widersinniger Handlungen vermisste. Wie viel Geisteskranke giebt es aber nicht, bei denen man Monate lang keine Spur geistiger Verkehrtheit wahrnimmt, während eine anscheinend unschuldige Veranlassung, ein Widerspruch, ein lebhaftes Gespräch, eine zufällig hervorgerufene Erinnerung den anscheinend gesunden Zustand plötzlich entlarvt und Handlungen der bizarrsten Art und unverkennbare Ausbrüche der Tobsucht herbeiführt. Auch hat man hierbei nicht erwogen, dass eine sachverständige Ueberwachung des Kranken, welche der Criminaluntersuchung vorhergegangen wäre, hier nicht stattfand und nicht stattfinden konnte, wodurch leicht widersinnige Handlungen entdeckt worden wären, worüber die Acten mithin nichts enthalten können. Dennoch hat es an Aeusserungen und Handlungen nicht gemangelt, welche den geistigen Gesundheitszustand des Inquisiten sehr verdächtigen, und auf die wir später zurückkommen werden. Man behauptet ferner, der Nuese sei von einem eigenthümlichen Rechtsgefühl erfüllt gewesen, er habe sich in seinen Rechten beeinträchtigt geglaubt, und sich im Irrthume befunden über die Wahl der Mittel, um zu seinen Rechten zu gelangen, und daraus sei sein Zorn, seine Wuth entsprungen, und es scheine bedenklich, dies für Wahnsinn zu halten. Das eigenthümliche Rechtsgefühl, welches der Inquisit geltend gemacht, beruht aber gerade auf einer Wahnvorstellung. Er musste ja wissen, dass das Haus, in welchem er zu wohnen und dessen Boden er zu benutzen, nach der Bestimmung seines verstorbenen Vaters, die Erlaubniss hatte, nicht ihm, sondern seiner Schwägerin gehörte, dass er mithin nicht berechtigt sein konnte, bauliche Veränderungen darin zu treffen, oder gar einen Rauchboden anzulegen, der als feuergefährlich ohne polizeiliche Erlaubniss nicht angelegt werden durfte. Die Besitzerin des Hauses hatte ihm ausdrücklich verboten, einen solchen anzulegen. Seine Schwester, seine Nachbarn, einstimmig mit der Besitzerin, waren bemüht, ihn von diesem Vorhaben abzubringen. Der Wahn, der ihn beherrschte, liess dies wahre Verhältniss ihn verkennen, und so geschah es, dass er Rechte geltend machen wollte, die ihm durchaus nicht zukamen.

Aehnlichen Formen von geistesschwachen Kranken begegnet man in allen Irrenanstalten, und leicht hat man tobsüchtige Aufregungen und Excesse zu gewärtigen, wenn man ihren eingebildeten Ansprüchen ernstlich entgegen tritt.

Schon bei Gelegenheit des im Jahre 1843 gegen ihn eingeleiteten Provocationsprozesses auf Blödsinnigkeitserklärung, kamen Thatsachen zur Sprache, welche als Merkmale eines geisteskranken Zustandes betrachtet werden konnten. Bei einer ganz unbedeutenden Veranlassung ging er einem Mann mit der Mistgabel zu Leibe, lief einem Andern mit einer aufgehobenen Axt nach, verlangte bei einer andern Gelegenheit, dass sein Schwager erhängt werden müsse u. s. w. Landleute, z. B. der Schlee und Burke, haben hierin keine Aeusserung von Geistesstörung finden wollen, und meinen, er habe nur in einem Anfalle von Bosheit und Leidenschaftlichkeit so gehandelt. Der Nuese sei zwar sehr heftig und jähzornig, doch hätte man eine Geisteszerrüttung bei ihm nicht wahrnehmen können. — Aber welcher Werth kann dem Urtheil solcher Personen beigemessen werden, und wie sollen solche unterscheiden können, was als Merkmal geistiger Störung, und was als Merkmal leidenschaftlicher Aufregung zu halten ist? unter Umständen, wo durch einen blossen Zufall lebensgefährliche Verletzungen, zu denen eine wahrnehmbare Veranlassung gänzlich mangelte, glücklich verhütet wurden. Gleich jenen ungebildeten Landleuten äussern sich sogar nicht selten unsere Irrenwärter, welche Symptome des Wahnsinns häufig für Aeusserungen der Bosheit halten und sich schwer von ihrem Irrthume überzeugen.

Sein Benehmen vor und während der That des Verbrechens, seine Weigerung, die Anstalten zur Einrichtung einer Rauchkammer einzustellen, sein Drohen mit der Axt gegen die ihn Hindernden, sein mehrmaliges Zuschlagen mit einem Scheit Holz, wodurch der Getroffene augenblicklich todt zu Boden stürzte, eines solchen Verfahrens — meint man — hätte man bei jedem, zum Zorn gereizten und im Zustande der Nothwehr sich Befindenden sich wohl versehen können. Hierin soll kein Grund zur Annahme eines geisteskranken Zustandes liegen. Dieser Ansicht können wir nicht beitreten. Der Inquisit unternahm hierbei eine unerlaubte, ihm ausdrücklich verbotene Handlung. Von allen Seiten her gewarnt, versuchte er dennoch durchzusetzen, was er nicht durfte, und mit welchen Mitteln suchte er sich Recht zu verschaffen? Mit der Axt in der Hand denen drohend, die sich ihm entgegensetzten, und zu einer ruhigen Ueberlegung unfähig und ohne die Folgen seiner Wuth in Betracht zu ziehen, schlägt er ohne Weiteres todt den ihn Hindernden. Hier war keine Noth vorhanden, der er abzuwehren nöthig hatte, und keine Veranlassung zu einem solchen Verbrechen, um vermeintliche Rechte geltend zu machen. Ein Geistesgesunder, auch von heftigem Temperament, solange er das Vermögen behält, die Folgen seiner Handlungen in Erwägung zu ziehen, wenn er auch gekränkt, verletzt, in seinem vermeintlichen Rechte gestört würde, würde, wenn nicht Rachsucht oder ein anderes sündliches Motiv ihn dazu triebe, eine so gewaltsame Handlung sich nicht erlauben.

Dass er nach der That bei einer ruhigeren Gemüthsstimmung, nach einem längeren Verweilen im Arreste, Entschuldigungen vorbringt und behauptet, den Fränz nur mit dem Holze zurückgestossen, nicht auf den Kopf geschlagen zu haben, dass er nicht mit Bestimmtheit wisse, ob er ihn geschlagen, dass er bei dem Vorfall allerdings in Wuth gewesen, dass er sich seiner Haut gewehrt etc., Alles dies widerspricht der Annahme nicht, dass ihm während der verbrecherischen That das Vermögen einer vernünftigen Würdigung seines Thuns und Lassens gemangelt habe. Sein psychischer Zustand im Gefängniss und während der Vernehmungen mag immerhin sehr verschieden gewesen sein von dem während jener That. Dies findet man bei Geisteskranken häufig, welche bei begünstigenden, während des Arrestes fehlenden Gelegenheiten tobsüchtigen Anfällen unterworfen sind, und bei denen, nach Beendigung derselben, ruhigere Zustände, sogar unter Beschönigungen und Entschuldigungen, Platz nehmen. Eben so wenig kann ein richtiges Verstehen der im Verhör an ihn gerichteten Fragen, und seine bestimmten, dem Grade seiner Bildung angemessenen Antworten wahrscheinlich machen, dass er während der That mit freiem Geiste und Ueberlegung handelte. Eben so wenig kann seine Versicherung auf die Frage: ob er nicht dann und wann Spuren von Verstandesschwäche wahrgenommen? — dass er in neuester Zeit alles gehörig verrichte und körperlich und geistig sich ganz gesund fühle, unserer Ansicht entgegenstehen. Von manchen unsinnigen Antworten und Bemerkungen, welche der Inquisit bei seinen Verhören einmischte, jetzt abgesehen, so ist gerade diese Versicherung, sich körperlich und geistig gesund zu fühlen, hier charakteristisch. Hätte er dies nicht eingeräumt, hätte er vielmehr die Frage des Inquirenten, ob er sich seines Thuns, Treibens, Denkens immer vollständig klar bewusst sei? — verneint, so könnte dadurch ein Zweifel gegen die Annahme eines geisteskranken Zustandes sich eher geltend machen. Ein Verbrecher wird zu seiner Entschuldigung viel eher einen Wahnsinn vorschützen — was oft genug vorgekommen — als ein Geisteskranker seinen kranken Zustand einräumen.

Diese Bedenken gegen die Annahme eines geisteskranken Zustandes des Inquisiten während seiner That haben mithin keinen

Werth. Auf der andern Seite enthalten die Acten Thatsachen genug, um nachzuweisen, dass der Inquisit in einem geisteskranken Zustande das Verbrechen begangen habe.

Schon vor 18 Jahren befiel denselben eine schwere Gehirnkrankheit. Er unterlag derselben nicht, doch blieben solche Folgen zurück, welche abnorme Gemüthsstimmungen hervorriefen, und wie die nächsten Verwandten bezeugen, wurde er seit jener Zeit eigensinnig, halsstarrig, heftig und jähzornig. Es folgten mancherlei Verkehrtheiten in seinem Verhalten zu seinen Verwandten und Nachbarn, welche endlich im Jahre 1843 die Provocation auf Blödsinnigkeitserklärung zur Folge hatten. Die hierauf bezüglichen Acten enthalten mehrere Data, die schon damals als Merkmale eines geisteskranken Zustandes angesehen werden durften. Bei der jetzigen Untersuchung kamen auch diese zur Sprache, und der Inquisit wurde aufgefordert, über einzelne Gegenstände eine Erklärung darüber abzugeben. Schon vor mehreren Jahren, wie aus den Acten erhellt, war er zu dem Actuar Mewes mit einer Reiterpistole gekommen und hatte von ihm verlangt, dass derselbe mit dieser Pistole Jemanden erschiessen solle. Der Nuese — hierüber befragt — erklärte: „Ich hatte damals Streit mit dem Schmied Pirow, und bin ich der Meinung, da derselbe alles versoffen, und seine Frau und Kinder nicht mehr ernähren konnte, er deshalb vom Gericht gestraft werden müsse, und dass diese Strafe auch mit einer Pistole unternommen werden könne." Befragt, ob die Pistole geladen gewesen, antwortete er: „Nein, aber so viel Geld würden sie wohl gehabt haben, um das Pulver dazu zu kaufen." Ferner sei er vor einigen Jahren mit einer Peitsche auf das Gericht gekommen, und habe verlangt, man solle ihn mit der Peitsche aushauen. Er erwiderte: „Ich habe damals nicht verlangt, dass ich ausgehauen werde, sondern wollte, dass Pirow damit Prügel bekomme, weil dieser sein Geld versoffen." Endlich wurde ihm vorgehalten, dass er sich zum öfteren erlaubt habe, des Abends im Kruge, ohne alle Berechtigung dazu, Feierabend zu bieten, worauf er erklärte: „Dazu ist man berechtigt, wenn die Leute zu lange im Kruge bleiben und nichts thun, wie herumlungern." — Auch diese Handlungen und Erwiderungen erscheinen offenbar verkehrt und widersinnig.

Als er, ohne auf die Vorstellungen und die Weigerung zu achten, die von der Besitzerin des Hauses und andern Verwandten ihm gemacht worden, eine unerlaubte bauliche Einrichtung auf dem Boden des Hauses vollziehen will, und ohne Weiteres den Fränz todt geschlagen, sieht er ihn niederstürzen. Er hört die Klagen der herbeieilenden Verwandten, die den Sterbenden forttragen. Wie benahm er sich dabei? Er nahm gar keine Notiz von diesem Ereigniss, setzte vielmehr ruhig die angefangene Arbeit fort, so, als wenn gar nichts vorgefallen wäre; und ob der Verletzte noch lebte, ob er todt sei, darnach fragt er nicht. Als er bei dem Verhör hierüber vernommen wurde, warum er sich weiter gar nicht nach dem Verletzten umgesehen, warum er ruhig seine Arbeit fortgesetzt habe? giebt er die widersinnige Antwort: der Soldat sieht sich im Kriege auch nicht um, wenn neben ihm einer fällt.

Als ihm der Kreisphysikus Dr. Lessmann, der ihn bald nach der That sah, eröffnete, dass er den Fränz todtgeschlagen habe, hörte er ihm gleichgültig zu, und seine Rede blieb ohne Eindruck auf ihn. Das Dorfgericht, das zu seiner Verhaftung schreiten und ihn binden wollte, machte keinen Eindruck auf ihn. Mit der grössten Ruhe antwortete er ihm, er wolle sich erst seine Stiefel anziehen, dann essen, und dann könnten sie ihn binden und transportiren. Er schnitt sich dann Fleisch und Brod ab, und begann ganz ruhig zu essen, wobei er sagte: „In Heiligengrabe giebt mir doch keiner was.“ Nachdem er einige Bissen gegessen hatte, wollte der Schulze nicht länger warten und verlangte von ihm, er sollte sich sputen, worauf er dann aufstand, ruhig die Arme hinhielt und sich binden liess. Wie befremdend ist dies Benehmen des Inquisiten? Würde ein schuldbewusster Mörder, dem das Vermögen nicht fehlte, die Bedeutung des von ihm begangenen Verbrechens und der ihn erwartenden schweren Strafe zu würdigen, einen solchen Gleichmuth, eine solche Ruhe an den Tag gelegt haben?

Wie wenig er sich für einen Verbrecher hielt, geht u. A. auch aus der Antwort hervor, welche er gab, als man ihn an das 5te Gebot erinnerte. Er zeigte auf die Umstehenden, welche die Kriegsdenkmünze trugen, mit der Bemerkung: diese haben im Kriege auch getödtet; und auf die Frage: ob es ihm nicht leid thue, den Fränz erschlagen zu haben, antwortete er dem Dr. Lessmann: Wenn er oder sein Bruder mich in meinem Eigenthume belästigen, so thue ich das Geschehene noch einmal, — woraus wohl abzunehmen, dass er das, was er gethan, für kein Verbrechen hielt. Als man ihn im zweiten Verhör nach den Beweggründen zu jener That fragte, gab er zur Antwort: „es ist ein schlechter Soldat, der seinen Rücken kehrt und sich nicht also wehrt.“ Eine so widersinnige Antwort auf eine solche Frage kann nur ein Geisteskranker geben, oder ein Verbrecher, der eine Verstandesverwirrung vorschützt. Aber zu einer solchen Annahme berechtigt der Acteninhalt in keiner Beziehung, denn mehr wie einmal versichert der Inquisit, am Körper und Geist ganz gesund zu sein, was ein Simulirender selbst zu versichern, sorgfältig vermeiden würde.

Eben so auffallend ist die Antwort, welche er dem Inquirenten giebt, aus welchem Grunde er seine Handlung für strafbar halte; er antwortete: „Wenn keiner darüber bestraft würde, so würde Mord und Todtschlag und Unzucht zu gross; wenn er nicht in mein Haus gekommen wäre, so würde ich ihm auch nichts gethan haben." So gehören auch seine Antworten mit biblischen Sprüchen hierher, welche er bei den Verhören vorbringt. Sie passen gar nicht zu dem Sinn der an ihn gerichteten Fragen, sie sind unverständlich und ungereimt.

Kurz vor dem unglücklichen Ereigniss nahm er eine zu einer Gemeindeschleuse bestimmte Thür weg, welche sich auf dem Hofe des Fränz befand, um sie selbst zu benutzen, wozu er gar kein Recht hatte, und was ihm verwiesen wurde, obwohl er gewiss sein musste, dass diese Aneignung fremden Eigenthums nicht verborgen bleiben konnte. Er weigerte sich, die Thüre zurückzugeben, mit der Aeusserung: „Ich werde auch die Thür nehmen, wenn sie auch dem Priester sein wäre." Als ihn Fränz abhalten wollte, die Anstalt zur Errichtung einer Rauchkammer fortzusetzen, rief er ihm zu: er solle ihm nur die Zinsen bezahlen, die er ihm schuldig sei, während die Wittwe Nuese, die davon Zeuge war, versicherte, dass jener ihm durchaus keine Zinsen schuldig sei, und als seine Schwägerin ihm dies bemerklich machte, antwortete er ihr: „dann gieb du mir die Zinsen," während er doch eben so wenig von ihr Zinsen zu fordern hatte, und als dieselbe ihm dies erklärte, gab er die Antwort: „Ja, ich muss aber auch hungern und darben," während die Nuese versichert, er besitze Vermögen genug, und sei es seine eigene Schuld, wenn er hungere. Solche sinnlose Aeusserungen, die auf den gleich darauf erfolgten Todtschlag nicht die entfernteste Beziehung haben, dürfen nicht unerwähnt bleiben bei der Frage über den psychischen Zustand des Inquisiten während jener That. Geisteskranke, welche während eines Anfalls von Tobsucht Verbrechen begehen, fühlen die Bedeutung ihrer That hinterher in der Regel nicht, wenn ein geistesschwacher Zustand mit diesen Anfällen wechselt, die Seelenstörung mithin eine permanente ist. Ein Gefühl von Schmerz und ein reger Wunsch, die begangene That nicht begangen zu haben, bleibt diesen Kranken fremd, und einer wahren Reue sind sie nicht fähig. Diesen Zustand finden wir auch bei dem Inquisiten wieder; denn als man ihn im Verhör fragte: ob er seine That nicht bereue, antwortete er: „Was kann mir die Reue helfen, es sind so viel Menschen im Kriege todtgeblieben, wo keiner danach fragt."

Noch ist uns übrig, an die Wahrnehmungen zu erinnern, welche der Inquirent sowohl, wie der Kreisphysikus Dr. Lessmann, welche im persönlichen Verkehr mit dem Nuese standen, über ihn gemacht, und die Resultate derselben zu den Acten gegeben haben.

Sowohl bei der ersten, als bei seinen späteren Vernehmungen ist registrirt, dass der Nuese sich offenbar nicht in einem vollständigen dispositionsfähigen Zustande befunden, dass aus früheren Verhandlungen demselben bekannt, dass derselbe, wenn auch nicht im Sinne des Gesetzes blödsinnig, doch periodisch schwachsinnig und zornmüthig sei. Ferner wird bemerkt, dass sein Gemüthszustand von ganz eigenthümlicher Art zu sein scheine, dass er schon öfters auf dem Gericht als Supplikant erschienen, sehr oft seine Rechte für verletzt geachtet, und häufig die confusesten Dinge vorgebracht habe, so dass es beim Gericht gewöhnlich geworden, seinen Vorträgen wenig Aufmerksamkeit zu schenken, da er notorisch als ein Mensch erschien, der als nicht ganz gesunden Geistes betrachtet wurde.

Der Kreisphysikus Dr. Lessmann bekundet: „Nach den in den Acten enthaltenen Thatsachen und nach meiner, aus den Unterredungen mit dem Nuese gewonnenen Ueberzeugung, leidet derselbe an einer Seelenstörung, welche als partieller Wahnsinn mit falschem Hochmuth, Eigendünkel und an Narrheit grenzenden Egoismus, mit periodischer Zornmüthigkeit begonnen, die bei seinem ohnehin schwachen Verstande leicht erregt werden kann, zumal wenn sein Egoismus und die Qualität seines partiellen Wahnsinns dabei in Collision kommen. Dies ist bei Gelegenheit des Todtschlags der Fall gewesen, wobei er zur Zeit in einem unfreien Zustande handelte."

Das Medicinal-Collegium der Provinz Brandenburg behauptet in seinem Gutachten, dass das Vermögen des Inquisiten, mit Freiheit und Ueberlegung zu handeln, bei Verübung des ihm angeschuldigten Verbrechens, zwar nicht ganz aufgehoben, doch vermindert gewesen sei. — Man wird aber in den Acten vergeblich nach Thatsachen forschen, welche es wahrscheinlich machten, dass die Sache sich in der That gerade so verhalten habe, und da es unmöglich ist, den individuell abnormen Geisteszustand, der den Nuese zur Zeit der That beherrschte, einer psychischen Analyse, zu der die factischen Materialien fehlen, zu unterwerfen; so ist die Behauptung, dass dem völligen Verluste seines Vermögens, mit Freiheit und Ueberlegung zu handeln, noch Etwas gefehlt habe, nicht zu begründen, mithin als willkürlich und hypothetisch zu betrachten.

Nach diesen Erörterungen, welche die Merkmale der Geisteszerrüttung des Inquisiten durch Reden und Handlungen genügend nachgewiesen, können wir kein Bedenken tragen, anzunehmen:

dass der Inquisit Nuese das Verbrechen in einem geisteskranken, die Zurechnungsfähigkeit aufhebenden Zustande verübte.

Berlin, den 15. December 1847.

Die wissenschaftliche Deputation für das Medicinal-Wesen.

(gez.) **Klug. Horn. Dr. v. Stosch. Müller. Mitscherlich. Link. Casper. Schmidt. Jüngken.**

VII.

Fall v. Knobelsdorf.

Lebensversicherung eines Schwindsüchtigen.

Der Lieutenant v. Knobelsdorf hatte sich, unter Beibringung eines Gesundheitszeugnisses des Kreisphysikus Dr. Boretius, bei der Berliner Lebensversicherungs-Gesellschaft versichert und war kurze Zeit darauf an Lungenschwindsucht gestorben. Die Gesellschaft verweigerte die Auszahlung der Versicherungssumme unter der Behauptung, dass der Verstorbene zur Zeit seiner Versicherung bereits an der Lungenschwindsucht gelitten, und dass dieser Krankheitszustand dem attestirenden Arzte gar nicht hätte verborgen bleiben können, wenn ihm die Zufälle, an denen der Verstorbene schon damals litt, nicht verheimlicht worden wären.

Es kam zur Klage; und bei dem Widerspruch zwischen den Behauptungen der Aerzte, die den Verstorbenen behandelt hatten, mit den Aussagen anderer Zeugen, ward zunächst ein Gutachten des Medicinalcollegiums und dann das Superarbitrium der wissenschaftlichen Deputation darüber verlangt,

> ob der v. Knobelsdorf zur Zeit der Versicherung schon eine ausgebildete Anlage zur Schwindsucht hatte, und ob der Dr. Boretius diese Anlage nothwendig erkennen musste, wenn v. Knobelsdorf ihm von jenen Krankheitserscheinungen Mittheilung gemacht hätte?

Die Prozesse der Lebensversicherungs-Gesellschaften wegen angeblich unrichtiger ärztlicher Zeugnisse über den Gesundheitszustand des Versicherten zur Zeit der Versicherung haben sich in der letzten Zeit sehr gehäuft; und erst vor ganz Kurzem ist in Berlin ein solcher Fall verhandelt worden, wo es dem attestirenden Arzt, welcher von der Gesellschaft selbst zu dem Zwecke der Untersuchung der zur Versicherung sich meldenden Personen angestellt ist, sehr schwer wurde, sich gegen den Vorwurf der Unwissenheit oder den Verdacht der gröbsten Fahrlässigkeit zu rechtfertigen.

In dem vorliegenden Falle handelt es sich aber nicht um die Verantwortlichkeit des attestirenden Arztes, sondern um die bona oder mala fides des Versicherten. Die verschiedenen ärztlichen Gutachten, welche von den Klägern und der verklagten Gesellschaft eingeholt und beim Gericht eingereicht wurden, waren wirkliche Parteischriften. Erst das Medicinal-Collegium und die wissenschaftliche Deputation fassten die Sache rein objectiv auf, und beide technischen Behörden gaben übereinstimmend ihr Gutachten dahin ab, dass der Versicherte zur Zeit der Versicherung, nach den Erscheinungen, welche die ihn umgebenden Laien an ihm beobachtet und geschildert haben, eine ausgebildete Anlage zur Schwindsucht gehabt, und dass der attestirende Arzt diese Anlage nothwendig hätte erkennen müssen, wenn der Patient ihm von jenen Krankheitserscheinungen Mittheilung gemacht hätte. Der Schwerpunkt der Entscheidung liegt also nicht in der Unrichtigkeit des Attestes nach Maassgabe der Krankheitserscheinungen, sondern in der als thatsächlich angenommenen Verheimlichung jener Erscheinungen zum Zwecke der Erlangung des Gesundheitsattestes. Hierbei bleibt es freilich dahingestellt, ob der Versicherte, welcher von anderen Aerzten behandelt wurde und zeitweilig sich wohl fühlte, nicht gerade in einer solchen freien Zeit das Attest verlangte und seine Besserung für eine dauernde ansah.

Aerzte aber, welche zum Zwecke einer Lebensversicherung Gesundheitsatteste ausstellen sollen, mögen durch diesen Fall zur grössten Vorsicht sich aufgefordert fühlen.

Geschichtserzählung.

Der Lieutenant a. D. Carl Wilhelm Eduard v. Knobelsdorf hatte den Militärdienst verlassen, um sich der Landwirthschaft zu widmen. Vom Jahre 1838 bis 1842 verwaltete er als Pächter das Gut Lypowo bei Bischofsburg. Er zog von dort nach Bischofsburg, wo er eine Zeit lang lebte, und von hier begab er sich im Mai 1843 nach Schippenbeil, wo er, 33 Jahr alt, am 20. August d. J. verstarb.

Am 10. März 1843 hatte derselbe sein Leben bei dem Agenten der Berliner Lebensversicherungs-Gesellschaft zu Rastenburg zu einer Höhe von 8000 Thalern versichert, nachdem er ein Zeugniss, von dem Kreisphysikus Dr. Boretius zu Rössel ausgestellt, dass er sich völlig gesund befinde, unter dem oben benannten Dato beigebracht hatte. Er hatte davon 2 Policen zu 3500 Thalern an die Kaufleute Jagielsky und Pruss in Bischofsburg cedirt, und als diese dem Agenten der Gesellschaft den Tod des v. Knobelsdorf anzeigten und die Zahlung der versicherten Summe verlangten, erklärte derselbe, die Versicherung sei nichtig wegen unrichtiger Angabe des Versicherten. Der Dr. Boretius habe ihn nicht behandelt, seinen Krankheitszustand gar nicht gekannt, der v. Knobelsdorf seinen Krankheitszustand ihm nicht mitgetheilt, obwohl er zur Zeit der Versicherung bereits an einem chronischen Katarrh und einer sehr ausgebildeten Anlage zur Schwindsucht gelitten habe. Der v. Knobelsdorf habe die Gesellschaft nicht nur absichtlich in Irrthum über seinen Gesundheitszustand versetzt, sondern auch verhindert, vollständige Erkundigungen darüber einzuziehen. Unter diesen Umständen begann im November 1843 eine Klage dieser Kaufleute gegen die Lebensversicherungs-Gesellschaft in Berlin. Seit dieser Zeit sind nun mehrere Zeugnisse über den Gesundheitszustand des v. Knobelsdorf vor und zur Zeit seiner Versicherung veranlasst, von denen einige den Gesundheitszustand desselben behaupten, andere in Abrede stellen. Wir müssen die wichtigsten Zeugnisse hierüber zusammenstellen und ihren Werth prüfen, um zu einem Resultate zu gelangen, welches der Abfassung des richterlichen Erkenntnisses förderlich sein wird.

Der jüdische Arzt Dr. Heinemann zu Bischofsburg behauptet, den v. Knobelsdorf im Jahre 1839 als Arzt behandelt zu haben. Derselbe bekundet, er habe denselben einmal in dem genannten Jahre an einer katarrhalischen Halsaffection behandelt, worauf er bis zum Jahre 1841 völlig gesund gewesen sei. In diesem Jahre sei wieder ein bis zwei Mal Katarrh aufgetreten und endlich noch einmal im Jahre 1843. Derselbe habe sich durch trockenen Husten, etwas Heiserkeit und leichte Empfindlichkeit der innern Halstheile manifestirt, und sei als eine leichte, von Witterungseinflüssen abhängige subinflammatorische Reizung der Schleimhäute, der Luftröhre und Bronchien durch die gewöhnlichen anticatarrhalischen Mittel bald wieder beseitigt worden, ohne weitere Beschwerden zurückzulassen. Ein tieferes Hals- oder Brustleiden sei nie bei dem Knobelsdorf wahrzunehmen gewesen, kein Blutauswurf, keine Brustschmerzen, keine Engbrüstigkeit, nicht die geringsten Athembeschwerden, kein zweideutiger Auswurf, auch nie ein fieberhafter Zustand; dagegen habe er bis zu seinem Abgange von Bischofsburg sich anstrengenden Körperbewegungen ohne Nachtheile aussetzen können, Tanz und Jagd, die letztere sogar leidenschaftlich exercirt, und den damit verbundenen Witterungseinflüssen Trotz geboten. Er habe also starke Organe und eine gute kräftige Constitution gehabt, und sei nicht Patient zu nennen gewesen. Im Speichel desselben habe er zwei- oder dreimal Blutstreifen bemerkt, doch sei diese Erscheinung stets ohne Räuspern, Husten oder Schmerz erfolgt, und habe er dieses sputum cruentum ausschwitzend aus dem Munde oder wohl gar aus der Nase fliessend für eine Hämorrhoidalanomalie gehalten.

Die Gutsbesitzer Donner und Pusold bezeugen, dass der Verstorbene, der sich viel mit Feldmessen beschäftigte, auch für sie diese Geschäfte mit Erfolg besorgt und bedeutenden Strapatzen sich dabei ausgesetzt. Der Magistrat zu Bischofsburg und der Hauptmann

v. **Massenbach** haben bei ihren Vernehmungen dasselbe bezeugt und bekundet, dass der Verstorbene auch für sie zu mehreren Malen schwierige Vermessungen vorgenommen, solche zu ihrer Zufriedenheit und rasch vollendet und die damit verbundenen Anstrengungen wohl vertragen habe.

Auf der andern Seite enthalten die Acten mehrere Zeugnisse von Personen, welche den Verstorbenen lange kannten und mit ihm häufig in Berührung kamen, und von Anderen, welche Jahrelang und bis zum letzten Zeitraum seines Lebens im persönlichen Verkehr mit ihm geblieben waren. Zu diesen rechnen wir namentlich die Zeugnisse des Hauptmann Vangelow auf Kobatten, des Justizrath Burchardi in Bischofsburg, der unverehelichten Anna Stankiewitz, welche eine geraume Zeit hindurch, und der unverehelichten Preuss, welche bis zum Tode des v. Knobelsdorf in dessen Dienst standen und ihn häufig umgaben.

Der Dr. Will zu Schippenbeil, welcher den Verstorbenen vom Mai 1843 bis zu seinem am 20. August d. J. erfolgten Tode behandelt hatte, bekundet bei seiner Vernehmung, die gleich nach dem Absterben des v. Knobelsdorf erfolgte, dass derselbe einige Monate vor seinem Tode über Heiserkeit, Husten und Stiche an verschiedenen Stellen der Brust geklagt, was aber, obwohl die Reizbarkeit beseitigt wurde, und Patient sich so wohl befunden, dass er bald seinen Geschäften nachgehen zu können hoffte, bald bösere Folgen gehabt habe, indem ein seit Jahren bestehender Hämorrhoidalfluss durch eine veränderte Lebensweise allmälig unterdrückt wurde, und ein Schleimauswurf, mit Blutstreifen untermischt, sich einstellte. Der Schleim, fügte der Dr. Will hinzu, wurde mit jedem Tage schwerer löslich, häufte sich in den Bronchialästen an, und plötzlich machte wegen des Congestionszustandes nach der Brust ein Lungenschlag (Catarrhus suffocativus) dem Leben des sich scheinbar Wohlbefindenden ein Ende. Bei einer ein Jahr später erfolgten Vernehmung des Dr. Will nannte derselbe die Krankheit des v. Knobelsdorf einen chronischen Katarrh. Derselbe habe ihm niemals gesagt, dass er seit Jahren an Hämorrhoiden gelitten, sondern nur, dass er einmal oder zweimal Hämorrhoidalbeschwerden gehabt habe.

Die Lebensversicherungs-Gesellschaft in Berlin veranlasste sodann die Abgabe besonderer Gutachten zweier Sachverständigen in Berlin, der Doctoren Natorp und Nagel. Das Resultat des Gutachtens des Ersteren lautete dahin: 1) dass nicht anzunehmen sei, dass der v. Knobelsdorf im Frühjahr 1843 völlig gesund und mit keinem der sub No. 8 des der Anmeldung zur Versicherung beigefügten ärztlichen Zeugnisses aufgeführten Uebel behaftet gewesen; 2) dass der Dr. Boretius über den Gesundheitszustand des v. Knobelsdorf sich nicht die gehörige Kenntniss verschafft habe, welche nothwendig gewesen wäre, um die ihm in dem Atteste vom 10. März 1843 vorgelegten Fragen mit Bestimmtheit beantworten zu können, und 3) dass sich nicht entscheiden lasse, ob der v. Knobelsdorf den gefährlichen Verlauf und Ausgang seiner Krankheit zur Zeit seiner Lebensversicherung gekannt, und somit die Lebensversicherungs-Gesellschaft absichtlich getäuscht habe oder nicht.

Der Dr. Nagel erklärte in seinem Gutachten: dass der v. Knobelsdorf vor und zur Zeit seiner Lebensversicherung eine ausgebildete Anlage zur Schwindsucht gehabt habe, und dass der Dr. Boretius diese Anlage nothwendig hätte erkennen müssen, wenn v. Knobelsdorf ihm von jenen Krankheitserscheinungen und Thatsachen Mittheilung gemacht hätte. Derselbe habe an der knotigen Lungenschwindsucht gelitten, deren erstes Stadium in die Zeit seines Aufenthalts in Bischofsburg falle, dass aber der Tod des Verstorbenen innerhalb des zweiten Stadiums erfolgt sei, noch ehe das dritte der Colliquation erreicht wurde.

Hierauf sahen sich die Kläger bewogen, durch den Kreisphysikus Dr. Janert zu Ortelsburg eine Beleuchtung der eben erwähnten Gutachten anfertigen zu lassen, in welcher derselbe behauptet, das Gutachten des Dr. Natorp sei verfehlt, mangelhaft, völlig unrichtig und habe nichts erwiesen, und gegen das Nagelsche Gutachten sei zu erinnern, dass die Schilderungen des Dr. Boretius, Heinemann und Will, welche den Verstorbenen persönlich kannten und zur Zeit behandelten, seinen Behauptungen geradezu entgegenständen.

Bei diesen Widersprüchen in den Ansichten und Behauptungen der Sachverständigen wurde das Medicinal-Collegium der Provinz Brandenburg aufgefordert, ein Superarbitrium abzugeben, welches unter dem 6. August d. J. erfolgte, dessen Resultat dahin geht, dass der v. Knobelsdorf zur Zeit der Versicherung schon eine ausgebildete Anlage zur Schwindsucht hatte, und dass der Dr. Boretius diese Anlage nothwendig hätte erkennen müssen, wenn v. Knobelsdorf ihm von seinen Krankheitserscheinungen und Thatsachen Mittheilung gemacht hätte.

Die Kläger fanden, dass dies Gutachten mit den Zeugnissen

derjenigen Aerzte, welche den Verstorbenen persönlich gekannt hatten, im Widerspruch stehe und deshalb der Entscheidung der Sache nicht zum Grunde gelegt werden könne. Dies veranlasste sie zu dem Antrage, bei der wissenschaftlichen Deputation ein Gutachten einholen zu lassen.

Gutachten.

Nach sorgfältiger Prüfung des Acteninhalts können wir kein Bedenken tragen, die uns vorgelegte neunte Streitfrage des Status causae et controversiae: ob der v. Knobelsdorf zur Zeit der Versicherung schon eine ausgebildete Anlage zur Schwindsucht hatte, und ob der Dr. Boretius diese Anlage nothwendig erkennen musste, wenn v. Knobelsdorf ihm von jenen Krankheitserscheinungen Mittheilung gemacht hätte? zu bejahen.

Unzweideutige Zeugnisse bekunden, dass der 33jährige v. Knobelsdorf seit geraumer Zeit an Heiserkeit, Husten, Brustschmerz, Schleim- und Speichelauswurf, Blutspeien, unruhigen, durch Husten oft gestörten Nächten, Nachtschweissen gelitten, und dass schon ein bedenklicher, durch diese Symptome sich charakterisirender Krankheitszustand am 10. März 1843 vorhanden war, als er zu eben dieser Zeit ein von dem Kreisphysikus Dr. Boretius bestätigtes Gesundheitszeugniss einreichte. Dieser Krankheitszustand war schon bis zu dem Grade gediehen, dass er schon am 20. August desselben Jahres, nach immer mehr zugenommenem Husten, Schleimerzeugung auf der Brust, Mattigkeit, Nachtschweissen u. s. w. das Ende seines Lebens erreichte. Sein Krankheitszustand mag zu der Zeit, als er von dem genannten Arzt ein Gesundheitsattest empfing, eine weniger auffallende Form dargeboten und denselben getäuscht haben. Der Verstorbene mag sich selbst über seinen Zustand im Irrthum befunden haben, wie es bei chronischen Brustkranken so häufig geschieht, seinen schon damals gefährlichen Zustand für gutartig, seinen Husten für einen katarrhalischen gehalten haben. Aber der weitere Verlauf seines Uebels beweist, dass jene Krankheitserscheinungen schon damals eine grosse Bedeutung hatten, so dass bei deren Fortdauer der Tod schon einige Monate später möglich wurde, während diese Beschwerden nach und nach zugenommen hatten und unter der Form einer Lungenlähmung den Sitz des verderblichen Uebels bezeichneten.

Den Behauptungen der genannten Aerzte, Boretius, Heinemann, Will, welche den Kranken früher und später sahen und einen schwindsüchtigen Zustand des Verstorbenen nicht haben anerkennen wollen, stehen Zeugnisse entgegen, welche volles Vertrauen verdienen. Zeugnisse, obwohl von Laien, aber von solchen, welche sich auf Thatsachen beziehen, nicht auf Urtheile, haben hier einen um so grösseren Werth, da die zum Grunde liegenden Beobachtungen lange fortgesetzt wurden, und ein fast ununterbrochener persönlicher Verkehr mit dem Verstorbenen denselben eine grössere Zuverlässigkeit verschaffte. Sie bekunden Thatsachen, die sie selbst erlebten, während es keine Beweggründe gab, welche sie hätten bestimmen können, von dem abzuweichen, was die täglich erneuerte Wahrnehmung ihnen darbot.

Vor allen nennen wir hier die Dienstmagd Preuss, welche 3 Jahre hindurch im Dienste der v. Knobelsdorfschen Familie in Lypowo, Bischofsburg und Schippenbeil sich befand, mithin während des Beginnes seiner Krankheit, während deren Zunahme, Fortdauer und tödtlichen Ausgangs. Sie gab über seinen Zustand die vollständigste Auskunft. Fast ein Jahr vor der Ausstellung des Gesundheitsattestes, wo der Verstorbene in das Burchardische Gartenhaus zu Bischofsburg gezogen war, hustete derselbe schon häufig, und schon damals nahm man eine dauernde Heiserkeit in einem bald mehr, bald weniger auffallenden Grade wahr. Der Husten war mit Schleimauswurf verbunden, der Kranke klagte über Halsschmerzen, des Nachts verschlimmerte sich sein Zustand, der Husten wurde stärker, er hustete oft eine Viertelstunde in einem fort. Er musste oft eine sitzende Stellung im Bette annehmen, und warf in jeder Nacht Schleim aus. Als er im Mai 1843 nach Schippenbeil zog, hatte sein Uebel merklich zugenommen, der Husten kehrte häufiger zurück, die Heiserkeit dauerte fort, und der Dr. Will, der ihn damals besuchte, fand, dass er fieberte. Die Nachtschweisse, die schon in Bischofsburg vorhanden waren, traten jetzt öfter ein, und namentlich von 4 bis 6 Uhr Morgens, so dass namentlich in den letzten 4 Wochen vor seinem Tode, dieser Nachtschweisse wegen, sein Hemde öfters gewechselt werden musste. Ohne eigentlich bettlägerig zu sein, war er am Tage auf den Beinen, besuchte täglich den Garten und blieb oft stundenlang darin. Noch am letzten Donnerstag vor seinem Tode ging er gegen 10 Uhr Morgens in den Garten und kam erst gegen 3 Uhr zurück. Da konnte er aber vor Schwäche nicht mehr allein gehen, vielmehr waren 3 Personen nöthig, um ihn nach Haus zurückzuführen; zu Hause angekommen, konnte er sich vor Schwäche nicht mehr allein ausziehen, wurde vielmehr ausgezogen, ins Bett gebracht und stand nicht mehr aus dem Bette auf, denn Sonntags darauf starb er schon. Und diesen Krankheitszustand nannten jene Aerzte: einen Catarrhus chronicus, der mit einer Lungenlähmung seinen Verlauf geschlossen habe!

Die Anna Gravert, auch Stankiewitz genannt, diente als Stuben- und Küchenmädchen bei den v. Knobelsdorfschen Eheleuten, und zwar von Neujahr 1843 bis 14 Tage nach Ostern desselben Jahres, mithin gerade damals, als im März der Verstorbene jenes Gesundheitsattest producirte. Sie bezeugt, ihr Herr habe schon damals ein kränkliches, blasses Aussehen gehabt. Während ihrer ganzen Dienstzeit in seinem Hause habe er nur heiser gesprochen und, wenn sie in seinem Zimmer zu thun gehabt, auch stark gehustet und bei diesem Husten Schleim mit Blut ausgeworfen, so dass sie auch dann und wann in der vor seinem Bette stehenden Spuckschaale Schleim mit Blut gemischt, die der Patient in der Nacht zuvor ausgeworfen, am Morgen vorfand und sie reinigen musste.

Nicht weniger Werth hat das Zeugniss des Justizrath Burchardi, welcher seit 10 Jahren mit dem Verstorbenen persönlich bekannt war. Von Ostern 1842 bis kurz nach Ostern 1843 bewohnte der Verstorbene das Gartenhaus dieses Mannes. Er war fast stets heiser, hatte nie eine laute Stimme, in der letzten Zeit seines Aufenthalts in Bischofsburg wurde er noch heiserer, was vor seinem Abgange von dort den höchsten Grad erreicht hatte. Er hatte das entschiedenste Ansehen eines Schwindsüchtigen, und sein nahes Ende sei vorauszusehen gewesen. Der Verstorbene habe ihm geklagt, dass es mit seiner Gesundheit schlecht stehe, dass er des Nachts wegen des Hustens gar nicht liegen könne, vielmehr aufrecht sitze, dass er an starken Schweissen leide, dass er das Hemde wechseln müsse, dass er schon zweimal Blutsturz gehabt habe.

Selbst der Dr. Will in Schippenbeil bezeugt bei seiner Vernehmung vom 1. September 1843, dass der Verstorbene schon Anfangs Mai an Husten, Heiserkeit, Trockenheit im Halse und Stichen in der Brust gelitten habe, und dass er nur bei günstiger Witterung das Zimmer verlassen konnte, wenn seine Beschwerden nicht zunehmen sollten.

Diese Beobachtungen wurden gerade zu der Zeit gemacht, welche dem Termine vorausging, in welchem dem v. Knobelsdorf das erforderliche Gesundheitsattest ertheilt wurde. Sie wurden von glaubwürdigen Personen gemacht, die keine Veranlassung hatten, zu übertreiben, und welche zugleich die beste Gelegenheit hatten, den Verstorbenen dauernd zu beobachten. Aus eben diesen Behauptungen folgt aber, dass der Verstorbene im März 1843 sich schon bedenklich krank befand, ja dass nicht bloss eine Anlage zur Schwindsucht bereits vorhanden, sondern dass diese Krankheit schon wirklich Platz genommen hatte, und mithin ein baldiger tödtlicher Ausgang mit Wahrscheinlichkeit zu erwarten war. Ein junger Mann, der schon lange ein bleiches, leidendes Ansehen hatte, der fortdauernd heiser ist, stets hustet und Speichel, Schleim und Blut auswirft, oft über Stiche, Hals- und Brustschmerzen klagt, dessen Husten des Nachts so heftig wird, dass er sich aufrecht setzen muss, um diese Beschwerde zu mindern und den Schleimauswurf zu befördern, und dessen tägliche Morgenschweisse während des letzten Zeitraums seines Uebels einen Wechsel der Wäsche verlangten, welcher einige Monate später, unter Zunahme aller dieser Beschwerden und unter den Erscheinungen eines Stickflusses und einer Lungenlähmung stirbt, ein solches Individuum — wird jeder erfahrene Arzt zugeben — muss an der Schwindsucht gelitten haben.

Der Gebrauch von Gallerte, bereitet von Kalbsfüssen mit Zuckerkand, von Gerstenmehl mit Milch und Wasser stark eingekocht, von roher Kuhmilch, so wie sie von der Kuh gekommen, Morgens und Abends genossen, deren der Verstorbene sich bediente, sind Mittel, welche besonders bei der Schwindsucht, obwohl in der Regel ohne Erfolg, häufig gebraucht werden.

Man hat gegen unsere Annahme eingewandt, dass der v. Knobelsdorf meistens nicht bettlägerig gewesen, dass er die Kraft gehabt hat, sich Bewegungen zu machen, den Vergnügungen der Jagd nachzugehen, ja anstrengende Arbeiten, Vermessungen, die in freier Luft vorgenommen werden mussten, mit Erfolg zu betreiben. Alles dies gilt aber nur von der früheren Periode seiner Krankheit, nicht von der letzteren während seines Aufenthaltes in Schippenbeil. Im ersten Stadium der Schwindsucht haben ähnliche Kranke häufig noch Kraft und Neigung genug, sich solchen körperlichen Anstrengungen zu unterziehen. Bei der Steigerung der Krankheit mag es dem Verstorbenen schwer genug geworden sein, Feldmessen stundenlang fortzusetzen. Er mag sich Gewalt angethan haben, denn er befand sich in schlechten Umständen und ohne Vermögen, und jede Gelegenheit, seinen Erwerb zu verbessern, musste ihm willkommen sein.

In einer sorgenfreien Lage würde ihn sein kranker Zustand, den er selbst gegen Mehrere lebhaft beklagte, gewiss davon abgehalten haben.

Man findet es schwer begreiflich, dass mehrere Aerzte nacheinander, welche den Kranken zuweilen sahen, anstatt eine Schwindsucht anzunehmen, das Vorhandensein eines chronischen Katarrhs behaupteten. Solche Verwechselungen sind schon häufig gemacht, denn es giebt Formen der Schwindsucht, die als solche nicht von Jedem erkannt werden, bei denen der Arzt zu einer irrigen Annahme leicht veranlasst werden kann. Erleichtert wird ein solcher Missgriff durch die Selbsttäuschung des Kranken, welche bekanntlich bei vielen Schwindsüchtigen bis zum Tode fortdauert. Der chronische Katarrh und der Schleimfluss der Luftröhre mit Husten kann bekanntlich Monate und Jahre fortdauern, ohne in Schwindsucht überzugehen. Diese Krankheit wird aber auch nicht selten mit einer ähnlichen Leidensform der betreffenden Organe verwechselt. Neben dem chronischen Katarrh besteht nämlich schon eine organische Entartung des Kehlkopfs, der Luftröhre, der Lungen, und hieraus geht die Schwindsucht, d. h. ein Allgemeinleiden mit der Erscheinung der Consumtion, hervor, deren gleichzeitiges Dasein nicht selten verkannt wird. Dies Verkennen wird um so leichter möglich werden, wenn es dem sich selbst täuschenden Kranken gelingt, auch den Arzt zu täuschen, der so lange wie möglich sich sträubt, dem Glauben an eine so unglückliche Verbindung des chronischen Katarrhs sich hinzugeben. Dieser wird sich um so leichter irren, je mehr ihm die Gelegenheit mangelte, ähnliche Kranke oft genug zu sehen und wieder zu sehen, und wenn ihm eine genügende Erfahrung abging, um jenes wichtige, vielleicht noch nicht ausgesprochene Grundübel als schon vorhanden mit Sicherheit zu erkennen. Wenn wir Alles dies erwägen, so kann es nicht befremden, wenn jene Aerzte einen Krankheitsfall, in welchem ein chronischer Katarrh als Begleiter einer schon zu Stande gekommenen Schwindsucht hätte erkannt werden sollen, für einen einfachen Katarrh ansahen und so die schon vorhandene Lebensgefahr verkannten.

Man will nicht zugeben, dass der v. Knobelsdorf an einer Lungensucht gelitten habe, weil das Resultat der Leichenöffnung einer solchen Annahme widersprochen haben soll. Der Dr. Will in Schippenbeil untersuchte die Leiche des v. Knobelsdorf gleich nach dem Tode. Er öffnete nur die Brusthöhle. Er fand die Lungen so ausgedehnt, dass sie die Brusthöhle ganz ausfüllten. Er fand auf deren Oberfläche einzelne Erhabenheiten, zum Theil von der Grösse einer Háselnuss, welche eine seröse Flüssigkeit enthielten. Soweit ein Durchschnitt durch die Lungen reichte, zeigte sich weder von Tuberkeln, noch von Eiter die geringste Spur. Das war Alles, was der Obducent suchte und fand, und hieraus zog er den Schluss, dass er die Krankheit des Verstorbenen richtig erkannt, dass dieselbe in einem chronischen Katarrh bestand, der mit Catarrhus suffocativus schloss. — Wie wenig war eine solche Untersuchung genügend, um dadurch eine Bestätigung der betreffenden Diagnose zu finden. Während die Form der vorausgegangenen Krankheit, ihr Verlauf und Ausgang auf ein organisches Leiden des Kehlkopfs und der Luftröhre hinwiesen und es höchst wahrscheinlich machten, dass die Krankheit des v. Knobelsdorf in einer sogenannten Halsschwindsucht, d. h. in einer Kehlkopf- und Luftröhrenschwindsucht, bestand, unterliess es der Obducent, die betreffenden Organe sorgfältig zu untersuchen, um sein Geschäft auf eine höchst flüchtige Beobachtung zu beschränken. Dass er den Kehlkopf, die Luftröhre und ihre Zweige geöffnet und untersucht, die Spitzen der Lungen, die bekanntlich am frühesten und häufigsten den Sitz der Tuberkel darbieten, durchschnitten habe, dass er die Durchschnitte der Lungen nach allen Seiten hin gemacht, dass er die Brusthaut, den Zustand der grossen Gefässe, des Herzens, seiner Höhlen und Klappen, des Herzbeutels und seines Inhalts, betrachtet habe, erhellt aus seiner Vernehmung nicht, und eben so wenig ist daraus abzunehmen, ob die Lungen sich in einem emphysematischen, oder ödematösen Zustande befanden. Der Dr. Will schliesst sein übereiltes Geschäft mit der höchst befremdenden Bemerkung: aus der Obduction erhelle, dass die Lungen des Verstorbenen ganz, aber nicht total gesund gewesen seien, und dass sein Uebel ein chronischer Katarrh gewesen sei.

Der Dr. Will wurde, 3 Jahre nach gemachter Obduction, hierüber vernommen, und es bleibt deshalb zweifelhaft, ob nach so langer Zeit sein Gedächtniss von dem Vorgefundenen nichts vergessen habe. Hierzu kommt, dass sein Schwager, der dortige Prediger Hinz, der einzige, welcher der Section beiwohnte, im Verein mit mehreren Anderen, dem Verstorbenen eine Summe Geldes auf eine von der Lebensversicherungs-Gesellschaft erhaltene Police geliehen hatte. Es muss dahin gestellt bleiben, ob dies Verhältniss dem billig vorauszusetzenden besten Willen des Obducenten, die Leichenuntersuchung mit möglichster Sorgfalt und Genauigkeit anstellen zu wollen, nicht einige Befangenheit beigemischt habe, und ob es unter diesen Umständen zur Abwendung jenes Bedenkens gegen die Zuverlässigkeit seines Obductionsberichts nicht angemessen gewesen wäre, wenigstens einen beglaubigten Auszug aus seinem Krankenbuche zu den Acten zu nehmen, aus dem er die bei der Vernehmung zu Protokoll gegebenen Notizen entnommen zu haben versichert.

Aber auch angenommen, in den Lungen des Verstorbenen sei von Tuberkeln, deren Erweichung und Geschwürbildung keine Spur zu finden gewesen, so würde daraus keineswegs folgen, dass nicht eine Kehlkopfs- und Luftröhrenschwindsucht stattgefunden habe, da eine solche Krankheit, ohne ein gleichzeitiges organisches Lungenübel, nicht selten als Folge wiederholter und versäumter Katarrhe, der Laryngitis, Bronchitis etc. vorkommt und in vorliegendem Falle höchst wahrscheinlich stattgefunden hat.

Bei mehreren Vernehmungen ist endlich auch darauf ein Werth gesetzt, dass der Verstorbene zwar schon lange auffallend heiser, aber nie ganz stimmlos gewesen sei. Eine permanente Heiserkeit ist der gewöhnlichste Begleiter der sogenannten Halsschwindsucht, und eine gänzliche Stimmlosigkeit würde nur zu den seltensten Ausnahmen gehören. Die Stimme ist heiser, unrein, schwach bei dieser Art der Schwindsucht, bei der der Kehlkopf, das Organ der Stimme, örtlich ergriffen ist, aber eine völlige Stimmlosigkeit wird, wenn nicht zufällig eine Aphonia spastica oder paralytica eine besondere Complication begründen sollte, selbst im höchsten Grade der Kehlkopf- und Luftröhrenschwindsucht nicht wahrgenommen werden.

Nach diesen Erörterungen der durch die Acten mitgetheilten Thatsachen unterliegt die gutachtliche Beantwortung der uns vorgelegten neunten Frage des Status causae et controversiae, da die Bejahung der 4., 5., 6., 7. und 8. Frage nach unzweideutigen Zeugnissen von der schon lange vor dem Monat März 1843 stattgefundenen Krankheit des v. Knobelsdorf keinen Zweifel zulässt, keinem Bedenken.

In Uebereinstimmung mit dem Ergebnisse des Gutachtens des Medicinal-Collegiums der Provinz Brandenburg halten wir uns daher für überzeugt:

dass der v. Knobelsdorf zur Zeit der Versicherung schon eine ausgebildete Anlage zur Schwindsucht hatte, und dass der Kreisphysikus Dr. Boretius diese Anlage nothwendig hätte erkennen müssen, wenn der Verstorbene ihm von jenen Krankheitserscheinungen und Thatsachen Mittheilungen gemacht hätte.

Berlin, den 12. Januar 1848.

Die wissenschaftliche Deputation für das Medicinalwesen.

(gez.) **Klug. Horn. Dr. v. Stosch. Casper. Link. Schmidt. Jüngken. Müller.**

VIII.

Fall Döring und Genossen.

Absolute oder zufällige Lethalität?

Der Bauer Döring hatte in Gemeinschaft mit mehreren Kameraden den Arbeitsmann Vandré, nachdem sie alle zusammen viel Schnaps getrunken hatten, mit Gewalt nach Hause bringen wollen; und da dieser sich widersetzte, erhielt er eine grosse Menge von Hieben auf den Kopf und den ganzen hintern Theil des Körpers, in Folge deren er niederfiel und die Nacht hindurch auf freiem Felde liegen blieb.

Am andern Morgen ward er todt gefunden, und die Leiche gerichtlich obducirt. Da die Meinungen der Kreis-Medicinalbeamten, sowie das Gutachten des Medicinal-Collegiums Dunkelheiten und Mangel an Uebereinstimmung enthielten, so ward das Superarbitrium der wissenschaftlichen Deputation in Beziehung auf die 3 Fragen des §. 169 der Criminalordnung erfordert.

Die 3 Fragen dieses §. 169 sind in den Vorbemerkungen zum Fall Siepmann Seite 159 angegeben worden, und gleichzeitig ist dort bemerkt, dass die in diesem Paragraphen der Criminalordnung dem technischen Gutachten vorgeschriebene Beantwortung durch den §. 185 des preussischen Strafgesetzbuches vom 14. April 1851 nicht aufgehoben ist.

Der Herr Geheimrath Casper ist der entgegengesetzten Ansicht und geräth über diese vermeintliche Aufhebung der 3 Lethalitätsfragen in eine wahre wissenschaftliche Exstase. In seinem Handbuch der gerichtlichen Medicin spricht er sich darüber S. 263 folgendermassen aus:

„Es war unserm Jahrhundert vorbehalten, eine der folgenreichsten Reformen in die Strafrechtswissenschaft einzuführen, und Lehren zu beseitigen, die ein berühmter Lehrer derselben mit Recht einen „Schandfleck“ in dieser Wissenschaft, ein „Asyl für Mörder“ genannt hat (Stübel). Wir wollen weder selbst in den hier so oft gerügten Fehler des Beschreitens des juristischen Gebietes verfallen, noch ist es unsre Aufgabe, eine Geschichte der gerichtlichen Medicin zu schreiben, der glücklicherweise jetzt die alte, unhaltbare, verwerfliche, trügerische und gefährliche Lehre von den Lethalitätsgraden anheimgefallen ist; wir haben vielmehr nur mit Einem Worte anzudeuten, wie jetzt, nachdem das Criminalrecht die „absolut tödtliche Körperverletzung“ als Criterium des Thatbestandes der Tödtung beseitigt hat, auch alle, aus solchem Fundamentum dividendi folgernden Eintheilungen und Unter- wie Unter-Unter-Eintheilungen in nicht absolut tödtliche, individuell, accidentell, meistentheils u. s. w. u. s. w. tödtliche Verletzungen als Categorieen in Nichts zerfallen sind. Alle europäischen Gesetzgebungen ohne Ausnahme stehen (unseres Wissens) heute auf dem geläuterten Boden der neuern Wissenschaft, die jeden Fall tödtlich gewordener Verletzung individualisirt, und jede Subsumption unter allgemeine Categorieen verwirft, die nur und einzig und allein den „Thatbestand der Tödtung durch die Verletzung“ im concreten Falle festgestellt wissen will und sich gar nicht darum kümmert, ob durch eine glückliche Möglichkeit oder ein Zusammentreffen günstiger Umstände, möchten sie im oder ausserhalb des Verletzten gelegen haben, der Tod hätte abgewendet werden können. Es muss überraschen, zu sehen, wie die Wissenschaft und die darauf basirte Gesetzgebung und Praxis mehr als zwei Jahrhunderte bedurft hat, um einzusehen, dass die Tödtung eines Menschen durch eine Verletzung Seitens eines Dritten in ihrer Wirkung ganz dieselbe Handlung ist, wie die der Erdrosselung oder des Ertränkens u. s. w., und dass z. B. auch das Aufhängen, das Ertränken keine „absolut tödtliche“ Handlungen sind, weil ja der Tod leicht durch sofortiges Beseitigen des Stranges oder Herausziehen aus dem Wasser abgewendet werden kann! Schärfer und klarer kann eine gesetzliche Bestimmung, auf den neuern Ansichten fussend, nicht ausgesprochen werden, als es in dem vortrefflichen, oben angezogenen §. 185 des Preussischen Strafgesetzbuchs geschehen.“

Aber nicht bloss in seiner persönlichen und freien Stellung als Lehrer und Schriftsteller hat der Geheimrath Casper diese Ansicht aufgestellt. In seiner „Vierteljahrsschrift für gerichtliche und öffentliche Medicin,“ welche nach dem Titel „unter Mitwirkung der Königl. wissenschaftl. Deputation für das Medicinalwesen im Ministerium der geistlichen, Unterrichts- und Medicinalangelegenheiten“ erscheint, und welche nach dem Prospectus diese Zeitschrift als ihr Organ erklärt hat, theilt Casper als erster Referent (Band IV S. 161) ein Superarbitrium der wissenschaftl. Deputation mit und hält es für nothwendig, diese Mittheilung durch das besondere Interesse des Falles zu entschuldigen:

„ungeachtet des Umstandes, dass die 3 Fragen des §. 169 der Criminalordnung jetzt nicht mehr in Anwendung kommen.“

Nun finden wir aber in derselben Vierteljahrsschrift unter den „amtlichen Verfügungen“ (Band III S. 164) folgende

„Verfügung an das Königl. Medicinal-Collegium zu N. vom 19. Juni 1852, betreffend die Beantwortung der im §. 169 der Criminalordnung aufgestellten, sogenannten Lethalitätsfragen bei gerichtsärztlichen Gutachten.

Der Bericht des Königl. Medicinal-Collegiums vom ...., die Beantwortung der im §. 169 der Criminalordnung aufgestellten sogenannten Lethalitätsfragen betreffend, hat mich veranlasst, die Aeusserung der

Königl. wissenschaftlichen Deputation für das Medicinalwesen über diesen Gegenstand zu erfordern. Den jetzt eingegangenen Bericht derselben theile ich dem Tit. .... hierbei abschriftlich (Anlage a) zur Kenntnissnahme mit. Da hiernach die unterbliebene Beantwortung der im §. 169 der Criminalordnung specificirten s. g. Lethalitätsfragen von der wissenschaftlichen Deputation für das Medicinalwesen nicht mehr als ein Mangel bei der Superrevision gerichtsärztlicher Gutachten gerügt werden wird, so erledigt sich damit der darauf gerichtete Antrag des Berichts.

Berlin, den 19. Juni 1852.

Der Minister der geistlichen, Unterrichts- und Medicinal-Angelegenheiten. (gez.) von Raumer.

Anlage a.

Dass der §. 169 der Criminalordnung vom Jahre 1805 ohne Rücksicht auf die materiellen Strafgesetze des Allgemeinen Landrechts abgefasst war, galt immer als ausgemacht; ja dieser Umstand wurde sogar von der Kritik gerügt. (Vergl. Temme: Commentar über die wichtigeren Paragraphen der Preussischen Criminalordnung. Berlin 1838. S. 62). Um so weniger lässt sich behaupten, dass mit der Aufhebung des Tit. 20 A. L.-R. Th. II auch jener Paragraph der Criminalordnung von selbst ausser Anwendung getreten sei.

Ausdrücklich aufgehoben ist der §. 169 der Criminalordnung nirgends. Der Artikel II des Gesetzes über die Einführung des Strafgesetzbuchs vom 14. April 1851 setzt nur Strafbestimmungen, die Materien betreffen, auf welche das neue Strafgesetzbuch sich bezieht (namentlich Thl. II Tit. 20 A. L.-R.), aber nicht solche Bestimmungen, welche das Verfahren in Strafsachen betreffen, ausser Wirksamkeit. Der §. 169 der Criminalordnung enthält keine Strafbestimmung, ist also durch das neue Gesetz so wenig, als die Criminalordnung selbst aufgehoben.

Der §. 185 des Strafgesetzbuchs vom 14. April 1851 erscheint aber auch durchaus nicht unvereinbar mit dem §. 169 der Criminalordnung.

In den Motiven zu dem Entwurfe des Strafgesetzbuchs vom Jahre 1847 S. 83 wird als Zweck des §. 233 (der im Wesentlichen schon mit dem jetzigen §. 185 übereinstimmt) ausgesprochen: „es solle der objective Thatbestand im Allgemeinen bestimmt, und die Controverse über die Lethalität der Wunde abgeschnitten werden." Dabei wurde jedoch zugleich anerkannt, dass die ganze Vorschrift zunächst der Wissenschaft angehöre.

Ist nun dieses der Fall, so lässt sich nicht wohl absehn, wie eine, in das materielle Strafgesetzbuch neu aufgenommene Bestimmung einer rein formellen Bestimmung der nicht aufgehobenen Criminalordnung ohne Weiteres derogiren sollte.

Die formellen Fragen des §. 169 der Criminalordnung lassen sich nach wie vor beantworten, ohne dass darin ein Widerspruch mit dem §. 185 des neuen Strafgesetzbuchs liege, der allerdings zur Unterscheidung erheblicher Momente von unerheblichen den Weg zeigt, aber die

Aufwerfung der drei technischen Fragen des §. 169 durchaus weder verbietet, noch abschneidet.

Der §. 169 der Criminalordnung enthält kein Strafgesetz; die darin aufgeworfenen technischen Fragen konnten also füglich durch eine administrative Anordnung der technischen Behörden auch in solchen Landestheilen, in denen die Criminalordnung nicht gilt, zur Nachachtung vorgeschrieben werden.

Es ist demnach nicht minder in dem Verhältniss des formellen Rechts zum materiellen Rechte, wie in dem Verhältnisse der Administration zur Rechtspflege wohl begründet, wenn, ungeachtet des §. 185 des neuen Strafgesetzbuches, doch die formellen und technischen Bestimmungen des §. 169 der Criminalordnung noch so lange beobachtet werden, als sie nicht im Wege der Gesetzgebung direct aufgehoben sind.

Dessenungeachtet haben wir bei der auch häufig vorkommenden gegentheiligen Ansicht von Rechtsgelehrten und Gerichtsärzten inzwischen den Grundsatz adoptirt, die unterbliebene Beantwortung jener Fragen des §. 169 der Criminalordnung am Schlusse eines motivirten Gutachtens bei Obductionsverhandlungen nicht mehr als Mangel zu rügen.

Berlin, den 9. Juni 1852.

Königl. wissenschaftliche Deputation für das Medicinalwesen.

(Unterschriften.)"

In neuester Zeit hat jedoch die wissenschaftliche Deputation die entgegengesetzte — juristische — Ansicht angenommen und in dem neuen „Regulativ für das Verfahren der Gerichtsärzte bei den medicinisch-gerichtlichen Untersuchungen menschlicher Leichname" geltend gemacht. Hier heisst es nämlich im §. 22: „Einer Beantwortung der drei Fragen des §. 169 der Criminalordnung resp. der vier Fragen des für die Rheinprovinzen erlassenen Ministerialrescripts vom 15. Mai 1833, betreffend den Tod durch Verletzungen, bedarf es in Folge des §. 185 des Strafgesetzbuches vom 14. April 1851 nicht mehr, es sei denn, dass eine solche Beantwortung von den Obducenten ausdrücklich gefordert worden."

Dieses Regulativ ist am 15. November 1858 von der wissenschaftlichen Deputation angenommen, und der Minister der geistlichen, Unterrichts- und Medicinal-Angelegenheiten hat es unter dem 1. December d. J. genehmigt und seine Beachtung den betreffenden Medicinalpersonen zur Pflicht gemacht. Unter dem 10. Januar 1859 hat der Justizminister in einer Allgemeinen Verfügung (Justiz-Ministerialblatt 1859 S. 10) dieses neue Regulativ sämmtlichen Gerichten und Beamten der Staatsanwaltschaft bekannt gemacht, mit dem Bemerken, dass das frühere vom 21. October 1844 den Lehren der vorgeschrittenen gerichtlichen Arzneiwissenschaft und der jetzigen Lage der Strafgesetzgebung nicht mehr überall entspricht und deshalb Seitens der wissenschaftlichen Deputation für das Medicinalwesen einer Revision unterzogen worden sei.

Ein Königliches Hohes Ministerium der geistlichen, Unterrichts- und Medicinal-Angelegenheiten hat die unterzeichnete wissenschaftliche Deputation für das Medicinalwesen unter dem 21. October 1847 aufgefordert, nach dem Antrage des Königl. Kammergerichts vom 4. October 1847 unter Beifügung von 3 Vol. Acten in der Untersuchungssache wider den Arbeitsmann Friedrich Wilhelm Döring und Genossen, ein Superarbitrium abzugeben. Zu diesem Behufe hat sich dieselbe mit dem Inhalte der hierbei zurückerfolgenden Acten sorgfältig bekannt gemacht und nach reiflicher Prüfung derselben diesem Auftrage in Folgendem genügen wollen.

Geschichtserzählung.

Am 30. Januar v. J. versammelten sich etwa 20 Arbeiter im Kruge zu Hohenlandin, um den Wochenlohn, welchen sie empfangen hatten, unter einander zu theilen. Bei dieser Gelegenheit tranken sie 6 Quart Kartoffelbranntwein, worauf sich der grösste Theil von ihnen entfernte, bis auf 5, welche noch zurückblieben und das Branntweintrinken fortsetzten. Unter diesen befand sich Gottfried Vandré, ein anerkannter Trunkenbold, welcher sich oft Tage und Nächte auswärts umhertrieb, ferner die Arbeitsleute Döring, Lüdeke, Fischer und Kuhreich, sämmtlich aus Verkehrt-Grünow.

Zwischen Vandré, Döring und Lüdeke erhob sich ein Streit über die Bezahlung eines Quartes Branntwein, den sie in der vorigen Woche getrunken hatten, und welches Vandré bezahlen sollte, was dieser aber mit der Bemerkung verweigerte, dass er von seinem Wochenlohne nur noch 4 Groschen übrig habe, welche er dem Wirthe mit dem Antrag anbot, dass er dafür die Nacht bei ihm bleiben wolle. Uebrigens wurde dieser Streit beigelegt.

Als sie zwischen 10 und 11 Uhr Abends weggehen wollten, weigerte sich Vandré, dem Döring und Lüdeke zu folgen, welche der Frau des Vandré das Versprechen gegeben hatten, ihren Mann, wenn er betrunken sei, mit nach Hause zu bringen.

Sie stiessen ihn darauf mit Gewalt auf die Strasse, trieben ihn vor sich her und schlugen mit ihren Stöcken auf Vandré los, sobald dieser Miene machte, still zu stehen. Vandré soll angetrunken gewesen sein, und auch die Andern hatten viel getrunken, jedoch ihren Verstand behalten. Als sie am Ausgange des Dorfes Hohenlandin bei dem Gehöfte des Schulzen Betke, welches offen stand, angekommen waren, entlief ihnen Vandré, lief in dasselbe hinein und erklärte, dass er nicht weiter mitgehen wolle. Er stellte sich daselbst in die Hausthür und rief Hülfe und Feuer, was jedoch Niemand zu hören schien, weil es bereits zu spät, und alles im Schlaf war. Hierauf fassten ihn Döring und Lüdeke, um ihn auf die Strasse zu ziehen, bei welcher Gelegenheit er dem Lüdeke mit seinem Stocke einen Hieb über den Kopf gab. Lüdeke, der einen Stock von Birken- oder Eichenholz und von der Dicke eines Fingers oder Daumens führte, gab ihm darauf zuerst mehrere Hiebe damit über den Kopf; ein Gleiches geschah auch von Döring, der einen Besenstiel von der Stärke eines starken Daumens hatte. Wie viele von den Hieben des Döring den Kopf des Vandré trafen, ist nicht zu ermitteln, dass es aber viele gewesen seien, ist sehr wahrscheinlich, denn sie schlugen blind darauf los. In Folge dieser Schläge lief dem Vandré das Blut vom Kopfe herab. Vandré trug eine von innen wattirte Tuchmütze, welche am Schirm mit Pelz besetzt war; so oft sie in Folge der Schläge, welche auf den Kopf trafen, herunterfiel, wurde sie ihm durch Döring und Lüdeke wieder aufgesetzt. So oft Vandré Miene machte, stehen zu bleiben, erhielt er von Döring und Lüdeke unzählige Hiebe mit den Stöcken über den Kopf und über andere Theile des Körpers, in deren Folge der Kopf des Vandré noch stärker blutete. So kamen Döring und Lüdeke, den Vandré vor sich her treibend und von Kuhreich und Fischer gefolgt, bis zur Passowschen Brücke, bei welcher Vandré erklärte, dass er nicht weiter gehen wolle, und sich zur Erde warf. Selbst als er auf der Erde lag, setzten Döring und Lüdeke die Misshandlung fort, und hier sollen die Hiebe mit Stock und Besenstiel hageldicht auf Kopf und andere Theile des Körpers gefallen sein.

Dass Vandré auf dem ganzen Wege, bis er liegen blieb, viele Schläge von Lüdeke und Döring über den Kopf, auch nachdem das

Blut bereits herabträufelte, erhalten habe, hat der erstere selbt eingestanden, mit dem Bemerken, dass ihn der Widerstand des Vandré in Leidenschaft versetzt hätte, wozu der Genuss des Branntweins noch gekommen sei. Mit welcher Gewalt die Hiebe geführt sind, beweist unter anderm der Umstand, dass Lüdeke's Stock in 2 Stücke zersprang und dann von ihm weggeworfen wurde.

Als sich an der Passowschen Brücke Vandré niedergeworfen hatte, machten Kuhreich und Fischer dem Lüdeke und Döring Vorstellungen, sie möchten den Vandré zufrieden lassen, worauf Döring mit aufgehobenem Besenstiel die Drohung gegen Beide ausstiess, dass, wenn sie nicht wollten, wie sie, Döring und Lüdeke, so solle sie dasselbe Loos treffen als Vandré. Hierauf sprangen Fischer und Kuhreich durch den trockenen Abzugsgraben und gingen querfeldein nach Hause. Sie fürchteten sich, denn Döring und Lüdeke sind starke Männer, und Kuhreich und Fischer sind nur klein und schwach.

Als Döring und Lüdeke sahen, dass alles fruchtlos war, liessen sie den Vandré liegen und kehrten gleichfalls nach Verkehrt-Grünow zurück. Sie glaubten nicht, dass es mit dem Vandré so übel stände, denn er hatte früher schon oft viele Prügel bekommen und war doch immer nachher allein nach Hause gegangen, weshalb sie glaubten, dass er es auch diesmal thun werde, sobald sich sein Eigensinn gelegt haben würde. Beide behaupten, dass Vandré, als er an der Brücke auf der Erde gelegen habe, noch mit ihnen gesprochen, der Lüdeke, dass derselbe gesagt habe: „Lasst mich man liegen, ich gehe nicht weiter.“ In Verkehrt-Grünow kamen sie bald nach Fischer und Kuhreich an, denn kaum war der letztere in seine Wohnung zurückgekehrt, als sein Schwager Döring an sein Fenster klopfte; derselbe war sehr verstört und entfernte sich bald darauf, ohne ein Wort zu sprechen. Uebrigens unterliessen es Lüdeke und Döring, von dem Vorgefallenen noch an demselben Abend Anzeige zu machen, weil es spät in der Nacht war, und sie es übrigens auch nicht für nöthig hielten, da es ihnen offenbar nur böser Wille schien, der Vandré bestimmte, zurückzubleiben.

Am andern Morgen um 7 Uhr gingen Döring und Lüdeke nach Niederlandin, um Stubbenholz zu holen. Da ihr Weg sie nahe an der Passowschen Brücke vorbeiführte, so beschlossen sie, nach der Stelle zu gehen, wo sie Abends vorher Vandré verlassen hatten. Hier fanden sie ihn auf dem Rücken ausgestreckt völlig todt und erkaltet, worauf sie sogleich nach Verkehrt-Grünow zurückgingen und dem Gutsbesitzer Stendal Anzeige machten.

Am Tage hatte es stark gethaut, und in der Nacht war gelinder Frost eingetreten.

Nach Verkehrt-Grünow zurückgekehrt, kam Döring um $8^1/_2$ Uhr zu seinem Schwager Kuhreich und ermahnte ihn, fest zu sein. Auch zu Fischer kamen Döring und Lüdeke, um ihm den Tod des Vandré anzuzeigen, wobei Lüdeke zu ihm sagte: „Sei fest und komme Mittags zu mir, dann wollen wir uns über die Sache anders bereden."

Die Ehefrau des Arbeitsmannes Vandré ging am andern Morgen 6 Uhr, da ihr Mann am 30. Abends nicht nach Hause kam, zu Lüdeke, trat an das Fenster desselben, denn er lag noch zu Bette, und fragte ihn, wo er ihren Mann gelassen, worauf derselbe erwiderte, er wisse es nicht.

Gegen 10 Uhr liess Fischer jedoch die Vandré rufen und theilte ihr mit, dass ihr Mann auf dem Landinschen Felde liege und erfroren sei.

Der Maurergesell Methke zeigte am 31. Jan. der Polizeiobrigkeit zu Hohenlandin, Administrator Rehdanz, an, dass auf dem zum Landiner Vorwerk gehörigen Acker der Leichnam des Arbeitsmannes Vandré liege, worauf sich derselbe in Gesellschaft des Schulzen Betke, des Gerichtsmannes Genrich, des Krügers Müller und des Maurers Methke nach dem bezeichneten Orte begab, um das Factum zu constatiren und das Nöthige zu veranlassen.

Die Leiche lag nach Aussage des p. Rehdanz auf dem Brachfelde auf dem Rücken, die Füsse nach dem Abzugsgraben gewendet.

Am 1. Febr. wurde die Leiche des p. Vandré durch den Kreisphysikus Dr. Hertel und Kreischirurgus Weber aus Angermünde zu Hohenlandin obducirt; sie war bekleidet mit einem Tuchrock, einer Tuchweste, einer alten Pudelmütze, einem grünen Kamisol, einem Paar Tuchhosen, einem leinenen Hemde, einem Paar wollenen Strümpfen und Stiefeln. Kleider und Stiefel waren sehr beschmutzt, als wenn die Leiche auf nasser Erde gelegen hätte. Sämmtliche Kleidungsstücke waren durchnässt, und am Kragen des Hemdes befanden sich einige Blutflecke. Die Leiche war 5 Fuss 3 Zoll lang, eines 38—39jährigen Mannes, der weder wohl genährt, noch abgemagert war. — Besondere Abnormitäten fanden sich nicht, auch fehlten die Zeichen einer bereits eingetretenen Fäulniss, namentlich die sogenannten Todtenflecken. Der Kopf war mit 2 Zoll langen Haaren besetzt, die grösstentheils mit frischgeronnenem Blute zusammengeklebt waren. Der grösste Theil des Gesichts war mit geronnenem Blute bedeckt.

Nach Entfernung der Kopfhaare zeigten sich in der Kopfbedeckung folgende Verletzungen.

8) An der linken Seite befindet sich eine offene Wunde, von vorn nach hinten laufend, welche bei der Verbindung des Stirnbeins mit dem linken Scheitelbeine beginnt, parallel mit der Pfeilnath einen halben Zoll von derselben entfernt läuft, gezackte Ränder hat und bis fast auf den Knochen eindringt. Die Ränder dieser Wunde sind von beiden Seiten einen halben Zoll abgelöst, und der hintere Theil der Wunde mit geronnenem Blute angefüllt.

9) An der rechten Seite des Schädels befindet sich eine offene Wunde, welche $1^1/_2$ Zoll von dem Verbindungspuncte des Stirn- und rechten Scheitelbeines anfängt und sich, ebenfalls $^3/_4$ Zoll von der Pfeilnath entfernt, nach hinten $1^1/_2$ Zoll lang erstreckt. Der vordere Theil dieser Wunde dringt bis auf den Knochen; der hintere besteht mehr in einer Quetschung der Weichgebilde. Die Ränder der Wunde sind gezackt, und hat überhaupt die Wunde das Ansehen einer gequetschten. Die Wundränder sind auf beiden Seiten einen halben Zoll vom Knochen abgelöst, und die Oeffnung ist mit geronnenem Blute angefüllt.

10) Neben der letzten Wunde, und zwar am vorderen Theile derselben, einen Zoll von ihr entfernt, befindet sich eine einen Zoll lange, bis auf den Knochen dringende, an beiden Seiten einen halben Zoll vom Knochen abgelöste Wunde, welche sich in der Richtung nach der rechten Schläfe erstreckt, deren Ränder gleichfalls gezackt sind, und deren Grund mit geronnenem Blute gefüllt ist.

11) Auf der rechten Seite des Schädels befindet sich eine dritte Wunde, welche einen halben Zoll von dem hintern Wundwinkel der sub 9 gedachten Verletzung beginnt und 2 Zoll lang, in bogenförmiger Richtung, schräg nach vorn und unten läuft, so dass die drei letztgenannten Wunden gewissermassen ein Dreieck bilden. Auch diese Wunde geht bis auf den Knochen, ihre Ränder sind gequetscht und gezackt und vom Knochen abgelöst. Sämmtliche Wunden haben das Ansehen, als ob sie mit einem stumpfen Instrumente, etwa durch das Schlagen mit einem starken Knüttel, hervorgebracht sind.

14) Die Rückenfläche war in vollkommen normalem Zustande, dagegen waren

15) die beiden Schulterblätter angeschwollen und von dunkel-

rother Farbe. Aus den in die rothen Anschwellungen gemachten Einschnitten quoll schwarzes, extravasirtes Blut hervor.

16) Beide Hinterbacken sind ebenfalls angeschwollen und von dunkelrother Farbe, und aus den daselbst gemachten Einschnitten quoll gleichfalls schwarzes, extravasirtes Blut hervor.

17) Beide Ober- und Unterarme zeigten gleiche Anschwellungen von dunkelrother Farbe; bei den in diese Anschwellungen gemachten Einschnitten zeigte sich Blut von gleicher Beschaffenheit, wie ad 15 und 16.

18) Aehnliche, jedoch kleinere Anschwellungen zeigten sich an der hintern Seite der untern Extremitäten.

19) Bei der Ablösung der weichen Kopfbedeckungen zeigte sich die innere Fläche derselben überall, namentlich aber auf der Mitte des Kopfes und mehr nach vorn, mit extravasirtem Blute bedeckt.

21) Die abgelösten Schädelknochen wurden gegen das Tageslicht gehalten und genau untersucht, und es fand sich nicht die geringste Spur eines Eindruckes, eines Risses oder einer Spaltung vor.

22) Nachdem die Schädelknochen kreisförmig durchsägt und abgenommen waren, zeigte sich die harte Hirnhaut von dunkelblauer Farbe, und es quoll eine halbe Unze schwarzes, flüssiges Blut aus derselben hervor: auch waren die Blutgefässe überall mit schwarzem Blute überfüllt.

23) Der grosse Blutbehälter, welcher von vorn nach hinten läuft, war von der Mitte an bis nach hinten mit schwarzem Blute überfüllt, dagegen in seinem vordern Theile fast blutleer.

24) Sämmtliche Blutgefässe des Gehirns, welche sich zwischen den Hirnhäuten durchwinden, strotzten von schwarzem Blute.

25) An der 2. und 3. Hirnhaut (Pia mater und Arachnoidea) fand sich nichts Abnormes.

26) Die Gehirnmasse liess ebenfalls nichts Abnormes entdecken.

27) In den grossen Gehirnhöhlen fand sich eine wässerige Feuchtigkeit von etwa 2 Drachmen, und der in denselben belegene Plexus choroideus war mit schwarzem Blute angefüllt.

29) Der Gehirnknoten, das verlängerte Mark und die Basis des Schädels mit den dort befindlichen Blutleitern zeigten nichts Abnormes.

32) Die Lungen waren von dunkelblauer Farbe, die rechte Lunge fast ganz und gar und die linke nach hinten mit dem Rippenfelle verwachsen. Die Substanz der Lungen war normal. In der Bauchhöhle fand sich etwa $^1/_2$ Quart wässerige Flüssigkeit, im Herzbeutel drei

Theelöffel voll Wasser. Die linke Herzkammer war leer, die rechte enthielt etwa einen Esslöffel voll geronnenen Blutes. Die Schlagadern, wie die Blutadern, welche das Blut vom Herzen fort und zu demselben hinführen, waren leer. Alle Unterleibseingeweide waren normal, und anderweitige Abnormitäten fanden sich nirgend vor.

Die Obducenten sind übereinstimmend der Ansicht, dass die Verletzungen in dem Alter des Verletzten, sowohl aus dem Mangel eines zur Heilung erforderlichen Umstandes, als auch durch Zutritt einer äusseren Schädlichkeit den Tod zur Folge gehabt haben.

In dem unter dem 21. Februar erstatteten Obductionsberichte nehmen Obducenten eine Gehirnerschütterung an, erwähnen eines theilweisen Austrittes des Blutes auf die Oberfläche der harten Hirnhaut und gedenken der Blutüberfüllung sämmtlicher Blutgefässe in der Schädelhöhle als eines solchen Umstandes, welcher an und für sich immer im hohen Grade lebensgefährlich, obgleich nicht absolut tödtlich sei.

Sie nehmen demnach an, dass theils der Einfluss äusserer Schädlichkeiten, — wobei sie vorzüglich den Umstand, dass Denatus auf freiem Felde bei kalter Witterung die ganze Nacht verbleiben musste, hervorheben, — theils der Mangel an Kunsthülfe als Ursache des so schleunig erfolgten Todes zu betrachten sei. Sie verneinen die beiden ersten Fragen des §. 169 der Criminalordnung und beantworten dagegen die dritte Frage mit — Ja! —

Dies Gutachten der Kreis-Medicinalbeamten gab dem Criminalsenate des Königl. Kammergerichts zu folgenden Zweifeln Raum:

1) ob eine den Tod bedingende Hirnerschütterung bei Denatus stattgefunden habe?

2) ob, wenn der Tod des Vandré wirklich den bei der Obduction seines Leichnams vorgefundenen Verletzungen zugeschrieben werden muss, nur eine accidentelle Lethalität dieser Verletzungen angenommen und der nachgefolgte Tod nur als eine mittelbare Folge derselben betrachtet werden kann?

und veranlasste denselben, durch Resolut vom 17. Juni das höhere Gutachten des Collegii medici der Provinz Brandenburg einzuholen.

Dieses unter dem 3. September eingegangene Gutachten spricht sich dahin aus, dass der p. Vandré am Blutschlagfluss, sogenanntem blutigen Hirnschlagfluss, Apoplexia sanguinea cerebri, gestorben sei, die ihm zugefügten Verletzungen dessen Eintritt zwar gefördert haben, als bedingende Ursachen desselben aber nicht zu betrachten, mithin die drei Fragen der Criminalordnung zu verneinen seien.

Dies Resultat des höhern Gutachtens hat neue Bedenken des Spruchrichters hervorgerufen. Es scheint dem Criminalsenate des Königl. Kammergerichts bedenklich:

dass die vielen schweren Verletzungen des Vandré, wie sie das Obductionsprotokoll feststellt, darunter die sub 8, 9, 10, 11 beschriebenen 4 Kopfwunden, sich zu dem Tode des Vandré nicht wie Ursache zur Wirkung verhalten sollen,

dass auch der stattgehabte Blutandrang nach dem Kopfe des Vandré — der Bluterguss auf der Oberfläche der harten Hirnhaut — nicht eben eine Folge der auf den Kopf des Vandré gefallenen schweren Schläge sein soll,

dass eine Gehirnerschütterung, welche sonst bei geringen Kopfverletzungen als eine Folge derselben in Aussicht gestellt zu werden pflegt, hier wegen Mangels äusserer Merkmale verneint wird,

dass den übrigen Umständen, welche bei dem Tode des Vandré obgewaltet haben, ein solches Gewicht beigelegt ist, um darauf die Annahme zu gründen, derselbe würde auch ohne die in Rede stehenden Verletzungen zu der Zeit, wo er gestorben ist, verstorben sein. —

Selbst die thatsächliche Begründung des Gutachtens regt noch Zweifel an, insofern aus einem angeblichen „sich Niederwerfen" des Vandré unweit der Passower Brücke am Abend des 30. Januar und aus dessen angeblicher Weigerung, noch weiter zu gehen, der Schluss gezogen wird: „es sei derselbe damals seiner Glieder und seines geistigen Vermögens noch vollkommen Herr gewesen"; und insofern die Trunksucht des Vandré, wovon die Inculpaten und Zeugen nur in allgemeinen Ausdrücken sprechen, keine sehr ausgebildete gewesen sein kann, da die Merkmale des Säufers an und in dem Körper des Vandré von den Obducenten nicht erkannt worden sind, eben so wenig aber auch die Trunkenheit des Vandré an jenem Abende einen hohen Grad erreicht gehabt haben muss, weil er noch den grössten Theil des Weges von Hohenlandin nach Verkehrt-Grünow zu Fusse zurückzulegen und im erstgenannten Dorfe seinen Begleitern sogar einmal zu entlaufen vermocht hat.

Bei dieser Lage der Sache hat der Criminalsenat des Königl. Kammergerichts beschlossen, noch das Superarbitrium der wissenschaftlichen Deputation einzuholen und auch von dieser die 3 Fragen der Criminalordnung beantworten zu lassen.

Gutachten.

Betrachten wir die Verletzungen, welche sich an der Leiche des p. Vandré vorgefunden, einzeln und ausser ihrem Zusammenhange untereinander, so erscheinen sie zwar an und für sich von grosser Wichtigkeit; dennoch ist keine unter ihnen, welche als eine absolut tödtliche angesehen werden dürfte, und sie erhalten eine ganz andere Bedeutung, als sie dann bekommen, wenn das Zusammenwirken der ganzen Gruppe von Verletzungen, welche sich bei ihm vorgefunden, aufgefasst wird.

Zunächst sind es die im Obductionsprotokoll unter 8, 9, 10 und 11 beschriebenen Wunden in den Kopfbedeckungen, welche unsere Aufmerksamkeit auf sich lenken: Wunden, welche fast sämmtlich bis auf den Knochen gehen, gezackte Ränder haben, den Charakter der gequetschten an sich tragen, zum Theil mit geronnenem Blute gefüllt, und deren Ränder fast überall einen halben Zoll breit seitlich abgelöst waren. Das Gutachten der Kreis-Medicinalbeamten sagt von ihnen: Sie charakterisiren sich als solche, welche durch einen stumpfen Körper erzeugt sind etc. Diese Wunden lagen zu beiden Seiten des Kopfes und waren, zumal auf der rechten Seite, sehr umfangreich.

Wenn schon es nicht in Abrede zu stellen ist, dass dergleichen gequetschte Wunden in den Kopfbedeckungen, auch wenn sie einen grössern Umfang haben und durch sehr stumpfe Gewalten erzeugt sind, dennoch in einzelnen Fällen ausnahmsweise sich durch eine schnelle Vereinigung schliessen können, so werden dieselben doch allemal sicher dann in Eiterung übergehen, wenn sich in ihrer Umgegend ein Blutextravasat unter den Kopfbedeckungen vorfindet, und nach Maassgabe des extravasirten Blutquantums pflegt nicht selten in solchen Fällen ein Verjauchungsprozess in den Wunden einzutreten, bei welchem häufig Theile der Wundränder mortificirt, und selbst die Knochen ergriffen werden, besonders da, wo das Periosteum entweder eine Quetschung erlitten hatte, oder von einzelnen Knochenstellen entfernt war. Dieser Verlauf der in Rede stehenden Wunden war auf alle Fälle hier zu erwarten, denn dass das Periosteum der entblössten Schädelknochen gelitten haben musste, geht aus der Art der Entstehung der Wunden selbst hervor. Und das Bestehen eines bedeutenden Blutextravasates erweist das Obductionsprotokoll, in welchem es unter 19 heisst: „Bei der Ablösung der Kopfbedeckungen zeigten sich die inneren Flächen derselben überall, namentlich bis auf die Mitte des Kopfes und mehr nach vorn, mit extravasirtem Blute bedeckt.“

Der Eiterungsprozess in den Wunden würde sich aber nicht auf die letztern beschränkt, sondern bestimmt so weit erstreckt haben, als der Bluterguss unter der Kopfbedeckung verbreitet war, und würde um so mehr an Ausdehnung gewonnen haben, als der grösste Theil der Schädelbedeckungen durch die auf den Kopf gefallenen Stockschläge gequetscht und durch Quetschung für einen Vereiterungs- und Verjauchungsprozess prädisponirt war.

Dies Blutextravasat unter den Kopfbedeckungen konnte weder durch einen Fall erzeugt sein, weil es vorzüglich auf der Mitte des Kopfes lag; Denatus hätte daher von einer Höhe herab mit dem Kopf auf die Erde gefallen sein müssen, und dies war nicht geschehen. Noch konnte es von Congestionen nach dem Kopfe, als Folge starker Aufregung oder der Trunkenheit, oder von einem Anfalle von Schlagfluss herrühren; denn es liegen sämmtliche Blutgefässe des oberen Theils der Kopfbedeckungen in einem viel zu festen straffen Bindegewebe, als dass aus jenen Ursachen ein so verbreiteter Bluterguss möglich wäre. Vielmehr konnte dies Extravasat nur durch eine äussere Gewalt erzeugt sein, welche auf den obern Theil des Kopfes und zwar mit grosser Heftigkeit aufgetroffen hat, in diesem Falle also nur durch die Stockschläge, welche auf den Kopf des Vandré gefallen sind, da aus den Acten keine andere Art von Verletzung hervorgeht, welche seinen Kopf getroffen hat.

Bedeutende Vereiterungen und Verjauchungen in und unter den Kopfbedeckungen, als Folge von Quetschung der letzteren, mit umfangreichen Blutextravasaten und gequetschten Wunden, rufen schon an und für sich häufig um die Zeit ihres Eintrittes einen ähnlichen Prozess auch unter den Schädelknochen an der entsprechenden Stelle hervor, indem sich um diese Zeit die harte Hirnhaut von der innern Wand der Schädelknochen ablöst, und sich zwischen beiden ein Eiterdepot mit Enzündung der harten Hirnhaut bildet. Dieser Gang der Erscheinungen tritt aber unfehlbar da ein, wo den Verletzungen in den Kopfbedeckungen und dem Blutergusse unter denselben entsprechend, auch die Gefässe der Hirnhäute stark mit Blut überfüllt sind, wie dies bei Denatus der Fall war, oder wo sogar ein Blutextravasat zwischen den Schädelknochen und der harten Hirnhaut besteht, wie dies von den Obducenten bei Denatus angenommen ist. Das Obductionsprotokoll sagt unter 22: „Nachdem die Schädelknochen abgenommen waren, zeigte sich die harte Hirnhaut von dunkelblauer Farbe, und es quoll eine halbe Unze schwarzes, flüssiges Blut aus derselben hervor; auch waren die Blutgefässe überall mit schwarzem Blute überfüllt.“ Da hierbei nicht ausdrücklich bemerkt ist, dass sich an der Stelle auch geronnenes Blut auf der harten Hirnhaut vorgefunden habe, so kann man bezweifeln, ob bereits zu Lebzeiten des Denati ein Extravasat zwischen den Schädelknochen und der harten Hirnhaut bestanden habe? und könnte der Ansicht Raum geben, dass jenes Blut, erst nach der Wegnahme der Schädelknochen, aus den dabei zerrissenen Gefässen ausgeflossen sei.

In dem Gutachten, welches die Obducenten unter dem 21. Februar mit dem Obductionsberichte eingesandt haben, sprechen sie zwar bestimmt von einem Blutextravasate an jener Stelle, wenn sie sich folgendermassen äussern: „Anders verhält es sich mit den sub 22, 23, 24 und 28 angeführten Beschädigungen und namentlich mit der Ueberfüllung der Blutgefässe und dem theilweisen Austritt des Blutes auf der Oberfläche der harten Hirnhaut etc.“, so wie weiter: „Diese erwähnte Blutüberfüllung sämmtlicher Blutgefässe und theilweise Ergiessung des Blutes auf die Oberfläche der harten Hirnhaut sind an und für sich immer in hohem Grade lebensgefährlich etc.“ und endlich: „Wir können demnach annehmen, dass die im vorliegenden Falle vorhandene Blutergiessung, die vor der Abnahme der Schädelknochen nur in einem sehr geringen Quantum Bluts bestanden haben muss, den Tod nicht nothwendig zur Folge gehabt haben würde, vielmehr werden dergleichen Blutextravasate, wie schon erwähnt, häufig geheilt.“ Da jedoch von den Obducenten nicht ausdrücklich in dem Sectionsprotokolle des Umstandes Erwähnung geschehen ist, dass sie an der in Rede stehenden Stelle geronnenes Blut auf der harten Hirnhaut gefunden haben, so ist das Bestehen eines Blutextravasates an jener Stelle zu Lebzeiten des Denati nicht factisch erwiesen. Dagegen steht eine grosse Ueberfüllung der Gefässe mit einem schwarzen Blute fest, die so bedeutend war, dass die harte Hirnhaut eine dunkelblaue Farbe zeigte, und eine halbe Unze schwarzes flüssiges Blut ausfloss.

Vor allen Dingen würde hier zu erörtern sein, ob diese grosse Ueberfüllung der Blutgefässe in den Hirnhäuten als das Product der Verletzungen zu betrachten ist, welche Denatus davon getragen hat, oder ob man dieselbe irgend einer andern, von den Verletzungen unabhängigen Ursache zuschreiben kann?

Die Kreis-Medicinalbeamten erkennen in dieser Erscheinung das Product eines starken Blutandranges nach dem Kopfe, in dessen Folge der Tod durch Blutschlagfluss herbeigeführt werden musste, und betrachten denselben theils als die Folge der brutalen Misshandlung, durch welche Denatus zum Gehen unfähig wurde, theils als die Wirkung der kalten Witterung, welcher derselbe ausgesetzt war, indem er auf freiem Felde liegen blieb, theils als das Product eines Mangels an nöthiger Kunsthülfe.

Das Königl. Medicinal-Collegium der Provinz Brandenburg erklärt sich dahin, „dass der p. Vandré am Blutschlagfluss, Apoplexia sanguinea cerebri, gestorben, die ihm zugefügten Verletzungen dessen Eintritt zwar gefördert haben, als bedingende Ursache aber nicht zu betrachten seien, und dass die Apoplexie vielmehr als die Folge der Trunksucht und einer auf starke Erhitzung folgenden Erkältung eingetreten sei."

Vor dieser Erklärung schildert das genannte Collegium den Blutschlagfluss, Apoplexia cerebri sanguinea, als eine Ueberfüllung der Blutgefässe des Gehirns und seiner Häute für sich allein, oder mit gleichzeitigem Ergusse von Blut auf der Oberfläche, oder in der Substanz des Gehirns.

Ein solcher Bluterguss auf der Oberfläche, oder in der Substanz des Gehirns hat aber bei Denatus nicht stattgefunden.

Das Sectionsprotokoll sagt sub 24: „Sämmtliche Blutgefässe des Gehirns, welche sich zwischen den weichen Hirnhäuten durchwinden, strotzen von schwarzem Blute;" und sub 25: „An der 2. und 3. Hirnhaut, Pia mater und Arachnoidea, fand sich nichts Abnormes;" und sub 26: „Die Gehirnmasse liess ebenfalls nichts Abnormes an sich entdecken."

Es geht daraus deutlich hervor, dass eine Blutüberfüllung der Gefässe in der Substanz des grossen Gehirns selbst nicht bestand, sondern nur in den Hirnhäuten gefunden wurde.

Dass, nach Nr. 28 des Obductionsprotokolls, die Gefässe des kleinen Gehirns mit schwarzem Blute angefüllt gefunden wurden, erklärt sich aus der Rückenlage, in welcher die Leiche gefunden ist.

Demnach fehlen die wichtigsten Erscheinungen, welche die Annahme einer Apoplexia sanguinea cerebri rechtfertigen könnten.

Die bedeutendste Anfüllung der Gefässe mit schwarzem Blute fand sich in den Gefässen der harten Hirnhaut, sowie sub 23 in dem grossen Blutbehälter, welcher von vorn nach hinten läuft. Sie war entsprechend dem Blutextravasate, welches unter den Kopfbedeckungen über den Schädelknochen lag, und den bedeutenden gequetschten Wunden, welche sich in den erstern vorfanden, und muss mit diesen aus gleicher Ursache entsprungen sein; denn in der Umgegend bedeutender

Quetschungen und gequetschter Wunden finden sich immer, nach Maassgabe der Heftigkeit der Gewalt, die Gefässe mit Blut überfüllt, als Folge der Erschütterung, welche sie durch die quetschende Gewalt erleiden.

Dass aber der Kopf des Vandré eine sehr bedeutende Erschütterung erlitten haben müsse, geht theils aus der Art der Verletzung, theils aus der Beschaffenheit der verletzenden Instrumente, theils aus der Kraft, mit welcher diese geführt wurden, und endlich aus einigen Nebenumständen hervor. Vandré trug eine wattirte Mütze, die ihm, so oft sie herunterfiel, durch Döring und Lüdeke wieder aufgesetzt wurde. Trotz des Schutzes, welcher dem Kopfe dadurch zu Theil wurde, waren die Schläge dennoch im Stande, die sub 8, 9, 10, 11 beschriebenen, bedeutenden Wunden in den Kopfbedeckungen zu bilden, ein Beweis für die Gewalt, mit welcher sie geführt sind, zumal mit Rücksicht auf die verletzenden Werkzeuge, die in einem Stocke bestanden, von der Dicke eines Fingers oder Daumens, der auf Vandré in zwei Stücke zerschlagen wurde, so dass ihn Lüdeke nachher wegwarf, und in einem Besenstiel, den Döring führte, und von beiden sollen die Hiebe hageldicht auf Kopf und andere Theile des Körpers gefallen sein, selbst dann noch, als Denatus sich bei der Passowschen Brücke auf die Erde geworfen hatte, was ohne eine heftige Erschütterung des Kopfes und des Gehirns insbesondere nicht stattfinden konnte.

Aber bereits auf dem ganzen Wege von Hohenlandin bis zur Brücke erhielt Denatus unzählige Hiebe von Döring und Lüdeke mit den Stöcken über den Kopf und andere Theile des Körpers, in deren Folge der Kopf des Vandré noch stärker blutete, und dies wiederholte sich, so oft Vandré Miene machte, stehen zu bleiben. Nach Aussage der Zeugen schlugen Döring und Lüdeke blind darauf los. Dabei werden Inculpaten als starke, kräftige Männer geschildert, und Lüdeke gesteht selbst ein, dass er durch den Genuss des Branntweins und den Widerstand des Vandré in Leidenschaft gerathen sei.

Eine solche wiederholte Hirnerschütterung, wie sie bei dieser Art der Verletzung nothwendig stattfinden musste, erklärt hinreichend die Ueberfüllung der Blutgefässe in den Hirnhäuten, als Folge von traumatischer Lähmung der Gefässwandungen, ohne dass man nöthig hat, eine Apoplexie anzunehmen, für welche sich die Beweise in dem Sectionsbefunde nicht finden lassen. Sie würde auch genügend das Blutextravasat zwischen der harten Hirnhaut und den Schädelknochen erklären, wenn ein solches wirklich vorhanden gewesen wäre, was jedoch zweifelhaft bleibt. Denn bei so heftigen Erschütterungen des Kopfes, wie sie bei Denatus nothwendig wiederholt stattgefunden haben müssen, bildet sich auch ohne Bruch und Fissur in den Schädelknochen leicht eine partielle Ablösung der harten Hirnhaut von der inneren Wand der letzteren und giebt einem Blutextravasate Raum. Die Hirnerschütterung charakterisirt sich in den leichtern Graden durch Benommenheit des Kopfes und das Gefühl von Schwindel, verbunden mit dem von Mattigkeit und Schwäche im Körper, wobei es dem Kranken schwer fällt, sich aufrecht zu halten und zu gehen; der Verletzte schwankt und sinkt endlich nieder. Dabei ist anfangs weder das Bewusstsein, noch das Gefühl aufgehoben; die Verletzten sprechen und geben Antwort. Nur im höchsten Grade der Hirnerschütterung schwinden Bewusstsein, Gefühl und willkürliche Bewegung vollständig.

Verfolgen wir die Geschichte der Misshandlung des Vandré, nachdem er den Krug zu Hohenlandin verlassen hatte, so sehen wir, dass er am Gehöfte des Schulzen Betke den Inculpaten entlaufen war, dass er sich ihnen in der Thür des Hauses zur Wehr setzte, dass er um Hülfe und Feuer schreit. Wir finden ihn demnach noch seiner Sinne mächtig und einer freien willkürlichen Bewegung fähig. Nachdem er hier von Döring und Lüdeke die ersten Hiebe über den Kopf erhalten hatte, so dass das Blut über das Gesicht floss, treiben ihn Beide gewaltsam durch wiederholte Stockprügel vor sich her, während er oft Miene macht, stehen zu bleiben. Offenbar hatte hier bereits eine Hirnerschütterung stattgefunden, die ihre lähmende Wirkung geäussert. Kuhreich und Fischer folgen und mahnen Inculpaten von solcher Behandlung ab. Denatus setzt sich nicht wieder zur Wehr, ruft auch nicht wieder die Hülfe der beiden Letztgenannten an, obschon sie drei gegen zwei waren. Bei der Passowschen Brücke sinkt er nieder und bleibt liegen, und selbst ein Hagel von Schlägen vermag ihn nicht zum Weitergehen zu bringen. Es ist demnach augenscheinlich, dass die Misshandlung, welche Denatus auf dem Wege bis zur Passowschen Brücke erlitten, die Hirnerschütterung und ihre lähmende Wirkung bis zu dem Grade gesteigert hatte, dass er unwillkürlich zusammenbrach und zum Weitergehen unfähig war.

Döring und Lüdeke haben ausgesagt, dass Vandré früher schon oft viele Prügel bekommen hatte, und dass er doch immer nachher allein nach Hause gegangen sei, weshalb sie glaubten, dass er es auch diesmal thun werde, sobald sich sein Eigensinn gelegt haben würde.

Wäre er im Zustande von Berauschung niedergesunken, so würde das Lager, auf dem er ruhte, ein feuchter Erdboden auf dem Brachfelde, es hatte bei Tage stark gethaut, und die Kühle der Nacht, es war gelinder Frost eingetreten, so wie der ansehnliche Blutverlust aus den Kopfwunden dazu beigetragen haben, ihn nüchtern zu machen, und er würde den Inculpaten, sobald er zur Besinnung gekommen, gefolgt sein.

Denatus war aber durch Hirnerschütterung zum Weitergehen unfähig gemacht. Allerdings wird die Anlage dazu durch den Genuss spirituöser Getränke gesteigert. Hirnerschütterungen entstehen im Zustande der Berauschung leichter und sind in demselben gefährlicher. Nach Aussage des Krügers Müller schien Vandré angetrunken, als er den Krug zu Hohenlandin verliess. Er war überhaupt dem Trunke ergeben, nach Aussage der eignen Frau. Dass er aber nicht in einem hohen Grade berauscht sein konnte, beweist der Umstand, dass er am Gehöfte des Schulzen Betke den Inculpaten entlief, und dass er sich in der Thür desselben ihnen zur Wehr setzte. Er war angetrunken, wie der Krüger Müller ausgesagt, und dieser Zustand kann nur als ein Moment betrachtet werden, welches die Entwickelung der Hirnerschütterung begünstigt hat.

Wenn Inculpaten auch behaupten, dass Vandré ihnen, als er sich an der Passowschen Brücke niederwarf, gesagt habe: „Lasst mich man liegen, ich gehe nicht weiter," und wenn Kuhreich und Fischer, als sie den Vandré an der Brücke verliessen, ihn unter der Misshandlung noch schreien hörten, so widerspricht dies der Ansicht, dass er in Folge der Hirnerschütterung niedergesunken sei, nicht, da die Verletzten, zumal wenn sie angeregt werden, sowohl bei der Hirnerschütterung, als beim Hirndrucke, noch Aeusserungen des Schmerzes machen und sprechen können, so lange jene nicht den höchsten Grad erreicht haben.

Es darf nicht in Abrede gestellt werden, dass selbst umfangreiche gequetschte Wunden in den Kopfbedeckungen, auch wenn sie bis auf den Knochen gehen, mit bedeutender Ablösung der Wundränder von den Knochen, und selbst mit einem grossen Blutextravasate unter den Kopfbedeckungen gepaart sind, dennoch unter begünstigenden Verhältnissen glücklich heilen können; dagegen ist der Ausgang fast immer ein tödtlicher da, wo zu diesen Verletzungen noch eine Hirnerschütterung und eine Blutüberfüllung in den Gefässen der Hirnhäute hinzukommt, wie dies bei Denatus der Fall war; und wenn der Tod bei einem solchen Zusammentreffen von schweren Kopfverletzungen auch nicht immer auf der Stelle eintritt, und der Verletzte oft noch mehrere Tage leben kann, so pflegt dieser doch stets um die Zeit der beginnenden Eiterung der Verletzung zu erliegen.

Bei Denatus gesellten sich aber zu diesen wichtigen und lebensgefährlichen Verletzungen am Kopfe auch noch andere, durch Umfang und Ausdehnung höchst bedeutende Verletzungen, die fast über den ganzen Körper verbreitet waren. Zunächst sind es diejenigen auf den Schulterblättern, von denen das Sectionsprotokoll sub 15 sagt: „Die beiden Schulterblätter waren angeschwollen und von dunkelrother Farbe. Aus den in die rothen Anschwellungen gemachten Einschnitten quoll schwarzes, extravasirtes Blut hervor.“ Es waren demnach hier Extravasationen von dem Umfange der Schulterblätter, Haematomata, vorhanden, als Folge der Hiebe, welche auf diese Theile gefallen waren. Sodann sind es diejenigen auf den Hinterbacken, von denen es sub 16 heisst: „eine gleiche Erscheinung, wie an den Schultern, fand an den Hinterbacken statt“; dasselbe war sub 17 der Fall auf beiden Ober- und Unterarmen, und endlich sub 18 zeigten sich auch an der hintern Seite der untern Extremitäten ähnliche, jedoch kleinere Anschwellungen.

Eine so bedeutende, umfangreiche Ausdehnung von so grossen Extravasationen beweist, dass eine ausserordentlich grosse Zahl von Hieben auf die betroffenen Theile gefallen sein müsse, und setzt eine ähnliche Verletzung voraus, wie sie bei den verschärften Graden der Strafe des Spitzruthenlaufens und der Stockprügel stattfinden, nur dass hier die Hiebe mit einem Besenstiel und einem finger- bis daumendicken Stocke von 2 Personen geführt sind, die als sehr stark und kräftig geschildert werden, von denen der eine das Bekenntniss abgelegt hat, dass er in Leidenschaft gewesen sei, und die nach Aussage der Zeugen wie blind darauf los hieben, so dass die Hiebe hageldicht fielen.

Die Erfahrungen bei der Strafe des Spitzruthenlaufens und der Stockprügel haben zwar vielfältig erwiesen, dass, bei den verschärften Strafgraden, die Bestraften nicht selten der Verletzung erlegen sind, und noch neuerdings hat in England ein solcher Fall zu den wichtigsten Erörterungen die Veranlassung gegeben. Dagegen fehlt es auch nicht an solchen Beobachtungen, wo die Bestraften, selbst bei einer sehr grossen Zahl von Hieben, ja selbst wenn sich dieselben bis auf 200 beliefen, und in Folge derselben der ganze Rücken mit Blutunterlaufungen bedeckt war, dennoch erhalten und geheilt sind. Immer aber wurden in solchen Fällen die Hiebe nur auf die Schultern und den Rücken geführt. Wenn nun gleich bei Denatus der Rücken frei geblieben war, so waren dagegen die Hiebe auf die Rückseite des ganzen übrigen Körpers gefallen; und die Zahl derselben muss eine ganz ungewöhnlich grosse gewesen sein. Wenn diese Verletzungen auf der Rückseite des Körpers durch Umfang, Grösse und Ausdehnung von der Art waren, dass sie zu den lebensgefährlichen gezählt werden müssen, so gewannen sie durch den Umstand, dass sie sich zu einem Complex von Kopfverletzungen hinzugesellten, die schon an und für sich höchst wahrscheinlich den Tod herbeigeführt hätten, in einem hohen Grade an Bedeutung, und es lässt sich aus dem Zusammentreffen so vieler wichtiger, umfangreicher, über den ganzen Körper verbreiteter und zum Theil die edelsten Organe beeinträchtigender Verletzungen mit positiver Gewissheit das Urtheil fällen, dass sie den Tod des Verletzten herbeigeführt hätten, wenn schon es wohl möglich gewesen wäre, dass sich derselbe um einige Tage verzögert haben würde, wäre Denato die nöthige Pflege und Hülfe zu Theil geworden.

Ausser der lähmenden Wirkung der Hirnerschütterung mussten die Kräfte des Denatus, ebensowohl durch die Blutverluste aus den Wunden, als auch durch den umfangreichen Blutaustritt in den grossen Extravasationen auf den Schultern, Hinterbacken, Armen und Schenkeln erschöpft sein; mehr aber noch durch den Umfang des Schmerzes, den die bedeutenden, über den ganzen Körper verbreiteten Verletzungen erzeugten. Die Erfahrung hat vielfältig bei chirurgischen Operationen gelehrt, wie ein heftiger, längere Zeit anhaltender Schmerz selbst tödtend wirken kann; auf alle Fälle erschöpft er die Lebenskraft in nicht geringerem Grade, als der Blutverlust.

Wenn die Lebenskraft eines Verletzten durch Hirnerschütterung, Blutverlust und Schmerz bis zu dem Grade vermindert ist, dass er zur Erde niedersinkt und durch die gröbsten Misshandlungen nicht zum Aufstehen gebracht werden kann, dann bedurfte es wohl nur sehr geringer neuer Schädlichkeiten, um den letzten Rest der Lebenskraft zum Erlöschen zu bringen, und so war die Kälte einer Winternacht, welcher Denatus hülflos auf freiem Felde ausgesetzt blieb, bei gänzlichem Mangel jeden Schutzes und der Pflege, ausreichend, um sofort den Tod herbeizuführen, denn, nachdem es am Tage gethaut hatte, war in der Nacht gelinder Frost eingetreten.

Es sieht sich demnach die wissenschaftliche Deputation genöthigt, den Tod des Vandré dem Zusammentreffen einer Menge von äusserst wichtigen Verletzungen zum Theil des edelsten Organs zuzuschreiben, von denen eine jede einzelne zwar an und für sich wohl heilbar gewesen sein würde, die aber in ihrem Zusammenwirken, zumal bei dem Umfange der verletzten Stellen selbst, den Tod zur Folge haben mussten, der jedoch durch den gänzlichen Mangel an Schutz und Pflege, unter welchem Denatus in der kalten Winternacht sich auf freiem Felde befand, möglicher Weise beschleunigt sein kann; sie beantwortet demnach die erste Frage des §. 169 der Criminalordnung mit — Ja —, während sie die beiden andern verneint.

Berlin, den 2. Februar 1848.

Wissenschaftliche Deputation für das Medicinalwesen.

(gez.) **Klug. Horn. Link. Dr. v. Stosch. Schmidt. Müller. Jüngken.**

IX.

Fall Klein.

Mordversuch bei zweifelhafter Zurechnungsfähigkeit.

Der Bauer G. Klein versetzte seiner schlafenden Ehefrau mehrere Messerstiche, um sie zu tödten, und ward deshalb in erster Instanz zu 10jähriger Zuchthausstrafe verurtheilt, obgleich über seine Zurechnungsfähigkeit zur Zeit des Verbrechens einige Zweifel angeregt wurden. In der Appellationsinstanz fand sich daher der Richter veranlasst, ein Gutachten des Medicinal-Collegiums zu erfordern, welches den Klein für unzurechnungsfähig erachtete; und bei diesem Widerspruch der beiden Instanzgutachten wurde nun ein Superarbitrium der wissenschaftlichen Deputation darüber gewünscht:

ob Inquisit überhaupt, und bei Vollbringung der That insbesondere, unter Berücksichtigung der von Zeugen bekundeten, in der Familie des Angeschuldigten bestehenden erblichen Anlage zur Seelenkrankheit, als zurechnungsfähig zu erachten sei?

Unter dem 20. September 1848 kamen die beiden Relationen der Geheimräthe Casper und v. Stosch zum Vortrag, die indess so von einander abwichen, dass eine Vereinigung nicht erzielt werden konnte. Da nun ausser den beiden Referenten nur noch der Geheimrath Schmidt von den Mitgliedern der Deputation in Berlin anwesend war, so fand sich auf das Gesuch des Directors der provisorische Chef des Ministeriums veranlasst, beide Relationen nebst den Acten an den Geheimrath Damerow nach Halle zu senden und diesen zur Aeusserung seiner Ansicht aufzufordern. Die von diesem unter dem 10. October eingereichte Arbeit liess der provisorische Minister unter dem 14. October der wissenschaftlichen Deputation zugehen, worauf jedoch der Director der letztern unter dem 21. October erwiderte, dass die Deputation, von derselben Gebrauch zu machen, nicht mehr in der Lage gewesen sei, indem bereits vor ihrem Eingange der zweite Referent, der Geheimrath v. Stosch sich der Ansicht des ersten, des Geheimrath Casper, angeschlossen habe, und hiernach die Majorität der Meinung gewesen sei, dass es einer Abänderung des Gutachtens vom 20. September nicht mehr bedürfe. Dieses wurde daher angenommen und vollzogen; ob mit Recht, möge der wissenschaftlichen Prüfung anheimgestellt bleiben. Jedenfalls ist die Beurtheilung des Falles durch den trefflichen Damerow von grossem Interesse und durfte nicht weggelassen werden.

Es folgen demnach nachstehend

I. das von der wissenschaftlichen Deputation angenommene Gutachten des ersten Referenten, Geheimrath Casper;

II. das Gutachten des zweiten Referenten, Geheimrath v. Stosch;

III. das mit Begleitschreiben des Ministers der Deputation zugeschickte Votum des Herrn Geheimrath Damerow.

In der Untersuchungssache wider Georg Klein von Köttlingen wegen Verwundung seiner Ehefrau hat die Fürstlich Wiedsche Regierung unter dem 19. Juli d. J., zur Aufklärung der Meinungsverschiedenheit über die Zurechnungsfähigkeit des Angeschuldigten, ein Superarbitrium der unterzeichneten wissenschaftlichen Deputation desiderirt, das dieselbe im Nachstehenden erstattet.

Geschichtserzählung.

In der mondhellen Nacht vom 15. bis 16. December 1845 hatte sich die Ehefrau des Angeschuldigten, nachdem sie alle Thüren im Hause geschlossen, um halb elf Uhr zu Bett gelegt und lag um Mitternacht, wie gewöhnlich, an der rechten Seite des gemeinschaftlichen Ehebettes, im tiefsten Schlaf, als sie durch heftige Stösse, wie von einem Messer herrührend, gegen Kopf und Gesicht erweckt wurde. Schlaftrunken fuhr sie sich mit beiden Händen nach dem Kopfe und erhielt hierbei noch Schnitte in die Hände. Sie sah nun ihren Mann, der hinter ihr im Bette schlief, aufgerichtet und anscheinend knieend, der ihr mit der einen Hand den Hals fasste, mit der andern mit einem Messer nach Kopf und Gesicht fortwährend stiess. Auf ihren Zuruf: „Georg, was machst Du? das thust Du?“ antwortete derselbe: „Das denke doch nicht,“ fuhr aber fort zu stechen. Sie wand sich endlich los und sprang aus dem Bette, worauf Inculpat gleichfalls aufstand. Auf ihre Rede: „Was denkst Du nur, mich so zuzurichten, ich habe Dir doch nie etwas gethan, was fangen wir nun mit unsern kleinen Kindern an!“ erwiderte er noch: „Ich habe Dir Nichts gethan, und eben wegen der Kinder kannst Du Dir schon denken, dass ich es nicht gewesen bin.“ Inculpat hatte seiner Frau acht Wunden an Kopf und Gesicht und sechs Verletzungen an den Händen beigebracht, von denen sie indess genesen ist. Nachdem er, wie bemerkt, das Bett verlassen, weckte er die Hausgenossen und sagte namentlich dem Knecht Wirges: er möchte doch gleich herunterkommen, sie hätten ihm seine Frau bald todtgeschlagen, wobei Wirges noch Blutspuren an ihm bemerkte.

Trotz aller dieser auffallenden Umstände läugnete Inculpat zwei Tage darauf im ersten Verhör — und er ist sich darin bis zum völligen Abschluss der Untersuchung ganz gleich und consequent geblieben — durchaus die Thäterschaft. Mit grösstem Eingehen in alle einzelnen Umstände behauptet er, um Mitternacht von seiner Frau durch Anrufen seines Namens geweckt worden zu sein und sie nun bereits verwundet gesehen zu haben. Er bleibt dabei, wenngleich er selbst einräumt, wie unwahrscheinlich seine Angabe, es müsse ein Fremder sich eingeschlichen und sich nach der That alsogleich entfernt haben. Das Attentat, meint er, solle wohl ihm gegolten haben, da er seit Jahren mit seiner Frau in Zwietracht lebe, und deren Verwandte deshalb seine Feinde seien. Uebrigens räumt er ein, dass er, nachdem er das Schlafzimmer verlassen, sich gewaschen habe, angeblich um sich ein wenig zu erfrischen, und recognoscirte auch sein Messer, das er, bevor das Gericht gekommen, gereinigt zu haben, einräumt, angeblich weil es mit Salbe beschmutzt gewesen.

Inculpat, zur Zeit der That 42 Jahre alt, Ackersmann, katholisch, bis dahin nie in Untersuchung gewesen, hatte seit 19 Jahren mit seiner etwas ältern Ehefrau und bis zu den letzten zwei Jahren zufrieden gelebt. Nach des Dr. Schild Angabe ist er gross, muskulös, der Kopf ist stark, der Ausdruck gemüthlich, sein Blick ist zuweilen verstohlen und finster, die Sprache kräftig und sonor, der Schlaf normal, die Gesundheit ungetrübt, und nur in den Blüthenjahren soll er an Kopfschmerzen und erleichternden Nasenblutungen gelitten haben. Er hatte früher eines guten Rufes genossen, und nur seit zwei Jahren hatten sich seine häuslichen Verhältnisse geändert. Dem weiblichen Geschlechte sehr zugethan, verkehrte er in den letzten Jahren viel in einem liederlichen Hause des Dorfes, und scheint hier nach den Acten namentlich mit Einer Frauensperson ein Verhältniss gehabt zu haben. Gleichmässig wuchs seine Abneigung gegen seine Ehefrau, so dass diese bald anfing, in Furcht vor Misshandlungen von seiner Seite zu leben, da er oft, wie mehrere Zeugen bekunden, gefährliche Drohungen gegen sie ausgestossen hatte. Es steht sogar fest, dass er ein Jahr vor der That dem Peter Manns das Ansinnen gestellt hatte, ihm für 50 Thaler seine Frau aus dem Wege zu schaffen. Zu diesem

Behufe hatte Inculpat den Manns später noch einmal zu sich geladen, und nachdem er gekommen, hatte er ihm das Bett seiner Frau mit den Worten gezeigt: „Hier liegt sie.“ Dann hatte er eine Zange geholt und damit herumgesticulirt, um dem Manns zu zeigen, wie er seine Frau packen könne. Dann würde sie noch ein Bischen röcheln, sagte er, indem er dies gewissermassen nachmachte, und die Geschichte sei fertig.

Mit diesen immer bekannter werdenden Gesinnungen gegen seine Ehefrau sank er in der öffentlichen Achtung, und nach der Deposition des Gerichtsschöffen Klein II. fing man an, an dem Dasein eines vollen Verstandes bei ihm zu zweifeln, wozu sein häufig verstörtes Aussehn und sein stierer Blick noch Vieles beitrugen. In der letzten Zeit gewahrte man auch eine Veränderung in seiner Lebensweise. Früher fast geizig, fing er nun an, in die Wirthshäuser zu gehen, und verthat das Geld, und soll sich auch in seiner Haushaltung gleichgültig und nachlässig bewiesen haben, wobei indess bemerkt werden muss, dass die Ehefrau des Inculpaten diese letzteren Depositionen nicht bestätigt. Das veränderte Benehmen des Klein gegen seine Frau hatte, wie man glaubte, namentlich seinen Grund darin, dass derselbe die Ueberzeugung gefasst hatte, wie seine Frau mit dem Schneider Ehrenberg in ehebrecherischem Umgange lebe, was nicht nur sie selbst consequent ablehnt, sondern auch alle Zeugen, nach der Kenntniss des Charakters der verehelichten Klein, durchaus verneinen. Der Bruder des Klein deponirt indess, dass Inculpat sich wegen des vermeintlichen Ehebruchs seiner Frau, wie er wenigstens glaube, „förmlich eine fixe Idee in den Kopf gesetzt habe.“ Eine solche fixe Idee glaubt auch der Justizamtmann Hachenberg annehmen zu müssen. In dieser Beziehung ist ein Brief erheblich, den Inculpat am 23. Januar 1846 aus dem Gefängniss an seine Frau schrieb, oder vielmehr schreiben liess und unterschrieb, und worin er, mit der Versicherung, dass er Alles verziehen habe, auch sie auffordert, Alles zu vergessen. Er giebt zu, dass er dem Concipienten, seinem Mitgefangenen, den allgemeinen Auftrag ertheilt habe, einen versöhnlichen Brief an seine (des Klein) Ehefrau zu schreiben, damit diese ihm Geld schicken möge. In einer Confrontation mit seiner Frau am 2. März dess. J. kommt er indess, die Vereidigung seiner Frau abwehrend, wieder auf seinen Verdacht zurück, indem er nunmehr diesmal hinzufügt, wie er auch glaube, dass seine Frau mit ihrem Bruder Blutschande getrieben, und wie er den Verdacht hege, dass sie ihr fünftes Kind, als dessen Vater er den p. Ehrenberg annimmt, als Säugling getödtet habe.

Eben so stellt er die Behauptung des Manns (s. oben) in Abrede und behauptet vielmehr, dass dieser sich ihm zum Morde seiner Ehefrau angeboten habe.

Nach dem Abschluss der Untersuchung trat der Defensor mit dem Einwande einer Amentia occulta auf, in welcher Inculpat die That verübt, und wurden nun vielfache Zeugen über den Charakter und die Gemüthsverfassung des Klein gehört. Bei dieser Gelegenheit wurde auch ermittelt, dass in der Familie desselben geistige Störungen mehrfach vorgekommen, wie namentlich Dr. Tilgen angiebt, dass vom Urgrossvater an viele Mitglieder der Kleinschen Familie an Geistesstörungen gelitten hätten. Dieser Arzt glaubt sich berechtigt, in seinem nur sehr summarischen, durch wissenschaftliche Ausführungen nicht unterstützten Gutachten, einen „fixen Wahnsinn auf hypochondrischem Boden" bei dem Inculpaten anzunehmen, ohne dass er sich weiter über dessen Zurechnungsfähigkeit äussert. Der Beigeordnete Wallau dagegen, der den Klein seit lange kannte, hat ihn immer für einen „recht klugen Bauersmann" gehalten, der deshalb auch in den Schulvorstand gewählt worden war, und an welchem er „nirgends Geistesabwesenheit" beobachtet hat. Des Inculpaten Ansicht von dem ehebrecherischen Umgang seiner Ehefrau hält er für eine vorsätzlich gefasste Meinung. So hat auch der Schöffe Stroh niemals Handlungen an dem Klein wahrgenommen, die auf Geistesverwirrung hätten schliessen lassen können. Nur war es ihm aufgefallen, dass Inculpat, einige Tage vor seiner Verhaftung, bei einem Kartenspiel mehr stier in die Luft, als auf seine Karten gesehen, und dabei vor sich hin gepfiffen habe. Der Bruder des Inculpaten, Joseph Klein, behauptet, dass der Angeschuldigte von Jugend auf „etwas Tiefsinniges und Reizbares" gehabt habe. Die Wittwe Wirtges, welche das Irrsein seiner Tante und seines Onkels bestätigt, bestreitet, dass des Inculpaten Mutter in ihrer Schwangerschaft mit ihm schwach oder tiefsinnig gewesen. Mathias Manns hat ihn „nie für ein grosses Licht gehalten, denn er hatte stets ein besonderes Wesen an sich und sprach oft von Gespenstern." Dagegen hat ihn der Schöffe Klein stets für einen fleissigen und vernünftigen Menschen gehalten, und dem Zeugen Hallerbach, der ihn lange kannte, ist er immer als ein ganz schlichter und vernünftiger Mensch vorgekommen. So fand auch der Districtsarzt Dr. Schild bei seinen Explorationen des Klein Nichts, was ihn hätte bestimmen können, die „vollkommene Zurechnungsfähigkeit" des Inculpaten in Zweifel zu ziehen, die derselbe noch in seinen Gutachten vom 5. Juni und 13. Juli 1846 annahm, und worauf Klein in erster Instanz zu einer zehnjährigen Zuchthausstrafe verurtheilt wurde.

In der Appellationsinstanz wurde nach nachträglicher Erhebung mehrerer Umstände noch die Einholung eines Gutachtens des Königl. Medicinal-Collegii zu Coblenz für nöthig erachtet. Zur Würdigung der Zeugenaussagen ist es nicht unerheblich, hier anzufügen, dass das Justizamt zu Asbach in dieser Instanz referirt, dass die weitverbreitete Familie des Inculpaten, zu welcher auch der obengenannte Dr. Tilgen gehöre, in dortiger Gegend vielvermögend sei und zu den Dorfaristokraten gehöre, und dass im Publikum behauptet werde, dass die Idee, dass Klein verrückt, von dieser Partei ausgegangen und verbreitet worden sei. Die nun auch noch specieller über den Gemüthszustand ihres Ehemannes vernommene Frau des Inculpaten deponirte ihrerseits: „dass ihr Mann ihr niemals Gelegenheit gegeben, derartige Seelenzustände bei ihm zu beobachten, aus denen sie hätte schliessen können, dass er geistesverwirrt gewesen". Nichtsdestoweniger glaubte sich das gedachte Medicinal-Collegium in seinem Gutachten vom 4. September v. J. berechtigt zu der Annahme, dass Inculpat bei Ausführung seiner That von einer fixen Idee beherrscht gewesen und daher für unzurechnungsfähig zu erachten sei.

Bei diesen Widersprüchen in den technischen Gutachten resolvirte vor Abfassung des Erkenntnisses der für Strafsachen angeordnete Senat des Königlichen Oberlandesgerichts zu Arnsberg unter dem 4. Juli d. J.,

> dass unter Berücksichtigung der von Zeugen bekundeten, in der Familie des Angeschuldigten bestehenden erblichen Anlage zur Seelenkrankheit, sowie der übrigen ermittelten, den Gemüthszustand desselben betreffenden besonderen Umstände, die zwischen den sachverständigen Aerzten Dr. Tilgen und Dr. Schild, sowie zwischen dem ersteren und dem Gutachten des Königl. Medicinal-Collegiums zu Coblenz bestehende Differenz über die Zurechnungsfähigkeit des Inquisiten überhaupt und bei Vollbringung der That insbesondere durch Einholung eines Gutachtens der wissenschaftlichen Deputation für das Medicinalwesen zu Berlin aufzuklären sei.

Gutachten.

Für die Beurtheilung des Gemüthszustandes des Inquisiten ist es zunächst beachtungswerth, hervorzuheben, dass derselbe frei von allen solchen körperlichen Krankheitszuständen ist und war, welche einen störenden Einfluss auf die geistige Gesundheit ausüben können und nicht selten wirklich ausüben. Nirgends ist in den Acten von dergleichen Krankheiten bei ihm die Rede, vielmehr berichtet der Arzt, der ihn längere Zeit beobachtet hat, Dr. Schild, dass Klein ganz gesund sei. Wenn derselbe hierbei bemerkt, dass Klein in seiner Jugend (Blüthenjahren) oft an Kopfschmerzen und erleichternden Nasenblutungen gelitten habe, so kann diese Thatsache, als vollkommen unerheblich, hier ganz auf sich beruhen, da ein solcher Blutandrang in den genannten Entwickelungsjahren in beiden Geschlechtern eine ganz alltägliche Erscheinung und ohne alle Folgen für das spätere Leben ist. Erheblich wichtiger dagegen ist, was über eine erbliche Anlage zu Geisteskrankheiten in der Familie des Klein ermittelt worden. Wir wollen in die betreffenden Depositionen, namentlich in die des Dr. Tilgen, keinen Zweifel setzen, wenngleich ihre Richtigkeit durch die in der Geschichtserzählung angeführte Bemerkung etwas erschüttert wird, dass die Familie und Partei des Angeschuldigten, zu welcher auch der genannte Arzt gehört, diese Angabe mehr in favorem defensionis vorgebracht habe. Es kann nun allerdings der Erfahrung nach nicht bestritten werden, dass geistige Krankheiten sich nicht selten vererben, wenngleich sie häufiger im einzelnen Individuum, in welchem sie zum Durchbruch gekommen, auch wieder erlöschen. Eben deshalb würde es ein sehr gewagter und irriger Schluss sein, wenn man in solchen Fällen, wie der vorliegende, aus der blossen Thatsache an sich, dass unter den Vorfahren eines Angeschuldigten Gemüthsstörungen vorgekommen, schon auf ähnliche Krankheit bei ihm selbst schliessen wollte. Das Dasein einer geistigen Störung muss vielmehr selbstständig aus seiner Persönlichkeit, seinen Aeusserungen, seinen Handlungen entwickelt und nachgewiesen werden, und eventuell wird nur die Entstehung einer geistigen Störung bei ihm, beim Mangel an anderweitigen ätiologischen Momenten, auf die etwa vorhandene erbliche Anlage zurückgeführt werden können. Fragt es sich nun, ob und welche Gründe vorliegen, die zu der Annahme einer wirklich vorhandenen geistigen Anomalie bei Klein, abgesehen von ihrem etwaigen Ursprunge, berechtigten, so verdienen zunächst die Zeugenaussagen eine genauere Würdigung. Der Gerichtsschöffe Klein II. äussert sich in seinem Berichte dahin, dass man in den letzten zwei Jahren angefangen habe, „am Dasein eines vollen Verstandes bei dem Inculpaten zu zweifeln“, wie auch „in jüngster Zeit“ eine Veränderung in seiner Lebensweise aufgefallen sei, insofern der früher haushälterische Mann angefangen habe, in Wirthshäusern zu verkehren, angeblich auch hoch zu spielen und seine Haushaltung zu vernachlässigen. Der Gerichtsschöffe giebt aber Gründe, weshalb man jene Zweifel am vollen Verstande des Inculpaten gehegt, nicht an, und es liegt auf der Hand, dass eine Veränderung in dessen Lebensweise, die genau mit dem in letzter Zeit entstandenen ehelichen Zerwürfniss coincidirt, sehr leicht sich eben aus diesem Missverhältniss erklärt, und dass Inculpat, der aufgehört hatte, in glücklicher Ehe und Häuslichkeit, wie früher, zu leben, nun Zerstreuung und Behaglichkeit ausser dem Hause suchte, wie Aehnliches täglich beobachtet wird. Im Uebrigen ist bereits oben angeführt, dass seine Ehefrau wenigstens die Vernachlässigung in seiner Wirthschaft keineswegs bestätigt, womit der wichtigste Inhalt der Deposition des Gerichtsschöffen fällt. Nicht mehr Werth hat die Angabe des Bruders des Klein, dass letzterer von Jugend auf „etwas Tiefsinniges und Reizbares" gehabt habe, wie dies, bei der grossen Unbestimmtheit der Angabe, wohl einer weitern Ausführung nicht bedarf. Ganz dasselbe gilt von der Deposition des Peter Manns, wonach Klein ein „besonderes Wesen hatte und oft von Gespenstern sprach." Selbstredend constituirt ein besonderes Wesen und Gespensterfurcht oder vielmehr nur die Neigung eines Dorfbewohners, sich mit seinen Bekannten von Gespenstern zu unterhalten, noch keine geistige Krankheit, oder auch nur eine ausgesprochene Anlage dazu. Dagegen fehlt es aber ferner nicht an Zeugenaussagen in den Acten, die gerade das Gegentheil des oben Angeführten in Betreff des geistigen Verhaltens des Inculpaten bekunden. So hat der Schöffe Stroh an ihm niemals Handlungen wahrgenommen, die auf eine Geisteskrankheit hätten schliessen lassen, und was derselbe, als ihm anscheinend auffallend, hervorhebt, dass er ihn einmal beim Kartenspiel stier in die Höhe blickend gesehen habe, wobei er vor sich hin pfiff, wird, als ganz unerhebliche Thatsache, diese Aussage nicht schwächen können. Eben so sagt der Beigeordnete Wallau, dass er den Klein immer für einen „recht klugen Bauersmann" gehalten habe. Der Schöffe Klein hat in ihm immer nur „einen vernünftigen Mann", der Zeuge Hallerbach einen „schlichten und vernünftigen Menschen" gefunden, der ja auch, wie bemerkt, mit in den Schulvorstand gewählt worden war, und endlich ist das Zeugniss seiner Ehefrau gewiss von grösster Erheblichkeit, die niemals an ihm etwas beobachtet hat, was sie auf die Vermuthung einer Geisteskrankheit bei ihm hätte führen können.

Nichtsdestoweniger indess würden alle diese günstigen Depositionen an sich der Annahme nicht entgegenstehen, dass der Geist des Inculpaten, wie behauptet worden, nur durch einen fixen Wahn, fixe Idee befangen gehalten worden sei, da Menschen dieser Art sehr häufig in aller und jeder Beziehung verständig und frei erscheinen. Sein Bruder, Hachenberg, Dr. Tilgen und das Gutachten des Medicinal-Collegii sprechen von einem solchen „fixen Wahnsinn" bei dem Inculpaten, der durch das von ihm vorausgesetzte ehebrecherische Verhältniss seiner Frau zu dem p. Ehrenberg veranlasst worden sei. Ein solches Verhältniss ist allerdings actenmässig nicht begründet. Dass indess hieraus nicht folgt, dass dennoch gerade in einer solchen Angelegenheit, wo einzelne Blicke, einzelne Worte entscheiden können, für den Inculpaten eine, wenn auch thatsächlich nicht gerechtfertigte Veranlassung zu einem Zweifel an der unverletzten Treue seiner Ehefrau habe gegeben werden können, bedarf keiner Ausführung, da gerade die Leidenschaft der Eifersucht so häufig auch in andern Fällen aller thatsächlichen Grundlage ermangelt. Abgesehen aber von der Ueberzeugung eines genauen Bekannten des Inculpaten, des Beigeordneten Wallau, der die Ansicht desselben vom ehebrecherischen Umgange seiner Frau für eine vorsätzlich gefasste Meinung hält, und zugegeben, dass diese Ansicht wirklich und ohne Simulation vorhanden gewesen, so ist es ganz ungehörig und gegen alle psychologische Wissenschaft und Erfahrung, eine solche, wenn also auch festgewurzelte Ueberzeugung von dem Vorhandensein einer nicht existirenden Thatsache, eine „fixe Idee", einen „fixen Wahnsinn" zu nennen. Tausende von vollkommen dispositions- und zurechnungsfähigen Menschen, die aus irgend welchen ihnen einleuchtenden Gründen die Ueberzeugung festhalten, dass Etwas existire, was doch in der That nicht existirt, z. B. gerade, wie im vorliegenden Falle, eine sie betreffende Zuneigung oder Abneigung eines Dritten, würden hiernach als partiell Wahnsinnige betrachtet werden müssen. Vielmehr haben die sachverständigen Gutachten übersehen, dass erst der Stempel des Verkehrten, der der irrigen Ueberzeugung aufgedrückt ist, den Wahn, die Krankheit, den „fixen Wahnsinn" constituirt. Aber es liegt in den Acten auch nicht eine einzige, aus dem Geiste des Inculpaten entsprungene Thatsache aus der Zeit vor der incriminirten That vor, welche jenen Stempel des Verkehrten an sich trüge, und die dann den Ausspruch, dass wirklich ein Wahn, wenn auch nur ein localer, partieller, den Geist gefesselt hielt, motiviren könnte, wie man dergleichen in ähnlichen Fällen allerdings beobachtet hat. Die genannten sachverständigen Gutachten haben dies auch nicht behaupten können und vielmehr nur die incriminirte That selbst und an sich als Beweis für ihre Annahme eines fixen Wahnsinns geltend gemacht, womit sie in den in ähnlichen Fällen so häufigen Fehler verfallen sind, das zu Beweisende als das Bewiesene anzunehmen. Es wird hiernach nur noch zu erweisen sein, dass das Attentat qu. der psychologischen Criterien nicht ermangelt, die es zu einer zurechnungsfähigen That stempeln.

Hierher gehört zunächst, dass es einer wirklichen causa facinoris nicht ermangelt. Seine ältere Ehefrau war dem Inculpaten in den letzten Jahren, je mehr er einerseits die Ueberzeugung von ihrer Untreue gefasst und andererseit, vielleicht eben deshalb, sich einem wüsten Wirthshausleben und der Geschlechtsbefriedigung mit andern Weibern hingegeben hatte, zuwider geworden. Thatsächlich ist, dass er sie mehr und mehr nicht nur zu misshandeln anfing, so dass sie sich vor ihm fürchtete und den Schutz ihrer Verwandten anrief, sondern dass er ja sogar erwiesenermassen schon lange vor der That einen wirklichen Mordanschlag gegen sie durch das Mittel eines Dritten, des p. Manns, eines Menschen, bei dem er sich der That versehen konnte, gehegt hatte. Nicht leicht wird ein Wahnsinniger (fix Wahnsinniger) so verfahren, wie es auch, was wir hierbei anführen wollen, gegen alle Erfahrung ist, dass ein Mensch, der von einem fixen Wahn befangen ist, denselben auch nur einen Augenblick verleugnet, wie es Klein, wenigstens implicite that, wenn er in dem von ihm unterschriebenen Briefe aus dem Gefängniss an seine Frau die gegen sie von ihm erhobenen Beschuldigungen zurücknimmt. Jener Mordanschlag war durch die Weigerung des Manns missglückt, und das unfriedliche eheliche Verhältniss dauerte fort, bis er das Attentat gegen das Leben seiner Ehefrau endlich selbst ausführte. Hier ist also psychologisch-innerer Zusammenhang im Gedankengange des Thäters, der endlich zur That gereifte Entschluss, der schon lange vor der That im Gemüthe des Thäters Wurzel gefasst hatte. Aber für diese Annahme und gegen die einer aus wahnsinnigem Anreiz hervorgegangenen Handlung spricht auch ferner des Inquisiten Benehmen nach der That, woraus deutlich und zweifelsfrei zu entnehmen, dass er vom ersten Augenblicke an das Bewusstsein der Straffälligkeit derselben gehabt habe, ein wichtiges Criterium für die Beurtheilung seiner Zurechnungsfähigkeit. Die Umstände, unter denen er die That verübte, haben zwar allerdings etwas Auffallendes, und es war schwer, unter diesen Umständen seine Thäterschaft nicht zu verrathen. Seine lügenhaften Ausreden aber haben durchaus nichts Verkehrtes. Er selbst weckte sogleich die Hausgenossen, nachdem er sich vorher vom Blute gereinigt hatte, und warf sogleich den Verdacht auf Dritte, die ins Haus gedrungen seien, diesen Verdacht durch die listige Angabe wahrscheinlicher machend, dass die Eindringlinge ihm selber hätten ans Leben wollen, da er wohl wusste, dass seine Frau keine Feinde hatte. Wohl in keiner andern Absicht, als in der, sich straflos zu machen, konnte er auch das Messer, womit er das Attentat ausgeführt, gereinigt haben, und hat er das Leugnen der That bis zum Schlusse der Untersuchung beharrlich fortgesetzt. In allen diesen Schritten und Aeusserungen liegt Consequenz und innere Zweckmässigkeit.

Wenn wir hiernach bewiesen zu haben glauben, dass die Annahme einer Seelenstörung, namentlich auch die eines fixen Wahnsinns bei dem Inculpaten nicht zu begründen, dass daher die incriminirte That als aus einer solchen hervorgegangen nicht anzusehen ist, dass vielmehr aus den Vorgängen vor und nach Begehung derselben zu schliessen, dass Klein wohl wusste, was er that, dass das Vermögen, den Unterschied zwischen gut und böse zu erkennen, in ihm nicht erloschen war, so müssen wir unser Gutachten dahin abgeben,

dass Inquisit überhaupt und bei Vollbringung der That insbesondere zurechnungsfähig gewesen sei.

Berlin, den 20. September 1848.

Königl. wissenschaftliche Deputation für das Medicinalwesen.
(gez.) **Klug. Casper. Dr. v. Stosch. Schmidt.**

Gutachten des zweiten Referenten.

Um den Schwierigkeiten, welche sich bei der Beurtheilung dieses Falles darbieten, zu begegnen, wird es am zweckmässigsten sein, zuerst das Attentat, welches Inculpat gegen seine Gattin Nachts ausführte, und die Art, wie er sich dabei benahm, zu beleuchten.

Gleich nach Mitternacht in einer mondhellen Nacht erwachte Kleins Ehefrau plötzlich durch heftige Stösse am Kopf und im Gesicht und erblickt denselben, neben ihr im Bette knieend, wie er, sie mit der einen Hand bei der Kehle fassend, mit der andern mit einem Messer bewaffneten Hand auf sie lossticht; mit den Händen abwehrend, wobei diese auch verletzt werden, ruft sie ihrem Manne zu: „Georg, was machst Du?“ worauf er, zuerst mit dem Verwunden fortfahrend, antwortet: „Denke doch so etwas nicht von mir,“ dann sie loslässt, nachdem die Frau aus dem Bette gesprungen, selbst aufsteht, Kinder und Gesinde mit dem Bedeuten weckt, man habe die Frau halb todt geschlagen, sich und das Messer reinigt, eiligst nach dem Arzte sendet und dann die Frau zu Bette bringt.

Betrachten wir diese Art des Verfahrens bei dem Attentat, so werden wir einräumen müssen, dass ein prämeditirter Mordversuch wohl selten im wachenden und vollkommen bewussten Zustande auf solche Weise ausgeführt werden wird. Mit einem gewöhnlichen Taschenmesser stiess Inculpat wie toll und blind auf Kopf und Gesicht seiner Frau, die er beim Halse gepackt hatte, anstatt die leichtere und sichere

Art des Halsabschneidens oder Erdrosselns zu erwählen, ja er liess, angerufen, von seinem Attentat ab, anstatt das begonnene Werk zu vollenden, wie er leicht gekonnt hätte: sagt, „sie solle doch so etwas nicht von ihm denken, schon wegen der Kinder würde er doch so etwas nicht thun" und eilt dann, die Hausgenossen zu wecken und der Verwundeten eiligst Hülfe zu schaffen. Es wird sich vielmehr, wenn wir diesen Act isolirt und an und für sich betrachten, die Vermuthung aufdringen, dass das Attentat möglicherweise im schlaftrunkenen, nicht bewussten Zustande, vielleicht durch einen Traum hervorgerufen, in einem Anfall von Mania transitoria begangen sei.

Mit einer solchen Vermuthung aber steht im directen Widerspruch, dass Klein schon seit länger als 2 Jahren mit seiner Frau im höchsten Unfrieden lebte, dass er, von Eifersucht gestachelt, sie nicht nur während dieser Zeit oft thätlich misshandelt hatte, sondern den Wunsch und die Absicht, durch ihren Tod sich von ihr zu befreien, laut geäussert, sogar einem Dritten, Namens Manns, eine Summe Geldes verheissen, wenn er dazu behülflich sein wolle, auch nach Aussage der Frau schon einmal Nachts sie im Schlaf bei der Kehle gepackt gehabt, bei ihrem Erwachen aber abgelassen habe.

Diese Thatsachen sind zwar ganz dazu geeignet, die Ansicht, dass das Attentat nicht im wachen und bewussten Zustande, sondern in einem Anfall von Mania transitoria verübt sei, wenn nicht ganz abzuweisen, doch in hohem Grade zu schwächen; doch stehen manche der angeführten Umstände, welche das Vollbringen des Attentats begleiteten, nicht ganz in Einklang mit dem Verfahren, das bei der Ausführung eines vorbedachten Mordversuchs wahrscheinlich befolgt sein würde, und es liegt nichts vor, was ihn abhalten konnte, das begonnene Werk zu vollbringen und, bevor er seine Hausgenossen weckte, die einzige Zeugin seiner That auf ewig verstummen zu machen, anstatt, wie er that, dafür zu sorgen, dass die Verletzte schleunige Hülfe erhielt.

Um diese Widersprüche mehr aufzuklären, wird es zweckmässig sein, zuvörderst auf das Motiv zur That überzugehen und dasselbe näher zu beleuchten: es war dasselbe Eifersucht. Der Glaube, dass seine Frau in ehebrecherischem Umgang mit dem Schneider Ehrenberg stehe, und dass die jüngeren Kinder „nicht aus seinem Blut stammen", hatte sich seinem Gemüth fest eingeprägt. Nach der Aussage aller Zeugen aber war für diesen Verdacht durchaus kein Grund vorhanden, sondern die Frau stand überall in bestem Ruf: es scheint vielmehr die

Idee sich an eine Unterredung geknüpft zu haben, welche unter mehreren Versammelten stattgefunden und zum Gegenstand die Treue ihrer Ehefrauen gehabt hatte. Bis zu dieser Zeit, volle 16 Jahre lang, hatte Klein mit seiner Frau in zufriedener, glücklicher und von Kindern gesegneter Ehe gelebt und allgemein in dem Ruf eines tüchtigen, verständigen und braven Landmanns gestanden. Von da ab aber änderte sich sein ganzes Wesen, nicht nur in Bezug auf das Benehmen gegen seine Frau, sondern auch in andrer Beziehung, denn der sonst sparsame und nüchterne Mann wurde verschwenderisch, besuchte die Wirthshäuser, sogar übel berüchtigte Orte und veränderte sich in seinem ganzen Wesen so, dass er in der allgemeinen Achtung, in der er gestanden, sank. Dabei blieben die von verschiedenen Seiten gemachten Versuche, ihn von der Grundlosigkeit seines Verdachts zu überzeugen, fruchtlos, und keiner der dagegen vorgebrachten Vernunftgründe war im Stande, ihn von der einmal gefassten Idee abzubringen.

In dem Obigen können wir nichts anderes, als denjenigen Gemüthszustand erkennen, welchen wir in wissenschaftlicher Beziehung fixen Wahn nennen, und welcher darin besteht, dass irgend eine Idee, ohne dass ein vernünftiger Grund dafür vorhanden ist, sich im Gemüth eines Menschen so fest ausbildet, dass keine Vernunftgründe im Stande sind, die Ueberzeugung von dem wirklichen Vorhandensein des der Idee zu Grunde liegenden Wahns wankend zu machen. Und gerade die Leidenschaft der Eifersucht ist es, die erfahrungsmässig gar nicht selten sich als fixer Wahn, selbst bei sonst ganz verständigen Menschen ausbildet. Abgesehen davon, dass zu der Vorstellung des Inculpaten, dass seine Frau treulos sei, kein Grund vorhanden war, so erhält die Ansicht, dass jene bei ihm zu fixem Wahn geworden sei, dadurch noch mehr Wahrscheinlichkeit, dass einerseits die Leidenschaft der Eifersucht nach 16jährigem ungetrübten Glück einer mit Kindern gesegneten Ehe bei dem nüchternen und verständigen Manne Wurzel fasste: andererseits durch den Umstand, dass, nach Aussage mehrerer Zeugen, in der Familie desselben mehrere Fälle von Gemüthsstörungen vorgekommen sind, dass einer seiner Verwandten sogar an einer ähnlichen Monomanie gelitten haben soll. Nicht ganz abzuweisen ist in dieser Beziehung noch der Umstand, dass Klein in seiner Jugend an heftigen, durch Andrang des Bluts nach dem Kopf veranlassten Kopfschmerzen, die durch Nasenbluten gelindert wurden, gelitten, ja selbst zu dieser Zeit epileptische Anfälle gehabt haben soll.

Finden wir nun in dem Gesagten ausreichende Beweise dafür, dass bei dem Inculpaten die Idee von der Untreue seiner Frau sich als fixer Wahn festgesetzt hatte, so dürfen wir auch folgerecht schliessen, dass der davon Befallene, wenn er auch in jeder andern Beziehung der Vernunft gemäss sprach und handelte, doch in Bezug auf die bei ihm zur fixen Idee gewordene Vorstellung weder der Vernunft, noch der Moral gemäss zu handeln im Stande war: in dieser Beziehung standen seine Handlungen lediglich unter dem Einfluss blinder Leidenschaft. Dass unter diesen Umständen der seiner fixen Idee nach schwer beleidigte Gatte Rache suchte, dass er den Wunsch hegte, den Gegenstand seines Hasses auf irgend eine Weise aus dem Wege zu schaffen, ist leicht begreiflich, und, insofern vernünftige Ueberlegung hier nicht mehr Platz greifen konnte, wird es auch allein erklärlich, dass er den ihm als gewissenlos und zu Vielem fähig bekannten Manns durch Geld dafür zu gewinnen suchte, dass er ihm bei dem vorhabenden Mord seiner Frau behülflich sein möchte. Der mit Vernunft Ueberlegende würde wohl angestanden haben, einen solchen Plan einem ihm als gewissenlos und unzuverlässig Bekannten mitzutheilen, bedenkend, welche Folgen es für ihn haben könnte, wenn er ein solches Geheimniss in dergleichen Hände legte. Manns' Aussage über die Vorschläge, die Klein ihm in Bezug auf die Art und Weise machte, wie der Mord am besten auszuführen sei, dürfte dafür sprechen, wie wenig dieser der Vernunft gemäss verfuhr. Wir können demnach nicht anders, als uns dahin erklären, dass Kleins Attentat gegen seine Gattin das Resultat der zur fixen Idee bei ihm gewordenen Eifersucht, daher im unfreien Zustande begangen war.

Es ist indessen, wie schon oben angeregt, noch nicht einmal ganz festgestellt, ob das Verbrechen wirklich im ganz bewussten Zustande von Klein verübt worden ist. Wohl beachtenswerth und nicht von der Hand zu weisen ist der Umstand, dass er, gleichwie er noch während und kurz nach dem Vollbringen des Mordanfalls seine Thäterschaft gegen die Frau in Abrede stellte und diese Aussage durch Gründe unterstützte, in allen Verhören sich in seinen Aussagen ganz gleich bleibend, hartnäckig bei der Behauptung blieb, nicht er, sondern ein Anderer habe die That vollbracht, und vielleicht habe es eigentlich ihm gegolten. Ein solches hartnäckiges Leugnen an sich kann nun freilich im Allgemeinen nicht als Beweis für den Thäter in Anspruch genommen werden und kommt nicht gar selten vor. Doch ist dies mehrentheils bei vollendeten Verbrechern der Fall, und als solchen können wir

Klein nicht anerkennen; von Jugend auf genoss er eines guten Rufs. Dass er sich heftigen und ungezügelten Leidenschaften hingegeben habe, darüber ergiebt die Untersuchung nichts, und, ein fleissiger und geachteter Landmann, hatte er 16 Jahre lang mit seiner Gattin in glücklicher Ehe gelebt. Da erst setzte sich die fixe Idee von der Untreue der Frau bei ihm fest, und mit dieser verändert sich sein ganzes Wesen. Während der ganzen Untersuchung giebt er kein Zeichen von Reue zu erkennen: er dictirt aus dem Gefängniss ein versöhnendes Schreiben an seine Gattin. In diesem Schreiben spricht er aus, dass er bereit wäre, ihr zu verzeihen, davon aber, dass sie ihm etwas zu verzeihen habe, finden wir keine Spur. Auch das Ansehen der durch die Wunden im Gesicht entstellten Frau, geht ohne Bewegung an ihm vorüber: doch haftet die Idee von der Untreue der Frau durch die Länge der Zeit so fest bei ihm, dass er sie sogar zeiht, mit dem eignen Bruder Blutschande getrieben und eins der Kinder, die nach seiner Meinung nicht von ihm herstammen, umgebracht zu haben. Bei diesem hartnäckigen Leugnen gesteht er selbst, dass allerdings alle Umstände gegen ihn sprechen müssten.

Ueberlegt man nun ferner, dass Klein, in dem festgewurzelten Wahn von der Untreue seiner Frau und der ihm zugefügten Schande durchdrungen, sich schon seit mehr als 2 Jahren mit dem festen Gedanken der Rache umhertrug, dass das aus dem Wege Schaffen jener mit seiner Wahnvorstellung auf das Innigste verknüpft war, dass er, wohl die That selbst scheuend, den Versuch gemacht hatte, einen Dritten dafür zu dingen: so möchte es nicht nur möglich, sondern sogar wahrscheinlich erscheinen, dass er, auch träumend von diesen Gedanken beherrscht, das im schlafenden Zustande vollbrachte, womit er sich wachend stets umhertrug. Erwacht konnte da wohl die Idee sich seiner bemeistern, dass das, was er sich selbst unbewusst in der Schlaftrunkenheit vollführt hatte, durch einen Dritten, wie er es gewünscht hatte, vollbracht worden sei. War er sich bewusst, die That vollführt zu haben, und wollte er hartnäckig leugnen, so muss es allerdings auffallend erscheinen, dass er sein Messer recognoscirt, dass er selbst zugiebt, dasselbe gereinigt zu haben, freilich, wie er sagt, von Salbe, dass er sich, um sich abzukühlen, gewaschen habe, was er alles doch eben so gut leugnen konnte, als die mit diesen Umständen zusammenhängende That.

Diese Erörterung hatte nur den Zweck, dass die Supposition, dass möglicherweise Inculpat das Attentat gegen seine Frau in dem

Zustande von Schlaftrunkenheit ausgeführt haben könne, zu motiviren und das hartnäckige Leugnen der That als vielleicht in dem Glauben, ein Anderer habe dieselbe vollführt, begründet nachzuweisen. Wir lassen jedoch den Gegenstand als minder wichtig fal len und wenden uns zu den über den Fall abgegebenen nicht mit einander übereinstimmenden Gutachten. Zunächst stehen von diesen das des Dr. Tilgen und das des Dr. Schild einander gegenüber. Der Erstere setzt in einem freilich nicht sorgfältig und wissenschaftlich motivirten Gutachten die Zurechnungsfähigkeit des Inculpaten in Zweifel, indem er ihn als in einer fixen Idee befangen, als Gemüthskranken, darstellt; Letzterer, welcher amtlich Jenen in dieser Beziehung untersuchte, giebt die Erklärung ab, dass er nichts an dem Inculpaten habe bemerken können, was ihn hätte bestimmen können, die volle Zurechnungsfähigkeit desselben zu bezweifeln. In Bezug auf dieses motivirte Gutachten haben wir Folgendes zu bemerken. Es sucht derselbe, wenn auch für uns auf nicht ganz überzeugende Weise, zuerst die Ansicht abzuweisen, dass Klein das Attentat gegen seine Frau in einem Anfalle von Mania transitoria, also seiner unbewusst, vollführt habe, dass er denselben von einer allgemeinen Seelenstörung frei gefunden habe, dass er aber zugebe, die Idee von der Untreue seiner Frau sei bei ihm zum fixen Wahn geworden; obgleich er dieses zugiebt, erklärt er doch, dass Inculpat bei Vollbringung der That völlig selbstbewusst und daher vollkommen zurechnungsfähig gewesen sei. Unsererseits können wir diese Folgerung durchaus nicht als richtig anerkennen, denn der vom fixen Wahn Befangene ist, wenngleich er in allen andern Puncten der Vernunft gemäss denkt und handelt, doch in Bezug auf das, was mit seiner Wahnvorstellung in directer Verbindung steht, im unfreien Zustande, und deshalb wird der fixe Wahn als Krankheit des Gemüths anerkannt: giebt also Dr. Schild das Vorhandensein der Eifersucht in Gestalt eines fixen Wahnes zu, so muss er ihn in Bezug auf das mit derselben in directer Verbindung stehende Attentat auch für unfrei und unzurechnungsfähig erklären.

Es wurden nun von dem Justizamt zu Asbach gegen das Gutachten des Dr. Tilgen noch andere Zweifel erhoben. Die Klein-sche Familie gehörte zu einer im Orte ausgebreiteten Bauern-Aristokratie, und Dr. Tilgen war mit derselben verwandt: es wurde dies benutzt, um theils die Richtigkeit des besagten Gutachtens, theils die der Zeugenaussagen, insofern sie zum grossen Theil von

Verwandten des p. Klein abgegeben waren, zu bemängeln und deshalb ein Superarbitrium vom Medicinal-Collegium zu Coblenz eingefordert; das von diesem abgegebene Urtheil war indessen mit dem des Dr. Tilgen übereinstimmend.

Wir für unsern Theil können den vom Justizamte zu Asbach beregten Bedenken, insofern diese sich auf das verwandtschaftliche Verhältniss eines grossen Theils von Zeugen und des Dr. Tilgen zu dem Inculpaten beziehen, den grossen Werth nicht beilegen. Zugegeben auch, dass diese Personen in ihren eidlich beschworenen Aussagen nicht überall strenge der Wahrheit gemäss deponirten, so wird dies auf das von uns zu fällende Urtheil von grossem Einfluss nicht sein; es ist dasselbe einzig und allein auf festgestellte und unbestrittene Thatsachen begründet.

Zuerst auf die Art und Weise des Vollbringens der That, bekundet durch die Gattin, das Opfer derselben, selbst.

Demnächst auf die unbezweifelt feststehende Thatsache, dass Eifersucht das Motiv zu derselben war und zwar eine durchaus auf keinen vernünftigen Grund basirte Eifersucht, die offenbar zu einer durch keinerlei Vernunftgründe zu widerlegenden fixen Idee sich gestaltet hatte.

Diese Momente, auf welche es bei der Beurtheilung des Falles einzig und allein ankommt, sind zu festgestellt, als dass sie durch die Vermuthung verdächtigt werden könnten, die Verwandten haben geflissentlich Behufs der Exculpation Kleins falsches Zeugniss abgelegt. Steht es aber fest, dass die Leidenschaft der Eifersucht sich seiner als fixer Wahn bemächtigt hatte, so kann die Aussage seiner Gattin, dass sie nie Spuren von Geistesstörung an ihm wahrgenommen habe, durchaus nicht auffallen, noch beweisend sein, denn das ist gerade der Charakter der Monomanie, dass der im Uebrigen des Gebrauchs seiner Vernunft vollkommen Mächtige nur allein in Bezug auf die Wahnvorstellung derselben nicht mächtig ist und durch dieselbe nicht geleitet wird. Steht es aber der Erfahrung nach fest, dass der in einem fixen Wahn Befangene hinsichtlich dieser seiner Vorstellung und der Handlungen, welche er in Bezug auf eine solche begeht, als in einem unfreien Zustande sich befindend anzusehen ist, so müssen wir diesen Satz auch auf die Beurtheilung des von Klein gegen seine Gattin verübten Attentats anwenden und uns in Uebereinstimmung mit dem Königl. Medicinal-Collegio nach bester Ueberzeugung dahin aussprechen:

dass Georg Klein (sollte er auch wirklich das Attentat gegen seine Ehefrau im wachen und bewussten Zustande ausgeübt haben) sich zur Zeit des Vollbringens der That in einem unfreien Zustande befunden habe und in Bezug auf dieselbe als nicht zurechnungsfähig zu erachten sei.

Berlin, den — — — — 1848.

(gez.) **Dr. v. Stosch.**

Gutachten des Geheimrath Damerow.

Der Königlich wissenschaftlichen Deputation theile ich in Beziehung auf das von derselben in der Untersuchung wider Georg Klein unter dem 20. v. Mts. erstattete Gutachten einliegend bei Rücksendung der Acten eine Aeusserung des in dieser Angelegenheit von mir ernannten Mitdecernenten, Geh. Medicinalrath, Professor Dr. Damerow, zur Kenntnissnahme und näheren Erwägung, inwiefern jene Aeusserung auf das erstattete Gutachten von Einfluss sein könne, mit. Ich fühle mich hierzu durch die auffallende Meinungsverschiedenheit in den beiden, von der wissenschaftlichen Deputation mir eingereichten Relationen noch besonders veranlasst. Da die Erstattung des Gutachtens von der Fürstl. Wiedschen Regierung unter dem 22. v. Mts. in Erinnerung gebracht worden ist, muss ich eine Beschleunigung der Erklärung, event. Abänderung des Gutachtens, nach nochmaligem Vortrage dringend empfehlen.

Berlin, den 14. October 1848.

Für den Minister etc. I. A. A. (gez.) **Ladenberg.**

Meines Erachtens fordert der Ausspruch der Zurechnungsfähigkeit eines Angeschuldigten, in dessen Familie eine erbliche Anlage zu Seelenkrankheiten vorherrscht, überhaupt und bei Vollbringung der That insbesondere die grösste Vorsicht und Umsicht vom Standpunkte der irrenärztlichen Erfahrung aus.

Die Erfahrung hat auch mir an zahlreichen Beispielen gezeigt: dass selbst bei unzweifelhaft Wahnsinnigen mit und aus erblicher Anlage der Unterschied, der Widerspruch, der Gegensatz zwischen geistesgesunden und geisteskranken Vorstellungen, Aeusserungen und Handlungen häufig nicht so hervortritt, wie bei ohne hereditäre Anlage entstandenem Wahnsinn; dass bei dieser Anlage die rein und scharf ausgeprägten Grundformen der psychischen Krankheiten verhältnissmässig viel seltener und erst im späteren Verlauf sich entwickeln, vielmehr dagegen die unbestimmten, in einander verschwimmenden und übergehenden, Gesundes und krankhaft Psychisches, man möchte sagen chemisch gemischt enthaltenden, Formen, in so charakteristischer Weise, dass das Gesunde und Kranke, das Normale und Abnorme des Geistes und Gemüthszustandes schwer zu unterscheiden, schwer über den Gesammtzustand und die einzelnen Aeusserungen und Handlungen zu entscheiden ist, eben weil durch die Vermischung des Gesunden und Kranken im Ganzen und Einzelnen die Gränzbestimmung undeutlich und unbestimmt wird.

In Betreff der Theorie dieser Erfahrung werde nur angedeutet, dass der (erbliche) Wahnsinn dem Kranken wegen der erblichen Anlage, wegen des Keimes zu demselben natürlicher, mehr Naturell ist, als der nicht erbliche, dass der gesunden Natur der Psyche die krankhafte Anlage primitiv beigemischt ist, und das Kranke zugleich wieder natürlicher Keim, Naturanlage ist. (Analog dem Gemisch leiblicher und geistiger Anlagen des Kindes von Vater und Mutter.)

Wenn hiernach schon die richtige Erkenntniss und Beurtheilung des erblichen unzweifelhaften Wahnsinns an sich und besonders in foro oft sehr schwierig ist oder viel Schwierigkeiten macht, und wenn deshalb die hierher gehörigen Fälle schon die verschiedenartigsten, ja entgegengesetzten Gutachten zur Folge gehabt haben, so gilt dies noch in höherem Grade in Betreff derjenigen Zustände und Handlungen von Personen mit entschieden nachweislicher Familienanlage zu Seelenkrankheiten, bei welchen diese noch nicht offenbar zum Durchbruch gekommen ist.

Ich würde schwerlich einen Menschen mit entschieden erblicher Anlage zu Seelenkrankheiten wegen einer ihm incriminirten That, wenn dieselbe nicht mit psychologischer unzweifelhafter Folgerichtigtigkeit aus allen concurrirenden Umständen und aus dem ganzen Leben sich als eine verbrecherische ergiebt, — für unbedingt zurechnungsfähig zu erklären wagen, selbst dann nicht, wenn nicht einmal mit Wahrscheinlichkeitsgründen die Einwirkung der erblichen Anlage zu Seelenstörungen logisch, psychologisch und psychiatrisch für den Fall nachgewiesen werden könnte, denn die ächte Erfahrung in der Psychiatrie führt, ja berechtigt in solchen und andern Fällen zu der höhern wissenschaftlichen und praktischen Skepsis, dass wir nicht wissen, nicht nachweisen können, wie die Phänomene des ganzen Seelenlebens in einander greifen, mit- und aufeinander wirken, in Beziehung und Wechselwirkung stehen, wie insbesondere die erbliche Anlage zu Seelenstörungen sich der vollen, gesunden Vorstellungs-, Denk- und Handlungsweise bei- und einmischt und dieselbe mitbestimmt potentia et actu. — Diese Erkenntniss des Wissens des Nichtwissens muss dem Urtheile Maass, Richtung und Beschränkung geben. — Die wissenschaftlich und praktisch bedingte Nothwendigkeit des Zweifels, des bedingten Wissens, darf nicht ein zweifelfreies unbedingtes Urtheil, noch weniger den Ausspruch unbedingter Zurechnungsfähigkeit weder einerseits geben, noch andrerseits fordern.

Auf Grund und in Folge dieser meiner vorstehend ausgesprochenen Ansichten im Allgemeinen würde ich es um so weniger wagen, die Zurechnungsfähigkeit des angeschuldigten Georg Klein überhaupt und bei Vollbringung der That insbesondere unbedingt auszusprechen, als hinlängliche, mehr oder weniger erhebliche Wahrscheinlichkeitsgründe für die Einwirkung der erblichen Anlage zu Seelenstörungen bei dem Angeschuldigten auf dessen Vorstellungs-, Denk- und Handlungsweise überhaupt, sowie auf die That insbesondere vorliegen.

In der Familie des Georg Klein sind vom Urgrossvater mütterlicher Seite durch die nächsten und fernern Verwandtschaftslinien die Seelenstörungen in den verschiedensten Formen und Graden, mit und ohne Epilepsie, nebst verwandten Hirn- und Nervenkrankheiten so ausserordentlich häufig und heimisch, dass, wenn auch nicht alle in dem Gutachten des Dr. Tilgen aufgeführten Thatsachen begründet wären, und wenn auch nicht die Mutter des Angeschuldigten Georg Klein im Wochenbette (auch mit demselben) mehrmals an Mania puerperalis gelitten, gegen Ende ihres Lebens gemüthskrank, und die Schwester des Georg von Jugend auf blödsinnig gewesen wäre, doch die erbliche Anlage zu Seelenstörungen bei unserm Inculpaten vermuthet und vorausgesetzt werden muss.

Diese Annahme des Vorhandenseins einer erblichen Anlage zu Seelenstörungen bei dem Angeschuldigten und die Entwickelung dieser Anlage bei demselben wird unterstützt durch eine Reihe von Thatsachen und Beweismitteln, welche in den Acten vorliegen und resp. in den Gutachten der Dr. Dr. Tilgen und Schild und in denen des Königl. Medicinal-Collegiums und der wissenschaftlichen Deputation aufgenommen und verzeichnet sind.

Es werde in Bezug hierauf nur hervorgehoben und bemerkt:

1) dass G. Klein, nach Angabe seines Bruders, zur Zeit seiner Militär-Dienstpflichtigkeit an Epilepsie oder einer ähnlichen Krankheit gelitten habe, dass der Angeschuldigte selber angiebt, dass er vom Militär (er war sehr gross und wohlgebaut) frei geblieben sei wegen eines heftigen Sturzes in der Köttinger Mühle, in Folge dessen er längere Zeit kränkelte (ein bei erblicher Anlage nicht bedeutungsloser Unfall);

2) dass der G. Klein mehrmals an Unterleibsbeschwerden mit Hypochondrie gelitten haben soll;

3) dass er stets etwas Besonderes, Eigenthümliches, namentlich auch keinen offenen Charakter gehabt habe;

4) dass derselbe Georg Klein, welcher 17 Jahre lang in einer glücklichen zufriedenen Ehe gelebt hatte, thätig, häuslich, ordentlich, sparsam, fast geizig gewesen war, allgemeine Achtung gehabt hatte, so dass er jahrelang Mitglied des Schulvorstandes geblieben, ohngefähr zwei Jahre vor der incriminirten That in völlig entgegengesetzte Lebensweise und Lebensansichten verfällt, sein Haus, seinen Haushalt, seine Hausfrau vernachlässigt, in Wirthshäusern verkehrt, viel Geld ausgiebt, angeblich liederlich lebt, hoch spielt etc. — eine Veränderung, welche erfahrungsmässig häufig dem Ausbruche des Wahnsinns und insbesondere des erblichen, vorangeht, eine Folge der durch innere und äussere, psychische und somatische Momente geweckten, erregten, entwickelten erblichen Anlage zu Seelenstörungen ist, und sonach dem Gemüth die entsprechende Stimmung, dem Verstand die entsprechende Auffassung und dem Willen die entsprechende Richtung zum Handeln beimischt, ohne dass der Mensch schon seelenkrank ist, oder solches späterhin wird, indem oft genug die zu einer Zeit, ja zeitweise vorübergehend sich entwickelnde Anlage zur Seelenkrankheit sich doch nicht zur Seelenkrankheit ausbildet (analog wie bei erblicher Anlage zu bestimmten körperlichen Krankheitszuständen);

5) dass mit dieser eingetretenen Veränderung in dem ganzen Benehmen und Verhalten, in der ganzen Lebensweise und -Richtung des Angeschuldigten, und mit der gegebenen wahrscheinlichen Begründung dieser Umänderung durch den Entwickelungsprozess des erblichen Keims zu Seelenstörungen, auch coincidirt die plötzliche Eifer-

sucht des G. Klein gegen seine Ehefrau nach siebzehnjährigem ruhigen, glücklichen Ehestande.

Diese Eifersucht, die Beschuldigung des Ehebruchs mit dem Schneider Ehrenberg (welcher schon im Hause der Mutter der Frau vor ihrer Verheirathung gearbeitet hat), ohne dass er (der Georg Klein) andere Thatsachen und Beweismittel anführt, als dass seine Ehefrau zweimal von Zwillingen entbunden sei, und dennoch behauptet, dass das eine lebende Kind von dem Schneider sei, desgleichen das fünfte, welches seine Frau aus der Welt geschafft habe, — die Beschuldigung der Blutschande seiner Ehefrau mit dem leiblichen Bruder — müssen als gleichzeitige und secundäre Erscheinungen der allgemeinen, durch Entwickelung der erblichen Anlage zu Seelenstörung bei dem Angeschuldigten mitbedingter Veränderung und Verwandlung seiner Gefühls- und Denkweise erachtet werden, zumal als merkwürdiger Weise häufig genug, — wie ich nach eigener Erfahrung versichern kann, so völlig unbegründete, als heftige Eifersucht gegen die Ehefrau dem Ausbruche der Seelenkrankheit vorangeht und in dieselbe als Wahnidee übergeht, besonders wenn der Ehemann nicht treu in der Ehe gewesen war;

6) endlich, dass die Vollbringung der That des Angeschuldigten die Frucht, das Erzeugniss ist, einerseits von der durch die Entwicklung der erblichen Anlage zu Seelenstörungen bewirkten Veränderung in dem Gemüthszustand desselben im Allgemeinen, und andrerseits von der hierauf mitbegründeten Eifersucht insbesondere, abgesehen selbst von der möglichen Einwirkung des der That vorangegangenen Schlafs oder Schlummers und von der etwaigen Bedeutung der Aussage, nach welcher die Magd der Eltern des p. Klein denselben wegen seines eigenen Benehmens, wenn er in seiner Ruhe gestört wurde, den verrückten Georg genannt haben will.

Nach diesen meinen geäusserten Ansichten über die Beurtheilung der Zurechnungsfähigkeit bei Individuen mit entschiedener erblicher Anlage zu Seelenstörungen, und insbesondere bei dem Georg Klein, kann ich denselben für unbedingt zurechnungsfähig überhaupt und bei Vollbringung der That insbesondere nicht erachten; auch nicht für unbedingt unzurechnungsfähig, dieses nicht, weil die entschieden prävalirende erbliche Anlage zu Seelenkrankheiten sich bis zur wirklichen Seelenkrankheit bei dem Angeschuldigten nicht entwickelt hat, eben so wenig ein fixer Wahnsinn (Eifersucht — Ehebruch) bei demselben angenommen werden kann, weil die bei jedem fixen Wahnsinn (Wahnidee) vorhandene und aufzufindende allgemeine wahnsinnige Grundlage hier nicht nachgewiesen werden kann.

Schliesslich muss ich vielmehr meine Ansicht dahin aussprechen: dass, obgleich weder die Annahme eines allgemeinen, noch eines partiellen (fixen) Wahnsinns bei dem Angeschuldigten überhaupt und bei Vollbringung der That begründet werden kann, bei demselben dennoch durch die bei ihm entschieden vorhandene erbliche Anlage zu Seelenstörungen, sowie durch die mit grosser Wahrscheinlichkeit anzunehmende Entwicklungszeit dieser Anlage seit länger als zwei Jahren vor der incriminirten That, das Vermögen des Inquisiten überhaupt und bei Vollbringung der That insbesondere, mit Freiheit und Ueberlegung zu handeln, gemindert sei; dass aber nach Lage der Acten und Umstände, besonders aber nach der Gemüths- und Leibesbeschaffenheit des Angeschuldigten, bei Vollbringung der That, mit Sicherheit nicht beurtheilt werden kann, in welchem Grade hierbei das Vermögen frei zu handeln eingeschränkt war.

Nach meiner Wissenschaft und Erfahrung kann in diesem Falle kein anderes, kein unbedingtes Gutachten abgegeben werden, und scheint meine ausgesprochene Ansicht geeignet, die differirenden, entgegengesetzten, sich aufhebenden Gutachten aufzuklären und auszugleichen.

Halle a. d. S., den 10. October 1848.

(gez.) **Damerow.**

X.

Fall Claasen.

Erdrosselung oder Selbstmord?

Casper hat diesen Fall unter Nr. 243 seines Handbuchs der gerichtlichen Medicin (Band I, S. 540) in folgender Weise dargestellt.

„(Zweifelhafter Selbstmord, horizontale Lage der Leiche) Nachstehender Fall ist einer der allermerkwürdigsten in der grossen Reihe der ähnlichen, die ich amtlich zu behandeln gehabt habe, und es ist derselbe vor alle drei gesetzliche technische Instanzen gebracht worden. Ich habe ihn bereits vor sieben Jahren in seiner ganzen Ausführlichkeit unter dem Titel: „Hat die verehelichte Claasen sich selbst erdrosselt, oder ist sie strangulirt worden?" in Nr 4, Jahrgang 1849, meiner „Wochenschrift" veröffentlicht, und werde ihn hier nun nur in seinen wesentlichsten Theilen wiedergeben. Die Frage von Mord oder Selbstmord war hier gewiss ungemein schwierig zu entscheiden, denn es lagen fast eben so viele Beweise für die Schuld, wie für die Unschuld des angeklagten Ehemanns der Erdrosselten vor, und wir unsrerseits mussten, freilich wie in allen Fällen, Sorge tragen, uns vorzüglich an den medicinisch-forensischen Thatbestand zu halten und uns durch die nicht wissenschaftlichen Beweismittel allein nicht etwa blenden zu lassen.

Die Tischlerfrau Claasen war Nachts in der Werkstatt neben der Hobelbank, halb schräg zur Seite und dem Rücken auf dem Fussboden liegend, todt gefunden worden. Sie war vollständig, und zwar schwarz angezogen und hatte einen Bindfaden mehrfach um den Hals geschlungen, der auf der linken Seite fest zugeknotet war. In ihrem Gürtel steckten zwei beschriebene und mit ihrer Namensunterschrift versehene Blätter, in welchen sie ihren Entschluss verkündet, sich das Leben zu nehmen, und mehrere Male wiederholt: „mein Mann ist unschuldig." Die Kleider waren glatt und ordentlich, das Haar aber hing zerzaust am Kopfe. Der anwesende Ehemann war stark angetrunken und so wenig bestürzt, dass er bald darauf neben der Leiche Kaffee und Brod verzehrte. Er behauptete (und zwar bis zum Schlusse der ganzen Untersuchung), vollkommen schuldlos am Tode zu sein. Seine 7jährige Tochter aber sagte aus: ihr Vater habe die Mutter am Halse gepackt, sie aus der Stube in die Werkstatt, dann in die Kammer gezogen und habe dann einen Bindfaden geholt, mit welchem er wieder in die Kammer gegangen sei, deren Thür er nun zugemacht. Nun sei er den Tag über wiederholt fortgegangen und zurückgekehrt, und habe auch den Kindern gedroht, sie todtzuschlagen, wenn sie etwas sagten. Zuletzt Abends habe er die Mutter in die Werkstatt geschleppt und sie da neben die Hobelbank gelegt. Dann habe er das kleinste Töchterchen ergriffen, ihr eine Schnur um den Hals gelegt und sei wieder fortgegangen, worauf sie der Schwester die Schnur gelöst habe.

Die wesentlichsten Leichenbefunde bei der Obduction, die fünf Tage nach dem Ableben der Claasen (aber im December) von uns verrichtet wurde, waren: Lage der Zunge hinter den Zähnen, hellgrüne Farbe des Bauches, Abwesenheit jeder Spur von Verletzungen, auffallend blaurothe Färbung der Scheide, flüssiger Koth am After, blauröthliche Färbung des ganzen Gesichts und der Ohren, dunkle Röthe beider Lippen mit einzelnen kleinen Hautabschilferungen: „Ringsum den ganzen Hals läuft eine parallel laufende, doppelte, eine Linie tiefe Rinne, die überall bis zu den Dornfortsätzen der Halswirbel sichtbar ist." Diese Rinne war am vordern Halstheile braunroth, hart, unsugillirt, an andern Stellen ganz bleich und weich zu schneiden. An keiner Stelle fand sich Sugillation. Dicht unter dem Unterkieferwinkel rechts zeigte sich in der Rinne ein rundlicher, erbsengrosser, rötherer Fleck mit ganz unverletzter Haut, weich und unsugillirt. Die Lungen dunkler als gewöhnlich und strotzend mit dunklem, flüssig schäumendem Blut angefüllt. Rechtes Herz und Kranzadern, sowie die grossen Bruststämme, ebenfalls stark gefüllt, im linken Ventrikel nur ein halber Esslöffel desselben Blutes. Kehlkopf und Luftröhre vollkommen unverletzt und leer, aber ihre Schleimhaut „deutlich und ungewöhnlich injicirt." Im Kopf fand sich eine stark ausgesprochene Hyperämie, welche auch noch in den Nieren und grossen Venen des Unterleibes gefunden wurde. Es war sonach unzweifelhaft, dass Denata durch Stick- und Schlagfluss, d. h. durch plötzliche Hemmung der Circulation, ihren Tod gefunden hatte, deren Erscheinungen in der Leiche ganz ungewöhnlich stark ausgeprägt waren, wie wir es in dem Maasse kaum gesehen. Wir nahmen zunächst an, dass ein so exquisiter Stick- und Schlagfluss schon an sich auf eine gewaltsame Todesart hindeute, und beantworteten die vorgelegte Frage: ob die um den Hals gefundene Schnur ein geeignetes Werkzeug gewesen, um den Tod der Claasen zu bewirken? natürlich bejahend, da jedes strangulirende und fest umgelegte Band den Tod bewirken könne. Dagegen standen wir nicht an, zu behaupten, dass die Schnur hier den Tod nicht bewirkt habe, sondern dass sie der Claasen erst nach ihrem Tode umgelegt worden. Der Bindfaden war 16 Zoll lang und konnte den Hals nicht sehr fest eingeschnürt haben, vielmehr musste eine weit heftigere Gewalt vorausgesetzt werden, als welche z. B. ein rascher Druck mit einer kräftigen oder mit zwei Männerhänden angenommen werden könne. Der Mangel von Reactionsspuren am Halse dürfe nicht als Gegenbeweis aufgestellt werden, da oft die allererheblichsten Insultationen wohl die entsprechenden inneren Verletzungen verursachen, aber nicht eine Spur von Reaction auf der Oberfläche der Leiche sichtbar werden lassen. Ebenso könne es nicht auffallen, dass die Ermordete nicht geschrieen haben sollte, da sie, wie constatirt, eine kranke Person, der Mann ein höchst kräftiger, grosser und roher Mensch war, und hier Tödtung und Tod fast zusammenfallen mussten. Wir beleuchteten nunmehr die Beschaffenheit der Strangulationsmarke am Halse und zeigten, dass, wie kurze Zeit nach dem Tode eine Strangmarke noch künstlich producirt werden kann, die von solchen, wie sie sehr häufig bei lebend Erdrosselten gefunden wird, gar nicht zu unterscheiden ist, so namentlich aber auch grade hier der grösste Theil der vorgefundenen Strangrinne, wie oben beschrieben, nämlich die ganz weichen und weissen Stellen, sich vollends so verhalten habe, wie bei erst länger nach dem Tode gemachten Strangvertiefungen, dies Alles folglich nur die Annahme bestätige, dass der Tod der Claasen auf andre Art, als durch den Bindfaden erfolgt, und dieser ihr erst nach dem Tode umgelegt war, muthmasslich, um den Selbstmord wahrscheinlicher zu machen. Hiermit war eigentlich schon die dritte uns vorgelegte, die Hauptfrage, den etwanigen Selbstmord betreffend, erledigt. „Es mag indess," sagten wir weiter, „nicht überflüssig sein, noch folgende Data, die gegen die Annahme einer Selbstentleibung sprechen, anzuführen, wobei wir Momente, wie die verdächtigen Scripten im Gürtel und andre, als nicht vor unser Forum gehörig, beseitigen."

Der Knoten, der am hintern Ende der Schnur befindlich, ist schlingenartig und sorgfältig geschürzt, und auch am vordern Knoten ist eine gewisse Sorgfalt nicht zu verkennen. Es ist nichts weniger als wahrscheinlich, dass ein Selbstmörder sein Strangwerkzeug auf diese ganz ungewöhnliche Weise vorbereiten, resp. schliessen sollte, wie es überhaupt nicht abzusehen, warum die Claasen, wenn sie ihren Tod durch Strangulation beschlossen gehabt, nicht die leichte und alltägliche Todesart durch Erhängen gewählt haben sollte, weshalb ja eben Selbsterwürgungen zu den allerseltensten Todesarten gehören. Wohl aber spricht die Präparation dieser Schnur dafür, dass dieselbe erst nach vollendeter That und mit einem gewissen Zeitaufwande bereitet worden. Und was endlich die Lage betrifft, in der die Leiche gefunden worden, so ist es nicht schwer, die positive Unmöglichkeit darzuthun, dass die Aussage des Angeschuldigten, dass er Denata so, wie sie neben der Hobelbank todt gefunden worden, als selbsterdosselt aufgefunden habe, in der Wahrheit beruhen könne. Einmal nämlich ist gar nicht abzusehen, was die Claasen veranlasst haben konnte, wenn sie ihren Tod durch Selbsterdrosselung beschlossen, dies nicht in der Wohnstube auf dem Bette, auf welchem sie den ganzen Nachmittag gelegen hatte, zu thun, sondern dies zu verlassen und sich auf die Dielen der Werkstatt niederzulegen. Sodann aber wurde sie „halb schräge nach der Seite liegend, den Kopf etwas auf den rechten Arm gelegt" gefunden, und glauben wir nicht zu weit zu gehen, wenn wir behaupten, dass kein Beispiel in den Annalen der forensischen Wissenschaft existirt, das eine ähnliche Lage nach einer absichtlichen Selbsterdrosselung nachgewiesen hätte. Vielmehr wird auch durch diese Lage wieder die Aussage des 7jährigen Kindes bestätigt, dass dieselbe erst nach dem Tode der Denata durch Hinausschleppen der Leiche nach der Werkstatt herbei geführt worden

Nachdem ich meinerseits diese wohlerwogenen Gründe auch im spätern öffentlichen Audienztermine festhielt, trat unerwarteter Weise mein Gehülfe bei der Obduction, der Chirurg. for., obgleich derselbe den Obductionsbericht vorschriftsmässig mit unterschrieben hatte, zurück und erklärte, dass er sich doch nicht getraue, den Selbstmord mit Gewissheit auszuschliessen. Nun musste ein schiedsrichterliches Superarbitrium eingeholt werden, zuerst vom Medicinal-Collegium der Provinz und, nachdem dies nicht angenommen worden war, sodann von der wissenschaftlichen Deputation im Ministerium. Beide Gutachten hatten zwar nicht, wie ich, mit Gewissheit, aber mit mehr oder weniger Wahrscheinlichkeit den Mord gleichfalls angenommen Der Angeschuldigte wurde zu lebenslänglicher Strafarbeit verurtheilt."

Der Herr Geheimrath Casper hat hiernach, auf Grund der positiven Unmöglichkeit einer Selbsterdrosselung in liegender Stellung, die stattgehabte Ermordung der Claasen mit Gewissheit behauptet und findet eine grosse Genugthuung darin, dass der Richter die abweichenden Ansichten seines Gehülfen (des gerichtlichen Wundarzts), des Medicinal-Collegiums und der wissenschaftlichen Deputation verworfen und den Mörder, nur mit Ausschliessung der Todesstrafe, zu lebenswieriger Strafarbeit verurtheilt hat. Angenommen, letzteres wäre wahr, dann ist es in der That unbegreiflich, wie der Geheimrath Casper diese Bestrafung mit Triumph mittheilen konnte, statt ihrer mit Beschämung zu gedenken und sie als Warnung vor ähnlichen positiven Behauptungen in gerichtsärztlichen Gutachten hinzustellen. Es klingt wahrlich wie Ironie, wenn Herr Geheimrath Casper an diesen Fall unmittelbar (S. 544 unter Nr. 244) einen andern anschliesst, welcher unter der Ueberschrift: „Selbsterdrosselung in liegender Stellung" mit den Worten beginnt:

„Hatte ich im vorigen Falle behauptet, dass Selbsterdrosselung zu den seltensten Todesarten gehöre, und war mir selbst niemals ein unzweifelhafter Fall der Art vorgekommen, so konnte ich nur aufs Höchste überrascht sein, als mir wenige Monate nach dem obigen Claasenschen Falle folgendes, ganz unzweifelhafte und deshalb gewiss höchst lehrreiche Beispiel einer Selbsterdrosselung und zwar in liegender Stellung amtlich vorkam."

Glücklicher Weise war aber der Ausgang der Anklage gegen den Tischlermeister Claasen ein anderer; und dem Herrn Geheimrath Casper konnte dieser andere Ausgang nicht unbekannt geblieben sein. In seiner Wochenschrift No. 6. 1849 vom 10. Februar heisst es nämlich am Schlusse des Berichtes über den Claasenschen Fall:

„Sehr überlegt hatte ich in meinem Gutachten, wie man darin wahrgenommen haben wird, eine Menge von Indicien gegen Selbstmord, die aber gar nicht vor das Forum des Arztes gehören, ganz unberührt gelassen, und nur zur Belehrung und Warnung will ich aus den spätern Entscheidungsgründen des Gerichtshofes, welche auf mein Gutachten basirt wurden, hier anführen, dass unter andern Gründen, welche dem Gericht Veranlassung gaben, mein Gutachten anzunehmen, von demselben gesagt wurde: „„dass die beiden andern Behörden zur Begründung ihres Gutachtens sich eigentlich in Dinge eingelassen haben, die dem Gerichtshofe zur Prüfung anheimfallen müssen."" Schon zur Rechtfertigung meines Gutachtens gegen die abweichenden Annahmen der Medicinalbehörden halte ich es nicht für unangemessen, aus den in der öffentlichen Gerichtssitzung stenographisch aufgenommenen Entscheidungsgründen des Gerichts — siehe Publicist 1849 No. 1 — noch Folgendes hier mitzutheilen: — — Aus allen diesen Umständen hat das Gericht die Ueberzeugung für die Schuld des Claasen geschöpft und, mit Beseitigung der Todesstrafe, auf lebenswierige Strafarbeit erkannt. Der Verurtheilte hat gegen diesen Spruch appellirt. Wir werden seiner Zeit in der Kürze das Erkenntniss des Oberappellations-Gerichts mitzutheilen nicht unterlassen."

Unter dem 11. Mai 1849 wurde nun in öffentlicher Sitzung der Tischlermeister Claasen von der Anklage wegen Ermordung seiner Ehefrau entbunden, und dieses freisprechende Urtheil im Publicisten vom 13. Mai 1849 veröffentlicht. Herr Geheimrath Casper hat es allerdings unterlassen, auch dieses Erkenntniss mitzutheilen; dass er aber sich um den schliesslichen Erfolg dieses von ihm als so merkwürdig hervorgehobenen Falles nicht weiter bekümmert und von dem freisprechenden Erkenntnisse nichts erfahren haben sollte, ist kaum wahrscheinlich. Wie er aber 1857 auf seine Mittheilung von 1849 ausdrücklich verweisen und dennoch die unrichtige Behauptung, Claasen sei zu lebenswieriger Strafarbeit verurtheilt worden, hinstellen konnte, gehört zu denjenigen räthselhaften Dingen, deren Lösung an einer andern Stelle dieses Buches versucht werden wird.

Der wissenschaftlichen Deputation ward in diesem Falle die Frage vorgelegt:

> ob ein Selbstmord mit Wahrscheinlichkeit anzunehmen, oder auch nur als möglich zu erachten sei?

Die beiden Referenten, der Geheimrath Dr. v. Stosch und der Geheimrath Dr. Schmidt, gingen in ihren Relationen auseinander, und keines der beiden Gutachten war der Art, dass es beim mündlichen Vortrag von der Deputation angenommen werden konnte. Gesetzlich hätten hiernach zwei neue Referenten ernannt werden müssen. Da jedoch die beiden Geheimräthe Horn (der Vater) und Müller krank waren, und der Geheimrath Casper in seiner Eigenschaft als gerichtlicher Physikus Partei war, also kein Votum hatte, so wurde der Geheimrath Jüngken beauftragt, unter Beibehaltung der species facti, ein neues Gutachten auszuarbeiten, welches dann auch angenommen und vollzogen ward.

Es folgen nachstehend die 3 Gutachten und das erstinstanzliche Erkenntniss, letzteres nach dem stenographischen Bericht.

Die Motive des zweiten Erkenntnisses sind nicht publicirt worden, und ich bedaure, dasselbe nicht ausführlich mittheilen zu können. Ich will deshalb nur hervorheben, dass das Gutachten der wissenschaftlichen Deputation maassgebend gewesen ist, und dass an der Gerichtssitzung, in welcher auf die Entbindung von der Anklage erkannt worden ist, als Richter Theil genommen haben: die Herren

Gutschmidt, Vorsitzender.

von Rönne Mankopf Holleben Neuenburg Leonhardt Bahn	Räthe.

Grf. Schlieffen, Referent.

Taenzer Bindewald	Assessoren.

Vertheidiger war Herr Dr. Stieber.

Gutachten des ersten Referenten.

Um in diesem Fall ein endgültiges Urtheil fällen zu können, wird es uns zuerst obliegen, die Todesart der Denata und die Zeichen derselben in der Leiche genauer zu betrachten. Dass die p. Claasen an Stick- und Schlagfluss gestorben, ist keinem Zweifel unterworfen, und dieser Punct ist von allen begutachtenden Behörden einstimmig angenommen. Es ist auch nachgewiesen, dass die Zeichen beider Todesarten in gleich hohem Grade und dergestalt, wie dieses nur selten bei Erdrosselten vorzukommen pflegt, ausgeprägt waren: denn die Symptome des Schlagflusses zeigten sich nicht nur durch die grosse Ueberfüllung des Gehirns selbst, seiner Häute und der grossen Bluthälter mit schwarzem, dickflüssigen Blut, sondern auch durch Röthung der Ohren, Stirn, Nase und Bindehaut der Augen; während die Zeichen des Stickflusses durch die starke Ueberfüllung der Lungen mit schwarzem schaumigen Blut, durch eine gleiche Ueberfüllung des rechten Herzens, der Kranzadern desselben und der grossen venösen Gefässe der Brusthöhle mit eben solchem Blut, durch die bedeutendere Röthung der Schleimhaut der übrigens leeren Luftröhre und Injection der Gefässe derselben, wie auch durch die Ueberfüllung der grossen Blutadern der Bauchhöhle mit dem erwähnten Blute, durch die starke Anfüllung der Gefässe des Netzes und Gekröses und nächstdem der Nieren mit Blut sich nachweisen liessen.

Dass ein durch so hervorstechende Zeichen ausgeprägter Stick- und Schlagfluss nicht durch innere Ursache entstehen und nur durch die Einwirkung einer äusseren Gewalt bewirkt werden konnte, liegt auf der Hand und bedarf keines Beweises: jene Zeichen beweisen aber auch mit Bestimmtheit, dass der Tod durch einen gleichzeitig auf die Luftröhre und die grossen Blutgefässe des Halses ausgeübten Druck erfolgt sein müsse. Es könnte hierbei der Umstand auffallend sein, dass die Luftröhre leer von blutigem Schleim gefunden, auch die Zunge nicht geschwollen, noch zwischen den Zähnen eingeklemmt gewesen. Die Abwesenheit dieser Zeichen aber kann nicht als der Beweis für den Tod durch Stickfluss schweigend angesehen, sondern es dürfte dies nur als Beweis dafür erachtet werden, dass der Tod sehr rasch erfolgt ist, und dass der Zutritt der äussern Luft zu den Lungen plötzlich gehemmt worden. In solchem Fall nämlich wird sich die in den Lungenzellen enthaltene Luft zwar mit dem durch die Schleimhaut der feinen Bronchialäste abgesonderten blutigen Schleim vermischen, indem das sich in den Lungen anhäufende und hier stockende Blut ausschwitzt, und beim Einschneiden in die Lungen nach dem Tode den hier bemerkten Ueberfluss dicken schaumigen Bluts darstellen: es wird aber, da keine neue Luft hinzutreten, noch die in den Lungen vorhandene austreten kann, der in den feinen Bronchialästen gebildete blutige Schleim nicht in den Stamm derselben heraufgetrieben werden können, und die Luftröhre selbst leer bleiben. Das Verhältniss der beiden Todesarten, Stick- und Schlagfluss, zu einander würde demnach in der Weise zu beurtheilen sein, dass beide nicht nur gleichzeitig, sondern auch in der kürzesten Zeit dadurch hervorgebracht worden, dass durch einen, sowohl auf die Luftröhre, als auch auf die Blutadern des Halses ausgeübten Druck der Zutritt der Luft zu den Lungen und der Rückfluss des Blutes vom Kopfe gehemmt wurde, und somit wäre die erste der vom Herrn Staatsanwalt gestellten Fragen als erledigt anzusehen.

Bei der unzweifelhaften Gewissheit, dass der Tod der Denata durch Stick- und Schlagfluss erfolgt war, scheint die Art, wie dieser Tod bewirkt worden, ausser Zweifel gesetzt, wenn wir in einem dünnen Strick, welcher sich um den Hals derselben geschlungen vorfand, ein Werkzeug erblicken, das allerdings zum Hervorbringen der genannten Todesarten ganz geeignet war; und wenn uns eine am Halse vorgefundene Strangulationsmarke, die ganz dem erwähnten Strick entspricht, es sehr nahe legt, dass Ursache und Wirkung hier wohl nicht leicht von einander zu trennen sein dürften. Wir werden aber auf alle diese Punkte näher eingehen müssen, da es sich hier vorzugsweise darum handelt, ob von einer Selbstentleibung oder von einem Mord durch die Hand eines Dritten die Rede ist, welcher letztere

Fall durch die Untersuchung als nicht unwahrscheinlich sich ergeben hat: ob ferner anzunehmen ist, dass im letzteren Fall der Tod wirklich vermittelst des Stranges oder auf eine andere Weise herbeigeführt, und der Strang erst nach dem Tode umgelegt wurde?

Zur Lösung der sich hier aufdrängenden Fragen wollen wir zuvörderst auf das Verhalten des, wie es scheint, zur Erdrosselung benutzten Werkzeugs und der vorgefundenen Strangrinne eingehen. Dass die Schnur, ein sogenanntes Sackband, welches, in der Mitte verschlungen, auf der rechten Seite doppelt, auf der linken dreifach, ganz der Beschreibung der Strangrinne, die ebenfalls auf der rechten Seite doppelt, auf der linken dreifach mit parallel laufenden Rinnen, angegeben wird, entspricht, darüber kann kein Zweifel obwalten; denn, wenngleich die später gemessene und auf 16 Zoll lang befundene Schnur die Dicke des Halses an Länge bei Weitem übertraf, so stimmen doch die übrigen in der Strangrinne bemerkten Zeichen mit der Form der Schnur so genau überein, dass angenommen werden muss, ihre Verschlingungen haben sich später nach Durchschneidung derselben erweitert. Nach hinten zu, wahrscheinlich unter dem linken Unterkiefer, war die Schnur durch einen Kreuzknoten vereinigt, eine nach den Aussagen von Sachverständigen künstliche Verschürzung. Anlangend die Strangrinne selbst, so war sie, abgesehen von der der Schnur entsprechenden Form, anderthalb Linien breit, also auch in sofern der Dicke der Schnur analog, und eine Linie tief. In dieser Tiefe lief sie um den ganzen Hals herum bis in den Nacken; sie war zum Theil weiss, zum Theil roth: jene Farbe hatte sie nach hinten zu, diese stellenweise an den Seiten, besonders rechts; nur da, wo die doppelten Rinnen quer über den Kehlkopf liefen, fand sich die unterste Rinne in der Länge von 2 Zollen braun, hart zu schneiden, von der Epidermis entblösst, vor, sonst war sie überall von weicher Beschaffenheit, und nirgend fand sich in dem unterliegenden Zellgewebe Blutaustritt vor: wir müssen demnach die hochrothe Färbung, welche diese Strangrinne an verschiedenen Stellen zeigte, besonders den erbsengrossen Fleck rechterseits über dem Processus mastoideus, für Todtenflecken halten.

Aus diesem Verhalten der Strangrinne zu der um den Hals der Denata vorgefundenen Schnur lässt sich zwar mit der grössten Bestimmtheit folgern, dass beide Momente zu einander in Causalverbindung stehen, schwerer aber ist die Frage mit Bestimmtheit zu beantworten, ob auch zwischen diesen und der Todesart der Denata eine solche nothwendigerweise stattfinden müsse, oder ob dieser Punkt

Zweifel zulasse? Dass da, wo die Strangrinne sich befand, kein Zeichen lebendiger Reaction, namentlich kein Bluterguss im Zellgewebe sich vorfand, beweist eben so wenig für die Annahme, dass die Strangulation vermittelst der Schnur nicht an der lebenden Claasen verübt war, als die abgescheuerte braune, hart zu schneidende Stelle in der Strangrinne da, wo sie über den Kehlkopf hinwegläuft, als Beweis dafür angenommen werden kann, dass eine Strangulation vermittelst der erwähnten Schnur an der noch Lebenden vorgenommen worden sei; denn unzählige Fälle beweisen, dass bei offenbar lebend Erhängten die untersuchte Strangrinne von allen Zeichen lebendiger Reaction frei war, ebenso wie zahlreiche Versuche dargethan haben, dass, solange bei dem Todten die thierische Wärme noch nicht entwichen, die Haut da, wo die Epidermis abgescheuert wird, braun wird und hornartig eintrocknet.

Die Beschaffenheit der Strangrinne an sich kann uns demnach in keiner Weise einen bündigen Beweis dafür liefern, dass der Tod der Denata die unmittelbare Folge des Umlegens der Schnur um den Hals gewesen sein müsse. In dieser Beziehung bleibt uns zur näheren Aufklärung noch Folgendes zu erörtern. Die Strangrinne war nach dem Obductionsprotokolle nur eine Linie tief. Wie gern wir auch zugeben, dass diese Beschaffenheit der Strangrinne, in Bezug auf die Tiefe, nachdem ein Zeitraum von 5 Tagen verflossen war, nicht mehr maassgebend sein kann, indem sie sich, obgleich die Schnur erst nach völligem Erkalten der Leiche abgenommen worden war, sehr wohl in dieser Zeit verflachen konnte, so ist doch zu bemerken, dass sie gerade über den Kehlkopf verlief, also über den Theil der Luftröhre, welcher vermittelst der harten, festen, knorpelartigen Theile, die ihn bilden, nur durch einen heftigen Druck in dem Maasse comprimirt werden kann, dass jeder Zutritt der atmosphärischen Luft gänzlich verhindert wird. Dessenungeachtet ist nicht in Abrede zu stellen, dass der Tod durch Stickfluss auch bei einem mässigern Druck auf diesen Theil, wenngleich der Zutritt der Luft nicht plötzlich und vollständig gehemmt wurde, bewirkt werden konnte: doch mussten in solchem Fall die Zeichen des Stickflusses anders sein, als sie wirklich waren, namentlich würde die Zunge geschwollener, zwischen den Zähnen eingeklemmt, und die Luftröhre mit blutigem Schleim angefüllt gewesen sein. Wäre aber die Schnur so heftig angezogen worden, dass der Zutritt der Luft zu den Lungen durch den zusammengeschnürten Kehlkopf plötzlich gehemmt wurde, so hätte sich die Spur einer so bedeutenden Einschnürung doch wohl noch nach dem Tode bemerkbar machen müssen. Erfolgte aber der Tod schnell durch die Hemmung des Rückflusses des Blutes vom Kopf wegen der durch die Schnur zusammengedrückten Halsvenen apoplektisch, was sehr wohl möglich war und sehr plötzlich geschehen konnte, so mussten die Zeichen des Schlagflusses die überwiegenden sein, und die des Stickflusses konnten ganz fehlen oder doch nur in einem bei weitem geringeren Grade vorhanden sein, als in dem vorliegenden Falle stattfand. In dem vorliegenden Fall aber finden wir die Zeichen von Stick- und Schlagfluss in der Leiche in einem so exquisiten Grade ausgeprägt, dass dieselben nur hervorgebracht werden konnten durch eine äussere Gewalt, welche plötzlich Luftröhre und Halsvenen zu gleicher Zeit in dem Grade comprimirte, dass Zutritt der Luft zu den Lungen und Rückfluss des Bluts vom Kopf gehemmt wurden. Wenn nun der leichte Eindruck der Strangrinne am Halse der Denata den Zeichen, welche wir in der Leiche wahrgenommen, namentlich denen des exquisiten Stickflusses, nach der eben gegebenen Erörterung nicht entspricht, so drängt sich allerdings die Vermuthung auf, dass eine unmittelbare Causalverbindung zwischen dem strangulirenden Apparat und der Todesart der Denata nicht als nothwendig, vielleicht nicht einmal als höchst wahrscheinlich anzunehmen sei.

In dem Vorstehenden haben wir uns darauf beschränkt, das Verhalten der doppelten Todesart der Claasen, Stick- und Schlagfluss, zu einander, ferner das Verhalten der Strangrinne zu dem vorgefundenen strangulirenden Werkzeug, endlich das Verhalten dieser Momente zum Tode selbst zu beleuchten. Wir gehen nun zur Erörterung der Hauptfrage über: ob anzunehmen sei, dass der Tod der Denata durch Selbstmord, oder ob derselbe durch die Hand eines Dritten bewirkt worden sei.

Gegen die Annahme, dass der Tod der p. Claasen durch Selbstmord erfolgt sei, wären im Wesentlichen folgende Momente zu erörtern.

Betrachten wir zuerst die Lage, in der die Leiche gefunden wurde. Nicht in ihrem Bette, welches sie, schon einige Zeit krank, den Tag über nicht verlassen hatte, sondern in der neben dem Wohnzimmer liegenden Werkstätte fand man dieselbe auf dem Boden ausgestreckt, mit dem Oberkörper mehr auf der rechten Seite liegend: der linke Arm lag ausgestreckt an dem Körper, auf dem rechten ruhte der seitwärts gebogene Kopf. Zwar waren die Kleider in Ordnung, aber das Haupthaar hing, vermengt mit den in der Werkstatt liegenden Hobelspänen, zottig und unordentlich um den Kopf. Schon diese Umstände sprechen gegen die Annahme von Selbstmord. Wenn es schon an sich unwahrscheinlich ist, dass eine das Bett hütende Kranke, welche die Absicht hat, sich zu erdrosseln, ihr Bett verlässt und zu diesem Zweck sich in einem andern Raum auf die Erde legt, so spricht die Lage, in der Denata gefunden, namentlich die Stellung der Arme, entschieden dagegen, denn mit den Händen musste der Strang, der nach hinten verknüpft gefunden worden, zusammengeknüpft werden, und in dieser erhobenen Stellung mussten die Hände, mit denen sie sich den Tod gegeben hatte, gefunden werden: besonders musste dies der Fall sein, wenn der Tod durch die Strangulation, wie oben nachgewiesen, plötzlich erfolgt war. Auch ist, wenn eine Selbsterdrosselung stattgefunden, der zureichende Grund für das zottig um den Kopf herumhängende, mit Hobelspänen vermengte Haar nicht aufzufinden, welches nach dem Zeugniss der Ida Luther, welche die Claasen noch am Nachmittag vor dem Tode gesehen, besonders wohl geordnet und glatt gewesen war.

Ferner spricht gegen Selbstmord die Beschaffenheit der zur Erdrosselung benutzt sein sollenden Schnur und die Art der Verknüpfung derselben. Es war dieselbe nach hinten zu in einem Kreuzknoten verschürzt und zwar so fest, dass man diesen nicht lösen konnte, sondern die Schnur behufs der Lösung mit einem Messer durchschneiden musste. Es ist nicht wohl einzusehen, wie eine mit Selbstmord umgehende Person in dem Augenblick der That zur Erreichung ihres Zweckes die offenbar künstlich vorbereitete Schnur durch einen so künstlich geschürzten Knoten vereinigen konnte, und wohl unmöglich, dass sie im Stande war, die Schürzung desselben, welche doppelt war, zu vollenden, da schon bei der einfach geschehenen Schürzung das Bewusstsein schwinden musste.

Endlich ist Erdrosselung gerade diejenige Todesart, welche der Erfahrung nach wohl fast nie von Selbstmördern gewählt worden ist: natürlich wohl aus dem Grunde, weil dazu, um sich auf diese Weise den Tod zu geben, ein fortdauernder willkürlicher Act mit den Händen erforderlich ist, durch den nicht nur eine Schlinge geknüpft, sondern auch so lange zusammengezogen werden muss, bis das Bewusstsein schwindet; es ist aber kaum als möglich anzunehmen, dass auch der festeste Wille im Stande wäre, die Todesqual, welche beim Erdrosseln dem Tode vorangeht, zu überwinden. Daher wird um so häufiger von Selbstmördern, welche diese Art des Todes erwählen, das Erhängen vorgezogen, wo nur die Schlinge zu schürzen und zu befestigen ist, das Zuziehen derselben aber der Last des auf irgend eine Weise aus seiner Lage gebrachten fallenden Körpers überlassen wird. Sollte wirklich der Selbstmord durch Erdrosseln jemals stattfinden, so würde der Selbstmörder, von dem festen Vorsatz seiner That getrieben, eine geeignete Schlinge, die um den Hals gelegt ist, mit beiden Händen an den freien Enden durch einen raschen Zug fest zusammenziehen, er würde aber nicht eine Schnur durch einen so künstlichen Knoten vereinigen können. Wollten wir aber wirklich den Fall setzen, Denata hätte die Schnur nur locker geknüpft und dann durch einen kühnen Griff in dieselbe sie plötzlich fest zusammengezogen, so würden die Resultate des Befundes andere gewesen sein müssen, denn die Hand, welche den Griff gethan, würde in der Schlinge befindlich gewesen sein, und die Strangulationsmarke hätte nicht den ganzen Hals in gleicher Tiefe umgeben können, sondern sie würde an der Stelle, wo die Hand hineingegriffen, gefehlt haben, an der entgegengesetzten Stelle aber um so tiefer markirt gewesen sein. Wollten wir aber auch endlich das Unwahrscheinlichste zugeben, dass Denata die Schnur geknüpft hätte, so musste dieselbe den Hals nur so fest umschliessen, dass der Tod allmälig erfolgte, und sie mit einer beispiellosen Seelenstärke es abwarten, bis durch allmälige Anhäufung des Bluts im Gehirn und durch den nach und nach verminderten Zutritt der Luft zu den Lungen Bewusstsein und Leben schwand. In diesem Fall aber konnten die Zeichen in der Leiche sich nicht so verhalten, wie sie gefunden worden sind, besonders die des Stickflusses, und es musste, wenn der Tod nicht bloss apoplektisch erfolgt war, die Luftröhre, wie schon oben erörtert, blutigen Schaum enthalten.

Haben wir nun in der vorstehenden Erörterung nur solche Momente auffinden können, welche die Annahme, dass Denata durch Erdrosselung sich selbst den Tod gegeben habe, mit einer an Gewissheit gränzenden höchsten Wahrscheinlichkeit abweisen, so wenden wir uns zuletzt zu der Frage, auf welche Weise der Tod derselben, falls er durch die Hand eines Dritten erfolgt war, bewirkt worden sein konnte.

Die Fälle von Erdrosselung durch die Hand eines Dritten sind häufig genug; und wenn wir erwägen, dass die Schnur, welche sich um den Hals der Denata vorfand, ein für den Zweck völlig geeignetes Werkzeug war, so könnten wir, den vorliegenden Fall obenhin betrachtend, uns leicht zu der Annahme verleiten lassen, dass das Genannte auch hier stattgefunden habe; bei genauerer Erwägung aber aller Umstände müssen wir auch diese Annahme für unwahrscheinlich erachten.

Das erste und sehr wichtige Moment, was auch gegen diese Annahme aufgeführt werden muss, ist die Beschaffenheit des künstlich geschürzten Knotens, der nur mit einer gewissen Musse geschürzt sein konnte. Wenn ein Mörder sich eines Stranges bedient, um sein Opfer zu erdrosseln, so erwählt er gewiss die leichteste Weise, um die hierzu bestimmte Schlinge zu schürzen, denn er kann die Geschicklichkeit seiner Hände, die er gleichzeitig zur Bewältigung seines Opfers gebraucht, nicht zur Schürzung eines künstlichen Knotens, wie er hier sich vorfand, benutzen. Erwägen wir nun ferner, dass Denata nicht in ihrem Bett erdrosselt gefunden wurde, wo sie vielleicht, im Schlaf überrascht und ehe sie zur Besinnung kommen konnte, leicht zu überwältigen war, sondern dass man sie in der neben der Wohnstube befindlichen Werkstatt fand, so ist mit Gewissheit anzunehmen, dass es ihr nicht unbewusst bleiben konnte, welches Schicksal ihr drohe, denn sie musste das Werkzeug in den Händen des Mörders erblicken. Unter solchen Umständen war es wohl nicht denkbar, dass eine Erdrosselung durch die künstlich verknüpfte Schnur bewirkt werden konnte, ohne dass die, wenngleich kranke Frau alle ihre Kräfte zum Widerstand zusammenraffte, und ein Kampf voranging, dessen deutliche Spuren wir unfehlbar am Körper der Claasen, namentlich an Armen und Händen, hätten vorfinden müssen; von alle dem findet sich aber keine Spur vor. Auch ist es sehr unwahrscheinlich, dass unter einem solchen Kampf ein so plötzliches und vollständiges Zusammenschnüren der Luftröhre und der Halsvenen gelingen konnte, um die in der Leiche vorgefundenen so exquisiten Zeichen des doppelten Todes durch Stick- und Schlagfluss hervorzubringen; abgesehen davon, dass, wie wir in der Erörterung am Eingange dieses Gutachtens nachgewiesen haben, ein nothwendiger Causalzusammenhang zwischen dem Tod und der Strangulationsmarke mit dem sie hervorbringenden Werkzeuge keineswegs vorhanden, vielmehr nicht einmal sehr wahrscheinlich war.

In dem Vorstehenden haben wir uns bemüht, mit Uebergehung alles dessen, was in Bezug auf den vorliegenden Fall die Untersuchungsacten rücksichtlich der juridischen Beurtheilung darbieten, und uns lediglich an die species facti haltend, nach Feststellung des Umstandes, dass der doppelte Tod durch Stick- und Schlagfluss nicht aus inneren Ursachen, sondern durch äussere Gewalt herbeigeführt sei, das Verhalten der Strangrinne zu der vorgefundenen Schnur und die Causalverbindung zwischen beiden nachzuweisen: wir haben ferner nachgewiesen, dass eine Causalverbindung zwischen diesen und dem

Tod der Denata nicht nur als nicht nothwendig, sondern als nicht ganz wahrscheinlich zu erachten sei: wir haben ferner nachgewiesen, dass die Annahme eines Selbstmords als in höchstem Grade unwahrscheinlich zu verwerfen sei, und endlich, dass es, angenommen, wie mit der grössten Wahrscheinlichkeit angenommen werden muss, die p. Claasen sei durch die Hand eines Dritten erwürgt, auch in diesem Fall nicht wahrscheinlich sei, dass die Erdrosselung vermittelst der vorgefundenen Schnur geschehen sei.

Es würde nur noch die Frage zu beantworten sein, auf welche Weise denn die Erwürgung der Denata bewirkt worden sei. Nach der obigen Betrachtung der an der Leiche vorgefundenen Zeichen mussten wir annehmen, dass der Tod sehr plötzlich durch gleichzeitiges Zusammendrücken der Luftröhre und der Halsvenen eingetreten sein müsse, und eine solche plötzliche Erdrosselung konnte leicht und schnell durch einen einzigen kräftigen Druck mit der Handfläche auf den Hals bewirkt werden: bei plötzlich eintretendem Tod würde das Vermissen von Sugillationen kein Gegenbeweis sein, abgesehen davon, dass das Entstehen derselben auch möglicherweise durch weiche Gegenstände, Tücher, Betten u. s. w., verhindert sein konnte, die bei dem Erwürgen benutzt sein konnten. Gehen wir nun, einen solchen Fall als möglich voraussetzend, zu dem über, was die Untersuchungsacten ergeben, besonders zu den Aussagen der 4- und 7jährigen Tochter des p. Claasen über die Art, wie er mit der Mutter verfahren war: so finden wir in diesen alles dasjenige, was geeignet ist, eine solche Annahme zu rechtfertigen; auch ist durch diese Aussage die Annahme gerechtfertigt: dass die Schnur, welche sich um den Hals fand, erst nach dem Tode umgelegt worden ist, um eine Selbstentleibung wahrscheinlicher zu machen. Wir enthalten uns indessen, um der richterlichen Beurtheilung nicht vorzugreifen, und da die uns gestellte Frage einen beschränkteren Umfang hat, indem sie sich nur auf die grössere oder geringere Wahrscheinlichkeit eines Selbstmordes bezieht, einer weiteren Erörterung dieses Umstandes und geben aus wissenschaftlichen Gründen und nach bester Ueberzeugung unser Gutachten dahin ab:

„dass die Annahme, als liege bei dem Tode der p. Claasen ein Selbstmord zu Grunde, mit der höchsten Wahrscheinlichkeit zu verwerfen sei.“

Berlin, den — — — 1848.

Königl. wissenschaftliche Deputation für das Medicinalwesen.

(gez.) **Dr. v. Stosch.**

Gutachten des zweiten Referenten.

Zur Geschichtserzählung

des ersten Referenten habe ich nur zu bemerken, dass die comparatio literarum ein zweifelhaftes Resultat geliefert, indem zwei Sachverständige sehr motivirt sich dahin ausgesprochen haben, dass der im Gürtel der Denata vorgefundene Zettel mit grösserer Wahrscheinlichkeit von der Denata selber, als von dem Inquisiten geschrieben sei, während zwei andere Sachverständige das Gegentheil behaupten.

Gutachten.

Obducenten und Medicinal-Collegium sind darin einig, dass Denata an Stick- und Schlagfluss gestorben ist. Diese Todesart ist durch den Obductionsbefund der Brust- und Kopfhöhle mehr als hinreichend nachgewiesen und durch die Blutüberfüllung mancher Organe der Unterleibshöhle fast noch zum Ueberfluss bestätigt. Darüber, woran Denata eigentlich gestorben, über die s. g. „innere“ Ursache des Todes, waltet kein Zweifel. Nur die äussere Ursache der Erstickung steht in Frage und zwar

I. zunächst schon in Beziehung auf das strangulirende Werkzeug;

II. weiter hinauf in Beziehung auf die Person, welche das strangulirende Werkzeug geführt hat.

Zur Lösung beider Zweifel werden wir uns bei Durchsicht der uns mitgetheilten Acten wohl zu hüten haben, dass unser ärztliches

Urtheil nicht durch juristische Ermittelungen bestochen werde. Das alte Sprichwort: „Kinder (und Narren) sagen die Wahrheit" und der Umstand, dass zwei unschuldige Töchter in ziemlicher, doch nicht zu allen Zeiten sich vollkommen gleichbleibender Uebereinstimmung als Zeugen gegen ihren Vater auftreten, darf also eben so wenig unsern Ausspruch leiten, als dass Denata vor ihrem Tode einmal von einem Selbstmorde geredet hat, „wenn sie die Kinder nicht hätte", und zuletzt selber als Vertheidigerin ihres Ehemannes nach dem ausführlich motivirten Urtheile zweier Sachverständigen, dem aber zwei andere Sachverständige widersprechen, ein Document hinterlassen hat, worin sie dem jetzigen Inquisiten ein (vielleicht von demselben erzwungenes?) testimonium morum ausstellt und mit der Excusatio non petita der Betheuerung endigt, dieses Zeugniss selbst geschrieben zu haben. Wir haben bloss mit der Leiche und einer an derselben gefundenen Schnur zu thun.

ad I.

Fragen wir daher zunächst nach der unmittelbaren Ursache des suffocatorisch-apoplektischen Todes, nach dem Werkzeuge, so musste als nächste Möglichkeit die um den Hals der Denata wirklich vorgefundene Schnur in die Augen springen. Es ist keine Frage, dass dieselbe nach dem Tode angelegt sein kann, es fragt sich aber, ob dieselbe nach dem Tode angelegt ist. Schon hier spaltet sich unser Zweifel.

Die Schnur hat eine Rinne hinterlassen. Diese Strangrinne zeigte bei Einschnitten „keine Blutunterlaufungen", war „nicht einmal braun, lederartig, sondern nur mehr oder weniger roth, zum Theil bleich und durchweg weich zu schneiden." Obducenten und Medicinal-Collegium sind mit Recht darin einverstanden, dass eine solche Beschaffenheit der Strangulations-Marke nicht unbedingt für Einschnürung nach dem Tode, also nicht unbedingt dagegen spreche, dass die Schnur das tödtende Werkzeug gewesen sein könne, aber da, wo die letztgenannte Möglichkeit zur Wahrscheinlichkeit und Wirklichkeit sich steigert, geht die Annahme der Sachverständigen dahin auseinander, dass der Stadtphysikus mit grosser Sicherheit annimmt, die wirkliche Erdrosselung sei vorher, etwa durch den Druck einer kräftigen Männerhand oder zweier Männerhände, erfolgt und die Schnur erst nachträglich der bereits Ermordeten umgelegt, währ en der Chirurgus forensis und das Medicinal-Collegium diese Annahme des Geheimen Medicinalraths Casper zu unterschreiben Bedenken tragen.

Wir müssen dem vorsichtigeren Ausspruche des Chirurgus forensis und des Medicinal-Collegiums beitreten. Für den kräftigen Fingerdruck finden wir keine objective Thatsachen. Wir geben zu, dass dieses ein negatives Zeugniss ist, aus dem nicht folgt, dass kein kräftiger Fingerdruck da gewesen. Die vorgefundene Schnur ist eine Thatsache und die dadurch veranlasste Rinne die zweite. Wir geben zu, dass dieses positive Zeugniss jene Annahme der Tödtung durch Fingerdruck nicht ausschliesst; aber wir suchen keine unsichtbare Ursache, eine Hypothese, wenn eine genügende sichtliche da ist; wenigstens dürfen wir in der Scala der Wahrscheinlichkeit jene nicht höher stellen als diese.

Wäre die Strangrinne von der Art, dass sich aus derselben der Beweis des früher erfolgten Todes führen liesse, z. B. wäre der alte Glaube der Gerichtsärzte, dass die Abwesenheit aller Sugillationen für die Einschnürung nach dem Tode spreche, nicht längst zu Grabe getragen, so würden wir uns nach entfernteren Ursachen umsehen müssen. Hier aber können wir zwar nicht behaupten, dass die Einschnürung vor dem Tode erfolgt ist, aber eben so wenig können wir behaupten, dass sie nach dem Tode erfolgt ist. Wir können dem Casper die Möglichkeit der Erdrosselung durch Fingerdruck nicht widerlegen, aber der Casper hat uns die Möglichkeit einer Erdrosselung durch die vorgefundene Schnur nicht widerlegen können. Die Nothwendigkeit, eine Sache fern zu suchen, die nahe vor uns liegt, ist daher nicht nachgewiesen. Wir haben zwischen zweien Ansichten zu wählen, von denen die eine eine rein subjective Annahme ist, die andere einen bestimmten, objectiven Befund für sich hat. Aus diesen Gründen glauben wir, wenn es sich um Wahrscheinlichkeitsgrade handelt, mehr an die Schnur, als an den (durch nichts nachgewiesenen) Fingerdruck.

ad II.

Gleichwohl bleiben immer, wenn es sich um Möglichkeiten handelt, zwei Hypothesen bestehen, die Niemand widerlegen kann.

Die erste Möglichkeit ist, dass die Schnur nach dem Tode umgelegt ist. In diesem Falle versteht sich von selbst, dass Denata sich durch dieselbe nicht selbst gemordet hat. — Die zweite Möglichkeit ist, dass die Schnur während des Lebens der Denata umgelegt ist, und diese Möglichkeit involvirt eine andere, dass Denata durch dieselbe getödtet ist. Nach den Erörterungen ad I. halten wir die zweite Möglichkeit wahrscheinlicher als die erste. Während die erste Möglichkeit die Hypothese eines Selbstmordes (wenigstens durch die Schnur) ausschloss, spaltet sich die zweite Möglichkeit in die Annahme eines Selbstmordes und eines Mordes durch einen Dritten. Es fragt sich, welche Annahme hat die grösste Wahrscheinlichkeit für sich?

Hier haben wir nur Einen Entscheidungsgrund: es ist die Schnur selber. (Denn dem verworrenen Kopfhaar dürften wir wohl keinen zu grossen Werth beilegen, noch weniger in der Strangulationsmarke des Töchterchen Dore und dem Umstande, dass dieses Kind am Leben geblieben, ein unbedingtes Indicium finden, dass es später gedrosselt sei als die Mutter, indem nicht bloss die Dauer, sondern auch der Grad der Einschnürung über die Möglichkeit einer Lebensrettung entscheidet.)

Sehr richtig hat in wesentlicher Uebereinstimmung mit dem Geheimen Medicinalrath Dr. Casper auch der Königliche Staatsanwalt in seiner Requisition vom 12. August d. J. den wesentlichen Unterschied eines Selbstmordes durch Erhängung von sonstiger Erdrosselung darin gefunden, dass bei jenem die passive Schwere des Körpers das bewirkt, was bei diesem von activer Muskelthätigkeit vorausgesetzt wird. Hierin liegt der Grund für die Seltenheit des letztern, für die Häufigkeit des erstern. Der Erhängungstod setzt nur einen gefassten Entschluss, einen ersten Willen, allenfalls einen einmaligen und augenblicklichen, als nothwendig voraus; eine während der Tödtung eintretende Reue würde den Process nicht rückgängig machen, sobald der Selbstmörder hängt. Der Erdrosselungstod setzt einen bleibenden Willen voraus, bis das Resultat erreicht ist. Könnte ein solcher psychologisch leicht angenommen werden, so bleibt immer noch eine zweite Voraussetzung übrig, nämlich diese, dass die körperliche Muskelkraft des Selbstmörders (der Selbstmörderin) dem consequenten Geiste gehorche. Hier stossen wir auf eine Unwahrscheinlichkeit, die sich zur völligen Unmöglichkeit steigern würde, wenn dasjenige wahr wäre, was der sachverständige Seilermeister Johann Friedr. Rummel behauptet, dass nämlich der am Halse vorgefundene Knoten nur in zwei Absätzen gemacht werden könne, „wobei die erste Knüpfung die Strangulation bewirke, folg-„lich die Besinnung dergestalt aufhebe, dass die zweite Knüpfung „von der wenigstens sterbenden, wenn nicht bereits gestorbenen Per-„son nicht mehr gemacht werden könne.“

Unmittelbar eingezogene Erkundigungen sowohl des Medicinal-Collegiums, als der unterzeichneten wissenschaftlichen Deputation haben indess herausgestellt, dass der s. g. „Kreuzknoten" keineswegs ein, wie der genannte Sachverständige annimmt, dem weiblichen Geschlecht unbekannter und nur bei gewissen Handwerkern üblicher Knoten, vielmehr bei verschiedenen weiblichen Arbeiten sehr gebräuchlich ist, ferner, dass er nicht eigentlich zwei verschiedene Knüpfungen darstellt, sondern in einem Acte, auch an einem Faden und mit einer Hand zugezogen werden kann, und dass bei einer solchen einseitigen Zuziehung der ursprünglich an der Vorderseite des Halses angelegte, allerdings schlingenartige Knoten bis zum Seitentheil des Halses, ja sogar auch wohl bis zum Nacken herumgeleitet werde. Aus letzterem Grunde können wir auch dem Umstande, dass der Knoten an der Seite des Halses gefunden ist, nicht die Bedeutung unterlegen, die ihm vom Medicinal-Collegium gegeben wird, und darin ein Verhältniss erblicken, welches mehr für „eine Anlegung durch eine fremde Hand" spreche, indem an dieser „Stelle das Zuziehen eine gewisse Besonnenheit und Kraftanstrengung erheische." Vielmehr wird hierdurch auch Das entkräftet, was man aus der Lage der Leiche gegen den Selbstmord und für den Mord durch einen Dritten gefolgert hat.

Nach Erwägung aller dieser Verhältnisse halten wir vom rein medicinischen Standpunkte die Annahme, dass die Ehefrau Claasen durch Selbstmord zu Tode gekommen, allerdings für statthaft und glauben (in wesentlicher Uebereinstimmung mit dem Gutachten des Medicinal-Collegiums) die am Schlusse des Resoluts des Königlichen Criminal-Gerichts vom 5. Juni d. J. gestellte Frage dahin beantworten zu müssen:

> dass im vorliegenden Falle die Annahme eines Selbstmordes nicht mit Bestimmtheit, auch nicht einmal mit höchster Wahrscheinlichkeit zu verwerfen ist.

Berlin, den — October 1848.

Königl. wissenschaftliche Deputation für das Medicinalwesen.

(gez.) **Schmidt.**

Der Königliche Staatsanwalt Herr Neumann hat unter dem 12. August d. J. die wissenschaftliche Deputation für das Medicinalwesen aufgefordert, sich endgültig über die Wahrscheinlichkeit oder Unwahrscheinlichkeit eines Selbstmordes der verehelichten Claasen auszusprechen und die am Schlusse des Resolutes vom 5. Juni gestellte Frage beantworten zu wollen, zu welchem Ende sowohl die in dieser Sache verhandelten Acten, als das in der mündlichen Verhandlung vom 5. Juni d. J. aufgenommene Protokoll, sowie das in dieser Sitzung abgefasste Resolut und endlich das von dem Medicinal-Collegium der Provinz Brandenburg gefertigte Gutachten vom 28. Juli d. J. eingesandt sind.

Es kommt hierbei vorzüglich auf Beantwortung der Frage an:

„ob im vorliegenden Falle die Annahme eines Selbstmordes mit
„Bestimmtheit zu verwerfen ist, oder
„nur mit höchster Wahrscheinlichkeit, oder endlich
„nicht einmal mit höchster Wahrscheinlichkeit?

Demnächst wünscht der Herr Staatsanwalt 1. Aufschluss zu erhalten über die Art und Weise, wie der von Obducenten und dem Medicinal-Collegium aus dem Sectionsbefunde deducirte Stick- und Schlagfluss herbeigeführt sei, und das Verhältniss beider zu einander.

2. Sollen die Gründe exponirt werden, warum sich die Strangulationsrinne vorn anders verhielt, als am übrigen Theile des Halses und besonders hinten im Genick, und nach diesem besonderen Verhalten die Kraft der Einschnürung mit ihren Folgen beurtheilt werden.

3. Wird eine Erklärung der Art des Zustandekommens des Todes der Claasen gewünscht, da es unwahrscheinlich erscheint, dass die Claasen die Strangulation durch Zusammenschnürung des Knotens gemacht habe. Sie hätte zu der Zusammenschnürung die Kraft ihrer Hände brauchen müssen; diese aber versiegt mit dem Momente der

beginnenden Erstickung. Anders verhält es sich, wenn sich Jemand beim Erhängen durch einen Strick herablässt; da wirkt die Schwere des Körpers zusammenschnürend.

Geschichtserzählung.

In der Nacht vom 23. zum 24. December v. J. wurde der Kürschnermeister Blendel, welcher im Erker über der Wohnung des Tischlermeisters Claasen wohnte, zuerst durch die 7jährige Tochter des letzteren aufgefordert, mit Licht herunter zu kommen; als er aber nicht sogleich kam, erschien der p. Claasen selbst und wiederholte die Aufforderung mit dem Bemerken, dass seine, des Claasen, Frau in der Werkstatt, wie er beim Mondschein erblickt, auf der Erde zwischen Leben und Sterben liege.

Mit dem Lichte herabgekommen, sah Blendel in der Werkstatt des Claasen die Frau desselben auf dem Fussboden neben der Hobelbank liegen, mit den Füssen nach der Thür zu, welche in die Wohnstube führt, und mit dem Kopfe nach der Thür, welche in die Kammer führt. Die Frau lag schräg auf der Seite und dem Rücken und hatte den Kopf etwas herumgedreht auf dem rechten Arme liegen. Sie war vollständig angezogen und hatte ein schwarzes Kleid an. Die Kleidungsstücke fanden sich glatt und in Ordnung; ihr Haar aber hing unordentlich und zerzaust herunter. Der Polizeisergeant Geuder bemerkt, dass sich auch Hobelspähne im Haar befanden, wie dergleichen in der Werkstatt am Boden herumlagen.

Verletzungen waren sonst an ihr nicht zu bemerken; sie hatte aber einen Bindfaden um den Hals, der mehrmals fest umgeschlungen und auf der linken Seite fest zugeknotet war. Claasen sah seine Frau an und machte keine Anstalten, die Schnur zu lösen. Hierzu durch den p. Blendel aufgefordert, meinte er, dass die Schnur so fest sei, dass er sie nicht losbekomme. Erst auf Dringen des Blendel nahm er einen Schnitzer und schnitt die Schnur auf.

Er, Claasen, erzählte dem Blendel, dass seine Frau auch seine kleine Tochter Dore habe erdrosseln wollen, dass aber die ältere Schwester Johanne die Schnur wieder abgemacht habe. Auch zeigte er diese Schnur, eine Art röthliches Band, vor. Dass an der Dore ein Strangulations-Versuch gemacht war, ergab sich aus der am Halse derselben vorhandenen Strangulationsrinne, welche selbst am 30. December der Geheime Medicinalrath Casper noch vorfand, als er die Dore Claasen auf Requisition ärztlich untersuchte.

Die Claasen war schon ganz kalt und musste bereits längere Zeit todt gewesen sein, an ihrem Halse war ein röthlicher Streifen ganz rund herum zu sehen.

Im Gürtel der Denata fanden sich zwei abgerissene, anscheinend von ihr beschriebene Zettel mit der Unterschrift „Luise Claasen geb. Böttcher", auf denen sie den Entschluss und die Ursache kundgiebt, sich zu tödten, und wiederholt die Unschuld ihres Mannes betheuert.

Da Blendel die Zettel nicht ohne Brille lesen konnte, so ging er nach seiner Wohnung zurück, um diese zu holen. Bei seiner Rückkehr fand er Claasen bei der Leiche seiner Frau damit beschäftigt, Kaffee zu trinken und Brod zu essen. Derselbe schien etwas angetrunken zu sein, weil er mit der Sprache lallte, sein Benehmen war auffällig, denn er schien sehr gleichgültig und kalt und keineswegs über den Tod seiner Frau betroffen und betrübt.

Gleich darauf, nachdem ihm Blendel beide Zettel vorgelesen hatte, ging er wieder fort zu seinem Schwager Noack, mit dem er erst gegen 4 Uhr in seine Wohnung zurückkehrte; als er wieder kam, schien er angetrunken zu sein und roch sehr nach Schnaps. Sein Schwager Noack blieb von hier ab bis nach 6 Uhr bei ihm, wo er mit Claasen zu Liermann ging.

Am Nachmittage des 23. zwischen 3 und 4 Uhr war der Oekonom Hoffmann in Geschäftsangelegenheiten in die Claasensche Wohnung gekommen. Derselbe fand die Claasen lebend im Bette liegen, hielt sich nur einige Minuten auf und ging sodann mit Claasen fort. Der letztere, obschon er Hoffmann zum erstenmal sah, erzählte demselben, dass seine Frau am Nervenfieber und seine Kinder am Scharlachfieber krank lägen, und klagte ihm überhaupt seine Noth. Dennoch überredete er Hoffmann, mit ihm Punsch zu trinken, was dieser Anfangs verweigerte. Dann aber gingen sie zu dem Ende in der Jakobsstrasse in eine Destillation. Nachdem sie dort Punsch getrunken, den Claasen bezahlte, ging er mit Hoffmann nach der Alexandrinenstrasse, wo er sich unter der Angabe, zum Doctor gehen zu wollen, vor dem Hause No. 42 von demselben trennte. Da aber in diesem Hause damals kein Doctor wohnte, so scheint es nur, dass er sich des Hoffmann entledigen wollte. Später ging er zur Hebamme von Deinert und bat deren Mädchen, dass sie zu seiner Frau gehen möge, um das Kind zu reinigen. Dann ging er zum Tischlermeister Liermann, den er bat, noch am selben Nachmittage zu ihm zu kommen, um mit ihm zu arbeiten, der ihn aber trotz wiederholter Besuche nicht zu Hause fand. Hierauf ging er zu seinem Schwager, dem Tischlermeister Noack, von da zur Wittwe Wilsack, einer Tante seiner Frau. Von dort begab er sich in den Gutschmidtschen Victualienkeller, trank dort Bier und Schnaps und rauchte daselbst eine Cigarre. Von hier will er seinen Weg abermals zu Liermann genommen haben und dann in den Victualienkeller von Kluth gerathen sein, wo er bis gegen 10 Uhr Solo gespielt. Von dort aus hat er sich in den Victualienkeller von Thomas begeben, wo er bis nach 12 Uhr geblieben ist. Er schien demnach sehr unstätt, war von einem zum andern gegangen, ohne sich irgendwo lange aufzuhalten, hatte sich von einer Tabagie zur andern begeben und Schnaps getrunken. Ueberall hat er erzählt, dass seine Frau am Nervenfieber schwer krank darnieder liege und wohl noch denselben Abend sterben würde. Dem Schankwirth Thomas hat es geschienen, als wenn sich Claasen auf jede Weise zu zerstreuen suche.

Als Claasen in der Nacht gegen 1 Uhr nach seiner Wohnung angetrunken zurückkehrte, schloss ihm der Nachtwächter Hesse das Haus, in dem er in der Dresdnerstrasse wohnte, auf. Kurz vor 2 Uhr kam Claasen wieder heraus und schrie dem Hesse zu, dass seine Frau sich ums Leben gebracht. Auf die Anzeige des Hesse begab sich der Polizeicommissarius Maass II. mit dem Polizeisergeanten Geuder und dem Dr. Würst in der Nacht vom 23. zum 24. zwischen 2 und 3 Uhr in die Claasensche Wohnung. Sie fanden dieselbe verschlossen, weil Claasen bei Noack war, und mussten, da Niemand öffnete, sich den Eingang durchs Fenster erzwingen. Beim Eintritt fanden sie die Kinder in den Betten der Wohnstube, die Leiche aber in der Werkstätte, in der früher beschriebenen Lage. Dr. Würst machte zwar Wiederbelebungsversuche, gewann aber die Ansicht, dass Denata bereits 3—4 Stunden todt sein musste. Auch er bemerkte ausser der Strangulationsrinne am Halse keine anderweitigen Verletzungen an der Leiche. Am Halse hing ein doppelt genommener Bindfaden, der bereits zerschnitten war, lose herum. Wenn derselbe bei dieser Gelegenheit angiebt, dass das Ende der Schnur, welches zugedreht war, hinten sass, und hiernach eine Abweichung von der Aussage des Kürschnermeisters Blendel, der den Knoten auf der linken Seite des Halses fand, sich ergiebt, so findet diese verschiedene Lage des Knotens darin genügend ihre Erklärung, dass Blendel die Schnur sah, als sie noch fest um den Hals lag, während sie vom Dr. Würst erst gesehen wurde, nachdem sie aufgeschnitten war, wo also leicht eine Ortsveränderung des Knotens stattgefunden haben konnte.

Nach Aussage des Dr. de Cuvry, welcher seit einem Jahre bei den Claasenschen Eheleuten Arzt war, litt die Claasen an einem gastrischen Fieber, an welchem sie der genannte Arzt seit dem 21. December behandelt hatte. Am 22. war er zum letztenmale bei ihr. Sie hatte damals zwar nur ein gelindes Fieber, indess waren alle Anzeichen dafür, dass das Fieber sich verschlimmern würde. Auch erzählte ihm an diesem Tage der Ehemann derselben, dass seine Frau vergangene Nacht irre gesprochen habe. Als Claasen am 23. Morgens zwischen 9 und 10 Uhr wieder zu Dr. de Cuvry kam, berichtete er ihm, dass seine Frau abermals phantasirt habe. Uebrigens schildert der genannte Arzt Denata als von einem kränklichen, schwächlichen Ansehen.

Am 23. December Vormittags gegen 11 Uhr ging die Wittwe Wilsack, die Tante der Denata, auf Veranlassung des Mannes der letzteren zu ihr und hielt sich beinah eine Stunde bei ihr auf. Ihre Nichte lag angekleidet auf dem Bette in der Wohnstube. Sie sah im Gesicht sehr roth aus und klagte, dass sie sich sehr krank fühle und diesmal schwerlich aufkommen werde. Sie hatte ein weissbuntes kattunenes Kleid an und ein schwarzer, wollener Ueberrock, den sie ebenfalls besass, lag auf ihrem Bette. Sie zeigte der Wilsack ihre Zunge, welche hinten ganz belegt und vorn ganz dunkelroth aussah.

Auch die Pflegetochter des p. Blendel, Ida Luther, welche am 23. December Vormittags vor 10 Uhr in der Claasenschen Wohnung war, giebt an, dass Denata mit einem bunten Kleide auf dem Bette in der Wohnstube gelegen, und dass ihr Haar auffallend glatt und geordnet war. Es ist ihr dies um so auffallender gewesen, als die Claasen trotz ihrer Krankheit das Haar so schön gemacht hatte. Sie bemerkt ferner, dass die Claasen zu einem Selbstmorde zu religiös war und ihre Kinder zu sehr liebte. Sie sei eine stille Dulderin gewesen, während ihr Mann ein Zänker und Trunkenbold war.

Letzteres bestätigen auch ihre Hausgenossen, als: der Pantinenmacher Kreschock, desgl. die Frau des Arbeitsmanns Weissenborn, welche erzählt, dass die Claasen oft ihre unglückliche Lage beklagte und glaubte, dass sie ihre letzte Entbindung nicht überleben würde. Sie soll zuweilen geäussert haben, dass es für sie am besten sei, wenn der liebe Gott sie zu sich nehme.

Auch die Frau des Arbeitsmanns Gutkelch bestätigt, dass der Tischler Claasen dem Trunke ergeben war. Besonders ungünstig spricht sich die Hebamme von Deinert, welche der Denata bei ihren Entbindungen unentgeltlichen Beistand geleistet, über das eheliche Verhältniss der Claasenschen Eheleute aus. Sie schildert Denata als eine stille Dulderin, die ihre Kinder aufs höchste liebte, alles von ihrem Manne ertrug, und die gewiss ihrer Kinder wegen nicht fähig gewesen wäre, sich das Leben zu nehmen. Vom Manne sagt sie dagegen, dass er ein liederliches Leben führte, ein Trunkenbold war und seine Frau auf eine höchst rohe und empörende Weise behandelte. Namentlich soll er sich bei den Entbindungsacten gegen seine Frau auf eine rohe und brutale Weise gezeigt haben. Auch soll ihr die Claasen öfters unter Thränen geklagt haben, dass sie von ihrem Manne sehr schlecht behandelt und sogar geschlagen werde.

Der Tischlermeister Liermann, welcher vom 9. November bis 22. December in der Werkstatt bei Claasen gearbeitet hat, bestätigt die Noth in der Familie, ferner dass Claasen dem Trunke ergeben gewesen, will aber niemals bemerkt haben, dass die Eheleute im Unfrieden gelebt hätten. Als er am 24. früh um $7^1/_2$ Uhr zu Claasen auf dessen Aufforderung kam, fand er die Kinder ganz verhungert, weshalb er ihnen etwas zu essen holte. Die älteste Tochter des Claasen, die beinah 7 Jahr alte Johanne, erzählte ihm, dass ihre Mutter, nachdem der Vater weggegangen, die Thür zugemacht, dann das schwarze Kleid angezogen, etwas geschrieben und das beschriebene Papier in ihr Kleid gesteckt habe. Darauf hätte sie eine Strippe gesucht und hätte ihr, der Johanne, diese um den Hals binden wollen; als sie aber geschrieen, habe ihre Mutter die Dore genommen und hätte erst dieser und dann sich selbst die Strippe um den Hals gemacht. Die Dore hätte geschrieen, und deshalb hätte sie, die Johanne, ihr die Strippe wieder los gemacht. Er erzählt ferner, dass, so oft er bei Claasen gewesen, er doch nicht bemerkt habe, dass Claasen seine Ehefrau schlecht behandelt habe. Nur habe er bisweilen geäussert, dass sie faul sei.

Auch bei der Deinert war Claasen bereits am Vormittag des 24. December zwischen 6 und 7 Uhr gewesen, hatte ihr den Tod seiner Ehefrau angezeigt und sie gebeten, zu seinen Kindern zu kommen. Auch ging die Deinert gegen 10 Uhr in die Claasensche Wohnung mit ihrem Dienstmädchen Hermine Lorenz, wo sie den Claasen mit seinen Kindern fanden, der sehr traurig zu sein schien. Denata hatte 4 Kinder hinterlassen: Johanne, beinah 7 Jahre alt, Marie 4 Jahre, Dorothea beinah 2 Jahre und Johann Friedrich, den 21. October 1847 geboren. Nachmittags gegen 2 Uhr holte die

Deinert aus Mitleiden, wie sie selbst sagte, die beiden ältesten Kinder des Claasen aus dessen Wohnung ab und nahm sie mit sich in ihre eigene Wohnung. Als sie bei der Deinert angekommen waren, so fragte die im Dienste der Deinert befindliche Lorenz die Johanne Claasen, in der Voraussetzung, wie sie sagt, dass sie die Claasen zu einem Selbstmorde nicht fähig gehalten hätte, „wie es denn der Vater gemacht hätte, als er die Mutter ermordete?“ Hierauf erzählte die Johanne: „Mein Vater schrieb zuerst, zog dann die Mutter bei den Haaren aus dem Bette durch die Werkstatt nach der Kammer, holte dann aus einem kleinen Kasten in der Hobelbank einen Bindfaden, wickelte diesen der Mutter um den Hals und zog ihn immer fester zusammen,“ wobei sie mit ihren Händen zeigte, wie der Vater es gemacht hatte, als er den Bindfaden zusammengezogen. Darauf hätte der Vater ihrer jüngeren Schwester einen Bindfaden um den Hals gebunden und hätte ihr gesagt, sie solle sagen, die Mutter hätte die Zettel geschrieben und darauf die Doris und sich selbst ermordet. Wenn sie dies nicht aussagen würde, werde er sie auch ermorden. Mit dieser Drohung sei der Vater fortgegangen. Der jüngeren Schwester hätte sie, weil diese so geschrieen, den Bindfaden wieder abgebunden; vor der Mutter aber hätte sie sich gefürchtet, da diese die Zunge aus dem Halse gestreckt hätte.

Dem Polizeicommissarius Maass II. erklärte die Johanne an demselben Tage, „dass ihre erste Aussage, als habe die Mutter sich selbst erwürgt, ihr vom Vater eingegeben, mit der Drohung, sie auch zu tödten, wenn sie anders spräche. Der Vater habe die Mutter mit dem Bindfaden selbst erwürgt und auch nachher geschrieben.“

Auf Grund dieser Aussage und der sonstigen Indicien, welche sich gegen Claasen herausgestellt, wurde er noch an demselben Tage dem 24. zum Criminalarrest gebracht und seine Wohnung versiegelt.

Einige Tage später machte Johanne Claasen im Beisein des Herrn Staatsanwalts von Kirchmann folgende Aussage, „am Nachmittage des Tages vor dem heiligen Abend, den 23. December, habe ihre Mutter in dem Bette der Wohnstube gelegen. Es wäre noch heller Tag gewesen, als ihr Vater sein Wirthschaftsbuch vom Spinde genommen, daraus Papier gerissen und auf dies Papier an der Kommode etwas geschrieben habe. Dann sei er plötzlich, ohne ein Wort zu sagen und ohne dass ein Zank stattgefunden, aufgestanden und an das Bett, worin die Mutter gelegen, getreten. Er habe die Mutter am Halse gepackt und, obgleich sie geschrieen, aus dem Bette von der Stube in die Werkstatt und von dieser wieder in die Kammer gezogen, dann aber die Kammerthür zugemacht. Sie selbst wäre mit den übrigen kleinen Geschwistern in der Wohnstube geblieben, deren Thüre nach der Werkstatt offen geblieben sei, so dass sie in die Werkstatt habe hineinsehen können. Nach einer Weile sei der Vater ohne die Mutter aus der Kammer in die Werkstatt getreten und habe aus einem Kasten der einen dort stehenden Hobelbank eine Strippe geholt, womit er wieder in die Kammer gegangen sei und die Kammerthür wieder zugemacht habe. Bald nachher wäre er allein wieder herausgekommen, hätte die Kammerthür wieder hinter sich zugemacht, die Kinder gebeten, ganz ruhig in der Stube zu bleiben, bis er wieder käme, ihr auch insbesondere angedroht, dass, wenn sie etwas sage, er sie todt machen werde, und sei dann fortgegangen, nachdem er die Hausthür zugeschlossen. Auf den Abend sei der Vater wiedergekommen, doch wisse sie nicht, um welche Stunde. Sie wäre inzwischen nicht in die Kammer gegangen. Der Vater wäre dann an dem Abend noch mehrmals fortgegangen und immer wieder gekommen. Als er zuletzt wieder gekommen, sei er in die Kammer gegangen und habe die Mutter, die ganz stille gelegen, aus der Kammer heraus und in die Werkstatt geschleppt, wo er sie neben der einen Hobelbank an die Erde gelegt hätte. Dann hätte er die Dore Claasen (die jüngere Schwester) ergriffen und hätte ihr eine röthliche Schnur um den Hals gebunden, sie neben der Mutter in der Werkstatt auf den Fussboden gelegt und sei demnächst wieder fortgegangen. Die Dore hätte sehr geschrieen, und sie wäre daher hingegangen, hätte sie aufgenommen und ihr die Schnur vom Halse abgebunden. Ihre Mutter habe, wie sie jetzt gesehen, auch eine Strippe um den Hals gehabt, die sie ihr habe abbinden wollen, was sie aber nicht gekonnt hätte. Die Mutter hätte ganz still gelegen, bis bald nachher der Vater mit dem Nachbar gekommen und die Strippe abgeschnitten habe." — Als am 27. December die Gerichtspersonen in Begleitung des Herrn Staatsanwalts von Kirchmann die Claasensche Wohnung, welche sie versiegelt fanden, besichtigten, konnten sie nirgends in der Wohnung etwas Verdächtiges wahrnehmen, namentlich waren weder in der Wohnstube, noch in der Werkstatt und Kammer Spuren eines stattgefundenen Ringens zu finden.

Die sämmtlichen Bewohner des Hauses, in welchem sich die Claasensche Wohnung befindet, als: Blendel, der Arbeitsmann Weissenborn und seine Frau, der Pantinenmacher Krèschock, der Arbeitsmann Gutknecht und seine Frau und die Wittwe Weissenborn geben an, dass sowohl die Decke oberhalb dieser Wohnung, als die unterhalb derselben so dünn sei, dass man fast Alles hören könne, was in der Claasenschen Wohnung gesprochen werde. Insbesondere sagt Blendel aus, dass er am 23. December, um fleissig zu arbeiten, den ganzen Tag vom Morgen bis zum späten Abend zu Hause geblieben sei. Die Wittwe Weissenborn brachte den Abend von 6—11 Uhr zu Hause zu, Kreschock den ganzen Nachmittag, besonders aber ist die Aussage der Frau des Arbeitsmannes Weissenborn wichtig, weil diese gerade unter der Werkstatt Claasens wohnt. Sie war den ganzen Nachmittag bis gegen 9 Uhr Abends zu Hause, holte dann ihren Mann von der Arbeit ab und kehrte um 11 Uhr zurück. Sie deponirten sämmtlich, dass sie am Nachmittage und Abend des 23. in der Claasenschen Wohnung nichts vernommen hätten, was irgend auffällig gewesen wäre, weder ein Hülfegeschrei, noch ein Gepolter oder Geräusch.

Dagegen berichtet die verehelichte Weissenborn, dass, nachdem sie um $11^{1}/_{4}$ Uhr Abends zu Bette gegangen und eine Weile geschlafen, wie lange, wisse sie nicht, sie durch ein starkes Geräusch aufgeweckt wurde, was oben in der Claasenschen Werkstatt stattfand und in einem Gepolter bestand, als wenn mit Stühlen gewirthschaftet werde.

Die am 28. December 1847 durch den gerichtlichen Physikus Geheimen Medicinalrath Dr. Casper und den gerichtlichen Wundarzt Wernicke ausgeführte gerichtliche Untersuchung der Denata ergab Folgendes:

1) Der weibliche, mässig genährte, 5 Fuss 2 Zoll lange, etwa 30 Jahre alte Körper hat reichlich rothe Haare, in denen Hobelspäne sichtbar sind, grüne Augen, in welchen die Bindehautgefässe stark mit Blut gefüllt sind, fest auf einander stehende Zähne, die es nicht zu entfernen gelingt, und hinter denen die Zunge liegt.

6) Die Finger sind eingebogen; die Nägel mehr an den Fingern als an den Zehen bläulich. Haare, Zerkratzungen oder sonstige Abnormitäten in den Händen nicht zu bemerken.

8) Das ganze Gesicht hat eine blauröthliche Färbung, die namentlich auf der ganzen Stirn, dem Nasenrücken, etwas weniger am Kinn deutlich hervortritt. Auch beide Ohren sind blauroth gefärbt. Aehnliche, Silbergroschen grosse Flecke finden sich auf dem rechten und linken Jochbein. Einschnitte in die beschriebenen Flecke ergeben keine Sugillation. Bemerkt wird, dass das Gewebe der Haut an allen diesen Stellen unverändert ist.

9) Beide Lippen sind sehr dunkelroth, und finden sich einzelne kleine Hautabschilferungen an denselben. In dem behaarten Theile sind Brüche oder sonstige Verletzungen nicht zu bemerken.

10) Rings um den ganzen Hals läuft eine parallel laufende doppelte, auf der linken Seite dreifache, resp. eine Linie tiefe Rinne, die überall bis zu den Dornfortsätzen der Halswirbel sichtbar ist. Am vorderen Halstheile läuft dieselbe gerade über den Kehlkopf weg. In dieser Gegend zeigt die untere Rinne, in einer Ausdehnung von 2 Zollen, eine braunrothe Färbung und ist hart zu schneiden. Eine Sugillation im Zellgewebe findet sich jedoch bei Einschnitten nicht.

Die Breite der beschriebenen Stellen beträgt nur $1^1/_2$ Linien. An anderen Stellen, namentlich nach hinten zu, sind die genannten Rinnen ganz bleich und nicht hart zu schneiden. Gegen den Nacken, nach links, finden sich in demselben noch einige resp. $^1/_2$ bis ganzen Zoll lange, hochrothe, weich zu schneidende 3 — 4 Linien breite Streifen. Nach noch so wiederholten Einschnitten indessen ergab sich nirgends eine Sugillation. Dicht unter dem Unterkieferwinkel rechts zeigt sich in der geschilderten Rinne ein rundlicher, etwa erbsengrosser, durch höhere Röthe hervorstechender Fleck mit ganz unverletztem Hautgewebe, der weich zu schneiden ist und beim Einschnitt kein in der Tiefe ergossenes Blut zeigt.

11) Sonst ist am Halse nichts Ungewöhnliches zu bemerken.

12) Auf dem linken Schulterblatt, in der Gegend der Fossa supraspinata, zeigt sich ein $1^1/_2$ Zoll langer, eine halbe Linie breiter, hochrother Streifen mit unverletzter Haut, der beim Einschneiden keine Sugillation ergiebt.

13) Sonst ist am ganzen Leichnam nichts Ungewöhnliches zu bemerken.

Bei Eröffnung der Brusthöhle zeigt sich:

14) Die Eingeweide befinden sich in ihrer natürlichen Lage. Die rechte Lunge ist mit alten, sehnigen Verwachsungen mit dem Rippenfell verklebt, die linke dagegen ist frei. Die Farbe der Lungen ist dunkler als gewöhnlich. Beide Lungen knistern, sind weich zu schneiden und mit einem dunkeln, flüssig schäumenden Blut überall stark angefüllt.

15) Im geöffneten Herzbeutel finden sich zwei Esslöffel voll blutigen Wassers. Das Herz ist von gewöhnlicher Grösse und Textur. Seine Kranzgefässe sind stark angefüllt, und ebenso ungewöhnlich gefüllt dessen rechte Hälfte. In der linken befindet sich nur im Ventrikel ein halber Esslöffel voll des geschilderten, dunkel flüssigen Blutes.

16) Die grossen Blutaderstämme der Brust sind gleichfalls strotzend mit demselben Blut gefüllt.

18) Kehlkopf und Luftröhre sind vollkommen unverletzt und leer, dagegen die Gefässe ihrer Schleimhaut deutlich und ungewöhnlich injicirt. Sonst ist in der Brusthöhle nichts zu bemerken.

Die Eröffnung der Kopfhöhle zeigte:

20) Nach Zurückschlagung der äusseren unverletzten Bedeckungen und Durchsägung der Schädelknochen zeigen sich diese letzteren etwas stärker als gewöhnlich, und aus ihren ernährenden Gefässen dringen zahlreiche dunkle Blutpünktchen hervor.

21) Die Hirnhäute sind unverletzt, jedoch die beiden Blut führenden Häute sehr injicirt.

22) Von ungewöhnlichster Blutanfüllung sind sämmtliche Gefässe der Gehirnoberfläche.

23) Das Gehirn ist weich zu schneiden, doch auch seine Substanz sehr blutreich.

27) Basilarvene, sowie sämmtliche Sinus sind mit dem oft beschriebenen Blute strotzend gefüllt. Die Bauchhöhle zeigte im Wesentlichen nichts Abnormes, nur dass

33) und 34) beide Nieren, sowie Netz und Gekröse ungewöhnlich blutreich waren, und

37) die grossen Blutaderstämme dieser Höhle mit dem oft beschriebenen Blute strotzend angefüllt waren.

Obducenten geben ihr Gutachten dahin ab:

1) dass Denata durch Stick- und Schlagfluss ihren Tod gefunden habe,

2) dass mit höchster Wahrscheinlichkeit anzunehmen, dass dieser Tod durch Strangulation erfolgt sei.

In ihrem unter dem 2. Januar 1848 eingelieferten Obductionsberichte und Gutachten bemühen sich die Obducenten, nachzuweisen, dass der objective Thatbestand der Aussagen der Johanne Claasen in ihren hierher gehörigen wesentlichen Theilen vollkommen bestätigt ist. Sie nehmen an, dass Claasen, nachdem er an das Bett seiner Ehefrau getreten, sie plötzlich durch einen kraftvollen Druck, den er als ein starker, kräftiger Mann mit einer oder mit zwei Händen auf den Hals der schwachen kranken Frau ausgeübt habe, gleichsam wie durch einen pressenden Ring getödtet habe, und dass kurze Zeit nach dem Tode, d. h. noch in den ersten Stunden, die Hanfschnur, muthmasslich um den Selbstmord wahrscheinlicher zu machen, um den Hals angelegt sei. Den vorangegangenen Erörterungen zufolge geben Obducenten demnächst zur Beantwortung der ihnen vorgelegten Fragen ihre Erklärung dahin ab:

1) Dass die mitübersandte Schnur ein geeignetes Werkzeug gewesen, um den Tod der Claasen durch Stick- und Schlagfluss herbeizuführen.

2) Dass diese Schnur erst nach erfolgtem Ableben derselben umgelegt worden.

3) Dass aus der Beschaffenheit derselben, besonders mit Rücksicht auf den noch darin befindlichen Knoten und auf die Lage, in welcher Denata gefunden worden, sich ersehen lasse, dass keine Selbstermordung stattgefunden habe.

In der öffentlichen Sitzung des Criminalgerichts vom 5. Juni 1848 hatte der Stadtphysikus Dr. Casper sich dahin geäussert, dass, wenn ihm die Frage gestellt werde, ob er die Thätigkeit einer fremden Gewalt beim Tode der verehelichten Claasen für ganz positiv oder nur mit Wahrscheinlichkeit annehme, er sich dahin erklären müsse, dass er die Unmöglichkeit eines Selbstmordes zwar nicht mit positiver Gewissheit, aber doch jedenfalls mit höchster Wahrscheinlichkeit annehme.

Und der Chirurgus forensis Wernicke: „er getraue sich nicht anzunehmen, dass der Stick- und Schlagfluss, an welchem Denata verstorben, nicht durch die qu. Schnur erfolgt, sei vielmehr der Meinung, dass dazu die Verengung der Schnur nicht ausgereicht hätte, und findet auch in der Beschaffenheit der Strangulationsmarke keinen Widerspruch gegen eine solche Annahme, noch weniger vermöge er darüber nur eine Vermuthung aufzustellen, ob eine fremde Gewalt bei der Erdrosselung thätig gewesen, indem er annehme, dass dies sein Urtheilsvermögen übersteige."

Zur Aufklärung dieser Widersprüche und Beantwortung der am Schlusse des Resoluts gestellten Frage: „ob im vorliegenden Falle die Annahme eines Selbstmordes mit Bestimmtheit zu verwerfen sei, oder nur mit höchster Wahrscheinlichkeit oder nicht einmal mit höchster Wahrscheinlichkeit", wurden hierauf die Untersuchungsacten unter dem 22. Juni an das Königl. Medicinal-Collegium der Provinz Brandenburg gesandt, welches unter dem 28. Juli d. J. sein Gutachten einreichte und sich dahin erklärte: „dass, wenn es gleich die Unmöglichkeit eines Selbstmordes der Claasen vom rein medicinischen Standpunkte aus nicht für erwiesen halten könne und selbst Anstand nehmen müsse, diese Unmöglichkeit in Uebereinstimmung mit dem p. Dr. Casper mit höchster Wahrscheinlichkeit auszusprechen, da die höchste Wahrscheinlichkeit sich schon zu sehr der Gewissheit nähert, und es seinem Dafürhalten nach an vollkommen ausreichenden Gründen zur Unterstützung derselben fehlt, dasselbe dennoch allerdings auch vom medicinischen Standpunkte es für unwahrscheinlich erachte, dass die Claasen sich selbst entleibt habe!

Demnach beantwortet das Königl. Medicinal-Collegium die am Schlusse des Resoluts des Königl. Criminalgerichts vom 5. Juni gestellte Frage dahin: „dass im vorliegenden Falle die Annahme eines Selbstmordes zwar nicht mit Bestimmtheit, auch nicht einmal mit höchster Wahrscheinlichkeit, aber doch mit Wahrscheinlichkeit zu verwerfen sei.“

Gutachten.

Die Erscheinungen, welche die Autopsie der Denata dargeboten, sprechen insgesammt auf eine so entschiedene Weise dafür, dass der Tod durch Stick- und Schlagfluss erfolgt ist, dass um so weniger ein Zweifel darüber obwalten kann, als die früheren Gutachten hierin übereinstimmend lauten, und auch Zeichen irgend einer andern Todesursache gänzlich fehlen.

Der Stickfluss besteht in dem plötzlichen Erlöschen der Function des Respirationsorgans, entweder weil ihm eine zum Leben schädliche oder unbrauchbare Luft zugeht, oder weil es ausser Berührung mit der Luft gesetzt, oder endlich weil es durch unterdrückte Thätigkeit seiner Nerven, der Nervi Vagi, gelähmt ist.

Der Schlagfluss besteht in der plötzlich aufgehobenen Function des Gehirns, entweder weil die Gefässe desselben und seiner Häute mit Blut überfüllt sind, oder weil Bluterguss stattgefunden.

Beide können gleichzeitig mit einander eintreten, ohne sich gegenseitig zu bedingen, oder aus einander zu entwickeln.

Den Stickfluss veranlasst entweder irrespirable Luft, oder Verschliessung der Luftwege, oder Druck auf die Nervi Vagi und dadurch erzeugte Lähmung. Er hinterlässt in der Leiche vorzüglich Blutanhäufung in den Organen der Brusthöhle und dunklere Beschaffenheit des Blutes überhaupt, in Folge der aufgehobenen Decarbonisation des Blutes in den Lungen.

Der Schlagfluss entsteht entweder aus zu heftigem Blutandrang nach dem Kopfe, oder aus gehindertem Rückflusse des Blutes aus dem Hirn und seinen Häuten; er hinterlässt daher in der Leiche eine übermässige Blutfülle in den Gefässen des Kopfes und der in ihm befindlichen Organe.

Beide Todesarten müssen nothwendig zu gleicher Zeit eingetreten sein, wenn sich ihre Zeichen gleich ausgebildet vorfinden, wie dies die Obduction bei Denata auf sehr ausgeprägte Weise ergiebt.

Der frühere Eintritt der einen Todesart allein schliesst die Zeichen der andern entweder ganz aus, oder lässt sie nur in einem geringen Grade sich entwickeln. Der Umstand, dass die Zeichen beider Todesarten sich in einem gleich ausgeprägten Grade bei Denata vorfanden, liefert den unzweideutigsten Beweis für das simultane Eintreten der letzteren.

Daher ist ebensowohl der Verdacht von der Hand zu weisen, als konnte Denata in Folge der fieberhaften Krankheit, an welcher sie seit einigen Tagen gelitten, dem Anfalle eines Schlagflusses erlegen sein, als die im Gutachten des Königl. Medicinal-Collegiums der Provinz Brandenburg leise angedeutete Besorgniss, dass vor dem Anlegen der strangulirenden Schnur, zur Verhinderung von Geschrei und Gegenwehr, der Tod der Claasen durch Bedecken des Gesichts, namentlich durch Verstopfen des Mundes und der Nase mittels der Hand oder eines Tuches oder Kissens, herbeigeführt sein könne, wenn man auch allenfalls einzelne Abnormitäten im Gesicht der Leiche, namentlich die silbergroschengrossen blauröthlichen Flecken auf dem rechten und linken Jochbeine, die dunkle Röthe beider Lippen und die einzelnen kleinen Hautabschilferungen an beiden Lippen, als daher rührend annehmen wollte. Diese Erscheinungen finden ohnehin anderweitig ihre genügende Erklärung, und zwar jene Flecken und die dunkle Röthe der Lippen mit der im ganzen Gesicht und namentlich auf der Stirn, dem Nasenrücken und den Ohren bemerkbaren Röthung als Product des Schlagflusses. Die Hautabschilferung an den Lippen aber in dem Fieber, an welchem Denata bis zu ihrem Tode gelitten. Die um den Hals der Denata gefundene Schnur und die ihr entsprechende Strangulationsrinne giebt über die simultane Entstehung der beiden Todesarten, denen Denata erlegen, genügenden Aufschluss, indem durch dieselbe entweder die Luftwege und die grossen Gefässe des Halses, beide zugleich zusammengeschnürt waren, oder die Zusammenschnürung nur die grossen Blutleiter des Halses und mit ihnen die Nervi Vagi traf, so dass deren Function aufgehoben, und die Lungen paralysirt wurden, in welchem letzteren Falle der Erstickungstod unter denselben Erscheinungen eintreten muss, als wären die Luftwege selbst verschlossen, zumal wenn der Druck auf die genannten Nerven in der Gegend des Kehlkopfes sattfand.

Dass eine mehrfach um den Hals gewundene hanfene Schnur von der Stärke derjenigen, welche sich am Halse der Denata vorfand, überhaupt ein geeignetes Werkzeug zur Strangulation abgeben könne, wenn solche fest genug angelegt ist, wird in den sämmtlichen in diesem Falle abgegebenen Gutachten zugestanden und kann überhaupt keinem Zweifel unterliegen.

In wiefern aber die vorgefundene Schnur die Strangulation der Denata bewirkt habe, oder nicht, dies bedarf um so mehr einer sorgfältigen Erörterung, als Obducenten in ihrem unter dem 2. Januar d. J. eingelieferten Obductionsberichte sich dahin aussprechen, dass die Schnur, da sie in ihrer grössten Länge 16 Zoll messe, den Hals nicht hinreichend fest zusammengeschnürt haben könne, weshalb sie annehmen, dass die Strangulation der Denata durch einen kräftigen Druck einer oder beider Hände auf den Hals derselben bewirkt, und die Hanfschnur kurze Zeit nach dem Tode, d. h. noch in den ersten Stunden, muthmasslich um den Selbstmord wahrscheinlicher zu machen, um den Hals gelegt sei.

In der öffentlichen Gerichtssitzung vom 6. Mai erklärt sich der Geheime Medicinalrath Dr. Casper selbst dahin: „dass er es für ganz unmöglich halte, dass durch eine Schnur, die nur eine Linie tief in die Halsmuskeln eingeschnitten, eine Erdrosselung erfolgt sein könne.“ Dagegen äussert der Chirurgus forensis Wernicke in derselben öffentlichen Gerichtssitzung Bedenken gegen jene Erklärung, indem er zwar auch der Ansicht ist, dass der Tod der verehel. Claasen durch Stick- und Schlagfluss erfolgt sei, aber dafür hält, dass dieser wohl durch die um den Hals der Denata gefundene Schnur erzeugt sein könne, und dass die Beschaffenheit der Strangulationsrinne nicht dagegen spreche.

Allerdings wäre die Schnur, hätte sie die Weite von 16 Zoll gehabt, nicht geeignet gewesen, die Strangulation des Halses bis zum Grade des Stick- und Schlagflusses zu bewirken; bei einer solchen Weite hätte sie an einem Halse von mittlerer Stärke nicht einmal einen Eindruck, viel weniger eine Rinne gebildet. Auch hat der p. Casper in einer Erklärung vom 19. Februar seine Ansicht dahin geändert, dass er eine Verkürzung der Schnur durch die stattgehabte Verschlingung zugiebt. Die Schnur, welche um den Hals der Denata gefunden, war eine runde, mässig starke, neue hanfene, etwa von der Dicke einer Linie. Dr. Würst giebt ihr den Namen Bindfaden, desgleichen der p. Blendel. Sie bestand auf der einen Seite des Halses und zwar auf der linken aus 3 Fäden, auf der andern, der rechten Seite, aus zweien und hatte 2 Knoten, von denen der eine, neben welchem sich die Trennungsstelle befand, Obducenten nennen ihn den vorderen, in einem gewöhnlichen Knoten, der andere, jenem entgegengesetzt, den Obducenten den hintern nennen, in einem ungewöhnlichen, schlingenartigen Knoten bestand.

Der Lage dieser Schnur entsprach auf der linken Seite des Halses eine dreifache Strangulationsrinne, auf der rechten Seite eine doppelte; die einzelnen Rinnen lagen neben einander parallel und hatten jede eine der Stärke der Schnüre entsprechende Breite.

Auf der linken Seite gegen den Nacken fanden sich in den Strangulationsrinnen einige, einen halben bis ganzen Zoll lange, hochrothe, weich zu schneidende, 3—4 Linien breite Streifen. Auf der entgegengesetzten Seite, dicht unter dem Unterkieferwinkel rechts, zeigte sich in den beschriebenen Rinnen ein rundlicher, etwa erbsengrosser, durch höhere Röthe hervorstechender Fleck. Nicht unwahrscheinlich dürften diese beiden in der Strangulationsrinne besonders markirten Stellen zu beiden Seiten des Halses den Lagen der beiden Knoten entsprechen, denn als der p. Blendel, in der Nacht vom 23. zum 24. durch Claasen herabgeholt, zuerst die Leiche in der Werkstatt desselben sah, fand er die um ihren Hals befindliche Schnur auf der linken Seite fest zugeknotet, und dieselbe sass so fest, dass sie aufgeschnitten werden musste. Bei der am 28. December verrichteten gerichtlichen Obduction fand man die Strangulationsrinne eine Linie tief rings um den ganzen Hals, überall bis zu den Dornfortsätzen der Halswirbel sichtbar. Am vorderen Theile des Halses, wo dieselbe gerade über den Kehlkopf weglief, zeigte die untere Rinne in einer Ausdehnung von 2 Zollen eine braunrothe Färbung und war hart zu schneiden. Eine solche Beschaffenheit der Strangulationsrinne bekundet an dieser Stelle eine partielle Mortification und zwar Mumification der Haut und der ihr zugehörigen Bindehaut in der angegebenen Ausdehnung. Diese Mortification, in specie Munification, deutet auf eine sehr grosse Gewalt hin, mit welcher der Körper, welcher die Strangulationsrinne gebildet, die Haut gedrückt und zugleich gezerrt haben muss. Denn eine derartige Mortification der Haut, wenn sie durch Druck entsteht, kann nur dann hervorgebracht werden, wenn dieser mit grosser Gewalt auf die betreffende Hautstelle einwirkt, zumal wenn letztere zugleich eine Zerrung oder Reibung erleidet, wobei eine Erosion der Haut nicht vorhanden zu sein braucht, sich sogar selten vorfindet, weil von der mumificirten Haut das Epithelium schwerer zu trennen ist, so dass es selbst erst der Maceration einer solchen Hautstelle bedarf, um das Oberhäutchen von derselben künstlich zu lösen.

Da aber an der bezeichneten Stelle unter der Haut fast nur weiche und nachgiebige Theile liegen, und selbst die darunter gelegenen Knorpel eine weiche Unterlage haben, vermöge deren sie nachgiebig sind, so lässt sich hieraus ermessen, mit welcher Gewalt die Schnur zusammengezogen sein, und wie eng sie den Hals, zumal an seinem vorderen Theile, zusammengeschnürt haben muss. Es ergiebt sich aber auch zugleich daraus, dass die Schnur wahrscheinlicher Weise nicht an beiden Enden mit gleicher Stärke, sondern an dem einen Ende stärker angezogen sein müsse, so dass die Haut hier eine Zerrung und Reibung und zugleich einen stärkeren Druck erlitt. Nach der Angabe der Obducenten sub. 10. ihres Protokolles lief die Strangulationsrinne gerade über den Kehlkopf hinweg. Sehr zu bedauern ist es, dass dieselben bei der grossen Sorgfalt, welche sie auf die Obduction verwendet, in diesem wichtigen Falle unterlassen haben, die Lage der Strangulationsrinne nach anatomischen Angaben genauer zu bestimmen Es ist nicht wahrscheinlich, dass die Strangulationsschnur mitten auf der Cartilago thyreoidea gelegen hat, da von dieser vermöge der Form und Gestalt derselben eine Schnur bei der Strangulation des Halses zu leicht abgleitet. Lag aber die Schnur zwischen Cartilago thyreoidea und cricoidea, also auf dem Ligamento crico-thyreoideo, in welchem Falle sie gerade über den Kehlkopf hinweg gegangen ist, so gehörte nur eine sehr mässige Gewalt dazu, um den Kehlkopf zusammenzuschnüren und dadurch den Erstickungstod zu bewirken. Aber gesetzt auch, die Schnur hätte mitten auf der Cartilago thyreoidea gelegen, so hätte jedenfalls eine so gewaltsame Zusammenschnürung derselben, wie zur Erzeugung der mehrerwähnten partiellen Mumification im vorderen Theile der Strangulationsrinne nothwendig stattgefunden haben muss, den Kehlkopf durch Andrücken gegen die Speiseröhre und Halswirbel bedeutend verengt, die grossen Gefässe des Halses aber und die sie begleitenden Nervi Vagi, dermassen comprimirt, dass ein Stick- und Schlagfluss eintreten musste.

Zu bedauern ist es übrigens, dass Obducenten an den, der Strangulationsrinne entsprechenden Stellen die innere Wand der grossen Gefässe des Halses, namentlich der Carotiden, nicht untersucht und sich von der Beschaffenheit der Tunica intima derselben überzeugt haben. Denn die innere Haut der Gefässe unterscheidet sich dadurch von allen andern häutigen Geweben des Körpers, dass sie so fragil ist, dass sie leicht zerreisst, wenn die Gefässe, zumal die Arterien, mittels eines runden Fadens einen starken Druck erleiden. Und da eine sehr feste Zusammenschnürung des Halses mittels runder Fäden in diesem Falle stattgefunden haben muss, so würde man wahrscheinlicher Weise, der Lage derselben entsprechend, in der inneren Haut der genannten Arterien eine feine Zerreissung vorgefunden haben. Hätte sich diese bei der Obduction ergeben, so wäre jeder Zweifel über die Compression der Gefässe des Halses, durch die um denselben gefundene Schnur, auf die zuverlässigste Weise gehoben worden. In ihrem, dem Obductionsberichte beigefügten Gutachten vom 2. Jan. d. J. nehmen Obducenten an, dass der Stick- und Schlagfluss, welchem Denata erlegen, durch einen kraftvollen, mit ein oder zwei Händen ausgeführten Druck, gleichsam wie durch einen pressenden Ring um den Hals, schnell bewirkt, und die Schnur erst nach dem Tode um den Hals gelegt sei. Diese Ansicht bemüht sich der p. Casper, zunächst aus der Beschaffenheit der Strangulationsrinne zu entwickeln, welche seiner Ansicht nach nicht tief genug war; sodann aus der unzureichenden Länge der Schnur. Beide Beweisgründe glauben wir genügend widerlegt zu haben. Endlich führt er die Aussage der 7jährigen Tochter der Denata, Johanne, an. Diese aber erzählt, dass der Vater ihre Mutter am Halse gepackt und, obgleich sie geschrieen, aus dem Bette von der Stube in die Werkstatt und von dieser in die Kammer gezogen, dann aber die Kammerthür zugemacht habe. Nach dieser Angabe kann wenigstens ein plötzlicher Tod, durch die von dem p. Casper supponirte Gewaltthat, nicht eingetreten sein. Bei einer langsamen Erwürgung aber wird sich instinctmässig selbst der Schwächste zur Wehr setzen und der eindringenden Gewalt widerstreben; es wird ein Kampf entstehen, der mehr oder weniger Spuren zurücklässt. Diese aber fehlen an Denata ganz und gar. Wollen wir aber auch zugeben, dass eine kräftige Manneshand durch einen Druck auf den vorderen Theil des Halses, zumal bei einer schwachen Frau, als welche Denata geschildert wird, leicht durch Zusammendrücken der Luftröhre den Erstickungstod bewirken kann, so würde die Obduction nur Zeichen des Stickflusses ergeben haben. Bei Denata fanden sich aber mit diesen gleichmässig auch die Erscheinungen des Schlagflusses vor.

Bei der Strangulation des Halses mittels einer umgelegten Schnur werden, jemehr sich diese verengt, um so mehr die unter der Haut gelegenen Theile gedrückt, aber auch zugleich in ihrer Lage fixirt, weshalb die comprimirende Wirkung einer solchen Schnur viel grösser ist. Ein Druck auf den Hals mittels eines stumpfen Körpers, wie die Hände, in dem Grade, dass Strangulation und dadurch Stick- und Schlagfluss bewirkt wird, würde höchst wahrscheinlich Spuren gewaltsamer Insultation am Halse zurückgelassen haben, und es hätten sich ausser Erosionen der Haut auch Andeutungen von Extravasationen, wenn auch nicht gerade unter der Haut, doch gewiss in den tieferen Zellgewebsschichten vorgefunden, zumal gerade das lockere und gefässreiche Zellgewebe am Halse die Bildung von Blutergüssen begünstigt. Die Obduction hat aber dergleichen nicht erwiesen. Mit Recht könnte man aus dem Umstande, dass die Obduction das Vorhandensein von Extravasationen am Halse der Denata nicht nachgewiesen, auch Zweifel darüber erheben, ob die Strangulation, welche bei ihr vorgefunden, als vollgültige Ursache des Stick- und Schlagflusses zu betrachten sei, zumal in früheren Zeiten Sugillationen und Extravasationen für ein characteristisches Zeichen der Strangulation galten.

Bereits Obducenten und das Königl. Medicinal-Collegium haben in ihren Gutachten nachgewiesen, wie neuere mit Sorgfalt angestellte Untersuchungen zur Genüge dargethan, dass dies kein zuverlässiges Zeichen sei, und dass es häufig bei Strangulation vermisst werde. Ueberhaupt aber pflegen äussere Gewalten um so leichter und um so stärker Extravasationen zu veranlassen, je dicker und stumpfer der Körper ist, mit welchem sie auf den menschlichen Organismus einwirken, weshalb eine Strangulation des Halses mittels der Hand eher eine blutige Extravasation hervorrufen wird, als eine solche mittels eines dünnen Strickes, und diese wieder eher, als eine solche mittels eines dünnen Bindfadens, aus welchem die bei Denata vorgefundene Schnur bestand.

Da nun, wie wir gezeigt, vollgültige Gründe vorhanden sind, die bei Denata vorgefundene Strangulation des Halses als genügende alleinige Ursache des Stick- und Schlagflusses zu betrachten, dem Denata erlegen, da hingegen alle Zeichen mangeln, welche auf die Einwirkung einer andern Ursache hindeuten könnten, auch keine Gründe obwalten, eine andere Ursache für die Entstehung dieses Todes aufzusuchen; da ferner die Ansicht des p. Casper, welche derselbe in dem eingelieferten Gutachten vom 2. Januar, so wie in der öffentlichen Gerichtssitzung ausgesprochen hat: „dass nämlich der Tod der Denata durch Erdrosselung mittels kräftigen Händedruckes bewirkt, und erst nachher die Schnur angelegt sei“, des factischen Beweises ermangelt, so können wir die Bedenken, welche der Chirurgus forensis Wernicke in der öffentlichen Gerichtssitzung über diesen Punct ausgesprochen hat, nur billigen.

Es würde demnach vorerst die Frage zu erörtern sein, ob überhaupt bei Denata eine Selbststrangulation, mit der bei ihr vorgefundenen Schnur und in der Lage des Körpers, in der sie aufgefunden ist, als möglich zu erachten sei?

Bei der Beantwortung dieser Frage ist im Voraus zu bemerken, dass die Strangulation überhaupt zu den seltensten Todesarten gehört, welche ein Selbstmörder wählen wird. Er wird sich erhängen, weil hier das Gewicht seines Körpers die Zuschnürung des Halses ohne sein Hinzuthun bewirkt, während bei einer Selbsterdrosselung die beginnenden Athembeschwerden, so wie die eintretende Lähmung bald den Selbstmörder an der Fortsetzung des Attentates hindern werden. Dagegen ist nicht in Abrede zu stellen, dass eine krankhaft gereizte Phantasie bisweilen auf die eigenthümlichsten Verirrungen verfällt, so dass es nicht an Beispielen fehlt, wo wir den Selbstmord unter den schmerzhaftesten Qualen und selbst mit Verstümmelungen des Körpers ausgeführt finden. Denata hatte moralisch und körperlich gelitten; ihre Ehe war keine glückliche, wie mannigfache Zeugenaussagen bekunden. Auch hatte sie bereits früher gegen die Weissenborn geäussert, dass es für sie das beste wäre, wenn der liebe Gott sie zu sich nehmen wollte. Vor ihrer letzten Entbindung hatte sie das Vorgefühl eines baldigen Todes. Sie hatte mit Nahrungssorgen zu kämpfen, während der Ehemann sich dem Trunke ergab, im Zustand des Rausches zankte und selbst körperliche Misshandlung sich gegen sie erlaubte. Sie hatte sich von der letzten Entbindung noch nicht gehörig erholt und wird von ihrem Arzte als sehr schwach geschildert. Seit einigen Tagen litt sie an einem gastrischen Fieber, und nach Aussage des Arztes waren am 22. alle Anzeichen dafür da, dass das Fieber sich verschlimmern würde. Sie soll nach den Mittheilungen, welche der Ehemann ihrem Arzte gemacht, bereits in der Nacht vom 21. zum 22. und ebenso in der vom 22. zum 23. phantasirt haben. Am 23. Vormittags 11 Uhr wurde sie von ihrer Tante auf dem Bette liegend gefunden, sehr roth im Gesicht; sie klagte derselben, dass sie sich sehr krank fühle, und äusserte dabei Sterbegedanken. Sie hatte ein buntes Kleid an, und auf ihrem Bette lag ein schwarzes Kleid. Wohl möglich ist es, dass sie sich mit dem Gedanken an den Tod so vertraut und in der drückenden, kummervollen Lage, in der sie sich befand, bei einem ohnehin schwächlichen, zur Arbeit unfähigen

Körper, auch so mit diesem Gedanken befreundet hatte, dass ihre durch Fieberhitze gesteigerte Phantasie sie trieb, zur That zu schreiten. Dabei finden wir, zumal beim weiblichen Geschlechte, nicht selten die Erscheinung, dass sie eine dem Ernst der Handlung entsprechende Kleidung anlegen. Es würde daher durchaus nichts Aussergewöhnliches darbieten, wenn Denata zur Vollbringung des Selbstmordes ihr Kleid gewechselt und das schwarze angezogen hätte. Fehlt es doch nicht an Beispielen, wo Selbstmörderinnen kurz vor der That ihren ganzen Körper sorgfältig gereinigt und sich mit besonderer Sorgfalt angekleidet haben. Wie Denata gerade darauf verfallen, sich den Tod durch Erdrosselung zu geben, dürfte schwer zu ergründen sein. Wer möchte indess der kranken Phantasie in allen ihren Verirrungen folgen wollen?

Uns drängt sich zunächst die Frage auf: „Ist überhaupt eine Selbsterdrosselung möglich? und wenn dies der Fall ist, konnte sie von Denata mit der an ihrem Halse vorgefundenen Schnur vollbracht sein?"

Die Möglichkeit einer Selbsterdrosselung ist nicht in Abrede zu stellen und kann mittels einer um den Hals schlingenförmig gelegten Schnur, wenn die Enden derselben so verschlungen sind, dass der Knoten und die Schlinge gleichzeitig bloss mit dem einen Ende geschlossen werden können, durch einen schnell ausgeführten kräftigen Zug eben so gut vollbracht werden, als caeteris paribus das Abschneiden des Halses durch einen kräftigen Zug mit dem Messer. Was in dieser Beziehung die Beurtheilung der am Halse der Denata vorgefundenen Schnur betrifft, so ist zu bedauern, dass die ursprüngliche Form und Gestalt, und dass namentlich die Knoten an derselben nicht erhalten sind; aus dem uns eingesandten rohen Materiale lässt sich kein Urtheil entnehmen. Es entgeht demnach über diesen Gegenstand unserem Urtheile eine sichere Grundlage.

Nach der Schilderung der Obducenten hatte diese Schnur zwei Knoten, von denen der eine ein gewöhnlicher, der andere auf eine eigenthümliche Weise schlingenartig geschürzt war. Die darüber befragten Experten sprechen sich dahin aus, dass dieser zweite Knoten wenig bekannt sei und nur von kunstgeübter Hand gemacht werden könne. Er war an der Leiche so fest geschlossen, dass man die Schnur aufschneiden musste. Der darüber amtlich befragte Seilermeister Rummel bezeichnet den Knoten als einen Kreuzknoten und hält dafür, dass er von einem Frauenzimmer nicht gemacht werden könne.

Wir müssen dem Königl. Medicinal-Collegium beitreten, wenn es sich in seinem Gutachten vom 28. Juli dahin ausspricht, dass der sogenannte Kreuzknoten vielen Frauenzimmern wohl bekannt sei und häufig bei der Verrichtung von weiblichen Arbeiten von ihnen angewendet werde. Und es vereinigt allerdings dieser Knoten die Enden eines Fadens so fest, dass sie schwer zu trennen sind. Es hat aber diese Art der Verschlingung das Eigenthümliche, dass man, wenn der Knoten nur locker geschürzt ist, ihn durch Anziehen bloss des einen Fadenendes zu schliessen und damit eine Schlinge fest zusammenzuziehen vermag. Wird eine Schlinge um den Hals gelegt, deren Enden an der vorderen Seite desselben locker in einen sogenannten Kreuzknoten verschlungen sind, und wird dieser Knoten darauf bloss mit dem einen Fadenende mit einer Hand kräftig zusammengezogen, so schliesst sich gleichzeitig Knoten und Schlinge; der Hals wird strangulirt, und es findet dabei die auffällige Erscheinung statt, dass der ursprünglich an der vordern Seite des Halses gebildete Knoten seitlich am Halse herumschlüpft und, wenn er festgeschlossen ist, an der hinteren Seite des Halses, der bewegenden Hand entsprechend, zu sitzen kommt. Hiernach würde also die Möglichkeit, dass Denata selbst die That vollzogen, nicht in Abrede zu stellen und die eigenthümliche Lage, in der sie gefunden, nicht als Beweis vom Gegentheil anzuführen sein. Sie lag schräg auf der Seite und dem Rücken und hatte den Kopf etwas herumgedreht auf dem rechten Arme liegen. Diese Lage gab kein Hinderniss ab, dass sie das eine Ende einer locker um den Hals gelegten Schlinge, deren Enden in einen Kreuzknoten lose vereinigt waren, mit der linken Hand ergreifen und damit den Knoten und die Schlinge durch einen schnell und kräftig ausgeführten Zug zuziehen konnte, wobei der Knoten über die linke Seite des Halses nach hinten glitt, während am vorderen Theile des Halses die Haut durch die Schnur eine Reibung und Quetschung in dem Grade erlitt, dass die Strangulationsrinne mumificirte. Auch dürfte es an und für sich keine so aussergewöhnliche Erscheinung sein, wenn eine Kranke, die sich zum Tode sogar durch den Wechsel der Kleider vorbereitet, nicht minder auch die Schnur zurichtet, mit der sie ihr Leben zu enden beabsichtigt.

Wenn demnach die Möglichkeit einer Selbsterdrosselung, und zwar mit der vorgefundenen Schnur und in der Lage des Körpers, in welcher Denata aufgefunden ist, nicht in Abrede gestellt werden kann, so haben wir jetzt zur Erledigung der wichtigen Frage zu schreiten, wie es sich mit der Annahme der Wahrscheinlichkeit dieser Selbsterdrosselung verhalte? und in wiefern der Mann der Denata hierbei betheiligt erscheint?

Wenn wir den physischen und psychischen Zustand, in welchem sich Denata um die Zeit ihres Todes befand, sorgfältig erwägen, so dürfte es weniger befremdend erscheinen, wenn bei ihr, seit der letzten abermaligen Vermehrung ihrer Familie, der Blick in die Zukunft sich noch mehr trübte; denn während die Sorgen und Bedürfnisse der Familie stiegen, nahmen ihre Kräfte ab, und sie vermochte noch weniger ihre Mutterpflichten zu erfüllen. So kam es, dass ihr Mann zur Hebamme v. Deinert ging und die Magd derselben bat, seine Kinder zu reinigen, weil die kranke Frau dies nicht vermochte. In einem solchen Zustand der Hülfslosigkeit, an der Seite eines Mannes, der dem Trunke ergeben, der sie und die Kinder in Nahrungssorgen liess und sie roh behandelte, selbst misshandelte, konnte eine Frau, welche ohnehin der Ueberzeugung war, dass es am besten für sie sei, wenn sie der liebe Gott zu sich nehme, zumal in dem fieberhaften, aufgeregten Zustande, in welchem sie sich am 23. December befand, wohl dazu schreiten, Hand an sich zu legen und ihren Körper- und Seelenleiden gewaltsam eine Grenze zu setzen; ja, als eine Vorbereitung dazu möchten wir es betrachten, dass sie bereits am Morgen um 11 Uhr das schwarze Kleid auf ihr Bett gelegt, in welchem sie als Leiche gefunden. Sie ist als eine fromme Frau, als eine stille Dulderin, als eine viel zu zärtliche Mutter gegen ihre Kinder geschildert, als dass sie eines Selbstmordes fähig gewesen wäre. Aber gerade diese Liebe zu ihren Kindern konnte bei ihr auch wieder ein Beweggrund zur That werden, weil sie sich doch sagen musste, dass sie ihre Mutterpflichten nicht zu erfüllen vermochte, weil sie es vielleicht nicht ertragen konnte, die geliebten Kinder unter solchen Verhältnissen einer steigenden Noth preiszugeben, und aus diesem Bewusstsein konnte selbst bei einer sonst religiösen Frau, in der Zeit fieberhafter Aufregung, eine That entspringen, vor welcher sie in gesunden und glücklicheren Tagen erbebt wäre. Und ein solcher Zustand innerer Qual und Zerwürfniss konnte wohl auch das Motiv abgeben, die jüngeren, der Hülfe noch mehr bedürftigen Kinder, einer ferneren Noth durch eine gleiche Gewaltthat zu entziehen, durch welche sie ihren eigenen Leiden ein Ende zu setzen die Absicht hatte. Sie soll zwar, nach der ersten Aussage der Johanne, mit dieser begonnen haben, nahm aber dann die kleine zweijährige Doris; wohl möglich, dass sie nicht Kraft, nicht Muth genug hatte, die Schnur, welche sie derselben um den Hals gelegt, fest genug zusammen zu ziehen. Das Schreien des Kindes lähmte sie für diese That, aber es konnte ihre eigene Qual steigern und ihre Verzweiflung bis zu dem Grade mehren, dass sie die Kraft gewann, sofort ihrer unglücklichen Lage ein Ende zu setzen. Erscheinungen ähnlicher Art sind nicht selten, wo Mütter, durch Elend und Noth zur Verzweiflung getrieben, die Kinder mit zärtlichster Liebe an die Brust drückten und sich mit ihnen den Wasserfluthen übergaben oder von der Höhe eines Gebäudes stürzten. Und eine halbe Verzweiflung lag schon zum Grunde, wenn Denata am Vormittage ihren Tod voraussagte.

Es könnte demnach aus dieser Würdigung der Lebensverhältnisse der Denata und ihrer materiellen und moralischen Lage wohl einige Wahrscheinlichkeit für die Annahme eines Selbstmordes bei ihr erwachsen, würde dieselbe nicht aufgewogen durch andere wichtige Umstände, welche den Tod derselben begleitet. Vor allen Dingen drängt sich uns die Frage auf, was konnte Denata veranlassen, das Bett zu verlassen, um sich den Tod in der Werkstatt zu geben. Wollte sie diese Trauerscene dem Blicke ihrer Kinder entziehen, so würde sie sich in die Kammer begeben und diese verschlossen haben. Ihre Leiche wurde aber in der Werkstatt gefunden, deren Thür zur Wohnstube, in welcher sich die Kinder befanden, offen stand. Auch erzählt ihre älteste Tochter, Johanne, der Lorenz: „dass sie sich vor der Mutter gefürchtet, weil diese die Zunge aus dem Halse gesteckt hatte, und deshalb hätte sie ihr den Bindfaden nicht gelöst. Hätte sie es nicht bequemer gehabt, wenn sie die That im Bette vollbrachte? Wollte man etwa annehmen, dass sie sich dort stehend oder sitzend strangulirt und dann zur Erde gefallen wäre? allein es fand sich kein Stuhl oder Schemmel in ihrer Nähe vor, und jedenfalls hätte man ihre Kleider in Unordnung und ihren Körper zusammengesunken gefunden. Dies also war unmöglich. Was aber hätte sie dazu veranlassen können, sich vorher auf den Fussboden der Werkstatt zu legen, die Kleider zu ordnen und die That in der Lage zu vollbringen, in der sie gefunden ist? Ferner ist es durch Zeugen erwiesen, dass sie am Morgen des 23. ihr Haar mit besonderer Sorgfalt gemacht, dass sie es glatt und wohl geordnet hatte. Mit zerzausten Haaren wurde sie gefunden, und in den Haaren waren Hobelspäne, wie dergleichen auf dem Fussboden der Werkstatt lagen.

Sollte sie etwa vorher ihr Haar in einem Zustande der Verzweiflung, der der That vorherging, selbst zerzaust und im Todeskampfe den Kopf krampfhaft auf dem Fussboden hin und her bewegt haben; dann hätte man sie nicht in der ruhigen Lage mit dem Kopfe auf dem rechten Arm, dann hätte man sie nicht mit wohl geordneten Kleidern gefunden, dann würden sich vielleicht auch Spuren von Contusionen am Kopfe gefunden haben. Diese Umstände sind es zunächst, welche der Wahrscheinlichkeit eines stattgefundenen Selbstmordes entgegentreten. Hierzu kommt die Aussage der damals fast 7jährigen ältesten Tochter der Denata, Johanne, welche Obducenten in ihrem Gutachten vom 2. Januar d. J. sich bemühen in ihrem wesentlichen Theile zu bestätigen, und welche unverkennbar einen grossen Einfluss auf deren Urtheil gehabt zu haben scheint. Allein die Aussagen dieses Kindes erregen mannigfache Bedenken, deren Erörterung zwar streng genommen eigentlich nicht unsere Aufgabe ist, die wir jedoch in diesem wichtigen Falle nicht unterdrücken können.

Dem Tischler Liermann erzählt Johanne, als dieser am 24. früh $7^1/_2$ Uhr in die Claasensche Wohnung kommt; „dass die Mutter, nachdem der Vater weggegangen, das schwarze Kleid angezogen, dann ihr selbst habe eine Strippe um den Hals binden wollen; als sie aber geschrieen, die Dore genommen und dann sich selbst die Strippe um den Hals gemacht habe.“

Als aber die beiden ältesten Kinder der Denata, am Nachmittage des 24., in die Deinertsche Wohnung gekommen, und hier Johanne von der Lorenz befragt wurde: „wie der Vater es gemacht habe, als er die Mutter ermordet?“ da erzählte sie: „Mein Vater schrieb zuerst, zog dann die Mutter bei den Haaren aus dem Bette durch die Werkstatt nach der Kammer, holte dann aus einem kleinen Kasten in der Hobelbank einen Bindfaden, hatte diesen der Mutter um den Hals gewickelt und immer fester zugezogen, wobei sie mit ihren Händen zeigte, wie es der Vater machte. Sie habe sich vor der Mutter gefürchtet, weil diese die Zunge aus dem Halse gesteckt hatte, und deshalb hätte sie ihr den Bindfaden nicht gelöst.“ Hiervon weichen abermals die Aussagen wesentlich ab, welche Johanne gegen den Polizeicommissarius Maass II. und den Staatsanwalt von Kirchmann gemacht, denen sie erzählt, der Vater habe ihre Mutter, die hierbei geschrieen, beim Halse gefasst, durch die Werkstatt in die Kammer geschleppt, die Thür derselben verschlossen und, nachdem er weggegangen und wiedergekommen, erst später die Leiche derselben in die Werkstatt gelegt. Auch hat keine von den Personen, welche die Leiche in der Nacht gesehen, bemerkt, dass die Zunge zum Munde herausgesteckt hätte. Es fragt sich, ob nicht die Lorenz durch die Art und Weise, wie sie ihre Fragen an das 7jährige Kind richtete, und dadurch, dass sie demselben die Mordthat des Vaters als factisch begründet aussprach, einen neuen Ideengang bei demselben erregte und seinem Begriff von der That eine ganz andere Wendung beibrachte, welche um so leichter Eingang bei der Johanne finden konnte, als die Kinder hier erst von dem Schreckniss der Nacht sich zu erholen und zu sammeln beginnen konnten, und ein solcher erster Eindruck, der ihr gleichsam wie bei dem Erwachen aus einem furchtbaren Traume zukam, konnte leicht für die Dauer Wurzel fassen.

Welches auch immer der Hergang des Todes ihrer Mutter sein mochte, die Kinder waren den ganzen Nachmittag und Abend bis tief in die Nacht vom Vater allein gelassen, sie waren Zeugen eines erschütternden Ereignisses, sie waren selbst in Lebensgefahr gewesen, selbst in der Nacht wurden sie wieder von ihrem harten Vater verlassen, nachdem er erst nach Mitternacht nach Hause gekommen war und ihre Mutter todt gefunden hatte. Sie lagen sämmtlich in dem Bette der Wohnstube, als in der Nacht um 2 Uhr der Polizeicommissarius Maass II. und der Polizeisergeant Geuder den Eingang in die Claasensche Wohnung durchs Fenster erzwangen. Am anderen Morgen um $7^1/_2$ Uhr fand sie der Tischlermeister Liermann ganz verhungert. Auch dieser Morgen verging unter vielfältigen Beunruhigungen und Störungen, bis endlich die beiden ältesten Kinder in der Wohnung der Deinert zuerst einer Ruhe und Pflege theilhaftig wurden. Hier erst kamen sie also über das erlebte grausige Ereigniss zum Nachdenken, und nicht auffällig dürfte es erscheinen, wenn das, was sie hier gehört und vernommen, nicht ohne Einfluss auf ihre späteren Aussagen geblieben wäre. Die Depositionen aber, welche die p. Deinert und ihr Mädchen über Claasen gemacht, beweisen, dass sie eine sehr ungünstige Meinung von demselben hatten. Es bedürfen daher die Aussagen der Johanne um so mehr einer vorsichtigen Auffassung, als sie sich nicht bloss widersprechen, sondern auch noch von anderer Seite her wichtige Bedenken erregen.

Da in der Claasenschen Familie der Vater, ein Trunkenbold, im Zustande des Rausches im eigenen Hause lärmte und tobte, auch seine Frau hart behandelte, wohl selbst misshandelte und die Familie darben liess, wäre es wohl natürlich gewesen, dass sich die Kinder an die Mutter um so enger angeschlossen, zumal diese eine zärtliche Mutter gewesen sein soll, die ihre Kinder sehr liebte; denn Liebe pflegt bei Kindern um so mehr Liebe zu erwecken, je schroffer daneben der Gegensatz der Härte und Unfreundlichkeit von dem anderen Theile der Eltern hervortritt. Schwerlich würden Kinder in einem

Alter von 4 und 7 Jahren ruhig geblieben sein, wenn sie sehen mussten, wie einer Mutter, von der sie geliebt wurden, und die ihnen Alles war, eine so auffällige Gewaltthat zugefügt wurde, wie der ihrigen, zumal dabei auch ihr eigenes Leben bedroht war, wenn auch die That vom eigenen Vater verübt wurde. Sie hätten wahrscheinlich geschrieen und ihr Geschrei mit dem der Mutter vereinigt, wenn diese beim Halse oder bei den Haaren weggeschleppt werden sollte. Nach der Aussage der Johanne war es noch heller Tag, als ihr Vater die Gewaltthat verübt hatte, worauf er fortging. Würde nicht Furcht und Verlangen nach Beistand und Hülfe die Kinder an das Fenster getrieben, die älteste nicht hülferufend dasselbe geöffnet haben? Aber keiner von den Hausbewohnern über und unter der Claasenschen Wohnung hat am Nachmittag oder Abend ein Geschrei oder Geräusch gehört oder ein besonderes Ereigniss in der Claasenschen Wohnung bemerkt, obschon mehrere derselben den ganzen Nachmittag und Abend zu Hause waren, und alle versichern, dass der Boden zwischen ihrer und der Claasenschen Wohnung so dünn sei, dass man lautes Sprechen verstehen könne. Es ist aber nicht wohl denkbar, dass Claasen, wie Johanne erzählt, seine schreiende Frau bei dem Halse oder den Haaren aus dem Bette der Wohnstube durch die Werkstatt nach der Kammer schleppen konnte, ohne dass dies ein lebhaftes Geräusch oder Gepolter verursacht hätte.

Sodann steht die Aussage der Johanne in Bezug auf die Tageszeit im Widerspruch mit der Aussage des Oekonomen Franz Hoffmann, welcher am Nachmittag zwischen 3 und 4 Uhr zu Claasen kam, die Frau lebend im Bette liegend sah und nach einem Aufenthalte von ein paar Minuten mit Claasen wegging und mit ihm in einer Destillation in der Jakobsstrasse Punsch trank. Auch der Umstand darf nicht unerwogen bleiben, dass die Gerichtspersonen, als sie sich am 27. December Nachmittags um 2 Uhr in die Claasensche Wohnung begaben, nichts Verdächtiges in derselben vorfanden und namentlich weder in der Wohnstube, noch in der Werkstatt und Kammer Spuren eines stattgehabten Ringens fanden.

Nach dem schriftlichen Berichte des Polizeicommissarius Maass II. vom 25. December war Claasen bereits Tags zuvor zum Arrest gebracht. In der Nacht vom 23. — 24. ist er erst um 4 Uhr des Morgens mit Ausnahme kurzer Unterbrechungen nach Hause gekommen, von da ab fast nie allein geblieben, und bei seiner Arretirung wurden die Gerichtssiegel an die Wohnung gelegt, so dass Claasen kaum Zeit gehabt hätte, etwanige Spuren des gewaltsamen Wegschleppens seiner Frau am Fussboden zu beseitigen, wo sie namentlich in der Werkstatt wegen der auf dem Fussboden liegenden Hobelspäne wohl wahrzunehmen gewesen sein würden. Dagegen ist nicht in Abrede zu stellen, dass Claasen durch sein Benehmen sowohl vor als nach dem gewaltsamen Tode seiner Frau auf mannigfache Weise den Verdacht der That gegen sich rege gemacht. Er ist als ein Trunkenbold geschildert, hat oft des Abends, wenn er berauscht zu den Seinigen zurückkehrte, gelärmt und getobt, soll seine Frau roh behandelt, selbst misshandelt, sie sogar geschlagen haben. Er hat gegen mehrere Personen, wie gegen Liermann, die Klage geführt, dass seine Frau sehr faul sei, dass sie zu lange im Bette liege, gegen andere, dass sie schwach, fortwährend kränklich sei, am Nervenfieber leide, bald sterben werde, dass sie ihn selbst aufgefordert, sich nach einer anderen Frau umzusehen.

Am Nachmittage der That finden wir ihn unruhig, er verliess ungefähr um 4 Uhr seine Wohnung, machte viele Besuche, bei denen er sich meistens nur kurze Zeit aufhielt, soll nach den Aussagen seiner Tochter Johanne mehrmals nach seiner Behausung wieder zurückgekehrt sein, immer aber auf kurze Zeit. Der Schankwirth Thomas, bei dem er sich am gedachten Abend von $10^1/_2$ Uhr bis gegen 12 aufhielt, einen Schnaps trank und Billard spielte, sagte von ihm, dass er viel plauderte und sich auf jegliche Art zu zerstreuen suchte. An allen Orten sprach er von der Krankheit seiner Frau, die er als sehr gefährlich schilderte, was sie aber nach der Erklärung des Arztes der Kranken wirklich nicht war; äusserte, dass seine Frau bald sterben werde, sprach von seinen zerrütteten Verhältnissen, seiner Noth. Sein Benehmen in der Nacht bei der Leiche seiner Frau, der er erst auf die Aufforderung Blendels mittels eines Schnitzers die Schnur um den Hals trennt; die Ruhe und Kälte, mit der er an der Seite der Leiche Kaffee trinkt und Brod isst, worauf er um 2 Uhr in der Nacht sein Haus wieder verlässt und erst um 4 Uhr zurückkehrt: diese Momente zusammen im Verein mit der Aussage seiner Tochter dürften wohl geeignet sein, den Verdacht auf ihn zu lenken, wenn schon es auf der andern Seite auch nicht an solchen Aussagen gebricht, welche die ehelichen Verhältnisse des Claasen nicht als sehr zerrüttet darstellen, und namentlich Liermann von ihm sagt, dass er ihn am anderen Morgen traurig und niedergeschlagen gefunden habe.

Demnächst drängt sich die Frage auf: „Was konnte ihn bewegen, an seiner 2jährigen Tochter Doris den von der Johanne erzählten Strangulationsversuch zu machen? Wollte er sich der Zeugen seiner That entledigen, so musste er die 7- und 4jährige Tochter bei Seite schaffen, denn diese hatte er zu fürchten. Wollte er die hülflosen Kinder beseitigen, um sorgenfreier zu leben, so hätte er wohl das jüngste Kind zuerst ergriffen, an diesem aber hat er keinen Versuch der Art gemacht. Wenn Claasen überhaupt den Mord an seiner Frau vollbracht, so hat er dies auf eine so berechnete, so umsichtig schlaue Weise und mit so vieler Kälte gethan, dass ein Verbrecher der Art gewiss nicht in einem Acte der Uebereilung das zweijährige Kind ergriffen, während er in dessen älteren Geschwistern die Verräther seiner That fortleben liess, zumal er an dem Abende mehrere Male wieder in das Haus zurückkehrte. Hier liegt ein Dunkel, welches wir vom Standpunkte der Wissenschaft nicht zu lichten vermögen.

Was die bei Denata vorgefundenen Schriften betrifft, so können dieselben ebensosehr für den Selbstmord als dagegen sprechen, zumal sie nach dem Urtheile zweier Sachverständiger von der Denata geschrieben sein, nach dem Urtheile zweier anderer aber mit der Handschrift ihres Ehemannes Aehnlichkeit haben sollen.

Hatte Denata den Vorsatz, ihrem Leben gewaltsam ein Ende zu machen, so konnte sie bei dem üblen Rufe, in welchem ihr Mann bei ihren Bekannten stand, denen sie selbst ihr eheliches Unglück geklagt, gegen welche sie selbst es ausgesprochen, dass sie von ihm misshandelt worden, sehr wohl darauf bedacht sein, ihren Mann vor ungerechtem Verdacht zu schützen, und es musste ihr daran liegen, seine Unschuld wiederholt auszusprechen. In dieser Absicht kann sie auch schriftlich jene Aeusserung gemacht haben, welche mit dem übereinstimmt, was sie am Vormittag ihrer Tante gesagt, die nämlich der Unheilbarkeit ihrer Krankheit.

Aber eben so gut ist es auch denkbar, dass Claasen sich dieses Mittels bediente, um den Verdacht des Mordes von sich abzulenken.

Der Beurtheilung des Richters müssen wir es anheimgeben, in wiefern aus einer allseitigen Würdigung der den gewaltsamen Tod der Claasen begleitenden Umstände der Ehemann derselben gravirt erscheint.

Von dem rein wissenschaftlichen Standpunkte aber können wir uns nur dahin aussprechen:

dass wir die Selbststrangulation der Claasen zwar für möglich, jedoch nicht für wahrscheinlich halten;

müssen uns jedoch entschieden dagegen erklären, im vorliegenden Falle die Annahme eines Selbstmordes mit Bestimmtheit oder mit höchster Wahrscheinlichkeit zu verwerfen.

Berlin, den 1. November 1848.

Königl. wissenschaftliche Deputation für das Medicinalwesen.

(gez.) **Klug. Schmidt. Dr. v. Stosch. Link. Jüngken.**

Erstes, verurtheilendes, Erkenntniss

in der Prozesssache wider den Tischlermeister Claasen.

Auf die am letzten Donnerstag gegen den Angeklagten Claasen abgehaltene öffentliche Sitzung hat das Criminalgericht für Recht erkannt: dass der Angeklagte, Tischlermeister Joachim Friedrich Wilhelm Claasen, der Ermordung seiner Ehefrau schuldig und mit dem Verlust der Nationalkokarde und lebenswieriger Strafarbeit zu bestrafen, auch die Untersuchungskosten zu tragen gehalten.

Die Gründe zu diesem Erkenntniss sind im Wesentlichen folgende:

In der Nacht vom 23. zum 24. December 1847 wurde vom Tischlermeister Claasen, als er um Mitternacht nach Hause kam, seine Ehefrau in der Werkstätte, auf der Diele liegend, todt gefunden. Es befand sich ein Bindfaden in mehrfacher Umwindung fest um ihren Hals geschnürt, und Claasen holte, nachdem er die Leiche aufgehoben, den über ihm wohnenden Kürschnermeister Blendel herbei, worauf sich Beide nochmals überzeugten, dass die Frau todt sei. Bei näherer Besichtigung fanden sich an dem Gürtel der Leiche zwei Zettel angeknüpft, worin die Verstorbene ausgesprochen hatte, dass sie sich selbst das Leben genommen habe, und dass ihr Mann an ihrem Tode unschuldig sei; dass sie ihre drei Kinder mitgewürgt habe, weil sie selbst nicht wieder gesund zu werden hoffen könne.

Die ganze Sache war zwar im ersten Augenblicke auffallend, indessen stellte sich dennoch kein Verdacht gegen eine bestimmte Person heraus. Als jedoch die beiden ältesten Töchter des Angeklagten an demselben Tage aus dem Bereich des Vaters gebracht wurden, als sie zur Hebamme Deinert kamen, weil ihnen dort eine Weihnachtsgabe bescheert werden sollte, so erklärten sie aus freien Stücken, dass nicht die Mutter sich selbst umgebracht, sondern dass der Vater die Mutter erwürgt habe. Der Vater nämlich habe die Mutter bei den Haaren aus dem Bett gezogen, durch die Werkstatt in die Kammer gebracht, die Thür der letzteren zugemacht, er sei alsdann wiedergekommen, habe sich aus seiner Hobelbank eine Strippe geholt, sei dann wieder in die Kammer zurückgegangen und habe nach einiger Zeit dann die Mutter von dort aus in die Werkstatt geschleppt, habe sie da liegen lassen, sei fortgegangen, wiedergekommen und wieder fortgegangen.

Diese Angaben der Kinder, welche freilich ihren ersten Angaben, die sie, solange sie im Hause des Vaters gewesen, abgegeben: die Mutter habe sich selbst erwürgt, widersprachen, bestimmten dennoch die Behörden, gegen den Angeklagten einzuschreiten. Er wurde verhaftet, die Voruntersuchung eröffnet, endlich die Anklage vom Staatsanwalt gegen ihn erhoben, und die Einleitung der Untersuchung von der Anklagekammer ausgesprochen. Er selbst hat sowohl in der Voruntersuchung, als in den öffentlichen Audienzterminen die Richtigkeit der Anklage bestritten und behauptet, dass er an gedachtem Tage von 4 Uhr Nachmittags an bis 1 Uhr in der Nacht ausser dem Hause gewesen, dass er in dieser Zeit mehrere Keller und Schanklokale besucht habe, was indessen öfter vorgekommen und nichts Auffallendes in sich trage.

Was die Lokalität von des Angeklagten Wohnung betrifft, so kommt man vom Hofe aus zunächst in die Küche, aus der Küche kommt man in eine zweifenstrige Wohnstube, worin das Bett der verstorbenen Frau nebst den Betten der Kinder gestanden. Aus der Wohnstube kommt man in die zweifenstrige Werkstatt und aus der Werkstatt in eine Kammer, aus dieser endlich wieder in die Küche. —

Am 28. December, 4 Tage nach dem Tode der Frau, ist von den Aerzten die Oeffnung der Leiche vorgenommen worden. Es hat sich dabei zunächst gefunden, dass die Frau, 31 Jahr alt, im ganzen Gesichte blauroth war. Rings um ihren Hals fand sich ein doppelter, und auf der linken Seite dreifacher röthlicher Ring. Unter diesem Ringe nach hinten zu fand sich ein anderer Ring im Umfange von $1^1/_2$ Linien, der hart wie Stein war, wogegen man die übrigen klein und weich fand. Dicht am Unterkiefer fand sich ein rundlicher, rothgefärbter Fleck, und auf dem linken Schulterblatt war ein $1^1/_2$ Zoll langer und $^1/_2$ Linie breiter rother Streifen. Die Lunge, ein Theil des Herzens und sämmtliche Gefässe der Gehirnoberfläche waren strotzend mit Blut überfüllt. — Die Gerichtsärzte gaben ihr Gutachten dahin ab: dass die Claasen am Stick- und Schlagfluss gestorben sei, dass dieser Tod unzweifelhaft durch Erwürgung oder Strangulation herbeigeführt worden, wie dies auch der Obductionsbericht bestätige, und um ihr Gutachten näher zu motiviren, führen sie an, dass die Schnur von 16 Zoll Länge, welche auf der einen Seite des Halses dreifach und auf der andern zweifach gelegen, ein wohlgeeignetes Werkzeug zur Strangulation gewesen sei; es sei jedoch nicht anzunehmen, dass durch diese Schnur die enorme Gewalt, welche beim Tode der Claasen stattgefunden, veranlasst sei; es scheine im Gegentheil diese Gewalt auf andere Weise herbeigeführt zu sein; es müsse daher angenommen werden, dass die Schnur der Verstorbenen nach dem Tode umgelegt sei. Auch sei die Selbsterwürgung eine höchst seltene Todesart; schon deshalb könne man schwerlich annehmen, dass hier eine Selbsterwürgung vorgekommen. Hierzu komme noch der Knoten, der sonderbar geschlungen gewesen, und die verdächtige Lage der Leiche, welche man schräg, auf einer Seite liegend, gefunden habe. Endlich hat man für diese Ansicht angeführt, dass die Leiche nicht in ihrem Bett, sondern in der Werkstatt auf der Diele gefunden sei, obwohl nicht einzusehen, warum die Frau, im Falle eines Selbstmordes durch Erdrosselung, ihr Bett verlassen hat. — Es wurde ferner die zweijährige Doris Claasen untersucht, weil auch an dieser der Versuch der Erwürgung vorgenommen sein soll. Der Geheime Medicinalrath Casper fand am 30. December 1847 am Halse des kleinen Mädchens eine doppelte Strangulationslinie, etwa $2^1/_2$ Zoll von einander entfernt, und er zog daraus mit Gewissheit den Schluss, dass an diesem Kinde der Versuch zur Erwürgung gemacht sei. — Casper blieb im öffentlichen Audienztermine bei seinem Gutachten stehen, aber der Chirurgus Wernicke wich davon ab, indem er erklärte, er getraue sich nicht mit Gewissheit anzunehmen, dass die Schnur erst nach dem Tode der Claasen umgelegt sei; er halte dafür, dass wohl durch jene Schnur der Tod mittels Gewalt erfolgt sein könne.

Es mussten deshalb nach der Vorschrift der Criminalordnung die Gutachten der vorgesetzten Medicinalbehörden, des Medicinal-Collegiums und der wissenschaftlichen Deputation, eingeholt werden. Diese Behörden haben als richtig angenommen, dass hier ein Stick- und Schlagfluss zugleich eingetreten sei, aber sie stimmen nicht darin mit Dr. Casper überein, dass die Schnur erst nach dem Tode umgelegt sei, sie halten im Gegentheil die Meinung des Wernicke für richtig, dass durch die Schnur die Gewalt verübt, und der Tod herbeigeführt sei. Indess sind sie in dem Hauptresultat mit Casper einverstanden, dass es nämlich unwahrscheinlich sei, dass die verehelichte Claasen sich selbst entleibt habe.

Es stimmen also in diesem Punkt Casper, das Medicinal-Collegium und die wissenschaftliche Deputation im Wesentlichen überein, bloss Casper stellt die Unwahrscheinlichkeit des Selbstmordes viel höher, als beide Collegien. Es kommt hinzu, dass Casper die Leiche selbst gesehen, dass sein Urtheil also in sofern noch zuverlässiger ist; ferner kommt hinzu, dass beide Behörden zur Begründung ihres Gutachtens sich eigentlich in Dinge eingelassen haben, die dem Gerichtshofe zur Prüfung anheimfallen müssen.

Es fragt sich nun, was überhaupt dafür vorliegt, dass die Frau sich selbst umgebracht habe, oder ob dies ein Anderer gethan?

Es muss hier gleich bemerkt werden, dass der sogenannte Beweis für den Thatbestand und die Thäterschaft in diesem Falle nicht von einander zu trennen sind, wenn von der Ueberzeugung der Richter die Rede ist, die sie geschöpft haben aus allen Umständen, die für Thatbestand und Thäter vorliegen; denn es ist zu erwägen, dass, wenn der angeklagte Mann nicht der Mörder seiner Frau ist, so folgt daraus, dass die Frau sich selbst umgebracht hat; andrerseits aber, wenn überhaupt objectiv festgestellt wird, dass die Frau sich nicht selbst umgebracht hat, so liegt nahe, dass, da es nicht ein Anderer gewesen sein kann, es der Ehemann gewesen sein muss, denn es ist sonst gegen Niemanden der leiseste Verdacht aufgestellt worden. Hiernach handelt es sich um Aufführung derjenigen Thatsachen, die die Ueberzeugung der Schuld des Mannes bei den Richtern begründen können. Zunächst ist in den einzelnen Gutachten entschieden hingestellt, dass es unwahrscheinlich, dass die Claasen sich selbst umgebracht habe. Man muss hier noch besonders anführen, wie es einleuchtend ist, dass eine derartige Blutanhäufung, wie man sie in dem Leichnam der Claasen gefunden, von einer grossen Gewalt zeugt. Diese Gewalt ist attestirt von den Behörden; man kann annehmen, dass die Frau, welche schwächlich und krank war, schwerlich sich selbst mit einer solchen Gewalt erdrosselt habe. Die Vertheidigung sagt zwar, sie könne dies in der Fieberhitze gethan haben; indess ist diese Fieberhitze nicht erwiesen. Der Angeklagte bekundet uns, dass die Frau sich gerade am fraglichen Tage besser als sonst befunden habe. Ferner kann man diese Fieberhitze nicht annehmen, da sie an jenem Tage die bewussten Zettel geschrieben und den Knoten geschürzt haben soll, der ihr den Tod gegeben. Dieser ungewöhnlich fest geschürzte Knoten ist ein Hauptumstand, der dafür spricht, dass die Frau sich nicht selbst das Leben genommen.

Seine aussergewöhnliche Festigkeit ist constatirt durch die Zeugen Rummel, Blendel und durch den Angeklagten selbst. Dieser hat uns gesagt, er habe nicht vermocht, den Knoten aufzuknüpfen, und Zeuge Blendel hat dies bestätigt. Der Seilermeister Rummel sagt uns als Sachverständiger, die Schnur sei durch einen doppelten Knoten festgeschürzt gewesen, derselbe habe aus zwei über einander gelegten Schlingen bestanden, und schon beim Zuziehn der ersten Schlinge müsse Besinnungslosigkeit eingetreten sein, und es habe daher die zweite Schlinge nicht geschürzt werden können. Der Vertheidiger hat dagegen eingewendet, dass dem Gerichtshofe der Knoten nicht in seiner ursprünglichen Beschaffenheit vorgelegt worden sei; es ist jedoch anderweitig erwiesen, dass die Zeugen wirklich von jenem Knoten gesprochen, den man an der Leiche gefunden, denn Blendel, der Polizeisergeant Geuder und der Zeuge Dr. Würst haben den Knoten in der betreffenden Nacht gesehen und sprechen von seiner Beschaffenheit in jenem Augenblicke. Dann hat der Polizeisergeant Geuder den Knoten in Beschlag genommen und in die Hände des Untersuchungsrichters abgeliefert, der Richter hat sodann denselben Knoten dem Zeugen Rummel vorgelegt, und dieser hat darüber sein Gutachten ertheilt. Es kann durchaus nicht darauf ankommen, dass sich die Schnur in mehreren Händen befunden hat, es steht durch Zeugen fest, die den Knoten in seiner ursprünglichen Beschaffenheit gesehen, dass dieser so geblieben, wie man ihn gefunden hat.

Ein andrer Umstand von der grössten Wichtigkeit sind die beiden Zettel, die am Leibe der Verstorbenen vorgefunden sind.

Es wird hier gleich bemerkt, dass der Inhalt der Zettel weit wichtiger ist, als die Frage: „Wer hat die Zettel geschrieben?“

Nach ihrem Inhalte sollen sie geschrieben sein von der Frau Claasen. Sie giebt darin als Gründe zu ihrem Selbstmord an, dass sie nicht mehr gesund werden könne, und dass ein Mensch nicht mehr zu leben brauche, der nicht mehr leben könne. Sie befand sich jedoch nach dem Zeugniss des Dr. de Cuvry nicht in einem solchen Krankheitszustande, dass er an ihrer Genesung gezweifelt habe. Am letzten Tage ihres Lebens hatte sie zu dem Angeklagten geäussert, sie befinde sich wohler als sonst, wonach man nicht annehmen kann, dass sie sich in Verzweiflung, betreffs ihrer Gesundheit, befunden hat. Personen, mit denen sie zuletzt gesprochen, haben uns nicht bekundet, dass sie an ihr Spuren der Verzweiflung wahrgenommen. Sie hat zwar zu ihrer Tante Wilsack wenige Tage vorher geäussert, sie werde wohl diesmal schwerlich durchkommen, es liegt indessen in dem Worte „schwerlich“ gerade noch die Hoffnung angedeutet, dass sie doch durchkommen könne. Es ist ferner die Frau Claasen von allen Zeugen als eine liebevolle Mutter gegen ihre Kinder bezeichnet worden. Kann man wohl von einer solchen voraussetzen, sie habe ihre eignen Kinder würgen wollen? Man müsste annehmen, dass sie diesen Schritt in den Zetteln motivirt haben würde, da sie uns sagt, warum sie sich das Leben genommen. Wenn sie also ihre 3 Kinder ums Leben bringen wollte, so würde sie die Gründe dafür angegeben haben; denn welche Nichtswürdigkeit würde darin liegen, wenn die Mutter ihre 3 Kinder in dem Alter von 2, 4 und 7 Jahren umgebracht hätte, ohne zu sagen, warum sie dies gethan. Wird eine Mutter es wohl mit der grössten Gleichgültigkeit, ja mit Rohheit aussprechen: meine 3 Kinder habe ich mitgewürgt?! ich habe ihnen, als ich an der Wiege stand, den Hals zugeschnürt!? Lässt sich wohl annehmen, dass dies eine Mutter schreiben wird, die man allgemein als eine liebevolle Mutter bezeichnet? — Ferner ist jene Stelle in dem Zettel höchst auffällig, worin es heisst: „den Säugling habe ich liegen lassen, weil ich mich dazu zu schwach gefühlt habe,“ und in dem andern Zettel: „weil er noch nicht getauft ist.“

Ist es denkbar, dass eine Mutter an 3 Kindern mit kaltem Blute einen Mord verüben und das 4. aus Frömmigkeitsrücksichten verschonen wird? Ein solcher Widerspruch ist unmöglich. Ferner ist in den Zetteln dem Manne das beste Zeugniss gegeben, obgleich es durch Zeugen festgestellt ist, dass der Angeklagte, ein Trunkenbold, fast täglich seine Frau schlecht behandelt hat, die Frau hingegen ist von den Zeugen als eine wahrheitsliebende Person geschildert; es ist daher nicht denkbar, dass sie ein solches Zeugniss ausgestellt hat, ohne Veranlassung zu haben. Ferner ist an mehreren Stellen die Schuldlosigkeit des Mannes an dem Tode der Frau hervorgehoben, es sind ihm sogar Beweise für seine Unschuld angegeben, es ist darauf hingewiesen, er wird darauf aufmerksam gemacht, dass er an jenem Tage zu Kresslers und zur Hebamme Deinert geschickt worden sei. — Es ist nicht abzusehen, warum sie ihn auf diese Beweise aufmerksam gemacht hätte, da ja der Angeklagte selbst, wenn sich gegen ihn ein Verdacht erhoben, sich darauf berufen haben würde.

Endlich denke man sich, dass eine liebevolle Mutter bloss deshalb, weil sie selbst nicht mehr zu genesen hoffte, ihre 3 Kinder ums Leben bringen und nun am Schlusse ihres Schreibens sagen wird: „Leben Sie alle wohl, ich habe es selbst geschrieben!" Es fehlt durchaus jedes Motiv, warum die Frau hinzugesetzt hat: „Ich habe es selbst geschrieben!" Der Schreiber hat sich offenbar selbst gesagt, es könnte daran gezweifelt werden, dass du es nicht geschrieben hast, du musst es also hinzusetzen. Alles dies spricht schon dafür, dass die Zettel nicht von der Frau geschrieben sind, höchst wahrscheinlich jedoch wird diese Annahme, wenn man erwägt, dass die Frau, nachdem sie dem Manne in diesen Zetteln ein gutes Attest gegeben, nicht ein Wort des Abschiedes an ihn gerichtet hat. Sehr wichtig bleibt dennoch die Frage: wer hat die Zettel geschrieben? Zwei Schreibverständige erklären: wahrscheinlich seien die Zettel von der Frau geschrieben, zwei andere hingegen: wahrscheinlich seien sie vom Manne geschrieben. Es ist also auf deren Aussage kein grosses Gewicht zu legen, da sie gegen einander im Widerspruch stehen. Es muss jedoch bemerkt werden, dass zwei andere Zeugen, die keine Schreibverständige sind, sich dahin erklärt haben, dass die Zettel vom Angeklagten herrühren. Der Hauswirth des Angeklagten hat sogleich, als ihm die Zettel vorgezeigt wurden, erklärt, dieselben seien vom Angeklagten geschrieben, er erkenne dessen Hand, welche er aus mehreren Miethsquittungen kenne, und bei dieser Aussage ist er auch bei seiner Vernehmung stehen geblieben. Ebenso hat uns die Tante des Angeklagten, die Zeugin Wilsack bekundet, ihre Nichte habe besser geschrieben, als die in den Zetteln enthaltene Schrift gewesen.

Ein fernerer Umstand, der dafür spricht, dass die Frau des Angeklagten sich nicht selbst umgebracht hat, ist, dass sie in jener Nacht, als sie todt gefunden wurde, nicht mehr glattes, sondern herunterhängendes, zerzaustes Haar hatte. Der Angeklagte selbst hat diesen Umstand bestätigt, ebenso die Zeugen, welche die Frau in jener Nacht gesehen; dennoch ist sie von einer Zeugin am Morgen mit glattgekämmtem Haar gesehen worden, und es ist nicht abzusehen, wodurch jener unordentliche Zustand herbeigeführt worden.

Ferner müsste man noch den Beweis dafür erlangen, dass die Frau den Vorsatz gehabt, sich selbst umzubringen; dafür fehlen jedoch alle Beweise. Es ist im Gegentheil von einer Frau, welche religiös, sanft und die liebevollste Mutter ihrer Kinder war, nicht anzunehmen, dass sie sich selbst nebst ihren Kindern habe umbringen wollen, und gerade aus ihrer Aeusserung zu dem Arzte de Cuvry:

„sie möchte sich das Leben nehmen, wenn es nicht der Kinder wegen wäre", spricht der Zusatz, dass sie der Kinder wegen nicht Hand an sich legen wolle, für die hohe Unwahrscheinlichkeit der That. Die Vertheidigung hat hier den Umstand angeführt, die Frau habe sich am Mittage ein schwarzes Kleid angezogen, obgleich sie Vormittags ein buntes angehabt; sie sieht in diesem Umstande eine Vorbereitung, welche die Frau zu ihrem Tode getroffen hat.

Indessen kann das Gericht diese Ansicht nicht theilen. Es erklärt sich diesen Umstand einfach dadurch: die Frau hat nur 2 Kleider gehabt, die beide sehr zerrissen waren. Die Kinder haben ausgesagt, die Mutter habe das schwarze Kleid oft gestopft und alsdann angezogen; ausserdem war Weihnachten und der heilige Abend vor der Thür, sie hat daher gedacht: „du musst dich besser kleiden, zumal der Doctor kommt." Man weiss, dass Frauen in solchen Dingen eigen sind.

Ein fernerer Umstand, der dafür spricht, dass die Angeklagte sich nicht selbst erwürgt habe, ist der, dass man sie nicht in der Wohnstube, sondern in der Werkstätte gefunden. Wollte sie sich und die Kinder umbringen, so liegt es auf der Hand, dass sie in derselben Stube geblieben sein würde, wo sie war. Dies ist nicht geschehen, man findet sie in gedachtem Zustande in der Werkstätte auf der Diele liegen. —

Wie bereits angeführt, ist ausser dem Angeklagten Niemand da, dem man die That zugetraut hätte. Ausserdem konnte Niemand ein Motiv zu der That haben; die Frau lebte mit Niemandem in Unfrieden, und es ist in der Wohnung selbst nichts geraubt worden. Der Mann war ein Trunkenbold, ein Zänker, und lebte überdies mit seiner Frau in unglücklicher Ehe. Er hatte seine Frau verhöhnt, gemisshandelt, sogar während des Acts der Entbindung. Es ist uns dies von den Zeuginnen Deinert und Weissenborn bekundet worden. Die Deinert hat uns bekundet, dass sie während der letzten Entbindung der Frau fortgegangen sein würde, wenn nicht die Bitten der Wöchnerin sie zurückgehalten hätten; so habe sie das Betragen des Mannes empört. Hierzu kommt, dass die Frau selbst ihrer Tante Wilsack geklagt hat: ihr Mann trachte ihr nach dem Leben; ferner eine Aeusserung des Mannes in Gegenwart der Deinert: „Wenn ich nur das Aass erst los wäre!" Auch seine erste Frau hat er hart und roh behandelt, sie hat öfters Misshandlungen erdulden müssen, wie dies der Zeuge Schulz, der leider gestorben ist, dem Gericht zu Protokoll bekundet hat.

Nimmt man nun an, dass jene Zettel nicht von der Frau geschrieben sind, so muss man annehmen, dass der Mann der Verfasser ist, denn sie sind in seinem Interesse geschrieben. Es ist ferner im höchsten Grade auffällig, dass der Angeklagte, obgleich er wusste, er habe daheim 4 unmündige Kinder und eine kranke Frau, sich von 4 Uhr Nachmittags bis 1 Uhr Nachts an dem betreffenden Tage herumtrieb, aus einem Lokal ins andere wanderte und sich in Punsch und Branntwein übernahm. Hierzu kommt, dass uns von den Kindern gesagt ist, er sei im Laufe des Nachmittags zu wiederholten Malen nach Hause gekommen, was er jedoch in Abrede stellt. Er hatte in seiner Rohheit wohl ein Motiv, die Frau aus dem Leben zu schaffen, denn sie war krank und konnte ihm nichts mehr nützen; er ist ein Mann, bei dem der Nutzen entscheidet, er beschliesst daher, die Frau fortzubringen. Es heisst daher auch in den Zetteln ganz prosaisch: „Was soll der leben, der nicht mehr leben kann!" — Seine eignen Kinder haben bezeugt, dass er die Mutter bei den Haaren herausgezogen aus dem Bett, sie an den Haaren in die Kammer geschleift habe, zurückgekehrt sei, Strippe geholt, alsdann die Kammerthür zugemacht habe, fortgegangen, wiedergekommen und wieder fortgegangen sei. Die Kinder haben allerdings, solange sie im Bereich des Vaters waren, erklärt, die Mutter habe sich selbst erwürgt und der kleinen Dore die Strippe umgebunden, und als das Kind geschrieen, habe Johanne die Strippe abgemacht. Als man jedoch die Kinder zur Deinert gebracht hatte, und das Gespräch darauf kam, wie die Mutter es denn gemacht habe an jenem Nachmittage, so erklärten die Kinder aus freien Stücken, der Vater habe die Mutter todtgemacht. Als man darauf in sie drang, als man sie ermahnte, sie sollten nicht die Unwahrheit sagen, sind sie bei ihrer Aussage geblieben; als sie darauf von der Deinert nach dem Waisenhause gebracht worden, haben sie den Zeugen Grönzer gebeten, er möchte sie nur nicht zum Vater zurückbringen, denn dieser würde es mit ihnen ebenso machen, wie er es mit der Mutter gemacht hätte. —

Die Kinder haben also den Vater freiwillig als den bezeichnet, der die Mutter umgebracht hat. Es ist unglaublich, dass Kinder ihren leiblichen Vater einer solchen Schandthat wahrheitswidrig bezichtigen werden, es ist unglaublich, dass sie sich eine That ausdenken werden, die nicht verübt worden ist, man muss im Gegentheil annehmen, dass sie das wiedergeben, was sie mit ihren Augen gesehen haben.

Es ist eingewendet worden, die Kinder hätten bei Verübung der

That nicht geschrieen. Es kann auf diesen Umstand kein Gewicht gelegt werden, denn es ist nichts Seltenes, dass in Familien, wo viele Kinder sind, öfter Geschrei entsteht, und die Hausbewohner darauf also wenig achten. Es ist ferner gesagt worden, es stehe im Widerspruch mit der Aussage der Johanne, dass die Zunge der Ermordeten nicht zum Halse herausgesehen habe. Es ist von dieser allerdings behauptet worden, dass die Mutter die Zunge herausgesteckt habe, man kann jedoch nicht wissen, ob sie damals schon todt war, und ob die Zunge nicht später wieder zurückgezogen ist. Die Vertheidigung hat ferner gesagt, die Frau würde, wenn man sie hätte morden wollen, nicht ruhig in der Kammer geblieben sein; darauf ist zu erwidern, der Angeklagte kann sie vorher gewürgt und so um die Besinnung gebracht haben. Dies alles sind keine Gründe, welche gegen die Wahrhaftigkeit der Kinder mit Erfolg angeführt sind. Es sind im Gegentheil Gründe da, welche deren Aussagen bedeutend unterstützen. Johanne hat zuerst angegeben, sie selbst habe gesehen, wie der Vater die Mutter behandelt habe, indessen hat sie später speciell erklärt, sie habe dies zwar nicht gesehen, denn der Vater habe sie nach Milch geschickt; als sie jedoch wiedergekommen, habe ihr Marie erzählt, was vorgegangen sei. Als man sie mit Marie zusammengestellt hat, ist sie bei ihrer Aussage geblieben. Es kommt indess bei erwachsenen Zeugen vor, dass sie Dinge als selbst wahrgenommen bekunden, die man ihnen später erzählt hat. Dazu tritt, dass Dore wirklich eine Schnur um den Hals gehabt, dass ferner von den betreffenden Zeugen bestätigt ist, wie Johanne wirklich am Nachmittage des 23. Milch geholt hat. Ferner hat sie angegeben, wie sie gesehen, dass der Vater aus dem Wirthschaftsbuche Papier gerissen und darauf geschrieben habe; sie hat das Buch nachgewiesen, das Buch ist verglichen worden, und es haben sich in demselben die Fetzen der ausgerissenen Blätter gefunden. Alle diese Umstände sprechen für die Wahrheit der Aussage des Kindes. Dazu kommt endlich, dass alle diese Aussagen wiederholt wurden, und dass Marie namentlich bei der Frau Dusedan fortwährend davon gesprochen hat, wie der Vater die Mutter umgebracht habe.

Ferner ist es höchst auffällig, dass der Angeklagte am Nachmittag und Abend des 23. December, wo er sich herumtrieb, an mehreren Stellen, in verschiedenen Lokalen, die er besuchte, den Tod seiner Ehefrau als nahe bevorstehend ankündigte, ihre Krankheit als gefährlich schilderte, dass er hinzusetzte, sie würde wohl sterben, und sie habe ihn beauftragt, sich nach einer andern Frau umzusehen. Er hatte zu diesen Aeusserungen keine Veranlassung, seine Frau war nicht sterbenskrank, sie befand sich, nach seiner eignen Aussage, wohler als sonst. Er hat Anfangs diese Aeusserungen nicht zugeben wollen, späterhin hat er gesagt, er habe sie gesprächsweise und im Scherze gemacht. Ebenso sind seine Auslassungen vor Gericht oft in Widerspruch mit den Zeugenaussagen gewesen.

Der Zeuge Hoffmann soll gesehen haben, dass die Claasen ihrem Manne beim Fortgehn am 23. Geld gegeben hat. Hoffmann hat dies als eine Unwahrheit erklärt. Ferner hat der Angeklagte bestritten, in der Wohnung der Deinert von dem nahen Tode seiner Frau gesprochen zu haben, er hat bestritten, seine Frau in Gegenwart der Deinert nach ihrem Tode ein Luder geheissen zu haben, obgleich die Deinert dies beschworen hat. Noch am Abend des 23. sagt er bei Thomas, er komme aus der Apotheke, und bestreitet diese Aussage dann vor Gericht. — Alle diese Umstände sprechen also laut für die Schuld des Angeklagten; und dafür, von welchem Charakter derselbe gewesen, spricht folgender Zug: am Tage nach der Ermordung seiner Frau war die Deinert bei ihm, er äusserte in Gegenwart dieser vor der Leiche seiner Frau: „das Luder hat mir einen Spass gespielt und hängt sich am heiligen Abend auf.“ Er bestreitet jetzt diese Aeusserung, obgleich sie von der Deinert beschworen ist. — An demselben Tage kommt ein Verwandter seiner Frau, der Zeuge Noack zu ihm, jetzt spielt er den zerknirschten Ehemann und sagt: „liebe Luise, wie hast Du mir das thun können!“ und will die Leiche küssen. — Man sieht hieraus, dass er in der Verstellung wohl bewandert ist, und so wird es um so erklärlicher, wenn er die Zettel in der gedachten Weise geschrieben hat. — Aus allen diesen Umständen hat das Gericht die Ueberzeugung für seine Schuld geschöpft, es fragt sich daher, welche Strafe der Angeklagte verwirkt hat.

Im §. 874 des Strafrechts heisst es: Mord der Kinder oder Ehegatten wird mit dem Rade von unten herauf und mit Schleifung des Verbrechers zum Richtplatze gestraft.

Aber es heisst ferner in dem Gesetz vom 17. Juli 1846 §. 20: „Wenn jedoch im Gesetze Todesstrafe oder lebenswierige Freiheitsstrafe angedroht ist, so ist das Gericht ermächtigt, in denjenigen Fällen, in welchen gegen den für schuldig Erklärten ein nach den bisherigen positiven Regeln der Criminalordnung für vollständig zu erachtender Beweis nicht geführt ist, anstatt der Todesstrafe auf lebenswierige oder zeitige Freiheitsstrafe zu erkennen.“ Es steht dem Gerichtshofe nicht zu, über die Zweckmässigkeit des Gesetzes ein Urtheil zu fällen. Der Richter muss das Gesetz anwenden in der Art und Weise, wie es vom Gesetzgeber ertheilt ist. In denjenigen Fällen, wo der Beweis der Schuld nicht vollständig geführt ist, hat er die Todesstrafe auf lebenswierige oder zeitige Freiheitsstrafe zu begrenzen. Von diesem Standpunkte aus hat der Gerichtshof nicht auf Todesstrafe erkannt, sondern auf lebenswierige Strafarbeit. Eine geringere Strafe eintreten zu lassen, war unzulässig, denn der Ehemann hat die Ehefrau gemordet. Es ist mit dieser Strafe zugleich unzweifelhaft der Verlust der Nationalkokarde verbunden, so wie die Verpflichtung, die Untersuchungskosten zu tragen.

XI.

Fall Setz.

Todtschlag oder hinzugekommener Kunstfehler?

Der Bergmann Setz hatte mit einer schweren zinnernen Bierkanne dem 24jährigen F. Gärtner einen so heftigen Schlag auf den Kopf versetzt, dass dieser nach einigen Tagen an der Verletzung starb, obgleich eine vorgenommene Trepanation unmittelbar einige Besserung hervorgerufen hatte.

Die gerichtlichen Obducenten hatten die dem Gärtner beigebrachte Kopfverletzung als absolut lethal erklärt, das Medicinal-Collegium zu Münster aber in zwei Gutachten die Verletzung zwar für eine schwere, das Verfahren der den Verletzten behandelnden Aerzte aber für nicht ganz kunstgerecht erachtet.

In dem von der wissenschaftlichen Deputation deshalb erforderten Superarbitrium hatte dieselbe sich für die Ansicht der Obducenten ausgesprochen, das Verfahren der behandelnden Aerzte vollkommen gebilligt und das Gutachten des Medicinal-Collegiums einer scharfen Kritik unterworfen.

Nach der bestehenden Einrichtung wurde diese Superrevision dem Medicinal-Collegium mit der Aufforderung zugeschickt, dieselbe den betheiligten Medicinalbeamten zur Kenntnissnahme mitzutheilen. Das Medicinal-Collegium that dies zwar, fühlte sich aber dadurch in doppelter Weise beschwert. Einmal nämlich erachtete es seine Würde als Behörde beeinträchtigt, wenn es selber eine so tadelnde Beurtheilung seines Gutachtens der Unterbehörde übergeben sollte, und bat deshalb den Minister, diese unangemessene Einrichtung aufzuheben. Andrerseits erklärte es aber auch den Tadel, den die wissenschaftliche Deputation ausgesprochen, für nicht gerechtfertigt und suchte das Superarbitrium zu widerlegen.

Der Minister legte die letzte Remonstration der wissenschaftlichen Deputation vor, welche jedoch in einer Rückäusserung ihre frühere Ansicht aufrecht erhielt. Der Minister theilte diese Rückäusserung dem Medicinal-Collegium abschriftlich mit und lehnte zugleich die gewünschte Abänderung des bisherigen Geschäftsganges, in Beziehung auf die Mittheilung der Superarbitria an die betreffenden Medicinalpersonen, ab.

Allerdings hat dieses Verfahren manche Uebelstände; diese liegen aber nicht sowohl in der Einrichtung selbst, als vielmehr in der unangemessenen Form, in welcher oft der Referent der wissenschaftlichen Deputation das Gutachten abfasst, und welche von dem Collegium mehr mit Eile, als mit gehöriger Ueberlegung unverändert angenommen wird. Ich werde bei einem späteren Falle (XII) auf diesen Uebelstand ausführlicher zurückkommen. Die wissenschaftliche Deputation darf nicht vergessen, dass sie nur auf der Stufenleiter der amtlich geordneten Behörden eine höhere Stelle, als das Medicinal-Collegium einnimmt, dass aber in wissenschaftlicher Beziehung, worauf es doch hier allein ankommt, in manchem concreten Falle das gesammte Collegium der Deputation bei dem Referenten des Medicinal-Collegiums mehr Belehrung finden, als ihm ertheilen kann.

Auf Veranlassung des Königl. Land- und Stadtgerichts zu Siegen hat das Königliche Hohe Ministerium der geistlichen, Unterrichts- und Medicinal-Angelegenheiten die unterzeichnete wissenschaftliche Deputation für das Medicinalwesen unter dem 30. Mai d. J. aufgefordert, in der Untersuchungssache wider den Bergmann Heinrich Setz von der Hammerhütte wegen Todtschlags ein Superarbitrium abzugeben, dem wir hiermit genügen.

Geschichtserzählung.

Am 24. Juni 1845 war, bei Gelegenheit eines Marktes zu Siegen, in dem dortigen Gasthofe zum rothen Hahn Tanzvergnügen. In dem zwei Treppen hoch gelegenen Tanzsaale entstand gegen 6 Uhr unter den jungen Burschen Streit, wobei Friedrich Gärtner aus Niederholzklau den Bergmann Engel Zöller aus Obersdorf in den Finger biss, so dass dieser blutete. Dieser Letztere begab sich hierauf mit einem andern Obersdorfer in ein anderes, eine Treppe höher, nach dem Markte gelegenes Zimmer, wo er den Heinrich Setz aus Hammerhütte, hinter einem Tische sitzend, fand. Setz war kurz vorher ebenfalls im Tanzsaale gewesen, hatte jedoch von dem Streite nichts vernehmen können, da er sich am andern Ende des Saales befunden, und der Tanzsaal voll Menschen war. Setz sass im oberen Zimmer mit Seelbach und Helmes am Tische, als Engel Zöller, welcher etwas angetrunken war, zu ihm trat, von seinem Streite erzählte, ihn aufforderte, ihn nicht zu verlassen, und überhaupt aufreizende Redensarten führte. Bald darauf kamen auch einige andere Bursche in dies Zimmer, unter denen sich Friedrich Gärtner befand; sie blieben in und an der Thür stehen. Bei ihrem Eintritt fing Engel Zöller sogleich an, stichelnde Redensarten zu führen, und äusserte: „der mit dem rothen Bart wäre es,“ worauf Gärtner, der sich sonst ruhig verhielt, erwiderte: „Was wollt ihr?“ Unterdessen hatten die Obersdorfer, die an dem Tische von Setz sassen, alle Gläser zerschlagen. Auf einmal ergriff Heinrich Setz ein Glas und warf damit nach Friedrich Gärtner, traf aber bloss die Decke.

Nunmehr ergriff Setz eine vor ihm stehende, 5 Pfund schwere Maassbierkanne von Zinn, sprang mit derselben über den Tisch, stürzte auf den Friedrich Gärtner los, schwang die Kanne hoch in die Luft und schlug damit auf Gärtner, den er an die Schulter und auf die linke Seite des Vorderkopfes, der mit einer schwarzen Kappe bedeckt war, dermassen traf, dass er niederstürzte. Hierbei entstand im Zimmer ein grosser Tumult, der jedoch nur einen Augenblick dauerte.

Der Gärtner war in Folge des Schlages so auf den Fussboden gestürzt, dass er auf den Gang vor der Stube hinfiel und nur mit den Beinen in der Stube liegen blieb. Als der Gärtner aufgehoben wurde, lief ihm das Blut sehr stark vom Kopfe, er war vollkommen betäubt und konnte gar nicht auf den Füssen stehen. Nachdem er sich jedoch etwas erholt, wurde er zu mehreren Aerzten, und als man diese nicht zu Hause gefunden, in das Armenhospital gebracht und der Behandlung des Dr. Schenck übergeben.

Die vom Stadtgericht zu Siegen an demselben Tage zur Vernehmung des Gärtner nach dem Armenhospital gesandten Gerichtspersonen fanden denselben auf einem Stuhle sitzend; er gab auf die an ihn gestellten Fragen zwar passende Antworten, der Gedankengang war jedoch schwerfällig, und das Gedächtniss unterbrochen.

Oben an der Mitte des Schädels fand sich eine grosse Wunde in der Form eines Kreuzes. Der eine Arm dieses Kreuzes lief seiner Richtung nach von vorn nach hinten parallel mit der Pfeilnath und hatte eine Länge von 3 Zoll. Der andere Arm dieser Kreuzwunde schnitt den ersten in seiner Mitte und verlief von rechts nach links. Im Grunde dieser Wunde sah man eine Oeffnung in den Schädelknochen von unregelmässiger länglich-rundlicher Form. Diese Oeffnung lag etwas mehr auf der linken Seite und mass von links nach rechts zwei und einen halben Zoll. Die Grösse dieser Oeffnung von vorn nach hinten war nicht überall gleich, betrug aber durchschnittlich einen Zoll. Im Grunde dieser Oeffnung sah man geronnenes Blut und unter demselben die Hirnhäute und die Bewegungen des Gehirns.

Bei einer am 26. Juni mit dem Gärtner durch die Gerichtspersonen angestellten Unterredung beantwortete derselbe die an ihn gerichteten Fragen ziemlich vollständig, brauchte jedoch öfters Zeit, um sich zu besinnen, und es schien ihm bei manchen Punkten das Gedächtniss zu fehlen. Auch bei diesem Verhör erzählte er, wie das erste Mal, den Hergang seiner Verletzung ziemlich richtig. Als ihm jedoch auf Veranstaltung der Inquirenten zu gleicher Zeit mit mehreren Gefangenen der Heinrich Setz vorgestellt, und er aufgefordert wurde, die Leute gewissenhaft zu prüfen und zu sagen, ob er unter denselben denjenigen erkenne, welcher ihn geschlagen, erklärte er, dass er keinen von diesen erkenne, und dass derjenige, der ihn geschlagen, nicht darunter sei. Auch am 27. Juni erkannte Gärtner den Heinrich Setz nicht, als dieser ihm, auf Veranlassung der Inquirenten, abermals mit mehreren Gefangenen vorgestellt wurde.

Aus der Krankengeschichte der Doctoren Hanckroth, Schenck und Hellmann, welche den Verletzten im Krankenhause behandelt, ergiebt sich, dass in der oben geschilderten Kopfwunde des Gärtner die Untersuchung am 24. Juni niedergedrückte Knochenstücke des zerbrochenen Stirnbeins zu erkennen gab. In der Mitte der Wunde liess die Sonde einen Knochenbruch wahrnehmen, aus welchem Blut hervorkam; etwas losgelöstes Gehirn, ungefähr von der Dicke einer kleinen Erbse, war auf der äusseren Seite des zerschlagenen Knochens zu bemerken. Der Kranke, Anfangs mit blassem Gesicht und Lippen, vermochte auf keine Frage Antwort zu geben, obschon er noch im Stande war, sich zu bewegen, erhielt jedoch kurze Zeit, nachdem er in das Hospital gebracht war, die Sprache wieder. Nachdem die Wunde in den Weichtheilen durch einen Kreuzschnitt erweitert war, ergab sich ein Knochenbruch mit Depression, dessen mittlere Länge $2^1/_4$ Zoll lang war.

Zur Beseitigung dieser Depression wurde sofort von den behandelnden Aerzten die Trepanation gemacht, und es wurden durch diese Operation mehrere Knochenstücke entfernt, von denen einige sogar unter einander lagen. Nach Entfernung derselben zeigte sich noch ein kleines losgelöstes, mehrere Linien tief ins Gehirn in schiefer Richtung, den scharfen Rand nach unten gekehrt, eingedrungenes Knochenstückchen, welches mit leichter Mühe herausgebracht wurde. Durch dieses Knochenstück war die Dura mater verletzt. Die Oeffnung in derselben hatte ungefähr eine Länge von 1 Zoll und klaffte 1—2 Linien.

Während und nach der Operation zeigten die Antworten des Verletzten gewissermassen einen unterbrochenen Gedankengang, eine schwere Beweglichkeit des Geistes, und oft schien er die Worte nicht finden zu können.

Nach der Operation wurde der Verletzte auf entsprechende Weise antiphlogistisch behandelt.

Bereits am anderen Tage war neben dem Verbande etwas Hirnmasse herabgeflossen, obschon sich im Uebrigen der Zustand des Kranken etwas zu bessern schien. Am 27. Juni zeigte sich eine Massenzunahme, ein Wachsen des entblössten Gehirns im oberen Wundwinkel. Dazu kam am folgenden Tage ein beschwerliches Harnen und auffallendes Gesunkensein der sensoriellen Thätigkeiten, welches am folgenden Tage noch zugenommen hatte.

Nachdem sich am 30. Juni der Zustand zu bessern schien, trat am 1. Juli Vormittags 10 Uhr eine Verschlimmerung ein, in deren Folge Gärtner in Sopor verfiel. Am Abend trat Lähmung der Extremitäten der rechten Seite ein; der Prolapsus cerebri vergrösserte sich. Am 2. Juli gesellten sich hierzu Zuckungen einzelner Muskeln und selbst der ganzen Extremitäten der nicht gelähmten Seite, unwillkürlicher Abgang des Harnes und Kothes, und nachdem am Nachmittage desselben Tages das Bewusstsein noch auf kurze Zeit zurückgekehrt, und der Prolapsus cerebri eingesunken war, erfolgte am 3. Juli Morgens 8 Uhr, unter Rückkehr des soporösen Zustandes, der Tod.

Die am 4. Juli von dem Kreisphysikus Dr. Vollmer und Kreiswundarzt Herling unternommene gerichtliche Obduction ergab Folgendes:

1) Soviel sich aus der äusseren Gestalt entnehmen liess, hat der Verstorbene ein Alter von 26—27 Jahren erreicht. Er war von kräftigem Körperbau und wohlgenährt.

3) Das Haar, welches am ganzen Schädel grösstentheils abgeschnitten war, war von röthlicher Farbe.

4) Auf dem Kopfe befand sich ein Kreuzschnitt, dessen quer verlaufender Schnitt $4^1/_2$ Zoll, der von vorn nach hinten verlaufende $3^1/_2$ Zoll lang war. Beide Schnitte durchdrangen die weichen Integumente bis auf die Schädelknochen.

An der linken Seite der Wunde befand sich eine Quantität ausgetretenen Gehirns, welches die Wunde zum Theil ausfüllte und etwa einen Theelöffel betrug. Die Oberfläche dieser Masse war theils roth, theils bläulich gefärbt, theils missfarbig. In den drei anderen Winkeln der Schnittwunde lag der Schädel bloss.

16) Auf der linken Schulterhöhe waren 3 blau sugillirte Flecken, an denen sich bei gemachten Einschnitten eine geringe Blutaustretung ins Zellgewebe zeigte.

19) Nach Entfernung der weichen Integumente des Kopfes zeigte sich an der linken Seite desselben eine Knochenwunde, welche quer von unten nach oben eine Länge von 2 Zoll 4 Linien hatte. Die grösste Breite betrug 1 Zoll. Der obere Winkel befand sich nahe an der Pfeilnath und erreichte die Mittellinie des Schädels. Der untere Winkel war mit der Trepankrone gefasst, und der durch die letztere hervorgebrachte bogenförmige Rand war 3 Linien von der halbmondförmigen Linie entfernt, an die sich der Schläfenmuskel ansetzt. Der andere Rand der Knochenwunde war $2^1/_2$ Zoll von dem oberen Bogen der Augenhöhle entfernt; der hintere drang bis in die Kronnath.

20) Nachdem der Schädel kunstgemäss durchsägt, und das Schädelgewölbe abgenommen war, bemerkte man, dass der Schädel nicht von der gewöhnlichen Dicke war. An der beschädigten Stelle betrug die Dicke nur $1^3/_4$ Linien.

Der Knochendefect betraf vorzüglich das linke Stirnbein und hatte nur einen kleinen Theil der vorderen Seite des linken Seitenwandbeins mitbetroffen. In die Schädelöffnung passte das grosse Knochenstück, welches durch die Trepanation entfernt war, und man bemerkte nicht, dass irgend etwas an dem Stücke fehlte.

Es hatten nämlich die Herren Doctoren Hanckroth, Schenck und Hellmann, welcher letztere die Trepanation verrichtet, und welche sich zur Obduction eingefunden hatten, die durch die Trepanation entfernten Knochenstücke des Schädelknochens den Obducenten überreicht. Dieser Stücke waren 3, ein grosses und 2 kleine. Die äussere Fläche des grossen mass 2 Zoll und 3 Linien, die grösste Breite 1 Zoll 3 Linien, die Form war eiförmig. Die Oberfläche bestand aus der äusseren Lamelle des Schädelknochens. Die vordere Seite dieser Knochenlamelle bildete einen Bogen; der Knochenrand war an dieser Seite glatt und scharfkantig. Die obere Seite war rauh, gleichfalls gebogen, und man bemerkte an ihr in einer Länge von 1 Zoll 3 Linien die Zähne der Kronnath. Am unteren und vorderen Ende befindet sich ein rundes Knochenstück, welches durch eine Trepankrone gebildet und mit der anderen äusseren Lamelle durch Heftpflaster in Verbindung gebracht war. Das quäst. grosse Knochenstück war an seiner äusseren Lamelle durch eine Längenspalte in zwei ziemlich gleiche Theile getheilt. Der obere Theil war in zwei Stücke getrennt, wovon das eine grösser und das andere kleiner war. Das durch den Trepan ausgebohrte Knochenstück war in diagonaler Richtung gespalten, dieser Spalt drang indess nur durch die äussere Lamelle des Schädelknochens.

Die innere Fläche des grossen Knochenstückes betrug $2^1/_2$ Zoll, und die grösste Breite 1 Zoll und 7 Linien. Die innere Lamelle oder Glastafel war durch mehrere Brüche in mehrere Stücke getrennt; auch bemerkte man fast in der Mitte einen Defect der Glastafel von unregelmässiger Gestalt. Nur einer der oben bemerkten Schädelrisse correspondirte mit einem Riss in der oberen Schädelfläche. Der getrennten Stücke der Glastafel waren 8, welche sämmtlich durch Heftpflaster an einander befestigt waren. Die Ränder der innern Fläche dieses Knochenstückes waren sämmtlich rauh und ragten an mehreren Stellen über die äussere Knochenlamelle hervor. An dem oberen und hinteren Rande der Glaslamelle bemerkte man in einer Länge von 1 Zoll und 3 Linien und einer Breite von einer starken Linie vom Rande entfernt die innere Fortsetzung der Kronnath.

Die beiden kleineren Knochenstücke waren von unregelmässiger Gestalt; das grössere hatte 2 Linien, das kleinere eine starke Linie im Durchmesser; sie waren beide von der Glaslamelle des Schädelknochens.

21) In der harten Hirnhaut befand sich ein Querriss, woraus eine Gehirnmasse hervorgedrungen war, deren Länge 2 Zoll, deren Breite 1 Zoll 3 Linien, deren Höhe 8 Linien betrug. Die Masse dieses ausgetretenen Gehirns betrug einen starken Esslöffel voll. Die Oberfläche dieser Masse war ungleich, missfarbig, und man bemerkte darauf kleine Blutstreifen. Um diese Gehirnaustretung war an verschiedenen Stellen Eiter gelagert. In der abgelösten Gehirnsubstanz befanden sich 2 kleine Knochensplitter, ungefähr von der Grösse einer halben Linse, welche vom mittleren Knochengewebe zu sein schienen.

22) Der Querriss in der harten Hirnhaut mass in der Länge 1 Zoll und 10 Linien, die grösste Breite betrug 13 Linien. Dieser Riss befand sich gerade unter der Knochenwunde des Schädels.

23) Nach Entfernung der harten Hirnhaut fand sich unter dem Riss derselben, in der linken Hemisphäre des grossen Gehirns, eine trichterförmige Höhle, welche am Eingange in der Länge 1 Zoll 11 Linien, in der Breite 1 Zoll 4 Linien mass. In der Tiefe betrug die Länge 6, die Breite 4 Linien. In der Tiefe derselben fand sich eine kleine Quantität Eiter und flüssiges Gehirn. Aus der Marksubstanz in dieser Höhle drangen lebhaft geröthete Blutpünktchen her-

vor, die Wundränder dieser Höhle waren gleichfalls geröthet. Die Gefässe der weichen Hirnhaut waren nur mässig mit Blut, die grösseren mit Luft angefüllt.

24) Beim Abtragen des Gehirns zeigte sich auf der linken Seite des sensenförmigen Fortsatzes der harten Hirnhaut eine eiterartige Ausschwitzung, in einer Länge von 15 und in einer Breite von 6 Linien.

25) Die Marksubstanz beider Hemisphären des Gehirns war compact, und es drangen bei Durchschneidung derselben nur wenige Blutpünktchen hervor.

26) Die Seitenventrikel des grossen Gehirns enthielten die gewöhnliche Menge wässeriger Flüssigkeit. Das Adergeflecht in denselben war fast blutleer.

27) Der Längenblutbehälter der harten Hirnhaut war fast blutleer, dagegen der Querblutbehälter mit Blut überfüllt.

Im Uebrigen fand sich nichts Abnormes an der Leiche, und die Organe der Brust und Bauchhöhle waren von gesunder Beschaffenheit.

Nachdem den Obducenten die vom Magistrate eingelieferte Kanne, mit welcher der Schlag geschehen sein soll, vorgezeigt wurde, und sie den unteren Rand derselben mit dem an dem vorher erwähnten grösseren Knochenstücke befindlichen äusseren Längenspalt verglichen hatten, gaben sie ihr Gutachten vorläufig dahin ab:

dass die bei dem Verstorbenen vorgefundene Schädelverletzung durch den unteren Rand der Kanne sehr gut habe hervorgebracht werden können, und dass die Kopfverletzung absolut tödtlich sei, und der Tod des Denaten unbedingt durch die erwähnte Kopfverletzung herbeigeführt worden sei.

In dem später unter dem 2. August eingereichten Obductionsbericht und Gutachten erklären sich die Obducenten dahin: dass nach dem Ergebniss der Obduction „die stattgehabte Verletzung als die einzige und hinreichende Ursache des erfolgten Todes zu betrachten, und dass die Verletzung im vorliegenden Falle unheilbar und folglich lethal sei, und dieserhalb könne auch die aussergewöhnliche Dünne des Schädels nicht beachtet werden."

Sie fassen demnach ihr Gutachten schliesslich dahin ab: „dass die dem verstorbenen Friedrich Gärtner zugefügte Kopfverletzung die einzige und ausreichende Ursache von dessen erfolgtem Tode war, und dass diese Kopfverletzung zu den absolut tödtlichen gehörte."

In dem unter dem 29. August 1846 von dem Königl. Medicinal-Collegium zu Münster abgegebenen Gutachten wird dargethan, dass eine normwidrige Dünne des verletzten Schädelknochens hier nicht vorhanden gewesen ist. Dagegen wird den Aerzten, welche den Denatus behandelt, der Vorwurf gemacht, dass sie bei der Trepanation unterlassen, durch Anwendung des Linsenmessers die Ränder der Oeffnung in den Schädelknochen zu glätten, und dass die Schärfe dieser Ränder, so wie die nicht aus dem Gehirn beseitigten zwei Knochensplitter, von denen eine Unmöglichkeit sie auszuziehen aus dem Obductionsprotokoll nicht erhelle, als zwei wichtige ursächliche Momente zu betrachten seien, welche zur Erregung der Entzündung und dadurch zu dem tödtlichen Ausgange der Verletzung beigetragen haben mögen. Andererseits sei nicht zu erweisen, dass ohne die Mitwirkung dieser Umstände der Tod nothwendig hätte erfolgen müssen. Ein Bruch im Stirnbein, wie er hier stattgefunden, zugleich mit einem Riss in der harten Hirnhaut und Absplitterung der inneren Hirnschalentafel, sei zwar ohne Frage als eine höchst lebensgefährliche und in vielen Fällen tödtliche Verletzung zu bezeichnen, aber darum doch nicht als eine absolut tödtliche, weil unter allseitig günstigen Verhältnissen doch immer noch Heilung erfolgen könne, und selbst der ominöse Vorfall des Gehirns nach durchbohrter harter Hirnhaut nicht jedesmal und nothwendig eintritt, sondern, als eine eventuelle Folge der grösseren oder geringeren Neigung der Gehirnsubstanz zur Anschwellung und Entzündung bei verschiedenen Menschen, von der Form und Beschaffenheit der Knochenlücke und der Art des Verbandes abzuhängen scheint. — Es giebt demnach das Königl. Medicinal-Collegium sein Gutachten dahin ab: „dass weder eine absolute, noch eine individuelle nothwendige Lethalität der Kopfverletzung zu erweisen, vielmehr anzunehmen sei, dass die Verletzung den Tod theils wegen der besonderen Körperbeschaffenheit des Denaten, theils wegen Mangels einiger zur Heilung erforderlichen Umstände zur Folge gehabt habe.“

Gegen diese Ansicht des Königl. Medicinal-Collegiums, als sei eine Mangelhaftigkeit der am Denaten verrichteten Trepanation als Ursache des Todes desselben zu betrachten, verwahren sich die Aerzte, welche den Denatus behandelt, in einer unter dem 10. October 1846 eingereichten Rechtfertigung, in welcher sie nachweisen, dass die mehrere Linien tief in das Gehirn eingedrungenen Knochenstückchen nicht entfernt werden konnten, und dass vom Linsenmesser zwar kein Gebrauch gemacht, dass derselbe aber nur deshalb unterblieben sei, weil er nicht nöthig war.

Dagegen erklärt nun das Königl. Medicinal-Collegium zu Münster in einem 2. Gutachten vom 11. Februar 1848, wozu es vom Königl. Oberlandesgericht zu Münster aufgefordert ist, „dass es keine zureichenden Gründe finde, von dem Resultate seines Gutachtens vom 29. August 1846 abzugehen."

Dies giebt dem zweiten Senat des genannten Oberlandesgerichts Veranlassung, das Gutachten der wissenschaftlichen Deputation einzufordern.

Gutachten.

Friedrich Gärtner, ein gesunder, lebenskräftiger Bergmann im Alter von 28 Jahren, bekam von Heinrich Setz mit einer 5 Pfd. schweren zinnernen Kanne auf die linke Seite des Vorderkopfes einen Schlag, der mit grosser Heftigkeit geführt sein musste, denn nach Aussage der Zeugen schwang Inculpat die Kanne hoch in die Luft, als er den Schlag vollbrachte. Schon der Fall eines 5 Pfd. schweren Körpers an und für sich, wenn er aus einer gewissen Höhe stattfindet, wird eine bedeutende Verletzung bewirken, um so mehr, wenn dieser Körper mit Kraft geführt wird, wie dies, am 24. Juni 1845, von einem durch den Genuss von Branntwein und durch leidenschaftliche Aufregung erhitzten jungen Manne von 24 Jahren geschehen ist. Die Grösse der Gewalt lässt sich aber vorzüglich aus dem Umstande ermessen, dass ein ganz stumpfer Körper, der Rand einer zinnernen Bierkanne, nicht bloss eine Trennung der weichen Integumente am Kopfe, sondern auch eine solche Trennung der Knochen und harten Hirnhaut bewirkte, dass Gehirnsubstanz aus der Wunde hervortrat. Eine Verletzung der Art mittels eines stumpfen Körpers, wie eine Bierkanne, war nicht möglich, ohne dass eine äusserst heftige Hirnerschütterung stattfand; und dass diese in einem recht bedeutenden Grade vorhanden war, geht aus dem Umstande hervor, dass Denatus in Folge der Verletzung niederstürzte, dass er einige Zeit liegen blieb, dass er, als man ihn aufhob, sehr betäubt war, gar nicht auf den Füssen stehen konnte, dass er, im Krankenhause angelangt, beim Besuch des behandelnden Arztes ein blasses Gesicht und blasse Lippen hatte und Anfangs auf keine Frage Antwort zu geben vermochte, ja dass selbst später, als er zum ersten Male durch die Gerichtspersonen im Hospitale vernommen wurde, sein Gedankengang noch schwerfällig, und sein Gedächtniss unterbrochen war. Auch dauerte an den folgenden Tagen ein gewisser Grad von Beeinträchtigung der geistigen Functionen fort, wenn schon der allgemeine Zustand des Verletzten sich auf die zweckmässige ärztliche Behandlung zu bessern schien.

Die Hirnerschütterung gehört aber zu den wichtigsten Complicationen der Kopfverletzungen, und sie ist es vorzüglich, welche nach Maassgabe ihrer Intensität und Extensität die Gefahr der letzteren in einem hohen Grade steigert.

In dem concreten Falle concurrirte eine sehr bedeutende Hirnerschütterung mit einer Kopfverletzung, welche an und für sich zu den gefahrvollsten gezählt werden muss. Diese Verletzung bestand nämlich in einer umfangreichen, gequetschten Wunde in den weichen Integumenten in Form eines Kreuzes, von welchem der eine Arm eine Länge von 3 Zoll hatte, ferner in einem bedeutenden Splitterbruch in den Schädelknochen, durch welchen besonders die innere Lamelle derselben, die Lamina vitrea, mehrfach getrennt, und mehrere Knochenstückchen von derselben ganz gelöst waren, mit bedeutender Depression der getrennten Knochen, Zerreissung der harten Hirnhaut durch ein gelöstes Knochenstück und Verletzung der Substanz des Gehirns selbst, in welche mehrere grössere und kleinere Knochenstückchen eingedrungen waren. Es war selbst etwas abgelöste Hirnsubstanz aus der Wunde gedrungen und auf der äussern Seite der zerschlagenen Knochen zu bemerken.

Dieser Vorfall der abgelösten Hirnsubstanz, wie gering er auch sein mochte, giebt ein wichtiges Moment für die Beurtheilung der Verletzung ab, welche nothwendig einen solchen Druck auf das zerrissene Gehirn ausgeübt haben musste, dass davon gewaltsam etwas zwischen den frakturirten Schädelknochen hervorgepresst wurde. Wie sehr übrigens durch die Verletzung selbst das Gehirn gelitten haben musste, geht auch aus dem Umstande hervor, dass sich bei der Section noch ein paar kleine Knochensplitter, von einer halben Linie im Durchmesser, in der Gehirnsubstanz fanden, welche mehrere Linien tief in dieselbe eingedrungen waren und daher vor dem Tode nicht gefunden werden konnten.

Von Seiten der Kunst wurde sofort diejenige Hülfe gewährt, welche zur Erzielung einer Lebensrettung und Heilung nothwendig erforderlich war. Die behandelnden Aerzte machten sogleich die Trepanation, entfernten mit Hülfe derselben die niedergedrückten Knochenstücke und zogen auch ein kleines losgelöstes Knochenstückchen, welches in schiefer Richtung, den scharfen Rand nach unten, mehrere Linien tief in das Gehirn eingedrungen war, aus, was leicht bewerkstelligt werden konnte. Auch war die übrige ärztliche Behandlung eine in jedem Betrachte dem Zweck entsprechende.

Aber eine Verletzung der Art, wie die geschilderte, war ein zu gewaltsamer und zu störender Eingriff in die Function des edelsten Organs des Körpers, als dass die der Kunst zu Gebote stehenden Mittel ausgereicht hätten, eine Lebensrettung und Heilung zu erzielen.

Brüche der Schädelknochen mit Depression der getrennten Knochenstücke und Zerreissung der harten Hirnhaut und mit Verletzung des Gehirns selbst in dem Grade, dass Hirnsubstanz aus der Wunde hervortritt, gehören an sich zu den gefahrvollsten Verletzungen. Ist das Gehirn, nach Trennung seiner schützenden Decke durch die Dura mater, der Einwirkung der atmosphärischen Luft preisgegeben, dann ist die Entzündung desselben um so weniger zu verhüten, wenn hierzu noch eine mechanische Reizung durch fremde in demselben stecken gebliebene Körper hinzutritt, denn nur auf dem Wege der Entzündung und Eiterung können die letzteren ausgestossen werden. Dass also eine solche nothwendig eintreten musste, lag in der Natur der Verwundung selbst. Hierzu gesellte sich aber noch eine andere, durch die Verletzung bedingte, höchst gefahrvolle Complication, nämlich heftige Hirnerschütterung.

Hirnerschütterungen und Quetschungen haben stets eine grosse Hyperaemie in den betroffenen Theilen zur Folge, denn beide rauben den Gefässwandungen ihren Tonus und damit die Fähigkeit, das Blut weiter zu führen. Die auf diese Weise entstandene Blutfülle begünstigt aber wieder im hohen Grade die Prädisposition zur Entzündung und Eiterung, deren Bekämpfung mit den der Kunst zu Gebote stehenden Hülfsmitteln um so schwieriger wird, jemehr der betroffene Theil durch Erschütterung gelitten hatte.

Daraus erklärt sich bei Denatus die Heftigkeit der Erscheinungen nach der Verletzung, welche selbst die wirksamsten Mittel nicht zu beseitigen im Stande waren; daraus die Bildung der Eiterhöhle im Gehirn, welche sich sub 23 bei der Section fand; daher die Röthung der Umgegend dieser Eiterhöhle und die eiterartige Ausschwitzung, welche sich sub 24 auf der linken Seite des sensenförmigen Fortsatzes der harten Hirnhaut zeigte.

Wenn das Königl. Medicinal-Collegium zu Münster in seinem Gutachten vom 29. August 1846 die Ansicht ausspricht, dass die Kopfverletzung des Denati zwar ohne Frage eine höchst lebensgefährliche und in vielen Fällen tödtliche Verletzung sei, dass sie aber nicht als eine absolut tödtliche betrachtet werden könne, weil unter günstigen Verhältnissen doch noch Heilung möglich sei, so hat dasselbe ganz unterlassen, diese Verletzung in Bezug auf die hier stattgehabte Complication mit heftiger Hirnerschütterung zu würdigen, in welcher Complication vorzüglich die Ursache der absoluten Lethalität zu suchen ist. Mag in einzelnen selteneren Fällen auch die Heilung einer Kopfverletzung für sich, wie die hier stattgehabte, gelingen, so wird sie zuverlässig überall da, wo sie mit so heftiger Hirnerschütterung concurrirt, als dies bei Denatus der Fall war, einen tödtlichen Ausgang nehmen; denn in der bedeutenden Hirnerschütterung lag grossentheils mit die Ursache, warum die Entzündung des Gehirns und die dadurch bedingte Anschwellung desselben, der zweckmässigsten Behandlung zum Trotze, eine solche Höhe erreichte, dass der ursprünglich nur kleine Vorfall des Gehirns sich bedeutend vergrösserte, und dass sich die ansehnliche Eiterhöhle im Gehirn bildete, welche bei der Section gefunden wurde.

Uebrigens hat das Königl. Medicinal-Collegium bei Erörterung dieser Frage ganz übersehen, dass bereits durch die Verletzung ein, wenn schon nur kleiner Vorfall des Gehirns erzeugt war, und dass dieser durch die hinzugetretene Entzündung nur vergrössert ist.

Als eine Schädlichkeit, welche durch Steigerung der entzündlichen Erscheinungen hierbei mitgewirkt hat, dürfen die beiden kleinen Knochenstückchen nicht übersehen werden, welche sich bei der Obduction sub 21 einige Linien tief in der Hirnsubstanz fanden. Dieselben gehörten der mittleren Knochensubstanz an. Es drängt sich dabei die Frage auf, ob es nicht vielleicht nach ihrer Entfernung eher gelungen wäre, die Entzündung und Eiterung zu bekämpfen und den lethalen Ausgang zu verhindern, um so mehr, als das Gutachten des Medicinal-Collegiums dieses Umstandes erwähnt, und es fast das Ansehen gewinnt, als könnte aus dem Zurücklassen dieser Knochenstückchen die behandelnden Aerzte ein Vorwurf treffen. Da diese Knochenstückchen einige Linien tief in der Hirnsubstanz steckten, so hätten sie nur durch ein sehr minutiöses Durchsuchen des Gehirns mittels der Sonde entdeckt werden können, was in jedem Betrachte in einem hohen Grade zu tadeln gewesen wäre, denn eine jede Insultation des Gehirns von der Art wäre unfehlbar von bei weitem nachtheiligeren Folgen gewesen, als das Verbleiben dieser kleinen Knochenstückchen im Gehirn, die nothwendig zurückbleiben mussten, da man von ihrem Sitze keine Kenntniss haben konnte. Dass dieselben aber so tief in die Hirnsubstanz eingedrungen waren, ist die Wirkung der Gewalt, mit welcher die Verletzung geführt ist, die eine so bedeutende gewesen sein muss, dass Stückchen von dem mittleren Knochengewebe sich völlig trennten und dermassen eine Ortsveränderung erlitten, dass sie durch die harte Hirnhaut hindurch einige Linien tief in die Hirnsubstanz selbst drangen. Eine solche Trennung und Ortsveränderung der Knochenstücke konnte nur das Product der heftigsten Erschütterung sein und würde an und für sich schon dafür sprechen, dass eine solche hier stattgefunden habe, wäre dieselbe nicht bereits aus den übrigen Erscheinungen hinreichend erwiesen.

In dem Gutachten des Königl. Medicinal-Collegiums zu Münster wird ferner hervorgehoben, dass man es bei der Trepanation unterlassen, wie die Regel es vorschreibe, die Knochenränder mit dem Linsenmesser zu glätten, und die Behauptung aufgestellt, dass die Ränder gebrochener Schädelknochen stets eine scharfe und eckige Beschaffenheit hätten, durch welche das sich in die Oeffnung hineindrängende Gehirn gereizt, und die Entzündung desselben gesteigert würde. Dies involvirt einen Vorwurf für die behandelnden Aerzte, als hätten sie durch Unterlassung eines wichtigen Kunstactes mit dahin gewirkt, den lethalen Ausgang der Verletzung des Gärtner herbeizuführen.

Es ist aber eine irrige Ansicht des Königl. Medicinal-Collegiums, wenn dasselbe der Meinung ist: es seien die Ränder der durch eine Verletzung gebildeten Knochenlücken stets scharf und eckig, und als müssten sie in jedem Falle durch Anwendung des linsenförmigen Messers geglättet werden. Die Anwendung des linsenförmigen Messers ist an und für sich ein nothwendiges Uebel, welche sich nur auf solche Fälle beschränken muss, wo sie durch eine rauhe und kantige Beschaffenheit der Knochenränder dringend indicirt wird. Denn das Glätten der Ränder einer Oeffnung in den Schädelknochen ist keinesweges ein indifferenter Kunstact. Einmal wird dabei, selbst bei der vorsichtigsten und kunstgeübtesten Ausführung, die harte Hirnhaut insultirt, indem sie durch die Linse des Messers etwas vom Knochen abgelöst und gedrückt wird; 2) erleidet bei aller Vorsicht auch das Gehirn durch die Linse einen leichten Druck, und endlich 3) hat das Glätten des Knochenrandes nicht selten ein Nekrotisiren desselben zur Folge. Es darf daher dieser Kunstact ohne die dringendste Indication nicht in Anwendung kommen. Dies scheint aber von dem fraglichen Falle nicht zu gelten, indem aus dem Sectionsbefunde hervorgeht, dass der vordere Rand der Knochenlücke glatt war, und dass die innere Lamelle des entfernten Knochenstückes die äussere überragte, weshalb eine eckige Beschaffenheit der Ränder der Knochenlücke nicht wohl stattfinden konnte. Auch spricht sich der Dr. Hanckroth in seiner unter dem 10. October 1846 eingereichten Rechtfertigung der behandelnden Aerzte ausdrücklich dahin aus, dass eine eckige Beschaffenheit der Knochenränder nicht stattgefunden habe.

In dem in Rede stehenden Falle würde aber die unnöthige Abglättung der Knochenränder mittels des linsenförmigen Messers von um so nachtheiligeren Folgen gewesen und daher um so mehr zu tadeln sein, als sie, bei dem bestehenden bedeutenden Risse in der harten Hirnhaut und dem durch die Verletzung selbst erzeugten Prolapsus cerebri, durch Druck auf die harte Hirnhaut und das Gehirn unfehlbar zur Vergrösserung des Hirnvorfalles beigetragen hätte. Es ist daher nur zu billigen, dass die behandelnden Aerzte von dem genannten Verfahren abstanden, da eine dringende Nothwendigkeit zur Anwendung desselben nicht vorhanden war.

Wenn die Obducenten in dem unter dem 2. August 1845 eingereichten Obductionsberichte die Ansicht aussprechen, als seien die Schädelknochen des Denatus dünner als gewöhnlich gewesen, indem sie an der verletzten Stelle eine Stärke von $1^3/_4$ Linien hatten, so kann die wissenschaftliche Deputation diese Ansicht nicht theilen, indem vielmehr eine solche Dicke der genannten Knochen als die gewöhnliche anzusehen ist.

Wenn nun das Königl. Medicinal-Collegium zu Münster in dem ersten Gutachten vom 29. August sich dahin ausspricht: „dass die Verletzung den Tod theils wegen der besonderen Körperbeschaffenheit des Denaten, theils wegen Mangels einiger zur Heilung erforderlichen Umstände zur Folge gehabt habe“ — und diese Ansicht in seinem zweiten Gutachten vom 11. Februar 1848 wiederholt äussert, so erscheint dieser Ausspruch auf keine Weise gerechtfertigt.

Denn 1) ist es durch die Aussage der Zeugen erwiesen, dass Denatus zur Zeit, als er die Verletzung erhielt, weder berauscht, noch im Zustande der Aufregung war. Es vereinigen sich vielmehr die Zeugenaussagen dahin, dass er an der Thüre des Zimmers ruhig stehen blieb, obschon er geschimpft, und mit Gläsern nach ihm geworfen wurde. Auch war vorher an ihm keine Art von Verletzung wahrnehmbar. 2) Erweist die Obduction, dass sein Körper mit Ausnahme der Verletzung am Kopfe durchaus nichts Regelwidriges darbot, vielmehr dass alle edlern Organe von gesunder und normaler Beschaffenheit waren.

Eben so wenig ist aus der ärztlichen Behandlung irgend eine Ursache des tödtlichen Ausganges zu entnehmen, vielmehr diese vom

Anfange an als eine vollkommen kunstgemässe und entsprechende zu erklären.

Dagegen lag in der Natur der Verletzung, welche in einer umfangreichen Quetschwunde der weichen Integumente des Schädels bestand, in deren Grunde ein Splitterbruch des Stirnbeins mit bedeutender Depression der frakturirten, theilweise ganz losgerissenen Knochenstücke, von denen einige in die Hirnsubstanz gedrungen waren, Zerreissung der harten Hirnhaut und Vorfall des Gehirns vorhanden, und welche dabei noch mit einer heftigen Hirnerschütterung complicirt war, die alleinige Ursache der Erscheinungen, des Verlaufs und des tödtlichen Ausganges derselben, welchen Ausgang sie bei einem solchen Zusammenwirken von äussern Schädlichkeiten unter allen Umständen gehabt haben würde.

Die wissenschaftliche Deputation muss demnach die Verletzung des Friedrich Gärtner als eine absolut lethale erklären und mit Verneinung der zweiten und dritten Frage des §. 169 der Criminalordnung die erste Frage desselben: „ob die Verletzung so beschaffen sei, dass sie unbedingt und unter allen Umständen in dem Alter des Verletzten für sich allein den Tod zur Folge haben müsse?“ mit — Ja! — beantworten.

Berlin, den 6. September 1848.

Königl. wissenschaftliche Deputation für das Medicinalwesen.

(gez.) **Klug. Schmidt. Dr. v. Stosch. Müller. Casper. Jüngken.**

Betrifft das superrevisorische Gutachten der Königl. wissenschaftlichen Deputation für das Medicinalwesen zur Untersuchungssache ·/. Heinrich Setz wegen Tödtung des Friedrich Gärtner.

Einem Königl. Hohen Ministerium der pp. Medicinalangelegenheiten beehren wir uns, gehorsamst anzuzeigen, dass wir, gemäss hoher Verfügung vom 23. September a. c., das superrevisorische Gutachten der Königl. wissenschaftlichen Deputation für das Medicinalwesen in der Untersuchungssache ·/. Heinrich Setz wegen Tödtung des Friedrich Gärtner der Königl. Regierung zu Arnsberg behufs der Mittheilung an die Obducenten, Kreisphysikus Dr. Volmer und Kreiswundarzt Dr. Herling in Siegen, haben zugehen lassen.

Es hat uns in diesem Falle nicht geringe Ueberwindung gekostet, der bestehenden Anordnung uns zu fügen, indem das Superarbitrium, welches wir zu befördern hatten, nicht allein zwei von uns in dieser Sache abgegebenen ausführlichen Gutachten entgegentritt und das von den Obducenten erstattete im Wesentlichen wiederherstellt, sondern auch dahin sich äussert, dass wir bei Bearbeitung dieses Gegenstandes eine erhebliche Thatsache übersehen, dass wir es unterlassen hätten, die fragliche Verletzung in gewisser Beziehung gehörig zu würdigen, dass in diesem und jenem Punkte unsere Ansicht irrig sei, dass unser Ausspruch auf keine Weise gerechtfertigt erscheine u. s. w.

Ohne uns die Erörterung zu erlauben, welche Seite hier die Wahrheit für sich habe, liegt doch das Drückende und dem Ansehen der wissenschaftlichen Provinzialbehörde bei den Königl. Regierungen und den Aerzten leicht Nachtheilige der Anordnung auf der Hand, dass sie selbst die Vermittelung bei Insinuirung aller von oben kommender, daher auch solcher Gutachten übernehmen muss, welche eine Widerlegung der ihrigen, zumal in tadelnder Form, aufstellen.

Wir erlauben uns daher den gehorsamsten Antrag, dass das Königliche Ministerium, zur Vermeidung dieser unangenehmen Lage für die Königl. Medicinal-Collegien, eine Abänderung des bisherigen Geschäftsganges dahin hochgeneigt verfügen wolle, dass die Superarbitria der Königlichen wissenschaftlichen Deputation von dem Königl. Ministerio ohne Zwischentreten der Königl. Medicinal-Collegien entweder unmittelbar, oder durch die Königl. Regierungen den betreffenden Aerzten insinuirt, und den Medicinal-Collegien eine Abschrift derselben zur Kenntnissnahme zugefertigt werde.

In dem vorliegenden Falle ist es uns unmöglich, die Ueberzeugung der Richtigkeit des von der Königl. wissenschaftlichen Deputation gefällten Ausspruches der absoluten Lethalität der fraglichen Kopfverletzung zu gewinnen, wir sehen vielmehr, dass dieselbe unsere Ansicht ihrer zufälligen Lethalität nicht mit forensischer Gewissheit widerlegt, dass sie namentlich die wichtigsten von uns angeführten Gründe dafür unbeachtet lässt, oder doch nicht gehörig berücksichtigt. Das Nähere darüber haben wir in der angeschlossenen Erwiderung erklärt und bitten daher gehorsamst, dieselbe zu unserer Rechtfertigung an die Königl. wissenschaftliche Deputation für das Medicinalwesen gelangen zu lassen.

Münster, den 26. November 1848.

Königliches Medicinal-Collegium.

(gez.) v. **Bodelschwingh. Tourtual. Pellengahr. Riefenstahl. Bernay.**

Gehorsamste Erwiderung des Königl. Medicinal-Collegiums zu Münster auf das superrevisorische Gutachten der Königl. wissenschaftlichen Deputation für das Medicinalwesen vom 6. September a. c. in der Untersuchungssache ·/. Heinrich Setz wegen Tödtung des Friedrich Gärtner.

Dem von der Königl. wissenschaftlichen Deputation für das Medicinalwesen ausgesprochenen Urtheile der absoluten Lethalität der Kopfverletzung des Denaten vermögen wir, unserer Ueberzeugung nach, nicht beizutreten, finden vielmehr, dass das Superarbitrium die n unserem zweiten Gutachten vom 11. Februar d. J. dawider aufgeführten Gründe nicht sattsam berücksichtigt und zwar wohl die von uns ebenfalls eingeräumte grosse Gefährlichkeit der fraglichen Verletzung, aber keineswegs die unbedingt nothwendige Folge des Todes zweifelsfrei dargethan, demnach ein mehr subjectives, als ein auf objectiver Grundlage beruhendes Urtheil ausgesprochen hat. Jene nothwendige Folge soll vornehmlich aus der stattgehabten Complication einer heftigen Hirnerschütterung abgeleitet werden, welche indess in den von uns citirten ganz analogen und fast identischen Verletzungsfällen mit Lebensrettung, deren das superrevisorische Gutachten aber nicht erwähnt, ebenfalls stattgefunden hat. Die Erfahrungen dieser Fälle liefern aber wohl einen sehr triftigen, in der obersten Instanz nicht widerlegten Beweis für unsere Ansicht, bei deren Aufstellung wir den anfänglichen kleinen Hirnvorfall nicht übersehen haben. Die Königl. wissenschaftliche Deputation nimmt ferner an, dass eine eckige Beschaffenheit der Ränder der Knochenlücke nach herausgenommenen Fragmenten hier nicht vorhanden gewesen sei, und stützt sich dabei auf eine Angabe des Obductionsprotokolles und auf eine andere des Dr. Hanckroth. Wir haben aber nicht nur gezeigt, dass beide Angaben durchaus unbestimmt und nicht beweisend sind, sondern zugleich jene eckige Beschaffenheit aus der Autopsie der Knochentrümmer, welche der obersten gutachtenden Behörde nicht vorgelegen zu haben scheinen, zuverlässig nachgewiesen. Sämmtliche Mitglieder des Collegiums haben sich durch den Augenschein von dieser Thatsache überzeugt, welche gleichwohl die oberste wissenschaftliche Behörde nicht anerkennt, obgleich sie von grösster Wichtigkeit und die Hauptgrundlage war, auf welche wir das Urtheil der zufälligen Lethalität gebaut hatten.

Münster, den 26. November 1848.

Königl. Medicinal-Collegium der Provinz Westphalen.

(gez.) **Tourtual. Pellengahr. Riefenstahl. Bernay.**

Rückäusserung der wissenschaftlichen Deputation.

Ein Königliches Hohes Ministerium hat uns unterm 16. d. Mts. die Erwiderung des Königlichen Medicinal-Collegiums zu Münster vom 26. November 1848 auf das von uns unter dem 6. September v. J. in der Untersuchungssache wider den Inculpaten Setz abgefasste

Superarbitrium mit der Aufforderung mitgetheilt, uns über diese Erwiderung gutachtlich zu äussern, der wir in Folgendem zu entsprechen die Ehre haben.

Das Königl. Medicinal-Collegium zu Münster spricht in jener Erwiderung zur Rechtfertigung seiner Annahme der zufällig lethalen Natur der Verletzung des p. Gärtner von ganz analogen und fast identischen Verletzungsfällen mit Lebensrettung, deren es in seinem Gutachten vom 29. August 1846 Erwähnung gethan, bei denen ebenfalls Hirnerschütterung stattgefunden hat, ohne zu bedenken, dass ein fast identischer Fall darum noch keinesweges derselbe sei; indem eine jede Verletzung ihre Eigenthümlichkeit hat, und der Grad der Hirnerschütterung fast in einem jeden Falle nothwendig ein anderer ist und sein muss, je nach der verschiedenen Kraft, mit welcher die Gewalt, welche sie veranlasst, einwirkt.

Welche Bewandniss es aber mit der ganz analogen und fast identischen Beschaffenheit der Verletzungsfälle hat, auf welche sich das Königl. Medicinal-Collegium bezieht, wird sogleich einleuchtend werden, wenn wir die Stelle, an welcher hiervon in dem Gutachten des genannten Collegiums vom 26. August 1846 die Rede ist, wörtlich anführen und die dort erwähnten Verletzungen mit derjenigen vergleichen, welcher Gärtner erlegen.

In jenem Gutachten heisst es nämlich: „Ein Bruch im Stirnbein, wie er hier, bei Gärtner, stattgefunden, zugleich mit einem Riss in der harten Hirnhaut und Absplitterung der inneren Hirnschalentafel sei zwar ohne Frage als eine höchst lebensgefährliche und in vielen Fällen tödtliche Verletzung zu bezeichnen; aber darum doch nicht als eine absolut tödtliche, weil unter allseitig günstigen Verhältnissen doch immer noch Heilung folgen könne, und selbst der ominöse Vorfall des Gehirns nach durchbohrter harter Hirnhaut nicht jedesmal und nothwendig eintritt, sondern als eine eventuelle Folge der grösseren oder geringeren Neigung der Gehirnsubstanz zur Anschwellung und Entzündung bei verschiedenen Menschen von der Form und Beschaffenheit der Knochenlücke und der Art des Verbandes abzuhängen scheint.“

Abgesehen von dem Irrthümlichen dieser letzteren Ansicht, so spricht hier das Königl. Medicinal-Collegium von Kopfverletzungen, bei denen ein Bruch des Stirnbeins mit Absplitterung der inneren Hirnschalentafel und einem Riss in der harten Hirnhaut besteht, in deren Folge ein Vorfall des Gehirns entstanden, während bei Gärtner eine viel wichtigere Verletzung stattgefunden hatte, indem zu jenen Trennungen noch andere Verletzungen hinzutreten, deren eine jede einzeln an und für sich in einem hohen Grade als gefahrvoll zu erachten ist. Nämlich 1) das Eindringen mehrerer Knochensplitter in die Hirnsubstanz, von denen der grössere zwar ausgezogen wurde, die beiden kleineren aber zu tief eingedrungen waren, als dass man sie auffinden und entfernen konnte.

2) Die Zerreissung und Zerquetschung der Hirnsubstanz selbst durch einen so stumpfen Körper, als der Rand einer zinnernen Bierkanne, und dies in einem so bedeutenden Grade, dass von der zerquetschten Substanz des Gehirns etwas aus der Knochenlücke hervorgetreten war und auf dem Knochen lag. Es ist also bei Gärtner nicht die Rede von einem Vorfalle des Gehirns, der als Folge der Verletzung entstanden, sondern von einer Zerreissung des Gehirns mit Vorfall desselben, durch die Verletzung selbst bewirkt, welcher letztere sich nur im Laufe der Verwundung vergrösserte. Endlich

3) die bedeutende Hirnerschütterung, die, wie wir in unserem Superarbitrium vom 6. September v. J. erwiesen, eine äusserst heftige gewesen sein muss.

In Folge dieses Complexes von wichtigen Verletzungen, wie derselbe bei Gärtner stattgefunden, entwickelten sich in schnell auf einander folgender consequenter Reihe und ohne Hiat die Erscheinungen bis zum Ausgang in Hirnvereiterung, welche die Bildung einer Eiterhöhle in der linken Hemisphäre herbeiführte, so dass der am 24. Juni Verletzte bereits am 3. Juli desselben Jahres der Verletzung erlag.

Wie unter diesen Umständen das Königl. Medicinal-Collegium in seiner Erwiderung vom 26. November v. J. die unverhältnissmässig wichtigere Verletzung des p. Gärtner für ganz analog und fast identisch mit denjenigen Kopfverletzungen erklären kann, von denen es in seinem Gutachten vom 29. August 1846 spricht, ist nicht wohl einzusehen. Wohl aber ergiebt sich aus einer solchen Aeusserung, dass das Königl. Medicinal-Collegium, von vorgefassten Ansichten ausgehend, nicht hinreichend in die Eigenthümlichkeit des in Rede stehenden Falles eingedrungen ist und sich nicht mit gehöriger Strenge an den objectiven Thatbestand gehalten hat.

Wenn nun aber gar diese Behörde so weit geht, bei einer penetrirenden Schädelverletzung, wie die des Gärtner, bei welcher durch einen ganz stumpfen Körper die harte Hirnhaut zerrissen, die Hirnsubstanz selbst dermassen zerquetscht war, dass etwas von derselben aus der Knochenlücke hervortrat, und Knochensplitter in dieselbe eingedrungen und darin liegen geblieben waren, die eckige Beschaffenheit der Knochenlücke zur Hauptgrundlage ihres Urtheiles über die zufällige Lethalität derselben zu machen, wie sie dies in ihrer Erwiderung vom 26. November erklärt hat, so verräth dies nicht sowohl einen hohen Grad von einseitiger Befangenheit, als vielmehr ein gänzliches Verkennen der Kopfverletzungen und ihrer wahren Bedeutung, ohne welches es in diesem Falle nicht wohl möglich gewesen wäre, in der Gruppe der Erscheinungen gerade diejenige hervorzuheben, welche gegen die bei weitem wichtigeren kaum in Betracht gezogen zu werden verdienten.

Die wissenschaftliche Deputation hat es nicht unterlassen, die ihr mit den Acten übersandten Knochenstücke einer sorgfältigen Untersuchung zu unterwerfen, und aus diesen die Ueberzeugung gewonnen, dass die behandelnden Aerzte ganz recht hatten, wenn sie bei Gärtner von der Anwendung des linsenförmigen Messers abstanden. Die Untersuchung jener Knochenstücke zeigte nämlich, dass die innere Knochenlamelle derselben die äussere überragte, wie dies auch in den Acten am geeigneten Ort angegeben ist. Daraus ergiebt sich aber, dass in der Knochenlücke der innere Rand derselben gegen den äusseren zurückstehen musste, und folglich an dem inneren Rande keine scharfe Kante vorhanden sein konnte, welche abzutragen gewesen wäre; denn bekanntlich wird das linsenförmige Messer vorzüglich deshalb bei Kopfverletzungen angewendet, um scharfe Kanten, welche sich am inneren Knochenrande einer Schädelöffnung vorfinden, abzutragen und diesen Rand zu glätten.

Das Königl. Medicinal-Collegium würde ferner sich sehr im Irrthum befinden, wenn es der Ansicht sein sollte, als könnte, bei einer Verletzung der harten Hirnhaut mit Verletzung des Hirnes und Vorfall desselben aus der Schädellücke, dieser letztere durch Verbandstücke, welche man in die Knochenlücke eingeführt, zurückgehalten werden.

Die Vergrösserung des Hirnvorfalles ist in solchen Fällen vorzüglich das Product der Entzündung und Eiterung des Gehirns, und diese wird durch den Reiz der eingeführten Verbandstücke nur gesteigert, weshalb der Arzt in einem solchen Falle in der Regel wohl thut, sich auf einen, die Knochenlücke von aussen schützenden Verband zu beschränken und dagegen die Entzündung und Ausschwitzung im Gehirne durch geeignete Heilmittel zu bekämpfen, wie dies von den behandelnden Aerzten bei Gärtner geschehen ist.

Wir können uns demnach durch die Erwiderung des Königl.

Medicinal-Collegiums zu Münster vom 26. November v. J. auf keine Weise veranlasst fühlen, von unserm im Superarbitrio vom 6. September v. J. abgegebenen Voto abzugehen.

Berlin, den 14. Februar 1849.

Die wissenschaftliche Deputation für das Medicinalwesen.

(gez.) **Klug. Casper. Jüngken. Link. Dr. v. Stosch. Mitscherlich. Ideler. W. Horn. Schmidt.**

An das Königliche Medicinal-Collegium zu Münster.

In Bescheidung auf den Bericht vom 26. November v. J.

das Superarbitrium der wissenschaftlichen Deputation für das Medicinalwesen in der Untersuchungssache gegen Heinrich Setz wegen Tödtung des Friedrich Gärtner betreffend,

theile ich dem Medicinal-Collegium hierbei Abschrift der Aeusserung der wissenschaftlichen Deputation über die eingereichte Erwiderung unter dem Eröffnen mit, dass danach keine hinreichende Veranlassung vorhanden ist, von dem bisher allgemein beobachteten Geschäftsgange in Beziehung auf die Mittheilung der Superarbitrien der wissenschaftlichen Deputation an die betreffenden Aerzte abzugehen und die von dem Medicinal-Collegium beantragte Aenderung desselben anzunehmen. Abgesehen von der hierdurch bedingten Vermehrung der Abschriften der oft ausführlichen Gutachten, kann die unmittelbare Mittheilung solcher Gutachten, in welchen von der wissenschaftlichen Deputation eine der Meinung des Medicinal-Collegiums entgegengesetzte Ansicht geltend gemacht worden ist, an die betreffenden Physiker dem Ansehen des Collegiums so wenig nachtheilig sein, als dies bei richterlichen Behörden im Fall der Abänderung eines Urtels in den höheren Instanzen der Fall ist. Es ist daher kein Grund vorhanden, Einrichtungen zu treffen, dass die Mittheilung künftig nicht unmittelbar, sondern an die Königl. Regierung geschieht.

Berlin, den 20. Februar 1849.

Der Minister.

XII.

Fall Fischer und Genossen.

War der Kaiserschnitt gerechtfertigt und kunstgerecht?

Dieser Fall gehört in vielfacher Beziehung zu den wissenschaftlich und formell interessantesten Verhandlungen, welche die Deputation gepflogen hat.

Die Frau eines Arztes konnte wegen Eclampsie nicht auf gewöhnliche Weise entbunden werden, und die beiden gerufenen Geburtshelfer beschlossen, unter Zustimmung des Ehemanns, den Kaiserschnitt zu verrichten. Die Kreissende konnte um ihre Zustimmung nicht befragt werden, weil sie sprach- und bewusstlos war, ja von den Aerzten als eine, wenn nicht schon Todte, doch im Sterben Liegende angesehen wurde. Zur Assistenz ward ein Wundarzt zugezogen, welcher sich in die Operation mit dem einen Geburtshelfer theilte. Der Ehemann hatte nur seine Instrumente hergegeben, dann aber das Haus verlassen.

Das Kind ward todt herausgeholt; die Operirte kam aber wieder zu sich und starb erst nach 16 Stunden.

Mehr als der tödtliche Ausgang der Operation selbst war die Art und Weise, in welcher diese verrichtet, und die Operirte behandelt wurde, ein Gegenstand des allgemeinen Unwillens; und es ward sowohl gegen die drei mitwirkenden Medicinalpersonen, als gegen den Ehemann der Verstorbenen die Criminaluntersuchung eingeleitet.

Zur Vertheidigung des unternommenen Kaiserschnitts in wissenschaftlicher Beziehung richtete der gelehrte und praktisch tüchtige Geburtshelfer Dr. Davidson in Breslau einen, die betreffenden Ansichten und Beobachtungen der ersten Fachautoritäten zusammenstellenden, Brief an den Einen der angeschuldigten Aerzte, welchen der Vertheidiger desselben mit grosser Gewandtheit benutzte und zu den Acten einreichte. Nichtsdestoweniger fiel das erste Erkenntniss, auf Grund der von dem Medicinal-Collegium der Provinz Schlesien abgegebenen Gutachten, für die Angeschuldigten überaus ungünstig aus, welche zu dem höchsten gesetzlichen Strafmaasse verurtheilt wurden. Die Vertheidigung suchte diese Gutachten zu bemängeln und drang auf ein Superarbitrium der wissenschaftl. Deputation, welches auch erfordert wurde.

Die wissenschaftl. Deputation urtheilte über den Fall nicht nur günstiger, als das Medicinal-Collegium, sondern sprach sich gegen das Gutachten desselben in einer Weise aus, dass die letztgenannte Behörde in einer Remonstration sich materiell für nicht widerlegt und formell sich für verletzt erachtete.

Auf diese Weise entstand ein Schriftwechsel, welcher amtlich das Gutachten der wissenschaftl. Deputation aufrecht erhielt und die Freisprechung der Angeschuldigten zur Folge hatte, den Streit aber unentschieden liess und daher hier der freien wissenschaftlichen Beurtheilung übergeben wird.

Es folgen demnach zur möglichst vollständigen Uebersicht dieses Falles hier nachstehend:

1. Die wissenschaftliche Vertheidigungsschrift des Dr. Davidson.
2. Das erste Erkenntniss gegen die Angeschuldigten.
3. Das Gutachten der wissenschaftlichen Deputation.
4. Die Remonstration des Medicinal-Collegiums.
5. Bescheid des Ministers.
6. Neues Schreiben des Medicinal-Collegiums.
7. Verfügung des Ministers an die wissenschaftliche Deputation.
8. Die Rückäusserung der wissenschaftlichen Deputation.
9. Erlass des Ministers an das Appellationsgericht zu Breslau.
10. Verfügung des Ministers an das Medicinal-Collegium von Schlesien.

I. Vertheidigungsschrift des Dr. Davidson.

Lieber College!

Ich würde Dir gern mit meiner Erfahrung und meinem literarischen Wissen dienen, wenn Du mir nur ein wenig mehr Zeit gönnen könntest. In den paar Tagen aber, welche Du mir lässt, kann ich unmöglich selbst nur das Material bewältigen, welches mir meine Büchersammlung bietet, geschweige denn, dass ich aus fremden Bibliotheken mir die nöthigen Nachweise herbeiholen könnte. So muss denn Vieles wegbleiben, was zwar meinem Gedächtnisse deutlich vorschwebt, und das zu Deiner Vertheidigung sehr passend wäre, aber aus Mangel an Zeit nicht herausgesucht werden kann.

Mit aufrichtiger, schmerzlicher Theilnahme habe ich die Schilderung Deiner traurigen Lage, in welche Dich die unglückselige Entbindung der Frau Dr. Fiebig gebracht hat, gelesen.

Wie sehr danke ich meinem Gotte, dass ich in meiner ausgebreiteten Praxis noch nie in einen solchen Fall gekommen bin. Aber nur demüthiges Gebet erregt es in mir, und keineswegs kommt es mir in den Sinn, mich zu überheben und meinen Kenntnissen und Verdiensten es beizumessen, dass ich dem entgangen bin. Jemehr ich mir Deine Situation der Kranken gegenüber ausmale, desto innigeres Mitleid fühle ich mit Dir. Wohl habe ich schon oft genug die Verwirrungen ähnlicher desperater Auftritte an mir selbst empfunden; ich habe es empfunden, wie vernichtend das Gefühl der gänzlichen Lähmung aller körperlichen und geistigen Kräfte nach einer solchen Nacht des Schreckens ist; aber die Trostlosigkeit des Bewusstseins, von allem ärztlichen Beirathe in den Stunden der höchsten Gefahr verlassen zu sein und keinen Beistand erhalten zu können, das kenne ich nicht, weil das Glück mich in die grosse Stadt geführt hat; aber es muss die fürchterlichste Pein sein, welche die Theilnahme und Nachsicht jedes Collegen verdient. Ich bedaure Dich, dass Dir dieses Mitleiden von der Medicinalbehörde nicht geworden ist, und will Dich nur von vornherein durch einige Erzählungen aufrichten, die sich in Canstatts Jahresbericht II. Jahrgang II. Bd. S. 455 und 456 finden und mir gerade zur Hand sind. Sie lauten wörtlich:

„Hofrath von Roeser in Bartenstein (Würtembg. med. Correspond.-Blatt 1842 N. 14 und Allgemeine Zeitung für Chirurgie p. 1842 Mai No. 21 S. 173) „führte den Kaiserschnitt an einer sterbenden Schwangeren aus, gestützt auf die Erfahrung, dass nur äusserst selten durch den Kaiserschnitt an Todten ein lebendes Kind zu Tage gefördert wird, und geleitet von der Idee, dass das Kind gerettet werden könne, wenn die Operation vor dem Absterben der Frau gemacht werde. Er wurde nämlich am 18. Mai 1840 zu einer im letzten Monat schwangeren Frau, welche über Schmerzen und Empfindlichkeit des Unterleibes klagte, dabei Fieber, auffallende Bangigkeit, reissende Schmerzen in den Gliedern hatte, sich unruhig von einer Seite zur andern umherwarf und sich über einen, die ganze Schwangerschaft hindurch dauernden Kopfschmerz beklagte, gerufen. Es wurde mehrmal zur Ader gelassen, kühlende, eröffnende, beruhigende Mittel, jedoch mit geringem Erfolge, gereicht. Am Abend des folgenden Tages wurde er wegen andauernder Bewusstlosigkeit und zunehmender, den Angehörigen höchst gefährlich scheinender Symptome zu der, eine Stunde von seinem Wohnorte entfernten Frau eilends gerufen. Er theilte seinen, gerade bei ihm anwesenden, Freunden Dr. Veit aus Mergentheim und Dr. Prasler aus Brettheim den Fall und seinen Entschluss, an der Sterbenden zur Rettung des Kindes den Kaiserschnitt zu machen, mit und bat dieselben um ihren Rath und Beistand.

Man fand Abends 6 Uhr die Patientin in tiefster Lethargie und convulsivischen Bewegungen der rechten Extremitäten mit schnarchender, ungleicher Respiration. Durch das Stethoskop vernahm man an der untern und hintern Thoraxfläche beider Seiten gleichförmig grosse Crepitation und Schleimrasseln. Die Augen waren geschlossen, die Pupillen unbeweglich, die linke Pupille erweitert, die rechte verengt. Es war demnach zu der Peritonitis noch Erguss im Gehirn gekommen, und ein rascher Tod stand bevor.

Zur Rettung des Kindes, dessen Bewegungen man schon nicht mehr wahrnahm, schritt nach gemeinschaftlicher Berathung, und nachdem man vergeblich den Versuch gemacht hatte, das Kind durch die Wendung zu Tage zu fördern, von Roeser zur Ausführung des Kaiserschnittes in der weissen Linie und zog einen scheintodten Knaben, dessen Nabelschnur nicht mehr pulsirte, aus der Gebärmutter. Man bemerkte schwache Pulsation des Herzens. Durch die sogleich angewandten und eine Stunde fortgesetzten Belebungsversuche gelang es, den Knaben vollständig zum Leben zu bringen und sein Leben zu erhalten.

Die Mutter starb, während man ihr die Ligaturen anlegte.

Die Section zeigte, ausser den Erscheinungen von Entzündung im Unterleibe, viele intensiv rothe, linsengrosse Extravasate in den Häuten des Gehirns. Diese punktirte Röthe der Häute pflanzte sich ununterbrochen in das Parenchym des linken grossen Gehirnlappens fort und breitete sich als schmutzig rothe Erweichung in den vordern und hintern Theil aus.

Der Tod war durch Apoplexia capillaris erfolgt.

In Bezug auf diesen Fall stellt von Roeser für die geburtshülfliche Praxis folgende Regeln auf:

1) Wenn die Diagnose und Prognose des Arztes sicher in Aussicht stellt, dass eine Hochschwangere unrettbar in höchstens 12 Stunden sterben wird;

2) wenn das Leben derselben schon in soweit erloschen ist, dass völlige Bewusstlosigkeit statthat, und

3) wenn die Entbindung auf natürlichem Wege zur Rettung des Kindes unmöglich ist, so soll man, nachdem man sich zuvor genau durch die Auscultation von dem noch bestehenden Leben des Kindes überzeugt hat, den Kaiserschnitt an der noch Lebenden ausführen."

Die zweite Geschichte lautet:

„F. W. Lorinser, Operateur und Secundärwundarzt am allgemeinen Krankenhause zu Wien (Oestr. Medic. Wochenschr. 1843 No. 1 S. 5) theilt zur Vergleichung mit dem eben erwähnten Falle folgendes Beispiel eines kurz nach dem Tode der Mutter vollzogenen Kaiserschnittes mit:

„Eine 40 Jahr alte Frau, die schon 9 mal, jedoch stets todte Kinder geboren hatte, wurde in einer abermals erfolgten Schwangerschaft zu wiederholten Malen von Convulsionen befallen, die endlich gegen das Ende des neunten Monats eine solche Heftigkeit erlangten, dass man die Leidende in das allgemeine Krankenhaus brachte. Bereits im Zustande der Agonie gelangte sie daselbst an und wurde schnell auf ein Krankenzimmer gebracht. Einige Schritte von diesem sprang die Blase, das Fruchtwasser stürzte hervor, und als man die Frau einige Augenblicke später auf das Bett legte, war dieselbe bereits entseelt. Kaum zwei Minuten später kam Lorinser auf das Zimmer und schritt sogleich zur Ausführung des Kaiserschnittes in der Linea alba. Das Kind wurde so schnell als möglich herausgefördert, dasselbe trug die Zeichen einer fast vollkommenen Reife an sich, war am ganzen Körper, namentlich im Gesicht, ziemlich blauroth gefärbt und befand sich in einem scheintodten Zustande. Es wurde die Nabelschnur durchschnitten, und ein halber Esslöffel voll Blut aus derselben gelassen und, da man eine schwache Pulsation noch wahrnehmen konnte, sogleich zu den gewöhnlichen Rettungsversuchen geschritten. Nachdem diese durch einige Minuten fortgesetzt worden, und das Kind mit kaltem Wasser angespritzt war, bemerkte man, dass der Herzschlag deutlicher ward, und die blaurothe Färbung des Körpers allmälig abnahm. Obgleich nun die bisherigen Bemühungen um so emsiger fortgesetzt wurden, obgleich das Kind die Gesichtsfarbe noch mehrmals änderte, der Herzschlag bald schwächer, bald wieder stärker wurde, so konnte dennoch der zu schwache Lebensfunke nicht mehr angefacht werden, und die mehrstündigen Bemühungen mussten endlich als fruchtlos angesehen werden, als keine Veränderung der Hautfarbe mehr eintrat, und die Pulsation des Herzens aufgehört hatte. Mit grosser Wahrscheinlichkeit lässt sich in diesem Falle annehmen, dass, wenn der Kaiserschnitt nur einige Minuten früher hätte unternommen werden können, das Leben des Kindes noch zu retten gewesen wäre."

Hieran reiht sich der dritte Fall:

„Dr. Hesse in Emmerich (Rhein. Generalbericht von 1842 S. 124) machte an einer soeben durch Verblutung aus einem geborstenen Varix (die Frau hatte nach Aussage des Ehemanns schon längere Zeit eine grosse Geschwulst an der linken Schaamlefze) gestorbenen Frau den Kaiserschnitt. Das Kind war todt, die Gebärmutter blutleer, die Placenta im ganzen Umfange mit dieser verbunden."

Welch eine schlagende Analogie bietet nicht der erste Fall namentlich mit dem Deinigen! Im Angesicht der ganzen ärztlichen Welt des gebildeten Europas, in der gelesensten Zeitschrift, deren Redacteur als einer der ersten und würdigsten Repräsentanten der neuesten Medicin dasteht, sprechen es namhafte Aerzte aus, dass sie ohne Scheu bei unrettbar Hochschwangeren den Kaiserschnitt an der noch lebenden Frau vornehmen würden und vorgenommen haben.

Halten wir das Gutachten des Medicinal-Collegiums dagegen, das seine Antworten damit beginnt, dass es sagt:

„Kein Gesetz der Welt, kein Princip der Wissenschaft, ja nicht einmal irgend eine Autorität in derselben hat es jemals gewagt, anders diese Operation zu gestatten und zu gebieten, als wenn das sich bewusste Individuum als Gebärende die Erlaubniss dazu ertheilt hat.“

Abgesehen von dem geschichtlich Unrichtigen in diesem Ausspruche, hören es die belesensten Geburtshelfer gewiss heute zum ersten Male, dass der lange, alte Streit, von dem sie wussten, dass ihn weder Mende in seinem siegreichen Kampfe gegen den grossen Criminalisten Mittermaier und gegen dessen Princip von der Nothwehr (in Mende's Beobacht. u. Bemerk. V. 72 ff.), noch Janouli (Ueber Kaiserschnitt und Perforation Heidelberg 1834) neben unzählig vielen andern zu Ende geführt, jetzt vollständig geschlichtet sei. Davon wusste Hr. Fr. Kilian noch nichts, der, obschon er im Jahre 1834 (in seiner operativen Geburtshülfe II. 819) es ausspricht und vertheidigt, dass keine Indication zur Ausführung des Kaiserschnitts an einer Lebenden berechtige, wenn nicht vorab die Kreissende ihre volle Zustimmung gegeben habe, doch hinzufügen muss:

„Wagen es auch gleich nicht die Geburtshelfer, aus einem angebornen Rechtsgefühle gegen dieses Gesetz zu sündigen, so herrscht doch viel Unklarheit über dasselbe, wie man das einerseits aus den verschiedenen Handbüchern, andererseits aber aus den Schriften ersehen kann, in denen über das dem Arzte zustehende Recht der Tödtung einer Leibesfrucht verhandelt wird, bei welcher Gelegenheit auch die Weigerung der Mütter, im Falle der Kaiserschnitt auszuführen wäre, verhandelt wird.“

Noch viel zweifelhafter spricht sich sieben Jahre später der würdige Erbe eines grossen Namens Ed. Casp. Jac. von Siebold (im Lehrb. der Geburtsh. S. 519) aus.

Er sagt:

„Welche Grundsätze sollen aber unter diesen Verhältnissen den Geburtshelfer leiten, dessen Sorge eine solche Gebärende anvertraut ist, die ihm nur die traurige Wahl zwischen Perforation und Kaiserschnitt lässt? — Die strenge Schule spricht freilich das Gesetz aus, bei lebendem Kinde den Kaiserschnitt, bei todtem Kinde aber die Perforation zu machen, und die meisten Lehrbücher haben diese Regel auch beibehalten; die Schwierigkeit aber, mit apodictischer Gewissheit in so manchen Fällen auf das Leben oder den Tod des Kindes vor der Geburt zu schliessen, erschwert nicht selten ihre strenge Beachtung und lässt, wenigstens von diesem Gesichtspunkte aus, keine Entscheidung zu. Ausserdem geben aber die verschiedenen Wendungen und Deutungen, welche geburtshülfliche Schriftsteller bei der Berührung dieses Gegenstandes vorbringen, hinlänglich zu erkennen, dass die Zeit, welche zu einer sichern und allgemein übereinstimmenden Schlichtung dieser Controverse Hoffnung gäbe, noch weit entfernt sei."

Nach weiterer Auseinandersetzung kommt Siebold endlich zu dem Resultate, dass der Arzt nur nach dem Ausspruche seines innerlichen Richters, seines Gewissens, zu handeln habe, und schliesst mit den Worten:

„Die Ansicht, welche sich der gewissenhafte und rechtliche Geburtshelfer über den Werth des mütterlichen und kindlichen Lebens gebildet hat, kann er aber durchaus nicht Andern aufdringen, eben so wenig, als Gesetze hier etwas vorschreiben können. Darum wird auch wohl die in Rede stehende Frage nie zu einer allgemein angenommenen Entscheidung gelangen, so viele Untersuchungen auch über dieselbe, selbst von theologischer und juristischer Seite, angestellt werden mögen. Die innere Ueberzeugung muss dem Praktiker hier einziger Leitstern sein, und hat er dann auch vielleicht gegen die Ansicht und Meinung anders Denkender gehandelt, so wird ihn der Tadel derselben wenig kümmern, seinen innern Frieden hat er gerettet!"

Wir können das Urtheil der ältern Geburtshelfer gegen den obigen Satz übergehen, indem das Medicinal-Collegium noch weiter geht und den Kaiserschnitt nur gestattet, wenn die sterbende, auf der Höhe der Schwangerschaft befindliche Schwangere erwiesen todt ist. Diese Strenge muss entschieden zurückgewiesen werden, indem alle Schriftsteller darin übereinkommen, dass eine baldige Operation die erste Bedingung zum Gelingen ist. Alle, ohne Ausnahme, setzen eine halbe Stunde nach dem Tode der Mutter als den äussersten Termin, wo wir hoffen können, ein lebendes Kind zu gewinnen, aber noch keinem Arzte ist es eingekommen, diese kurze Zeit für genügend zu erklären, um über den Tod einer Frau zur Gewissheit zu kommen.

Dr. Heymann, Medicinalrath in Coblenz, hat in seiner Monographie (Die Entbindung lebloser Schwangeren nach der lex regia, Cobl. 1832) eine tabellarische Zusammenstellung von 169 Kaiserschnitten an Gestorbenen (?) meist nach officiellen Quellen geliefert, und bei diesen ist überall, wo ärztliche Hülfe bei der Hand war, die

Operation sogleich nach dem Tode gemacht worden. Heymann selbst, dem auch das blutige Operiren von aussen zuwider ist, sagt S. 5:

„Man hat es übersehen, dass, wie es doch der Zweck des Gesetzes fordert, die Entbindung der leblosen Schwangeren auf diesem Wege geschehen soll, ehe noch die zuverlässigen Zeichen des Todes eingetreten sind, und ehe folglich noch die absolute Unmöglichkeit einer Wiederkehr des Lebens gegeben ist."

S. 14 sagt er:

„In dieser Weise sprechen sich die meisten Gesetze und Verordnungen aus und geben zu erkennen, dass man dabei immer vorzugsweise die Rettung des Kindes im Auge gehabt und der Sicherung der Mutter weniger gedacht hat. Diese doppelte Rücksicht, die Rettung des Kindes und die Sicherung der Mutter, bei der Operation des Kaiserschnitts zu vereinigen, mag indessen auch kaum zu erreichen sein. Von der einen Seite hängt die Rettung des Kindes von der möglichsten Beschleunigung der Operation ab, während von der andern Seite gerade hierdurch die Gefahr für die Mutter, als Scheintodte der Operation zu unterliegen, vermehrt wird. Es haben aber mitunter die tüchtigsten Geburtshelfer sich bemüht, diese Verlegenheit durch specielle Anzeigen zu vermeiden, aber es liegt wohl in der Natur der Sache, dass dies fruchtlos geblieben ist."

S. 16 wiederholt Heymann dann:

„Bei Befolgung der gesetzlichen Vorschriften über den Kaiserschnitt sowohl, als der von den Geburtshelfern ausgegangenen Vorschläge bleibt es feststehen, dass diese Operation bei leblosen Schwangeren in den meisten Fällen in einem Zeitpunkte unternommen wird und werden soll, wo noch die gewissen Zeichen von dem völligen Aufhören des Lebens fehlen, und wo alle die Zweifel, Schlüsse und Facta in Anwendung kommen, welche die Furcht, lebendig begraben zu werden, zu Tage gefördert hat."

Um nicht von denen zu sprechen, die, wie oben gezeigt ist, wie v. Roeser und Lorinser und vor ihnen noch Andere, namentlich G. Joh. Stein d. j. (Lehrb. d. Geburtshülfe II. 448), ungescheut den Kaiserschnitt bei der absterbenden Mutter sanctioniren, können wir mit Fug und Recht es behaupten, dass alle Gegner dieser Operation sie nicht aus Gründen der Wissenschaft, sondern aus „Zartgefühl" verwerfen. In den ausführlichen Handbüchern verbergen die Schriftsteller dieses hinter langen oratorischen Wendungen, wer aber kurz sein will und muss, dem bleibt nichts übrig, als mit Ritgen (Die Anzeigen der mechan. Hülfen bei Entbindungen Giess. 1820 S. 403) zu sagen:

> „Während der Agonie der Mutter zur Rettung des Lebens des Kindes die Operation (den Kaiserschnitt) vorzunehmen, widerspricht meinen Gefühlen.“

Und nur sehr wenige Schriftsteller sind so aufrichtig wie der Wiener Professor Joh. Th. Horn, der in seinem theoretisch praktischen Handbuche der Geburtshülfe S. 414 sagt:

> „Bei wegen schwerer Krankheit sicher vorauszusehendem Tode einer Kreissenden, selbst wenn sie schon bewusstlos und fast sterbend wäre, stehe man von der Operation ab, auch wenn sie sonst angezeigt ist, bis nach erfolgtem Tode, weil es doch immer grausam, und — wenn die Person, wie es doch sicher zu erwarten stünde, während der Operation stürbe, alle Schuld des Todes auf diese und den Geburtshelfer fallen würde.“

Wie achtungswerth aber auch solche humane Bemühungen sind, sie haben es doch über sich ergehen lassen müssen, dass die Geschichte der Kunst (Schmidtmüller, Sprengel, Michaelis) die schlechten und traurigen Erfolge der Kaiserschnitte der neueren Zeit gegenüber den günstigen Resultaten früherer Jahrhunderte ihrem Zögern und Schwanken zuschreibt, und sie haben es sich gefallen lassen müssen, dass ein Geburtshelfer (in Sieboldts Journ. vol. 3. 506) mit aller Bitterkeit eines gereizten Gemüthes über sie herfiel und ihre Empfindlichkeit und ihre Rücksicht auf die Gemüther der Angehörigen ins Lächerliche zog. Aus solchen Rücksichten hat man denn auch allerhand Auswege gesucht „ne interfecisse videaris.“ Man hat Wendung oder Zange versucht, man hat accouchement forcé, und wo dieses nicht gehen wollte, selbst nicht mit Osianders Dilatorium, Einschnitte in den Muttermund, recht weite Einschnitte, die dann als Gebärmutterschnitte durch die Vagina von den Schriftstellern über Eclampsie (Miquel S. 963, Velpeau S. 120) empfohlen worden sind. Bleiben wir bei dem accouchement forcé stehen, von dem das Gutachten des Medicinal-Collegiums S. 13 sagt, dass es in Deinem Falle

> „sei es als Mittel für die Lebenserhaltung und Heilung der Mutter, oder als solches für die Lebensrettung des Kindes“

hätte ausgeführt werden können und müssen.

Sehen wir zuerst, wie dem sehr ausgezeichneten J. Chr. G. Jörg dieser Rath bekommen ist. In seinem „Versuche und Beiträge geburtsh. Inh.“ S. 249 erzählt er Folgendes:

„Eine 25jährige, sehr robuste und sanguinische Schwangere wurde zu Ende des neunten Monats ihrer Schwangerschaft, nachdem sie immer wohl geweſen war, in einer Nacht plötzlich von heftigen Kopfschmerzen und bald darauf von Convulsionen befallen, die bis zu ihrem Tode ununterbrochen fortwährten. Der Eintritt der Krankheit erfolgte etwa Nachts halb 1 Uhr. Gegen Morgen wurde ein hiesiger Arzt gerufen, der mehrere antispasmodische Mittel verordnete, damit bis gegen 10 Uhr des Morgens fortfuhr, hierauf aber, da gar keine Besserung, vielmehr immer Verschlimmerung erfolgte, das accouchement forcé anfing. Der Muttermund war im Geringsten nicht verändert und so beschaffen, wie er einen Augenblick vor der Niederkunft zu sein pflegt. Die erste Erweiterung war äusserst mühsam, und obgleich mehrere Male Opium dabei zu Hülfe genommen wurde, so war der genannte Arzt nach einer Stunde doch nicht weiter gekommen, als dass ich nun, da ich nunmehr dieses Geschäft übernahm, kaum mit 2 Fingerspitzen in die Oeffnung eingehen konnte. Nach einer Stunde war ich mit der Eröffnung so weit vorgeschritten, dass ich alle 5 Finger im Muttermunde hatte. Die Schwangere kam während der ganzen Operation nicht ein einziges Mal zu sich und äusserte nicht die geringsten Zeichen von Schmerzen, starb aber auch, indem ich mit meiner Hand auf besagte Weise im Muttermunde verweilte. Obgleich sich das Kind während der ganzen Operation nicht bewegt hatte, und sich dessen Tod voraus vermuthen liess, so beschlossen wir doch in dem Entbindungsgeschäfte fortzufahren, und ich suchte deswegen den Muttermund noch mehr zu erweitern. Es erforderte immer noch viele Mühe, bis ich mit meiner ganzen Hand in die Gebärmutter gelangen konnte; den Kopf des Kindes fand ich ziemlich tief, deswegen stellte ich ihn noch soviel als möglich mit seinem langen Durchmesser in den schrägen Durchmesser des Beckens, so dass das Gesicht nach der rechten Darm- und Kreuzbeinvereinigung hin gerichtet war, und legte nun meine Zange an. Beim ersten Zuge fühlte ich, dass der Muttermund für den Kopf immer noch nicht genug eröffnet war, hoffte aber, dass dieses nach und nach dahin kommen würde. Ich täuschte mich und musste daher beim Ziehen die Kräfte verdoppeln.

Nichts destoweniger blieb der Kopf wo er war. An so etwas nicht gewöhnt, nahm ich meine Zange ab und vermuthete ein anderes Hinderniss, fand aber nichts anderes, als dass der nun schon ganz welke, aber lederartige Muttermund sich durchaus nicht erweitern wollte. Ich machte daher die ferneren Erweiterungsversuche mit der Hand, und da ich damit mit vieler Mühe endlich so weit gekommen war, dass ich glaubte, der Kopf würde durchgehen, ergriff ich das todte Kind bei den Füssen. Nicht wenig setzte mich aber schon die Schwierigkeit, mit welcher ich den Steiss durch das Becken ziehen musste, in Erstaunen, und das Kind würde schon daran, wenn es gelebt hätte, gestorben sein. Mehr aber als dieser machten Schultern und Kopf zu schaffen, und letzterer wäre ohne die Zange, glaube ich, ganz und gar stecken geblieben. Da ich nun ganz und gar erschöpft war, gab ich unverzüglich das herausgezogene Kind der Hebamme, die es gleich auf die Seite legen wollte, weil aber die Nabelschnur noch nicht abgeschnitten war, auch gleich den welken und mit der Placenta noch zusammenhängenden Uterus mit hervorzog. (Nicht geringere Verwirrung als bei Euch.) Das Becken war gut geformt, und das Kind für sein Alter ziemlich gross.

So sehr und so unangenehm dieser Vorfall auch mein Inneres afficirt hatte, vorzüglich da die Kranke während der Operation starb, so lehrreich war er mir doch, und so bescheiden hat er mich doch in der Geburtshülfe denken gelehrt."

Was Wunder, wenn nun Jörg gegen Osiander, von dem er den bösen Rath hatte, mit Heftigkeit loszieht und in seinem Handbuch der Geburtshülfe 1820 S. 443 sich missbilligend gegen den Vorschlag auslässt. Die grossen Gefahren für Mutter und Kind beim accouchement forcé haben aber auch die grössten Autoritäten anerkannt, und namentlich haben sie Schmidtmüller (Jahrb. der Geburtshülfe S. 223) und auch der milde Carus (Gynäkologie II. 398) dringend geschildert, so dass sie der letztere einzig und allein bei heftiger, auf keine andre Weise zu stillender Blutung gestatten will. Und wenn wir bedenken, dass kein Beispiel bekannt geworden, wo die Extraction des Kindes durch die Geburtstheile einer Verstorbenen die Erhaltung des Lebens zur Folge gehabt hätte, dahingegen Rettung der Kinder durch den Kaiserschnitt, dafern er nur zeitig genug ausgeführt worden, zu den häufigern Vorkommnissen gehört, so muss gewiss in allen den Fällen, wo Erhaltung des Kindes der einzige Zweck des Geburtshelfers sein kann, von der künstlichen Beendigung der Geburt auf natürlichem Wege, selbst bei schon ziemlich eröffnetem Muttermunde, unbedingt abgestanden werden.

So spricht sich Carus (a. a. O. II. 371), und sehr energisch Fulda (in Siebolds Journ. VI. 306) aus, und entschieden Unrecht hat das Medicinal-Collegium, wenn es die Erledigung Eurer Meinung, das Kind zu retten, in dem accouchement forcé gefunden zu haben glaubt.

Zudem war hier von einer Erstgebärenden die Rede, deren Genitalien äusserst angeschwollen waren, ein Hinderniss, das, bei den günstigsten Beckenverhältnissen, unter Mitwirkung der Natur durch ergiebige Wehen, oft genug hinreicht, selbst bei natürlichen Steiss- und Fussgeburten, das Kind ums Leben zu bringen, und hier alle und jede Aussicht benehmen musste. Und wo solltest Du die physischen Kräfte zu einer so ungemein anstrengenden Operation hernehmen? Du hattest ja keinen Jörg im Rückhalte.

Einen empfindlichen Schlag versetzte Deiner Sache das Medicinal-Collegium, indem es das Motiv Eures Handelns mit dem Ausspruche wegstreicht, dass eine Auscultation das bereits erfolgte Absterben des Kindes gezeigt haben würde. Es ist zuviel verlangt, wenn diese Behörde von Dir, wie von jedem jetzigen Geburtshelfer die Kenntniss und Ausübung der Auscultation fordert. Das mögen die jetzigen Examinations-Commissionen von den Examinanden verlangen können, zu unserer Zeit aber sind wir darin weder unterrichtet, noch examinirt worden. Der Besitz eines Stethoskops kann von einem Arzte in Festenberg ebensowenig mit Fug und Recht gefordert werden, als er verbindlich gemacht werden kann, soviel Geld zu verdienen, dass er sich eine gute Secundenuhr und die neuesten literarischen Erscheinungen oder gar einen magneto-electrischen Apparat anschaffen kann und muss. Ich für meine Person besitze zwar ein Stethoskop, aber ich will Dir nur ehrlich gestehen, dass mir noch ungemein wenig aus den Kranken herauszuhören gelungen ist, und ich würde einem medicinischen Inquisitor ins Gesicht lachen, der mir verbieten wollte, über die unzähligen Hexenkünste mit dem Hörrohre ungläubig zu lächeln. Ich lese solche Sachen, mache mir meinen eignen Commentar darüber, aber meinen Kranken lasse ich fast gar Nichts davon zu Gute kommen.

Sehen wir nur oben den Hofrath v. Roeser und seine beiden Assistenten, die doch so geschickt mit dem Hörrohre bei den Kreissenden umzugehen wissen; bei der Frage um das Leben des Kindes beschränken sie sich auf die Bewegung desselben. Ueberhaupt schreibt das Medicinal-Collegium dem Hörrohre eine Sicherheit zu, die ihm die leidenschaftlichsten Verehrer desselben nicht einräumen, und von der Bescheidenheit, mit der einer der neuesten Schriftsteller, A. Moser, im Jahre 1843 (Lehrbuch der Geschlechtskrankheit. d. Weibes S. 684) seine Abhandlung schliesst:

„Die Auscultation kann daher immer nur als Hülfsmittel neben den übrigen Untersuchungsarten benutzt werden“

will es nichts wissen. Abgesehen von dem Oedem der Bauchdecken und der Unbeweglichkeit der Kranken, Hindernissen, die auch den Gewandtesten zum Mindesten zweifelhaft gemacht hätten, so steht doch nur soviel fest, dass der hörbare Herzschlag ein sicheres Zeichen von dem Leben des Kindes sei; „dass aber der Mangel dieser Zeichen (doppelte Pulsation und Schwächerwerden oder gänzliches Aufhören der Placentapulsation) ein sicheres Kennzeichen des Todes der Frucht sei, kann ich nicht zugeben, besonders, wenn ich die Schwierigkeiten, welchen die Auscultation unterworfen ist, in Erwägung ziehe,“ sagt für mich Blom (Abhandlungen über die Auscultation, angewandt auf die Geburtshülfe 1837 S. 97). Wie nun, wenn in unserem Falle mittels des Stethoskops oder durch die unmittelbare Auscultation (wie das Gutachten es wünscht) die Herzschläge des Kindes gehört worden wären, und das Kind dennoch todt ans Licht gekommen wäre, dann wäre das Kind während der Operation gestorben, — aber die Wissenschaft wäre gerettet gewesen. Dass es dem Medicinal-Collegium übrigens nicht so ganz ernst ist mit seiner Zuversicht auf die Auscultation, dies geht aus seiner Aeusserung hervor, dass es Keinem bisher vergönnt gewesen sei, bei Verrichtung des Kaiserschnittes die Erkenntniss des Sitzes der Placenta zu gewinnen.

Das ist nach Hohl (Die geburtshülfliche Exploration I. 289) und Blom (a. a. O. S. 99) nur eine Kleinigkeit, und wenn es wahr ist, dass man die Entzündung des Amnions deutlich hören könne, so ist es gewiss mehr als glaublich, dass man das Placentargeräusch ungemein leicht vernehmen und danach Sitz und Umfang des Mutterkuchens bestimmen kann.

Nur noch einige wissenschaftliche Bemerkungen in dem ersten Theile des medicinischen Gutachtens wollen wir würdigen.

Seite 12 heisst es:

dass Eclampsie laut jeder gründlichen Beobachtung durch Contractionen des Uterus, sei es vor, sei es nach der Geburt des Kindes, zu ihrem Ausbruche geweckt werde.

Wir halten diesem Ausspruche die Aufschriften aller Monographieen dieser eben so problematischen als fürchterlichen Krankheit entgegen, die alle den Titel führen:

„Ueber die Convulsionen der Schwangeren, Gebärenden und Wöchnerinnen."

Mir selbst ist es schon zu wiederholten Malen begegnet, dass Schwangere in frühester Zeit der Schwangerschaft von der exquisitesten Eclampsie befallen wurden, die im späteren Verlaufe der Schwangerschaft sogar ihre Anfälle wiederholte, und doch haben diese Frauen bei der, zu gesetzmässiger Zeit eintretenden Geburt glücklich und ohne alle Störung geboren. Noch in der jüngsten Zeit hat Herr Medicinalrath Betschler einen solchen Fall mit mir gesehen. Nicht die geringste Andeutung zur Geburt war in diesem Falle vorhanden! Wäre jene Ansicht des Medicinal-Collegiums richtig, so musste auch die Beendigung der Geburt die Convulsionen der Gebärenden heben, wie dies auch das Medicinal-Collegium glaubt. Dass dem aber nicht so sei, habe ich selbst genugsam erfahren, und ausgezeichnete Beobachter haben es oft genug ausgesprochen.

Auf derselben Seite spricht das Gutachten von dem Muttermunde, der sich noch 1 Zoll erweitert vorfand, und setzt hinzu:

„da nun feststeht, dass die Muttermundsöffnung sowohl nach der Entleerung der Uterinalhöhle, d. h. nach der Geburt des Kindes, ebenso wie nach der Verwundung dieses Organes, wie z. B. nach Ruptura uteri, sich nicht allein zu vergrössern vermag, sondern entgegengesetzt durch Zusammenfallen der Muttermundsränder sich verringern muss, so geht auch daraus unwidersprechlich hervor, dass der Muttermund unmittelbar vor dem ausgeübten Kaiserschnitt weit über einen Zoll erweitert war."

Weil aber von einer messbaren Oeffnung des Muttermundes nicht die Rede sein kann, sobald kein fester Körper von oben herab auf ihn losdrängt, d. h. wenn die Gebärmutter leer ist, so ist der Ausdruck

„der Muttermund sei in der Todten einen Zoll erweitert vorgefunden worden,"

ein unrichtiger, der richtig heissen muss:

„der Muttermund war bis auf einen Zoll zu erweitern."

Wie aber das Gutachten dazu kommt, zu behaupten, dass der Muttermund unmittelbar vor der Entbindung noch weit mehr eweitert gewesen sei, ist nicht abzusehen, da es doch selbst sagt, dass nur das Zusammenfallen der Mutterränder diese Verringerung der Oeffnung hervorbringe, diese also nur eine scheinbare ist, da sie nicht durch wirkliche Contractionen hervorgebracht wird. Auffallen muss es aber, dass das Medicinal-Collegium den Zustand des Muttermundes bei einer Lebenden nach erfolgter Entbindung oder nach Ruptura uteri, mit dem an einer Leiche, die schon Tage lang in der Erde gelegen, zusammenwirft. Hier lässt sich aus der allgemeinen Muskelerschlaffung, die jedesmal der vorübergehenden Todesstarre folgt, mit mehr als Wahrscheinlichkeit annehmen, dass es Jedem, der Lust zu dem Versuche hat, gelingen muss, unter jeder Beschaffenheit des Uterus bei der verstorbenen Hochschwangeren den Muttermund gar leicht bis auf einen Zoll und noch weit darüber auseinander zu dehnen.

Ich will nun zu dem anderen Theile des Gutachtens übergehen und auch diesen, wie ich oben gethan, durch zwei Geschichtserzählungen einleiten.

Der fünfte Band der Edinburgh medical Essays hat einen grossen Namen erhalten, weil darin einer von den höchst wenigen gelungenen Kaiserschnitten in England aufbewahrt wird. Durch die dabei obwaltenden sonderbaren Umstände hat er ein um so grösseres Ansehn erhalten, und alle englischen Schriftsteller bis auf Conquest und Blundell herunter erwähnen seiner, wie mit einem gewissen Nationalstolze. Merriman (D. regelwidrigen Geburten, übersetzt von Kilian S. 176) schildert ihn mit folgenden Worten:

„Der Name der Patientin ist Aliee O'Neal und der Operateur war eine ungebildete Hebamme, Mary Donally genannt, das angewandte Instrument war ein Rasirmesser, mit welchem sie zuerst die Bauchdecken und den Uterus selbst durchschnitt. Die Wundränder hielt sie mit ihren Händen in wechselseitiger Berührung, bis Jemand eine Meile weit gegangen war und Seide und gewöhnliche Nadeln, wie sie die Schneider gebrauchen, brachte. Mit diesen vereinigte sie die Wundränder gerade mit solchen Stichen, wie man bei der Hasenscharte zu machen pflegt, und verband die Wunden mit Eiweiss. Das operirte Weib wurde mit 27 Tagen gesund."

An der Glaubwürdigkeit dieser Geschichte zu zweifeln, hat man gar keinen Grund. Sie ist von Herrn Duncan Stewart, Wundarzt in Dungannon, erzählt, der die Patientin einige Tage nach der Operation sah, und der ganze Bericht wird noch ausserdem von Dr. Gabriel King von Armagh bestätigt, der sagte, dass er selbst die Nadeln herausgezogen habe, mit welchen die Hebamme die Wunde zu vereinigen gesucht habe.

Hieran möge sich ein Fall anschliessen, den Benj. Moseley in seinem classischen Werke: „Abhandlung von den Krankh. zwischen den Wendekreisen" S. 73 erzählt:

„Im Jahre 1769 befiel eine Negerin auf Herrn Campbells Plantage zwischen Kingstown und Spanisch-Town auf Jamaica die Geburtsarbeit. Diese Negerin verrichtete den Kaiserschnitt an sich selbst und nahm ihr Kind aus der linken Seite des Unterleibes heraus, die sie nebst der Gebärmutter geöffnet hatte.

Sie verrichtete diese Operation mit einem zerbrochenen Schlächtermesser, dessen Schneide ungefähr dritthalb Zoll lang war. Sie durchschnitt den Unterleib links neben der weissen Linie und schnitt in den rechten Schenkel des Kindes, der sich zuerst darbot, drei Linien tief und dritthalb Zoll lang. Durch seine eigene Bewegung wand sich das Kind aus der Gebärmutter heraus. Eine Negerhebamme kam zu ihr, löste die Nabelschnur und brachte den Theil der Nabelschnur, der mit der Nachgeburt zusammenhing, und einen beträchtlichen Theil der Gedärme, der mit dem Kinde aus der Wunde vorgefallen war, in den Bauch zurück. Der Wundarzt, der die Plantage versah, wurde etliche Stunden nach diesem Zufall zu ihr geschickt. Aus der Unreinlichkeit um sie her vermuthete er, es möchte etwas Schmutz durch die alte Hebamme nebst den Gedärmen in die Wunde gekommen sein. Er schnitt die Hefte auf, welche die Hebamme gemacht hatte, reinigte die Wunde mit Fleiss, nahm die Nachgeburt aus der Wunde heraus und nähte diese dann wieder zu. — Am dritten Tage kam ein Fieber. Sechs Wochen nach diesem Ereigniss war die Frau vollkommen gesund und konnte wieder wie vorher arbeiten. Das Kind starb am sechsten Tage an der Mundsperre. Bei seiner Geburt war es gesund und stark. Die Frau blieb vollkommen gesund, ihre monatliche Reinigung erfolgte ordentlich, und ein Jahr nachher wurde sie wieder schwanger."

Wir übergehen die vielen ähnlichen Erzählungen aus früherer Zeit, wie sie bei K. Sprengel (Geschichte der wichtigst. chirurg. Operat. I. 387) zu lesen sind. Aus neuerer Zeit erinnere ich mich einer Menge von Geschichten, wo Schwangere durch stumpfe und scharfe Werkzeuge bis in den Uterus durchbohrt wurden, und denen das Leben erhalten wurde; ich habe aber nicht die Zeit, sie aus den vielen Zeitschriften herauszusuchen. So viel steht fest, dass es gerade diese Partieen waren, und namentlich der schwangere Uterus, an denen die wunderbarsten Heilungen gelangen.

Den Wrisbergschen Fall (de uteri mox post partum naturalem resectione peracta non lethali in Canstatt p. 435) kennen die meisten Geburtshelfer, und die Lisfrancsche Dreistigkeit in theilweiser und gänzlicher Wegschneidung der Gebärmutter gewiss Jeder. Und trotz solcher Beispiele erklärt das Medicinal-Collegium den Querschnitt in die Gebärmutter als eine Verletzung, die wegen der „Masse der verletzten Gefässe und der Richtung der Verwundung" stets zu den „absolut lethalen" zu zählen sein dürfte.

Das wird auch wiederholt, und die Behauptung ausgesprochen, dass, wenn die Frau Dr. Fiebig nicht an der Eclampsie gestorben wäre, sie unbedingt und nothwendig durch die von den Aerzten bewirkte Verwundung „insbesondere der Gebärmutter" hätte zu Grunde gehen müssen, und schliesslich wird das Verfahren der Aerzte „ein entschieden nachtheiliges und in seinen Folgen absolut lethales" genannt.

Wenn ich mehr von der gerichtlichen Medicin wüsste, als ich eben weiss, würde ich mich hier in eine lange Discussion einlassen und dem Gutachten gegenüber beweisen, dass die Richtung einer Verwundung für den Richter eine gleichgültige Sache sein muss, solange nicht nachgewiesen wird, was durch sie verletzt worden, und die Masse (soll heissen Menge) der verletzten Gefässe auch nicht in Betracht kommen könne, solange nicht die durch sie veranlasste Blutung und Verblutung nachgewiesen ist. Ich würde es ferner tadeln, dass das Medicinal-Collegium in einem und demselben Satze und von einer und derselben Verwundung den Ausdruck gebraucht, dass sie „entschieden nachtheilig" und in ihren Folgen „absolut lethal" sei. Ich würde darauf dringen, dass nachgewiesen würde, welches denn die Folgen waren, die hier die Lethalität bedingten, und würde darthun, dass eine Operation nicht „absolut lethal" sei, sobald sie es nicht ihrer Natur nach ist, sondern erst durch die Folgen wird. Doch, wie gesagt, ich verstehe wenig davon und will mich nur an die Wissenschaft halten, deren Grundsätze uns so viele Belege für das Gegentheil von dem, was das Medicinal-Collegium hier ausspricht, liefern, dass es mir schwer wird, nur einen kleinen Auszug daraus zu geben, und wahrhaft unbegreiflich ist es, dass das Medicinal-Collegium so ganz vergessen konnte, was Stein d. ä. (Kleine Werke zur praktischen Geburtshülfe S. 205), Lauverjat (Neue Methode, den Kaiserschnitt zu machen mit Anmerk. von Eysold 790) und Stein d. j. (Geburtsh. Abhandlungen H. I. Marb. 1803) so dringend vorgeschrieben haben. Doch wozu nenne ich diese Schriften namentlich? In alle neueren Handbücher der Geburtshülfe und Chirurgie sind ja ihre Lehren übergegangen, und überall, wo von der Stelle und Richtung des Schnittes die Rede ist, lehren uns alle Compendien neben dem Schnitte in der weissen Linie noch den „Seitenschnitt", den „Querschnitt" und den „Schrägschnitt, oder Diagonalschnitt" (cfr. Kilian operat. Geburtsh. II. 791; Chelius Handbuch d. Chir. II. 1. 172; Rust Handbuch der Chir. IX. 463).

Rust sagt, nachdem er die verschiedenen Verfahrungsweisen angeführt:

„Was den Werth dieser einzelnen Schnittführungen betrifft, so ist im Allgemeinen keine unbedingt in jedem vorkommenden Falle anzuwenden, aber auch nicht zu verwerfen, indem jede unter gewissen Umständen ihre Vor- und Nachtheile hat,"

und in gleichem Sinne sprechen sich auch alle andern Autoritäten aus.

Der Diagonalschnitt, der hier am meisten in Betracht kommt, weil er den Uterus quer durchschneidet, hat an Kilian einen heftigen Gegner gefunden, der den Erfinder dieses Schnittes Stein d. j. damit ganz vernichten will, dass er nachweist, „dass aus mechanischen und anatomischen Ursachen die Richtung des Schnittes in die Gebärmutter, der auf diese Weise gemacht wird, niemals eine diagonale, sondern eine longitudinale" wird.

„Schneidet man aber,

fährt Kilian (a. a. O. S. 806) fort,

in einen solchen Uterus in der Richtung der weissen Linie ein (wie dies das Medicinal-Collegium fordert) — so wird die Uterinwunde jedesmal ohne alle Ausnahme eine schräge, ja selbst eine quere."

In einer Note fügt dann Kilian noch hinzu:

„dass in dem ersten Falle, den er (Kilian) selbst vollführt und zwar „genau in der weissen Linie", der Uterus mit der fast queren Wunde noch jetzt gesehen werden könne,"

und ein Schüler von ihm, Max Küster, hat in seiner Dissertation (de sectione caesarea. Bonn 1829) noch obendrein dieses Factum bekannt machen müssen.

Bei der ausführlichen Beschreibung der Operation in der weissen Linie bemerkt Kilian (a. a. O. S. 838) noch einmal, dass man den Uterus genau in der Richtung der weissen Linie öffnen soll, „welches jedesmal den Erfolg haben wird, dass eine mehr oder weniger diagonale Wunde in den Uterus kommt."

Aus diesen Darstellungen in dem vollkommensten und neuesten Handbuche der operativen Geburtshülfe von einem der gelehrtesten und angesehensten Geburtshelfer in Deutschland geht doch soviel als gewiss hervor, dass man in den Fällen, wo man in Leichen eine quere Wunde der Gebärmutter antrifft, nicht berechtigt ist, einen queren Einschnitt bei der Lebenden vorauszusetzen, und dass der Querschnitt in den Uterus, weit entfernt, „absolut lethal" zu sein, Vortheile bietet, welche selbst die persönlichen Feinde des Erfinders desselben nicht wegleugnen können.

Das bestätigt auch Tillmanns (de lethalitate sectionis caesareae Bonn 1833), indem er sagt:

„Docet tamen experientia sectionem quoque transversam cum successu factam esse.“

Wäre das gegründet, was das Medicinal-Collegium von der absoluten Lethalität der Querwunden der Gebärmutter sagt, so müsste es aus der Geschichte alle die glücklichen Erfolge des Kaiserschnitts vor dem Jahre 1779 ausstreichen, in welchem Jahre eben Deleurye mit seinen Observat. sur l'opération césarienne à la ligne blanche vor die Welt hintrat.

Wäre der Ausspruch gegründet, dann müsste man auch nachweisen können, dass bei Ruptura uteri die verticalen Risse vor den longitudinalen und transversalen eine günstigere Prognose zulassen, was aber die ungemein gründlichen Untersuchungen Duparque's (Histoire complète des ruptures. Paris 1829 p. 121 sq.) durchaus nicht herausstellen.

Was die Blutung bei Durchschneidung des Uterus anbelangt, so hat man sie beim Kaiserschnitt für das nachfolgende Wochenbett sogar für vortheilhaft gehalten, wenn sie reichlich war.

„Periculosa haemorrhagia inter operationem subveniens rarissime observata est“

sagt Tillmanns (l. c. p. 31).

Damit stimmen auch James Blundell (Vorlesungen über die Geburtshülfe, Leipzig 1838 II. 189) und nach ihm S. Cooper überein, und wenn man bedenkt, wie in den angeführten Beobachtungen die heftigsten Blutungen sogar aus spritzenden Arterien, (Lachapelle, Prâtique d'accouchement III. 500) von selbst aufhörten, oder auf den Gebrauch der leichtesten äussern Mittel (kalte Umschläge) oder der gewöhnlichsten inneren styptischen Mittel sich stillten, so wird man im Allgemeinen diese Blutungen nicht hoch anschlagen. Alle aber, die von lebensgefährlichen Blutungen beim Kaiserschnitt sprechen, geben als Ursache derselben an, dass der Mutterkuchen von dem Messer getroffen wurde, obschon der in der Operation des Kaiserschnitts so vollwichtige Michaelis (Abhandlungen aus dem Gebiete der Geburtshülfe S. 174) in solchen Fällen sie seltener nennt, „als der Blutreichthum des Organs sie erwarten lässt.“ Keinen einzigen Schriftsteller ist mir hingegen gelungen aufzufinden, der dem Schnitte, vermöge dessen Richtung,-die Schuld einer starken Blutung oder gar der Verblutung beizumessen sich einkommen liesse. Stein d. j. hat drei Kaiserschnitte mit seinem Querschnitte gemacht, und unter den vielen Feinden, die ihm seine absprechende Weise zugezogen hatte, und die sich über ihn jederzeit tadelnd ausliessen, ist es keinem eingefallen, die unglücklichen Ausgänge aller drei Operationen der Verblutung durch die Uteruswunde zuzuschreiben.

Ich will diesen Absatz mit Tillmanns schliessen, der bei Erwähnung des v. Ritgen (in den Heidelb. klin. Annal. I. 268) berichteten tödtlichen Falles sagt:

„Haec una ex omnibus, quotquot perscrutatus sum, est observatio mulieris ex haemorrhagia demortuae,"

und wahrlich, man muss ihm grosse Sorgfalt in Aufsuchung und Zusammenstellung der bekannt gewordenen Kaiserschnitte nachrühmen!

Neben jenem Schnitte in die Gebärmutter sind es vorzüglich zwei Begebenheiten bei der gegenwärtigen Operation, welche das Medicinal-Collegium hart beschuldigt.

Es ist dies die Durchschneidung der geraden Bauchmuskeln und der Arteriae epigastricae.

Das erstere, die Durchschneidung der geraden Bauchmuskeln, soll

„durch Beeinträchtigung und Störung des Respirationsmechanismus grosse Gefahr gebracht haben."

Abgesehen von der höchst untergeordneten und zweifelhaften Rolle, welche die Bauchmuskeln bei dem Respirationsprocesse spielen, ist es dem Medicinal-Collegium nicht gelungen, diesen Schaden aus der Section nachzuweisen.

Was die Durchschneidung der Arteriae epigastricae betrifft, so scheint es von vornherein eine vorgefasste Meinung des Medicinal-Collegiums zu sein, dass diese Arterien durchschnitten worden seien, und obschon es anatomisch fast unmöglich ist, dass bei der Höhe, in welcher hier der Querschnitt gemacht worden ist, diese Arterien verletzt worden seien, obschon es nicht denkbar ist, dass die Operation hätte nach dem Hauptschnitte noch fortgesetzt werden können, wenn diese starken Arterien ihr Blut ergossen hätten, und obschon die Section nicht mit einem Worte dieser Verletzung erwähnt, fährt das Medicinal-Collegium dennoch fort, die unterlassene Unterbindung der Gefässe als gefahrbringend hart zu tadeln, und nimmt

„denn in demselben Grade, in welchem die Lebensthätigkeit etc."

zu einer physiologischen Thesis seine Zuflucht, um damit zu beweisen, dass die unterlassene Unterbindung „jede Möglichkeit für die Lebensrettung" der Sterbenden vernichtet hätte.

Doch wozu alle diese hypothetischen Deductionen? Wenn es wahr wäre, dass

„diese durchschnittenen Gefässe ihr Blut nach innen ergossen hätten,“ wenn es wahr wäre, „dass dadurch und noch mehr durch den Schnitt in die Gebärmutter eine Verblutung erfolgen musste,“ dann hätte die Section das geronnene Blut in der Bauchhöhle und durch sichere Zeichen die Blutleere in den anderen Theilen der Leiche nachweisen müssen. Das ist aber durchaus nicht geschehen, und das Medicinal-Collegium findet sich trotz seiner Zuversicht zu dem Geständnisse genöthigt:

„Eben so wenig kann man mit einem höheren Grade von Wahrscheinlichkeit hier den Tod durch Verblutung in Folge des Kaiserschnitts nachweisen wollen etc.“

Bei dieser Gelegenheit kann ich nicht umhin, die Worte des grössten Neuropathologen der jetzigen Zeit einzuschalten. M. H. Romberg sagt in seinem Lehrbuch der Nervenkrankheiten. Berlin 1843 (I. S. 571) in Betreff der Eclampsia parturientium:

„Die bisher mitgetheilten Leichenbefunde sind wegen fehlender Untersuchungen des Rückenmarks unvollständig.

In der Schädelhöhle findet sich gewöhnlich starke Blutanfüllung, dichtere Consistenz der Hirnsubstanz, serös-albuminöse und blutige Extravasate zwischen den Membranen und in den Ventrikeln, den letzteren besonders in den Fällen, wo apoplectische Zufälle, tiefer Sopor, schnarchender Athem etc. mit den convulsivischen verbunden sind.

So fand ich ein kleines Blutcoagulum auf der Basis des vorderen Lappens der linken Hemisphäre bei einer im 8. Monat schwangeren Frau etc.“

Also auch die gegenwärtige Section ist durch die unterlassene Untersuchung des Rückenmarks, der Hirnventrikel und der Consistenz des Gehirns in Bezug auf den Tod durch Eclampsie unzureichend.

Um die Würdigung der einzelnen Momente der Operation selbst, wie sie das Medicinal-Collegium aufstellt, auch aus fremden Ansichten beurtheilen zu können, habe ich eine lange Reihe von Schriftstellern nachgeschlagen, und wahrhaftig, ich bin fast wirre geworden über die vielen abweichenden Regeln und Vorschriften für die Technik beim Kaiserschnitte und bei dem folgenden Verbande, und ich habe davon nur gewonnen, dass ich den Normen, wie sie das Medicinal-Collegium hinstellt, die grössten Autoritäten zur Widerlegung entgegensetzen kann.

Vor allererst tadelt das Medicinal-Collegium die Länge des Bauchschnitts.

Wir erinnern aber daran, dass hier die leitende Idee die Rettung des Kindes war, und schon Levret und Baudelocque haben es empfunden, dass es nichts „Unangenehmeres" gebe, als während der Entwickelung des Kindeskörpers, behufs eines grösseren Raumes, die Wunde dilatiren zu müssen. Und nicht bloss unangenehm ist es, sondern das Kind kommt durch eine solche incisio non satis dilatata in die entschiedenste Lebensgefahr (Tillmanns l. c. p. 32). Kilian (a. a. O. II. 836) lehrt:

> „Jedenfalls ist es den Lehren der Chirurgie gemäss gehandelt, mit der äusseren Wunde nicht zu sehr zu geizen, denn auf einen Zoll mehr kommt es gar nicht an, während ein Zoll weniger ungemein viel schaden kann."

und Laur. Heisler, eine grosse Autorität, wie in der Chirurgie überhaupt, so auch beim Kaiserschnitte incidirt 10 Zoll lang (Instit. Chir. p. 718).

Das Medicinal-Collegium meint ferner, dass ein Schnitt von 7 Zoll hier unzureichend nur deshalb geschienen habe,

> „weil die Operirte in einer horizontalen Rückenlage verharrte, und man es also unterlassen hatte, ihr die Lage mit nach vorn gebeugtem Oberkörper zu geben."

Diese Lage der zu Operirenden zu geben hat Kluge seinen Zuhörern empfohlen, Kilian (a. a. O. II. 834) hingegen bestimmt:

> „Jedenfalls muss die Lage eine vollkommene Rückenlage mit sehr wenig oder gar nicht erhobenem Oberkörper sein,"

und die Schüler des Bonner Professors werden das gewiss eben so fest halten, wie die Berliner die ihnen gegebene Lehre.

Auch Lauverjat (a. a. O. S. 150) lehrt:

> „die Kranke wird horizontal gelegt"

und Baudelocque (Anleitung zur Entbindkunst, übersetzt von Meckel 2. Ausg. II. 431) lässt die Frau, die vorher hoch liegt, nach dem Schnitte gerade auf den Rücken legen. Wir wollen nicht die Nothwendigkeit des schrägen und queren Schnittes in die Bauchwandungen und den Uterus, für den Fall, dass die Urinblase sehr angefüllt ist, und Umstände ihre Entleerung verhindern (wie ein solcher Fall in Hufelands Journ. III. S. 70 erzählt wird) anführen, wir wollen nur sagen, dass in solchen Fällen die Mutter erhalten wurde.

Und wenn wir sehen, in welcher Ausdehnung John Lizars (Beob. über die Exstirpation kranker Ovarien 1826) die Abdominal-Bedeckungen durchschneidet, so werden wir mit Blundell (a. a. O. II. 179) eingestehen,

„dass die grössten Einschnitte in diese Theile nicht nothwendig tödtlich sind.“

Baudelocque (l'art des accouch. 6. Bd. II. 425) berichtet von einem Falle, wo der Querschnitt zu hoch über dem Nabel gemacht worden war, weshalb man noch einen diagonalen Schnitt zu demselben machen musste, — und nichts destoweniger wurde die Mutter am Leben erhalten.

Das eklatanteste Beispiel derart liefert der vielberühmte Lauverjat (a. a. O. S. 204).

„Den 27. August 1769 wurde Herr Lebas zu einer Pachtersfrau, die schon seit vier Tagen kreisste, gerufen. Sie war durch die Personen, die ihr beigestanden hatten, schon sehr entkräftet. Der Wundarzt, da er glaubte, dass hier der Kaiserschnitt unvermeidlich sei, machte einen Einschnitt, der fast querlaufend war; er fing ein wenig unter dem Nabel an und endigte sich gegen die Rippen. Dieser Einschnitt, da er zu hoch oben, war ohne Nutzen. Herr Lebas aber, ohne bestürzt zu sein, machte einen zweiten mehr schief, als den ersten, welcher sich von einem Zoll ungefähr unter dem Nabel bis zu dem erhabensten Theile des Darmbeinrandes erstreckte; diese zwei Einschnitte gingen in einander und verursachten einen völligen Vorfall der Eingeweide. In die Gebärmutter wurde fast in die Quere eingeschnitten; man machte hier eine Nath von 3 Knöpfen (hier folgt ein medicinisches Verfahren, wie es unsre heutige Medicin schwerlich loben wird); den 8. Oct. war die Frau völlig geheilt, und den 20. verrichtete sie schon wieder ihre Feldarbeit.

Um nun zum Schlusse die Meinungsverschiedenheit der Schriftsteller über die Nath zu zeigen, führen wir nur an, dass Viele die blutige Nath ganz verwerfen, Schmidtmüller (Jahrb. S. 219), Sommer (in Loders Journ. II. 733) Müller (in Rust, Magaz. XXVIII. 1. 146), Lorinser (in Siebolds Journ. III. 1. 106), und selbst Michaelis (a. a. O. S. 176) (in einem Falle) legen gar keine Nath an und schreiben ihre glücklichen Erfolge diesem Verfahren zum Theil zu.

Ich übergehe das, was das Medicinal-Collegium in Betreff der Vertheilung der Schuld zwischen Dir und dem Kreisphysikus

Dr. Fischer sagt, weil darüber jeder gebildete Mensch und namentlich der Jurist urtheilen kann.

Was aber das Medicinal-Collegium Dir und allen Geburtshelfern aufbürdet, dass wir zur Ausübung des Kaiserschnittes verpflichtet seien, ist hart und unausführbar. Alle Handbücher der Chirurgie von Guy de Chaunal bis herunter zu Chelius, Rust, Blasius u. d. gl. handeln diese Operation sehr ausführlich ab, und wozu würden sie das thun, wenn diese Operation nur der Geburtshülfe angehörte? Weil aber die Chirurgie, wie es ihr gebührt, diese schwere Operation an sich genommen hat, ist ihr auch der grösste Zuwachs an Bereicherungen von Chirurgen geworden. Wir erinnern an v. Gräfe's Verdienste um den Kaiserschnitt. Nur was man übt, darin hat man Fertigkeit, und ich selbst würde mir nicht im Entferntesten in den Sinn kommen lassen, wenn mir das Unglück einen Kaiserschnitt zuführen sollte, denselben mit meinen Händen zu verrichten, und andere ehrliche und nicht anmassende Geburtshelfer, die nicht zugleich die Chirurgie üben, würden, eben so wie ich, einen Operateur ex professo sich herbeischaffen lassen. Dass Du aber einen solchen nicht haben konntest, ist nicht Deine Schuld, eben so wenig wie Ihr in Festenberg der Vorschrift der Kunst genügen konntet, wenigstens 6 oder 7 zuverlässige Assistenten bei der Operation anzustellen. Wäre das Ansinnen des Medicinal-Collegiums ein rechtmässiges, so müsste auch der Geburtshelfer verpflichtet werden können, ein vollständiges Besteck für den Kaiserschnitt sich zu halten und bei der Landpraxis mit sich herumzuführen; von einem solchen Gebote kann aber gewiss nicht die Rede sein, und Glück genug ist es, dass davon nicht die Rede ist. Dass Du aber dennoch den ersten Vorsatz, an der Operation keinen Theil zu nehmen, aufgabst, und trotz Deiner unsäglichen Abspannung und Ermüdung in dem entschiedensten Momente der Gefahr thätig eingegriffen haben sollst, das war unpolitisch von Dir, aber keineswegs sträflich; und zur Ehre der Aerzte sei es gesagt, nur sehr wenige würden sich finden, die selbst in solcher unendlicher Noth und Bedrängniss ihren medicinischen Macchiavell nicht vergässen.

Breslau, den 6. März 1846.

(gez.) **Dr. Davidson.**

2. Erkenntniss des Criminalsenats des Königl. Oberlandesgerichts zu Breslau.

In der Criminaluntersuchung gegen den Kreisphysikus Hofrath Dr. Fischer zu Oels, Dr. Birkenfeld zu Festenberg und Chirurg Schramm daselbst

hat der Criminalsenat des Königl. Oberlandesgerichts zu Breslau in der Sitzung vom 15. April 1847, an welcher Theil genommen haben

Starke, Oberlandesgerichts-Präsident,
Bar. v. Kottwitz, Bergius, Geheime Justizräthe,
Neuenburg, v. Isselstein, Bescherer, Oberlandesger.-Räthe,
Goldbach, Stephani, Oberlandesgerichts-Assessoren

den Acten gemäss erkannt:

dass I. Inculpat Dr. Carl Gustav Fischer etc.,

II. Inculpat Dr. Salomon Birkenfeld wegen lebensgefährlicher Beschädigung der Ehefrau Fiebig aus grober Vernachlässigung seiner Amts- und Berufspflichten mit einem zweijährigen Festungsarrest zu belegen und zur Ausübung der ärztlichen, wundärztlichen und geburtshülflichen Praxis auf immer für unfähig zu erklären,

III. Inculpat Chirurg Anton Schramm etc.

IV. den Inculpaten die Kosten in der sie alle treffenden Untersuchung einem Jeden zu einem Drittel und für den Fall des Unvermögens unter solidarischer Haftverbindlichkeit aufzulegen.

Von Rechts Wegen.

Gründe.

Zu Anfang April 1844 befand sich die 24 Jahr alte Ehefrau des Dr. med. Fiebig im 9. Monat ihrer ersten Schwangerschaft; sie hatte mit verschiedenen krankhaften Zuständen zu kämpfen und litt namentlich an Geschwulst der Füsse und der Geschlechtstheile. Am 6. April c. Nachmittags hatte sie heftige Kopfschmerzen, auf welche Erbrechen erfolgte; dann traten Krämpfe ein, die sich bis zum Abend, ungeachtet der vom Dr. med. Birkenfeld dagegen angewandten Mittel, im verstärkten Maasse wiederholten. Es wurde deshalb der Hofrath und Kreisphysikus Dr. Fischer aus Oels herbeigerufen, und dieser erschien am 7. April Morgens gegen 7 Uhr. Derselbe hielt die Patientin für unrettbar, theilte seine Ansicht ihrem Ehemann mit, und als sich auch der Dr. Birkenfeld, welcher inzwischen, nachdem er sich Morgens 5 Uhr von der Patientin entfernt hatte, wieder hinzugekommen war, mit dem Dr. Fischer einverstanden erklärte, so wurde auf den Vorschlag des Letzteren, welcher angiebt:

„auf der einen Schaale der Waage habe ein nur unrettbares Leben, auf der andern ein vielleicht noch rettbares gelegen",

die Vornahme des Kaiserschnitts beschlossen, wie Dr. Birkenfeld sagt:

nicht, um die Mutter zu retten, sondern ein vielleicht noch lebendes Kind dem Vater zu schenken.

Zu dieser Operation, welche hierauf alsbald stattfand, wurde der Chirurg Schramm zugezogen, und es wurde dabei die Ehefrau Fiebig von einem todten Mädchen, dessen Belebung man vergebens versuchte, entbunden.

An demselben Tage Abends gegen 11 Uhr starb die Ehefrau Fiebig. Es verbreitete sich demnächst das Gerücht, dass bei ihrer Entbindung nicht sachgemäss verfahren worden sei; der Kreisphysikus Dr. Bunke zu Wartenberg stellte deshalb nähere Recherchen an und erstattete auf Grund derselben am 19. April 1844 einen Bericht an die Königliche Regierung, wonach die Operation des Kaiserschnitts viel zu zeitig unternommen und kunstwidrig ausgeführt worden sein soll; auch wird darin bemerkt, dass eine rohe Behandlung der Patientin stattgefunden, indem man dieselbe nach der Operation völlig nackt auf einem Strohsacke im Blute unbedeckt habe liegen lassen. Auf Veranlassung der Königl. Regierung wurde hierauf vom Königl. Stadtgericht zu Festenberg, unter Zuziehung des Kreisphysikus Dr. Bunke und des Kreis-Wundarztes Petruschke, die Obduction der Ehefrau Fiebig am 8. Mai 1844 veranstaltet, wodurch sich folgendes Resultat ergab:

Der Leichnam war 5 Fuss rheinländisch lang und wohl gebaut, der Unterleib war mässig ausgedehnt und hatte eine Länge von der

Herzgrube bis zum Schaamberge von 14 Zoll, seine Breite von der vorderen oberen Spitze des Darmbeinkammes der einen Seite zu der andern betrug 12 Zoll, die Entfernung vom ersten Heiligenbeinwirbel bis zur Schaambeinfuge, von hinten nach vorn gemessen, 7 Zoll, von der Gegend der Vereinigung des Steissbeines und dem untern Ende des Heiligenbeines bis zur Schaamfuge $6^3/_4$ Zoll und von einem Rollflügel bis zum andern $14^1/_2$ Zoll. Am Unterleibe zeigte sich bei der äussern Besichtigung:

1) ein Längenschnitt; er begann $^1/_2$ Zoll unter dem Nabel und verlief $6^1/_2$ Zoll in gerader Richtung zur Vereinigung der Schaambeine;

2) ein zweiter Schnitt, ein Querschnitt; er begann nach beiden Seiten von dem Punkte, wo der eben gedachte Längenschnitt unter dem Nabel seinen Anfang nahm, und zwar so, dass dieser Querschnitt eine Länge von $5^1/_2$ Zoll betrug, und so, dass nach der rechten Seite $3^1/_2$ Zoll und nach der linken 2 Zoll kamen.

Diese Schnittflächen waren mittels seidener Fäden und der sogenannten Kürschnernath zusammengefügt, die Stiche der Näthe waren ungefähr $^2/_3$ Zoll von einander, vornehmlich beim Längenschnitt, dagegen beim Querschnitt nur $^1/_2$ Zoll von einander entfernt. Auf der Nath selbst fand sich ein braunrothes, fest aufgetrocknetes Pulver.

Die Schaamlefzen waren bedeutend angeschwollen; auch die Ober- und Unterschenkel, und an beiden Biegungen der Arme fanden sich Aderlassbinden, und nach deren Wegnahme an den Armen noch geöffnete Aderlasswunden.

Bei Eröffnung der Schädelhöhle, nachdem mittels eines Kreuzschnittes die allgemeine Kopfbedeckung und die Schädelknochen mittels Cirkelschnitts weggenommen waren, fand sich weder auf der äusseren, noch inneren Fläche der weichen Kopfbedeckung eine normwidrige Veränderung, die Schädelknochen hatten eine mässige Dicke, die Hirnhaut erschien etwas glänzend, die Gefässe der harten Hirnhaut waren stark mit Blut angefüllt, auch war längs des grossen sichelförmigen Blutbehälters auf der äusseren Fläche der harten Hirnhaut eine dunkelgrüne, fäulnissartige Färbung zu bemerken. Der sichelförmige Blutbehälter war blutleer, das grosse Gehirn bot nichts Regelwidriges dar, eben so fanden sich das kleine Gehirn und der pons Varoli, so wie die medulla oblongata regelmässig; auf der basis cranii befand sich ungefähr ein Theelöffel eines blutigen Serums, in den Gefässen des Gehirns war nur eine geringe Blutmenge, und die Consistenz desselben war von der Art, dass sie sich vollkommen zu einer Section eignete. Bei Eröffnung der Brusthöhle fand man den rechten Lungenflügel an dessen unterer Spitze etwas und die ganze hintere Fläche desselben mit der Pleura verwachsen, das Herz nebst dem Herzbeutel lagen normal, der Herzbeutel enthielt einige Theelöffel eines blutigen Serums. Das Herz, von normaler Grösse, war welk und an der hintern Fläche dunkelroth gefärbt. In den Höhlen desselben befand sich eine geringe Quantität Blutgerinsel, sonst aber nichts Regelwidriges und Krankhaftes. Auf dem Grunde der Brusthöhle befand sich eine Quantität Blut von dunkelrother Farbe und dickflüssiger Beschaffenheit, und zwar in der linken Brusthöhle 4 Unzen, und in der rechten $1^1/_2$ Unze. Die Lungenflügel selbst hatten eine normale Färbung; der rechte Lungenflügel zeugte beim Einschnitt von Blutleere, der linke hingegen war blutreich und enthielt ein dunkelschwarzes Blut.

Bei Eröffnung der Bauchhöhle erschienen die Ränder der zugenäht gewesenen Wundflächen dunkel und hatten das Ansehen, wie der Brand dies gewöhnlich zeigt. Bei Auseinandernahme der zerschnittenen Bauchbedeckung drängten sich die Gedärme hervor, und das Netz erschien sehr fettreich. Der Gebärmuttergrund ragte bis an das Netz, ohne dass er mit demselben adhärirte. Die kleinen Gedärme waren an ihrer Oberfläche dunkel geröthet, besonders da, wo sie die Gebärmutter berührten. Entzündungsspuren waren weder an den dicken, noch dünnen Därmen vorzufinden.

Die Leber erschien sehr umfangreich und zeigte beim Einschnitte nur einen geringen Blutreichthum, an der untern Fläche des linken Leberlappens bemerkte man deutlich eine dunkelrothe und blutige Ausschwitzung.

Die Milz war auf gleiche Weise in eine ausgeschwitzte Blutmasse eingehüllt. Die Milz selbst war breiig und liess sich leicht zerdrücken.

Die Gallenblase war nur mässig mit Galle angefüllt.

Der Magen war leer und von normaler Beschaffenheit.

Die Gebärmutter lag in dem grossen Becken; es war daran zu bemerken:

1) Auf der vorderen Fläche ein Längenschnitt, welcher von der äussersten Spitze des fundus uteri begann und in gerader Richtung nach dem Muttermunde sich erstreckte. Die Länge betrug $4^1/_2$ Zoll.

2) Ein Querschnitt auf der vorderen Fläche der Gebärmutter. Dieser begann unter dem Anfange des Längenschnitts und erstreckte

sich nach beiden Seiten des Längenschnittes, nach der rechten Seite $1^1/_2$ Zoll und nach der linken 2 Zoll.

Diese Schnitte durchdrangen vollkommen die vordere Wand der Gebärmutter. Die Färbung der äusseren Fläche der vorderen Wand des Uterus erschien stark geröthet und war einen halben Zoll im Umkreise der Schnitte sogar dunkelroth. Die Dicke der durchschnittenen vorderen Wand betrug $^1/_2$ Zoll. Die innere Fläche der Gebärmutter war dunkelroth und mit einem blutigen Schleime bedeckt. Uebrigens zeigte das Gefühl eine ziemlich derbe Consistenz der Gebärmutter. Der Gebärmuttermund war vollkommen gerundet und trug nicht den geringsten Einriss an sich.

Zwischen der Urinblase und der Gebärmutter war dunkelrothes geronnenes Blut im Betrage von $^1/_2$ Unze. Die Gebärmutter betrug vom Fundus bis zum Orificium 6 Zoll, die Breite 5 Zoll. Die Oeffnung des Orificii war ungefähr einen Zoll im Umkreise erweitert. Die Gebärmutter adhärirte weder an der vorderen, noch hintern Wand mit den Gedärmen. Die Vagina erschien stark geröthet und hatte auf der innern Fläche dieselbe blutige Schleimbedeckung, wie die Gebärmutter, sie hatte ihre normale Weite und nichts Normwidriges.

Die Eierstöcke waren in ihrer natürlichen Lage und erschienen geröthet.

Die Urinblase war unverletzt, leer und normal.

Die Nieren mit ihren Nebennieren in normalem Zustande.

Nachdem der Uterus mit einem Theile der Geburtsscheide herausgenommen worden war, stellte sich durch die Messung folgendes Ergebniss dar:

I. beim grossen Becken betrug der Durchmesser $7^1/_4$ Zoll;

II. beim kleinen:

1) der Eingang:
   a) der kleine gerade Durchmesser, Conjungata, $5^1/_2$ Zoll,
   b) der grosse Querdurchmesser $6^1/_4$ Zoll,
   c) der schiefe Durchmesser $5^1/_2$ Zoll;
2) der mittlere Apertus:
   a) der grosse oder gerade Durchmesser 5 Zoll,
   b) der kleine oder Querdurchmesser $5^3/_4$ Zoll;
3) der dritte Apertus:
   a) der gerade Durchmesser $4^1/_2$ Zoll,
   b) der Querdurchmesser $5^1/_2$ Zoll;
4) der Beckenausgang:
   a) der gerade Durchmesser $3^1/_2$ Zoll,
   b) der Querdurchmesser 5 Zoll.

Endlich fand sich noch zu bemerken, dass sämmtliche Blutgefässe, sowohl der Brust als des Unterleibes, theils leer, theils nur mässig mit Blut angefüllt waren. Ein Knochenbruch oder sonst eine Verletzung ausser den beschriebenen Schnittflächen am Unterleibe war nicht vorhanden.

Die Besichtigung der Kindesleiche, welche man bei dem Leichname der Ehefrau des Dr. Fiebig im Grabe fand, ergab, dass das Kind weiblichen Geschlechts, völlig ausgebildet, $5^1/_2$ Pfund schwer und 18 Zoll lang war; seine Ernährung war mangelhaft.

Eine Verletzung war nicht zu bemerken.

Der gerade Durchmesser des Kopfes betrug von der Nasenwurzel bis zum Hinterhaupte 4 Zoll, der Querdurchmesser von einem Schläfenbeine zum andern $3^3/_4$ Zoll. Der senkrechte Durchmesser $3^1/_2$ Zoll, der grösste Durchmesser 5 Zoll, die Breite der Schultern 4 Zoll, der Abstand der beiden Umdreher des Schenkels $3^1/_2$ Zoll.

Das Gutachten gaben die Obducenten auf Grund des Befundes und in Berücksichtigung der Krankheitsgeschichte der verstorbenen Ehefrau Fiebig wörtlich dahin ab:

„Obgleich die an der Denata vollzogene Operation keinesweges nach allen Regeln der Kunst ausgeführt, auch in der Operirten während der Operation die Vitalität, jedoch nur die vegetative, noch nicht ganz erloschen war, so ist doch die Denata keinesweges an der Operation des Kaiserschnittes gestorben, sondern einzig und allein an dem Krankheitszustande, welcher viele Stunden vor der Operation schon zu einer solchen Vollendung der Lähmung der Hirn- und Brustnerven sich gesteigert hatte, dass diese nicht mehr zu beseitigen war und als absolut unheilbar noch um so entscheidender durch das bei der Section in der Brusthöhle gefundene Blutextravasat nachgewiesen wurde, selbst für den Fall, dass auch keine Operation irgend einer Art unternommen worden wäre."

Inwiefern die Operation des Kaiserschnittes keinesweges nach allen Regeln der Kunst ausgeführt worden sei, ist in dem Gutachten der Obducenten nicht erörtert, es ist darin nur angedeutet, dass sowohl der Querschnitt durch die Bauchdecke, als ganz vorzüglich der Querschnitt in der vorderen Wand der Gebärmutter, gegen die Regeln der Kunst gemacht worden seien; es sei nicht zu begreifen, was die Aerzte dazu vermocht haben möge; auch die Nath und jeder unterlassene Verband seien kunstwidrig gewesen. Ihr Urtheil über diese Kunstfehler haben die Obducenten gänzlich suspendirt, und sah sich daher die Königliche Regierung veranlasst, das Gutachten des hiesigen

Königl. Medicinal-Collegii unter andern auch über die Fragen einzuholen:

1) Ob im vorliegenden Falle die Operation des Kaiserschnitts an sich für gerechtfertigt zu erachten;
2) ob die Operation kunstgemäss gemacht sei;
3) ob dafür gesorgt worden, dass die Möglichkeit der Erhaltung der Operirten begünstigt werde, und
4) ob sich aus der Obduction der Leiche irgend ein Umstand ergäbe, aus welchem mit Gewissheit gefolgert werden könne, dass die Frau Fiebig nothwendiger Weise habe sterben müssen.

Die Antwort auf diese sub 1 bis 3 angegebenen Fragen fiel verneinend aus, die Operation wurde als ungerechtfertigt und, wie sie ausgeführt worden, als völlig kunstwidrig und absolut tödtliche Verletzung bezeichnet, und auch die 4. Frage wurde vom Medicinal-Collegio im Gegensatze zu dem Gutachten der Obducenten verneint, indem das Medicinal-Collegium angab, es sei aus dem Sectionsbefunde keine Anomalie nachzuweisen, aus welcher gefolgert werden dürfe, dass der Tod der Ehefrau Fiebig (von der Operation des Kaiserschnittes abgesehen) nothwendig habe eintreten müssen, und sei daher die gestellte Frage entschieden zu verneinen; es sei dabei aber zu bemerken, dass die stattgehabte Krankheit der Verstorbenen (die Eclampsia parturientium) zu denen gehöre, welche durch Lähmung tödten und somit auch keine sinnlich wahrnehmbare Erscheinungen, keine materielle Veränderung in dem Leichname unbedingt zur Folge haben müssten. Der negative Befund dürfte deshalb nur für den Tod durch Krankheit sprechen. Eben so wenig könne man mit einem höheren Grade von Wahrscheinlichkeit den Tod durch Verblutung in Folge des Kaiserschnittes annehmen; denn einmal sei die vorgefundene Blutleere überhaupt nicht so allgemein gewesen, dann spreche auch die stattgehabte Todesart zu wenig für diese Supposition, und endlich finde man in der Krankheit selbst eine zureichende Ursache des Todes, da ihre hohe Lebensgefährlichkeit erfahrungsmässig feststeht. Der Fall wird vom Königl. Medicinal-Collegio als ein solcher bezeichnet, wo der Gerichtsarzt seine Unfähigkeit bekennen müsse, irgend einen bestimmten Beweis für oder wider die Existenz der bestimmten Todesart führen zu können, nur so viel sei mit Ueberzeugung zu behaupten:

„dass, wenn die Frau Fiebig nicht an der Eclampsia gestorben wäre, sie unbedingt und nothwendig durch die von den Aerzten bewirkte Verwundung, insbesondere der Gebärmutter, und die von ihnen bewiesene Sorglosigkeit während und nach der Operation im Allgemeinen hätte zu Grunde gehen müssen."

In Folge dieses Gutachtens, welches dem Criminalsenat des Königl. Oberlandesgerichts von der Königlichen Regierung mitgetheilt worden ist, wurde das hiesige Inquisitoriat angewiesen, gegen die Aerzte Hofrath Dr. Fischer in Oels und Dr. Birkenfeld zu Festenberg und gegen den Chirurg Schramm daselbst auf Grund der §§. 691,.737, 777 und seq. Thl. II. Tit. 20. A. L.-R. die Criminaluntersuchung einzuleiten; es sind dabei die gesetzlichen Förmlichkeiten beobachtet, und es ist nunmehr in I. Instanz zu erkennen.

Inculpat Dr. Fischer ist u. s. w.

Inculpat Dr. Birkenfeld ist 36 Jahr alt, jüdischen Glaubens, verheirathet, in keinem Militärverhältnisse, in Festenberg wohnhaft und seit dem Jahre 1833 praktischer Arzt und Geburtshelfer.

Inculpat Schramm u. s. w.

In Untersuchung hat sich früher noch keiner der Inculpaten befunden.

Was zuvörderst, in Betreff der gegen die Inculpaten jetzt vorliegenden Anschuldigung, den objectiven Thatbestand anbelangt, so stehen sich die Gutachten der Obducenten und des Königl. Medicinal-Collegii über die Frage: ob der Tod der Ehefrau Fiebig der Krankheit derselben oder der an ihr stattgehabten Operation des Kaiserschnitts zuzuschreiben sei, einander entgegen.

Die Obducenten behaupten:

„Denata starb unbedingt an Lähmung der Lungen in bewusstlosem Zustande, und diese Lungenlähmung würde selbst in dem Falle, dass keine Operation irgend einer Art an dieser Frau gemacht wäre, tödtlich geendet haben, weil diese Lungenlähmung, von Blutextravasat in der Brusthöhle herrührend, absolut tödtlich werden musste. Folglich kann die an dieser Frau gemachte Operation nicht als Ursache des Todes, ja nicht einmal als mitwirkend zu demselben angeschuldigt werden."

Das Königliche Medicinal-Collegium dagegen hält die Ursache des Todes der Ehefrau Fiebig keinesweges für nachgewiesen; es widerlegt die von den Obducenten für ihre Ansicht angeführten Gründe; und es ist auch die Unrichtigkeit dieser Ansicht, sogar abgesehen von allen Gründen der Wissenschaft, ohne Weiteres klar, da sie auf völlig falschem Schlusse beruht. Denn, wenn es auch richtig wäre, dass die Krankheit der Ehefrau Fiebig als eine von einem Blutextravasat herrührende Lungenlähmung absolut tödtlich werden musste, so folgt daraus doch offenbar nicht, dass die während dieser Krankheit stattgehabte Operation den Tod nicht schon vorher, ehe derselbe als Folge der Krankheit wirklich eintrat, hat herbeiführen können. Der Widerspruch in den vorliegenden Gutachten, so erheblich derselbe an sich auch ist, bleibt indessen auf die Entscheidung dieser Sache ohne Einfluss. Das Königl. Medicinal-Collegium nimmt nämlich an, es gehöre der vorliegende Fall zu denjenigen, wo der Gerichtsarzt ausser Stande sei, irgend einen bestimmten Beweis für oder wider die Existenz der gewissen Todesart zu führen; es wird dabei zwar die Operation des Kaiserschnittes, so wie sie stattgehabt, als eine absolut tödtliche Verletzung bezeichnet, allein es werden zugleich Gründe angegeben, weshalb nicht mit Gewissheit angenommen werden könne, dass der Tod auch wirklich als Folge dieser Operation eingetreten sei; endlich giebt das Königl. Medicinal-Collegium noch an, dass der negative Befund für den Tod durch die Krankheit spräche, und kann daher unter diesen Umständen von Ungewissheit, und da sogar eine grössere Wahrscheinlichkeit für den Tod durch Krankheit spricht, in favorem defensionis auch nur angenommen werden, dass die Ehefrau Fiebig in Folge der Krankheit, von welcher sie schon vor der Operation befallen gewesen, gestorben sei. Hiernach liegt denn auch objectiv das Verbrechen der Tödtung nicht vor; vielmehr bleibt objectiv nur absolut tödtliche Körperverletzung bestehen, indem das Gutachten des Königl. Medicinal-Collegiums in dieser Beziehung dahin geht:

> dass die Ehefrau des Dr. Fiebig unbedingt und nothwendig durch die von den Aerzten bewirkte Verwundung, insbesondere der Gebärmutter und durch die von ihnen bewiesene Sorglosigkeit während und nach der Operation hätte zu Grunde gehen müssen, wenn sie nicht an der Eclampsia gestorben wäre.

In Betreff dieses objectiven Thatbestandes besteht zwischen dem Gutachten der Obducenten und dem des Königl. Medicinal-Collegiums kein Widerspruch, denn die Obducenten haben die Folgen der Kunstfehler, welche auch nach ihrer Ansicht bei der Operation stattgefunden, gar nicht zum Gegenstande ihres Gutachtens gemacht; uns liegt also auch in dieser Hinsicht kein Grund vor, vor Erlassung des Urtheils noch ein Superarbitrium zu erwirken. Ebensowenig kann dazu in Allem, was der Vertheidiger des Inculpaten Dr. Birkenfeld zur Widerlegung der aus dem Operationsmodus entnommenen Anschuldigungsmomente anführt, eine Veranlassung gefunden werden, da die angebliche Ansicht einzelner Gelehrten an sich nicht geeignet ist, dienstliche Gutachten der competenten Medicinalbehörde zweifelhaft zu machen.

Wenn endlich noch gegen das Gutachten des Medicinal-Collegii eingewendet wird, dass dasselbe, weil es auf Requisition der Königl. Regierung und nicht auf die des competenten Richters erlassen worden sei, an formellem Mangel leide, so zerfällt auch dieser Einwand, da dem gedachten Mangel später durch die Requisition des Inquisitoriats vom 7. Mai 1845 und durch das demnächst erfolgte definitive Gutachten des Königl. Medicinal-Collegii, wodurch das frühere bestätigt wird, abgeholfen worden ist.

In Betreff des objectiven Thatbestandes ist endlich noch die Frage zu erörtern:

ob die der Ehefrau Dr. Fiebig durch kunstwidrig ausgeführte Operation des Kaiserschnitts widerfahrene tödtliche Verletzung zur Zeit ihres Lebens stattgefunden hat?

denn, wenn diese Frage, wie Inculpat Birkenfeld behauptet, verneint werden müsste, so würde von einer strafbaren Körperverletzung auch die Rede gar nicht sein können.

Die Erklärungen der Inculpaten sind verschieden. Hofrath Fischer giebt an, er habe, als er zur Ehefrau Dr. Fiebig in die Krankenstube gekommen sei, nur das Röcheln einer Sterbenden gehört; diese Art der Respiration nebst schwacher Spur des Herzschlages und nur selten fühlbar gewordener Pulse sei die einzige Lebensäusserung gewesen; er habe ihren Tod in Folge der Eclampsia für unzweifelhaft gehalten und während der Operation nur ein einziges leichtes Zucken eines einzigen Muskels des linken Oberschenkels und eine nur augenblickliche schwache Bewegung des linken oberen Augenlides bemerkt und hierauf die beiden anderen Herren aufmerksam gemacht. Nach der Operation sei er nur noch kurze Zeit dort geblieben und habe bei seiner Abreise den Anwesenden noch gesagt, sie sollten sich nicht wundern, wenn das Sterben der Operirten erst Abends vollendet würde, und wenn etwa noch Convulsionen sich einstellten.

Im zweiten Verhör erklärt sich Dr. Fischer näher dahin: „Ich gebe unumwunden zu und habe es auch bisher keineswegs in Abrede stellen wollen, dass zur Zeit des Kaiserschnitts das Sterben der Operirten noch nicht vollendet war."

Auch der Inculpat Chirurg Schramm bestreitet nicht, dass die Ehefrau Fiebig zur Zeit der Operation noch gelebt habe. Er giebt an: als er auf erfolgte Aufforderung hinzugekommen sei, habe die Ehefrau Fiebig ohne alle und jede Bekleidung auf einem, mit einem Betttuche bedeckten Strohsack in einer Bettstelle gelegen, dem Anschein nach todt, ohne die geringste Bewegung und ohne irgend ein Lebenszeichen. In demselben Zimmer habe er den Hofrath Dr. Fischer und den Dr. Birkenfeld angetroffen. Ersterer habe erklärt, die Ehefrau Fiebig sei todt, und es müsse versucht werden, das Kind, mit dem sie schwanger sei, zu retten; es müsse der Kaiserschnitt gemacht werden. Er habe Anstand genommen, die Operation vorzunehmen, und habe sich durch Anfühlen des Körpers der Ehefrau Fiebig überzeugt, dass derselbe noch warm gewesen, und als er hierauf sein Bedenken geäussert, ob die Ehefrau Fiebig auch wirklich todt sei, habe Dr. Fischer entgegnet: das, was er für Leben halte, sei nur der Rest des dahin geschwundenen Lebens.

Während der hierauf erfolgten Operation habe er deutlich bemerkt, dass die Ehefrau Fiebig die Augen einen Moment aufgeschlagen, aber auch sofort wieder zugemacht habe; während des weiteren Verlaufs der Operation habe dieselbe ein weiteres Lebenszeichen nicht mehr gegeben, und als er demnächst die Bauchdecken wieder zusammengenäht, habe er sie für völlig todt gehalten.

Zu bemerken ist hier, dass Inculpat Schramm in seiner vorherigen Vernehmlassung vor dem Kreisphysikus Dr. Bunke am 17. April 1844 angegeben hatte, die Frau Fiebig habe, als er dieselbe entblösst auf dem Strohsacke liegend gefunden, tief geathmet und geröchelt.

Inculpat Dr. Birkenfeld endlich, nachdem er in seinem Berichte an den Kreisphysikus wahrheitsgemäss angegeben, die Frau Fiebig sei am 7. April Abends 11 Uhr gestorben, behauptet in den verschiedenen Verhören, sie sei zur Zeit der Operation schon todt gewesen, jedenfalls habe er weder kurz vor, noch nach derselben eine Spur wirklichen Lebens an dem Körper der Frau Fiebig bemerkt; er müsse aber darauf aufmerksam machen, dass das, was der Arzt Tod nenne, wesentlich verschieden von dem sei, was der Laie mit diesem Ausdruck bezeichne.

Einigermassen übereinstimmend mit dieser Angabe des Inculpaten Birkenfeld ist das Gutachten der Obducenten, welche behaupten, die Verstorbene habe sich während der Operation und noch einige Stunden nach derselben in einem Zustande eines blossen negativen Lebens befunden. Diesem steht indessen das Resultat der Zeugenvernehmungen und das Gutachten des Königl. Medicinal Collegii geradezu entgegen. Nach letzterem ist die Annahme, dass die Congestionen, an welchen die Frau Fiebig gelitten, bereits vor der Operation im Gehirn Exsudation und Apoplexie erzeugt gehabt hätten, durch die Section als völlig nicht erwiesen, und auch selbst die Annahme, dass gar nichts mehr für die Genesung der Kranken zu hoffen gewesen sei, wird vom Königl. Medicinal-Collegium als nicht gehörig begründet erklärt. Endlich bemerkt letzteres noch in Betreff der Behauptung des Inculpaten Dr. Birkenfeld, wonach das, was der Arzt Tod nennt, wesentlich verschieden sein soll von dem, was der Laie mit diesem Ausdruck bezeichne: im Sinne der Wissenschaft werde zwar manches Individuum für lebend gehalten, welches der Laie schon todt nennt, doch sei der umgekehrte Fall (wie Inculpat solches behauptet) eine reine Fiction, welche die Wissenschaft mit Entschiedenheit von sich weisen müsse, und die gar keine weitere Widerlegung verdiene. Hierzu kommen nun noch im Gegensatz zu dem Läugnen des Inculpaten Birkenfeld die Aussagen der vielen Zeugen, welche theils vor, theils während, theils nach der Operation zugegen gewesen sind. Es ist davon die Aussage der Auguste Heymann, der damaligen Köchin der Ehefrau Fiebig, welche sich über den ganzen Hergang verbreitet, von besonderer Erheblichkeit. Nachdem dieselbe den Zustand der Kranken bis zu der Nacht vor ihrem Tode geschildert, deponirt sie:

„Die Frau Fiebig, welche während des Nachmittags die Bewegung des Kindes sehr deutlich gefühlt hatte (ich selbst habe mich ebenfalls durch Anfühlen davon überzeugt, dass das Kind im Mutterleibe sich bewege), sagte mir in der Nacht vom Sonnabend auf den Sonntag etwa um 3 Uhr, von welcher Zeit die Krämpfe gänzlich aufhörten, ich solle doch nachsehen, ob ihr Kind noch lebe. Ich fühlte ihr den Leib an und versicherte ihr, dass das Kind noch lebe, wenngleich ich von dem Gegentheil fest überzeugt war. Ich hatte nämlich eine Stunde vorher wahrgenommen, dass die Frau Fiebig nach einem heftigen Krampfanfalle einen sehr starken Schüttelfrost bekam, und da mir bekannt war, dass ein solcher bei Schwangeren fast immer ein Zeichen des Absterbens des Kindes ist, geschlossen, dass das Kind gestorben sei. Nach 3 Uhr lag die Kranke ruhig athmend, aber sehr schwach im Bette; die Krämpfe traten nicht mehr ein, und dieser Zustand dauerte bis zur Zeit, als der Hofrath Dr. Fischer in unserem Hause erschien; es mochte etwa 7 Uhr Morgens sein. Derselbe liess sich vom Dr. Fiebig den Verlauf der Krankheit seiner Ehefrau erzählen, und es erschien auch der Dr. Birkenfeld. Hofrath Fischer untersuchte innerlich und äusserlich die Kranke. Schon in der Nacht hatte ich dem Dr. Birkenfeld von dem Schüttelfrost gesagt, und dass ich das Kind für gestorben hielte; auch dem Hofrath Fischer theilte ich beides mit. Derselbe erklärte aber, die Frau sei schon so gut wie todt, es sei auf sie nicht mehr zu rechnen; es komme nur darauf an, das Kind zu retten. Ich fragte ihn, was er mit der Kranken machen werde, und er entgegnete, es sei gar nichts mit ihr zu machen, der Kaiserschnitt müsse gemacht werden."

„Die beiden Aerzte sprachen mit meinem Herrn; ich hörte unter anderem, dass der Hofrath Fischer den letzteren fragte, „wie es denn mit dem Vermögen stehe?" und lief darauf mein Herr aus dem Hause. Der Hofrath Fischer veranlasste nun, dass in die Koststube eine Bettstelle in der Nähe des Fensters gesetzt, und in diese ein Strohsack gelegt wurde. Auf diesen wurde aus der Schlafstube die Frau Fiebig geschafft und völlig nackt gelegt. Der Wundarzt Schramm erschien, und die Operation sollte vor sich gehen. Die Wittwe Brettschneider und ich stellten nun, da wir hörten, dass die Frau Fiebig athmete und röchelte, dem Fischer und Birkenfeld vor; die Frau Doctorin lebe noch, worauf Fischer entgegnete: Gott bewahre! die lebt nicht mehr, die ist schon todt. Der Wundarzt Schramm schnitt nun vom Nabel abwärts nach dem Schooss zu den Leib der p. Fiebig auf, jedoch nur die Haut durch, alsdann nahm ihm der Dr. Birkenfeld das Messer ab und schnitt tiefer bis auf die Gedärme, während Dr. Fischer mit dem Schwamme das Blut immer abwischte. Als der Längenschnitt gemacht worden war, schnitt Schramm auf Anweisung des Fischer auf der linken Seite des Längenschnitts der Quere, auf der rechten Seite dagegen der Dr. Birkenfeld. Letzterer fasste mit der einen Hand die Bauchhaut und schnitt mit der andern hin und her. Hierbei warf sich die Frau Fiebig mit den Beinen herum und verzog auf eine schreckliche Weise das Gesicht, ohne die Augen zu öffnen. Als sie sich so wälzte, rief Birkenfeld mir und der Brettschneider zu: „Halt, halt, denn sonst wirft sie sich herunter." Der Dr. Birkenfeld nahm nun, während die Frau Fiebig stark röchelte, und ich deutlich wahrnahm, dass bei jedem Athemzuge die blossgelegten Gedärme sich im Leibe herauf- und herunterzogen, das Kind der Fiebig aus ihrem Leibe heraus, und während dasselbe in eine Schüssel gelegt wurde, soll die Frau Fiebig, wie mir die Frau Brettschneider mitgetheilt hat, die Augen geöffnet und nach dem Kinde gesehen haben. An dem Kinde wurden sofort, aber ohne Erfolg, Lebensversuche gemacht, und während derselben nähte der Wundarzt Schramm mit einer krummen Nadel und vierfachem gewichstem schwarzem Zwirn die beiden äusseren Schnitte zu, ohne dass im Leibe der p. Fiebig nach Herausnahme der Nachgeburt noch etwas wahrgenommen wurde. Nach vollendeter Kreuznath (es wurden ganz grosse Stiche gemacht) streute alsbald der Dr. Birkenfeld ein rothes Pulver auf die Kreuznath, dessenungeachtet drang aus der Nath so viel Blut, dass der ganze Strohsack durchdrungen wurde, und das Blut unter dem Bette stand. Die Aerzte entfernten sich darauf, und die Frau Fiebig blieb in der kalten Stube ohne alle und jede Bedeckung, welche Birkenfeld ausdrücklich verboten, liegen. Es mochte gegen 10 Uhr sein, und die Operation mochte beinahe 2 Stunden gedauert haben. Nach vollendeter Operation röchelte die Frau Fiebig fortwährend sehr stark und blieb in dem Zustande bis etwa 1 Uhr Nachmittags. Bis dahin kehrte Birkenfeld einmal an das Bett der p. Fiebig zurück und riss ein Betttuch, womit ich und die Brettschneider die Kranke inzwischen bedeckt hatten, weg und verbot jedes Zudecken. Bis 1 Uhr röchelte die Kranke, doch ohne sich zu bewegen oder die Augen aufzuschlagen; später bedeckten wir sie mit einem Betttuche und Deckbette; sichtbar erholte sich die Kranke dadurch; sie erwärmte sich und brach in einen sehr starken Schweiss aus. Um 2 Uhr kehrte Birkenfeld zurück, überzeugte sich von dem Schweisse, liess die Kranke zugedeckt und behauptete, als wir ihn auf die Zeichen des Lebens aufmerksam machten und Hoffnung aussprachen: daran sei gar nicht zu denken, das sei kein Leben, das seien nur die jugendlichen Kräfte. Er verordnete Kamillenthee, Mandelmilch und verschrieb weisse Medicin. Die Kranke schwitzte fort, so dass ich ihr von der Stirn mehrmals den Schweiss abwischte, sie war warm, legte sich sogar ohne Beihülfe die linke Hand auf den Leib, öffnete auf an sie gethane Fragen die Augen, bewegte den Kopf von einer Seite zur andern, zog die Beine unter dem Deckbette an den Leib heran und nahm, indem sie mehrfach mit der Zunge ihre Lippen benetzte und Durst anzudeuten schien, löffelweise Thee, Mandelmilch und Medicin zu sich, ja trank sogar aus einer Tasse, die ihr die Brettschneider reichte, Thee, wobei sie Alles ordentlich schluckte, ohne dass irgend etwas vom Munde abfloss."

„Ja sogar! wie die Frau Fiebig die Stimme oder den Schritt ihres Mannes hörte, hob sie leise den Kopf, bewegte denselben und schlug die Augen auf nach der Richtung, in der ihr Mann sich befand. Dieser Zustand der scheinbaren Besserung dauerte bis gegen 6 Uhr, um welche Zeit Birkenfeld einen Saft verschrieb, und von diesem gab er selbst der Fiebig einen Löffel ein, behauptete aber, sie schlucke nicht mehr, während ich selbst und die Brettschneider ihr später eingaben, wo sie ganz ordentlich schluckte, und nichts abfloss. Nach 6 Uhr stellte sich wieder starkes Röcheln ein, die Kranke nahm noch ein paar Löffel von dem Saft zu sich, das Röcheln nahm aber immer mehr zu; es war sogar auf der Treppe schon zu hören; die Kranke war ohne Bewegung, schlug die Augen nicht mehr auf, und um 11 Uhr Nachts verschied sie."

Die Wittwe Brettschneider, welche in der Nacht vom 6. auf den 7. April nach 12 Uhr herbeigerufen worden ist und der Ehefrau Fiebig auf Anordnung des Birkenfeld Blutegel an den Kopf gesetzt hat, bekundet: die Krämpfe hätten sich bis 3 Uhr Nachts wiederholt, von da aber bis 7 Uhr, als der Hofrath Fischer eingetroffen, habe die Kranke ruhig gelegen und ausgeathmet und stark geröchelt, auch habe es derselben förmlich in der Brust gekocht. Hofrath Fischer habe die Kranke innerlich und äusserlich untersucht und demnächst erklärt, die Frau sei nicht mehr zu retten, sie kämpfe schon mit dem Tode, und es komme nur darauf an, das Leben des Kindes zu retten. Nachdem Fischer sich mit Birkenfeld berathen, sei zum Wundarzt Schramm geschickt worden, ehe aber derselbe gekommen, habe sie und die Köchin zum Hofrath Fischer geäussert: die Frau Fiebig lebe doch und würde vielleicht, ehe sie geschnitten würde, entbunden werden. Hofrath Fischer habe sie jedoch mit den Worten beruhigt: das, was sie für Leben hielten, seien nur noch äussere Zuckungen des Krampfes. Bei der Operation habe Fischer dem Wundarzt Schramm mit dem Finger gezeigt, wie er schneiden solle, vom Nabel abwärts bis zum Schoossbeine, und als Schramm hierauf die äussere Haut durchgeschnitten gehabt, sei demselben das Messer entfallen, welches nun Dr. Birkenfeld ergriffen und tiefer geschnitten habe. Die Zeugin Brettschneider hat hiernach noch gesehen, dass Birkenfeld noch einen Querschnitt gemacht hat und bekundet ferner wörtlich:

„Als dieser Schnitt gemacht wurde, warf die Kranke sich mit beiden Füssen von der rechten auf die linke Seite und wendete ebenso den Kopf von der einen nach der andern Seite; dass sie die Augen aufgeschlagen, habe ich nicht gesehen. Nun ging Birkenfeld mit der Hand in den Körper der Frau Fiebig durch den Längen- und Querschnitt ein und brachte bald ein todtes Mädchen mit der Nachgeburt zum Vorschein, das er mir übergab. Ich nahm dasselbe in eine

Schüssel, und nun öffnete die Frau Fiebig die Augen und sah ein paar Minuten lang umher, gleichsam als ob sie sich über das, was vorgegangen, verwundere. Als ich dies bemerkte, sagte ich zum Hofrath Fischer: „Ach, sehen Sie doch!“ worauf mir derselbe zur Antwort gab: „Lassen Sie das nur sein, das ist Alles nur Krampf“. Es wurden nun seitens des Hofraths Fischer Wiederbelebungsversuche bei dem Kinde gemacht, und während dessen nähte auf dessen Anweisung der Schramm zuerst den Längenschnitt und dann den Querschnitt mit blauem Zwirn zu. So lange er nähte, sah ich deutlich, dass bei jedem Athemzuge, den die p. Fiebig that, die Gedärme im Leibe derselben sich herauf- und herunterzogen. Der Schramm machte Anfangs dichte Stiche, Dr. Birkenfeld hiess ihn aber die Stiche weiter machen, damit es nicht zu lange dauere. Ich musste nun den Unterleib der Frau Fiebig abwaschen. Als ich die Fiebig abwusch, athmete sie noch, aber kurz, und der Schramm sagte, nun würde es bald alle sein, sie würde nicht mehr lange leben. Ich bemerkte, dass wirklich die Fiebig kälter wurde, es war aber auch ganz kalt im Zimmer, und sie hatte keinen Faden auf ihrem ganzen Leibe. Ich wollte sie zudecken; ich wollte ihr wenigstens die Schaam bedecken, das litt Birkenfeld jedoch nicht, ohne irgend einen Grund anzugeben, ja er nahm sogar, als ich und die Köchin sie mit einem Betttuch bedeckten, dies wieder weg; er riss es immer wieder ab. Es mochte jetzt etwa $9^1/_2$ Uhr sein, und die drei Aerzte entfernten sich fast zu gleicher Zeit. Darauf bedeckten die Köchin und ich die Fiebig, die unausgesetzt, aber schwach röchelte, ohne sich zu bewegen, mit einem Betttuch und legten ihr ein Kopfkissen unter den Kopf, und um 10 Uhr ging ich nach Hause. Um 11 Uhr kam ich wieder, fand die Fiebig noch in demselben Zustand, sie athmete, röchelte stark, bewegte sich aber nicht; sie befand sich noch in derselben Lage und mit einem Deckbett zugedeckt. Bald nach mir kam auch der Birkenfeld zurück; er nahm das Deckbett etwas ab, wobei ihn die Fiebig einen Augenblick starr ansah; er legte seine Hand auf die Gegend des Herzens, fühlte an der rechten Hand den Puls und rieb die Augen der Fiebig, hob auch den linken Arm derselben mehrmals in die Höhe, der beim Loslassen immer schlaff herunter fiel, und er äusserte seine Verwunderung, dass die Frau, da weder Herzschlag, noch Puls zu fühlen sei, noch so lange lebe. Er wies mich an, Mandelmilch zu machen, und gab diese löffelweise der Fiebig ein; sie schluckte ganz ordentlich. Etwa um 6 Uhr kam der Dr. Fiebig, der seit dem Morgen nicht da gewesen war, hob das Betttuch unter dem Deckbette auf und sah nach der Wunde, wies mich auch an, Kamillenthee zu machen, was ich that, und von dem ich zuerst in einem Löffel und dann in einer Tasse der Fiebig zu trinken gab; und trank sie sogar ganz gut aus der Tasse. Als dies geschehen war, kam der Dr. Birkenfeld wieder, verschrieb eine weisse Medicin, und gab ich von dieser mehrmals der Kranken ein."

Die Zeugin Wittwe Brettschneider ist bis gegen 9 Uhr bei der Kranken gewesen und hat sich demnächst entfernt.

Die Hebamme Wittwe Hirschmann, welche hinzugekommen ist, als die Fiebig eben entbunden worden war, giebt an:

Dieselbe habe vom Nabel abwärts einen Längenschnitt und über demselben einen kürzeren Querschnitt gehabt und noch gelebt, denn sie habe geröchelt. Auf ihre Verwunderung darüber habe der Dr. Fischer geäussert: Dies Röcheln sei nur noch etwas thierisches Leben in Folge des Krampfes. Die Zeugin hat sich hiernächst entfernt, ist aber gegen 5 Uhr Nachmittags zurückgekehrt und hat die Fiebig noch auf ihrem Lager völlig unbekleidet, jedoch mit einem Deckbett zugedeckt gefunden. Dieselbe hat damals noch geröchelt und von der Wittwe Brettschneider Thee zu trinken erhalten und denselben geschluckt, wie die Halsmuskeln deutlich gezeigt haben, auch hat Zeugin gesehen, dass die Fiebig einmal die Augen aufgeschlagen hat.

Die Ehefrau des Kaufmann Strauss bekundet: bald nach der Operation habe Dr. Fischer geäussert, die Fiebig röchle noch, aber das sei nur Mechanismus der Lungen. In gleicher Art habe sich auch Dr. Birkenfeld gleich nachher geäussert, und auf ihre Entgegnung, da die Fiebig noch röchle, so sei auch noch Leben vorhanden, habe Birkenfeld Obiges mit dem Zusatze wiederholt: „Das verstehen Sie nicht, wir Aerzte müssen das besser wissen." Die Zeugin hat später von 4 bis 7 Uhr Nachmittags bei der Fiebig verweilt und wahrgenommen, dass dieselbe den Kopf nach der Seite hin bewegt und anfänglich ganz leicht geathmet, und zwar mit geschlossenem Munde, den sie erst später, als ein Röcheln eingetreten, geöffnet hat. Die Zeugin hat ferner gesehen, dass die Ehefrau Fiebig den Thee, der ihr löffelweise gereicht wurde, zu sich genommen und geschluckt hat, ohne dass ein Tropfen vom Munde abgeflossen wäre. Auf ihre Vorstellung, dass die Fiebig wohl noch gerettet werden könne, hat Birkenfeld bemerkt, es nütze nichts, nur zur Beruhigung wolle er etwas verschreiben, und gegen 6 Uhr hat sich die Zeugin überzeugt, dass die Fiebig im Gesicht ganz warm gewesen ist; sie giebt an, die

Gesichtsfarbe sei zwar etwas blass, die Lippen dagegen seien roth und die Gesichtszüge ganz natürlich gewesen.

Auch der Pastor Strauss, welcher nach der Operation von 4 bis 6 Uhr Nachmittags bei der Ehefrau Fiebig war, hat wahrgenommen, dass dieselbe tief und schwer, so wie schnell hintereinander geathmet, auch die Kniee bewegt habe, und zwar, wie es ihm geschienen, nach oben, wodurch das Deckbett sich gehoben; auch hat er gesehen, dass sie Thee oder andere Flüssigkeit, welche ihr gereicht worden, zu sich genommen und, wie es ihm geschienen, geschluckt hat; auch hat es ihm geschienen, dass die Kranke zuweilen die Augen geöffnet und den Kopf bewegt habe. Ganz gleiche Wahrnehmungen hat der Kaufmann Strauss mit völliger Bestimmtheit gemacht und bei Gelegenheit, als die Fiebig die Beine in die Höhe gezogen, gesehen, dass das Blut an ihrem Schooss herabgelaufen sei. Die Zeugin Inspector Hiersemenzel endlich ist in der Nacht vor der Operation bei der Patientin gewesen und hat den Zustand derselben gegen Morgen bei Ankunft des Dr. Fischer für besser gehalten; etwa 2 Stunden nach der Operation hat Zeugin die Patientin wieder besucht; diese hat hörbar geathmet und laut geröchelt, die Beine an sich gezogen, beide Arme bewegt, die Augen aufgeschlagen und den Kopf nach der Seite bewegt. Die Lebenszeichen hat die Zeugin während des Tages bis 7 Uhr Abends wiederholentlich wahrgenommen und gesehen, dass die Kranke Arzenei und Thee löffelweise und auch aus einer Tasse trinkend, zu sich genommen und ganz ordentlich verschluckt hat; sie giebt an, Birkenfeld habe seine Verwunderung darüber geäussert, dass die Frau noch lebe.

Das Resultat dieser Zeugenvernehmung in Verbindung mit dem Gutachten des Königl. Medicinal-Collegii lässt auch nicht den geringsten Zweifel darüber, dass die Fiebig zur Zeit der an ihr verrichteten Operation noch gelebt hat, und eben so wenig zweifelhaft ist es, dass dies den Inculpaten, und namentlich dem läugnenden Inculpaten Birkenfeld, nicht unbekannt sein konnte, da zur Wahrnehmung so unzweifelhafter Lebenszeichen die gesunden Sinne eines Menschen hinreichten, und die Sachkenntniss eines Arztes nicht einmal erforderlich war. Auch verdient hier noch die Aussage des Inspector Hiersemenzel Erwähnung, wonach Birkenfeld eine Zeit lang nach der Operation auf die Bemerkung des Zeugen, dass wohl noch Hoffnung vorhanden sei, erwidert hat, die Fiebig könne nicht am Leben bleiben, sie werde am Brande sterben.

Den Thatbestand in subjectiver Hinsicht anlangend, trifft alle drei Angeschuldigte zunächst der Vorwurf, dass sie die an sich schon höchst gefährliche Operation des Kaiserschnitts an der Fiebig ohne deren ausdrückliche Einwilligung noch bei ihren Lebzeiten vorgenommen haben.

Inculpat Fischer hält die Anwendung des Kaiserschnitts bei einer Schwangeren, deren Zustand keine Lebenserhaltung erwarten lässt, auch ohne ihre ausdrückliche Einwilligung für statthaft und beruft sich zur Rechtfertigung der Operation auf §. 737 Th. II. Tit. 20 Allg. L.-R. Es ist in dieser gesetzlichen Bestimmung jedoch nur von der Rettung derjenigen Kinder im Mutterleibe die Rede, deren Mütter vor der Entbindung gestorben sind; es passt also die in Bezug genommene Vorschrift zu dem vom Inculpaten beabsichtigten Zweck gar nicht. Auch der Umstand, dass der Dr. Fiebig in die Operation seiner Ehefrau eingewilligt und sogar die Instrumente dazu hergegeben haben soll, ist von keiner Erheblichkeit, da die Rechte eines Ehemannes nicht so weit gehen, dass er seine Ehefrau ohne deren Zustimmung zu einer lebensgefährlichen Operation hergeben dürfte, zumal um so weniger, wenn es, wie im vorliegenden Falle die Inculpaten Fischer und Birkenfeld zugestehen, gar nicht darum zu thun ist, die Mutter zu retten, sondern vielmehr nur das Leben ihrer Leibesfrucht zu erhalten. Endlich lässt sich auch die stattgehabte Operation nicht aus dem Gesichtspunkte der Nothwehr im Interesse der Leibesfrucht rechtfertigen, denn um die lebensgefährliche Beschädigung eines Menschen durch das Interesse der Erhaltung eines Andern zu rechtfertigen, wäre die Gewissheit des Lebens dieses Andern vor Allem erforderlich, und überdies wäre es nothwendig, dass sich die lebensgefährliche Verletzung als das einzige Rettungsmittel darstellte. Beides aber trifft hier nicht zu; denn abgesehen davon, dass eine Leibesfrucht noch nicht die Rechte eines selbstständigen Menschen hat, und dass auch nicht einmal mehr eine lebendige Leibesfrucht vorhanden war, haben auch die Inculpaten gar nichts gethan, um sich vor der Operation von dem Leben der Leibesfrucht möglichst Gewissheit zu verschaffen, und überdies war nach dem Gutachten des Königl. Medicinal-Collegii der Zustand der Fiebig keineswegs von der Art, dass der Kaiserschnitt nur als einziges Mittel der Entbindung derselben übrig blieb; vielmehr hätte danach die künstliche Entbindung durch gewaltsame Erweiterung des Muttermundes, das s. g. Accouchement forcé, dessen Folgen mit der Gefährlichkeit des Kaiserschnitts in keiner Beziehung zu vergleichen sind, noch sehr wohl stattfinden können. Auch erscheint die Anwendung des Kaiserschnitts bei Lebzeiten der Schwangeren ohne deren Einwilligung ferner noch ungerechtfertigt, weil der Tod derselben abgewartet werden kann, ohne dass dadurch die Hoffnung auf die Lebensrettung der Leibesfrucht gänzlich verloren geht, und endlich ist der an sich ungenügende Grund, durch welchen die Inculpaten sich zur Operation haben bestimmen lassen, nämlich der Umstand, dass für die Fiebig selbst keine Lebensrettung zu hoffen gewesen, nach dem Gutachten des Königl. Medicinal-Collegii als völlig nichtig erwiesen.

Die Operation, welche Inculpaten an der Ehefrau Fiebig vorgenommen, stellt sich hiernach, wie man in Uebereinstimmung mit dem Gutachten des Medicinal-Collegii nur annehmen kann, schon an sich als ungerechtfertigt dar; allein könnte man auch, was nicht der Fall ist, wirklich zugeben, dass dieselbe ohne die Zustimmung der Fiebig hätte stattfinden dürfen, so wird sie doch durch die Art der Ausführung vollends unverantwortlich, indem sie hierdurch zu einer absolut lethalen Verletzung geworden ist. Bei der Unsicherheit des Urtheils über den Ausgang einer Krankheit, und da auch selbst der Todtkranke sein Recht auf das Leben, wenn dies auch voraussichtlich nur wenige Minuten währen kann, noch keineswegs verloren hat, ist es klar, dass bei der ärztlichen Behandlung einer Schwangeren, und insbesondere auch bei der Anwendung des Kaiserschnitts, mit gleicher Sorgfalt für die Erhaltung des Lebens der Mutter, wie für die des Kindes zu Werke gegangen werden muss. Nach dem Zugeständniss der Inculpaten Fischer und Birkenfeld war aber der Zweck der Operation lediglich nur der, dass das vielleicht noch lebende Kind erhalten werden konnte. Denn, wie schon angeführt, sagt Birkenfeld: die Operation wurde unternommen, nicht um die Mutter zu retten, sondern ein vielleicht noch lebendes Kind dem Vater zu schenken; und Inculpat Fischer giebt an, es habe von einer Nachbehandlung der Operirten bei der Operation nicht die Rede sein können. Nur hierdurch lässt es sich denn auch erklären, weshalb eine so geringe Aufmerksamkeit auf die Operation verwendet worden ist, dass das Königl. Medicinal-Collegium davon sagen muss, dieselbe spreche allen Regeln der Kunst so sehr Hohn, dass man nur mit peinlichen Gefühlen das technische Verfahren einer Beurtheilung unterwerfen könne. In der Ausführung des Medicinal-Collegii heisst es:

„Einzig und allein kunstgemäss ist der Längenschnitt in den Bauchwandungen, welcher im lebenden Zustande wenigstens 7 bis $7^1/_2$ Zoll betragen haben muss, da er an dem Leichname noch $6^1/_2$ Zoll zeigte, welche Ausdehnung für die Fortsetzung und Beendigung der

Operation ausreichend sein musste, da alle Schriftsteller die zu bewirkende Länge auf 6, höchstens 7 Zoll festsetzen. Dass derselbe dessenungeachtet hier in diesem Falle nicht genügend erschien, erklärt sich nur leicht und ungezwungen aus der Annahme, dass die Operirte in einer horizontalen Rückenlage verharrte, und dass man es also unterlassen hat, ihr die Lage mit nach vorn gebeugtem Oberkörper zu geben, um die Bauchmuskeln in den Zustand der Erschlaffung zu bringen. Statt dieser einfachen Vorrichtung zerschneidet man aber noch durch einen quer geführten Messerzug von 6 bis 7 Zoll rechts und links die geraden Bauchmuskeln total, und ebenso die beiden Arteriae epigastricae und beeinträchtigt dadurch eben so sehr den Respirationsmechanismus, als man die Gefahr einer Verblutung erzeugt. Und trotzdem, dass diese zerschnittenen Arterien spritzten, sichert man sich nicht einmal gegen diese Blutung durch die Unterbindung derselben, sondern streut später ein rothes styptisches Pulver auf die durch die Nath geschlossene Wunde. Man bleibt zweifelhaft bei der Untersuchung der Motive dieses unwissenschaftlichen Treibens und weiss nicht, ob man die Thäter mehr eines unbegränzten Leichtsinnes oder einer kaum denkbaren Unkenntniss zeihen soll. Noch unwissenschaftlicher und unmotivirter ist der Querschnitt in der Gebärmutter, eine Verletzung, die wohl wegen der Masse der verletzten Gefässe und der Richtung der Verwundung stets zu den absolut lethalen zu zählen sein dürfte und deshalb wohl niemals zu operativen Technicismen gebraucht werden kann. Den Beschluss dieses Verfahrens macht nun die Vereinigung der äusseren Bauchwunde durch die Kürschnernath, deren Gebrauch seit Jahrhunderten einzig und allein auf Leichname beschränkt und längst aus dem Gebiet des operativen Handelns verbannt ist. Vergeblich sehen wir uns nach einem Motive um, aus welchem wir ein so kunstloses und aller Wissenschaft baares Schneiden, was unmöglich den Namen einer Operation verdienen kann, nur einigermassen entschuldigen dürften. Nicht minder tadelnswerth ist die Unterlassung eines jeden Verbandes dieser schweren Verletzung. Wir sind zwar weit entfernt, jede Abweichung von den Vorschriften als einen Kunstfehler hervorzuheben und zu rügen. Doch Vernachlässigungen so grober Art, wie die Anwendung der Kürschnernath, die Unterlassung der Unterbindung der Arterien, des Einbringens eines Stücks von Charpie in den unteren Wundwinkel, des Bedeckens der Wunde mit Leinwandcompressen und der Einhüllung des Bauches, nöthigenfalls mittels eines Handtuches, dürfen unmöglich mit Stillschweigen übergangen werden.“ Die in diesem Gutachten enthaltene Unterstellung, dass die Frau Fiebig während der Operation eine horizontale Lage gehabt habe, ist durch die Acten bestätigt, und namentlich bekundet die Köchin Heymann, dass dieselbe zur Unterlage nur einen Strohsack gehabt hat, womit auch selbst die Angaben der Inculpaten Fischer und Schramm übereinstimmen. Auch die ferneren factischen Anführungen in diesem Gutachten sind actenmässig, nur in dem einen Punkte ist keine völlige Uebereinstimmung, dass nämlich die Länge des Querschnitts in den Hautbedeckungen zu 6 bis 7 Zoll angegeben wird, während sie sich nach dem Befunde bei der Section am Leichname nur auf $5^1/_2$ Zoll dargestellt hat. Indessen lässt sich dieser Unterschied dadurch erklären, dass das Medicinal-Collegium in Betreff des Längenschnittes ausdrücklich angeführt hat, dass derselbe, welcher am Leichname nur $6^1/_2$ Zoll lang war, im lebenden Zustande der Operirten wenigstens 7 bis $7^1/_2$ Zoll betragen haben müsse, so dass also hiernach eine Verkleinerung der Schnittwunden an einem Leichname anzunehmen ist. Uebrigens ist dieser anscheinende Mangel an Uebereinstimmung des Gutachtens mit den Acten ohne Bedeutung, da der Querschnitt an sich und nicht bloss wegen seiner Grösse als kunstwidrig bezeichnet ist.

Endlich sprechen dafür, dass Arterien verletzt worden seien, was das Medicinal-Collegium übrigens schon allein aus wissenschaftlichen Gründen würde entnehmen können, nach den Acten das Geständniss des p. Schramm, wonach eine kleine Vene gespritzt haben soll, und das Zeugniss der Wittwe Brettschneider, welche angiebt, sie habe während des Abwaschens der p. Fiebig bemerkt, dass das Blut von dem Schnitt bis auf die rechte Schulter und auf die rechte Seite des Gesichts gespritzt habe. Auch deutet darauf die von mehreren Zeugen bekundete starke Blutung.

Gegründete Ausstellungen, welche in Mangel richtiger factischer Grundlagen des Gutachtens des Medicinal-Collegii beruhten, sind hiernach nicht zu erheben, und wenn dagegen von den Inculpaten auf angeblich entgegenstehende medicinische Erfahrungen und auf rein wissenschaftliche Erörterungen recurrirt wird, so verdient dies keine Beachtung, weil weder die Wahrheit der angeblich entgegenstehenden Erfahrungen, noch auch der Umstand, dass daraus wirklich das Gegentheil der Behauptungen des Medicinal-Collegii zu entnehmen sei, irgend wie feststeht, und weil endlich der Richter sich bei dem an sich mangelhaften Gutachten der competenten Behörde zu beruhigen hat. Hiernach fragt es sich also nur noch, in wiefern die Operation und die dabei stattgehabten Fehler gegen die Wissenschaft den einzelnen Inculpaten zur Last zu legen?

Diese Frage hat auch das Medicinal-Collegium in Folge der Requisition der Königl. Regierung einer Beantwortung unterworfen, indessen ist die Frage der Zurechnung lediglich zur Entscheidung des Richters gehörig und daher hier ohne Rücksicht auf die Ansicht des Medicinal-Collegii zu erörtern.

Dass die Operation an sich, insofern sie als zu frühzeitig ausgeführt anzusehen, den sämmtlichen Inculpaten gleichmässig zur Last fällt, unterliegt keinem Bedenken. Inculpat Fischer hat dieselbe in Vorschlag gebracht, die beiden andern Inculpaten haben den Vorschlag genehmigt, und alle haben an derselben unmittelbar Theil genommen. Ebenso unzweifelhaft ist es, dass allen Inculpaten die stattgehabte Unterlassung jedweden Verbandes der schweren Verletzung, namentlich die Unterlassung der Unterbindung der Arterien, des Einbringens eines Stückes von Charpie in den unteren Wundwinkel, des Bedeckens der Wunde mit Leinwand-Compressen und der Einhüllung des Bauches der Kranken mittels eines Tuches zur Last gelegt werden muss, da jeder von ihnen die Pflicht hatte, Alles anzuwenden, was zur möglichen Erhaltung der Kranken für nothwendig zu erachten war. Es stellt sich hiergegen die Behauptung des Inculpaten Fischer, dass von einer Nachbehandlung der Operirten nicht die Rede habe sein können, um so mehr als verwerflich dar, da er geständigermassen die Fortdauer des Lebens bei der Operirten bis zum Abende oder gar bis zur Nacht für wahrscheinlich erkannt und dies den Angehörigen derselben sogar eröffnet hat, wie dies gleichfalls von dem Inculpaten Birkenfeld geschehen ist. Endlich fallen auch einzelne durch positive Thätigkeit herbeigeführte Verletzungen und Fehler allen Inculpaten zur Last. Dies ist zuvörderst der Fall in Betreff des vom Medicinal-Collegio als unnöthig, kunstwidrig und schädlich bezeichneten Querschnittes durch die Bauchbedeckung. Inculpat Schramm hat, seinem Geständnisse zufolge, den Querschnitt theilweise gemacht. Inculpat Fischer hat, wie er zugesteht, eine Einkerbung der Bauchbedeckung auf Instanz des Inculpaten Birkenfeld genehmigt, und dieser räumt ein, dass er solche durch die Bemerkung veranlasst hat, dass der Längenschnitt nicht ausreichend sei, um die Entbindung zu bewirken, endlich wird auch die Behauptung des Inculpaten Schramm, wonach Inculpat Birkenfeld einen Theil des Querschnittes gemacht haben soll, durch die Aussage der Zeugen,

Köchin Heymann und Wittwe Brettschneider, bestätigt, welche beide gesehen haben, dass Inculpat Birkenfeld in die Quere geschnitten hat.

Ferner gehört zu den allen Inculpaten zur Last fallenden positiven Handlungen die Anwendung der Kürschnernath, denn dies geschah unter den Augen Aller durch den Inculpaten Schramm, und es war daher Sache der beiden Andern, solches zu verhüten, während Birkenfeld im Gegentheil nur veranlasst hat, dass Behufs der Eile grössere Stiche gemacht worden sind. Den Längenschnitt in den Uterus hat Inculpat Birkenfeld gemacht, zweifelhaft ist einzig und allein, von wem der, vom Königl. Medicinal-Collegium schon für sich allein als absolut lethal bezeichnete, Querschnitt in den Uterus herrührt. Inculpat Fischer will von dessen Existenz erst später durch den Inculpaten Birkenfeld briefliche Mittheilung erhalten haben, und dieser behauptet, dass er denselben erst bei der Obduction des Leichnams wahrgenommen habe. Inculpat Schramm endlich macht dem Birkenfeld den Vorwurf, dass dieser den Querschnitt in den Uterus ausgeführt habe. Hierfür spricht auch alle Wahrscheinlichkeit, denn nach der Aussage der Zeugen Heymann und Brettschneider ist Inculpat Birkenfeld derjenige gewesen, welcher zuletzt in die Quere geschnitten hat, unmittelbar vorher, ehe das Kind aus dem Mutterleibe hervorgeholt worden ist, und es stimmen hierin die Zeugen überein, indem die vom Inculpaten gerügte Abweichung in ihren Aussagen nur den Umfang des Querschnitts betrifft. Nun ist es aber nach der Natur der Sache höchst wahrscheinlich, dass der Querschnitt in den Uterus erst nach dem Querschnitt in der äusseren Bauchdecke gemacht worden ist, und es kann derselbe dann, wenn dies richtig ist, nur vom Inculpaten Birkenfeld herrühren. Ferner liegt es in der Natur der Sache, dass Inculpat Birkenfeld, da er das Kind aus dem Mutterleibe hervorgeholt hat, den im Uterus befindlichen Querschnitt hat wahrnehmen müssen, und es kann seine vorgebliche Unkenntniss von dessen Existenz, in Uebereinstimmung mit seinem übrigen Läugnen erwiesener Thatsachen, nur aus dem Bewusstsein seiner ihm dabei zur Last fallenden Schuld gedeutet werden. Wenn Inculpat hiergegen behauptet, aus dem Befunde bei der Section folge noch nicht, dass der Querschnitt in dem Uterus auch schon bei der Operation vorhanden gewesen sei, so ist dagegen zu bemerken, dass der Körper der Ehefrau Fiebig sofort nach der Operation in seiner Anwesenheit und unter seiner theilweisen Leitung zugenäht, und dass sonst gar nichts mehr mit demselben vorgenommen worden ist, so dass also die Zeit der Entstehung des lethalen Querschnitts nicht zweifelhaft sein kann. Zu allem diesem kommt noch die, den Inculpaten Birkenfeld auch in der hier fraglichen Beziehung noch verdächtigende, Aussage der Köchin Heymann, welche angiebt: derselbe fasste mit der einen Hand in die Bauchhaut und schnitt mit der andern hin und her. Unter diesen Umständen könnte es, wenn es sich ganz allein um die in einem Querschnitt im Uterus bestehende Verletzung der Fiebig handelte, nicht bedenklich erscheinen, die Verübung dem Inculpaten Birkenfeld in sofern, als es zur Anwendung einer ausserordentlichen Strafe erforderlich wäre, zur Last zu legen; indessen kann von einer solchen nur ausserordentlichen Strafe keine Rede sein, eines Theils, weil es sich hier nicht um diese eine Verletzung, sondern um die Kunstwidrigkeit der Operation in ihrer Gesammtheit handelt, andern Theils aber, weil dem Inculpaten Birkenfeld auch in Beziehung auf diese eine Verletzung ganz unzweifelhaft die Verschuldung zur Last fällt, dass er, ungeachtet sie ihm nicht unbekannt sein konnte, nichts gethan hat, um die Fiebig gegen eine solche gefährliche Verletzung durch einen Verband einigermassen zu schützen. Letztere Verschuldung trifft in gleicher Weise den Inculpaten Schramm, welcher, seinem Geständniss zufolge, von der Existenz des fraglichen Querschnitts Kenntniss gehabt, und endlich kann auch der Inculpat Fischer nicht davon frei gesprochen werden, weil er nach dem Resultat der Zeugenvernehmung die ganze Operation geleitet hat und in dieser seiner Eigenschaft noch ganz besonders die Verpflichtung hätte finden müssen, dieselbe auch gehörig zu überwachen. Die Operation in ihrer Totalität fällt hiernach allen Inculpaten zur Last, und nur gegen den Inculpaten Birkenfeld liegt insbesondere noch der Umstand vor, dass er nach der Operation die Bedeckung der nackt daliegenden Kranken verboten und sogar die Decke, welche auf dieselbe gelegt worden war, wieder weggerissen hat. Es ist dies durch die Aussage der Zeugen Heymann und Brettschneider völlig erwiesen und stellt sich als eine rohe Behandlungsweise dar, welche bei Bestimmung des Strafmaasses nur deshalb nicht in Betracht kommen kann, weil die Folgen, welche dieselbe für die Kranke gehabt hat, nicht ermittelt worden sind.

Bei der endlich noch zu entscheidenden Frage, welches Gesetz gegen die Inculpaten zur Anwendung zu bringen sei, ist zuvörderst zu erwägen, dass die denselben zur Last fallende schwere Beschädigung eines Menschen nicht in verbrecherischer, feindseliger Absicht verübt worden, dass ihre Entstehung vielmehr einer Verkennung und groben Vernachlässigung der Berufspflichten Seitens der Inculpaten zuzuschreiben ist. Es ist deshalb auch nur eine Verletzung aus Fahrlässigkeit anzunehmen, worauf die Vorschrift in den §§. 778 und 779 Thl. II. Tit. 20 A. L.-R. anzuwenden, welche dahin geht:

§. 778. Nach dem Grade dieser Fahrlässigkeit, nach Bewandtniss des mehr oder minder erheblichen Schadens, und je nachdem der Beschädigte völlig in den vorigen Stand wiederhergestellt werden kann oder nicht, soll gegen den Beschädiger Gefängniss- oder Festungsstrafe auf einen Monat bis 2 Jahr stattfinden.

§. 779. Ist die schwere Beschädigung eines Menschen durch grobe Vernachlässigung gewisser besonderer Amts- und Berufspflichten veranlasst worden, so soll der Uebertreter noch ausser der nach vorstehender Verordnung ihn treffenden Strafe zu einem solchen Amte für immer für unfähig erklärt werden.

Der citirte §. 778 bezieht sich zwar nur auf diejenigen Fälle, in welchen die fahrlässige Beschädigung mit der Uebertretung eines Polizeigesetzes verbunden gewesen ist, die Fassung des §. 779 ergiebt aber, dass eine Beschädigung, welche, wie die vorliegende, durch grobe Vernachlässigung gewisser besonderer Amts- oder Berufspflichten veranlasst worden ist, der durch Uebertretung eines Polizeigesetzes verursachten Beschädigung gleich geachtet wird und geachtet werden soll.

Der Grund hierzu liegt in der Natur der Sache, indem Amts- und Berufspflichten in ihrer Verbindlichkeit den Polizeigesetzen jedenfalls gleich stehen, und daher auch die durch Verletzung der Berufspflichten verübte Beschädigung eines Menschen wenigstens nicht geringer bestraft werden kann und darf, als wenn diese Beschädigung durch Uebertretung eines Polizeigesetzes erfolgt wäre. Es folgt aber die Anwendbarkeit der Strafe des §. 778 auf den vorliegenden Fall auch noch aus der Fassung des §. 780 l. c., worin bloss die Strafe der Vernachlässigung der allgemeinen, einem Jeden obliegenden Vorschrift im Gegensatze zur Uebertretung ausdrücklicher Gesetze oder besonderer Vorschriften, wovon in den vorhergehenden Paragraphen gehandelt worden ist, bestimmt wird.

In dem vorliegenden Falle ist eine Beschädigung von der höchsten Bedeutung vorhanden, denn sie ist absolut lethal gewesen und hat ihre volle Wirkung nur deshalb nicht gehabt, weil der Tod der beschädigten Person inzwischen wahrscheinlich aus anderer Veranlassung eingetreten ist. Ebenso ist auch der Grad der die Inculpaten treffenden Fahrlässigkeit nach den ermittelten Umständen und nach dem Gutachten des Medicinal-Collegii ein höchst bedeutendes, und rechtfertigt sich demnach auch das höchste Strafmaass gegen die Inculpaten Fischer und Birkenfeld, da denselben keine Milderungsgründe zur Seite stehen. Der Inculpat Schramm dagegen hat den mildernden Umstand für sich, dass an ihn, als einen Chirurgen 2. Classe, gar nicht die Anforderung gemacht werden kann, dass er die zur Vornahme einer so sehr bedeutenden Operation und die zur Würdigung ihrer Bedeutung erforderlichen Kenntnisse besitze, und fällt ihm daher vorzugsweise nur zur Last, dass er sich zu deren Ausübung hat gebrauchen lassen. In dieser Beziehung hat er aber nach der Natur der Verhältnisse und auch erwiesenermassen unter dem Einflusse der beiden Coinculpaten und ganz insbesondere des Hofraths Dr. Fischer gehandelt, wie namentlich die Zeugin Brettschneider bekundet, welche angiebt, der Hofrath Fischer habe dem Chirurg Schramm mit dem Finger gezeigt, wie er schneiden solle, und geäussert: er solle sich nicht fürchten und so schneiden, wie er ihm weise, es seien hier drei Aerzte, und es sei eine Schande, wenn nicht einmal das Kind gerettet würde. Dies musste für den Inculpaten Schramm, zumal bei seiner mangelhaften Bildung, auf die Beseitigung etwaiger Bedenken von erheblicher Wirkung sein, und es scheint auch, nach dem Inhalte der eben gedachten Aeusserung des Fischer zu urtheilen, dass der Schramm sein Bedenken gegen Vornahme der Operation wirklich zu erkennen gegeben hat. In Rücksicht dieser erheblich mildernden Momente erschien daher auch für ihn nur eine dreimonatliche Festungsstrafe als angemessenes Strafmaass.

Alle Inculpaten trifft dagegen nach der eben angeführten Gesetzesstelle gleichmässig die Unfähigkeitserklärung zur Ausübung des ärztlichen, geburtshülflichen und wundärztlichen Amtes.

Die Entscheidung über die Kosten ist durch die Vorschrift in §§. 617 und 619 Cr.-Ordn. gerechtfertigt, und hat daher überall, wie geschehen, erkannt werden müssen.

Breslau, den 15. April 1847.

Königl. Oberlandesgericht.
Criminal-Senat.
(gez.) **Starke.**

3. Gutachten der wissenschaftlichen Deputation.

Das Königliche Inquisitoriat zu Breslau hat der unterzeichneten wissenschaftlichen Deputation für das Medicinalwesen unterm 22. September v. J. in der Untersuchungssache wider den Hofrath Dr. Fischer et Compl. fünf Bände Untersuchungsacten mit der Requisition übersandt, gemäss Resoluts des Criminalsenats Königl. Oberlandesgerichts zu Breslau vom 5. September v. J. ein Superarbitrium über beziehungsweise von der Königl. Regierung zu Breslau und dem Defensor in Anregung gebrachte sieben Fragen und zehn Punkte, die wir unten näher bezeichnen werden, abzugeben. Indem wir dieser Aufforderung bei Rücksendung der Acten entsprechen, unterlassen wir es, eine ausführliche

Geschichtserzählung

voranzuschicken. Wir halten es vielmehr zur Vermeidung unnöthiger Wiederholungen für zweckmässig, manche historische Data mit dem Gutachten selbst zu verweben, und concentriren deshalb einleitend das Geschichtliche des Falles auf folgende Hauptsachen.

Die Ehefrau des Dr. med. Fiebig zu Festenberg hat im letzten Monat ihrer Schwangerschaft, ausser an Oedem der Schenkel und Genitalien, an einer krampfhaften Krankheit gelitten, welche der behandelnde Arzt Dr. Birkenfeld als Eclampsia gravidarum und als so gefährlich erkannte, dass er, im Einverständniss mit dem Ehemanne, nach Verordnung eines Aderlasses und einiger Arzeneien, für angemessen hielt, den Beirath des Hofraths und Kreisphysikus Dr. Fischer in Oels in Anspruch zu nehmen. Beide Aerzte haben den Muttermund geschlossen und überhaupt von eigentlicher Geburtsthätigkeit keine

Spur, dagegen den allgemeinen Zustand der nach Ankunft des Fischer bereits röchelnden Schwangeren, deren Herz- und Pulsschlag schwach war, zuweilen auch längere Zeit aussetzte, hoffnungslos gefunden. Der Dr. Fischer hat daher vorgeschlagen, mit Rücksicht darauf, dass die Mutter doch verloren sei, den vollständigen Tod derselben nicht abzuwarten, sondern ohne Weiteres zur Rettung des Kindes, welches als lebend präsumirt wurde, zum Kaiserschnitt zu schreiten. Dieser ist gemacht, aber ein todtes Kind zur Welt gefördert. Der Dr. Birkenfeld und der Ehemann Dr. Fiebig haben eingewilligt. Ersterer hat seine thätige Assistenz, Letzterer nur seine Instrumente angeboten und hergegeben. Man ist aber übereingekommen, zur eigentlichen Ausführung der Sache sich des Wundarztes zweiter Klasse Schramm zu bedienen und die Hand und das Messer desselben durch Instruction zu leiten.

Dieser hat einen Längenschnitt in der Linea alba, welcher $^1/_2$ Zoll unter dem Nabel anfing und $6^1/_2$ Zoll in gerader Richtung zur Vereinigung der Schaambeine verlief, angelegt. Den p. Schramm nach Durchschneidung der Bauchdecken ablösend, hat der Dr. Birkenfeld den Uterus gleichfalls in der Längenrichtung mit dem Messer geöffnet. Als das Kind durch die Bauch- und Gebärmutter-Spalte nicht hervortreten wollte, hat der Hofrath Fischer eine „Einkerbung" des Bauchschnitts auf beiden Seiten vorgeschlagen, welche von dem Wundarzt Schramm nach der rechten Seite hin $3^1/_2$ Zoll, nach der linken 2 Zoll breit, ausgeführt ist. Bei der Section hat man auch einen Querschnitt auf der vorderen Fläche der Gebärmutter vorgefunden, welcher 2 Zoll unter dem Anfange des $4^1/_2$ Zoll langen Längenschnitts begann und sich nach der rechten Seite hin $1^1/_2$ Zoll, nach der linken 2 Zoll erstreckte. Zu diesem Querschnitt bekennen sich der Hofrath Fischer und Dr. Birkenfeld, weder durch Rath noch durch That mitgewirkt, noch überhaupt bei der Operation Kunde davon gehabt zu haben. Er wird der Selbstthätigkeit des Schramm zugeschrieben. Letzterer hat auch die Vereinigung der Bauchwunde für sich allein übernommen, und ist solche durch eine Kürschnernath ohne Anlegung von Heftpflastern erfolgt.

Die Operirte aber hat nach der Operation noch ungefähr 14 Stunden schwach fortgelebt, die bereits vor der Operation entschwundene Sprache ist nicht zurückgekehrt. Dagegen hat sie die Augen aufgeschlagen, auch etwas Thee geschluckt. Am späten Abend ist sie gestorben.

Die Section hat, ausser den bereits bemerkten beiden Kreuzschnitten in den Bauchdecken und dem Uterus, einen ungefähr 1 Zoll im Umkreise „erweiterten Muttermund", ein mehr als hinreichend weites Becken, in der Bauchhöhle kein ergossenes Blut, in der Brusthöhle dagegen ein Blutextravasat und zwar auf der linken Seite von 4 Unzen, auf der rechten von $1^1/_2$ Unzen, ferner an der Basis cranii einen Erguss von 1 Theelöffel voll blutigen Serums, endlich die Blutgefässe der Brust wie des Unterleibs theils leer, theils nur mässig, die Gefässe der harten Hirnhaut dagegen stark mit Blut angefüllt ergeben. Die Rückenmarkshöhle ist nicht geöffnet worden. — Die Leiche des Kindes hat die mehr als hinreichenden Zeichen der Lebensfähigkeit an sich getragen.

Obducenten haben erklärt, dass der Kaiserschnitt zwar nicht nach den Regeln der Kunst gemacht, dass „Denata aber keineswegs an dieser Operation gestorben sei, sondern einzig und allein an dem Krankheitszustande, welcher viele Stunden vor der Operation schon zu einer solchen Vollendung der Lähmung der Hirn- und Brustnerven sich gesteigert hatte, dass diese nicht mehr zu beseitigen war und als absolut unheilbar noch um so entscheidender durch das bei der Section in der Brusthöhle gefundene Blutextravasat nachgewiesen wurde, selbst für den Fall, dass auch keine Operation irgend einer Art unternommen worden wäre."

Nicht so milde hat das Medicinal-Collegium der Provinz Schlesien das Verfahren der Medicinalpersonen beurtheilt, vielmehr folgende, ihm zunächst von der Regierung zu Breslau vorgelegte 7 Fragen, worauf auch uns das Eingangs gedachte richterliche Resolut hinweist:

„1) Ist der von den handelnden Aerzten angeführte Grund, nämlich die Lebensrettung des Kindes, ein genügender, um an einer noch lebenden, aber bis zur höchsten Lebensgefahr kranken Schwangeren den Kaiserschnitt zu machen?

„2) Darf also, oder muss gar der Kaiserschnitt gemacht werden?

„3) Ist Alles geschehen, was geschehen muss, um die Operation zu rechtfertigen?

„4) Ist die Operation selbst kunstgerecht gemacht?

„5) Hat man dafür gesorgt, dass die Möglichkeit der Erhaltung der Operirten begünstigt werde?

„6) Im Verneinungsfalle der Fragen 4 und 5, wen trifft hierbei die Schuld, und in welchem Maasse jede der dabei betheiligten Personen?

„7) Ergiebt sich aus der Obduction der Leiche irgend ein Umstand, aus welchem mit der Gewissheit, welche überhaupt in der Medicin stattfindet, gefolgert werden kann, dass die Ehefrau Fiebig nothwendigerweise sterben musste?"

in einer Weise beantwortet, dass der Richter erster Instanz kein Bedenken getragen hat, wegen lebensgefährlicher Beschädigung der Ehefrau Fiebig die Doctoren Fischer und Birkenfeld mit einem zweijährigen Festungsarreste und dem Verbote der ärztlichen, wundärztlichen und geburtshülflichen Praxis für immer, den Chirurgen Schramm aber mit einem dreimonatlichen Festungsarreste und dem Verbote der wundärztlichen Praxis für immer zu belegen, aber auch den Dr. Fiebig wegen Theilnahme an dieser lebensgefährlichen Körperverletzung seiner Ehefrau ausserordentlich zu einem sechsmonatlichen Festungsarreste zu verurtheilen.

Der Wundarzt Schramm ist inmittelst mit Tode abgegangen, die drei übrigen Aerzte haben dagegen vom Rechtsmittel der Appellation Gebrauch gemacht, und hat bei dieser Gelegenheit der Defensor des Hofrath Fischer den 7 Behauptungen des Medicinal-Collegiums 10 Sätze gegenüber gestellt, von denen die 3 ersten die Diagnose der Eclampsie rechtfertigten, der 4. den Irrthum in Betreff des Kindeslebens entschuldigt, der 6. und 7. die Indication des Kaiserschnitts näher motivirt, der 8., 9. und 10. das bei und nach dieser Operation gewählte Verfahren in Schutz nimmt.

Gutachten.

Zur vorurtheilsfreien Würdigung des ganzen Falles müssen wir ihn, vorläufig unbekümmert um die 7 Fragen der Regierung und die 10 Artikel des Defensors, in zwei Hälften schneiden, in eine Indications-Hälfte und in eine ausführende. An der äussersten Gränze jener steht der Hofrath Fischer als leitende Seele, an der äussersten Gränze dieser der Wundarzt Schramm als willenloses Werkzeug. Zwischen beiden schwankt der Dr. Birkenfeld bald als Theilnehmer an der Berathung, bald als Theilnehmer an der Ausführung. Der Dr. Fiebig ist nur durch sein Placet bei ersterer betheiligt.

I.

Fassen wir nun zuerst den Indicationstheil ins Auge und somit die 7 ersten Artikel des Defensors zusammen, so unterliegt es keinem

Zweifel, dass die Ehefrau Fiebig, als der Kaiserschnitt unternommen wurde, zwar

(1) nicht todt, aber
(2) eine Sterbende

war.

(ad 1) Ueber die ungeschickte Ausrede der betheiligten Medicinalpersonen verschiedenen Zeugen gegenüber, dass jenes Röcheln kein wirkliches Leben, sondern nur „der Rest eines bereits entschwundenen Lebens", oder, wie sie sich ein anderes Mal ausgedrückt haben sollen, „nur ein animales Leben" und „ein Mechanismus" u. s. w. gewesen sein soll, verlieren wir keine viele Worte, da wir nicht die Redensarten, sondern die Handlungen dieser Medicinalpersonen zu kritisiren haben. Es ist von selbst klar, dass wohl die äusseren Erscheinungen des Lebens fehlen können, ohne dass das Leben fehlt (Scheintod), aber es ist nicht zu glauben, dass deutliche Symptome des Lebens da sein können, ohne dass das Leben da ist (umgekehrter Scheintod!). Wenn eine Frau röchelt, die Augen aufschlägt, Thee schluckt, einen Schenkel anzieht u. s. w., so lebt sie, das ist keine Frage.

Dagegen sollen (ad 2) die Aerzte wohl in ihrem unbedingten Rechte gewesen sein, wenn sie die moralische und wissenschaftliche Ueberzeugung gewonnen hatten, dass die Frau eine Sterbende und rettungslos verloren sei. Wir finden in den Aussagen aller Zeugen nicht den geringsten Anhalt, dieser ungünstigen Prognose entgegen zu treten. Es ist wohl nicht zu bezweifeln, dass die Fiebig an Eclampsia gravidarum gelitten hat, und dass diese schon an sich höchst lebensgefährliche Krankheit, als der Hofrath Fischer ankam, bereits in das paralytische Stadium eingetreten war. Können wir auch die Beschaffenheit des Herz- und Pulsschlages actenmässig nur in den Aussagen der betheiligten Techniker verfolgen, so sind doch Röcheln und Sprachlosigkeit zwei Symptome, die auch von Nichttechnikern erkannt werden können. Hätte die Section auch nur negative Resultate und nicht z. B. auf der Basis cranii den Erguss blutigen Serums, sowie jenes bedeutende Blutextravasat in der Brusthöhle geliefert, so würden wir dennoch kein Recht haben, der wohlerwogenen Ueberzeugung dreier Aerzte, von denen wenigstens der eine, der Hofrath Dr. Fischer, auf jedem Blatt seiner Vertheidigung sichtliche Spuren besonderer Wissenschaftlichkeit documentirt, ex post entgegen zu treten. Dazu kommt, dass der Kanal der Wirbelsäule nicht geöffnet ist, wie doch eigentlich bei der begründeten Annahme einer Eclampsie hätte geschehen müssen. Wie die Sache positiv und negativ liegt, müssen wir, wollen wir nicht das skeptische „dum spiro, spero" heranziehen, glauben, dass die hochschwangere Frau Fiebig wirklich eine Moribunda war, als man zu ihrer Entbindung schritt.

Dass man eine Sterbende nicht tödten darf, versteht sich von selbst; aber himmelweit verschieden von diesem Axiom ist eine andere Frage, ob man eine Sterbende, d. h. eine hoffnungslos Verlorene, einer lebensgefährlichen Operation unterwerfen dürfe, selbstredend nicht um ihr eigenes (denn das würde ein logischer Widerspruch sein), sondern ein in ihr eingeschachteltes Leben zu retten.

Gewöhnlich macht man den Kaiserschnitt, um wahrscheinlicherweise das Kind, möglicherweise die Mutter zu retten. Aussergewöhnlich muss man auf diesen Doppelvortheil verzichten und mit dem einen Factor desselben sich begnügen. Der Geburtshelfer befindet sich zuweilen in der Lage, auch bei einem todten Kinde den Kaiserschnitt unternehmen zu müssen, um möglicherweise die Mutter zu retten; hier war der umgekehrte Fall vorliegend. Man hat eine verloren gegebene Mutter operirt, um möglicherweise das Kind zu retten. Dies ist die auffallendste Seite der ganzen Sache. Es fragt sich: ist es mit der Moral und der Wissenschaft zu einigen, dass man eine Moribunda kaiserschneide, oder soll man unbedingt warten, bis die Schwangere todt ist?

Tit. 20 Thl. II des allgemeinen Landrechts enthält im §. 737 eine Bestimmung, aus welcher die Nothwendigkeit des Kaiserschnitts bei einer Verstorbenen gefolgert werden kann. Daraus folgt aber nicht, dass eine noch Lebende auf diese Weise nicht entbunden werden darf, wie dieses das Medicinal-Collegium aus jener landrechtlichen Bestimmung deducirt haben mag. Das Collegium behauptet, man dürfe (ohne die bekannte Indication aus mechanischen Gründen) erst dann zu dieser Operation schreiten, „wenn die Sterbende wirklich gestorben sei". Abgesehen von dem Widerspruche, der sprachlich in dieser Bedingung liegt, müssen wir auch vom Standpunkte der medicinischen Wissenschaft bezweifeln, dass die Forderung des Collegiums ein über allen Zweifel feststehendes geburtshülfliches Dogma sei.

Die ärztliche Erfahrung lehrt, dass der Kaiserschnitt nach dem Tode der schwangeren Mutter nur äusserst selten ein lebendiges Kind zu Tage fördert. Dieser Erfahrung steht eine andere gegenüber, dass das Kind viel häufiger am Leben bleibt, wenn die Operation vor dem wirklichen Ableben der Mutter verrichtet wird. Auch ohne alle ärztliche Statistik würde es caeteris paribus (bei sich gleich bleibender

Operation) a priori zweifelsfrei feststehen, dass das Leben des Kindes besser versichert ist, wenn man es vor dem eingetretenen Tode der Mutter zu Tage fördert, als wenn man darauf rechnet, dass das parasitische Leben das mütterliche überleben werde. Wir müssen diesen Satz, insofern er eine ethische, aber auch insofern er eine wissenschaftliche Seite hat, mit einem andern Satze zusammenhalten, der gleichfalls über alle Zweifel erhaben ist, nämlich diesem, dass der Geburtshelfer kein Recht hat, ein Kindesleben geringer anzuschlagen, als ein Mutterleben, und dass zwischen beiden Lebensformen ein rein chronologischer Unterschied, kein Unterschied des Werthes, sondern nur des Alters ist. Aus dem zweiten Satze ergiebt sich in nothwendiger Folge ein dritter, dass es erlaubt ist, eine Mutter einer lebensgefährlichen Operation zu unterwerfen, um ein Kind zu retten.

In diese Lage kommen wir bei derjenigen Indication des Kaiserschnitts, welche durch örtliche Verhältnisse des Beckens bedingt wird. Niemandem wird es hier einfallen, ein lebendes Kind zu tödten und zu zerstücken, um die Mutter zu schonen; Niemand wird hier den aussergewöhnlichen Weg durch die Bauchdecken unerlaubt halten, da der gewöhnliche versperrt ist. — Ob man in dieselbe Lage auch durch allgemeine Verhältnisse des mütterlichen Lebens gesetzt werden könne, dies ist eine Frage, welche der Hofrath Fischer bejaht, das Medicinal-Collegium verneint hat. Gewiss ist es, dass bei der Entscheidung nicht bloss das Gefühl, sondern auch die Wissenschaft mitreden muss. Dem Gefühle widerstreitet es, einer noch röchelnden Frau den Leib aufzuschneiden, um das darin enthaltene Kind ans Tageslicht zu ziehen; die Wissenschaft lehrt, dass die Lebensrettung des letztern jetzt eher die Wahrscheinlichkeit für sich hat, als später zu einer Zeit, wo das Gefühl keine Einsprache weiter thun würde. In diesem Dilemma, in diesem Zwiespalte zwischen Herz und Kopf giebt es nur einen Richter, es ist das Gewissen des Arztes.

Wenn daher der Hofrath Fischer in seiner Darlegung vom 5. Mai bemerkt:

„Hier, wo auf der einen Seite der Waage ein, nach der Ueberzeugung dreier Aerzte unrettbares Leben liegt, auf der andern aber ein vielleicht noch rettbares, stellt es sich zur Frage, soll man aus Scheu vor Bedenken, welche später in dem Ehegatten selbst, obgleich er Arzt ist, aufsteigen könnten, das vollendete Sterben der Frau abwarten, ehe das Kind von ihr genommen wurde, ungeachtet man dann auf noch bestehendes Leben des Kindes wohl nicht mehr zu rechnen haben wird, oder darf man, um die Möglichkeit, das vielleicht noch nicht erloschene Leben des Kindes dem Untergange zu entreissen, nicht verloren gehen zu lassen, durch den Kaiserschnitt, von welchem die Frau in ihrem gegenwärtigen Zustande keine Empfindung haben wird und haben kann, das Kind von ihr nehmen?" so haben wir gegen diese Argumentation vom wissenschaftlichen Standpunkte nichts Wesentliches zu erinnern, höchstens dieses, dass man darüber, ob eine Sterbende fühlt oder nicht fühlt, nichts Bestimmtes wissen kann. Eine euthanasische Maassregel ist eine so wichtige Operation freilich nicht.

Das Medicinal-Collegium geht offenbar zu weit, wenn es den Kaiserschnitt an einer Sterbenden als etwas direct Unerlaubtes auffasst und als ein unerhörtes Factum in der Geschichte bezeichnet. Namhafte Autoritäten haben denselben beschlossen und ausgeführt. Der Defensor hat einige derselben angegeben. Wir würden in einem ähnlichen Falle die Frau erst sterben lassen und dann operiren, selbst auf die Gefahr hin, dass die Wahrscheinlichkeit zur Erhaltung des kindlichen Lebens auf das Minimum herabgesetzt ist, eben weil das Minus der Wahrscheinlichkeit durch den Umstand compensirt wird, dass, so lange eine Frau lebt, Niemand mit mathematischer Gewissheit sagen kann, dass sie an dieser Krankheit sterben muss; aber wir können es weder unmoralisch, noch, was zunächst unsere Aufgabe ist, unwissenschaftlich finden, wenn irgend Jemand in gerade umgekehrter Richtung die geringere Wahrscheinlichkeit zur Lebenserhaltung der Mutter durch die grössere Wahrscheinlichkeit der Rettung des Kindes compensirt.

Für Diejenigen, welche das ärztliche Verfahren zunächst nach dem Erfolge beurtheilen, wird es allerdings einen unangenehmen Eindruck machen, dass das Kind nicht gerettet ist. Wir nehmen indess keinen Anstand, auch in dieser Beziehung den Fall milder zu beurtheilen, als ihn das Medicinal-Collegium beurtheilt hat. Letzteres verlangt von den Aerzten genaue Kenntniss in der geburtshülflichen Auscultation. Es ist eine ungeschickte Ausrede dieser Aerzte, dass sie ihr Stethoskop vergessen haben, indem das unmittelbare Ohr das natürlichste Stethoskop ist; eine viel bessere Entschuldigung wäre es gewesen, wenn die Aerzte geradezu gestanden hätten, dass die Stethoskopie ihre schwächste Seite sei. Keine billig denkende technische Behörde würde ihnen dieses zum Vergehen angerechnet haben. Der Dr. Fischer ist 1780 geboren, 1803 approbirt, 1817 Physikus geworden, — im Jahre 1818 hat Laennec sein erstes Buch über Auscultation geschrieben. Auch die Bildungszeit des Dr. Birkenfeld fällt in die

Anfänge der dreissiger Jahre, in denen die Auscultation zwar in der medicinischen Diagnose schon eine gewisse Bedeutung gewonnen, nicht aber ihr eigentliches Bürgerrecht in der Geburtshülfe erworben hatte. Es giebt grosse Aerzte und Geburtshelfer noch heut zu Tage, welche von diesem diagnostischen Hülfsmittel gar nichts verstehen. Keiner wird sie deshalb verurtheilen wollen. Was aber die Hauptsache ist, so darf nicht übersehen werden, dass der Herzschlag in vorliegendem Falle, selbst wenn er vom geschicktesten Auscultator auscultirt worden wäre, nur als negativer Zeuge passiren konnte, indem zwar ein deutlich gehörter Herzschlag des Kindes immer für das Leben, ein nicht gehörter Herzschlag aber niemals unbedingt gegen das Leben des Kindes spricht. Die moralische und wissenschaftliche Ueberzeugung des Arztes bildet sich nicht bloss aus dem Stethoskope, sondern aus der allseitigen Erwägung aller Verhältnisse. In der That ist kein Grund einzusehen, weshalb diese Männer das Kind nicht als lebend präsumiren sollten. Dasselbe war in die Geburtswege noch gar nicht eingetreten, es lag frei in seinem schützenden Wasser; mechanische Ursachen des Todes waren nicht vorhanden; selbst Laienhände hatten noch kurz vorher Bewegungen wahrgenommen, und ein subjectives Examen war unmöglich. Wenn wir auch zugeben müssen, dass heftige Eclampsie in dynamischer Weise weiter wirkend auf das Kind sein kann, so ist dies doch nichts anderes, als eine blosse Möglichkeit. Von der anderen Seite bieten die Acten keine Erscheinungen, welche positiv für das Absterben des Kindes gesprochen hätten. Wir können uns daher sehr wohl erklären, dass und warum die Aerzte bei der Abwägung ihrer Indicationen das Kind als lebend voraussetzten, wenn es gleich feststeht, dass dieselben von einem diagnostischen Hülfsmittel, um die Sache zur grösseren Klarheit zu bringen, keinen Gebrauch machten. Auch bei der Diagnose der Brustkrankheiten macht mancher sonst achtungswerthe Arzt vom Stethoskop keinen Gebrauch, weil er bescheiden genug ist, einzuräumen, das Stethoskopiren nicht zu verstehen.

Mit allem diesem würde gleichwohl der Kaiserschnitt als solcher nicht gerechtfertigt sein, es bedarf zur Ergänzung dieser Indication noch zweier anderer Betrachtungen:

1) ob die Zustimmung der Schwangeren nöthig,

2) ob ein besserer Ausweg zu deren Entbindung möglich gewesen ist.

Was die erste Frage anbetrifft, so scheitert die Forderung der Nothwendigkeit schon an der blossen Möglichkeit. Wir können nach

Durchlesung der Acten nur glauben, dass die Zustimmung der Hauptperson nicht mehr zu verwirklichen war, indem der schon damals sprachlose Zustand derselben gar nicht, der bewusstlose wohl kaum zu bezweifeln ist. Es ist im Allgemeinen gewiss richtig, dass man keiner Frau den Leib aufschneidet, ohne sie vorher zu fragen, wenn sie hören und antworten kann; aber es ist gewiss zu weit gegangen, wenn man, wie das Medicinal-Collegium annimmt, jede Operation von der freien Genehmigung der zu operirenden Person abhängig macht. Hiernach dürfte kein Geisteskranker und kein Kind operirt werden. Die freie Genehmigung setzt voraus, dass die geistige Freiheit schon oder noch existirt. Kein Wundarzt wird sich ein Gewissen daraus machen, einen Menschen im vollkommen bewusstlosen Zustande zu operiren, wenn er demselben dadurch das eigene Leben retten kann. Ob es in weiterer Consequenz dieser Ethik gestattet ist, eine bewusstlose Mutter zu operiren, um das in ihr eingeschachtelte Kind am Leben zu erhalten, ob in einem solchen Falle der Vater des letzteren mit seinem Ausspruche vicariirend für das entschwundene Bewusstsein der ersteren eintreten kann, ob überhaupt dem Ehegatten ein ähnliches Placet bei zu operirenden, bewusstlosen, Erwachsenen zugestanden werden kann, als bei zu operirenden Kindern den Eltern, das sind subtile Fragen, die theils der Moral, theils dem Rechtsgefühl, theils der wissenschaftlichen Ueberzeugung Desjenigen anheimfallen, der in einem so verhängnissvollen Augenblick zu handeln hat. Ob er dieselben bejaht, oder durch die Methodus exspectativa verneint, in beiden Fällen würde der wissenschaftliche Standpunkt des Schreibtisches zu einer unbedingten Anschuldigung nicht berechtigt sein.

Das Königliche Medicinal-Collegium missbilligt (die Indication und) ad 2 das Indicat. Es ist der Ansicht, dass die Herausförderung des Kindes nicht durch den Kaiserschnitt, sondern durch das Accouchement forcé hätte geschehen müssen. Dieser Ansicht müssen wir auf das Entschiedenste widersprechen. Durch dieselbe würde für die Mutter nichts gewonnen, für die Wahrscheinlichkeit der Lebensrettung des Kindes vieles verloren gewesen sein. Das Accouchement forcé ist eine Operation, welche sich an Lebensgefährlichkeit für die Mutter wohl mit dem Kaiserschnitt messen kann. Der Eingriff in das Gebärmutterleben ist, wie das ganz richtig gewählte Adjectiv sagt, ein sehr gewaltsamer. Es ist eine grosse Frage, ob die Gebärmutter besser vertragen kann, in ihrem Körper eingeschnitten, oder in ihrem unteren Abschnitte auseinandergezerrt zu werden; nur das Auge des anwesenden Laien würde den letzten Theil der Alternative weniger entsetzlich finden, weil eine im Verborgenen wirkende Hand nicht so abschreckend ist, als ein sichtliches Messer. Für das Kind aber ist es keine Kleinigkeit; rückwärts durch diese engen Wege zu Tage gefördert zu werden. Es hat zwar nicht an Vorschlägen gefehlt, welche dahin lauten, selbst nach vollständig eingetretenem Tode der Schwangeren vorab die Entbindung auf natürlichem Wege zu versuchen und erst eventuell zum Kaiserschnitt zu schreiten. Diese Vorschläge sind rein theoretischer Natur. Wer jemals in der Wirklichkeit einen solchen Versuch machen sollte, wird, wenn er endlich den Muttermund überwunden hat, an der nicht gehörig entwickelten Mutterscheide, deren Entfaltung Vitalität voraussetzt, scheitern und den unnöthigen Zeitverlust beklagen, wenn er demnächst das Kind, aber todt, zu Tage schneiden muss. Mit der Vita minima einer Sterbenden wird es nicht viel anders sein. Das Medicinal-Collegium legt grossen Werth darauf, dass der Muttermund bei der Leiche 1 Zoll weit geöffnet gefunden. Abgesehen davon, dass es ausdrücklich im Obductionsprotokoll heisst (nicht im Durchmesser, sondern) „im Umkreise eines Zolles geöffnet," und dass es wohl auch blosse Schwangere (noch nicht Gebärende) giebt, in denen der Muttermund im Umkreise eines Zolles geöffnet ist, abgesehen ferner davon, dass aus dem Obductionsprotokolle nicht ersichtlich ist, ob denn auch der Mutterhals verstrichen war, finden wir in dieser Thatsache nicht den geringsten Widerspruch mit der Behauptung der Aerzte, dass sie, ehe sie zum Werke schritten, den Muttermund geschlossen fanden und mit Rücksicht auf die fehlende Wehenthätigkeit die Ehefrau Fiebig nicht für eine Gebärende, sondern für eine Schwangere hielten. Ein Muttermund kann sich unter solchen Umständen ungemein schnell, selbst während der bereits angefangenen Operation, öffnen. Dass eine wirkliche Eclampsia gravidarum existirt, ist unbestreitbar, wenn auch meistens durch die Eclampsie die Frühgeburt eingeleitet wird. Dass aber in vorliegendem Falle die grossen Schwierigkeiten des Accouchement forcé bei einer Schwangeren noch durch das Oedem der Genitalien erschwert wurden, wird kein Praktiker bestreiten können.

Die Aerzte hatten hiernach nur eine Wahl, entweder zu warten, bis die Ehefrau Fiebig vollkommen todt war, und dann dieselbe durch den Kaiserschnitt zu entbinden, oder diese Operation des Kaiserschnitts, aber keine andere, gleich an der Sterbenden vorzunehmen (wie dies allerdings durch kein positives Gesetz verboten, auch zuweilen geschehen ist). Ein dritter Ausweg existirte nicht. Wenn es für alle Fälle, wo kein bestimmtes, positives Gesetz sich ausgesprochen hat, für den Arzt nur einen Codex giebt, nämlich die Wissenschaft, so müssen wir bemerken, dass das Accouchement forcé im vorliegenden Falle dem wissenschaftlichen und praktischen Takte der angeschuldigten Aerzte keine Ehre gemacht haben, sondern höchst wahrscheinlich in dem Grade eine zwecklose Misshandlung gewesen sein würde, dass die Mutter unter ihren Händen gestorben, die Exerese des Kindes aber nicht erzielt wäre, folglich der Kaiserschnitt sein eventuelles Recht behauptet hätte. Vor den Augen der Welt würde diese an der Leiche verrichtete Operation dann an ihrem zweifelsfrei legitimen Platze gewesen sein, obgleich das Verfahren der Aerzte wegen einer zwecklosen und schädlichen Zuthat mehr zu tadeln gewesen sein würde, als es jetzt zu tadeln ist, denn das hier gewählte Mittel passte zum Zwecke, das Indicat zur Indication. Es war ein günstiges Resultat doch wenigstens für Ein Menschenleben möglich.

II.

Ist auf diese Weise dem incriminirten Verfahren in seiner Indications-Hälfte die Hauptunterlage entzogen, so schreiten wir jetzt zur Betrachtung der zweiten Frage (welche dem 8., 9. und 10. der vom Defensor aufgestellten Artikel entspricht), ob und worin die Aerzte bei Ausführung dieser aus guter Absicht unternommenen Operation gefehlt haben.

Wir können uns hier kurz fassen und mit zwei Worten sagen: — „im Querschnitt." Alles Uebrige, was ihnen vorgeworfen wird, ist zwar technisch nicht ungerecht, aber medicinisch-juristisch von geringer Erheblichkeit. Aber auch in Betreff der beiden Querschnitte haben wir eine viel mildere Ansicht, als das Medicinal-Collegium. Dieses erklärt den Querschnitt in der Gebärmutter für „absolut tödtlich;" das steht nirgendwo geschrieben. Es giebt verschiedene Methoden des Kaiserschnitts. Der eine macht einen Längenschnitt, der andere einen Querschnitt, der dritte einen Schrägschnitt. Die hier operirenden Aerzte haben den Kreuzschnitt gewählt. Wir können nicht behaupten, dass ein solcher Kreuzschnitt vom Standpunkte des bisherigen historischen Rechts kunstgerecht genannt werden darf, aber wir können eben so wenig behaupten, dass die operative Geburtshülfe gerade in diesem Artikel eine so unbedingt abgeschlossene Kunst sei, dass zu den drei Hauptmethoden des Kaiserschnitts nicht noch einstens eine vierte hinzukomme, und vielleicht dasjenige nicht noch als schulgerecht gelehrt werden wird, was jetzt als schulwidrig verdammt wird. Hat doch die Geschichte der Geburtshülfe viel widersinnigere Verfahrungsarten aufzuweisen, z. B. den Schoossfugenschnitt und sogar die Pelviotomie, welche letztere nicht weniger als 100 Procent Todte lieferte, ohne dass der Erfinder zur Untersuchung gezogen wurde. Die hier operirenden Aerzte haben einen durchaus kunstgerechten Längenschnitt angelegt. Durch denselben ist das Kind nicht hervorgetreten. Es war ganz logisch, wenn der Hofrath Fischer behauptete: „Auf halbem Wege können wir nicht stehen bleiben.“ Besser wäre es gewesen, wenn er zur Erreichung seines ganz richtigen Zieles eine Verlängerung des Längenschnitts gewählt hätte, aber Niemand wird behaupten können, es sei widersinnig gewesen, und die Frau dadurch getödtet, dass der ursprüngliche Längenschnitt an beiden Seiten eingekerbt ist. Es ist dies ein Erfahrungsgebiet, worin bisher noch keine Erfahrungen gedruckt existiren; aber darüber existiren Erfahrungen genug, dass zuweilen Kaiserschnitte, welche ganz gegen die Regeln der Schule ausgeführt worden, mit dem günstigsten Erfolge gekrönt sind; und die geburtshülfliche Statistik hat sogar die an sich traurige Wahrheit nachgewiesen, dass der Kaiserschnitt am günstigsten ablief, wenn er gar nicht indicirt war.

Wir haben zwei Querschnitte zu kritisiren, den Querschnitt in die Bauchdecken und den Querschnitt in die Gebärmutter. In Betreff des ersteren ist es allerdings wahrscheinlich, dass das Heraustreten des Kindes durch die Bauchwunde wesentlich erleichtert sein würde, wenn die Medicinalpersonen durch Aufrichtung des Oberkörpers und Anziehung der Schenkel eine Erschlaffung der Bauchmuskeln erzielt hätten, aber so gewiss, wie dieses das Medicinal-Collegium annimmt, ist diese Sache nicht, und bei dem Umstande, dass der Verlängerung der Bauchwunde Gränzen, theils durch den Nabel, theils durch die Schoossfuge gesetzt sind, können wir uns sehr wohl den Fall als möglich denken, dass der Operateur in die Lage kommen kann, den für die Exerese des Kindes nöthigen Platz nach beiden Seiten hin zu suchen. In Betreff des zweiten unterlassen wir hier, als nicht zu unserer Competenz gehörig, die Untersuchung, wer denselben eigentlich gemacht hat, ob der jetzt todte Schramm, oder der noch lebende Birkenfeld, in beiden Fällen, ob mit oder ohne Zustimmung des Fischer. Nur die Bemerkung müssen wir wiederholen, dass derselbe nicht absolut tödtlich war.

Mit diesem Ausspruche, der zweifelsfrei feststeht, wird auch dem zweiten Theile der Anschuldigung die wesentliche Unterlage entzogen. Absolut tödtliche Operationsmethoden darf man nicht einführen, das ist keine Frage. Aber innerhalb der Gränze der bloss gefährlichen, aber nicht unbedingt tödtlichen Operationen muss man dem Verfahren des Operateurs, sobald er sich seine Approbation rite erworben, eine gewisse Breite lassen. Die Medicina forensis würde sich in ein Labyrinth von Widersprüchen verwickeln, Criminaluntersuchungen ohne Zahl herbeiführen und sogar den erfahrungswissenschaftlichen Fortschritt unmöglich machen, wollte sie für den fertig gewordenen Arzt die abstracten Lehren der Bücher als allein maassgebend ansehen und jenen das Recht und die Pflicht des Individualisirens, der Berücksichtigung der concreten Verhältnisse, beschränken. Grobe Fahrlässigkeit und vorsätzliche Beschädigung stehen auf einem andern Blatte. Von letzterer kann hier wohl nicht die Rede sein. In Beziehung auf die Frage der ersteren haben wir noch Folgendes zu bemerken:

Es ist keine Frage, dass der Kaiserschnitt selbst bei einer Todten möglichst nach den Regeln der Kunst gemacht werden muss, noch mehr gilt dies selbstredend bei einer Sterbenden. Wohl kann und muss man bei jener an einen Scheintod, nicht aber bei dieser an ein Scheinleben denken. Die Menschlichkeit erfordert daher überall dieselbe Vorsicht. Dieser Grundsatz findet auch auf Vereinigung der Bauchwunde Anwendung. Es ist nicht schulgerecht, dass der Wundarzt Schramm die letztere durch eine gewöhnliche Kürschnernath erzielt hat, und dass die beiden dirigirenden Aerzte dieses zugegeben haben; eine Knopfnath wäre besser gewesen. Dass aber dieses in Beziehung auf das Resultat einen Unterschied gemacht haben soll, müssen wir bezweifeln, und dass die dirigirenden Aerzte, als sie verspätet die Kürschnernath bemerkten, solche nicht wieder loslösten und in eine Knopfnath verwandelten, müssen wir sogar billigen. Ob die verspätete Wahrnehmung in der Beschäftigung mit dem todt scheinenden Kinde ihre genügende Entschuldigung findet, lassen wir dahingestellt sein, eben weil wir an einen Einfluss auf den tödtlichen Ausgang nicht glauben. Gleiche Zweifel müssen wir in Beziehung auf die vergessenen Heftpflaster und die vergessene Leibbinde aussprechen. Dass erstere und letztere vor der Operation wegen der Gefahr im Verzuge so schnell nicht zu beschaffen waren, halten wir für möglich, dass sie nachträglich beschafft werden konnten, ehe die Frau ihren Geist aufgab, ist unbestreitbar.

Auch in Beziehung auf die Nichtunterbindung der Gefässe haben wir eine andere Ansicht, als das Medicinal-Collegium. Es steht nicht zweifelsfrei fest, ob die Gefässe wirklich gespritzt haben, und wenn dieses nach den Aussagen einiger Zeugen und nach der Natur eines

Querschnitts durch die Bauchdecken auch wahrscheinlich ist, so bleibt es doch immer möglich und mit jenen Zeugenaussagen verträglich, dass die Gefässe durch eigenen Rückzug die Unterbindung unnöthig machten, und das Spritzen aufhörte. Gewiss ist es, dass kein Blutextravasat in der Bauchhöhle vorgefunden ist, und dass die Leichenöffnung nicht die negativen Erscheinungen der Verblutung ergeben hat, und daraus folgt, dass diese Frau nicht todt geblutet ist.

In den bisherigen Erörterungen glauben wir nun, von den im Resolut angedeuteten, oben in unserer Geschichtserzählung wiedergegebenen 7 Fragen sechs, und zwar dahin beantwortet zu haben:

dass wir die erste nicht unbedingt verneinen;

dass wir die zweite Frage im ersten Theil ihrer Alternative bejahen, im zweiten verneinen;

dass wir die dritte Frage nur in diagnostischer Beziehung wegen der (jedoch zu entschuldigenden) unterlassenen Auscultation, nicht aber in therapeutischer Beziehung wegen des unterlassenen Accouchement forcé verneinen;

dass wir die vierte nach den Regeln der Schule unbedingt verneinen;

dass wir die fünfte mit dem ausdrücklichen Zusatze verneinen, dass die Erhaltung der Operirten schon vor der Operation nicht in Aussicht stand;

dass wir endlich die siebente gleichfalls, jedoch mit dem doppelten Beifügen verneinen, dass die Section, namentlich durch die unterlassene Eröffnung der Rückenmarkshöhle, unvollständig ist, auch durch ein negatives Resultat bei einem paralytischen Tode die Nothwendigkeit des letztern nicht widerlegt wird.

Einer Beantwortung der sechsten Frage glauben wir zwar überhoben zu sein, da die Frage der Zurechnung lediglich zur Entscheidung des Richters gehörig ist. Sollten gleichwohl technische Andeutungen von unserer Seite erwünscht sein, so müssen wir in Betreff der Vertheilung des Schuldrestes unter die betheiligten Medicinalpersonen Folgendes bemerken.

Der Hofrath Fischer ist, wie oben bemerkt, die leitende Seele des Ganzen gewesen, hat aber an der Ausführung keinen Antheil genommen. Es würde ihn daher zunächst ein Vorwurf treffen, wenn die aufgestellte Indication unbedingt unrichtig gewesen wäre. Wir haben aber nachgewiesen, dass sie als solche nicht zu betrachten ist, dass vielmehr diese Indication zu denjenigen in der Geburtshülfe gehört, worüber sich streiten lässt, und die noch nicht zum zweifelsfreien, wissenschaftlichen Abschluss gekommen sind. Der Fischer charakterisirt sich in allen seinen Vertheidigungsschriften als ein durchaus rationeller, wissenschaftlich gebildeter und gewissenhafter Mann. Man kann über die Zulässigkeit und Nothwendigkeit eines Kaiserschnitts bei einer Sterbenden sehr wohl anderer Ansicht sein, ohne deshalb seine Gründe unbedingt verwerfen zu können, denn sie haben eine wissenschaftliche und moralische Grundlage. Es trifft ihn also in dieser Beziehung keine Schuld. — Man könnte ihn aber tadeln, dass er zur Ausführung sich des unrichtigen Werkzeugs bedient, eines Wundarztes zweiter Klasse. Dieser Tadel wird aber in formeller Beziehung jedenfalls gemildert, wenn nicht aufgehoben, durch den Umstand, dass er selbst der Physikus eines anderen Kreises und der Wundarzt Schramm eine ihm unbekannte Person war. — Die einzige Einsprache, welche der Fischer bei der operativen Ausführung gethan hat, war die Erlaubniss des Querschnitts in die Bauchdecken, eine Einsprache, die zwar nach den Regeln der Bücher nicht unbedingt zu vertheidigen ist, die aber von dem Fischer durch die concreten Verhältnisse in einer Weise gerechtfertigt wird, dass wir nicht Bedenken tragen, seinen Aussagen Glauben zu schenken. Den Fischer trifft also keine wesentliche Schuld.

Der Dr. Birkenfeld charakterisirt sich in seinen Eingaben, insbesondere in seiner ersten vom 18. April, als ein minder wissenschaftlicher Mann. Es gereicht ihm zum Lobe, dass er bei einer so gefahrvollen Kranken den Recurs an die grössere Intelligenz eines erfahreneren Collegen nicht verschmäht hat. In der Indications-Instanz hat er ohne Zweifel der geistigen Ueberlegenheit des Fischer nachgegeben. Er hätte nicht nöthig gehabt, nachzugeben, da er formell hinreichend qualificirt zu einer selbstständigen Ansicht war. Bei entschiedener Opposition würde vielleicht aus der Operation nichts geworden sein. Ist aber des Dr. Fischer Vorschlag nicht unbedingt zu verdammen, so ist folgerecht auch des Dr. Birkenfeld Zustimmung nicht unbedingt zu tadeln. — In der Instanz der Ausführung hat er den Längenschnitt in die Gebärmutter gemacht, und dieser war ganz in der Ordnung. Ob er am Querschnitt schuldig oder mitschuldig, ist mindestens nicht zweifelsfrei bewiesen. Dass er die Entbundene auf dem Strohsack liegen liess, können wir nicht missbilligen, warum er sie nicht bedecken liess, nicht begreifen. Im Verhältniss zur Eclampsie und zum Kaiserschnitt war letzteres eine unbedeutende, negative Zuthat. Auch ihn trifft also keine nachweisbar wesentliche Schuld.

Das passive Placet des Dr. Fiebig in seiner Doppeleigenschaft als Arzt und Ehemann ist unbetheiligt im Stadio der Ausführung. Bei einer Theilnahme an der Fragestellung der ärztlichen Anzeigen würden wir vom psychologisch-technischen Standpunkte die vollkommene Zurechnungsfähigkeit eines Gatten, der in so verhängnissvollen Augenblicken zwei andern Aerzten gegenüber „ja" sagt und davonläuft, bezweifeln müssen, wenn wir nicht einer solchen Betrachtung durch unsere Ansicht über die Indication überhaupt überhoben wären.

Da der Wundarzt Schramm verstorben, so glauben wir, uns einer Beurtheilung seines Verfahrens enthalten zu dürfen.

Fassen wir noch einmal summarisch die nachgewiesenen Thatsachen zusammen, so können wir uns nicht entschliessen, den ganzen Fall beim näheren Eingehen in die Verhältnisse ohne vorgefasste Meinung, die allerdings durch die ganze Aeusserlichkeit entschuldigt wird, so ungünstig und scharf zu beurtheilen, als ihn das Medicinal-Collegium der Provinz Schlesien beurtheilt hat. Darin sind wir mit dem Collegio einverstanden, dass der Tod wenigstens Eine Ursache haben muss, und dass diese Eine Ursache im concreten Falle auch genügend ist. Wir weichen nur sehr wesentlich mit dem Collegio in der Beziehung aus einander, dass dieses die Operation, wie sie ausgeführt wurde, als die absolute Ursache des Todes betrachtet und der tödtlichen Eclampsie keinen unbedingten Glauben schenkt, folglich annimmt, dass die Ehefrau Fiebig auch dann durch die Operation gestorben wäre, wenn sie nicht an Eclampsie gelitten hätte, während wir gerade umgekehrt die bereits in Paralyse übergegangene Eclampsie als hinreichende Ursache des Todes ansehen und somit den Aerzten darin vollen Glauben schenken, dass die Fiebig auch dann gestorben sein würde, wenn sie nicht operirt wäre. Hiernach müssen wir unser schliessliches Urtheil dahin abgeben:

dass die betheiligten Aerzte, so wenig wir auch ihr Verfahren in allen Stücken billigen können, ein grobes Versehen im Sinne des Landrechts nicht begangen haben, und dass sich nicht beweisen lässt, dass sie an dem Tode der Ehefrau Fiebig schuldig oder auch nur mitschuldig gewesen sind.

Berlin, den 10. Januar 1849.

Die wissenschaftliche Deputation für das Medicinalwesen.

(gez.) **Klug. Schmidt. Jüngken. Casper. Ideler. W. Horn. Dr. v. Stosch. Mitscherlich. Link.**

---

4. Remonstration des Medicinal-Collegiums.

Breslau, den 28. Februar 1849.

Betrifft das von der Königlichen wissenschaftlichen Deputation für das Medicinalwesen in der Untersuchungssache wider den Hofrath Dr. Fischer et Consorten unterm 10. Januar c. abgefasste Gutachten.

Euer Excellenz haben mittels sehr geehrten Erlasses vom 19. v. M. uns ein Superarbitrium der Königlichen wissenschaftlichen Deputation für das Medicinalwesen vom 10. v. M. in der Criminaluntersuchungssache wider den Hofrath Dr. Fischer und Consorten hochgeneigtest zur Kenntniss zugesendet.

Nicht allein der aussergewöhnliche Zusatz dieses Rescripts „zu weiterer Veranlassung", sondern auch der Umstand, dass dieses Gutachten den Fall, der zu jener Untersuchung die Veranlassung gegeben hat, durchaus ganz anders beurtheilt, als wir dies früher gethan, scheint uns die Pflicht aufzulegen, unser früher abgegebenes Gutachten zu rechtfertigen, sowie die Angriffe zurückzuweisen, welche jenes und zwar, wie es scheint, ohne genügende Veranlassung gegen uns führt, besonders da dasselbe ausserdem mit so grosser Dialektik abgefasst ist, dass jeder andere, als der ernst urtheilende, erfahrene praktische Arzt und Geburtshelfer, sehr leicht durch diese Darstellung verführt, zur Billigung jener Ansichten sich geneigt fühlen dürfte. Noch müssen wir, um uns vor dem Vorwurfe einer irreleitenden Persönlichkeit in unsern früheren und jetzigen Urtheilen zu bewahren, bemerken, dass, obgleich wir darin mit der Königlichen wissenschaftlichen Deputation vollkommen übereinstimmen, was sie Belobigendes über die Qualification des p. Dr. Fischer in wissenschaftlicher und moralischer Hinsicht ausspricht, wir es nichtsdestoweniger als in unserer Pflicht und Stellung als der einer gerichtsärztlichen Behörde liegend geglaubt haben, ebenso wenig diesen persönlichen Vorzügen, als im Gegensatze dem Schrei des Entsetzens und Wehes, welches jenem ärztlichen Verfahren unmittelbar unter Laien und Aerzten eines grossen Theils von Schlesien folgte, einen Einfluss auf unser Urtheil zu gestatten, sondern dasselbe mit möglichster Scheidung jeder Persönlichkeit rein sachlich zu halten. Dagegen hat das Gutachten der wissenschaftlichen Deputation auf uns den Eindruck gemacht, als ob es mehr eine Defensionsschrift sei und vorzugsweise das, was wir wirklich behauptet haben, oder behauptet haben sollen, widerlege.

Die genannte Behörde scheidet ihre Arbeit in zwei Abschnitte, in eine Indications-Hälfte und in eine ausführende.

ad I. In der ersteren wird behauptet, dass die p. Fiebig zwar nicht todt, aber eine Sterbende gewesen sei, und dass die Aerzte wohl in ihrem vollen Rechte gewesen sein sollen, wenn sie die moralische und wissenschaftliche Ueberzeugung gewonnen hatten, dass die Frau eine Sterbende und rettungslos verloren sei. Man dürfe nun zwar ferner eine Sterbende nicht tödten, aber diese einer lebensgefährlichen Operation und speciell dem Kaiserschnitt zu unterwerfen, um ein in ihr eingeschachteltes Leben zu retten, sei erlaubt, weil es weder die bekannte Lex regia verbiete, noch das Gewissen des Arztes, welches der einzige Richter zwischen Herz und Kopf sei, insofern bei demselben entweder das widerstrebende Gefühl vorwalte und ihn dadurch verhindere, einer noch röchelnden Frau den Leib aufzuschneiden, oder die wissenschaftliche Erfahrung, dass die Lebensrettung des Kindes durch diese an einer sterbenden Person verrichtete Operation eher die Wahrscheinlichkeit für sich habe, als die erst nach dem Eintritte des Todes vollzogene, ihn zur sofortigen Operation bestimme; weil ferner auch die sonst nöthige Zustimmung der zu Operirenden zur Vollziehung der Operation hier wegen der Bewusstlosigkeit der Person unmöglich zu erlangen gewesen sei, und weil endlich kein anderer besserer Ausweg zu deren Entbindung möglich gewesen sei, indem das dem Kaiserschnitt zu substituirende Accouchement forcé eine Operation sei, welche sich an Lebensgefährlichkeit für die Mutter wohl mit dem Kaiserschnitte messen könne und für das Kind unbedingt grösser sei.

Hiergegen haben wir Folgendes zu bemerken:

Schon der erste Satz, dass man anzunehmen berechtigt sei, eine von einem Arzte geglaubte Sterbende im Allgemeinen oder die hier in dem besondern Falle gemeinte p. Fiebig für unrettbar verloren halten zu können und zu dürfen, enthält eine wissenschaftliche Unrichtigkeit. Wir haben in unserm ersten Gutachten die Gründe dafür entwickelt, welche in der Begränztheit und Unzulänglichkeit der medicinischen Wissenschaft und der Unvollkommenheit der einzelnen Aerzte begründet sind, und können die Wiederaufzählung derselben hier um so eher unterlassen, als die wissenschaftliche Deputation sich selbst ja 4 Seiten später dahin wörtlich ausspricht: „Wir würden in einem ähnlichen Falle die Frau erst sterben lassen und dann operiren, selbst auf die Gefahr hin, dass die Wahrscheinlichkeit zur Erhaltung des kindlichen Lebens auf das Minimum herabgesetzt ist, eben weil das Minus der Wahrscheinlichkeit durch den Umstand compensirt wird, dass so lange eine Frau lebt, Niemand mit mathematischer Gewissheit sagen kann, dass sie an dieser Krankheit sterben muss." Wie vereinbart sich nun aber dieses wissenschaftliche Princip, welches diese Behörde gleich uns als richtig anerkennt und uns zum gleichen Handeln leitet, d. i. den Kaiserschnitt nur an der todten Schwangern verrichten zu wollen, mit jener oben ausgesprochenen und als Begründung für das entgegengesetzte Verfahren benutzten Behauptung, dass die Aerzte in ihrem unbedingten Rechte gewesen seien, die Sterbende als rettungslos verloren anzusehen und zu behandeln?

Dass hierin ein direkter Widerspruch liegt, wer könnte dies läugnen? — Die Anerkenntniss dieses Grundsatzes oder die Verletzung desselben begründet das entgegengesetzte Verfahren, und wenn jener eben ein wissenschaftlicher ist, so kann auch nur dasjenige ärztliche Handeln, welches ihm entspricht, ein wissenschaftliches, und das entgegengesetzte ein unwissenschaftliches sein.

Wie wenig aber die Dr. Dr. Fischer und Birkenfeld — in dem Gutachten werden 3 Aerzte angeführt, indem der Wundarzt Schramm, welcher kurz vorher nur als willenloses Werkzeug namhaft gemacht ist, hier trotzdem mitgezählt wird — berechtigt gewesen sind, die p. Fiebig als eine rettungslos Verlorene anzusehen, geht wohl unzweifelhaft aus ihrem Befinden am besten hervor, welches sie 5 bis 6 Stunden nach dem an ihr vollzogenen Kaiserschnitte, zufolge des Zeugnisses ihres Mannes, darbot, und nach welchem sie nicht allein die Augen öffnete, namentlich dann, wenn sie angerufen wurde, sondern auch regelmässig Athem schöpfte, dass sie die ihr kurz vorher vom Dr. Birkenfeld verordnete Medicin nahm, auch Thee trank und Arme und Füsse bewegte.

Wir vermeiden es, die Gründe für unsere Ansicht noch unnützer Weise hier zu vervielfältigen, können es aber doch wenigstens nicht unterlassen, auf die Consequenzen aufmerksam zu machen, welche sich nothwendiger Weise aus der Verwerfung des von uns aufgestellten wissenschaftlichen Princips ergeben müssen, und welche Gefahr für die Verkürzung des Lebens vieler armer Frauen daraus hervorgehen würde. — Wäre es erst wissenschaftlich gestattet, — was die oberste Medicinal-Behörde Preussens behauptet — dass der Arzt den Kaiserschnitt an einer Kranken, welche er für sterbend hält, machen dürfte, dann würde er auch mit demselben Rechte an den an einer Cholera asphyctica, an schweren Formen des Typhus leidenden Schwangeren und den an einer unheilbaren Lungensucht Dahinsiechenden gemacht werden können. Wo wäre hier eine Gränze zu finden, und zu welcher Missachtung eines Menschenlebens und zu welchem Missbrauche und welcher maasslosen Erweiterung der ärztlichen Macht müsste dies führen?

Die zweite Behauptung ist, dass man eine Sterbende einer lebensgefährlichen Operation unterwerfen dürfte, um ein in ihr eingeschachteltes Leben zu retten, weil

1) die sogenannte Lex regia sie nicht verbiete, wenn sie auch die Nothwendigkeit des Kaiserschnitts bei einer verstorbenen Schwangeren fordere. —

Hieraus folgt aber nicht — fährt die wissenschaftliche Deputation fort — dass eine noch Lebende auf diese Weise nicht entbunden werden darf, wie dieses das Medicinal-Collegium aus der betreffenden landrechtlichen Bestimmung gefolgert haben mag.

Wie in aller Welt — fragen wir — kommt diese Behörde dazu, uns einen so unlogischen Grund für unser Urtheil unterzuschieben und uns dadurch dem Richter gegenüber bloss zu stellen, während wir die Begründung unserer Ansicht in beiden unserer Gutachten so bestimmt und klar ausgesprochen haben?

In unserem Gutachten vom 11. Juli 1844 sagen wir wörtlich:

Dieses Grundgesetz (der allgemeinen Indication bei Lebenden wie bei Todten) in der Anwendung des Kaiserschnitts basirt sich eben so sehr in der unbeschränkten Freiheit des Individuums, welches jede an sich zu vollziehende Operation genehmigen, gleichwie verwerfen kann, wie in der hohen Lebensgefährlichkeit der Operation, in deren Folge die Mehrzahl stirbt, und endlich in der allgemein menschlichen, wie ganz besonders ärztlichen Verpflichtung, durch keine Handlung irgend jemals das Leben Anderer zu verkürzen, selbst wenn es unrettbar verloren scheint. Ja die Wissenschaft geht und muss noch weiter gehen; sie gebietet sogar, dass der Arzt, der an einer Verstorbenen den Kaiserschnitt zu verrichten im Begriff steht, zuvor auf jede ihm zu Gebote stehende Weise von dem Eintritte des wirklichen Todes sich überzeuge und nicht etwa einen Scheintod mit diesem verwechseln solle, da nur bei letzterem dieser Kunstact geboten ist. — Diese Beschränkung in der Ausübung der Operation in den angeführten Fällen ist um so nothwendiger, als die Wissenschaft und Kunst, sich der eigenen Unvollkommenheit wohl bewusst, von dem Wahn weit entfernt ist, sich für untrüglich zu halten und in jedem Falle mit apodictischer Gewissheit behaupten zu wollen, dass hier Genesung und dort Tod erfolgen müsse. Wenn nun schon die Wissenschaft auf diese Sicherheit Verzicht leisten muss, um wie viel weniger kann sie dem einzelnen Heilkünstler eine Handlungsweise gestatten, welche sich auf eine Klarheit, auf eine Gewissheit, die nirgends existirt, gründet. —

Wir entgegnen aber ferner noch der wissenschaftlichen Deputation, dass auch nicht alles das in der Wissenschaft erlaubt ist, was das weltliche Gesetz nicht verbietet. Dieses würde aber auch gewiss bei dem beiläufig 3000jährigen Bestehen jenes Gebots dasselbe auf Sterbende ausgedehnt haben, wenn jene es hätte gut heissen können. Allein beide — der Staat und die medicinische Wissenschaft — haben mehr Achtung vor einem Menschenleben, als dies die angeklagten Aerzte gezeigt haben. Auch scheint es eben so wenig passend als richtig, wenn die wissenschaftliche Deputation bei dieser Gelegenheit in den von uns gebrauchten Worten, „dass man zu der Operation des Kaiserschnitts erst dann hätte schreiten dürfen, wenn die Sterbende wirklich gestorben sei,“ einen sprachlichen Widerspruch findet.

Dagegen will uns die Logik folgender Sätze, welche den 2ten Grund der oben angegebenen 2ten Behauptung in sich schliessen sollen, nicht einleuchten. Die wissenschaftliche Deputation behauptet nämlich, dass, weil erfahrungsgemäss das Kind weit häufiger am Leben bleibt, wenn die Operation vor dem wirklichen Ableben der Mutter verrichtet wird, und weil der Geburtshelfer kein Recht habe, ein Kindesleben geringer anzuschlagen als ein Mutterleben, es also auch erlaubt sein müsse, eine Mutter einer lebensgefährlichen Operation zu unterwerfen, um ein Kind zu retten. — Die logische Richtigkeit dieses Satzes könnten wir nur dann anerkennen, wenn die 2te Prämisse die Behauptung enthielte, dass ein Kindesleben höher anzuschlagen sei, als ein Mutterleben, oder wenn statt der hier gezogenen Folgerung die substituirt worden wäre, dass deshalb nichts verabsäumt werden dürfte, was ohne Beeinträchtigung des Lebens der Mutter die baldigste Zutageförderung des Kindes bezwecke. — Die erstere Alternative würde nun aber eine falsche Behauptung in sich schliessen, weil für den Geburtshelfer das Leben beider Individuen gleichen Werth haben muss, und die zweite, eine von uns als richtig anerkannte Folgerung, würde den an einer Lebenden zu verrichtenden Kaiserschnitt ausschliessen, weil durch ihn in alleiniger Berücksichtigung des Lebens des Kindes das der Mutter gefährdet wird. — Wir müssen deshalb auf unserer Ansicht beharren, dass jeder Arzt und Geburtshelfer, wie wir dies auch schon in unserem früher citirten Gutachten auseinandergesetzt haben, verpflichtet sei, in solchen Fällen gleiche Sorgfalt auf die Erhaltung des Lebens der Mutter wie des Kindes zu verwenden, und können somit unter diesen Umständen eine Anzeige für den Kaiserschnitt an einer Sterbenden nicht gelten lassen.

Die Ansicht, welche hier in Bezug auf den alleinigen Richter zwischen Herz und Kopf, das Gewissen des Arztes, ausgesprochen wird, theilen wir zwar, insofern der Arzt bei allen seinen Handlungen dasselbe stets vor Augen haben muss und es nicht verletzen darf; die Leitung durch dasselbe kann aber den Arzt unmöglich auch in solchen Fällen rechtfertigen oder entschuldigen, in welchen gegen die Gesetze der Wissenschaft dabei gesündigt worden ist. Wollten wir diese Herrschaft des Gewissens eines jeden einzelnen Individuums anerkennen, dann gäbe es keine Kunstfehler mehr, und die individuelle Willkür hätte alle Gränzen überschritten.

Wenn die wissenschaftliche Deputation sagt, dass das Medicinal-Collegium offenbar zu weit gehe, wenn es den Kaiserschnitt an einer Sterbenden als etwas direkt Unerlaubtes auffasst und als ein unerhörtes Factum in der Geschichte bezeichnet: so bürdet sie uns in diesem zweiten Theile wiederum etwas auf, was wir nicht gethan haben, da wir dies nur von Autoritäten der Geburtshülfe behauptet haben. Hätten wir wirklich das, was uns zugeschrieben wird, sagen wollen, so hätten wir den Autoritäten noch die einzelnen Aerzte hinzugefügt, was wir wohl unterlassen haben, weil es uns nicht allein aus der Geschichte der Geburtshülfe, sondern auch aus der der ganzen Medicin sehr wohl bekannt ist, dass es fast keine Idee und keine Handlung giebt, selbst die unsinnigste, welche nicht einmal ihre Vertreter und ihre Ausführer gehabt hätte. Giebt es, fragen wir, denn wirklich ein geburtshülfliches und namentlich ein deutsches Hand- und Lehrbuch der Jetztzeit, welches diese Indication aufstellte und genehmigte?

Auch können wir uns mit der Entschuldigung, welche diese Behörde für das Unterlassen des Gebrauches der Auscultation ausspricht, nicht einverstanden erklären. Es kam hier bei der von den angeklagten Aerzten aufgestellten Heilidee auf die Frage an, ob Gewissheit oder bedeutende Wahrscheinlichkeit für das Leben des Kindes vorhanden war, und zwar eine so bedeutende, dass sie die Wahrscheinlichkeit, die Operation werde die todtkranke Mutter unfehlbar tödten, aufwöge. Daher musste kein Mittel verabsäumt werden, wodurch man diese Wahrscheinlichkeit erhalten konnte. Dies ist hier nicht geschehen, und zu rechtfertigen ist es nicht, dass beide Aerzte mit leeren Ausreden die Versäumniss eines wichtigen Hülfsmittels der Diagnostik entschuldigen wollen.

Die Stethoskopie kann trügen, oder nur negative Resultate geben. Rechtfertigt dies aber ihr Unterlassen? Giebt es ein einziges Symptom im gesammten Umfange der Semiotik und der Diagnostik, welches einzeln genommen untrüglich wäre? Kein Arzt wird es wagen, diese Frage zu bejahen. Wenn aber bei der Untersuchung eines schwer zu entscheidenden Falles das wichtigste Symptom ganz vernachlässigt, sein Vorhandensein gar nicht festgestellt, ja das Forschen nach demselben ganz unterlassen ist, weil es möglicherweise trügen könne, und der Arzt dadurch zu einem Schritte verleitet wird, der ein Menschenleben kostet, wird die wissenschaftliche Deputation auch diesen Arzt entschuldigen, wie sie hier die beiden Geburtshelfer entschuldigt? Wir hoffen, diese Frage mit „nein“ beantworten zu dürfen.

Bei der Untersuchung der Frage, ob die Zustimmung der Schwangern nöthig gewesen sei, welche als dritte Bedingung für die Berechtigung des Kaiserschnitts bei einer Sterbenden ausgeführt ist, erfahren wir wiederum die Unterschiebung einer Ansicht, deren Veranlassung uns gänzlich fremd ist. Wenn wir nämlich als eine allgemeine Bedingung für die Ausführung des Kaiserschnitts an Lebenden angeführt haben, dass das sich bewusste Individuum als Gebärende die Erlaubniss dazu zuvor ertheilt haben müsse: so können wir dies nicht mit folgendem Ausspruche der wissenschaftlichen Deputation irgendwie vereinbaren, welche sagt: „aber es ist gewiss zu weit gegangen, wenn man, wie das Medicinal-Collegium annimmt, jede Operation von der freien Genehmigung der zu operirenden Person abhängig macht. Hiernach dürfte kein Geisteskranker und kein Kind operirt werden.“ Mit welchem Rechte kann die wissenschaftliche Deputation aus jenem so klaren Satze diese Folgerung ziehen und uns eine Belehrung dieser Art ertheilen, welche selbst ein gänzliches Verkennen unserer amtlichen Stellung von jener Seite in sich schliessen dürfte. —

Leider müssen wir dieselbe Klage bei Erörterung des 4ten Grundes, welcher für die Rechtfertigung des Kaiserschnitts in jenem Superarbitrium angeführt wird, wiederholen. Die wissenschaftliche Deputation sagt: „Das Medicinal-Collegium missbilligt das Indicat (den Kaiserschnitt). Es ist der Ansicht, dass die Herausbeförderung des Kindes nicht durch diesen, sondern durch das Accouchement forcé hätte geschehen müssen.“

Das ist eine Beschuldigung, gegen welche wir uns sogar in unserem ersten Gutachten feierlichst schon verwahrt haben. Wir waren nämlich bei Beantwortung der uns vorgelegten 2ten Frage unseres ersten Gutachtens vom 11. Juli 1844 veranlasst, die von Dr. Fischer angeführten Gründe für sein Verfahren näher zu prüfen und diese zu widerlegen. Wir wurden durch eine dieser von dem genannten Arzte ausgesprochenen Behauptungen, dass künstliche Entbindung durch gewaltsame Eröffnung des Muttermundes weder angezeigt, noch ausführbar gewesen sei, unfreiwillig zur Erörterung dieses Accouchement forcé geführt und sprachen uns nach Vorausschickung der Vordersätze in folgender Art aus: „Anstalten zur Geburt waren also da, und deshalb hätte die künstliche Entbindung durch das Accouchement forcé, wenn die Aerzte dasselbe für angezeigt hielten, sei es als Mittel für die Lebenserhaltung und Heilung der Mutter oder als solches für die Lebensrettung des Kindes, sehr wohl ausgeführt werden können. Ja noch mehr, sie war wirklich angezeigt, wenn, wie die behandelnden Aerzte dies glaubten, bei der sterbenden Mutter die Geburt des Kindes nothwendig wurde, weil ja diese Operation in ihren Folgen in keiner Beziehung mit den lebensgefährlichen des Kaiserschnitts zu vergleichen ist. Dieser letztere Ausspruch findet jedoch nur, wie wir ausdrücklich bemerken müssen, **um nicht missverstanden zu werden,** seine Gültigkeit in der Ansicht jener Aerzte von der Natur der Krankheit, welche wir, wenn auch nicht geradezu missbilligen wollen, doch wenigstens nicht theilen können.“

Sollte trotz dieser Verwahrung es noch irgend eines Commentars über unsere Ansicht bedürfen, so fügen wir, was wir früher freilich nicht für nothwendig finden konnten, dem Gesagten hinzu, dass nach unserer Ansicht gar nicht die künstliche Entbindung, sondern ein rationell ärztliches Verfahren allein angezeigt war.

Wir könnten deshalb diesen Gegenstand wohl als erledigt ansehen, wenn nicht die wissenschaftliche Deputation hier wiederum gegen uns Behauptungen aufgestellt hätte, deren Richtigkeit weniger als zweifelhaft ist.

Zunächst müssen wir glauben, dass jene Behörde nicht im Ernste behauptet haben könne, dass das Accouchement forcé eine Operation sei, welche sich an Lebensgefährlichkeit für die Mutter wohl mit dem Kaiserschnitte messen könne. Hierüber nur noch ein Wort zu verlieren, hiesse die wissenschaftliche Deputation beleidigen, da sie sehr wohl weiss, dass fast nur etwa der vierte Theil der Mütter, an welcher das Accouchement forcé kunstgemäss verrichtet wird, zwar zu Grunde geht, aber auch dies entschieden nicht an der Operation oder deren Folgen, sondern an der, aus der die Operation gewöhnlich bedingenden Placenta praevia hervorgehenden, Blutung. — Allerdings erkennen auch wir an, dass der Eingriff in das Gebärmutterleben dabei ein sehr gewaltsamer ist, wollen auch die Frage, ob die Gebärmutter besser es vertrage, in ihrem Körper eingeschnitten, oder in ihrem untern Abschnitt auseinandergezerrt (soll wohl heissen: vorsichtig ausgedehnt) zu werden, unbeantwortet lassen, müssen jedoch bemerken, dass, wenn auch das Gebärmutterleben den Kaiserschnitt besser vertragen sollte, dies doch leider nicht von dem Leben der Mütter gelten kann, weil diese in der Regel sterben.

Was die wissenschaftliche Deputation von der Unzweckmässigkeit der Anwendung des Accouchement forcé, insofern sie bei Schwangern angezeigt sein soll, sagt, das theilen wir vollständig, nicht allein jetzt, sondern auch von früher her, worüber unsere Gutachten gewiss den vollständigsten Nachweis führen; allein die Behauptung, dass die p. Fiebig eine Schwangere und nicht, wie wir aus der, von den erfahrensten und besten Beobachtern angenommenen Entstehungsweise dieser Krankheit und dem Sectionsbefunde hinreichend dargethan haben, eine Gebärende gewesen sei, können wir nicht anerkennen. Statt unsere angeführten Gründe zu widerlegen, stellt die wissenschaftliche Deputation uns die Möglichkeit entgegen, dass ein Muttermund unter solchen Umständen sich ungemein schnell, selbst während der bereits angefangenen Operation eröffnen könne. Ist das ein unseren positiven Nachweisen ebenbürtiger Gegengrund? Was die ausserdem angeführte fehlende Wehenthätigkeit und die Umstände, dass es wohl auch blosse Schwangere gäbe, in denen der Muttermund im Umkreise eines Zolles geöffnet sei, und dass aus dem Obductionsprotokolle nicht ersichtlich gewesen sei, ob denn auch der Mutterhals verstrichen war, betrifft, erinnern wir nur, dass die Fiebig wohl nur wegen der Sprach- und Bewusstlosigkeit dies ihren Aerzten mitzutheilen verhindert worden ist, und dass sie eine Erstgeschwängerte war, bei welcher Kategorie von Schwangeren der Muttermund bis zur Geburt verschlossen zu bleiben und der Mutterhals in der Zeit der 38. bis 39. Schwangerschaftswoche verstrichen zu sein pflegt. Dass solche Gründe uns deshalb nicht überzeugen können, liegt wohl klar zu Tage.

Wahr ist es dagegen, dass das Kind bei dieser Art Entbindung mehreren Lebensgefahren ausgesetzt gewesen sei, welche hier durch die Geschwulst der äussern Geschlechtstheile noch gewachsen wären; letzteres Hinderniss würde aber durch den Gebrauch der Kopfzange haben leicht überwunden, und die Geburt eines lebenden Kindes bewirkt werden können.

Die wissenschaftliche Deputation rechnet es den beiden angeklagten Aerzten zur Ehre an und lobt ihren praktischen und wissenschaftlichen Takt, dass sie diese Operation nicht vollzogen haben. Wir bedauern, nicht in dieses Lob einstimmen zu können, weil wir in dem entgegengesetzten Handeln eine Verletzung eines Princips erblicken, welches jene Behörde mit uns theilt, nämlich des der Anerkennung der Parität des Werthes beider Leben, das der Mutter wie des Kindes. Warum — fragen wir — soll das Leben der Mutter grösseren Gefahren ausgesetzt werden, als das des Kindes? warum soll bei der Verrichtung des Accouchement forcé durch eine möglichst gleiche Vertheilung der Gefahr auf beide Theile nicht jenes Princip befolgt werden? und warum soll hier die durch diese Operation bedingte grössere Lebensgefährlichkeit des Kindes durch ihre grössere Gefahrlosigkeit für die Mutter im Vergleich zu dem Kaiserschnitte nicht compensirt werden? Wir glauben, ein um so grösseres Recht zur Aufstellung dieser Fragen zu haben, als bekanntlich vor mehreren Decennien fast die grosse Mehrzahl der Geburtshelfer gerade in der Verrichtung dieser Operation das sicherste Heilmittel gegen die Eclampsie zu besitzen vermeinte, und noch viele der neuesten Lehrbücher der Geburtshülfe diese Krankheit mit unter ihren Indicationen aufzählen, wenngleich zufolge unserer speciellen Ansicht irrthümlich, aus den schon oben angeführten Gründen, welche uns zu einem rein therapeutischen Verfahren in jenem Zeitraume der Krankheit veranlasst hätten.

Wenn die wissenschaftliche Deputation diesen ersten Theil mit den Worten schliesst: Es war (bei dem hier gewählten Mittel nämlich) ein günstiges Resultat doch wenigstens für Ein Menschenleben möglich: so rufen wir derselben zu, dass bei der Wahl des andern Mittels, des unsrigen, ein günstiges Resultat für zwei Menschenleben möglich gewesen wäre!

Wir glauben nunmehr auch der festen Ueberzeugung sein zu können, durch das bisher Gesagte nicht allein bewiesen zu haben, dass die von der wissenschaftlichen Deputation aufgestellten Gründe für die Wissenschaftlichkeit des bei der p. Fiebig befolgten ärztlichen Verfahrens nicht begründet sind, sondern auch namentlich, dass sterbende gleich jeder andern lebenden Schwangern in dieser Beziehung behandelt werden müssen, und dass der Kaiserschnitt im Sinne der Wissenschaft nicht angezeigt war.

ad II. Wir gehen nunmehr zur Betrachtung des zweiten Theiles des Superarbitriums, des sogenannten ausführenden, über.

Die wissenschaftliche Deputation findet das Fehlerhafte bei der vorgenommenen Operation allein in dem von den Aerzten gemachten Querschnitte (sollte wohl eigentlich heissen: in dem dem Längenschnitte noch beigegebenen queren, also in dem Kreuzschnitte) und hält jeden andern ihnen gemachten Vorwurf in medicinisch-juristischer Beziehung von geringer Erheblichkeit. Selbst der Tadel jenes Kreuzschnittes wird durch die ausgesprochene Annahme gemildert, dass künftighin vielleicht das noch als schulgerecht gelehrt werden wird, was jetzt als schulwidrig verdammt ist.

Ist das, fragen wir, wirklich ein Grund für die Beschönigung dieses Verfahrens? Sollen wir etwa unsere gerichtsärztlichen Aussprüche ferner nicht mehr dem heutigen Standpunkte der Wissenschaft, sondern einem in dunkler Ferne liegenden möglichen entnehmen? Ja, die wissenschaftliche Deputation geht noch weiter, sie nennt es logisch, dass man nicht auf halbem Wege stehen bleiben will, und hält es nicht für widersinnig oder tödtend, dass, um den Austritt des Kindes zu bewirken, der ursprüngliche Längenschnitt an beiden Seiten eingekerbt ist. Was hier aber eingekerbt genannt wird, war ein Schnitt in den Bauchwandungen, welcher noch an der Leiche $5^1/_2$ Zoll betrug, so dass wir jene Benennung nicht gelten lassen können und diese Zugabe wenigstens höchst lebensgefährlich nennen müssen. Wir können aber auch ihre Nothwendigkeit durchaus nicht zugeben, da ein Längenschnitt von 8 Zollen, wie der p. Schramm angiebt, und welcher im Leichname noch $6^1/_2$ Zoll zeigte, gewiss ausreichend sein musste, um die Gebärmutter 5 bis 6 Zoll lang einschneiden und aus dieser das

Kind kunstgerecht, d. h. von dem Kopfe oder den Füssen aus, hervorziehen zu können. Allerdings kann es möglicherweise Riesenkinder geben, welche einen grösseren Raum erfordern, allein, dass hier eine solche Ausnahme stattgefunden habe, wird uns nicht mitgetheilt, und dann würde ein solches, selbst angenommen, dass es bestanden habe, nur eine Verlängerung des Längenschnitts nöthig gemacht haben. Unbegreiflich ist uns die bei dieser Gelegenheit gemachte Bemerkung der wissenschaftlichen Deputation, „dass, weil der Verlängerung der Bauchwunde theils durch den Nabel, theils durch die Schoossfuge Gränzen gesetzt seien, sie sich sehr wohl den Fall als möglich denken könnte, dass der Operateur in die Lage kommen könne, den für die Exerese des Kindes nöthigen Platz nach beiden Seiten hin zu suchen."

Die Behörde muss es uns schon verzeihen, da sie selbst uns dazu zwingt, sie daran zu erinnern, dass in einem solchen Falle, wo es, wie z. B. bei sehr verwachsenen kleinen Personen, an einem für die nöthige Länge des Schnittes hinreichenden Zwischenraum zwischen Schaambeinfuge und Nabel mangelt, dieser ohne alle Gefahr an der linken Seite des letzteren in ganz beliebiger Ausdehnung verlängert werden, und dass der Nabel deshalb nie eine unüberschreitbare Gränze werden kann.

Eine besondere Erörterung der am Leichname noch $4^1/_2$ Zoll betragenden Längenwunde im Uterus und der $3^1/_2$ Zoll langen Querwunde vermissen wir, bemerken jedoch, dass von dieser ausgesagt wird, dass sie nicht, wie das Medicinal-Collegium angenommen habe, absolut lethal sei. —

Hier giebt uns allerdings die wissenschaftliche Deputation eine Gelegenheit, unser Unrecht einzugestehen. Wir haben nämlich an einer Stelle unseres ersten Gutachtens gesagt, dass der Querschnitt in der Gebärmutter eine Verwundung sei, welche wohl stets zu den absolut lethalen zu rechnen sein dürfte.

Der Ausdruck „Querschnitt" beruht auf einer fehlerhaften Bezeichnung und ist uns wirklich mehr gegen unsere eigentliche Ansicht aus der Feder geflossen; es soll vielmehr heissen „der dem Längenschnitt noch zugefügte Querschnitt — also eigentlich der Kreuzschnitt." —

Wir wollen diesen Fehler, denn ein solcher bleibt es immer, auch jetzt nicht läugnen, müssen aber auch bemerken, dass wir in unserem zweiten Gutachten vom 17. März 1845 unsere eigentliche Meinung dahin klar und deutlich ausgesprochen haben, dass das bei der p. Fiebig beobachtete Verfahren — also nicht der alleinige Querschnitt — nicht allein ein von allen Kunstregeln durchaus abweichendes gewesen sei, sondern auch als ein entschieden nachtheiliges und in seinen Folgen absolut lethales angesehen werden müsse — eine Ansicht, welche wir auch heute noch unbedingt vertreten. Selbst am Schlusse unseres ersten Gutachtens vom 11. Juli 1844 drücken wir uns schon dahin aus, dass, wenn die Frau Dr. Fiebig nicht an der Eclampsie gestorben wäre, sie unbedingt und nothwendig durch die von den Aerzten bewirkte Verwundung, insbesondere der Gebärmutter, und die von ihnen erfahrene Sorglosigkeit während und nach der Operation im Allgemeinen hätte zu Grunde gehen müssen. Aus diesen beiden angeführten Citaten dürfte deshalb auch wohl unstreitig unsere damals schon feststehende Ueberzeugung unzweifelhaft hervorgehen und uns vor einem wirklich unbegründeten Verdachte schützen.

Wenn nun aber die Vereinigung der Bauchwunde durch die Kürschnernath als etwas nur nicht Schulgerechtes bezeichnet, und die Vernachlässigung jedweden Verbandstückes durch Mangel an Zeit hier entschuldigt wird: so müssen wir dagegen bemerken, dass der Verbandapparat bei keiner Operation fehlen darf, weil nicht der Gebrauch des Messers allein, sondern auch der Verband zur Operation gehört. Die Behauptung der wissenschaftlichen Deputation, dass sie an einen Einfluss dieser Verhältnisse auf den tödtlichen Ausgang nicht glaube, rechtfertigt die Sache um so weniger, als ja die Wissenschaft es ausdrücklich verlangt, dass selbst bei einer anerkannt todten Schwangeren das ganze operative Verfahren mit derselben Vorsicht ausgeführt werden soll, die wir der Lebenden widmen.

In Bezug auf die von uns gerügte Unterlassung der Unterbindung der Gefässe äussert sich die wissenschaftliche Deputation dahin: „Es steht nicht zweifelsfrei fest, ob die Gefässe wirklich gespritzt haben, und wenn dieses nach den Aussagen einiger Zeugen und nach der Natur eines Querschnitts durch die Bauchdecken auch wahrscheinlich ist: so bleibt es doch immer möglich und mit jenen Zeugenaussagen verträglich, dass die Gefässe durch eignen Rückzug die Unterbindung unnöthig machten, und das Spritzen aufhörte.“ — Wir erinnern dagegen, dass, zugegeben, die Blutung aus den beiden verletzten Arteriis epigastricis habe nach der Operation sistirt, ein unterrichteter Operateur gewusst haben würde, dass unter veränderten Lebensbedingungen solche Blutungen sehr leicht wiederkehren, und dass er, in gerechter Besorgniss vor den so sehr gefürchteten Nachblutungen, diese Gefässe torquirt oder unterbunden haben würde.

Ganz unvereinbar ist aber mit dem Inhalte der Acten der hier gebrauchte Zusatz: „Gewiss ist es, dass kein Blutextravasat in der Bauchhöhle vorgefunden ist u. s. w.", denn nicht allein bezeugt Dr. Fiebig, dass das Bett seiner Frau ganz mit Blut besudelt war, und dass dieses durch die Unterlagen durchtröpfelte, sondern Dr. Birkenfeld selbst bestätigt dies, indem er noch des Abends 7 Uhr blutstillende Pulver auf die Nath streuen lässt; auch heisst es klar und deutlich im Obductionsprotokolle, dass man in der Bauchhöhle die untere Fläche des linken Leberlappens und die ganze Milz mit einer verdichteten Blutmasse umgeben und zwischen Uterus und Harnblase ein Extravasat eines dunkelrothen geronnenen Blutes im Betrage von $^1/_2$ Unze gefunden habe. — Das ist freilich nicht ein Extravasat, sondern es sind zwei, von denen wir die ungewöhnliche Lage des einen in der linken Seite selbst in unserem Gutachten auch vollständig erklärt zu haben glauben. —

Eine gleiche Bewandtniss hat es auch mit der von der wissenschaftlichen Deputation aufgestellten summarischen Zusammenfassung der Thatsachen am Schlusse ihres Gutachtens, wo es heisst: „Wir weichen nur sehr wesentlich mit dem Collegium in der Beziehung auseinander, dass dieses die Operation, wie sie ausgeführt wurde, als die absolute Ursache des Todes betrachtet und der tödtlichen Eclampsie keinen unbedingten Glauben schenkt, folglich annimmt, dass die Ehefrau Fiebig auch dann durch die Operation gestorben wäre, wenn sie nicht an Eclampsie gelitten hätte, während wir u. s. w."

Wie wenig die Richtigkeit des ersten Theils der uns zugeschriebenen Aussprüche begründet sei, geht aus der Beantwortung der 7. Frage in unserem ersten Gutachten hervor, wo wir, nachdem wir die Sectionsresultate in Bezug auf Krankheitserscheinungen erörtert hatten, bemerken, dass namentlich die hier stattgehabte Krankheit, unstreitig die Eclampsia parturientium, zu jenen gehört, welche durch Lähmung tödten und somit auch keine sinnlich wahrnehmbare Erscheinungen, keine materielle Veränderungen in dem Leichname unbedingt zur Folge haben müssen, und dass deshalb gerade der negative Befund für die Tödtung durch sie sprechen dürfte, — welchem Ausspruche wir ausserdem noch etwas weiter unten als Grund hinzufügen, dass wir in der Krankheit selbst die zureichende Ursache des Todes finden, weil erfahrungsgemäss ihre hohe Lebensgefährlichkeit feststeht.

Zu der Richtigkeit des zweiten Theils jener Behauptung bekennen wir uns aber auch noch heute und müssen unsere Ueberzeugung dahin wiederholt aussprechen, dass, wenn die Frau Dr. Fiebig nicht an der Eclampsie gestorben wäre, sie an den Folgen des von den Aerzten geübten Verfahrens im weiteren Sinne des Wortes nothwendig hätte zu Grunde gehen müssen.

Welche Frau, und namentlich welche lebensgefährlich erkrankte Frau, würde eine Eröffnung des Bauches durch einen Längen- und Querschnitt von gegen 8 Zoll Länge und eine Eröffnung des Uterus durch einen etwas kleineren Kreuzschnitt bei einem gleichzeitigen Mangel jedweden Schutzes gegen die nothwendigen Blutungen, bei dem Mangel einer jedweden Vorrichtung für die Entleerung von den in der Bauchhöhle nothwendig sich anhäufenden Flüssigkeiten und jedweden Verbandstückes mit Ausnahme der Kürschnernath, deren höchste Zweckwidrigkeit in mehrfacher Beziehung jedem Sachverständigen einleuchtend sein wird, welche Frau — fragen wir — welche man nach der Operation ausserdem auf einem Strohsacke und ganz unbedeckt liegen lässt, und ihr unmittelbar darauf jede Sorgfalt und Pflege entzieht, wird aus einer solchen Behandlung lebend hervorgehen können? Wir werden diese Frage, solange uns nicht praktisch der Gegenbeweis geführt ist, aus voller Ueberzeugung mit „keine" beantworten.

So weit unsere Entgegnung auf das uns mitgetheilte Superarbitrium.

Wir sind nun zwar in Berücksichtigung der amtlichen Stellung der wissenschaftlichen Deputation weit entfernt, Euer Excellenz ehrerbietigst zu bitten, auch diese unsere Vertheidigung dem betreffenden Gerichte überreichen lassen zu wollen, wenn Hochdieselben dies im Interesse des Rechtes und der Wahrheit nicht Hochselbst für nothwendig erachten sollten; aber darum müssen Euer Excellenz wir eben so inständigst wie ehrfurchtsvoll bitten, dass es Hochdenselben geneigtest gefallen möge, unsere Vertheidigung der wissenschaftlichen Deputation zukommen lassen und diese veranlassen zu wollen, für die Folge bemüht zu sein, nicht Conflicte dieser Art unnöthigerweise herbeiführen zu wollen, da diese weder für unser gegenseitiges Ansehen und unsere beiderseitige Autorität, noch für den Staatsdienst im Allgemeinen erspriesslich sein können.

Königliches Medicinal-Collegium von Schlesien.

(gez.) **v. Kottwitz. Dr. W. Remer. Ebers. Hancke. Betschler. Dr. Remer.**

5. Bescheid des Ministers.

An das Königl. Medicinal-Collegium zu Breslau.

Dem Medicinal-Collegium eröffne ich auf den Bericht vom 28. Februar d. J., dass ich mich nicht bewogen finden kann, die Remonstration gegen das Gutachten der Königl. wissenschaftlichen Deputation für das Medicinalwesen in der Untersuchungssache wider den Hofrath Dr. Fischer und Genossen dem betreffenden Gerichte und der genannten Deputation mitzutheilen.

In dem Begriffe eines Superarbitriums liegt die Möglichkeit, dass die höhere Instanz anderer Ansicht sein kann, als die vorhergegangene, und diese Möglichkeit schliesst die Nothwendigkeit einer Prüfung der von der Vorinstanz angegebenen Gründe ein. Das Medicinal-Collegium verkennt aber durchaus seine Stellung, wenn es die abweichende Ansicht der Königl. wissenschaftlichen Deputation als einen „unnöthigerweise herbeigeführten Conflict" bezeichnet, „der weder für das gegenseitige Ansehen und die beiderseitige Autorität, noch für den Staatsdienst im Allgemeinen erspriesslich sein könne". Das Superarbitrium der wissenschaftlichen Deputation war durch eine Requisition des betreffenden Gerichts herbeigeführt, und wenn die Deputation eine mildere Ansicht über die angeblichen Kunstfehler der betreffenden Medicinalpersonen hatte, als das Medicinal-Collegium, so war dieselbe berechtigt und verpflichtet, diese mildere Ansicht auszusprechen und zu begründen; ihr Gutachten wurde dadurch ebensowenig zu einer blossen Defensionsschrift, als das Gutachten des Medicinal-Collegii durch Motivirung der strengeren Ansicht zu einer Anklageschrift. Jedenfalls ist die Sache mit dem Ausspruche der höchsten technischen Instanz für die richterlichen und administrativen Behörden zu Ende, und es liegt weder im Interesse der Rechtspflege, noch der Verwaltung, von diesem Ausspruche auf die entgegengesetzte Ansicht der Vorinstanz zurückzugehen.

Will indess das Medicinal-Collegium die Sache auf wissenschaftlichem Gebiete weiter verfolgen, so bleibt demselben dieses innerhalb der durch die Circularverfügung vom 13. März 1822 festgesetzten Gränzen unbenommen.

Berlin, den 18. April 1849.

Der Minister.
(gez.) **Ladenberg.**

---

6. Neues Schreiben des Medicinal-Collegiums.

Ew. Excellenz haben wir in der Untersuchungssache wider den Kreisphysikus Dr. Fischer und Genossen die Ehre in Folge des hohen Rescripts vom 18. April ehrerbietigst anzuzeigen:

dass das hiesige Königliche Oberlandesgericht in der abschriftlichen Anlage vom 27. März a. c. von uns eine Abschrift unseres Gutachtens über die Beurtheilung der Königlichen wissenschaftlichen Deputation für das Medicinalwesen verlangt hat.

Wir erlauben uns ganz gehorsamst anzufragen, ob Hochdieselbe uns zu ermächtigen geneigen wollen, dieser Requisition des Königl. Oberlandesgerichts Folge zu leisten.

Breslau, den 26. April 1849.

Königliches Medicinal-Collegium von Schlesien.

(gez.) **Schleinitz. Kottwitz. W. Remer. Hancke. Ebers. Dr. Remer.**

Copia.

An Ein Königliches Hochlöbliches Medicinal-Collegium der Provinz Schlesien, hier.

In der Criminaluntersuchung gegen den Kreisphysikus Dr. Fischer et Complicen übersenden wir Einem Königlichen Hochlöblichen Medicinal-Collegium in der Anlage Abschrift des Resolutes vom heutigen Tage mit dem ergebenen Ersuchen, uns Abschrift des darin erwähnten Berichtes, welchen Wohldasselbe dem Vernehmen nach an den Herrn Minister der geistlichen, Unterrichts- und Medicinal-Angelegenheiten Excellenz erstattet haben soll, gefälligst mitzutheilen, eventuell auch den darauf etwa Seitens des Herrn Ministers schon ergangenen Bescheid.

Breslau, den 27. März 1849.

Königliches Oberlandesgericht. Zweiter Senat.

(gez.) **Haertel.**

Copia copiae.

Resolut in der Criminaluntersuchung wider Dr. Fischer et Complicen.

In Betracht, dass das Superarbitrium der wissenschaftlichen Deputation für das Medicinalwesen zu Berlin vom 10. Januar c.

von dem Gutachten des hiesigen Medicinal-Collegii vollständig abweicht, demselben sogar in den Gründen wie in dem Votum gerade entgegengesetzt ist; da ferner in Folge dessen das hiesige Medicinal-Collegium dem Vernehmen nach in einem motivirten Berichte an den Herrn Minister der geistlichen, Unterrichts- und Medicinal-Angelegenheiten sein eigenes Gutachten vertheidigt und das Superarbitrium als weder der Sache, noch der Wissenschaft entsprechend angegriffen haben soll, so hält es das Collegium im Interesse des Rechts und zur Vervollständigung der ärztlichen Begutachtung, welche die Hauptgrundlage für die Entscheidung bildet, für erforderlich, jenen Bericht zu den Acten zu bringen und von seinem Inhalte Kenntniss zu nehmen. Das hiesige Medicinal-Collegium soll daher um Mittheilung desselben requirirt werden.

So beschlossen in der Sitzung am 27. März 1849.

Königliches Oberlandesgericht. Zweiter Senat.

---

7. Verfügung des Ministers an die wissenschaftliche Deputation.

Der Königlichen wissenschaftlichen Deputation für das Medicinalwesen übersende ich hierneben einen Bericht des Königl. Medicinal-Collegiums der Provinz Schlesien vom 28. Februar d. J., betreffend das in der Untersuchungssache wider den Hofrath Fischer et Cons. abgefasste Gutachten, so wie einen anderweitigen Bericht derselben Behörde vom 26. April d. J., nebst zwei Anlagen, sub voto remiss., mit der Veranlassung, sich baldigst darüber zu äussern, ob und in wiefern die Königliche wissenschaftliche Deputation für das Medicinalwesen durch die Remonstration des Medicinal-Collegiums sich veranlasst finden kann, von ihrem unter dem 10. Januar d. J. erstatteten Superarbitrium abzugehen, oder was dieselbe zur Widerlegung der Remonstration des gedachten Collegiums anzuführen hat. Ich bemerke hierbei, dass ich zu dieser Aufforderung nur durch die, meines Erachtens formell nicht von der Hand zu weisende, wenn auch materiell nicht gerechtfertigte Requisition des erkennenden Gerichts mich veranlasst finde.

Berlin, den 12. Mai 1849.

Der Minister der geistlichen, Unterrichts- u. Medicinal-Angelegenheiten.

(gez.) **Ladenberg.**

---

8. Rückäusserung der wissenschaftlichen Deputation.

An des Königlichen Geheimen Staats-Ministers etc. Herrn v. Ladenberg, Exc.

Betrifft die Meinungsverschiedenheit der Königl. wissenschaftlichen Deputation für das Medicinalwesen und des Königl. Medicinal-Collegiums für Schlesien in der Untersuchungssache wider den Hofrath Fischer und Consorten.

Ew. Excellenz haben mittelst hoher Verfügung vom 12. d. Mts. der unterzeichneten wissenschaftlichen Deputation einen Bericht des Königl. Medicinal-Collegiums der Provinz Schlesien vom 28. Februar d. J., betreffend das in der Untersuchungssache wider den Hofrath Dr. Fischer und Consorten abgefasste Gutachten, sowie einen anderweiten Bericht derselben Behörde vom 26. April d. J. nebst zwei hierneben zurückerfolgenden Anlagen mit der Veranlassung übersandt, sich darüber zu äussern, ob und inwiefern die Deputation durch die Remonstration des Medicinal-Collegiums sich veranlasst finden könne, von ihrem unterm 10. Januar d. J. erstatteten Superarbitrium abzugehen, oder was dieselbe zur Widerlegung dieser Remonstration anzuführen habe.

Wir unterlassen es, auf die principielle Seite dieser Angelegenheit einzugehen und nähere Betrachtungen über die Aussicht auf endlose Schreiberei anzustellen, welche, nicht eben im Interesse der Justiz, sich entspinnen wird, wenn die Meinungsverschiedenheit der Aerzte in foro nicht irgendwo ein Ende hat. Wir leben vielmehr der Ueberzeugung, dass Ew. Excellenz Maassregeln ergreifen werden, damit ein solcher Recurs vom Superarbitrium der technischen Schlussinstanz an das Gutachten der Mittelinstanz nicht oft vorkomme, am wenigsten in Fällen, wo diese umgekehrte Appellation wahrlich nicht in favorem defensionis ist. — Wir beschränken uns vielmehr auf die motivirte Versicherung, dass die Remonstration des Medicinal-Collegiums uns nicht bewogen hat, von unserer, unterm 10. Januar a. c. ausgesprochenen, wohlerwogenen Meinung abzugehen.

Das Collegium scheint es uns zunächst zu verdenken, dass wir, obgleich ganz beiläufig, den Hofrath Fischer einen wissenschaftlichen Mann genannt haben. Wir würden dieses (wohl wissend, dass wir eine That, nicht einen Mann zu censiren hatten) unterlassen haben, wenn nicht eine richterliche Veranlassung dazu in der auch uns gestellten Frage des Imputationsgrades der einzelnen mitwirkenden Aerzte vorgelegen hätte. Das Collegium stimmt uns zwar in „allem, was wir Belobendes über die Qualification des Dr. Fischer gesagt haben, vollkommen bei," glaubt aber, dass (nur?) bei ihm (dem Collegium) diese persönlichen Vorzüge ohne Einfluss auf das Urtheil geblieben seien. Wir glauben dasselbe auch von uns und zwar schon um deswillen, weil wir in dem Dr. Birkenfeld einen minder wissenschaftlichen, in dem Chirurg Schramm einen gar nicht wissenschaftlichen Mann gefunden haben, und man aus so verschiedenen Prädikaten doch nicht dieselbe Schlussfolge einer zu grossen persönlichen Sympathie für das handelnde Triumvirat herleiten kann. Eine „Defensionsschrift" haben wir aber so wenig geschrieben, als wir dem Medicinal-Collegium eine Anklageschrift zutrauen. Das Collegium hat, und wir haben ein Gutachten gemacht, aber nicht immer aus demselben Factum dieselben Schlüsse gezogen. Wenn neben den Vertheidigungsschriften auch noch freisprechende Erkenntnisse existiren dürfen: so nehmen wir dieselbe Erlaubniss auch für die Technik in Anspruch, und wenn neben den Gutachten noch Superarbitria nöthig befunden werden: so wird es in letzteren unvermeidlich sein, auf die Gründe der ersteren einzugehen, sei es beistimmend oder widerlegend. Wir geben zu, dass der Fall anfänglich vom Standpunkte des Gefühls einen ungünstigen Eindruck machen kann; die kaltblütige Prüfung der Akten aber hat unsern einstimmigen Ausspruch hervorgerufen; ob die „Dialektik des Referats jeden andern, als den ernst urtheilenden erfahrenen Arzt sehr leicht verführen kann," lassen wir dahin gestellt; uns hat sie nicht bestochen, da wir sämmtlich keine Laien sind.

Mit welcher „Dialektik" dagegen die Remonstration zu Werke geht, beweist unter anderm die Art und Weise, wie dieselbe gleich im Anfange einen Satz unseres Superarbitriums, der wörtlich also lautet:

> „Wir würden in einem ähnlichen Falle die Frau erst sterben lassen und dann operiren, selbst auf die Gefahr hin, dass die Wahrscheinlichkeit der Erhaltung des kindlichen Lebens auf das Minimum herabgesetzt ist, eben weil das Minus der Wahrscheinlichkeit durch den Umstand compensirt wird, dass, so lange eine Frau lebt, Niemand mit mathematischer Gewissheit sagen kann, dass sie an dieser Krankheit sterben muss; aber wir können es weder unmoralisch, noch, was zunächst unsere Aufgabe ist, unwissenschaftlich finden, wenn irgend Jemand in gerade

umgekehrter Richtung die geringere Wahrscheinlichkeit zur Lebensrettung der Mutter durch die grössere Wahrscheinlichkeit zur Rettung des Kindes compensirt,"

zu benutzen weiss, um uns mit eigenen Gründen zu schlagen. Es wird nämlich der hier unterstrichene (gesperrt gedruckte) Nachsatz fortgelassen, um aus dem so verstümmelten Vordersatz zu folgern, dass wir den Kaiserschnitt bei einer Sterbenden (für jeden Menschen) unerlaubt halten, um uns folglich eines direkten Widerspruchs zu zeihen. Aber kaum ist der hier wiedergegebene Satz benutzt worden, um durch Fortlassung des Nachsatzes uns das unbedingte Veto gegen den Kaiserschnitt bei einer Sterbenden in die Feder zu legen, so wird ganz im Widerspruche mit dieser Schlussfolge durch Fortlassung des hier nicht unterstrichenen (gesperrt gedruckten) Vordersatzes unser ausschliessliches Placet demselben Verfahren untergeschoben. „Wäre es erst wissenschaftlich gestattet — was die oberste Medicinalbehörde Preussens behauptet — dass der Arzt den Kaiserschnitt an einer Kranken, die er für sterbend hält, machen dürfte, dann würde er auch bei einer an der Cholera, dem Typhus, der Lungenschwindsucht dahin Siechenden gemacht werden können. Wo wäre hier eine Gränze zu finden, und zu welcher Missachtung eines Menschenlebens und zu welchen Missbräuchen, zu welcher maasslosen Erweiterung der ärztlichen Macht müsste dieses führen?" — Wir theilen diese Besorgnisse maasslosen Missbrauches nicht, weil bei uns das „Dürfen" lange noch kein „Müssen" ist, und weil wir der Hoffnung leben, dass auch nach der Freisprechung der Dr. Dr. Fischer und Birkenfeld immer noch viele Aerzte übrig bleiben werden, die in den wenigen Fällen ähnlicher Art durch Abwartung des letzten Athemzuges gerade dasjenige Verfahren beobachten werden, welches das Königl. Medicinal-Collegium für Schlesien für das allein richtige, die Königliche wissenschaftliche Deputation für das Medicinalwesen aber nur für das bessere hält. Je mehr das Medicinal-Collegium von der ausschliesslichen Wahrheit seiner Gründe durchdrungen ist, um so weniger wird es, im „direkten Widerspruch" mit seiner Auffassung dieses Falles als eines unerhörten Factums in der Geschichte (der Lehr- und Handbücher), einen so massenhaften Missbrauch annehmen dürfen, der doch nur dann möglich wäre, wenn die Majorität des ärztlichen Standes nicht auf seiner Seite stände. Beiläufig gesagt, müssen wir bezweifeln, dass die etwas strenge Unterscheidung, welche das Collegium bei dieser Gelegenheit zwischen geburtshülflichen Autoritäten und praktischen Aerzten macht, dem Staate und Gesetze gegenüber von Belang ist.

Wir haben den Wundarzt Schramm einmal nur als willenloses Werkzeug namhaft gemacht und ihn „trotzdem mitgezählt," als wir ein andres Mal sogar von drei Aerzten sprachen! Das war gewiss sehr inconsequent, und dennoch müssen wir bezweifeln, dass diese „Dialektik" irgend Jemand, am wenigsten den „erfahrenen Arzt" und Richter „verführen" werde.

Aber auch die ersteren Deductionen des Collegiums können uns nicht abhalten, den Fall mit Ruhe zu betrachten. Dasselbe fragt uns bei Gelegenheit der Stethoskopie, ob wir einen Arzt entschuldigen wollen, der durch „Vernachlässigung des wichtigsten Symptoms zu einem Schritte geleitet wird, der ein Menschenleben kostet"? Gewiss nicht, aber wir bleiben dabei stehen, dass dieses Menschenleben nicht der vernachlässigten Stethoskopie, sondern der Eclampsie verfallen ist.

Das Medicinal-Collegium will uns „nicht beleidigen" durch die Belehrung, dass nur der vierte Theil der Mütter am Accouchement forcé zu sterben pflegt. — Wir glauben, dass es weniger auf eine vergleichende Statistik des Kaiserschnitts und der gewaltsamen Entbindungsresultate, als vielmehr auf die Frage ankommt, ob im concreten Falle, d. h. bei dieser Sterbenden, bei dieser wassersüchtigen Anschwellung derGenitalien von dem Accouchement forcé für die verloren gegebene Mutter und das lebendig präsumirte Kind ein besseres Resultat zu erwarten war. Den Ausdruck „auseinandergezerrt" haben wir absichtlich gewählt, eben weil die s. g. „vorsichtige Ausdehnung" des Muttermundes beim Accouchement forcé immer mehr oder weniger eine Zerrung ist. Die Art und Weise, wie das Collegium dem von uns gebrauchten Ausdruck „Gebärmutterleben" das Leben der ganzen Mutter gegenüberstellt, wird in der Sache selbst und für den „ernst urtheilenden, erfahrenen Arzt" nichts ändern.

Dass, ungeachtet der vom Collegium eingeräumten grösseren Lebensgefahr für das Kind, dennoch mit der Zange die Geburt eines lebenden Kindes habe bewirkt werden können, ist wahr, wenn man den Begriff der Möglichkeit sehr weit fasst und alles das für möglich hält, was nicht geradezu gegen die Weltordnung ist. Es kommt hier aber darauf an, auf welchem Wege die Aerzte die Rettung des Kindes mit Wahrscheinlichkeit hoffen durften, wir können es wiederholt nur billigen, wenn sie auf einen solchen (nachherigen) Vorschlag des Zangenanlegens bei einem gar nicht in das kleine Becken eingetretenen Kindeskopfe, des (zangenrechten) Herunterholens des Kindes aus der Gebärmutter, natürlich nach vorheriger „vorsichtiger Erweiterung“ des im Umfange eines Zolles erweiterten Muttermundes und demnächstiger Abwartung der Dinge, die da kommen sollen, nicht eingegangen sind. Doch es wäre nicht unmöglich, dass das Medicinal-Collegium in dieser Andeutung die Anlegung der Zange an das Caput subsequum nach vorheriger Wendung gemeint hätte.

Das Collegium will uns noch einmal der Inconsequenz überführen, indem es den von uns aufgestellten Grundsatz der Parität der Mutter wie des Kindes heranzieht und uns die Frage stellt, warum bei der Verrichtung des Accouchement forcé nicht jenes Princip durch eine möglichst gleiche Vertheilung der Gefahr für beide Theile befolgt werden solle? Dialektisch und in abstracto haben wir gegen dieses Nivellement nichts zu erinnern. Geburtshülflich und in concreto lag aber die Sache anders. Die Mutter war nach der moralischen und auch wohl begründeten Ueberzeugung der Aerzte so und so verloren, das Kind aber würde, wenn es überhaupt noch gelebt hätte, durch den Kaiserschnitt höchst wahrscheinlich gerettet sein, während es auf einen Durchzug durch das Becken und die angeschwollene Vagina eben so wahrscheinlich gestorben wäre. Der Kaiserschnitt, als solcher, enthält wohl selten grosse Gefahren für das Kind. Lebte es überhaupt noch, so ist dieser Weg für dasselbe noch bequemer, als der Weg, den es bei ganz normaler Geburt nicht ohne Aufenthalt zu durchwandern hat. Wir ziehen daher aus dem vom Collegium uns vorgehaltenen Paritätsgrundsatze wieder den entgegengesetzten Schluss, den das Collegium daraus zieht, und glauben, dass es gegen die Parität gewesen wäre, wenn das Kind, ohne die Mutter hierdurch retten zu können, der Mutter zu Gefallen, einen Weg hätte einschlagen müssen, der dasselbe mit grösster Wahrscheinlichkeit zum Tode führte. Es ist wahrlich eine schlechte Parität, wenn der eine von beiden Theilen auch dann geopfert werden soll, wenn es dem andern nichts nützen kann. — Wenn das Collegium unsere Behauptung, dass beim Kaiserschnitt ein günstiges Resultat wenigstens für ein Menschenleben möglich war, dadurch zu überbieten sucht, dass bei dem Accouchement forcé ein günstiges Resultat für zwei Menschenleben möglich gewesen wäre, so vindiciren wir dieselbe Möglichkeit auch dem Kaiserschnitt, aber natürlich doch nur unter der Voraussetzung, dass das eine von diesen beiden Menschenleben nicht schon rettungslos verloren ist. Man würde aber den Aerzten einen sonderbaren Zirkel zumuthen, wenn sie, indem sie zur Rettung des Kindes schritten, weil sie die Mutter aufgaben, diese Entbindung auf dem beschwerlichsten und für das Kind gefährlichsten Wege vornehmen sollten, um die Mutter zu retten!

Wenden wir uns nach der nochmaligen Erwägung des Indicationstheils nunmehr zum zweiten Mal zum operativen Verfahren selber, so fanden und finden wir den Hauptfehler des letztern „im Querschnitte". Das Collegium berichtigt uns dahin, „dass dieses wohl heissen solle: in dem, dem Längenschnitt noch beigegebenen queren, also im Kreuzschnitte". Dies kann man nehmen, wie man will; wir haben beide recht; der Unterschied besteht nur darin, dass wir bloss den schuldigen Theil bezeichnen, während das Collegium den unschuldigen mitfasst. Der Längenschnitt war in der Ordnung; wir fanden und finden es unrecht, dass nun obendrein noch ein „Querschnitt" gemacht ist, und das Collegium findet es unrecht, dass auf diese Weise ein „Kreuzschnitt" herauskommt. — Wenn das Collegium bei dieser Gelegenheit „ein früheres Unrecht eingesteht", so haben wir nur zu bedauern, dass dieses Eingeständniss sich lediglich auf die wörtliche Bezeichnung bezieht, während es bei seinem Ausspruche der absoluten Tödtlichkeit stehen bleibt, auch so lange dabei stehen bleiben will, bis ihm praktisch der Gegenbeweis geführt ist, d. h. wenn wir nicht abermals das Collegium missverstehen, bis an einer Frau unter gleichen Verhältnissen und auf ganz gleiche Weise der Kaiserschnitt gemacht wird, welche am Leben bleibt. Wir können dieses wirklich etwas auffallende Ansinnen an das Fatum nicht theilen, jedenfalls wollen wir dieses Duplikat nicht herbeiwünschen, würden es auch eventualiter nicht schaffen können. Die Gründe, weshalb wir den ganzen Fall auch ohne praktische Gegenprobe milder beurtheilen, haben wir in unserem Superarbitrium ausführlich angegeben, wir wollen sie nicht wiederholen, auch über solche Unwesentlichkeiten nicht streiten, ob ein oder zwei Blutextravasate in der Bauchhöhle gefunden, und ob dieselben, sowie das Blut im Bette, aus der Uteruswunde, oder aus spritzenden und, nach ihrer Zurückziehung, wieder hervorgekommenen, weil nicht torquirten, Arteriis epigastricis gekommen seien, wir wollen unser Urtheil über die Kürschnernath und Nachbehandlung nicht zum zweiten Mal abgeben, müssen es vielmehr lediglich der richterlichen Behörde überlassen, ob sie dem Ausspruche des Medicinal-Collegiums, welches das Verfahren für absolut tödtlich hält, oder unserem Ausspruche, die wir dasselbe in manchen Stücken, welche theils die Operation selbst, theils die Nachbehandlung treffen, nicht gebilligt haben, aber dessenungeachtet nicht absolut tödtlich finden konnten und können, Glauben schenken will. —

Das Ansinnen, resp. den Vorwurf des Collegiums: „für die Folge bemüht zu sein, nicht Conflicte dieser Art unnöthigerweise herbeizuführen und dadurch die beiderseitige Autorität und den Staatsdienst zu beeinträchtigen", müssen wir zurückweisen. — Wir haben unser Superarbitrium nicht unnöthigerweise obtrudirt, sondern auf Requisition der richterlichen Behörde erstattet und werden auch in Zukunft nach unserer Ueberzeugung gutachten, auch wenn diese, wie allerdings die Möglichkeit hierzu schon durch den Begriff und Zweck eines Superarbitriums gegeben ist, der Ansicht der Obducenten näher als jener der Mittelinstanz kommen oder von beiden abweichen sollte. Im vorliegenden Falle ist es uns besonders angenehm gewesen, dass unsere Ueberzeugung mit der (scharfen) Ansicht des Collegiums, die wir zu achten verstehen, nicht übereinstimmte, sowie dass wir durch die erneuerten Anstrengungen des Collegiums in unserer Ueberzeugung nicht erschüttert, sondern wo möglich noch bestärkt sind. Wenn wir auch nicht berufen sind, Defensionsschriften zu schreiben, so werden wir doch nie vergessen, dass die bequeme Kritik des Schreibtisches immer hinterher in einer andern Lage sich befindet, als derjenige, welcher in der oft verzweifelten Schule des Lebens harte Erfahrungen zu machen hat. Dieserhalb wird es uns immer lieb sein, wenn wir nicht nöthig haben, das technische „Schuldig" über (wir wiederholen dies Beiwort noch einmal) achtbare Medicinalpersonen auszusprechen. Wir werden es aber ohne Rücksicht auf den sonstigen Werth der Menschen immer aussprechen, wenn es sein muss, da auch wir nicht „von der Persönlichkeit irre geleitet", sondern vom Streben nach objectiver Wahrheit geleitet werden.

Berlin, den 30. Mai 1849.

Königl. wissenschaftliche Deputation für das Medicinalwesen.

(gez.) **Klug. Schmidt. W. Horn. Dr. v. Stosch. Casper. Dr. Jüngken.**

9. Erlass des Ministers an das Appellationsgericht zu Breslau.

An das Königliche Appellationsgericht zu Breslau.

Durch das Resolut in der Criminaluntersuchung wider den Dr. Fischer et Complicen vom 27. März d. J. hat das Appellationsgericht es für erforderlich gehalten, von der Remonstration des Königl. Medicinal-Collegii von Schlesien gegen das Superarbitrium der Königl. wissenschaftlichen Deputation für das Medicinalwesen hierselbst Kenntniss zu nehmen. Ich lasse dem Appellationsgericht hiernach anbei eine Abschrift dieser Remonstration vom 28. Februar d. J., sowie meines Erlasses an das Königl. Medicinal-Collegium vom 18. April d. J. in Bezug auf dieselbe zugehen.

Zugleich habe ich auf Veranlassung des Eingangs gedachten Resoluts die Aeusserung der Königl. wissenschaftlichen Deputation darüber erfordert, ob und in wiefern dieselbe durch die Remonstration des Königl. Medicinal-Collegiums zu Breslau sich bewogen finden könne, von ihrem Superarbitrium vom 10. Januar d. J. abzugehen, oder was dieselbe etwa zur Widerlegung dieser Remonstration anzuführen habe. Von dem hierauf eingegangenen Berichte der wissenschaftlichen Deputation vom 30. v. M. übersende ich dem Appellationsgericht eine beglaubigte Abschrift.

Berlin, den 23. Juni 1849.

Der Minister der geistlichen, Unterrichts- u. Medicinal-Angelegenheiten.

(gez.) **Ladenberg.**

---

10. Verfügung des Ministers an das Medicinal-Collegium.

An das Königl. Medicinal-Collegium von Schlesien zu Breslau.

Dem Medicinal-Collegium eröffne ich auf den Bericht vom 26. April d. J.,

die medicinisch-forensischen Gutachten in der Untersuchungssache wider den Kreisphysikus Hofrath Dr. Fischer und Genossen betreffend,

dass ich, der in dem Resolute des dortigen Appellationsgerichts vom 17. März d. J. ausgesprochenen Requisition um Mittheilung der von dem Medicinal-Collegium gegen das Superarbitrium der Königl. wissenschaftlichen Deputation für das Medicinalwesen bei mir unter dem 28. Februar d. J. eingereichten Remonstration gemäss, heute dem Gericht Abschrift des erwähnten Berichts übersendet habe. Zugleich habe ich aber die Königl. wissenschaftliche Deputation veranlasst, sich darüber zu äussern, ob und in wiefern dieselbe durch die Remonstration des Medicinal-Collegii sich bewogen finden könne, von ihrem Superarbitrium vom 10. Januar d. J. abzugehen, oder was dieselbe zur Widerlegung der Remonstration anzuführen habe. Den hierauf eingegangenen Bericht vom 30. v. M. theile ich dem Medicinal-Collegio anliegend abschriftlich mit; eine beglaubigte Abschrift desselben habe ich dem Königl. Appellationsgericht daselbst zugehen lassen.

Berlin, den 23. Juni 1849.

Der Minister der geistlichen, Unterrichts- u. Medicinal-Angelegenheiten.

(gez.) **Ladenberg.**

XIII.

Fall Friedrich.

Durch Vernachlässigung tödtliche Verletzung.

An sich ist dieser Fall ziemlich einfach. Der Tagelöhner F. Keller hatte durch einen Steinwurf eine Kopfverletzung erhalten, welche er vernachlässigte. Achtzehn Tage später wurde er in Folge derselben unter allen Zeichen des Gehirndrucks in das Hospital gebracht, wo er, trotz der zweckmässigsten Behandlung und nach der versuchsweise noch unternommenen Trepanation, drei Tage darauf, also 21 Tage nach der Verletzung, starb. In dem Obductionsbericht wurde, merkwürdig genug, als Todesursache nicht die Verletzung, sondern ein rheumatisches Fieber angegeben, und der Gerichtshof fand sich natürlich veranlasst, ein Superarbitrium des Medicinal-Collegiums zu erfordern. Auch dieses fiel indess nicht befriedigend aus, weshalb noch das Gutachten der wissenschaftlichen Deputation nöthig ward.

Es zeigt aber dieser Fall recht deutlich, wie zweckmässig die sogenannten Lethalitätsgrade des §. 169 für die Beurtheilung tödtlich gewordener Verletzungen in den concreten Fällen sein können, denn die Relation Caspers wäre hier gewiss dieselbe gewesen, auch wenn der §. 185 des Strafgesetzbuches vom 14. April 1851 damals schon maassgebend gewesen wäre.

Nach dem oben (S. 202) mitgetheilten neuen Regulativ für das Verfahren der preussischen Gerichtsärzte bei den medicinisch gerichtlichen Untersuchungen menschlicher Leichen ist allerdings auf den Antrag der wissenschaftlichen Deputation, unter Genehmigung des Ministers der geistlichen, Unterrichts- und Medicinal-Angelegenheiten und des Justizministers, die Beantwortung jener 3 Fragen von nun an aufgehoben; allein schon der Zusatz, dass diese Beantwortung stattzufinden habe, wenn sie seitens des

Richters von den Obducenten ausdrücklich gefordert worden, zeigt, dass sie unter Umständen nöthig werden kann und nur nicht mehr unter allen Umständen für die Obducenten obligatorisch ist.

Andrerseits darf aber auch nicht übersehen werden, dass statt dieser 3 Fragen, welche der §. 22 des neuen Regulativs aufhebt, der §. 7 des frühern Regulativs in dem gleichnamigen Paragraph des neuen folgenden Zusatz erhalten hat:

„Dieselben (die Obducenten) sind auch berechtigt, über andere als die hier bezeichneten Umstände des Todes des Verstorbenen, wenn und soweit dergleichen zur Zeit der Obduction bereits ermittelt sind, sich Aufschluss von der anwesenden Gerichtsdeputation zu erbitten.“

Hierzu giebt die wissenschaftliche Deputation nachfolgende

„Motive: Der Zusatz am Schluss: „Dieselben sind auch berechtigt u. s. w.“ erscheint dringend nothwendig, um gar keinen Zweifel darüber zu lassen, dass die veraltete Bestimmung des Ober-Collegium medicum vom 31. März 1791, wonach die Obducenten für ihr Gutachten ausschliesslich auf die Ergebnisse der Obduction hingewiesen waren, dem heutigen Stande der gerichtlichen Medicin und der peinlichen Gesetzgebung in keiner Weise mehr entspricht. Abgesehen davon, dass jene Bestimmung schon für ihre Zeit ganz unhaltbar war, indem diese Zeit z. B. ein Urtheil von den Obducenten über die s. g. accidentelle Lethalität einer tödtlich gewordenen Verletzung forderte, während die Obduction an sich hierüber meistens nicht den geringsten Aufschluss geben kann, so sind die Fälle auch ungemein häufig, in denen die Obduction an sich, auch noch so sorgsam ausgeführt, ein mehr negatives Ergebniss liefert, das die Obducenten, wenn sie sich lediglich an die Befunde in der Leiche zu halten haben, völlig im Dunkel lässt. Es bliebe und bleibt ihnen in allen diesen Fällen dann weiter Nichts übrig, als ein völlig schwankendes und unsicheres Urtheil abzugeben, dessen Kern am Ende nur ein: „Wir wissen es nicht“ ist, und womit der Sache niemals gedient sein kann. Hierzu kommt, dass bei dem gegenwärtigen Strafverfahren jene Einschränkung auf den blossen Obductionsbefund keinen Sinn mehr hat, da die Obducenten jetzt in der spätern Audienzverhandlung ja dennoch alle Einzelheiten des Falles entwickeln hören, event. aber dann in die Lage kommen, ihr früheres Gutachten ganz zu verwerfen, was selbstredend wieder der Sache nichts weniger als förderlich und so viel als möglich zu vermeiden ist. Im Uebrigen bemerken wir, dass eben aus diesen einleuchtenden Gründen das, was unser Zusatz beabsichtigt, in der Praxis ohnedies ausgeführt zu werden pflegt, so wie endlich, dass das Kaiserlich Oesterreichische Regulativ vom 28. Januar 1855 §. 29 S. 29 unsern Vorschlag bereits als ausdrückliche Vorschrift aufgenommen hat.“

Die unterzeichnete wissenschaftliche Deputation für das Medicinalwesen ermangelt nicht, in der Untersuchungssache wider den Dachdecker Friedrich das von dem Königl. Land- und Stadtgericht zu Münster unter dem 22. Juni d. J. desiderirte Superarbitrium unter Wiederbeifügung der communicirten 2 Vol. Acten im Nachstehenden zu erstatten.

Geschichtserzählung.

Es muss nach den Acten, wenngleich ein eigentlicher Augenzeuge des Actes der Verletzung nicht existirt, und der Angeschuldigte läugnet, als festgestellt angenommen werden, dass der Tagelöhner Friedrich Keller, der bis dahin gesund gewesen war, am Abend des 14. November zwischen 8 und 9 Uhr einen Steinwurf an den Kopf erhalten hat. Mehrere Zeugen sagen aus, dass er unmittelbar nach dem Wurfe blutend von der Strasse, wo das Handgemenge war, in das Zimmer gekommen sei und gesagt habe: „ich habe schon Einen weg!" Der Zeuge Beckmann hat ihn auch im Augenblicke niederstürzen gesehen. Die Wunde wurde von den Anwesenden ausgewaschen, und nachdem sie allmälig zu bluten aufgehört hatte, ging der Verletzte nach Hause, von dem übrigens gesagt wird, dass er an diesem Abend ganz nüchtern gewesen. Ueber sein Befinden in der nächsten Zeit nach der Verletzung constirt gar nichts Sicheres aus den Acten, da ein Arzt noch gar nicht consultirt worden. Die Wittwe Feldmann, die ihn in den ersten vierzehn Tagen öfter gesehen und nach seinem Befinden gefragt hatte, deponirt, dass er ihr gesagt: „die Kopfwunde sei schon längst wieder gut, auf solche Kleinigkeiten müsse man nicht achten." Dagegen aber sagt die verehelichte Pfingsten: „Das Benehmen meines Bruders in den auf die Verletzung folgenden Tagen war mir unerklärlich, so dass es mir schien, als wenn er nicht recht bei Sinnen war. Er sass häufig lange Zeit ganz still und sah mich starr an. Dann äusserte er oft gegen mich seine Besorgniss, dass ich ihn vergiften wolle, und wollte deshalb Nichts bei mir essen. Dann sah er wieder lange Zeit seine Kopfwunde im Spiegel an, ohne etwas zu sagen. Er klagte fortwährend über Kälte und verbreitete einen durchdringenden faulen Geruch, so dass es mir schwer wurde, mich bei ihm aufzuhalten." Wie erheblich indess sich später der Zustand des Keller verschlimmert haben muss, geht unzweifelhaft aus der Krankengeschichte hervor, welche der Medicinalrath Dr. Riefenstahl, Arzt am Clemens-Hospital zu Münster, wohin Keller am 2. December Abends, also 18 Tage nach erhaltener Verletzung, gebracht ward, zu den Acten eingereicht hat. Es fand sich hier auf dem Stirnbein unweit der Kranznath eine 1" lange eiternde Wunde. Der Kranke fieberte mit 130 Pulsschlägen, klagte über Zerschlagenheit, Durst, Hitze, antwortete langsam, aber verständlich. Trotz der angewandten Mittel, die die zweckmässigsten waren, verschlimmerte sich der Zustand so, dass schon am 4. December, wo nach der Krankheitsgeschichte alle Zeichen des Gehirndruckes: Delirien, Lähmung eines Augenlides, zuweilen bewusstlose Ausleerungen bei immer steigendem Fieber, eingetreten waren, die Trepanation für nothwendig erkannt und ausgeführt wurde, die indess den tödtlichen Ausgang nicht mehr abzuhalten vermochte, welcher um Mitternacht vom 5. zum 6. December, also genau 21 Tage nach der Verletzung, erfolgte.

Die vom Kreisphysikus Dr. Sentrup und Kreischirurgus Eskuchen am 7. ejusd. verrichtete gerichtliche Obduction ergab an, für die Beurtheilung wesentlichen, Resultaten Folgendes:

1) Mitten in der chirurgisch erweiterten Kopfwunde befand sich ein austrepanirtes rundes Knochenstück, das ein wenig angefressen (cariös) war.

2) Bei der Abnahme der Schädeldecke zeigte sich dieselbe mit der Dura mater fest verwachsen. Rings um die Trepanationsöffnung fand sich etwas röthlich-gelber Eiter.

3) Der Trepanationsöffnung entsprechend, fand sich auf der harten Hirnhaut eine runde, etwas eingefallene Stelle mit einer $1^1/_2$ Linie dicken Schicht braunröthlichen, dicken Eiters bedeckt. Einen Zoll breit ringsherum ist die Dura mater, mit gelbem Eiter

bedeckt und „angefressen". — Die ganze Oberfläche der harten Hirnhaut ist mit einem feinen, rothen Gefässnetze bedeckt.

4) Ueber dem linken Ohre, ein wenig nach hinten, fand sich ein einen Thaler grosses Blutextravasat.

5) Die Pia mater war sehr gefässreich und sah wie mit rother Masse injicirt aus.

6) An der, der Trepanationsstelle entsprechenden Stelle war ein starker Eindruck im Gehirn wahrnehmbar.

7) Beim Durchschneiden der Hirnsubstanz zeigten sich zahlreiche Blutpunkte.

Die übrigen Befunde im Gehirn, sowie die in den Höhlen der Brust und des Unterleibes können, als nicht erheblich, hier übergangen werden.

Unter dem 26. Januar c. reichten die genannten Obducenten ihren Obductionsbericht ein, für welchen ihnen die Acten zugänglich gemacht worden waren, so dass sie namentlich auch Einsicht in die genauere und ausführliche, oben erwähnte Krankheitsgeschichte, die Dr. Riefenstahl über den Zustand des Denatus seit seinem Aufenthalte im Clemens-Hospital eingereicht, gewonnen hatten. Um so unbegreiflicher ist es, wenn die Obducenten in ihrem Bericht, in welchem die mangelhafte äussere Form noch das am wenigsten Tadelnswerthe ist, sich bemühen, auseinanderzusetzen, dass der Tod des Keller — an einem rheumatischen Fieber erfolgt sei! Die Königl. Regierung zu Münster fand sich bei Durchsicht der Obductionsverhandlungen veranlasst, das Gericht auf die Mängel dieser gerichtsärztlichen Arbeit aufmerksam zu machen, und wurde demzufolge das dortige Königl. Medicinal-Collegium um ein zweites Gutachten requirirt, welches dasselbe unter dem 28. April d. J. erstattet hat. Das Collegium verwirft darin durchaus die Annahme der Obducenten und führt vielmehr aus, dass Verletzung und Tod hier in genauem Zusammenhange gestanden, letzterer aber durch versäumte ärztliche Hülfe erfolgt sei, so dass die dritte Frage des §. 169 der Criminalordnung bejaht werden müsse.

Gutachten.

Der vorliegende Fall ist ein so einfacher und alltäglicher, dass doppelt zu beklagen, dass derselbe lediglich durch die ganz unwissenschaftliche Behandlung in seiner ersten technischen Instanz bis jetzt in der richterlichen Entscheidung aufgehalten werden musste. Die Annahme der Obducenten von einem rheumatischen Fieber als Todesursache des Denatus ist so rein willkürlich und aus der Luft gegriffen, entbehrt so sehr alles und jedes wissenschaftlichen Haltes und ist in dem Gutachten des Medicinal-Collegii bereits so gründlich widerlegt worden, dass wir uns demselben nur vollständig anschliessen und uns jeder weitern Kritik enthalten können. Eben so zutreffend und wissenschaftlich basirt, hat aber auch das gedachte Collegium den Causalnexus zwischen der Verletzung und dem Tode des Keller nachgewiesen, und könnte die unterzeichnete wissenschaftliche Deputation ihre Aufgabe als gelöst betrachten, wenn sie, wie sie es thun muss, dem Collegial-Gutachten beiträte, da dasselbe bereits alle hier zu berücksichtigenden Momente gründlich erschöpft. Die Gefahr der Kopfverletzungen ist allgemein bekannt. Wie erheblich die in casu gewesen, geht schon daraus hervor, dass Keller gleich, als er sie erhielt, niederstürzte. Dass derselbe noch in derselben Nacht zu Fusse nach Hause gehen, ja einige Wochen lang noch auf den Beinen sein konnte, kann nicht als Grund gegen die Gefahr dieser Verletzung angeführt werden. Denn die Erfahrung lehrt, dass Kopfverletzungen dieser Art oft noch weit längere Zeit, als hier verflossen, bei scheinbarem Wohlbefinden bestehen und dennoch unabwendbar zum Tode führen, weil deren Folgen, allmälige Ansammlung von extravasirtem Blute, chronische Eiterung, immer mehr zunehmender Hirndruck u. s. w., erst langsam und allmälig entstehen. Dass übrigens Denatus keineswegs nach erhaltener Verletzung sich einer ungetrübten Gesundheit erfreute, vielmehr sehr erhebliche und gerade solche Krankheitssymptome zeigte, wie sie eine schleichende Gehirnaffection bekunden, beweist die Deposition seiner Schwester, die oben angeführt worden, und wonach er nach der Kopfverletzung still und gedankenlos, ja verworren wurde und einen fauligen Geruch verbreitete, zu dessen Erklärung die Obducenten die unhaltbarste Vermuthung aufstellen, während es ganz zweifellos ist, dass dieser Geruch von der bereits fauligen Wundsecretion in der Kopfwunde herrührte. Beim Mangel einer eigentlichen Krankheitsgeschichte vom Anfang bis zum Ende der Krankheit lässt sich freilich nicht nachweisen, dass und wie Keller sich eigentlich verschlimmert habe. Es ist dies indess auch gar nicht erheblich, da der Krankheitszustand am achtzehnten Tage nach der Verletzung, am Tage seiner Aufnahme in das Hospital, genau constatirt ist, wo dieser Zustand, nach der genauen Schilderung des Dr. Riefenstahl, bereits eine so gefahrdrohende Höhe, ja eine solche Hoffnungslosigkeit erreicht hatte, dass wohl noch die Trepanation, als mögliches letztes Rettungsmittel, versucht werden, man sich aber von derselben einen Erfolg mit einiger Sicherheit nicht mehr versprechen konnte. Wir sind weit davon entfernt, zu behaupten, dass diese Operation, wenn sie früher unternommen worden, einen sicher günstigen Erfolg gehabt haben würde, da sie überhaupt ein zweifelhaftes Heilverfahren ist. Allein darüber kann unter keinen Umständen ein Zweifel sein, dass diese Verletzung unter andern und günstigern Umständen möglicher — ja höchst wahrscheinlicher Weise nicht tödtlich geworden wäre, da sie eines Theils weder von so hoher Bedeutung war, dass sie zu den absolut tödtlichen Kopfverletzungen gerechnet werden musste, noch anderntheils in der Individualität des Keller irgend welche Momente nachgewiesen worden, die eine schlimmere Prognose gerade bei ihm hätten bedingen müssen. Statt aber, dass, eben um späteren bösen Folgen vorzubeugen, Verletzte dieser Art sobald als möglich sich einer geordneten, häuslichen und ärztlichen Pflege unterziehen und darin verbleiben müssen, bis alle Gefahr beseitigt, führte Keller sein gewöhnliches Leben ganz ungehindert fort, setzte sich also allen Schädlichkeiten aus, wie ja sogar die Acten ergeben, dass er später noch einmal von einer Treppe herabgefallen sei; und noch weit weniger unterzog er sich auch nur der geringsten ärztlichen Behandlung, die hier, kunstgemäss geleitet, wohl der schleichend auftretenden Gehirnentzündung, aus der sich später die Eiterung herausbildete, hätte vorbeugen, resp. dieselbe ganz beseitigen können. Wir haben den vorliegenden Fall einen einfachen und alltäglichen genannt, denn leider! lehrt die Erfahrung, dass unzählige Kopfverletzungen dieser Art bei Leuten, die nicht gewohnt sind, sehr auf sich zu achten und ohne ihnen dringend scheinende Veranlassung ärztliche Hülfe zu suchen, eben weil die Folgen der Verletzung so oft nicht unmittelbar darauf sehr erheblich hervortreten, erst nach Wochen, ja Monaten, und dann nicht selten plötzlich, den Tod herbeiführen. Wir würden hiernach nicht anstehen, die uns vorgelegte Frage mit zweifelsfreier Gewissheit zu beantworten, wenn nicht andrerseits die ärztliche Erfahrung über die Tücke aller Kopfverletzungen und darüber längst genügende Belehrung gegeben hätte, dass nicht selten auch anscheinend geringfügige Kopfverletzungen, selbst bei früher und wohlgeleiteter Pflege, dennoch langsam und allmälig den Tod nach sich ziehen. Hiernach glauben wir es hinlänglich motivirt zu haben, wenn wir schliesslich unser Gutachten dahin abgeben:

dass die dem Keller zugefügte Kopfverletzung mit höchster, an Gewissheit gränzender Wahrscheinlichkeit wegen verspäteter ärztlicher Hülfe den Tod desselben herbeigeführt habe, mithin die dritte Frage des §. 169 der Criminalordnung zu bejahen sei.

Berlin, den 15. November 1848.

Königl. wissenschaftliche Deputation für das Medicinalwesen.

(gez.) **Klug. Casper. Schmidt. Mitscherlich. Jüngken.**

XIV.

Fall Dünnebier.

Die Zurechnungsfähigkeit einer 15jährigen Brandstifterin.

Ernestine Dünnebier, am 23. Juli 1833 geboren, hatte am 3. Aug. 1848 also etwas über 15 Jahre alt, Feuer angelegt; und der Gerichtshof verlangte die Beantwortung der Frage, ob die Brandstifterin zur Zeit des Verbrechens zurechnungsfähig gewesen sei, oder nicht, und, wenn das letztere angenommen werden sollte, wodurch und wann die Geistesstörung entstanden sein könnte?

Das erste Gutachten der Sachverständigen erschien ungenügend, und auch das Superarbitrium des Medicinal-Collegiums befriedigte nicht, weil der Tenor desselben mit den Entscheidungsgründen nicht im Einklang zu sein schien. Die Sache gelangte daher an die wissenschaftliche Deputation, in welcher Ideler zum ersten, und Casper zum zweiten Referenten ernannt wurde.

Beide verwarfen die Annahme einer Pyromanie als Quelle der Unzurechnungsfähigkeit, und beide waren auch darin einig, dass eine eigentliche Geistesstörung nicht vorhanden gewesen sei. Während aber Casper sich hierdurch veranlasst fand, die Zurechnungsfähigkeit der Inculpatin schliesslich auszusprechen, begnügte sich Ideler hiermit nicht, fasste vielmehr den Fall in seiner psychologischen Gesammtheit auf, indem er die Zurechnungsfähigkeit im streng gesetzlichen Sinne annahm, dagegen aber die gesetzliche Gränze für das zurechnungsfähige Lebensalter hier weiter hinaus geschoben wissen wollte. Nach seiner Relation liegt hier ein Fall vor, wo die Gesammtentwicklung der körperlichen und geistigen Kräfte hinter der gewöhnlichen und von dem Gesetz festgestellten Lebensepoche zurückgeblieben, die Strafbarkeit also nach dem Gesetz vorhanden, durch die Schuld der Natur aber im Sinne des Gesetzgebers noch nicht eingetreten ist.

Arzt und Jurist müssen daher hier allerdings auseinandergehen; allein nicht der Arzt, sondern der Jurist hat, Recht zu sprechen; und darum wurde das Gutachten Caspers von der Deputation angenommen, und nur die Geschichtserzählung, welche Ideler als erster Referent seiner Relation vorausgeschickt hatte, beibehalten.

In ärztlicher Beziehung erscheint jedoch die Relation Idelers von grossem Interesse, weshalb sie dem Gutachten der Deputation nachstehend hinzugefügt ist. Dieses Interesse wird aber auch noch dadurch vergrössert, dass das neue Strafgesetzbuch vom 14. April 1851 im §. 42 bestimmt:

„Wenn ein Angeschuldigter noch nicht das 16. Lebensjahr vollendet hat, und festgestellt wird, dass er ohne Unterscheidungsvermögen gehandelt hat, so soll er freigesprochen, und in dem Urtheile bestimmt werden, ob er seiner Familie überwiesen oder in eine Besserungsanstalt gebracht werden soll."

Hiernach wird also das Lebensalter, bis zu welchem das Unterscheidungsvermögen, also die Zurechnungsfähigkeit, festgestellt werden soll, auf das zurückgelegte 16. Lebensjahr hinausgeschoben; und es würde sich nur fragen, wer diese Zurechnungsfähigkeit in den concreten Fällen festzustellen habe. Hierüber aber hatte die Criminalordnung §. 280 vorgeschrieben, dass der Richter mit Zuziehung des Physikus oder eines approbirten Arztes den Gemüthszustand des Angeschuldigten zu erforschen habe, wogegen der Artikel 81 des Gesetzes vom 3. Mai 1852 bestimmt: „Zu den Thatsachen, welche durch den Ausspruch der Geschworenen festzustellen, gehört insbesondre auch die Zurechnungsfähigkeit." Von einer Mitwirkung des Physikus oder eines Arztes überhaupt ist also gesetzlich nicht mehr die Rede; doch wird wohl in der Praxis die Zuziehung eines Sachverständigen niemals unterlassen werden, wenn über die Zurechnungsfähigkeit eines Angeschuldigten ein Zweifel obwaltet.

Der Herr Minister der geistlichen, Unterrichts- und Medicinal-Angelegenheiten hat nach dem Gesuch des Königl. Kreisgerichts 1. Abtheilung zu Lüben in der Untersuchungssache wider die Ernestine Dünnebier wegen Brandstiftung mit Zufertigung von 1 Volumen Untersuchungsacten uns aufgegeben, ein Gutachten darüber zu erstatten:

Ob nach der von den Sachverständigen Dr. Müller und Dr. Krause gelieferten Beschreibung des Körperzustandes der Angeschuldigten und nach dem Benehmen der Angeschuldigten vor, bei und nach der That anzunehmen sei, dass die Ernestine Juliane Dünnebier zur Zeit der am 3. August 1848 im herrschaftlichen Gesindehause zu Braunau ge ständlich verübten beiden Brandstiftungen zurechnungsfähig gewesen sei, oder nicht? und wenn das Letztere angenommen werden sollte: wodurch und wann die Geistesstörung entstanden sein könne?

Wir genügen hiermit dem erhaltenen Befehle unter Vorausschickung einer aus den anbei zurückerfolgenden Acten gezogenen

Geschichtserzählung.

Ernestine Juliane Dünnebier, die eheliche Tochter des Inwohners und Brettschneiders Johann Gottfried Dünnebier zu Würtsch, ist daselbst am 23. Juli 1833 geboren. Nach dem Zeugnisse des Lehrers Stiller zu Kaltwasser hat sie die dortige Schule vom April 1839 bis zum März 1847 besucht, dabei äusserst beschränkte Geistesfähigkeiten und einen unerheblichen Fleiss gezeigt, jedoch hinsichtlich ihrer sittlichen Führung nie Veranlassung zur Klage gegeben. Sie schien sich ihrer Schwäche bewusst zu sein, ging still und friedlich unter ihren Mitschülern und Mitschülerinnen und verrieth niemals einen besondern Hang zu Zank und Rachsucht. Diesem Urtheil stimmt der Superintendent Klein zu Kaltwasser in jeder Beziehung bei und bemerkt, dass die Dünnebier während des zwei Winterhalbjahre dauernden Confirmandenunterrichts stets eine grosse Gutmüthigkeit, aber auch eine eben so grosse Verstandesschwäche gezeigt habe. Nach erfolgter Einsegnung hat sie sich im Dienste als Hütermädchen zu Kaltwasser und wiederholt bis zur Zeit ihrer Verhaftung theils bei ihren Eltern, theils in Braunau bei dem Pferdeknecht Peschel im Dienste befunden.

Ueber ihre sittliche Führung während dieser Zeit liegen nur die Zeugenaussagen des Peschel und seiner Ehefrau in den Acten vor. Die zuletzt genannte Zeugin sagt über die Inculpatin im Wesentlichen Folgendes aus: „Während der beinahe sechsmonatlichen Dienstzeit im Jahre 1847 hat die Dünnebier bei mir gefolgt, sich stets willig, ordentlich und arbeitsam betragen, so dass ich mit ihr vollkommen zufrieden war und sie dieserhalb im Frühjahr 1848 wieder miethete. Auch jetzt führte sich die Dünnebier gut bis zur diesjährigen Kirschzeit, wo sie der Johanne Brendel $2^1/_2$ Silbergroschen entwendete und dies Geld theils in Kirschen verass und für den Ueberrest sich Haarnadeln und ein Nadelbüchschen kaufte.“ Die verehel. Peschel bezeugt ferner, dass sie diesen Diebstahl bald erfahren, Haarnadeln und Nadelbüchse an sich genommen und in einen Kasten verschlossen, später die Entwendung derselben durch die Inculpatin bemerkt und dieser dafür ein Paar Ohrfeigen mit dem Hinzufügen gegeben habe, sie werde noch in's Zuchthaus kommen, wenn sie sich nicht bessere. Ausserdem will sie ihr keinen Schlag gegeben und sie gut behandelt haben. Dennoch sei das Betragen der Inculpatin in der letzten Zeit immer tadelnswerth gewesen, da sie die ihr aufgetragenen Geschäfte nicht verrichtete, vielmehr anderen Leuten Schaden zufügte. Sie sei in die Kammer des Pferdeknechts Töppig und des Viehmannes Goebel gegangen, habe aus den Schränken Lebensmittel entwendet und verzehrt, die Schlüssel der Kammern verdorben. Die Zeugin schalt dafür die Inculpatin mehrmals aus, denn letztere wiederholte schon am nächsten Tage ihre ärgerliche Aufführung und vernachlässigte ihren Dienst. Endlich ist die Zeugin der Meinung, dass die Inculpatin die Brandstiftung mehr aus Leichtsinn als aus Bosheit verübt habe. Aus der gerichtlichen Deposition des Pferdeknechtes Peschel heben wir nur hervor, dass demselben die Inculpatin wenig Ehrgefühl zu besitzen schien, da sie sich aus den Raisonnements seiner Frau nicht viel machte, sie vielmehr spurlos an sich vorübergehen liess;

jedoch hielt er sie nicht für boshaft, sondern für dumm und leichtsinnig. Er bemerkt noch, dass sie ausser der Beaufsichtigung seines Kindes Nichts zu thun gehabt habe.

Am 3. August 1848 hat die Dünnebier zweimal an einem und demselben Tage im Gesindehause des Gehöftes zu Braunau eine Brandstiftung an zwei verschiedenen Stellen versucht, worüber theils ihre eigenen Aussagen bei den einzelnen Verhören, theils die gerichtlichen Depositionen mehrerer Zeugen folgende Aufschlüsse geben. Aus ihrem am 5. August 1848 angestellten Verhör ist ihre Aeusserung bemerkenswerth, dass sie sich das Unglück sehr zu Herzen nehme und sich unendlich fürchte; sie wisse nicht, warum sie es gethan habe, weil sie Niemand hasse; sie sei im Mutterleibe zu Schanden geschlagen und müsse es in der Irre gethan haben. In einem Nachtrage erklärte sie noch, es habe sie geärgert, dass das erste Feuer nicht habe brennen können, und sie habe demnach das zweite in einer andern Kammer angelegt, nachdem die Leute sich entfernt hätten. — In der zu Lüben am 5. August 1848 angestellten vorläufigen Untersuchung bekannte sie, dass die That freiwillig von ihr begangen sei; warum sie es gethan, wisse sie nicht, es müsse in der Dummheit geschehen sein, sie habe nicht gedacht, dass ein Feuer daraus werden würde. Bald nachher sei sie aus dem Hause gelaufen, voll Angst, dass Feuer daraus entstehen, und sie Strafe erhalten könnte. Wenn sie dessen ungeachtet zum zweitenmale Feuer angelegt habe, so müsse sie angeben, dass sie einmal ein ordentliches Feuer habe sehen wollen; dass ein grosses Unglück daraus entstehen könne, habe sie sich nicht überlegt. Sie bereue indess von ganzem Herzen ihren Fehler und versichere hoch und theuer, sich nie wieder so etwas zu Schulden kommen lassen zu wollen. Nachdem sie das erste Mal das Feuer angelegt, sei sie aus Angst zu der Gesindeköchin Peukert gelaufen und habe zu ihr gesagt, sie möchte einmal auf den Boden gehen, es rauche so sehr.

Bei dem am 8. August zu Lüben angestellten articulirten Verhör behauptete sie, dass sie sich an der Peschel nicht habe rächen wollen, obgleich sie etwa 8 Tage vorher von derselben ein Paar Ohrfeigen erhalten, so dass sie fast besinnungslos geworden, und obgleich dieselbe fast alle Tage geschimpft habe. Nachdem die Inculpatin eine deutliche und vollständige Schilderung ihrer beiden Brandstiftungsversuche und anderweitiger Ereignisse zu derselben Zeit gegeben hatte, bekannte sie unumwunden, sie habe gewusst, dass sie Unrecht thue, sie wolle aufrichtig gestehen, dass sie das Feuer nur deshalb angelegt habe, um von der Peschel weg und zu der Mutter zurückzukommen, da die Peschel sie sehr schlecht behandelte und sie wahrscheinlich nicht hätte weggehen lassen. Zugleich bekannte sie, in einem früheren Verhör nur deshalb Dummheit vorgeschützt zu haben, weil der Amtmann ihr gesagt habe, sie solle hier nur so aussagen, wie bei ihm. Sie habe zum zweitenmale Feuer angelegt, weil es ordentlich brennen sollte, das erstemal habe es ihr nur leid gethan, dass es nicht stärker brenne, aber nachdem sie das zweitemal angezündet, habe sie eine sehr grosse Angst gehabt. Ehe sie das Feuer angelegt, habe sie den lieben Gott recht gebeten, dass er es ihr verzeihen solle. Sie habe zwar gewusst, dass sie eine Sünde thue, aber nicht geglaubt, dass es so arg sein würde. Sie sei ganz gesund gewesen, nur nach den von der Peschel erhaltenen Ohrfeigen sei sie ganz dämlich geworden. Weiterhin gab sie auf Befragen an, manchmal klopfe ihr das Herz so stark, dass sie ganz schwindlich um den Kopf, und ihr übel werde, und wenn sie sich bücke, so knorpele es ihr im Kreuze.

In dem zu Liegnitz am 7. September 1848 angestellten Verhör erklärte die Inculpatin wiederholt, sie habe das Feuer deshalb angelegt, um aus dem Dienste zu kommen, ihre Dienstfrau habe sie sehr schlecht behandelt, und sie sei deshalb schon öfter von derselben weg und zu ihrer Mutter gegangen; sie habe nicht gedacht, dass ein wirkliches Feuer herauskommen würde, vielmehr geglaubt, bei dem Streichen der Hölzer ertappt zu werden, entgegengesetzten Falls habe sie es selbst sagen wollen, um wegzukommen; ganz klar seien ihre Gedanken nicht dabei gewesen. — Das Protokoll über das Schlussverhör in Liegnitz vom 19. October 1848 erhält keine erheblich neue Thatsachen; es wird darin bemerkt, dass die Inculpatin über den Begriff des von ihr begangenen Vergehens, dessen Strafbarkeit und mögliche Folgen offenbar nicht vollsändig im Klaren sei. Sie selbst entschuldigte ihre That mit Dummheit, behauptete, ihre Wirthin habe sie stets auf den Kopf geschlagen, so dass sie ganz dämlich geworden, dass sie zweimal in jedem Monate duselig um den Kopf sei und sehr viel an Kopfschmerzen leide. Inwiefern die letzten Angaben sich nur auf die Zeit ihrer Verhaftung, oder auch noch auf eine frühere beziehen, geht hieraus nicht deutlich hervor. Dennoch bekannte sie, dass sie das zweite Feuer angelegt habe, um von ihrer Wirthin wegzukommen. Endlich führte sie noch an, dass sie ihr Unrecht erst später bei wiedergekehrter Besinnung eingesehen, und dass dieser Gedanke so auf sie gewirkt habe, dass sie mehrmals vor Bestürzung auf die Erde gefallen sei und ein aufrichtiges Bekenntniss gegen den Inspector, welcher ihre Bestürzung schon gemerkt, abgelegt habe.

Am 9. Juni 1849 wurde in einem zu Lüben abgehaltenen Termine von dem K. G.-Assessor Schneider und dem Kreisphysikus Dr. Krause mit der Inculpatin ein Gespräch angeknüpft. Ersterer legte ihr eine Reihe von Fragen über verschiedenartige Gegenstände vor, welche sie im Ganzen passend beantwortete, zum Theil aber unbeantwortet liess. Gegen den Dr. Krause beklagte sie sich besonders darüber, dass ihre Wirthin ihr die Gesichtsgestalt vorgeworfen habe, dass sie von derselben wegen Schläge, schlechter Behandlung und wegen verbrannter Sachen, für welche dieselbe ihr indess Ersatz geleistet, weggelaufen sei. Drei Wochen vor der Brandstiftung sei sie von der Peschel mit einem Stiefel auf den Kopf geschlagen worden und seitdem duselig gewesen. Ungefähr zwei Stunden vor der ersten Brandstiftung habe sie zuerst den Gedanken gefasst, Feuer anzulegen, sie sei beim Wasserholen duselig geworden, und nachdem sie Kartoffeln zum Kochen angesetzt, sei sie auf den Boden gegangen, in der Absicht, Feuer anzulegen. Ihre übrigen Antworten fielen verständig aus, und namentlich erkannte sie es an, dass sie Böses gethan habe, und dass die Strafe zur Besserung dienen solle.

Die unverehel. Peukert bestätigt in dem Verhör vom 9. August 1848, dass die Inculpatin nach der ersten Brandstiftung zu ihr mit dem Rufe gekommen sei: „Ach Gott, Köchin, komm einmal raus, oben brennts ja." Als die Zeugin nach Ersteigen der ersten Treppe weder Rauch, noch Feuer bemerkte, meinte die Inculpatin: „Hier nicht, sondern auf dem obersten Boden." Die Zeugin bekundet ferner, dass ihr das Benehmen der Inculpatin nach dem Brande auffiel, da dieselbe sehr aufgeregt war, öfter die Farbe wechselte, wenn die Rede auf den Brand kam, und fragte: „auf wen die Leute wohl denken möchten, da sie von ihnen immer so angesehen würde." Die Zeugin hatte nie bemerkt, dass die Inculpatin von ihrer Dienstherrschaft oder von sonst Jemandem beleidigt oder gemisshandelt worden wäre.

Die unverehel. Kraft deponirte in demselben Termin, die Inculpatin sei am Tage nach dem Brande zu ihr gekommen und habe ihr gesagt, dass sie soeben einen Mann in weissem Rocke und brauner Sammtmütze hinter der Scheune weg in die Kartoffeln habe laufen gesehen; dieser Mensch sei der ehemalige Gerichtsschreiber Oldekop gewesen, und es habe dieser wahrscheinlich die alte Scheune in Brand stecken wollen, dann wäre das Unglück noch grösser, wie vorn, wenn er hier anzünden wolle. Die Inculpatin war dabei verstört, ganz bleich im Gesichte und aufgeregt, weshalb Zeugin einen Verdacht auf sie warf.

Der Kreisphysikus und Sanitätsrath Dr. Müller gab, auf längere Beobachtung gestützt, in seinem Gutachten vom 6. October 1848 folgende Erklärung über die Inculpatin ab. Dieselbe ist von kleiner Statur und schwacher Constitution, sie zeigt ein ungewöhnlich verspätetes Wachsthum und eine hinter ihrem Alter zurückgebliebene Körperbildung. Sie ist noch nicht menstruirt. Als Zeichen kritischer Naturbestrebungen zur Hervorbringung der Menstruation werden angeführt: Störungen im Blutlaufe, sich kund gebend durch Blutandrang nach dem Kopfe, Kopfschmerz, Schwindel und betäubter Zustand, ferner Blutanhäufung in der Brust mit Beklemmung, beängstigendem Herzklopfen, endlich Müdigkeit, Schwäche und Trägheit in den Gliedern, schmerzhafte Empfindungen in denselben und namentlich im Kreuze. Diese Zufälle seien während der 4 Wochen, die die Inculpatin im Criminalgefängniss detinirt gewesen, sich fast gleich geblieben. Aus diesen körperlichen Krankheitszufällen leitet der Dr. Müller eine Veränderung in der Gemüthsart und Handlungsweise der Inculpatin zur Zeit der Brandstiftung ab, welche sich besonders als Heimweh zu erkennen gegeben habe und in dem gestörten Denkvermögen derselben zu der fixen Idee geworden sei, dass sie, wenn die Wohnung ihrer Dienstherrschaft verbrenne, ungehindert zu ihren Eltern zuückkehren könne. Die wiederholten Brandstiftungsversuche, als kolossales Mittel zu einem untergeordneten Zweck, sei die Folge davon gewesen. Hiermit bringt der Dr. Müller den angeblich erfahrungsgemässen Begriff der Pyromanie, welche die Wirkung einer unordentlichen (gestörten) Pubertäts-Entwickelung sei, in Verbindung, und da die Erscheinungen dieser Störung sich bei der Inculpatin zur Zeit der Brandstiftung nachweisen liessen, so zieht er daraus den Schluss, dass die Inculpatin die Brandstiftung während eines Anfalles von Pyromanie, also in einem unfreien Seelenzustande vollbracht habe, und dass sie demnach nicht als zurechnungsfähig zu erachten sei.

Der Kreisphysikus Dr. Krause, welcher seine Erklärung über die Inculpatin am 8. Juni 1849 abgab, hebt in der Schilderung ihres körperlichen Zustandes weniger grelle Züge hervor. Hierbei darf indess nicht ausser Acht gelassen werden, dass seine Beobachtung in eine Zeit von fast 10 Monaten nach der Brandstiftung fällt. Doch verdient bemerkt zu werden, dass er den Zustand der Genitalien und Brüste als einen noch ganz kindlichen bezeichnet, woraus zu folgen scheint, dass die Inculpatin auch damals noch nicht menstruirt war. In seinem unter dem 12. Juli 1849 ausgestellten Gutachten bekennt der Dr. Krause sich im Wesentlichen zu der Ansicht des Dr. Müller, dass die durch eine gehemmte Pubertäts-Entwickelung hervorgerufenen Anomalieen des Nerven- und Blutsystems auch die Seele in einen krankhaften Zustand versetzen. Unter den von der Inculpatin angegebenen Motiven ihrer That legt er das meiste Gewicht auf ihr Verlangen, von der Dienstherrschaft wegzukommen, und er erklärt den daraus entsprungenen Antrieb zur Brandstiftung für eine fixe Idee, welche sie selbst zu der zweiten Brandstiftung bestimmt habe, nachdem die erste misslungen sei. Zwar habe sie, wie er im Einzelnen nachweist, mit Vorsicht und Ueberlegung gehandelt und in den einzelnen Verhören niemals Spuren geistiger Störung zu erkennen gegeben; indess daraus folge noch nicht, dass sie zur Zeit der That geistig frei und zurechnungsfähig gewesen sei. Denn es stehe erfahrungsgemäss fest, dass es einen Zustand geistiger Unfreiheit in Bezug auf nur einen Gegenstand gebe, während über alle übrigen Verhältnisse eine ganz gesunde Ideenverbindung vorhanden sei. Eine solche, aus gehemmter Pubertätsentwickelung entsprungene fixe Idee habe die Inculpatin zur Zeit der Brandstiftung dergestalt beherrscht, dass sie die Freiheit der Selbstbestimmung aufhob.

Die erste Abtheilung des Königl. Kreisgerichts zu Lüben erklärte in seinem Resolute vom 4. Dezember 1849 die Gründe beider Gutachten nicht für überzeugend, denn es mangle im vorliegenden Falle an dem Nachweise, dass die psychischen Functionen der Inculpatin zur Zeit der That gestört gewesen seien. Sie habe die That mit Ueberlegung ausgeführt, sie habe nach der That den Verdacht von sich und auf einen früheren Gerichtsschreiber Oldekop zu lenken gesucht. Dass die Angeschuldigte, um ihren anscheinenden Zweck (von den Peschelschen Eheleuten wegzukommen) zu erreichen, ein zu demselben nicht im Verhältniss stehendes Mittel gewählt habe, könne nicht auffallen, da dies bei Verbrechern überhaupt und bei Brandstiftungen jugendlicher Personen insbesondere nichts Seltenes sei. Das ganze Benehmen der Angeschuldigten während der Untersuchung, und insonderheit die Antworten derselben auf sehr viele, Ueberlegung erheischende Fragen rechtfertigen den Schluss nicht, dass ihre geistigen Functionen gestört seien, oder je gestört gewesen. Namentlich sei es bemerkenswerth, dass die Angeschuldigte bis in die kleinsten Einzelnheiten angegeben, was sie kurz vor und bald nach der That gedacht und gethan, und wie sie die That verübt, und dass ihre Angaben durch die Aussagen der vernommenen Zeugen bestätigt worden seien. — Die Acten wurden demnach nebst dem Gesuch um Erstattung eines Superarbitrii an das Königliche Medicinal-Collegium in Breslau gesandt.

Gedachtes Medicinal-Collegium macht in seinem unter dem 2. Januar 1850 ausgestellten Gutachten zuvörderst darauf aufmerksam, dass sich die Beobachtung über das Kranksein der Inculpatin aus der Zeit ihrer Detention herschriebe, und dass ein Theil der Krankheitserscheinungen auf Rechnung der völlig veränderten Lebensweise in der Detention, auf die Gemüthsbewegung u. s. w. gebracht werden müsse. Dennoch erkennt das Medicinal-Collegium es an, dass die Inculpatin in Folge der gehemmten Geschlechtsentwickelung an körperlichen Beschwerden in der Blut- und Nervensphäre leide, dass dieses Kranksein ein tiefbegründetes sei und sich nicht aus den letzten Wochen vor der That, sondern von längerer Zeit herschreibe, dass die Angeschuldigte ihrer körperlichen Entwickelung nach noch in den Gränzen der Kindheit sich befinde, dass das geistige Vermögen der Inculpatin eben so unentwickelt, oder doch in niederem Verhältniss entwickelt sei, und dass der somatische Krankheitszustand und die in diesen gesetzte Beschränkung der geistigen Thätigkeit nicht ohne Einfluss auf die That geblieben sei. Es verwirft ferner die oben bezeichneten Annahmen der Doctoren Müller und Krause und giebt sein Gutachten dahin ab, dass die Inculpatin zwar nicht zur Zeit der That unzurechnungsfähig in dem von jenen beiden Aerzten bezeichneten Sinne gewesen, aber zu denjenigen jugendlichen Verbrechern gehöre, welche bei körperlicher Kränklichkeit in der Zeit der Pubertätsentwickelung gleichzeitig an einer geistigen Beschränktheit litten, welche theils in somatischen Störungen, theils in Beschränkung ihres geistigen Vermögens begründet sei; dass die Provocatin im strengen Sinne des Landrechts nicht an Blödsinn, wohl aber an einer dieser nahe verwandten Geistesschwäche leide, und daher anzunehmen sei, dass sie nur beschränkt zurechnungsfähig gewesen.

Das Königliche Kreisgericht in Lüben erklärt in seinem Resolute vom 5. Februar 1850 auch die in diesem Gutachten aufgestellten Gründe nicht für überzeugend. Das Medicinal-Collegium habe ausser Acht gelassen, dass es nach Lage der Acten nicht unwahrscheinlich sei, dass die späteren Angaben der Inculpatin die Folge vielfacher an dieselbe gerichteter Fragen und ein Product der dadurch hervorgerufenen Ueberlegung, auch, bei der naturgemäss fortschreitenden

Entwickelung der Angeschuldigten, ihrer geringen Wahrheitsliebe und dem verschiedenen Verfahren der Inquirenten, sehr erklärlich seien. Das Medicinal-Collegium wolle, obwohl die Inculpatin zur Zeit der That schon 15 Jahr alt war, im vorliegenden Falle mit Rücksicht auf die körperliche und geistige Entwickelung derselben einmal nur den Maassstab des kindlichen Alters angelegt, und dann das begangene Verbrechen als innerhalb dieses Zeitraums beurtheilt, und angenommen wissen, dass nach Analogie des §. 27 und 28 Theil I Titel 1 des Landrechts ein von einem Kinde begangenes Verbrechen vorliege. Gehe man aber auf die allegirten Bestimmungen zurück, und bringe man mit denselben die §§. 16 und 17 Theil II Titel 20 des Landrechts in Verbindung, so würde man dahin gelangen, dass die Inculpatin zur Zeit der That nicht zurechnungsfähig gewesen sei. Zu diesem Schlusse gelange indess das Medicinal-Collegium nicht. Es nehme nur eine beschränkte Zurechnungsfähigkeit an, die das Landrecht nicht kenne, wenn es sich darum handle, ob ein Verbrechen vorliege, und eine Strafe anzuwenden sei.

Gutachten.

Der Fall dieser Frage schliesst sich an eine grosse Reihe ganz ähnlicher, in der Erfahrung vorliegender Fälle an und gestattet eine sichere psychologische Würdigung, welche die meisten dieser Fälle ohne Zweifel gefunden haben würden, wenn nicht die einzelnen resp. gerichtlichen Aerzte durch eine, von der frühern Wissenschaft aufgestellte Theorie befangen gewesen wären, welche die neuere gerichtliche Arzneiwissenschaft mit Recht als unhaltbar zurückgewiesen hat. Man hat die zahlreichen Fälle, in welchen kindliche und jugendliche Individuen ohne ein sehr in die Augen springendes Motiv Feuer anlegten, mit den Evolutionen und Revolutionen, welche der Process der geschlechtlichen Entwickelung in Körper und Seele des Menschen hervorruft, in Verbindung gesetzt und darauf die Hypothese begründet, dass es einen eigenthümlichen, dunkel-räthselhaften, specifischen Brandstiftungstrieb gäbe, der diesem Lebensalter des Menschen eigenthümlich. Wenn es indess nicht die Aufgabe dieses Gutachtens sein kann, diese wissenschaftliche Hypothese ihrem ganzen Umfange nach zu beleuchten und zu widerlegen, sie ihres blendenden Glanzes zu entkleiden und die durch sie erklärten, anscheinend so räthselhaften Fälle auf ihre nackte Einfachheit zurückzuführen, so wird es vielmehr genügen, hier nur erfahrungsgemäss zu bemerken, dass selbst die wesentlichsten Hemmungen im Pubertäts-Entwicklungsprocess täglich hundertfältig ohne alle erhebliche Rückwirkung auf das psychische Leben beobachtet werden, am wenigsten auf eine begleitende Sucht, Feuer anzulegen, dass ferner unter den sog. jugendlichen Pyromanen zahlreiche Knaben und Jünglinge beobachtet werden, folglich Alles, was über die Verbindung dieser vorausgesetzten Pyromanie mit dem Menstruationsprocess gesagt worden, vollends in Nichts zerfällt, dass endlich kaum ein einziger Fall eines sogenannten Pyromanen aus einer Stadt, höchst zahlreiche dagegen vom platten Lande bekannt geworden, wodurch allein schon der Beweis hergestellt, dass hier ein anderer und tieferer Causalnexus obwaltet, als der oberflächliche und so zu sagen sinnlich wahrnehmbare, an welchem man sich bis in die neueste Zeit halten zu können und zu müssen geglaubt hat. Man ist hierbei in den grossen Irrthum verfallen, sich auf seinem, des Beurtheilers, Standpunkt zu halten und von diesem aus den Thäter und seine That zu beleuchten, statt sich auf den Standpunkt des Thäters zu stellen. Die ursprünglichen Schriftsteller, welche die Hypothese vom Brandstiftungstrieb in die Wissenschaft eingeführt, haben neben diesem Irrthume noch den begangen, dass sie übersahen, die Criminalstatistik zu befragen, welche ihnen sogleich das Unhaltbare und strafrechtlich höchst Bedenkliche ihrer Annahme gezeigt haben würde. Denn die Criminalstatistik, wie jedem Sachkenner bekannt, zeigt, dass unter allen Verbrechen, welche von jugendlichen Verbrechern, und gerade von Menschen in den Entwickelungsjahren verübt werden, das Verbrechen der Brandstiftung mit das allerseltenste ist, während allerdings alle Verbrechen dieser Individuen Ein gemeinschaftliches Kriterium haben, das nämlich: dass es sämmtlich solche Verbrechen sind, die jenen geringen Aufwand von körperlicher und geistiger Kraft erfordern, der diesem Lebensalter noch eigenthümlich ist, vom Vagabondiren und Betteln, vom kleinen Diebstahl, namentlich Hausdiebstahl, an bis zu jenem Verbrechen hinauf, das wir hier zur Beurtheilung vorliegen haben, und zu dessen Ausführung es nur eines unbeobachteten Ganges in eine Scheune, auf einen Boden u. s. w. und einer glühenden Kohle oder eines Streichzündhölzchens bedarf. Dies führt uns von selbst auf die Inculpatin, die gerade so bei ihrer That verfuhr. Dass auch sie ein Individuum von sehr geringer körperlicher, wie geistiger Kraft und Ausbildung, ist in der Geschichtserzählung oben actenmässig nachgewiesen, namentlich festgestellt, dass sie körperlich selbst hinter ihrem frühen Alter von funfzehn Jahren (zur Zeit der That) noch zurückgeblieben, wie denn auch ihre geistige Beschränktheit, d. h. ihr dieser körperlich-kindlichen Verfassung, wie immer, so auch bei ihr, adäquater kindlicher oder kindischer Geisteszustand, nach den obigen Zeugnissen keinem Zweifel unterliegt. Wir wollen in dieser Beziehung nur daran erinnern, dass sie kurze Zeit vor der That im Hause $2^1/_2$ Silbergr. entwendet, um sie zu vernaschen und sich kleine Gegenstände für ihre Toilette zu kaufen; dass sie gleich nach der That sich verräth durch ihr Wesen, ihre Aengstlichkeit, ihren Farbenwechsel, ihre Frage: auf wen die Leute wohl denken würden? dass sie, wie ein Kind, versichert: „sie wolle es nie wieder thun" u. s. w. Dass ein solches Subject, wenn es einmal durch innere oder äussere Gründe zu einer gesetzwidrigen That getrieben wird, nicht etwa zum Brecheisen, zum Knüppel, zum Feuergewehr, zum Dolch, sondern — zum Streichzündhölzchen greift, ist psychologisch eben so einfach, als es gesucht und verwerflich erscheinen muss, hierbei die grössere oder geringere Anschwellung der Blutadern der Gebärmutter als Erklärung heranzuziehen.

Allein dass jene sog. jugendlichen Pyromanen angeblich ohne alle innere oder äussere Gründe Feuer anlegten, dies war ein ferneres Motiv zur Begründung der Annahme eines Brandstiftungstriebes. Hier aber müssen wir auf den oben bereits angedeuteten Irrthum zurückkommen, dass man übersah, sich auf den Standpunkt des Thäters zu stellen. Ist dieser, wie Inculpatin, körperlich wie geistig fast noch Kind, so werden, wie seine Handlungen, so auch deren Motive kindlich-kindische sein, mit jener Modification, die im einzelnen Falle noch die individuelle Charakterstimmung giebt. Was in dieser Beziehung in Betreff der Angeschuldigten feststeht, ist nicht günstig für dieselbe. Dass ihr Dienst ihr lästig gewesen, ist thatsächlich erwiesen, wie es gleichfalls feststeht, dass sie, namentlich in der letzten Zeit, mit ihrer Dienstfrau in schlechtem Vernehmen stand, ja kurze Zeit vor der That von derselben eine Ohrfeige hatte hinnehmen müssen. So sehen wir nur eine Kette naturgemässer Empfindungen und Gedanken, überall aber so wenig als im ganzen Verlaufe der Untersuchung eine Aeusserung geistiger Störung, wenn sie in dem Bestreben, diesen widerwärtigen Dienst los zu werden und nach ihrer Weise für die ihr widerfahrene Beleidigung Genugthuung zu nehmen, es gerade so macht, wie es so viele Andere vor ihr unter ganz denselben Verhältnissen durchaus eben so gemacht haben, indem sie auf den Boden geht und Feuer anlegt. Hier ist nirgends etwas Räthselhaftes, psychologisch Unerklärbares, am wenigsten die Aeusserung eines blinden, krankhaften, in die Sphäre des Irrenarztes fallenden Dranges, eines gestörten Gemüthes, oder einer fixen Idee, wie der p. Dr. Krause annimmt, wobei derselbe nur unter Anderem übersieht, dass niemals ein Mensch, der eine fixe Idee hat, wie Inculpatin gethan, versprechen wird, dass er künftig diese „fixe Idee" nicht wieder haben wolle!

Wenn aber der Begriff der Zurechnungsfähigkeit zu definiren ist: als die psychologische Möglichkeit der Anwendbarkeit des Strafgesetzes, so glauben wir, im Vorstehenden erwiesen zu haben, dass in Betreff der p. Dünnebier psychologische Gründe, welche das Strafgesetz als solches auf sie anzuwenden verböten, nicht vorliegen, bescheiden uns aber gern, dass die Abwägung des Strafmaasses mit Rücksichtsnahme auf die unläugbare und nachgewiesene kindlich-kindische Individualität der Angeschuldigten nicht unsers Ermessens ist. In diesem Sinne und mit Beziehung auf das Ganze der vorstehenden Ausführungen geben wir schliesslich unser Gutachten dahin ab:

Dass nach der von den Sachverständigen Dr. Müller und Dr. Krause gelieferten Beschreibung des Körperzustandes der Angeschuldigten und nach ihrem Benehmen vor, bei und nach der That anzunehmen sei, dass die Ernestine Juliane Dünnebier zur Zeit der am 3. August 1848 im herrschaftlichen Gesindehause zu Braunau geständlich verübten beiden Brandstiftungen zurechnungsfähig gewesen.

Berlin, den 10. April 1850.

Königl. wissenschaftliche Deputation für das Medicinalwesen.

(gez.) **Klug. Casper. Schmidt. Mitscherlich. Horn. Dr. v. Stosch. Link. Jüngken.**

Gutachten des ersten Referenten. (Ideler.)

Die von Kindern und von jugendlichen, in der ersten Pubertätsentwickelung begriffenen Individuen häufig verübten Brandstiftungen unterscheiden sich von denen der Erwachsenen so wesentlich und auffallend, dass vielfach darauf Bedacht genommen worden ist, für erstere, ausser ihrer, die Zurechnungsfähigkeit ausschliessenden Unmündigkeit, noch andere Milderungsgründe ihrer Schuld aufzusuchen. Erwachsene lassen sich in der Regel durch Bosheit, Rachsucht, Raublust, ja durch die Absicht, die Entdeckung eines begangenen Mordes unmöglich zu machen, zur Brandstiftung bestimmen; sie verrathen also dadurch die lasterhaftesten und strafbarsten Motive, welche mit der Grösse des durch sie angerichteten Schadens in einem entsprechenden Verhältnisse stehen, und geben dadurch die tiefste sittliche Verderbniss des Gemüths zu erkennen, welche als solche die härtesten und strengsten Strafen erheischt. Bei Kindern und Unmündigen überhaupt genügen aber gewöhnlich die geringfügigsten Motive, welche gar keinen Vergleich mit der Grösse des durch sie veranlassten Schadens aushalten, sie zum Feueranlegen zu bewegen; denn in den meisten Fällen unterlag es keinem Zweifel, dass sie dabei bloss die Absicht hatten, ein ihnen unangenehmes Verhältniss ausserhalb des elterlichen Hauses abzubrechen und in letzteres zurückzukehren, wobei sie meist von den Antrieben der Rache, Dieberei u. s. w. weit entfernt waren. In einem günstigen Lichte kann ihre sittliche Gemüthsart dabei freilich nicht erscheinen, aber eben so wenig kann man dieselbe als eine verworfene, jeder Regung des Gewissens unzugänglich gewordene bezeichnen. Will man einen möglichst genauen sprachlichen Ausdruck dafür wählen, so muss man ihnen den vollständig ausgeprägten Charakter des Leichtsinns beilegen, welcher selbst mit gefährlichen Handlungen ein frivoles Spiel treibt, über sie wohl augenblicklich zur Besinnung kommt und dennoch letztere so wenig festhält, dass er bald darauf wieder verderblichen Antrieben Raum giebt, um sie bitter zu bereuen, wenn es zu spät ist. Treffen wir selbst bei Erwachsenen, deren reiferer Verstand unstreitig durch Schaden hätte klüger werden sollen, zuweilen einen so hohen Grad des Leichtsinns an, dass er fast nur aus einer, die Zurechnungsfähigkeit ausschliessenden Verstandesschwäche erklärt werden kann, so erlangt dieser Begriff eine noch höhere Bedeutung bei Unmündigen, welche eben wegen natürlichen Mangels an Verstandesreife strafbaren Motiven noch weniger Widerstand zu leisten vermögen, wenn dergleichen in einem sittlich schwach befestigten Gemüth einen hinreichenden Grad von Stärke erreichen, um unmittelbar in die That überzugehen. Diese Darstellung steht daher im genauesten Einklange mit dem §. 17 Theil II Titel 20 des Landrechtes, wonach unmündige und schwachsinnige Personen zwar zur Verhütung fernerer Vergehungen gezüchtigt, niemals aber nach der Strenge des Gesetzes bestraft werden können.

Wir werden durch diese Betrachtungen unmittelbar darauf hingeleitet, bei näherer Vergleichung der verschiedenen Brandstifter einen vollständigen Gegensatz der gesammten Seelenverfassung festzustellen, insofern die Unmündigen unter ihnen es durch ihre ganze Handlungsweise zu erkennen geben, dass ihnen die Kraft der Selbstbestimmung in einem solchen Grade fehlt, dass sie nicht einmal den geringfügigsten Motiven zu ihrer verderblichen That Widerstand leisten können, wodurch die Schwäche ihres Verstandes bei Ausübung derselben um so augenscheinlicher erwiesen wird, während die erwachsenen Brandstifter, wenn sie nicht mit einer deutlichen Geistesstörung behaftet waren, auf gar keine schonende und entschuldigende Beurtheilung Anspruch machen können, da sie eine hinreichend deutliche Vorstellung von der Grösse ihres Verbrechens haben mussten, um sich durch sie auch bei geringer Kraft der Selbstbestimmung und selbst im Toben heftiger Leidenschaften davon zurückschrecken zu lassen. In diesem Gegensatze der gesammten Seelenverfassung finden wir daher auch den sichersten Maassstab für die Prüfung zweifelhafter Gemüthszustände in Fällen von Brandstiftung, weil diese Prüfung wesentlich auf die Ermittelung hingerichtet sein muss, ob dem Brandstifter der Charakter der Mündigkeit in gesetzlicher Bedeutung beizulegen ist, oder nicht. Alle anderen Gesichtspunkte der Beurtheilung müssen wir in den meisten Fällen für zweideutig und trügerisch erklären, namentlich die so häufig in Anwendung gesetzten Begriffe der Pyromanie und fixen Ideen, mit denen in der gerichtsärztlichen Praxis ein wahrer Missbrauch getrieben wird. Wir können uns hier natürlich nicht auf eine ausführliche Kritik jener Begriffe, deren sich namentlich die Dr. Dr. Müller und Krause bei der Motivirung ihres Urtheils bedienen, einlassen und bemerken nur ganz im Allgemeinen, dass wir in wesentlicher Uebereinstimmung mit dem Königl. Medicinal-Collegium in Breslau den Begriff der Pyromanie für einen ganz unbegründeten erklären, nachdem in neuerer Zeit eine strengere Sachkritik seine rein hypothetischen, allen natürlichen Lebensanschauungen widersprechenden Elemente in das hellste Licht gestellt hat. Was den Begriff der fixen Idee betrifft, so müssen wir es eben so sehr rügen, dass derselbe häufig gar nicht bestimmt begränzt, vielmehr in so schwankender Allgemeinheit aufgefasst wird, dass man ihm bequem jedes leidenschaftliche und eben deshalb mit zäher Hartnäckigkeit im Bewusstsein sich behauptende Motiv des Handelns beizählen kann. Soll der Begriff einer fixen Idee eine strafrechtliche Bedeutung erlangen, insofern sie die deutliche Besonnenheit und die an sie geknüpfte freie Selbstbestimmung aufzuheben vermag und eben dadurch die Zurechnungsfähigkeit ausschliesst, so muss sich ein durchaus widersinniger, jeden gesunden Verstandesgebrauch verläugnender Charakter der fixen Idee unzweifelhaft nachweisen lassen. Eine solche fixe Idee wird sich dann niemals auf einen ganz engen Kreis von Vorstellungen beschränken, sondern bei genauer Nachforschung ergiebt es sich jedesmal, dass sie alle ihr widersprechenden richtigen Begriffe und Urtheile aus dem Bewusstsein verdrängt, und dass sie dadurch eine viel grössere Geistesstörung zu erkennen giebt, als es bei oberflächlicher Betrachtung den Anschein hatte. Dass demnach den Motiven der Brandstiftung in den meisten Fällen der Charakter einer fixen Idee nicht beigelegt werden kann, folgt hieraus von selbst, da jene Motive bei Kindern gewöhnlich aus an sich ganz natürlichen Wünschen entstehen und nur durch ihre entsetzlichen Folgen einen so schlimmen Charakter annehmen. Mit diesen grundsätzlichen Bemerkungen weisen wir entschieden die von den Dr. Dr. Müller und Krause gewählte Beweisführung zurück, ohne uns in eine genauere Zergliederung derselben einzulassen, welche einen viel zu weiten Umfang einnehmen würde.

Dem Gesetzgeber kann allerdings die Befugniss nicht bestritten werden, zum nothwendigen Zweck der praktischen Rechtspflege das Alter der Unmündigkeit mit einem bestimmten Zeitpunkte abzuschliessen. Es lässt sich indess nicht verkennen, dass eine solche Bestimmung, gleichviel welches Jahr sie als die Gränze der Unmündigkeit feststellt, zu einem grossen Theil willkürlich ausfallen muss. In der Natur ist eine solche Gränze, an welcher die schroffen Gegensätze der Unmündigkeit und Mündigkeit unmittelbar ohne alle Vermittelung aneinanderrücken, nicht anzutreffen, vielmehr gleicht sie jene Gegensätze durch so feine Uebergänge und so zahlreiche Zwischenstufen so allmälig aus, und letztere nehmen im gemessenen Fortschritte der gesammten Lebensentwickelung gewöhnlich einen so langen Zeitraum ein, dass hieraus für die Beurtheilung der in diesen Zeitraum fallenden Seelenzustände oft die grössten Schwierigkeiten erwachsen müssen. Ebenso kann die bezeichnete Zeitbestimmung nur als eine durchschnittliche angesehen werden, da frühreife Kinder in der gesammten Lebensentwickelung ihre Altersgenossen eben so weit überflügeln, als dürftig begabte hinter letzteren zurückbleiben. Für den psychischen Arzt, welcher die Zustände des geistigen und körperlichen Lebens nach ihrer Uebereinstimmung mit, oder nach ihrer Abweichung von den Gesetzen der menschlichen Organisation zu beurtheilen hat, kann demnach die gesetzliche Feststellung des Jahres, welches die Unmündigkeit abschliesst, auf keine Weise bindend und maassgebend sein, sondern er muss sich in jedem concreten Falle auf einen höheren Standpunkt der Betrachtung stellen, von welchem aus er das geistige und körperliche Leben im Gesammtzusammenhange übersehen und dadurch dessen wesentlichen Charakter erkennen kann, wobei es auf Einzelheiten der Erscheinungen und Thatsachen weit weniger ankommt.

Machen wir nun von diesen nothwendigen grundsätzlichen Bemerkungen eine Anwendung auf den vorliegenden Fall von Brandstiftung, so kann die Bestimmung, in wiefern die Dünnebier zur Zeit der That zurechnungsfähig gewesen sei oder nicht, keinen grossen Schwierigkeiten mehr unterliegen. Sie ist am 23. Juli 1833 geboren und hat das Feuer am 3. August 1848 angelegt, mithin hatte sie zur Zeit der Brandstiftung die gesetzliche Altersgränze der Unmündigkeit nur um ein Jahr und wenige Tage überschritten. Da alle in den Acten enthaltenen Thatsachen, ohne irgend einen Widerspruch unter sich zuzulassen, erweisen, dass sie in ihrer geistigen und körperlichen Entwickelung ausserordentlich weit zurückgeblieben ist, so wird die

Annahme keine gewagte sein, dass sie in Bezug auf die Zurechnungsfähigkeit durchaus noch als eine Unmündige anzusehen ist. Um diesen Satz zuvörderst ganz im Allgemeinen zu erläutern und uns dadurch gegen einzelne Missverständnisse und Einwürfe sicher zu stellen, bemerken wir, dass das Urtheil in zweifelhaften Fällen sehr erleichtert wird, wenn die Entwickelung auf beiden Seiten des geistigen und körperlichen Lebens im gleichen Grade gehemmt erscheint. Denn es wird dadurch augenscheinlich erwiesen, dass der Ausbildung der Kräfte sich ein um so mächtigeres Hinderniss entgegenstellt, je vollständiger dasselbe sein Wirken nach allen Seiten hin ausbreitet; und wenn wir auch jenes Hinderniss bei unserer vollständigen Unbekanntschaft mit den innersten Triebfedern des Lebens nicht näher bezeichnen können, so wird dasselbe doch in der Beschränkung aller geistigen und körperlichen Kräfte um so deutlicher. Bei dieser Auffassung vermeiden wir am sichersten den häufig begangenen Missgriff, die Störungen der geistigen Entwickelung aus denen des körperlichen Lebens abzuleiten, wobei sich eine Menge von gewagten Behauptungen um so weniger vermeiden lässt, je weniger gewöhnlich im Einzelnen eine solche Beschränkung der Seele durch körperliche Krankheitszustände nachgewiesen werden kann. Dies gilt namentlich, wie wir später näher beleuchten werden, von der Inculpatin, von welcher sich durchaus nicht mit Zuverlässigkeit aussagen lässt, dass sie zur Zeit der Brandstiftung mit solchen körperlichen Zufällen behaftet gewesen sei, dass sie dadurch der Besinnung hätte beraubt werden müssen. Hieraus folgt aber noch keineswegs, dass ihr körperlicher Zustand bei der That ganz ausser Acht gelassen werden müsse, denn eben weil mit ihrer geistigen Imbecillität eine derselben entsprechende Hemmung ihrer körperlichen Ausbildung zusammentraf, so geht hieraus um so einleuchtender hervor, dass beide als gemeinsame Producte einer allgemein verzögerten Lebensentwickelung Zeugniss dafür ablegen, dass die Inculpatin noch nicht aus dem Alter der Unmündigkeit herausgetreten war.

Wir haben nun diese Ansicht im Einzelnen nachzuweisen und beginnen mit der Prüfung ihrer Verstandeskräfte, weil sich daraus allermeist ergeben muss, in wiefern sie in der Entwickelung derselben das Alter der Unmündigkeit überschritten hatte, oder nicht. Hier kommen uns nun die sehr bestimmten und völlig gleichlautenden Zeugnisse des Lehrers Stiller und des Superintendenten Klein sehr zu Statten. Beide bekunden die äusserst beschränkten Geistesfähigkeiten der Inculpatin, und Letzterer bezieht namentlich ihre grosse

Verstandesschwäche auf den Confirmandenunterricht. Sie war also durch einen achtjährigen Schulunterricht noch nicht einmal so weit gebracht worden, dass sie, worauf hier Alles ankommt, die einfachen Grundwahrheiten der christlichen Religion und Sittenlehre sich mit derjenigen Sicherheit, Deutlichkeit und Vollständigkeit aneignen konnte, dass sie ein bestimmtes und lebendiges Bewusstsein derselben erlangte; um so weniger darf man daher bei so kümmerlicher Fassungsgabe ein fertiges und richtiges Urtheil bei ihr voraussetzen, weil dasselbe nur dann eintreten kann, wenn es durch scharf ausgeprägte Begriffe geleitet wird. Wäre ihr Charakter nicht ein durchaus friedfertiger und gutmüthiger gewesen, und hätte sie sich nicht im Gefühle ihrer Schwäche möglichst stille gehalten, so würde bei leidenschaftlichen Conflicten ihre grosse Imbecillität gewiss noch deutlicher hervorgetreten sein. Selbst völlig Blödsinnige können in einem ganz mechanischen Lebensgange lange ungestört vegetiren, ohne irgend einen Anstoss zu geben. Seit ihrer Entlassung aus der Schule und aus dem Confirmandenunterricht war bis zur Zeit der Brandstiftung nur etwas mehr als ein Jahr verstrichen, sie hatte während desselben Vieh gehütet, oder die Aufsicht über ein kleines Kind geführt, also sich auf eine Weise beschäftigt, welche zu ihrer weiteren Verstandesbildung Nichts beitragen konnte. Schwerlich wird man daher annehmen wollen, dass Letztere bei ihrer grossen Beschränktheit bedeutende Fortschritte gemacht habe; ja man würde Gefahr laufen, sie falsch zu beurtheilen, wenn man bei ihr zur Zeit der Brandstiftung eine grössere Verstandesreife voraussetzen wollte, als sie noch während der letzten Zeit des Unterrichts gezeigt hatte. Mit dieser Charakteristik ihres Verstandesgebrauchs lassen sich ihr Benehmen bei der Brandstiftung und ihre Aussagen in den späteren Verhören sehr gut in Uebereinstimmung bringen, wenn man nur den Begriff der Unmündigkeit festhält und nicht eine nutzlose Mühe darauf verwendet, darin Beweise einer wirklichen Verstandesstörung durch automatische Antriebe, Feuerlust, fixe Ideen u. dgl. aufzusuchen. Denn von dergleichen psychischen Krankheitssymptomen ist, wie wir ein für allemal bemerken, in den Acten keine deutliche Spur aufzufinden. Wir können mithin ganz der Bemerkung des Königl. Kreisgerichts in seinem Resolute vom 4. December 1849 beipflichten, dass Inculpatin nicht mit einer Störung der geistigen Functionen behaftet war, und dass sie bis in die kleinsten Einzelheiten angab, was sie kurz vor und bald nach der That gedacht und gethan, und wie sie ihre That verübt hat. Indess hiermit ist auch nicht im Geringsten ein höheres Maass von Verstandesthätigkeit bezeichnet, als jedes unmündige Kind besitzt, wenn es für Ungezogenheiten und schlechte Streiche zur Verantwortung gezogen wird. Dasselbe gilt von ihren Antworten in den Verhören auf viele, Ueberlegung erheischende Fragen, denn wir vermögen darunter keine einzige aufzufinden, welche die Fassungsgabe eines gewöhnlichen Kindes überstiege. Wenn ferner das Königl. Kreisgericht das Urtheil ausspricht, die Inculpatin habe die That mit Ueberlegung ausgeführt, so kommt Alles darauf an, die Beschaffenheit dieser That genauer zu prüfen. Setzte die Ausführung derselben einen künstlich durchdachten Plan und die Vollbringung desselben unter schwierigen und verwickelten Verhältnissen voraus, so müsste man allerdings auf eine sehr zusammengesetzte Denkoperation, auf ein durchgeübtes und gereiftes Urtheil schliessen. Ein solcher Fall liegt aber hier durchaus nicht vor, im Gegentheil kann man sich keine einfachere und leichter auf eine mechanische Weise zu vollziehende Handlung denken, als das Anzünden eines Streichhölzchens bei Abwesenheit aller beobachtenden Zeugen, um dasselbe auf brennbare Stoffe zu werfen. Wir sehen hierin nicht im Geringsten mehr, als jedes Kind mit Absicht auszuführen im Stande gewesen wäre, und finden eben so wenig, worauf wir später noch zurückkommen werden, die Voraussetzung eines überlegten Planes gerechtfertigt.

Wir kommen jetzt zu dem sittlichen Charakter der Inculpatin als dem objectiven Ausdruck ihrer Gemüthsthätigkeit. Alle früheren Zeugnisse lauten in dieser Beziehung durchaus günstig. Der Lehrer Stiller, welcher sie acht Jahre hindurch unter seiner steten Aufsicht hatte, bemerkt ausdrücklich, sie habe rücksichtlich ihrer sittlichen Führung nie Veranlassung zu einer Klage gegeben, sie sei, wahrscheinlich im Bewusstsein ihrer grossen Schwäche, still und friedlich unter ihren Mitschülern gewesen, habe niemals einen Hang zu Zank und Rachsucht verrathen. Der Superintendent Klein lobt ihre grosse Gutmüthigkeit, und auch die verehelichte Peschel, welche schwerlich zu ihren Gunsten parteiisch gestimmt war, erklärt ganz bestimmt, die Inculpatin sei während ihres sechsmonatlichen Dienstes im Jahre 1847 stets folgsam, willig, ordentlich und arbeitsam gewesen, und sie, die Zeugin, habe aus voller Zufriedenheit mit derselben sie im Frühjahr 1848 wieder gemiethet, nachdem sie ihrer Dienste im vorangegangenen Winter nicht mehr bedurfte. Auch während der neuen Dienstzeit betrug Inculpatin während der ersten Monate sich gut, und Zeugin urtheilt daher, dass Inculpatin die Brandstiftung mehr aus Leichtsinn, als aus Bosheit verübt habe. Eben so hielt der Pferdeknecht Peschel die Inculpatin nicht für boshaft, sondern für dumm und leichtsinnig. Diese von vier verschiedenen Zeugen ausgesprochenen Urtheile stimmen so völlig überein, dass gegen den ursprünglich gutgearteten Charakter der Inculpatin nicht der geringste Zweifel erhoben werden kann, und dass durch sie die Annahme von böswilligen Motiven, durch welche Letztere zur That hätte bestimmt werden können, hinreichend widerlegt wird, weil dergleichen Motive mit jenem Charakter einen völlig widersprechenden psychologischen Gegensatz bilden würden. Nur in den letzten Wochen vor der That änderte sich das Betragen der Inculpatin, sie erlaubte sich kleine Diebstähle, Näschereien, Schabernak gegen andere Personen und liess sich weder durch Ermahnungen, noch durch Züchtigungen zu einer Besserung bewegen, weshalb der Pferdeknecht Peschel bei ihr ein geringes Ehrgefühl voraussetzte. Wir wollen diese sittliche Verschlimmerung ihres Gemüths weder als Beweis einer geistigen Störung durch gehemmte Pubertätsentwickelung geltend machen, noch an sich bestreiten; aber wir dürfen sie auch nicht übertreiben und am allerwenigsten darin eine tiefe sittliche Verderbniss, wie sie leider bei böswilligen und schlecht erzogenen Kindern oft genug angetroffen wird, erblicken. Sie stand erst am Anfang eines Abweges zur tieferen Demoralisation, durch welche indess noch so wenig eine wirkliche Entartung und Verderbniss ihrer Gemüthsverfassung bewirkt worden war, dass sie nach verübter That auf wahrhafte Weise eine tiefe Gewissensangst zu erkennen gab und bei den wiederholten Verhören eine aufrichtige Reue empfand. Ein boshaftes und verstocktes Gemüth, welches das Gewissen in sich erstickt hat, verräth sich auch schon bei Kindern durch Frechheit, Trotz, Kälte und Gleichgültigkeit gegen eindringliche Ermahnungen nach verübten schlechten Streichen, wovon wiederum bei der Inculpatin keine Spur anzutreffen ist. Wenn das Königl. Kreisgericht in seinem Resolute vom 5. Februar 1850 auf die geringe Wahrheitsliebe der Inculpatin aufmerksam macht, so können wir deshalb, weil sie sich bei den Verhören vielfach widersprach, ihr noch keinen lügenhaften Charakter beilegen, vielmehr erscheint es uns weit angemessener, jene Widersprüche aus der grossen Verlegenheit zu erklären, in welcher ihr sehr schwacher Verstand bei der Procedur einer peinlichen Anklage befangen sein musste, deren schwere Folgen auch dem beschränktesten Kopfe nicht entgehen können. Aus dem gleichen Grunde legen wir eben so wenig ein Gewicht darauf, dass die Inculpatin am Tage nach dem Brande gegen die Zeugin Kraft den Verdacht auf den Oldekop zu leiten suchte. Ihre Herzensangst, aus dem natürlichen Selbsterhaltungstriebe entsprungen, presste ihr diese

Aeusserung ab, ganz eben so, wie Kinder unter ähnlichen Umständen ihre Schuld auf Andere zu wälzen suchen. Unstreitig muss doch das Urtheil über die Unsittlichkeit eines Gemüths weit schonender ausfallen, wenn letzteres mit einem sehr schwachen Verstande verbunden und erst seit kurzer Zeit vom rechten Pfade abgewichen ist, als unter entgegengesetzten Bedingungen; ja wir dürfen bei der Inculpatin nicht einmal ihre Beschäftigung ausser Acht lassen, durch welche ihre geistigen Kräfte so wenig in Anspruch genommen wurden, dass der Pferdeknecht Peschel hierüber ganz treffend bemerkte, man könne sich, da sie ausser der Aufsicht über ein kleines Kind Nichts zu thun gehabt, nicht darüber verwundern, dass sie auf schlechte Gedanken gekommen sei. Denn sobald die Seelenthätigkeit nicht auf wichtige, die edleren Kräfte des Gemüths belebende Zwecke gerichtet ist, stellen sich sehr leicht sinnliche Begierden ein, wie sie bei der Inculpatin als Neigung zu Näschereien, kleinen Diebstählen und Muthwillen auftreten.

Die psychologische Beurtheilung der Handlungen setzt vor Allem die genaue Bestimmung der Motive zu denselben voraus, weil letztere als das Punctum saliens oder Primum movens derselben unmittelbar den Blick auf den genetischen oder ursachlichen Process hinleiten, welcher dabei in der Seele stattfand. Soll nun diese Bestimmung der Motive nicht in eine rein subjective Willkür ausarten, so muss sie dieselben mit der gesammten Gemüthsverfassung, so weit dieselbe auf unzweideutige Weise bekannt geworden ist, in prüfende Vergleichung bringen, um ihre Uebereinstimmung oder ihren Widerspruch mit derselben darzuthun. Denn in der Regel ist das Motiv wichtiger Handlungen die Frucht des ganzen bisherigen Entwickelungsganges, den das geistige Leben nahm, und wenn in dieser Beziehung ein Widerspruch obwaltet, so muss derselbe schlechthin aus anderweitigen Bedingungen und Einflüssen sorgfältig motivirt werden, wenn man nicht den ganzen Faden der Erklärung abreissen und die That boden- und wurzellos in der Luft schweben lassen will. Die Angabe der Inculpatin beim ersten Verhör, dass sie im Mutterleibe zu Schanden geschlagen sei und ihre That in der Irre begangen habe, ist so widersinnig, dass sie sich nur aus ihrer unverkennbaren Angst bei der Untersuchung erklären lässt. Die Entschuldigung mit Dummheit nahm sie selbst in dem Termin vom 8. August zurück, indem sie bemerkte, dass ihr dieselbe vom Amtmann suppeditirt worden sei. Sie beklagte sich zwar mehrmals über schlechte Behandlung von Seiten der verehelichten Peschel und scheint hierbei Manches übertrieben zu haben, läugnete indess bestimmt, einen Hass gegen sie gehegt und aus Rache das Feuer angelegt zu haben. Wir würden dieser Angabe der Inculpatin an sich keinen grossen Werth beimessen, da sie ein natürliches Interesse haben musste, die Schuld ihrer That so viel als möglich zu verringern, und selbst Kinder werden es nicht gutwillig einräumen, dass sie aus Bosheit Jemandem Schaden zugefügt haben, da das moralische Gefühl schon im zarten Alter rege genug ist, um eine Selbsttäuschung über wirklich schlechte Handlungen zu erzeugen. Aber wir legen den grössten Nachdruck darauf, dass die Rachsucht mit dem früheren Charakter der Inculpatin in dem vollständigsten Widerspruch stand, und wüssten durchaus nicht, auf welche Weise man das plötzliche Umschlagen ihrer Gesinnung in das baare Gegentheil motiviren wollte. Denn die von der Peschel erhaltenen Züchtigungen waren nicht so harter Art gewesen, dass sie dadurch im Innersten hätte empört und gleichsam ausser sich versetzt werden sollen, wie denn überhaupt Nichts in den Acten vorliegt, was auf eine tief leidenschaftliche Erschütterung der Inculpatin vor der That hindeuten könnte. Es bleibt mithin nur die eine Annahme übrig, welche auch von der Inculpatin ausdrücklich mit der Bemerkung: „Ich will es nur aufrichtig gestehen" bestätigt und mehrfach bezeugt wird, dass sie die Brandstiftung als ein Mittel angesehen habe, ihre Dienstherrschaft zu verlassen und zu ihrer Mutter zurückzukehren. Jeder etwaige Zweifel an dieser Annahme wird dadurch entkräftet, dass die Inculpatin bereits mehrmals vor der Brandstiftung ihren Dienst verlassen hatte und zu ihrer Mutter zurückgekehrt war.

So sind wir durch eine Reihe unabweisbarer Schlussfolgen zu dem gewöhnlichen Motiv der meisten jugendlichen Brandstifter und dadurch auf den Standpunkt der Betrachtungen geführt worden, mit denen wir dies Gutachten begonnen haben. Die dort ausgesprochenen Grundsätze finden eine so vollständige Anwendung auf die Inculpatin, dass wir dabei nicht weiter zu verweilen brauchen. Nur auf die obige Bezeichnung des Leichtsinns wollen wir noch zurückkommen, weil sie recht eigentlich auf die Inculpatin passt. Die Richtigkeit ihrer Angabe, dass sie erst zwei Stunden vor der Brandstiftung den Vorsatz dazu gefasst habe, kann bezweifelt, aber auf keine Weise kann das Gegentheil davon erwiesen werden, dass sie jenen Vorsatz schon länger gehegt und durchdacht habe, in welchem Falle sie höchst wahrscheinlich schon vor dem Brande das veränderte und verstörte Benehmen gezeigt hätte, welches nach demselben mehreren Zeugen aufgefallen war. Denn so verstockt und so sinnlos war sie nicht, dass die Vorstellung einer so bösen That und ihrer schlimmen Folgen keinen tiefen Eindruck auf ihr Gemüth gemacht haben sollte. Am Morgen des 3. August befand sie sich allein mit dem Kinde in der Wohnung; die mehrmals vereitelte Lust, den ihr lästigen Dienst zu verlassen, erwachte mit erneuerter Stärke und rief durch einfache Ideenassociation, wie sie in ähnlichen Fällen so oft beobachtet wird, den Antrieb zur Brandstiftung hervor. Vorstellung und That sind bei Kindern und den geistig ihnen so nahe stehenden Leichtsinnigen fast Eins, weil nicht das besonnene, umsichtige Urtheil dazwischentritt; und die Ausführung des Vorsatzes machte sich so ganz von selbst, dass es eines anderweitigen Antriebes dazu gar nicht bedurfte. Sie bat zwar Gott um Vergebung, empfand nach der ersten Brandstiftung eine grosse Angst, rief selbst Hülfe zum Löschen herbei, half fleissig beim Wegräumen der Sachen und legte dennoch an demselben Tage zum zweiten Mal Feuer an. Das Alles ist der getreue Ausdruck des leichtsinnigen Charakters, welcher, in einen Sturm der Gefühle hineingerathen, aller inneren Haltung und Selbstbeherrschung verlustig geht und eben deshalb im Kampfe des Gewissens mit bösen Antrieben um so leichter eine Beute der letzteren wird. Nach der That erwachte die Reue, freilich zu spät, aber doch noch zur rechten Zeit, um Zeugniss abzulegen, dass die Inculpatin keine gewissenlose Uebelthäterin war, dass sie vielmehr bereitwillig die im Religionsunterrichte empfangenen Grundsätze als gültig anerkannte, um ihre Schuld und die Gerechtigkeit der Strafe einzusehen. In dieser psychologischen Schilderung ist auch nicht ein einziger Zug anzutreffen, den man bei Kindern unter gleichen Umständen nicht in gleicher Stärke beobachtet, und wir vermögen nicht ein einziges Moment aufzufinden, welches bei der Inculpatin auf eine grössere Reife des Verstandes und Gemüths schliessen liesse.

Wir kommen endlich zu dem körperlichen Zustande der Inculpatin, in welcher Beziehung wir auf eine Menge von Widersprüchen stossen, welche eine befriedigende Ausgleichung nicht zulassen. Beim articulirten Verhör am 8. August sagte sie aus, dass sie ganz gesund gewesen und erst nach der von der Peschel erhaltenen Ohrfeige dämlich geworden sei. Nachträglich bemerkte sie noch, das Herz klopfe ihr manchmal so sehr, dass ihr schwindlig um den Kopf und übel werde, und dass es ihr im Kreuze knorpele, wenn sie sich bücke. Mit den übrigen Sachverständigen legen wir gar keinen Werth auf ihre Angabe, dass sie nach der erhaltenen Ohrfeige dämlich geworden sei, denn es fehlen alle Zeichen, dass sie eine Gehirnerschütterung erlitten habe, wodurch ihr Verstandesgebrauch hätte beeinträchtigt werden können. Dass sie am Tage der Brandstiftung mit irgend einer namhaften körperlichen Functionsstörung behaftet gewesen sei, welche einen wesentlichen Einfluss auf ihren Verstandesgebrauch ausgeübt hätte, lässt sich durchaus nicht beweisen, nicht einmal wahrscheinlich machen. Die Schilderung, welche der Dr. Müller von ihrem körperlichen Zustande während ihrer Kerkerhaft giebt, lässt sich daher grösstentheils nicht auf die Zeit der Brandstiftung zurückdatiren und findet augenscheinlich ihre Erklärung zum Theil in der veränderten Lebensweise und in den heftigen Gemüthsbewegungen, obgleich man nicht ausser Acht lassen darf, dass die angegebenen Zufälle als Molimina primae menstruationis, also als kritische Naturbestrebungen, zu deuten sind, denen die angegebenen Bedingungen leicht einen pathologischen Charakter geben konnten. Es fehlt uns also für die Begutachtung in dieser Beziehung jeder feste Anknüpfungspunkt, und nur so viel dürfen wir, ohne uns in hypothetische Muthmaassungen zu verlieren, als positive Thatsache hervorheben, dass der Dr. Krause, als sie fast das sechszehnte Jahr zurückgelegt hatte, nebst mangelhafter Entwickelung des ganzen Körperbaues noch einen kindlichen Zustand der Genitalien und Brüste vorfand. Sie war also in ihrer ganzen körperlichen Ausbildung weit hinter ihrem Alter zurückgeblieben, und da diese unverkennbare Bildungshemmung mit einer entsprechenden Schwäche ihres gleichfalls in der Entwickelung weit zurückgebliebenen Geistes zusammentraf, so findet auf sie recht eigentlich der oben ausgesprochene Satz seine Anwendung, dass das Hinderniss der jugendlichen Entwickelung um so grösser sein müsse, wenn seine Wirkung sich gleichmässig auf die geistigen und körperlichen Kräfte erstreckt.

Die bisherige Darstellung stimmt im Wesentlichen mit dem Tenor des von dem Königl. Medicinal-Collegium in Breslau verfassten Gutachtens überein, und wenn gedachtes Collegium den Inhalt desselben nicht in genauen Einklang mit seinem Endurtheil gebracht hat, so können wir dies höchstens als einen Formfehler bezeichnen, wodurch der von ihm gewählten Beweisführung Nichts von ihrem Werthe entzogen wird. Aus unserer Darstellung ergiebt sich aber auch zugleich, dass wir uns auf eine directe Beantwortung der vom Königl. Kreisgerichte uns vorgelegten Frage nicht einlassen können, weil letztere von der von uns bestrittenen Voraussetzung ausgeht, dass die Inculpatin, weil sie zur Zeit der Brandstiftung bereits das 15. Lebensjahr zurückgelegt hatte, in gesetzlicher Bedeutung als mündig anzusehen sei. Jene Frage führt uns also zu dem Dilemma, entweder die Inculpatin für zurechnungsfähig zur Zeit der That, oder für geistig gestört zu erklären, da doch die eine, wie die andere Annahme im offenbaren Widerspruche mit dem objectiven Thatbestande stehen würde. Es bleibt uns mithin nichts Anderes übrig, als unser Endurtheil dahin zu formuliren:

> dass die Inculpatin, obgleich sie zur Zeit der Brandstiftung bereits das 15. Lebensjahr überschritten hatte, noch nicht aus dem Zustande der Unmündigkeit herausgetreten war, und dass demnach der gesetzliche Begriff der Zurechnungsfähigkeit auf sie keine Anwendung finden kann.

Die wissenschaftliche Deputation für das Medicinalwesen.

(gez.) **Ideler.**

LEIPZIG
DRUCK VON GIESECKE & DEVRIENT.

Moser, Prof. Ludwig, **die Gesetze der Lebensdauer,** nebst Untersuchungen über die Dauer und Fruchtbarkeit der Ehen, über Tödtlichkeit der Krankheiten, Verhältniss der Geschlechter bei der Geburt, über Einfluss der Witterung u. s. w., und einem Anhang, enthaltend die Berechnung der Leibrenten, Lebensversicherungen, Wittwenpensionen. Ein Lehrbuch. Mit 2 Steindrucktafeln. gr. 8. 399 S. 1839. 2 Thlr. 10 Ngr. Herabgesetzter Preis 1 Thlr. 6 Ngr.

Repertorium der Physik, enthaltend eine vollständige Zusammenstellung der neueren Fortschritte dieser Wissenschaft. Unter Mitwirkung der Herren Lejeune-Dirichlet, Jacoby, Neumann, Riess, Strehlke u. A. herausgegeben von H. W. Dove und L. Moser.

Erster Band: **Allgemeine Physik,** mathematische Physik, Galvanismus, Electromagnetismus, Magnetoelectricität, Thermomagnetismus. Mit 2 Kpftaf. gr. 8. 859 S. 1836. 2 Thlr. 10 Ngr.

Zweiter Band: Herausgegeben von H. W. Dove. **Electricität,** Magnetismus, Erdmagnetismus, Literatur der Optik, mit 1 Tafel Abbildungen. gr. 8. CL u. 284 S. 1837. 2 Thlr. 10 Ngr.

Dritter Band: Herausgegeben von H. W. Dove. **Akustik,** theoretische Optik, Meteorologie, mit 3 Tafeln Abbildungen. gr. 8. 404 S. 1839. 2 Thlr. 20 Ngr.

Vierter Band: Herausgegeben von H. W. Dove. **Wärme,** Meteorologie, mit 2 Tafeln Abbildungen und 1 Isothermenkarte. gr. 8. 374 S. 1841. 2 Thlr. 20 Ngr.

Fünfter Band: **Mechanik** von Minding. Allgemeine Gesetze der Wellenbewegung von Broch in Christiania. Literatur des Magnetismus, und der Electricität von Dove. Ueber das Auge von Moser. gr. 8. 412 S. und 1 Kupfertafel. 1844. 2 Thlr. 5 Ngr.

Sechster Band: (Neue Folge). **Akustik** von A. Seebeck. Electricitätslehre von P. Riess. Mit 2 Figurentafeln. gr. 8. VIII und 318 S. 1842. 2 Thlr.

Siebenter Band: **Optik** von Broch. Magnetismus von Lamont. Allgemeine Physik von Knochenhauer. Mit 3 Figurentafeln. gr. 8. 1846. 3 Thlr. 15 Ngr.

Achter Band: Galvanismus von W. Beetz. Akustik von A. Seebeck. Mit 2 Figurentafeln. gr. 8. 350 und 108 S. 1849. 3 Thlr.

Herabgesetzter Preis für alle 8 Bände zusammen 10 Thlr.

Wörterbuch, encyclopädisches, der medicinischen Wissenschaften. Herausg. von **C. F. von Graefe, C. W. Hufeland, S. F. Link, K. A. Rudolphi** und **E. von Siebold, Dr. H. W, Busch, J. F. Dieffenbach, J. C. Hecker, E. Horn, J. C. Jüngken. H. F. Link** und **J. Müller.** gr. 8. **XXXVII Bände.** 1828—1849. Ladenpreis früher 37 Thlr.

Herabgesetzter Preis 18 Thlr.

Preis-Ermässigung

einer Auswahl wichtiger Schriften

für

Juristen, Cameralisten, Staatsbeamte etc.

welche im Verlag von **Veit & Comp.** in **Leipzig** erschienen
und durch alle Buchhandlungen zu beziehen sind:

Frankel, Dr. Z., **der gerichtliche Beweis** nach mosaisch-talmudischem Recht. 1846. gr. 8. 34½ Bogen. 3 Thlr. Herabgesetzter Preis 1 Thlr. 15 Ngr.

Heydemann, Dr. L. E., **die Elemente** der Joachimischen Constitution vom Jahre 1527. Ein Beitrag zur Entwicklungsgeschichte des deutschen Rechts. gr. 8. XXIV und 416 S. 1841. 2 Thlr. 10 Ngr. Herabg. Preis 1 Thlr. 6 Ngr.

Lengerke, Dr. A. v., **Beiträge** zur Kenntniss der Landwirthschaft in den Königlich Preussischen Staaten. Erster Band: Beobachtungen auf landwirthschaftlichen Reisen. Die Provinzen Sachsen und Schlesien. Mit 1 Titelkupfer und 2 Karten. gr. 8. 549 S. 1846. Zweiter Band: 1) Entwurf einer Agriculturstatistik des Preuss. Staates. 2) Beiträge zur Kenntniss der westphälischen Landwirthschaft. 8. XX u. 512 S, u. 9 Tabellen. 1847. Beide Bände 5 Thlr. 15 Ngr. Herabg. Preis 2 Thlr. 22½ Ngr.

——— **Entwurf** einer Agriculturstatistik des Preuss. Staats, nach den Zuständen in den Jahren 1842 und 1843. 8. 202 S. 1847. 1 Thlr. 10 Ngr. Herabg. Preis 20 Ngr.

Lerchenfeld, Gustav Freiherr v., **Geschichte** Baierns unter König Maximilian Joseph I. Mit besonderer Beziehung auf die Entstehung der Verfassungsurkunde. gr. 8. 416 S. und 1 Tabelle. 1855. 2 Thlr. 10 Ngr. Herabg. Preis 1 Thlr. 6 Ngr.

Löwenberg, Dr., **Beiträge** zur Kenntniss der Motive der Preussischen Gesetzgebung. Aus amtlichen Quellen bearbeitet und mit höherer Genehmigung herausgegeben. gr. 8. Erster Theil. 780 S. 1843. Zweiter Theil. 818 S. 1843. Beide Theile 7 Thlr. 15 Ngr. Herabgesetzter Preis 3 Thlr. 22½ Ngr.

Moser, Prof. Ludwig, **die Gesetze der Lebensdauer**, nebst Untersuchungen über die Dauer und Fruchtbarkeit der Ehen, über Tödtlichkeit der Krankheiten, Verhältniss der Geschlechter bei der Geburt, über Einfluss der Witterung u. s. w., und einem Anhang, enthaltend die Berechnung der Leibrenten, Lebensversicherungen, Wittwenpensionen. Ein Lehrbuch. Mit 2 Steindrucktafeln. gr. 8. 399 S. 1839. 2 Thlr. 10 Ngr. Herabg. Preis 1 Thlr. 6 Ngr.

Oechelhäuser, W., **vergleichende Statistik** der Eisen-Industrie aller Länder und Erörterung ihrer ökonomischen Lage im Zollverein. gr. 8. 364 S. 1852. 1 Thlr. 20 Ngr. Herabg. Preis 25 Ngr.

Pfeil, Dr. W., **Anleitung** zur Ablösung der Waldservituten. Eine Hülfsschrift für General-Commissionen, Justizbehörden, Forstbeamte. Dritte, mit Rücksicht auf die Preussische Gesetzgebung bis zum Jahre 1854 gänzlich umgearbeitete Auflage. gr. 8. 369 S. 1854. 2 Thlr. Herabgesetzter Preis 1 Thlr. 10 Ngr.

Pfeil, Dr. W., **neue und vollständige Anleitung** zur Behandlung, Benutzung und Schätzung der Forsten. Ein Handbuch für Forstbesitzer und Forstbeamte. Dritte Abtheilung: Forstschutz und praktische Forstpolizeilehre. gr. 8. 395 S. Dritte Auflage. 1845. 2 Thlr. $7^1/_2$ Ngr. Herabgesetzter Preis 1 Thlr. 22 Ngr.

——— **Die Forstpolizeigesetze** Deutschlands und Frankreichs nach ihren Grundsätzen, mit besonderer Rücksicht auf eine neue Forstpolizeigesetzgebung Preussens. Für Forstmänner, Cameralisten und Landstände. gr. 8. 276 S. 1834. 1 Thlr. 15 Ngr. Herabg. Preis 24 Ngr.

Rönne, Ludwig v., und **Lette** (Präsident des Revisions-Colleg.) **Die Landes-Kultur-Gesetzgebung.** 2 Bände. Erster Band: enthält Einleitung, Sammlung der Verordnungen und Rescripte. gr. 8. CXLIV u. 909 S. 1854. 3 Thlr. 20 Ngr. — Zweiter Band, enthält den Kommentar. gr. 8. 1032 u. 868 S. 1854. 6 Thlr. Herabges. Preis für beide Bände zusammen 7 Thlr. 15 Ngr.

Rönne, Ludwig v., **Das Domänen-, Forst- und Jagd-Wesen.** gr. 8. 1062 S. 1854. 4 Thlr. Herabgesetzter Preis 2 Thlr.

——— **Das Unterrichts-Wesen.** Erster Band. Allgem. Theil. **Privat-Unterricht. Volksschulwesen.** gr. 8. 965 S. 1855. 3 Thlr. 5 Ngr. — Zweiter Band. **Höhere Schulen. Universitäten. Sonstige Kultur-Anstalten.** gr. 8. 660 S. 1855. 2 Thlr. 5 Ngr. Herabgesetzter Preis für beide Bände zusammen 4 Thlr.

Sammlung der Provinzial- und statutarischen Gesetze in der Preussischen Monarchie. Nach Anleitung der Provinzial- und statutarischen Rechte des Justizministers Dr. v. KAMPTZ. Drei Bände (bis 1700, 1777 und 1833.) gr. 8. über 140 Bogen. 7 Thlr. 20 Ngr. Herabgesetzter Preis 3 Thlr.

Oechelhäuser, W., **Vergleichende Statistik** der Eisen-Industrie aller Länder und Erörterung ihrer ökonomischen Lage im Zollverein. gr. 8. 364 S. 1852. 1 Thlr. 20 Ngr. Herabg. Preis 25 Ngr.

Pfeil, Dr. W., **Anleitung** zur Ablösung der Waldservituten. Eine Hülfsschrift f. General-Commissionen, Justizbehörden, Forstbeamte. Dritte, mit Rücksicht auf die Preussische Gesetzgebung bis zum Jahre 1854 gänzlich umgearb. Auflage. gr. 8. 369 S. 1854. 2 Thlr. Herabg. Preis 1 Thlr. 10 Ngr.

——— neue und vollständige Anleitung zur Behandlung, Benutzung und Schätzung der Forsten. Ein Handbuch für Forstbesitzer und Forstbeamte.

Erste Abtheilung: Literatur-Nachweisung. gr. 8. 243 S. Zweite bis zum Jahre 1854 vervollständigte Auflage. 1855. 1 Thlr. 7½ Ngr. Herabgesetzter Preis 1 Thlr.

Zweite Abtheilung: Holzkenntniss und Holzerziehung. gr. 8. 501 S. Vierte Auflage. 1854. 2 Thlr. 7½ Ngr Herabg. Preis 1 Thlr. 22 Ngr.

Dritte Abtheilung: Forstschutz und praktische Forstpolizeilehre. gr. 8. 395 S. Dritte Aufl. 1845. 2 Thlr. 7½ Ngr. Herabg. Preis 1 Thlr. 22 Ngr.

Repertorium der Physik, enthaltend eine vollständige Zusammenstellung der neueren Fortschritte dieser Wissenschaft. Unter Mitwirkung der Herren Lejeune-Dirichlet, Jacoby, Neumann, Riess, Strehlke u. A. herausg. v. H. W. Dove u. L. Moser.

Erster Band: Allgemeine Physik, mathematische Physik, Galvanismus, Electromagnetismus, Magnetoelectricität, Thermomagnetismus. Mit 2 Kupfertafeln. gr. 8. 859 S. 1836. 2 Thlr. 10 Ngr.

Zweiter Band: Herausgegeben von H. W. Dove. Electricität, Magnetismus, Erdmagnetismus, Literatur der Optik, mit 1 Tafel Abbildungen. gr. 8. CL und 284 S. 1837. 2 Thlr. 10 Ngr.

Dritter Band: Herausgegeben von H. W. Dove. Akustik, theoretische Optik, Meteorologie, mit 3 Taf. Abbild. gr. 8. 404 S 1839. 2 Thlr. 20 Ngr.

Vierter Band: Herausgegeben von H. W. Dove. Wärme, Meteorologie mit 2 Tafeln Abbildungen und 1 Isothermenkarte. gr. 8. 374 S. 1841, 2 Thlr. 20 Ngr.

Fünfter Band: Mechanik von Minding. Allgemeine Gesetze der Wellenbewegung von Broch in Christiania. Literatur des Magnetismus, und der Electricität von Dove. Ueber das Auge von Moser. gr. 8. 412 S. und 1 Kupfertafel. 1844. 2 Thlr. 5 Ngr.

Sechster Band: (Neue Folge.) Akustik von A. Seebeck. Electricitätslehre von P. Riess. Mit 2 Figurentafeln. gr. 8. VIII u. 318 S. 1842. 2 Thlr.

Siebenter Band: Optik von Broch. Magnetismus v. Lamont. Allgemeine Physik v. Knochenhauer. Mit 3 Figurentaf. gr. 8. 1846. 3 Thlr. 15 Ngr.

Achter Band: Galvanismus von W. Beetz. Akustik von A. Seebeck. Mit 2 Figurentafeln. gr. 8. 350 u. 108 S. 1849. 3 Thlr.

Herabgesetzter Preis für alle 8 Bände zusammen 10 Thlr.

Rönne, Ludwig v., **das Domänen-, Forst- und Jagd-Wesen.** gr. 8. 1062 S. 1854. 4 Thlr. Herabg. Preis 2 Thlr.

Rothe, **Handbuch** für den angehenden Landwirth. gr. 8. 459 S. 1841. 2 Thlr. Herabg. Preis 1 Thlr.

Schneider, Prof. F. W., **Erfahrungstafeln** über Massengehalt der in Deutschland in reinen Beständen vorkommenden Holzarten in verschiedenem Alter für Hoch- und Niederwald, mit Angabe des Nutzungsprocents, des Durchschnittszuwachses und Werthnutzungsprocents. Nach den Angaben des Ober-Forstraths Dr. W. Pfeil. gr. 8. 84 S. 1843 15 Ngr. Herabg. Preis 10 Ngr.

Preis-Ermässigung

einer Anzahl guter Werke aus dem Gebiete

der

Philosophie, Philologie, Geschichtsforschung, Alterthumskunde etc.

aus dem Verlage von **Veit & Comp.** in **Leipzig.**

Auswahl historischer Stücke aus hebräischen Schriftstellern vom zweiten Jahrhundert bis auf die Gegenwart. Mit vocalisirtem Texte, deutscher Uebersetzung und Anmerkungen. gr. 8. 304 S. 1840. 1 Thlr. $7^1/_2$ Ngr. Herab-gesetzter Preis 18 Ngr.

Böckh, Aug., **metrologische Untersuchungen** über Gewichte, Münzfüsse und Maasse des Alterthums in ihrem Zusammenhange. gr. 8. 511 S. 1838. 2 Thlr. 25 Ngr. Herabg. Preis 1 Thlr. 12 Ngr.

— — **Untersuchungen** über das kosmische System des Platon, mit Bezug auf Gruppe's kosmische Systeme der Griechen. Sendschreiben an Alexander v. Humboldt. gr. 8. 152 S. 1852. 25 Ngr. Herabg. Preis $12^1/_2$ Ngr.

— — **Manetho** und die Hundssternperiode. Ein Beitrag zur Geschichte der Pharaonen. gr. 8. 396 S. 1845. 2 Thlr. 5 Ngr. Herabg. Preis 1 Thlr. 2 Ngr.

Cassel, S., **magyarische Alterthümer.** gr. 8. 340 S. 1848. 1 Thlr. 20 Ngr. Herabg. Preis 25 Ngr.

Ciceronis, **de officiis libri tres.** Mit einem deutschen Commentar, nach dem Zeitbedürfniss vom Direct. Dr. Bonnel gänzlich umgearbeitete vierte Auflage. 8. 306 S. 1848. cart. 20 Ngr. Herabg. Preis 10 Ngr.

Gans, Eduard, **Rückblicke** auf Personen und Zustände. 8. 351 S. 1836. 2 Thlr. Herabg. Preis 1 Thlr.

Heydemann, Dr. L. E., **die Elemente** der Joachimischen Constitution vom Jahre 1527. Ein Beitrag zur Entwicklungsgeschichte des deutschen Rechts. gr. 8. XXIV und 416 S. 1841. 2 Thlr. 10 Ngr. Herabg. Preis 1 Thlr. 6 Ngr.

Jaffé, Ph., **Geschichte** des deutschen Reichs unter Lothar dem Sachsen. Eine von der philosophischen Facultät zu Berlin gekrönte Preisschrift. gr. 8. VIII u. 280 S. 1843. 1 Thlr. $7^1/_2$ Ngr. Herabg. Preis 20 Ngr.

Lebensgesetz, das, die Formen und der gesetzliche Zusammenhang des Lebens. gr. 8. IV und 304 S. 1842. 1 Thlr. 20 Ngr. Herabg. Preis 25 Ngr.

Leibnitz, G. W. v., **deutsche Schriften,** herausgegeben von Dr. Guhrauer. Erster Band. gr. 8. 486 S. Beilagen 46 S. 1838. Zweiter Band. gr. 8. 512 S. Beilagen 90 S. 1840. Beide Bände 5 Thlr. $7^1/_2$ Ngr. Herabg. Preis 2 Thlr. 15 Ngr.

Lerchenfeld, Gustav Freiherr v., Geschichte Baierns unter König Maximilian Joseph I. Mit besonderer Beziehung auf die Entstehung der Verfassungsurkunde. gr. 8. 416 S. und 1 Tabelle. 1855. 2 Thlr. 10 Ngr. Herabg. Preis 1 Thlr. 6 Ngr.

Lycurgi, oratio in Leocratem. Recog., annotationem criticam et commentarios adjecit ED. MAETZNER. 8 maj. 341 S. 1836. 1 Thlr. 20 Ngr. Herabg. Preis 24 Ngr.

Nitzsch, K. W., Die Gracchen und ihre nächsten Vorgänger. Vier Bücher römischer Geschichte. gr. 8. 456 S. 1847. 2 Thlr. Herabg. Preis 1 Thlr.

Preuss, J. D. E., Friedrich der Grosse als Schriftsteller. Vorarbeit zu einer echten und vollständigen Ausgabe seiner Werke. 8. 360 S. 1837. 1 Thlr. 22½ Ngr. Herabg. Preis 26 Ngr.

——— Friedrich der Grosse als Schriftsteller. Ergänzungsheft. 8. 120 S. 1838. 17½ Ngr. Herabg. Preis 10 Ngr.

Regesta Pontificum Romanorum ab condita ecclesia ad annum post Christum natum 1198. Edidit PH. JAFFÉ. 4maj. 951 S. 1851. Cart. 12 Thlr. 10 Ngr. **Herabgesetzter Preis 6 Thlr. 10 Ngr.**

Rosen, Dr. G., Elementa persica. حکايات پارسی id est: Narrationes persicae. Ex libro manuscripto edidit, glossario explanavit, grammaticae brevem ad umbrationem praemisit. kl. 8. XX. u. 200 S. 1843. 1 Thlr. 15 Ngr. Herabg. Preis 24 Ngr.

Schiller's Briefwechsel mit Körner. 4 Bde. (ca. 100 Bogen). 8. 1847. 4 Thlr. Herabg. Preis 2 Thlr.
Elegant gebunden 5 Thlr. Herabg. Preis 3 Thlr.

Schöll, Ad., Sophokles Aias. Deutsch in dem Versmaasse des Originals, mit einer Einleitung über Sinn und Geschichte der Aeakidenfabel und einem Anhange über zwei zum Aias gehörige Tragödien. gr. 8. 255 S. 1842. 1 Thlr. 7½ Ngr. Herabgesetzter Preis 20 Ngr.

Schwestern, Zwei. Ein Roman. Drei Theile. 8. 786 S. 1853. 3 Thlr. 10 Ngr. Herabgesetzter Preis 1 Thlr. 20 Ngr.

Shakspeare-Almanach. Herausgegeben von GOTTLIEB REGIS. 8. 358 S. 1836. Cart. 1 Thlr. 15 Ngr. Herabg. Preis 20 Ngr.

Stieglitz, Charlotte. Ein Denkmal. Mit lithogr. Bildniss. 4. 314 S. 1835. Cart. 1 Thlr. 15 Ngr. Herabg. Preis 24 Ngr.

Zeitschrift, allgemeine, für Geschichte. Herausgegeben von Prof. Dr. W. ADOLPH SCHMIDT. gr. 8. Erster bis vierter Jahrgang. 1844—1847. Der Jahrgang 12 Hefte. 6 Thlr. 20 Ngr. Fünfter (letzter) Jahrgang 1848. 6 Hefte 3 Thlr. 10 Ngr.
Herabg. Preis für alle 5 Jahrgänge zusammen 4 Thlr. Einzelne Jahrgänge 1 Thlr.

Zunz, Dr. L., Zur Geschichte und Literatur. Erster Band. gr. 8. VI und 608 S. 1845. 3 Thlr. Herabg. Preis 2 Thlr.

Leipzig, Druck von Giesecke & Devrient.

LEIPZIG,

DRUCK VON GIESECKE & DEVRIENT.